EL LIBRO DE LA REVELACIÓN, POR SAN JUAN EL DIVINO

VOLUMEN DOS

POR

HERB FITCH

Para adquirir ejemplares adicionales de este
libro, favor de ponerse en contacto con:

Bookwhip
1-855-339-3589
https://www.bookwhip.com

VOLUMEN DOS

ÍNDICE DE CONTENIDOS

PRÓLOGO AL VOLUMEN DOS
DE LA EDICIÓN EN ESPAÑOL

En diciembre del 2009 fui presentado ante el Misticismo de *El Camino Infinito*.

Y casi simultáneamente, también fui presentado a la transcripción original en inglés del Taller que Herb Fitch impartiera en el año de 1970 acerca del *Libro de la Revelación, por San Juan el Divino* – el Capítulo Final y Victorioso con el que la Biblia cierra su Declaración.

Resulta por demás decir que de inmediato me pareció fascinante su 'lectura', pero al mismo tiempo reconocí que era *demasiado elevado* para el despliegue consciente con el que contaba en aquel entonces – no estaba preparado para incursionar en tal *Revelación*. Así que esperé cerca de 12 años *fertilizando la tierra* de mi propia Conciencia, para experimentar tan solo el *principio* de un *Nuevo Nacimiento, sumergido dentro del Agua* que limpia las creencias y *dentro del Espíritu* del Discernimiento Divino y Consciente. Y cuando *'el Espíritu me llevó'*, entonces tuve la oportunidad de comenzar a abrevar de esta *'Fuente de Aguas Vivas'*...

Día tras día, y a cada instante, las exigencias del *'niéguense a sí mismos'* para apartarme conscientemente de *'caer en la tentación'* de la justificación para reaccionar desde lo humano, seguida por el *'tomen su cruz'* para conocer, comprender y cumplir con los Mandatos Divinos, fueron allanando el *Camino Infinito* para alcanzar cierta medida de altitud y actitud espirituales indispensables, para arribar al *'síganme'* a través de la Senda, hacia el Cristo, hacia lo Divinamente Consciente ...

Mucho ha sido corregido y depurado para que el Discernimiento Divino se evidenciara – e incluso hoy en día la *'labor del parto'* continúa; y aunque me lleve a la Crucifixión, estoy decidido a continuar.

La *Sagrada Travesía* de la traducción al español del *Taller* impartido por Herb Fitch de aquel controvertido último Libro de la Biblia, se inició en marzo del año 2000. Fue más, mucho más que una *simple* traducción – en realidad implicó una cierta medida de *Experiencia Interior*, una *Experiencia del Alma*, la cual ha exigido de la *consagración* y la *concientización* del mencionado Despliegue Interior.

Una y otra vez, recorriendo bajo la guía iluminadora de Herb los Pasos *Revelados por San Juan el Divino* en la **aceptación** y *traducción* de cada Capítulo, las lágrimas y los sollozos surgen a menudo e inesperadamente a borbotones, desde profundidades insospechadas, los cuales me dejan casi sin aliento. La Experiencia de la Traducción ha seguido *su propio Ritmo Interior*, y no ha habido posibilidad alguna ni de *apresurarse* ni de *detenerse*. Sorprendido ante los *sollozos*, el mismo Sagrado Documento develó en el momento adecuado, la respuesta: "El Alma **solloza** de Gozo cuando *finalmente* comienza a ser RECONOCIDA".

Cada Capítulo conlleva una profunda concientización de la Propia *Experiencia Interior* de *cada* lector y a *cada* lector – el Despliegue del Alma es Infinito, NO se alcanza por voluntad *humana*, y resulta por demás improbable poder determinar, en el sueño del *tiempo* y del *espacio*, cuándo comenzó ni cuándo se alcanzará la *cima del Monte* – con toda seguridad en el Eterno 'AHORA'.

Este Documento que decodifica *La Revelación de San Juan el Divino* contiene una estructura verdaderamente fascinante para el Despliegue *gradual* y *ordenado* de lo Consiente, hacia el Cristo. Cada Capítulo va *revelando* Etapas distintas y específicas que se van desplegando *individualmente*, por medio de este RECONOCIMIENTO *Consciente* del Alma, con lo cual comienza a ser recuperado el *Señorío* que le fuera conferido al Hombre al '*principio de la Creación*', al principio de la Experiencia de la

'*Individualización Divina*', cuando, '*bendecido por la Divinidad*', se le otorgara dicho '*Señorío sobre toda la tierra*' de su 'pensar'.

Sin ese Señorío Consciente del pensamiento, resulta del todo imposible *el Retorno a la Casa del Padre*, el retorno al RECONOCIMIENTO CONSIENTE de nuestra Naturaleza Divina, el reingreso *consciente* al '*Reino de los Cielos dentro de nosotros, aquí en la tierra*', pues conlleva el sometimiento de la '*mente mortal*', de la *materia* y la *mortalidad* – aquello que nos ha mantenido 'engañados' y que nos ha hecho 'actuar engañados', hipnotizados, '*acusándonos delante de nuestro Padre tanto de día como de noche*'.

El Texto ha sido propositivamente *enfatizado* de diferentes maneras, con objeto de *llamar la atención* del lector, a palabras, párrafos, meditaciones, Leyes y ejercicios específicos sugeridos por Herb, los cuales promueven el *despliegue* de lo Divinamente Consciente – del Cristo.

Sea pues, esta Experiencia, una *Revelación* INDIVIDUAL para todo aquel que cuente con la *Certeza* de que **no** es necesario pasar por la experiencia de una '*muerte del cuerpo*', para 'entrar al *Reino de los Cielos*', porque... 'Helo aquí; el Reino, ¡*Está a su mano*!'

—*marsha.within, de paso por Betania* – *agosto del 2021*

CLASE 14

"AMARGURA EN EL VIENTRE – MIEL DULCE EN LA BOCA"

REVELACIÓN 9:17 A REVELACIÓN 11:1

Herb: - A medida que la *actividad* del Espíritu *aumenta* en nosotros, encontramos una *Continuidad* de *Liberación*. Aquí en la *Revelación,* esa *Liberación* es descrita ahora como: el *Sonido de las* **Siete** *Trompetas;* y cada vez que *otro* Nivel de Profundidad de la *Actividad Espiritual* es *liberado* en ustedes, entonces es *alcanzada* una '*disminución proporcional*', en el sentido *material* del ser. De esa manera *continúa* la '*Resurrección de la tumba*', conforme el Espíritu *aumenta* Su *Actividad*; y, poco a poco, se van *perdiendo* nuestros *deseos* por los 'frutos de la *carne*'.

La '*Resurrección de la tumba*' comienza con el Espíritu *tocándonos* de tal manera, que nuestra propia voluntad *personal*, hasta cierto punto, comienza a *tambalearse* y a *ser señoreada*. Luego, a medida que nuestra voluntad *personal es controlada*, entonces las obras que hacemos con nuestra voluntad *personal* comienzan a *perder interés* en nosotros. Incluso recurrimos a nuestras *propias* obras, y nos *percatamos* que NO constituyen aquello que *principalmente* anhelábamos. Y *continuamos* construyendo nuestras *propias 'Torres de Babel*', *creyendo* que la *Plenitud* reside: en la *carne*, en las cosas *materiales* de 'este' mundo', en mejores condiciones *humanas*. Pero

1

conforme *continuamos* en dicha *creencia*, nos enfrentamos a un *renovado Esfuerzo* del Espíritu, el cual nos provoca *confusión*.

Creímos que íbamos a *tener* 'mejores condiciones', pero en cambio, la *liberación* del Espíritu nos *enreda* una vez *más* de tal manera, que *comenzamos* a mirar nuestra *propia* voluntad con un *escrutinio más cercano*. "*¿Cuál* es la causa de *mis* problemas? ¿Por *qué persisten?*" Finalmente *descubrimos* la *amargura* que *proviene* al *pensar* que estábamos *haciendo* 'lo correcto', tan solo para *descubrir* que NO era tan 'correcto' como *creímos* – sospechamos de *nosotros* mismos – NO hemos hallado la *Senda*.

Pero llega el momento cuando nos *damos cuenta* que 'algo' está *aconteciendo* DENTRO de nosotros, que NO nos ha sido *explicado* – algo *mortal* – algún *veneno* que _tiene_ que ser *extraído, si* ES QUE queremos ser *libres* – y comenzamos a *detectar* una "*fuerza* en *acción*" DENTRO de nosotros, llamada: **mente *mortal***.

Es *únicamente* cuando nuestras *propias* obras, nuestra *propia* voluntad, nuestras *propias* ambiciones – incluso aunque *satisfechas* – nos conducen al *desastre final*, que *comenzamos* a *sospechar* que esta **mente *mortal*** es un poco *más* poderosa que cualquier *fuerza* que intentara *persuadirnos* en *contra* de nuestra voluntad de *hacer* el mal o de *buscar* aquello que pudiera *interpretarse* como *maligno*.

Y ahora llegamos a esa gran *Revelación*: que la *voluntad* que pensábamos que era *nuestra* voluntad, de hecho, para *nada* era *nuestra* voluntad; la *ambición* que *creíamos* que era *nuestra* ambición, le pertenecía a esta **mente *mortal*** que *había tomado posesión* de nuestra mente, *usurpando* el Trono de nuestro Ser, y llamándose *a sí misma*: '*nuestra*' mente. *Descubrimos* la *ilusión* cósmica que ha *impuesto su* voluntad, _su_ actividad, _sus_ obras – incluso _su_ cuerpo *imaginario*, justo donde nos encontramos *parados* – y el triunfo de Cristo-*Jesús* se vuelve *aún mayor* a nuestros ojos, al percibir que Él, *venció* a la **mente *mortal*** de 'este' mundo'. Fue DENTRO de *Sí Mismo*, que la *venció*; y exactamente *eso*, DENTRO de _nosotros_, es que hay que *vencerla*.

Comenzamos a *percibir* las 'obras' que hemos realizado para *convertirse* en: langostas que se auto *devoran* **y** se *comen* los frutos de TODO cuanto 'hicimos' – 'obras' que en su momento *consideramos* tan *puras* **y** tan *nobles*... Y *observamos* a quienes nos han *precedido*, pero NO en el Espíritu, sino en la *carne*, y decimos: "*¿Dónde* quedaron las *grandes* 'obras' que hicieron? *¿Qué* ha sido de todo 'eso'?" Y vemos que *también* ellos *vivieron* DENTRO de *los años de las langostas* – con *todas* sus 'obras' *devoradas* por una **fuerza** *invisible*. Y es entonces cuando *la tiranía de la* **mente** **mortal** se hace *evidente* para nosotros.

La *mortalidad* NO es, más que la *evidencia* de la **mente mortal**. Los cuerpos *mortales* NO son, más que *imágenes mentales-mortales*. *Percibimos* el 'mundo' como la *imitación* de nuestra *Realidad*. Ahora, la **SEXTA** *Trompeta* nos *expone* el *Renovado* Esfuerzo DEL Espíritu, conforme somos *despertados* a esta **mente** **mortal**; viendo 'los *jinetes*, las *corazas de* fuego, el *zafiro* y el *azufre*'. TODO esto constituye la *Actividad* del Espíritu DENTRO de nosotros, La cual *libera* para nosotros: Verdad, Amor, Justicia, *cabalgando* como sobre un *caballo*.

Al *final* de la **SEXTA** *Trompeta*, ésta es la *condición* que *enfrentamos*:

> "*Y así vi en una visión, a los caballos y sus jinetes, con corazas de fuego, zafiro y azufre; y las cabezas de los caballos eran como cabezas de león...*" (Revelación 9:17).

Ahora la *Autoridad* del Cristo es *liberada* en nosotros – 'cabezas *de león*'.

> "*Y de sus bocas salían fuego, humo y azufre*" (Revelación 9:17).

Ahora bien, la *teología* del *Antiguo* Testamento considera esto como: *la venganza de Dios*. La *Conciencia Espiritual* RECONOCE

3

que *el Azufre, el Fuego y el Humo* son, la Voluntad, las Obras **y** los Resultados de la Actividad *Divina* en nuestro Ser. La Voluntad DE Dios, *liberada* en nosotros como *nuestra propia* Voluntad, va *disminuyendo* esa 'voluntad *personal*', a medida que nos volvemos *contra* ella, *admitiendo* la Voluntad DEL Padre, *buscando* la Fuente *Única*. Y esa Voluntad *Divina, libera* las Obras *Divinas* que *conforman* el *Humo*; **y** esas Obras *emiten* Resultados *Divinos*, que *constituyen el Azufre.*

"Debido a esos tres, fue asesinada la tercera parte de los hombres" (Revelación 9:18).

A causa de *esos tres,* la *tercera parte* de la conciencia *mortal* fue *asesinada por el Fuego, el Humo y el Azufre que salió de la boca de los caballos.* Y así, estos *jinetes,* este *Impulso Interior* del Espíritu, del Amor, la Verdad y la Justicia – de la *Voluntad* DEL Padre en ustedes – *libera* las *Obras* DEL Padre *en* ustedes; **y** entonces una *tercera parte* de su conciencia *material* es *asesinada.*

Bien; habrán *notado,* al pasar por las *'Trompetas',* que SIEMPRE fue **una tercera parte** *la que es asesinada;* y ustedes *tienen* que *saber* la *razón* por la que **una tercera parte** *es asesinada* – es para *enfatizar* que DENTRO de ustedes *existe* una Vida *Permanente* que JAMÁS es *tocada*; la Vida DEL Padre DENTRO de ustedes, JAMÁS es *tocada.* Todo lo que 'se destruye' es, aquello *desemejante* al Padre; aquello que NO constituye el Ser *Permanente* de ustedes.

Y, sin embargo, a pesar de estos *Nuevos Impulsos* **Superiores,** *todavía* hay quienes se *aferrarán* a los *ídolos* – a causa de la *potencia* de estos *impulsos* **'*internos*',** *en sus bocas y en sus colas.*

"porque las colas de los caballos eran como serpientes, y [tenían] cabezas, y con ellas dañaban" (Revelación 9:19).

Así pues, *el Aguijón del Espíritu* en ustedes, se asemeja a *la cabeza de una serpiente;* y *la cola de una serpiente* se asemeja a la

4

voluntad *propia*. Y todo cuanto es *'picado'* es, esa voluntad *personal* en nosotros, la cual *todavía* es un *remanente* de la conciencia *mortal*, que se está *muriendo*.

"El resto de los hombres que no fueron asesinados..." (Revelación 9:20).

Estos *hombres* NO son *físicos*; se trata de los *impulsos mortales* con los cuales honramos y glorificamos, pero NO a aquello que es DE Dios, sino a *nuestros propios conceptos mortales*, los cuales representan a los 'dioses *falsos'*.

"Y el resto de los hombres que no fueron asesinados por estas plagas, ni aun así se arrepintieron de las obras de sus manos, ni dejaron de adorar a los demonios y a los ídolos de oro, plata, bronce, piedra y madera – los cuales no pueden ver, oír, ni caminar; tampoco se arrepintieron de sus asesinatos, ni de sus brujerías, ni de su fornicación, ni de sus robos" (Revelación 9:20–21).

Todavía *permanece* en nosotros, la *capacidad para reconocer:* la *inequidad*, para ser *implacables*, para vivir *dentro* de un sentido *material* de vida. Pero ahora, *alcanzado* este *Nivel* de Conciencia, el cual llega en *diferentes* momentos a *diferentes* individuos – se *despierta* la *habilidad para* RECONOCER que: *nuestras* propias obras, DENTRO de *nuestra* voluntad personal, NO implican en realidad 'nuestras' *obras*; NO implican 'nuestra' *voluntad*, sino que constituyen las obras DE la **mente** *mortal* – una *fuerza* *universal* que *actúa* <u>únicamente</u> en aquellos que *desconocen* su presencia.

Este RECONOCIMIENTO los *capacita* a ustedes para la SÉPTIMA *Trompeta*. Y ahora 'aparece' un *Ángel*; y este *Ángel* se le 'aparece' a Juan, y debe 'aparecer' ANTES que pueda ser *escuchado* el *sonido* de la SÉPTIMA *Trompeta*.

*"[Ahora] vi descender del cielo otro ángel poderoso,
envuelto en una nube; con un arcoíris sobre su cabeza;
y su rostro es, como el sol; y sus pies, como columnas de
fuego"* (Revelación 10:1).

Si ustedes han llevado a cabo la *preparación* adecuada en su
forma de vida, entonces habrán llegado a ese punto del que habla
Juan. Y esto también ha *acontecido* en Génesis, y considero que
deberíamos hacer alguna *referencia* al respecto. Esto fue lo que Noé
también encontró – en el Capítulo **9** de Génesis – ahí se encuentra,
en los Versículos 12 a 17:

*"Y dijo Dios: Ésta es la señal del pacto que Yo establezco,
entre tú, Yo, y toda criatura viviente que se encuentre
contigo, por generaciones perpetuas:*

*"Yo he puesto Mi arco sobre la nube; el cual será por
señal del pacto entre Yo y la tierra.*

*"Y acontecerá que cuando traiga una nube sobre la
tierra, el arco será visto en la nube:*

*"Y recordaré Mi pacto, el cual es entre Mí, ustedes y
todo ser viviente de toda carne; y las aguas nunca más
se convertirán en diluvio para destruir toda carne.*

*"Y el arco estará en la nube; y Yo lo miraré para que
recuerde el pacto eterno entre Dios y toda criatura
viviente de toda carne que esté sobre la tierra.*

*"Y Dios dijo a Noé: [Entonces] esa es la señal del pacto,
el cual Yo he establecido entre Mí y toda carne que está
sobre la ti".*

He aquí ahora, un *Nivel* de Conciencia, en el cual ustedes *se dan cuenta* de la Conciencia de Dios dentro de ustedes – una Conciencia en la cual la Fuente, el Origen, y Ustedes, son Uno – la *separación*, la *división* dentro de la Conciencia, es *eliminada*. Hay un *restablecimiento* de la Unidad con lo Divino – esto es llamado: el *Pacto*.

Así pues, este *poderoso Ángel* que desciende *ahora* del cielo *envuelto* en una nube es, para Juan, el *cumplimiento* de esa Promesa *Divina*, la cual constituye el *cumplimiento* que *cada uno* de nosotros puede esperar, *cuando* nosotros hayamos *alcanzado* el *Nivel* de: **Ausencia** de voluntad *personal*, el cual Juan había *alcanzado*.

"Y el ángel ... está envuelto en una nube, y un arcoíris está sobre su cabeza; y su rostro es, como el sol; y sus pies, como columnas de fuego" (Revelación 10:1).

Todos los *símbolos* 'apuntan' ahora hacia este *Ángel de la Iluminación*, llegando a Juan – una *Iluminación* que va a *constituir*: el reconocimiento de la *Inmortalidad*; el reconocimiento de un *Cuerpo Eterno*; el reconocimiento de Lo **Infinito**, expresándose donde Juan *se encuentre parado*.

"Y el ángel tenía en su mano, un librito abierto ..." (Revelación 10:2).

Abierto – anteriormente, ¿quién era *digno de abrir el Librito*? Pero ahora el *Libro* está: *abierto*; el *Libro* de la Vida, de la Verdad, es *abierto* para Juan. Juan se ha *elevado* por encima de la voluntad *personal*; Juan se ha *elevado* por encima de la *actividad* de la **mente mortal** en sí mismo; Juan ha reconocido el *"asiento de Satanás"* (Revelación 2:13); Juan ha sido *capaz* de *enfrentar:* esa voluntad de la *mente* de *'este* mundo', con: un *Silencio* Infinito; Juan ha podido *encarar* la voluntad del *pensamiento* de *'este mundo'*, sin *resistencia* ni *reacción*; Juan ha podido *mirar* las 'imágenes del pensamiento' de '*este mundo*', SIN ser *convencido* de que Dios forjó un Universo *imperfecto* – y por eso, para él, para Juan, AHORA *el Librito está:* *ABIERTO.*

Y este "*ángel puso su pie derecho sobre la mar, y su pie izquierdo sobre la tierra*" (Revelación 10:2)

Lo anterior significa que AHORA, tanto la *tierra* como la *mar,* estarán bajo la *Ley del Gobierno Divino* – para Juan, el *Señorío* está *aconteciendo.*

"*Y [el ángel] clamó a gran voz – como cuando ruge un león – y cuando hubo clamado, entonces siete truenos emitieron sus voces*" (Revelación 10:3).

Ahora la Voluntad-*Cristo* es *expresada:* "*el león ruge*", y entonces los "*Siete Truenos*" constituyen el *gobierno* del Cielo *sobre* la tierra – los "*Siete Cielos*" RECONOCIDOS – todo esto está por *acontecer.*

"*Y cuando los siete truenos emitieron sus voces, yo estaba a punto de escribir (dice Juan), cuando oí una voz del cielo que me decía: Sella eso que emitieron los siete truenos, [y] no lo escribas*" (Revelación 10:4).

Así, en este punto en particular, Juan NO pudo *decir:* "He aquí ahora, lo que los '*Siete Truenos*' dijeron". Hubo *algo* en él que aún NO se había *concientizado,* tal como lo estará en *nosotros, a pesar* de que el *gran* Objetivo se encuentre *tan cerca...*

"*Y el ángel que vi de pie sobre la mar y sobre la tierra, levantó su mano al cielo; y juró por Aquél que vive por los siglos de los siglos; por Aquél que creó los cielos, y todo cuanto allí está; la tierra, y todo cuanto allí está; y la mar, y todo cuanto allí está, que no habría más tiempo*" (Revelación 10:5-6).

Ahora había llegado el *momento* para que Juan *saliera* del concepto '*tiempo*'. Ya NO podía quedar la *menor consideración* de voluntad *personal* en él – <u>tenía</u> que *establecerse* en el "*Eterno Ahora*". Su *secuencia de tiempo* había llegado al *nivel* en el cual comienza: la *concientización*. Para Juan, la *etapa* en la cual el hombre vive dentro de su *propia* voluntad, había llegado a su *fin*, tal como lo será para cada uno de nosotros. Nos es *dada* cierta 'cantidad de tiempo' para vivir *bajo* la voluntad *personal*, durante la cual *llegamos a reconocer* que SÓLO la Voluntad DEL Padre EN nosotros, puede constituir *nuestra* voluntad. Pero después, si NO logramos *alcanzar* el *objetivo* dentro de dicho '*tiempo*', entonces seremos como '*una rama purgada, cortada*' (Juan 15:1).

Pero Juan lo *logró* dentro de dicho '*tiempo*', y ahora ya NO había 'más tiempo' para él – sería *elevado* hacia Lo *Eterno*, donde las obras del *hombre* ya NO son: transitorias, temporales, NI dictadas por <u>su</u> concepto *personal* acerca de lo que se *debe* hacer, sino hacia donde se llevan a cabo *únicamente* las Obras que son *Eternas* – obras que JAMÁS son *destruidas*.

Sin embargo, ahora acontece algo extraño.

"Pero en los días de la voz del séptimo ángel, cuando debe comenzar a sonar la trompeta, el misterio de Dios será consumado, tal como Él lo declaró a sus siervos, los profetas" (Revelación 10:7).

El *Misterio* NO puede ser *revelado*, hasta que la SÉPTIMA *Trompeta* haya *sonado* en *ustedes*. El *Misterio* total y completo – puesto que *todavía* falta **una** *condición* que debe ser *eliminada*.

"Y la voz que yo oí desde el cielo, habló otra vez conmigo, y dijo: Ve y toma el librito que está abierto en la mano del ángel que está en pie sobre la mar y sobre la tierra" (Revelación 10:8).

9

Ahora *Juan* debe *enfrentar* una Verdad que *ustedes* tendrán que *enfrentar,* que *yo* tengo que *enfrentar,* que *cada individuo,* a su tiempo, tendrá que *enfrentar.* Y esta Verdad es, aquello que se le indica a Juan que debe *enfrentar,* cuando se le dice que: *"vaya y tome el Libro de la mano del Ángel"* – <u>tiene</u> que: *contemplar* la Realidad – ya NO puede *evitarlo,* NI *posponerlo* más.

"Y me dirigí al ángel, y le dije: Dame el libro. Y él me dijo: Tómalo, y cómelo; y amargará tu vientre; pero en tu boca será dulce como la miel" (Revelación 10:9).

He aquí una Verdad que TODOS *enfrentaremos,* la cual será *"dulce como la miel"* – esa verdad es que: <u>Dios ha creado, un Universo **Perfecto**; Dios es, TODO</u>. Juan se levanta y encara esa Verdad: **DIOS ES, TODO.** ¡Qué *hermosa* Verdad! Pero ¿por qué debería *amargar su vientre,* cuando es *dulce como la miel dentro de su boca?* Eso es lo que estaremos a punto de *descubrir* cuando *aceptemos* la TOTALIDAD DE Dios, como el *Fundamento* del *Libro de la Vida,* puesto que la *amargura* se encuentra: en la **digestión** de dicha Verdad, **y** en su **aplicación**.

Y el Espíritu le dice a Juan: *"Quiero que PRUEBES esa Verdad,* <u>antes</u> que des otro paso". Quiero que *VIVAS* esa Verdad, quiero que la *DEMUESTRES.* La SÉPTIMA *Trompeta* NUNCA sonará, *hasta* que 'DIOS ES TODO' sea <u>tu</u> *forma de vida.* El Reino DE los Cielos *sobre* la tierra, JAMÁS *emergerá* en <u>tu</u> Conciencia *hasta* que 'DIOS ES TODO' sea, <u>tu</u> Conciencia *Viviente*; El Reino DE los Cielos *sobre* la tierra, JAMÁS aparecerá en 'este mundo' para <u>ti</u>, hasta que se **establezca** en <u>tu</u> *Conciencia Interior.* "Tal como es *adentro,* así es *afuera".* Así pues, la *'perla de gran precio'* se encuentra 'allí', *dulce como la miel*; pero... ¿estás *listo* para *DEMOSTRARLA"*?

Ahí es donde Juan *es detenido.* Podríamos *acertar a escuchar* esa conversación entre *Cristo*-Jesús **y** *Cristo*-Juan. Seguramente fueron *más que palabras* en un *libro* – pudo haberle *llevado* 10, 15 o 20 *años* de su vida. Juan estaba *aprendiendo* algo, a lo que El Espíritu se había *referido* con un: *"No lo digas a nadie"* (Lucas 5:14); y Juan NO pudo *decirlo* allí, ¿cierto? Él, NO pudo **decirlo** allí; PRIMERO tuvo que *vivirlo*.

Es posible que *escuchen* la voz de *Cristo*-Jesús decir: "Juan, tú eres el *único* Hombre *sobre* la tierra con quien estoy *hablando* ahora, porque aquello que Yo HICE, *tú debes* HACERLO. *Yo, fui crucificado visiblemente; tu crucifixión será invisible.* Yo, *salí* de 'este mundo' *dentro* de un cuerpo, y *regresé; tú*, simplemente *saldrás* de 'este mundo' *dentro* de un cuerpo, SIN regresar. *Tú*, has sido *entrenado* para *continuar* la Obra DEL Espíritu *sobre* la tierra; *tu función* es: DEMOSTRAR el Universo *Perfecto* DE Dios, *dondequiera que te encuentres. Tú también* eres, un *"Demostrador del Camino"*, Juan. *Tú, tienes* que DEMOSTRAR el Universo *Perfecto* y *Divino* SOBRE la *tierra* – *tal como* lo HICE Yo – y *todavía* hay algo *más* en *tu* Camino".

"¿Recuerdas cuando en la boda en Canaán le dije a *mi* madre: '*Mujer*, ¿qué tengo el Yo que ver *contigo*?' (Juan 2:4) Juan, ¿recuerdas la *palabra* que *utilicé*, para 'mujer'? Y seguro Juan habría respondido: "*Sí; recuerdo* la palabra; usaste la palabra que es deletreada: 'j-u-v-a-i', lo cual significa: *algo más que una 'mujer'*".

Y después el Cristo diría a Juan: "¿Qué *significado* tuvo esa palabra '*juvai*' cuando dije '*mujer*'?" Y Juan respondería: "Bueno, era una palabra que utilizabas para un *extraño* – una palabra **impersonal**. Es una palabra con una profunda *implicación*, pero también es la *misma* palabra que utilizaste para la 'mujer' en el pozo en Samaria". Así pues, el Cristo continuaría: "*¿Qué* quise *decir* cuando utilicé una palabra tan *impersonal* para quien 'este mundo' llamaba '*mi* madre'?" Y Juan pensaría y diría: "Bueno, ahora *comprendo* a qué te refieres – significa que: la mujer *material*, CARECE de *autoridad* sobre el Espíritu".

"¿Y qué *más*, Juan?" –"Bueno, también significaba que la mujer *material*, NO puede *dar a luz* al Espíritu". –"Ah; ahora nos estamos *acercando*, Juan. '*Mujer*, ¿qué tengo el Yo que ver *contigo*?' (Juan

2:4). ¿Qué tengo el Yo, El **Espíritu**-*Cristo*, que ver con una mujer *material*?"

"Así pues, Juan, tú también _tienes_ que HACER lo *mismo*; tú también debes *enfrentar* la 'fuente' de tu *nacimiento* muy de cerca, y decir: '*Mujer, ¿qué* tengo el Yo que ver *contigo*?' El Yo, El **Cristo** en ti, le digo a tu madre *física*: '¿Qué tengo el Yo que ver *contigo*?' ¿Ya has llevado a cabo eso, Juan? ¿Ya has *renunciado* a la idea de que: el Espíritu *nació* de la *materia*? Sí; resulta un tanto *amargo en el vientre*. Dios es TODO este *panal en la boca*; pero, ¿nació Dios DENTRO del *vientre* de _tu_ 'madre'?"

Y ahora Juan *descansa* en la Palabra. Él _tiene_ que *encarar* esta Verdad, porque de lo *contrario*, la SÉPTIMA *Trompeta* NUNCA *sonará*. La *Iluminación* NUNCA podrá *llegar* a un ser **mortal**, a una conciencia **mortal**, a alguien que viva DENTRO de una forma **física**. El 'mundo *exterior*' SIEMPRE será el 'mundo *interior*' – y si ustedes *quieren* que el 'mundo *exterior*' sea el *Reino*, entonces _tienen_ que vivir DENTRO del Reino **Interior**.

Así que ahora Juan, tal como Jacob, está *descansando* con aquello que debe *encarar*. Y a nosotros, quienes estamos *recorriendo* el Camino, nos es dicho *a través de* Juan, que *tal* como eso fue lo que él tuvo que *enfrentar*, de **igual** manera *nosotros también* tendremos que *llevarlo a cabo*. Dios les dice a ustedes: "El Yo, NO Soy un ser *humano*, sino que El Yo, **Soy TODO**. Así que, ¿qué SON *ustedes*?" Dios les dice: "El Yo, NO tengo un corazón que esté latiendo; El Yo, NO estoy respirando; El Yo, NO estoy yendo y viniendo; El Yo, NO estoy viviendo en el *tiempo* NI en el *espacio*; El Yo, NO estoy enfermo; El Yo, NO sé NADA de enfermedad... ¿Qué pasa con 'ustedes'?"

¿**Es** Dios TODO, o *todavía* hay un '*tú*' con un *corazón*, con un *cuerpo*, viviendo en el *tiempo*, viviendo en el *espacio*; teniendo relaciones *humanas*? ¿*Todavía* hay un '*tú*'? –Entonces, para '*ti*', Dios *NO ES TODO*. Ustedes se quedarán con *la miel EN la boca*. Pero... ¿hay *uno* por allí, y *otro* por allá que esté **dispuesto** a *digerir* la miel, aunque se **amargue**? ¿Hay *alguien* que pueda *volverse hacia* *sí mismo*, **y** *moverse* a través de la *indolora* crucifixión de aquello que *NO ES* Dios? ¿Hay *alguien* que **pueda** *morir* a las creencias *falsas*? ¿Hay *alguien* que esté **dispuesto** a *decirle* al yo *material*: **No** hay un 'yo' *material*, porque Dios ES, TODO? ¿Hay *alguien* **dispuesto** a *decirle* a la voluntad *humana*: **No** hay voluntad *humana*, porque Dios ES, TODO? ¿Hay *alguien* **dispuesto** a *decirle* a la ambición *humana*: **No** hay ambición *humana*, porque Dios ES, TODO? ¿Hay *alguien* **dispuesto** a *decirle* a las obras *humanas*: **No** puede haber obras *humanas*, porque Dios ES, TODO?

–Y entonces el sentido *humano* va a *gritar*: '¡Esto es *demasiado amargo*!' Por eso la *preparación* <u>tiene</u> que ser, *lenta* – para que *cada* cimiento pueda ser *establecido* de modo tal, que *cuando* ustedes *alcancen* el punto de la DEMOSTRACIÓN de la TOTALIDAD DE Dios; de *PROBAR* la TOTALIDAD DE Dios al vivir DENTRO de una LIBERTAD TOTAL del Ser, entonces estén: preparados, listos, dispuestos, ansiosos, capaces de 'hacerse a un lado' – entonces *encontrarán* que, para NADA *resulta amargo*…

¿Cuál es ese '**séptimo** *pedacito de conocimiento*' que debe ser *entregado* ANTES que el *Ángel* de la Iluminación, la *Acción* de la Voluntad de Dios en ustedes, sea *realmente* liberada? ¿Qué *significa* realmente '*la muerte del yo*'? –Juan *todavía* se encontraba *luchando*, cuando la Voz pudo haber dicho: "*Muchas* veces, Juan, mientras *dormías*, *soñaste* que tú y tus discípulos estaban *remando* por la mar, y el barco *volcaba* y todos se *ahogaban*. ¿Cierto, Juan?"

–"Pues sí; ¿*cómo* lo supiste?" "¿Y *no* es cierto Juan, que cuando *despertaste* te 'sentiste aliviado' al *descubrir* que la nave NO se había *volcado* en absoluto – que TODO fue un *sueño*?"

–"Cierto; me sentí muy *aliviado*".

"Ahora Juan, <u>tienes</u> que *despertar* del sueño *mortal*, **y** *descubrir* que CADA *maldad* en lo 'mortal' es: *parte* del *sueño*; y TODO *bien* en él es: *parte* del *sueño*. Juan, <u>tu</u> vida *humana*, ¡JAMÁS fue *vivida*!"

Si ustedes están *preparados*, entonces NO resulta *amargo*. *Si* ustedes NO están *preparados*, entonces *duele*. Y se *alejan*, y se *apartan* temerosos del Espíritu, con rumbo hacia la *mortalidad*.

Pero *si* ya es <u>su</u> momento de *enfrentar* la Verdad, entonces *estarán de pie*, con Juan, *preparados* para *saber* que: a TODOS a quienes han *amado*, NUNCA han *amado*; y *quienes* los *amaron*, *NUNCA amaron*. A TODOS a quienes han *odiado* o *temido*, NUNCA han *odiado* o *temido*. TODO cuanto han *hecho*, como seres *humanos*, JAMÁS lo *hicieron*. Resulta muy *amargo* en el 'vientre' – y hay *pocos* que lo *quieran*; hay *pocos* que pueden *enfrentarlo*.

Y hay algunos que dicen: "¡Qué *maravilla*! No hay *contaminación* en 'este mundo', NI *asesinatos*, NI *cáncer*, NI *enfermedades*, NI muerte". –**No**; y TAMPOCO *nacimiento*. Dios, NUNCA *nació*, puesto que **Dios ES**, TODO. Entonces, ¿cuándo *naciste*? –Naciste en un: *sueño mortal*, ¿cierto? Y de repente, en un *instante*, aquello es *revelado* como: *sueño*...

> "*Y el ángel aparece, envuelto en una nube, portando un arcoíris, con pies de fuego*" (Revelación 10:1).

Y ustedes se encuentran con la Verdad de que el 'tiempo', NUNCA fue; el 'espacio', NUNCA fue; la 'forma', NUNCA fue tal como la conocemos – se trata de: un *sueño* **mental** *mortal*, un *sueño universal*. **Ni** siquiera fuimos el *soñador* – nosotros somos: los *personajes* en el sueño; las *imágenes* del 'soñador de la **mente mortal**' – 'simples palabras' para algunos; 'reconocimiento' para otros. Se *requiere* de una *larga digestión*, ANTES que se *convierta* nuevamente en *miel, en la boca* de ustedes.

Esto pues constituye el Sueño-Adán, y el *Renacimiento* implica el ***despertar*** del sueño de ese sueño; el *despertar* al RECONOCIMIENTO de que ese 'yo' que camina sobre la tierra DENTRO de una *forma* es: una *percepción errónea* de la **mente mortal**. Aquello que *haga*, aquello que *diga*, aquello que *piense* – TODO lo *aparentemente bueno* que está *hecho*, NO es bueno NI es malo; tan sólo es: ***parte del sueño***. *Cuando* el sueño es *comprendido* como 'sueño', entonces ustedes comienzan a *sentir* la *Nueva* Substancia DETRÁS del 'sueño'. <u>**Sólo en el RECONOCIMIENTO del 'sueño' es que ustedes *despiertan*.**</u> Y he aquí, entonces en el *despertar* del sueño, ustedes están *preparados* para la SÉPTIMA *Trompeta*, porque ahora ustedes están *preparados* para *DEMOSTRAR* que *Dios ES, TODO.*

Para ustedes, NO hay *mortal* alguno – NI donde 'ustedes' estén *parados*, NI donde su 'vecino' esté *parado*. Ustedes se *encuentran* en el *Nacimiento* de la *Nueva* Conciencia, la Conciencia que está *Preparada* para *Servir* A Dios *supremamente*; para '*reconocerlo en* TODOS *sus caminos*' (Proverbios 3:6); para ser una *Expresión* de SU Voluntad; para llevar a cabo SUS Obras. Esto es por lo que Juan *atraviesa* en este instante.

> "*Y tomé el librito de la mano del ángel, y yo lo comí; y era dulce en mi boca como la miel – y tan pronto como lo hube comido, amargó mi vientre*" (Revelación 10:10).

Cuando nuestra *Nueva* Identidad – *cuando* Dios ES, TODO – es **aceptado**, entonces eso constituye el Ser *Indiviso* que NO dice: "yo soy un ser *material*; **y** también soy el *hijo* de Dios". En adelante, en este nivel de ***aceptación***, ustedes *caminan* hacia *adelante como*: el Espíritu *Viviente* DE Dios. Ésta es la *Senda* que Juan nos está *presentando* en este *momento* – que *cuando* la Identidad de ustedes es ***aceptada*** como Hijo DE Dios, como Espíritu DE Dios, entonces NO puede tratarse *únicamente* de una 'aceptación *literal*'.

Habemos *muchos* que actualmente NO estamos *preparados* para *llevar* a *cabo* esto; y sería *locura* 'intentar hacer' algo cuando NO se está *preparado*. Aquellos de nosotros que hemos llegado *tarde* a esta *Obra*; que NO estamos *preparados*, NO deberíamos *saltar* al océano **y** *comenzar* a nadar tan solo porque *El Libro* así lo *dice*. Ustedes *tienen* que *volverse* **y** *llevar* a cabo su *preparación*; tienen que *dar* TODOS los pasos *necesarios*; *tienen* que *aprender* a 'nadar', *si* es que van a 'saltar al Océano *Espiritual*'. Así pues, NO estamos diciendo que *quien escuche* estas palabras, *tenga* que salir *repentinamente* como un Espíritu, y '*decidir*' que NO es *mortal*; que **no** es carne; que **no** es *materia carnal*.

A algunas personas les pudiera llevar otros *diez* o *veinte* años *más, hacerlo*; a otros les pudiera llevar *diez* o *veinte* siglos. Pero siempre han existido esos *pocos* que *preparados* para *continuar*, que fueron *detenidos* por el *desconocimiento* de la Verdad. Y con seguridad Cristo-*Jesús* fue uno de los que caminó EN la Verdad, a favor de aquellos que *pudieran* seguirlo como 'sus discípulos'. Seguramente ahora se le está *enseñando* a Juan esta Verdad, para que quienes 'lo sigan', puedan *seguirlo* EN la Verdad. Y también con toda seguridad, aquellos de nosotros quienes hemos *llegado* hasta aquí en la *Revelación*, debemos haber *sentido* que estábamos *preparados* para la Verdad – *dondequiera* que nos 'lleve'.

Y *aquí* es donde 'el zapato aprieta'; *aquí* es donde '*termina*' el *Camino Ancho*, en el cual podíamos seguir *diciendo*: 'Es cierto; sí; eso es cierto' – y *aquí comienza* el *Camino Angosto* en el cual decimos: 'AHORA, debo *hacer* lo mismo'. Éste es *el Camino Angosto* que *conduce* hacia donde Juan se *dirige*: hacia la *Vida Eterna*.

Muy bien, ésta constituye la PRIMERA *Resurrección* de Juan que está por *acontecer* – pero *dense cuenta* que realmente es lo *mismo* que la SEGUNDA *Venida del Cristo*. La SEGUNDA *Venida del Cristo* **en** Juan, y la PRIMERA Resurrección *son*, ciertamente, lo *mismo*. Y así será cuando El *Cristo* **en** ustedes haya *sido Resucitado* – ésa será la PRIMERA *Resurrección* para *ustedes*, **y** también la SEGUNDA *Venida del Cristo*, DENTRO de ese Cristo que SIEMPRE ha sido: la Sustancia, la Mente de *ustedes*. Y entonces ahora, la SEGUNDA *Venida* constituye: el RECONOCIMIENTO de que El *Cristo* ES, la Sustancia **y** Mente de *ustedes. Vivir* DENTRO de nuestra Identidad *como* la *Mente*-Cristo **y** la *Sustancia*-Cristo, implica la ÚNICA forma en que podemos *abarcar* la TOTALIDAD DE Dios – como ser-*mortal*, ustedes NO podrían *hacerlo*; como ser-*mortal*, la propia *existencia* de ustedes constituye: la *mentira* acerca de la TOTALIDAD DE Dios.

¿Estamos pues **dispuestos** a '*tomar el Librito que está abierto ante nosotros*'? ¿Estamos **dispuestos**? –Juan estaba **dispuesto**; él '*tomó el Libro*' a *pesar* de que *amargó su vientre*. Digamos pues, que '*tomamos el Libro*'... Entonces, ¿*cómo* nos vamos a *mover* **y** a *tener* nuestro Ser EN Él, cuando estemos *dispuestos* para **aceptar** la TOTALIDAD DE DIOS como: *la **nada** de mí?* –Porque, ¡NO puede *haber* un TODO-Dios, **y** *además* un 'yo'!

Demos ese paso DENTRO de **Su** TOTALIDAD, **y** *comencemos* con El **Yo**-Cristo. El **Yo**, la *Mente*-Cristo **y** el **Cuerpo**-Cristo, JAMÁS nací, JAMÁS moriré. *Si* ustedes NO se sienten *cómodos* con esa *Identidad*, entonces *permanezcan* EN Ella por un tiempo – una semana o dos – hasta que *cualquier otra* 'identidad' les parezca *incómoda*, **y** entonces *descubran* que El **Yo**-Cristo: la LUZ DE Dios, la Verdad DE Dios, la Vida DE Dios, se *convierte* en el *Nuevo* 'Manto' que están *dispuestos* a *portar*. Y a eso debieran *agregar* una Palabra, ANTES de *hallar* la Verdadera Paz: El **Yo**-Cristo **Infinito**. –No El **Yo**-Cristo 'aquí en una silla'; NO El **Yo**-Cristo 'sentado en la estancia'; NO El **Yo**-Cristo 'en la oficina'; NO El **Yo**-Cristo 'en la cocina', sino El **Yo**-Cristo **Infinito**, debido a que: **Dios ES, TODO.**

Ese es el 'tema' que AHORA *tienen* que *desplegar* DENTRO de ustedes: El **Infinito Yo**-Cristo. Eso implica '*tomar el Libro de la mano del Ángel*'; y eso es, '**digerirlo**'. Y entonces El **Infinito Yo**-Cristo Se *vivificará*, Se *probará*, Se *demostrará*. El Cristo EN *ti*, **y** El Cristo EN tu *prójimo*, UNO **y** lo MISMO, SON. El Cristo EN *ti*, **y** El Cristo EN *todo* individuo sobre la tierra, UNO **y** lo MISMO, SON. **No** hay *división* entre El Cristo-**Infinito** y El Cristo EN *ti* – así que, NO pueden *aceptar* un Cristo-*personal*.

Tan solo existe El **Infinito Yo**-Cristo. *Mientras* hayan 'nacido' *dentro* de un *útero,* pues NO puede haber *INFINITO* – eso resulta *evidente*. Por eso fue *necesario* que Cristo-*Jesús* estableciera que el **Yo**-Cristo, siendo el Cristo *INFINITO*, JAMÁS *nació* DE una 'mujer'. El **único** Padre, y la **única** Madre de ustedes ES, Dios. Dios ES: el Padre **y** la Madre de CADA individuo sobre la tierra. Dios FUE, El Padre-Madre **de** los padres, así como **de** los padres **de** los padres de ustedes – y lo *único* que 'nosotros', como *humanos* le hemos *aportado* a 'nuestros' hijos es, una *falsa conciencia*. Nosotros *permitimos* que ellos *entraran* en el sueño **falso**, dándoles un *sentido* de ese sueño **falso**; y ellos lo *admitieron* **y** se lo *aportarán* a 'sus' hijos, hasta que alguno de *nosotros*, en nuestro *Hogar*, *'abra ese Librito'* y pueda *vivir* DESDE lo *Infinito* del *Yo*-Cristo que SOY *Uno con* El Padre, Quien constituye: la *Mayoría*.

El *Yo*-Cristo es, el *Nombre* de ustedes – por lo tanto, ustedes, NO tienen principio en el *tiempo*, NI tienen fin en el *tiempo*; ustedes, NO pueden ir al *espacio*, porque NO hay *espacio* alguno; ustedes, NO pueden moverse en el *tiempo*, porque NO existe el *tiempo*. El *Infinito Yo*-Cristo, **ya** estoy en TODAS partes. El *Infinito Yo*-Cristo, Soy el *único* habitante de la tierra. El *Infinito Yo*-Cristo, NO tengo *límites* NI *limitaciones*. El *Infinito Yo*-Cristo, SOY el *único* Ser, y… *"aparte del Mí, NO hay **nada** NI **nadie** más"*.

La *aceptación* del Ser-Cristo-*Infinito*, como el ÚNICO Ser de ustedes, constituye: la **aniquilación** del ser-***mortal***... Repito: eso, la **aniquilación** del ser-***mortal***, NO se alcanza *'intelectualmente'* – constituye un *HECHO* **ya** *preestablecido*, ANTES de la *aparición* de esta 'forma *mortal'* – es un *HECHO* que espera ser: **aceptado**, **vivido**, **creído** – porque *si* ustedes *creen* en El Cristo-*Infinito* como el 'Nombre' de ustedes, entonces las obras que El Cristo-*Infinito* llevó a cabo *a través* de Jesús, El *Mismo* Cristo-*Infinito* las llevará a cabo a través de *ustedes*; e incluso *¡mayores obras!'* (Juan 14:12).

Todo esto continúa siendo una *preparación*, ya que llegará el tiempo, incluso *después* que **acepten** al Cristo-*Infinito* como *su* 'Nombre', que El Cristo-*Infinito* se *desplegará* en su Conciencia, y entonces la **mente** de 'este mundo' Lo *encontrará* – y ustedes se *encontrarán* en aquello conocido como: *la Batalla de Armagedón*.

El RECONOCIMIENTO de ustedes: tanto de la **mente** de 'este mundo', como de que El Cristo-*Infinito* constituye su 'Nombre' (Naturaleza), moverá la una hacia el Otro – y entonces la Verdad *vivida*, *experimentada* DENTRO de ustedes, **desterrará** la mentira. En última instancia, TODO remanente del ser-*mortal* '**morirá'**, en la medida en que ustedes *hagan*, de esto, *su propio Camino de Vida*. Esto constituye *su* *preparación* para el día cuando la **mente mortal** en ustedes, 'resistiéndose a *ceder*', será *enfrentada* por El Cristo-*Infinito* en su 'negativa a *ceder*', tal como aconteció con Juan.

Después que hayan *morado* con esto por un *corto* tiempo, una gran Paz *descenderá* para ustedes, debido a *su* Fidelidad al *Infinito-Yo*-Cristo como su *Identidad* – NO existe otra 'Identidad' para ustedes en TODA la faz de la tierra; para NADIE más. Ustedes han **aceptado** al *Infinito-Yo*-Cristo como la *única Identidad* en la tierra, **y** eso ES lo que *ustedes* SON. Ustedes *viven* en esa Conciencia del Ser-*Único*. TODO cuanto llega a *su* conocimiento es *traducido*, es *reinterpretado*, DENTRO de esa Identidad-*Única* – NO puede haber *otra* 'identidad' puesto que Dios ES, TODO. El *Infinito-Yo*-Cristo constituye: el Hijo *Único*, la 'Imagen **y** Semejanza' *Únicas* (Génesis 1:26) del Padre, el Ser *Único* – pues NO hay *otro*; y, por lo tanto, <u>*TODO*</u> lo demás que *aparezca*, será sólo: una *apariencia*, CARENTE de 'identidad', porque *La Identidad* 'detrás' de dichas *apariencias* es: El *Infinito-Yo*-Cristo.

El *Infinito-Yo*-Cristo, JAMÁS Se *separa* de Sí Mismo; JAMÁS Se *convierte* en un ser-*mortal* o en un ser-*material*; JAMÁS Se *convierte* en un 'mal o una imperfección'; JAMÁS Se *convierte* en una *enfermedad* o un *huracán*, pues ES: TODO. Por lo tanto, *¿dónde* se encuentra todo eso? –Se encuentra DENTRO de la conciencia-***mortal*** que estamos *aprendiendo* a 'dejar atrás' – y aquello que *comienza* '*amargando el vientre*' también se *convierte* ahí, en un *panal*.

Nosotros estamos *reinterpretando* el Universo en El *Yo*-Cristo, El Ser-*Infinito*. *¿Dónde* viven 'ustedes'? ¿En un edificio? –Pero *NO* hay 'edificio' alguno allí – **sólo** El *Yo*-Cristo ESTOY allí; Dios ES: TODO. *¿Dónde* se encuentra el Océano Pacífico? –En NINGUNA parte; **sólo** El *Yo*-Cristo ESTOY allí; Dios ES: TODO. *¿Dónde* se encuentra el Atlántico? –**No** está ahí. *¿Dónde* está la tierra? –**No** está aquí. *¿Qué* hay *aquí*? –El **Yo**-Cristo, El Ser-*Infinito*. Hemos *reinterpretado* 'este mundo' *material visible* en un Espíritu-*Infinito* – eso es, TODO lo que fue; y eso es, TODO lo que será. Y en este Espíritu-*Infinito*, que ES El *Yo*-Cristo, las 'imágenes' *pierden* su 'poder' para *quien habite* DENTRO del *Infinito-Yo*-Cristo.

Resulta *indispensable* 'salir' de la *creencia* en: el nacimiento-*humano*, para llegar a la *comprensión* del *Infinito-Yo*-Cristo.

∞∞∞∞∞∞ Fin del Lado Uno ∞∞∞∞∞∞

Y en este Espíritu-*Infinito* que ES El *Yo*-Cristo, las 'imágenes' *pierden* su 'poder' para *quien habite* DENTRO del *Infinito-Yo*-Cristo. Resulta *indispensable* 'salir' de la *creencia* en el nacimiento-*humano*, para llegar a la *comprensión* del *Infinito-Yo*-Cristo. En esta Conciencia enfrentamos *violaciones* TODOS los días, cuando RECONOCEMOS *otra* identidad, *otro* poder, *otra* sustancia *aparte* del *Infinito*-UNO.

Ahora bien, lo siguiente constituye su 'vara de *medir*'. SIN importar lo que *diga* o *haga* 'este mundo', la 'vara de *medir*' NUNCA *cambia* – está conformada de "36 pulgadas"; y NO importa lo que 'este mundo' les dé para medir, *si* NO son "36 pulgadas", entonces 'este mundo' está *equivocado*, porque la 'vara de *medir*' de ustedes, es de "36 pulgadas". Alguien pudiera darles una tela de "32 pulgadas", diciéndoles que es de "36 pulgadas", para que la comparen con su 'vara de *medir*'. Si su 'vara de *medir*' es de "36 pulgadas", entonces debieran SER "36 pulgadas". Si la tela *solo* mide "32 pulgadas", entonces NO es de "36 pulgadas". Ustedes pueden *confiar* en <u>su</u> 'vara de *medir*' para que les diga la *Verdad*.

De igual manera EN El Espíritu, ustedes *requieren* de una *Verdad* semejante a una 'vara de *medir*'. Su 'vara de *medir*' EN el Espíritu ES: "<u>Puesto que Dios ES TODO, entonces *sólo* El Espíritu-Cristo ES. Puesto que El Espíritu-*Cristo* ES *Perfecto*, entonces *sólo* la Perfección ES. Puesto que El Espíritu-*Cristo* ES *Armonía*, entonces *sólo* la Armonía ES. Puesto que El Espíritu-*Cristo* ES Verdad, entonces *sólo* la Verdad ES</u>".

Odio, violencia, miedo, intimidación, terror – todo aquello que *pareciera* tener una medida *distinta* a la 'vara de *medir*' de la Verdad, en cuanto a que El Espíritu-*Cristo* ES TODO, se muestra, por sí mismo, *falso*. El HECHO de que El Espíritu-*Cristo* sea TODO, NO va a cambiar – NADA puede *cambiar* al Espíritu-*Cristo*, de ser la ÚNICA Presencia; NADA puede *cambiar* la PERFECCIÓN de ese Espíritu, de ser la Ley *Permanente* de la tierra. Aquello que lo *negara*, estaría *negando* la 'vara de *medir*'. Una 'vara de *medir*' de "36 pulgadas" ES, por SIEMPRE, de "36 pulgadas" – El Cristo ES SIEMPRE: El Cristo-*Infinito*.

Nosotros tenemos *ahora* que *preguntarnos*: "¿SOY Yo, El *Hijo* DE Dios?" Cuando se lo *pregunten*, entonces resultaría prudente *enfrentar* un **Hecho** *simple*: Ustedes NO pueden ser *al mismo tiempo* El Hijo DE Dios, **y *también*** el hijo *de sus* padres; esa *ilusión* <u>tiene</u> que *desvanecerse*. Ser hijo *de sus* padres, implicaría NO ser El Hijo DE Dios.

Resultaría ridículo que el 'hijo *humano*' *de* ustedes fuera 'hijo' de *alguien* más, **y** al mismo tiempo, *también* 'hijo' *de* ustedes. Del mismo modo resulta simplemente ***imposible*** que ustedes sean 'hijos' de '*dos*' progenitores *diferentes*: *humanos* **y** *Espirituales*. Y cuando *aceptamos* la paternidad *humana*, entonces con ello *aceptamos* que Dios, NO es *nuestro* Padre; cuando *aceptamos* la paternidad *material*, entonces estamos *aceptando* que NO somos Seres *Espirituales*. Eso fue parte del *sueño*; eso conformó la *era de Adán y Eva*; eso constituye la *era* que TODO 'padre' le *trasmite* a '*su* hijo', con '*todo su* amor': "Ahora eres: un 'ser *humano*'". Y en eso radica precisamente el *sentido de separación* DE la Vida Divina, la cual es TODO cuanto existe *aquí*.

Ahora bien, ya sea que 'ustedes' *acepten* ser Hijos DE Dios, o que 'ustedes' NO *acepten* ser Hijos DE Dios, también tendrían que *considerar* lo siguiente: cuando 'ustedes' NO *pueden aceptarse* a sí mismos como Hijos DE Dios, en realidad NO son 'ustedes' quienes NO pueden '*aceptarlo*' – *nuevamente* se trata de: esa **mente mortal**, la cual se *resiste* a *permitir* la *aceptación*; y es precisamente *la* **mente** *mortal* en 'ustedes', la que dice: "No; 'yo' *no* puedo *aceptar* eso"... Y 'ustedes' *creen* que son 'ustedes', quienes NO pueden *aceptarlo*; 'ustedes' *creen* que son 'ustedes', quienes están *teniendo dificultades* para '*aceptarse a ustedes mismos como Espíritu*' – pero se trata de la **conciencia** *material* de '*este mundo*', la que NO lo está *permitiendo*. **No** son '*ustedes*' quienes lo *rechazan*, porque NO *existe* un tal "ustedes" para rechazar, puesto que El Espíritu es: ¡Todo cuanto *existe*!

Es por eso que, en este último Capítulo se nos dijo que había quienes aún no *podían* 'arrepentirse', pero 'adoraban' todo: el latón, el hierro, el oro, los minerales, *teniendo todavía* 'su' *creencia*, *establecida* en '*este* mundo' **físico**.

La Ley del Espíritu **Infinito** actúa *sólo* dentro de Sí Misma; y cuando 'ustedes' han *aceptado* un Universo *Espiritual* **Infinito**; y cuando 'ustedes' *saben* que 'ustedes' son ese Espíritu que está *Indiviso* de Sí Mismo, entonces es que *pudieran* decir: "Bien, entonces soy 'una *pieza*'; soy 'una *parte*' de esa Totalidad". Pero 'ustedes', no pueden darle *ninguna* 'parte' a Dios – Dios, no tiene 'partes'; Dios es: Uno. De *ninguna* manera pueden poner a Dios en la *misma* categoría de la mente *humana* **finita** que dice: "Bien, aquí tengo 'partes' – tengo un brazo *aquí*, y un brazo *allá*; tengo una pierna *aquí*, y otra pierna *allá*" ... Eso constituye *nuestro* 'concepto humano **finito**', pero no es Dios. Dios es: Uno – no existen *partes* en El Uno; tan *solo* existe El Ser-**Dios**. Ustedes sencillamente no pueden 'ser *parte*' **de** Dios, porque en Dios, no existen 'las *partes*'.

Ustedes, no pueden ser algo **finito** en Dios; ustedes, no pueden ser algo **limitado** en Dios – *tienen* que mantenerse *firmes* al **Hecho** de que, puesto que Dios es Uno, y Dios es Todo, entonces no hay **nada más**. Y ahí tienen el 'sueño mortal' que *cree* que existen 'otros' – incluyéndome 'a mí'. Un sueño *literal*, con 50, 60, 70, 80 años de *alucinaciones* – y en **todo** ese tiempo, la Luz de Dios ahí *presente*. '*Vosotros*, sois La Luz' (Mateo 5:14) – no el *sueño*, ni la 'forma' que *perece*, ni la 'forma' que *experimenta* las *iniquidades* que El Yo, El Cristo **Infinito**, 'Soy demasiado *Puro* para *contemplar*' (Habacuc 1:13).

Ahora bien, en el instante en que *permanezcan* en El Yo, en El Cristo **Infinito**, en la Única Sustancia, en la Única Ley, en el Único Principio de todo cuanto es, en ese instante estarán *siguiendo* la *Palabra* de las Citas mencionadas: "*Aparte* del Mí,

NO hay *nada* NI *nadie* más" (Isaías 43:10-11); y debido a que El Yo ES Quien *dice* que: *"Aparte* DEL Mí, NO hay *nada* NI *nadie* más", entonces *tiene* que ser el Espíritu DE *ustedes* Quien dice: *"Aparte* DEL Mí, NO hay *nada* NI *nadie* más".

La *Palabra* o las Citas DEL Padre, nos *son dadas* por una *razón* muy especial – ellas SIEMPRE son *ciertas*; NO hay poder alguno sobre la tierra para hacerlas *inciertas*. La *Mente*-Cristo *decreta* la *Palabra* o Citas DEL Padre; **y** la *Mente*-Cristo NUNCA Se *separa* de esa *Palabra* – NUNCA están separadas, por lo que la *Palabra* DE la *Mente*-Cristo **y** la *Mente*-Cristo, SON SIEMPRE: *UNA.*

Cuando ustedes *busquen* la *Mente*-Cristo, tan solo *tienen* que *encontrar* la *Palabra, las Citas* o *las Declaraciones* de la *Mente*-Cristo, de las cuales la *Mente*-Cristo JAMÁS está *separada* – y entonces esa *Palabra* los llevará justo: *de retorno hacia la Mente*-Cristo. Dicha *Palabra* o *Revelación, encuentra* Su Propia Fuente DENTRO DE *ustedes*; los *despertará* a la *Mente*-Cristo en ustedes. Eso se *asemeja* a un misil infinito *guiado*. La *Palabra* del Cristo, pronunciada en *cualquier* momento en la historia del hombre, conforma *Imparticiones Permanentes*; y cuando ustedes La *tocan*, cuando ustedes La *encuentran*, cuando ustedes La *aceptan*, **y** cuando ustedes La *viven*, entonces los lleva de *retorno hacia su Mente*-Cristo – *pareciera* como la 'combinación *oculta* para *abrir* la caja fuerte'.

De esa manera esa *Palabra Revelada,* se *convierte* para nosotros, en El *Camino*. Las *Palabras reunidas* DEL Cristo se convierten en: EL Verbo o LA Palabra *Únicos.* Y dondequiera que la *Palabra* sea *proferida* POR el Cristo, será *expresada* por el Ser-***Cristo*** de *ustedes*. Es como si Jesús dijera directamente: "Si *yo* NO me *fuera*, entonces el *Consolador* NO *vendría* hacia ustedes" (Juan 16:7) – así que estas *Citas* que se encuentran en la Biblia, también están siendo *habladas* PARA ustedes – *ellas* constituyen: El *Consolador*; y los conducen hacia *su* propia Conciencia-***Cristo***. Pero cuando ustedes *miran* la *Palabra* con su mente *humana,* la cual es *incapaz* de comprenderla, entonces *Ella* permanece 'delante de ustedes', *hasta* que 'algo' en ustedes se *eleve* más allá de su mente-*conceptual*, hacia la *Mente-Cristo*, pues la *Palabra Decretada* encontrará su Origen DENTRO de ustedes.

Si pudieran *considerar* la cita: *"Mujer, ¿qué tengo el Yo, que ver contigo?"* (Juan 2:4); y *si* pudieran *mantenerse* allí, *relacionándola* con sus padres *humanos* y con el *concepto* que de ellos tienen, hasta *darse cuenta* que, El *Infinito Yo*-Cristo, siendo el *Nombre de ustedes, también* es el *Nombre de ellos* – El Ser **Único** – entonces *percibirían* la 'Realidad de ellos y la de ustedes', como el ÚNICO *Yo*-Cristo *Infinito*, que NUNCA nació. Cuando ustedes miran las *formas* que van y vienen en el *tiempo* y en el *espacio*, como los *falsos conceptos* de 'este mundo' – entonces *comprenden* que *cada uno* de estos '*conceptos*' les **impide** recibir la Bendición *Interior*; les **impide** cruzar hacia el Reino DEL Dios *Vivo* – porque *sólo* el Hijo DE Dios, el Espíritu DE Dios, el Cristo DE Dios, *vive* DENTRO del Reino DE Dios, sobre la tierra – porque sólo ese Cristo DE Dios, *experimenta* la Gracia DE Dios, sobre la tierra.

Entonces, cuando ustedes *descansan* en el *conocimiento* de que el *Infinito Yo*-Cristo Estoy en TODAS partes, es cuando ustedes *saben* que NO hay obstáculo **físico** alguno para el *Infinito Yo*-Cristo; NO hay lugar alguno en donde el Ser de 'ustedes' NO esté. *Dondequiera* que 'ustedes' vayan, *su* Ser está AHÍ – todo cuanto ustedes 'ven' es la '*forma*', y esa '*forma*' NO es más que: el '*concepto*'. Ahora ustedes tienen *su* Ser en TODAS partes, donde SIEMPRE ha estado. Y al *descansar* en dicho *conocimiento*, de que "mi Ser está en TODAS partes porque Yo, Soy El *Cristo* **Infinito**", entonces estarán establecidos en la Verdad que JAMÁS puede ser *cambiada* o *mejorada*, DENTRO de la cual, la Ley *Perfecta* de la Gracia, está *actuando*.

No hay NADA que 'ustedes' necesiten *hacer* para *mejorar* 'algo'. La Gracia está *actuando* DENTRO del Cristo **Infinito**; y *si* el Cristo **Infinito** constituye *su* Ser *Reconocido*, entonces ustedes se *encuentran* DENTRO de la Gracia. *Si* ustedes NO se *separaran* de *su Identidad*, entonces esa Gracia *continuaría* y *llevaría a cabo*

TODO lo necesario – por lo que, en el instante en que 'ustedes' *expresaran* alguna *necesidad*, sería porque se habrían *apartado* DE la Gracia, ya que NO existe *necesidad* que NO esté *plenamente satisfecha* DENTRO de la Gracia. **No** existen necesidades *insatisfechas* DENTRO del Cristo. Y *si* ustedes fueran *conscientes* de *una sola necesidad*, entonces estarían <u>*negando*</u> al **Infinito Yo**-Cristo.

Así pues, un *problema* constituye una <u>*negación*</u> del **Infinito Yo**-Cristo. Y eso es parte de la *amargura* que tiene que ser *eliminada*. *Cualquier* cosa que <u>*niegue*</u> al **Infinito Yo**-Cristo, constituye una <u>*negación*</u> del *Hecho* – y el *Hecho*, como ES un *Hecho Permanente*, aquello que lo *niegue*, JAMÁS podrá ser *real*. *Si* ahora *consideraran* cualquier cosa en su vida que <u>negara</u> al **Infinito Yo**-Cristo – entonces justamente así es como *saldrían* de la Realidad: en el *instante* en que *aceptaran* aquello que Lo <u>*negara*</u>.

El **Infinito Yo**-Cristo implica que ustedes *están* AHORA bajo el gobierno DE Dios, DENTRO de los "*Siete Truenos*", en los "*Siete Cielos*", en el Reino *Perfecto* sobre la tierra. Y debemos recordar que es la Voluntad DEL Padre, el que *heredemos* la tierra. Ustedes NO pueden *heredar* la tierra como 'ser *mortal'* – *sólo* como El **Yo**-Cristo – y NO como un **Yo**-Cristo DENTRO de una '*forma'*; NO como un **Yo**-Cristo DENTRO de un '*espacio'* o un '*tiempo'* – tan *solo* como: El **Yo**-Cristo, Lo ÚNICO.

Ahora bien, ¿*quién* es su 'prójimo'? –El **Infinito Yo**-Cristo. Su *prójimo* es: <u>su</u> Ser de <u>ustedes</u>; y lo MISMO ES: *cada* árbol, flor, río, montaña y arroyo. Donde *aparece* lo '*material'*, NO hay *materia* alguna – *sólo* existe el Yo *Infinito*, el Ser-*Cristo*. TODO este universo está construido como una *imagen* en donde *sólo* el **Infinito Yo**-Cristo, Estoy. El **Infinito Yo**-Cristo, SOY: el "Reino que NO es 'este mundo'" (Juan 18:36).

Pues bien, resulta *difícil convivir* con esta Conciencia. Y en última instancia, llegará a ser una Conciencia '*natural'* para ustedes, de modo que cuando *despierten* y *digan* "El **Yo**-Cristo", *significará* el **Infinito Yo**-Cristo para ustedes, y *sabrán* que eso es lo que *implica*. *Abarcará* mucho *más* que tan solo el sentido *personal* de ustedes mismos; *sentirán* cómo se *expande, incluyendo* mucho *más* que un simple sentido *personal* de ustedes; **y** sabrán que la Ley del *Infinito Yo*-Cristo, SIEMPRE está en *acción*, por lo que NO *importa* la *apariencia*, pues tan solo es la *mentira* sobre Aquello que está en *acción*. Y *enfrentarán* dicha *apariencia* con la Conciencia del *Infinito Yo*-Cristo que le *dice* a aquello que *aparece*, SIN necesidad de *emitir* palabra alguna: "*Tú*, NO *puedes* tener *poder* sobre *Mí*" (Juan 19:11), debido a que NO estás *allí* – *solo* el *Infinito Yo*-Cristo *Estoy allí*; el *Infinito Yo*-Cristo *Estoy* en TODAS partes; **y** NO HAY NADA MÁS". Y con esto, ustedes habrán *despojado* a la serpiente, de su *aguijón*.

Ahora *practiquemos* lo anterior; detengámonos en el *Hecho* de que:

"El Yo, El Hijo DE Dios, Soy Espíritu *Puro*. El Yo, Soy *desde* hace cinco millones de años, **y** *seguiré* Siendo *dentro* de cinco millones de años. El Yo, *Estoy* dondequiera que un pie pueda pisar. El Yo, *Estoy* arriba **y** abajo; El Yo, *Estoy* aquí **y** *Estoy* allá; NO hay lugar donde El Yo, NO Esté. El Yo, NO soy una *forma* tal como los hombres *conocen* las 'formas' – El Yo, *Soy* La Vida *Eterna*; El Yo, *Soy* el Hijo *Viviente* DEL Padre. El Yo, **Soy** *Divino*, tanto en *Imagen* como en *Semejanza*; *Perfecto AHORA*, tal como Mi Padre. **No** hay *mañanas* para *Mí*; tan solo hay el *Eterno-AHORA*. Dondequiera que Mi Espíritu *Esté*, El Yo *Estoy*. Dondequiera que Mi Espíritu *Esté*, la Ley de Mi Espíritu *Está*. Dondequiera que Mi Espíritu *Esté*, la Perfección *Está* siempre expresada a través de ese Espíritu. Dondequiera que El Yo *Voy*, El Yo YA *Estoy*".

No lo 'memoricen'; *practíquenlo; vívanlo* – *practíquenlo* en su Conciencia al amanecer; *practíquenlo* en su Conciencia durante el día; *practíquenlo* al anochecer. *Practíquenlo* cada vez que tengan un momento para *practicarlo*, hasta que comience a ser: su *Morada* normal, su *Conciencia* normal – entonces estarán *morando* AHÍ, *Permanentemente*.

Así es como *descubrirán* que: las *imperfecciones* en 'este mundo', "NO se *acercarán* a su Morada" (Salmo 91:10), NI con tanta *frecuencia*, NI tan *profundamente*. *Algo* en ustedes "va *delante de ustedes*" (Isaías 45:2); *Algo* "*prepara* mesa en el desierto" (Salmo 78:19); *Algo remueve* las telarañas de las viejas *creencias* – la **mente** de 'este mundo' encuentra *poca* acogida en *su* Conciencia. Mientras llevan a cabo esto, en LA CONTINUIDAD DEL SILENCIO, la **mente** de 'este mundo' NO tiene 'a dónde ir' *dentro* de ustedes. De esa manera ustedes se estarán *beneficiando* en dos maneras: 1) Estarán "*conociendo* la Verdad" (Juan 8:32), **y** también estarán *cerrando* la puerta a la *mentira*. 2) Y luego, cuando la *mentira* se 'cuele' como acostumbra, entonces ustedes podrán *enfrentarla* con esta Consciencia *fortalecida*: "Bueno, 'tú' NO *puedes* estar *aquí*, porque El Yo, **ESTOY** – la materia NO puede estar *aquí*, porque el Espíritu, **ESTÁ** *aquí*".

Ustedes cuentan con *su* Universo *Espiritual*, y ustedes SON: *EL* Ser *Espiritual* en ese Universo; y TODAS las *formas* son, en realidad, *su* propio Ser *Espiritual*, percibido *erróneamente* 'dentro' de la *forma*. "*Aparte* del *Mí*, NO hay NADIE más" (Isaías 43:10–11). Ésa es la *manera* en que ustedes, *sostienen* la TOTALIDAD DE Dios; y ésa es la *manera* en que ustedes, se *ganan* *su* Filiación.

Ahora hemos sido suficientemente *preparados* para poder *practicar* este RECONOCIMIENTO *completo* de la TOTALIDAD DE Dios, y mientras *permanecemos* en este RECONOCIMIENTO de lo *Interior* en nosotros, siendo **UNO** *con* el Padre, es que podemos *decir*: "*Si* tú *Me* ves, entonces tú ves al *Padre*, Quien Me *envió*". Lo *Interior* de *Mí* puede *decir* a TODOS los que *caminan* sobre la tierra: "**TODO** cuanto hay allí ES: **MI** *Espíritu*. ¿*Qué* te lo *impide*? *Toma tu lecho*" (Marcos 2:9). La **Interioridad** de nosotros puede dar *testimonio* del: *Manto* **Indiviso** – el ÚNICO **Infinito** Ser que NO está *conformado* por 'partes'; que CARECE de 'seres *separados*' – TODO **UNO**; y en esa *Unicidad*, El Yo, **SOY**.

En el instante en que ustedes comienzan a 'dividir' esa **Infinita** Unicidad, y se hacen '*parte*' de *Ella*, se están *engañando* a ustedes mismos – ustedes, NO SON '*parte*' de NADA – '*aquello*' que pudiera ser 'una *parte*', simplemente NO *existe*. El Cristo ES, **UNO**. Y a partir de ahí se *despliega* ese gran Amor que *sabe* que El Yo, *estando* en TODAS partes, *detrás* de TODA forma, SOY.

Detrás de TODA *condición*, El Yo, *Estoy*; detrás de TODO aquello que *camina* sobre la tierra, El Yo, *Estoy*; detrás del pájaro, El Yo, *Estoy*; detrás de la hierba, detrás de la corriente, detrás de TODO lo que sea animal, vegetal o material, *sólo* El Yo, *Estoy* – y TODAS esas *apariencias* NO son más que: imágenes **mentales** *cristalizadas* de una **mente** de 'este mundo'. Y a través de ellas, *funcionará* mi Ser, conforme Lo *integro* a mi Conciencia; puesto que *"antes que el mundo fuera, El Yo, SOY Y SIEMPRE SERÉ*, incluso "hasta el fin de 'este mundo'" (Mateo 28:20) – porque El Yo, SOY ese Cristo, el cual ES: la *Imagen* y *Semejanza* Divinas DEL Padre; y TODAS Sus Cualidades están, DENTRO del Mí.

Puedo decirles que *cualquiera* que esté **dispuesto** a: luchar por vivir DENTRO de esa Conciencia, y que lo **practique** sólo 20 minutos al día, *descubrirá* su 'Poder' – y eso será *suficiente* para que ustedes quieran *practicarlo* **más** veces. El 'Poder' de esto constituye el 'Poder' que, en última instancia, va a *cambiar* 'este mundo', *por* el Reino DE los Cielos *sobre* la tierra. Y TODO aquello que ustedes estén *haciendo* en esta Conciencia, constituirá el Amor que ustedes estarán **expresando** por quienes 'los rodean'.

AQUÍ es donde ustedes *expresan* Amor *Verdadero*, el Amor *Divino*. AQUÍ es donde ustedes *confieren* la *Verdadera* Sustancia *Divina*, porque la *liberan* DESDE ustedes mismos; y cuando ustedes la *confieren*, entonces ustedes también la *reciben*. AQUÍ el Yo de ustedes, *confiere* aquello que el Yo de ustedes *recibe* ALLÁ. Ustedes NO pueden *recibir, a menos que hayan dado* – el *misterio* eterno es: tanto el *recibir* como el *dar*, son UNO.

Ahora bien, NO estamos en la conciencia *humana* 'normal' NI en la forma *humana* 'normal'. Estamos en La *Senda Mística*, en la cual, TODO aquello que *hacemos*, está 'más allá' de la comprensión *humana* 'normal'; está 'más allá' de las palabras *humanas* y 'más allá' de los pensamientos *humanos*; y **ahí** *debe* mantenerse, para que sea Verdad. Mientras la Verdad *permanezca* 'más allá' de la comprensión *humana,* de las palabras *humanas* y de los métodos *humanos,* ustedes estarán *caminando* EN el Padre – pero en el instante en que se *esfuercen* por llevarla bajo su *comprensión,* La habrán *perdido.*

En el momento en que la mente *finita* pueda *entenderlo* e intentar *plasmarlo* allí, y decir: "Ahora déjenme ver *cómo funciona* la Gracia; quiero *diagramarla*" ..., en ese instante quedarán *fuera* de la Gracia, puesto que La Gracia, NO *actúa* DENTRO de la mente *humana* – NO *puede.* Lo *Infinito* NO *puede* actuar DENTRO de lo *finito.* Ustedes *tienen* que *derribar* TODAS las *barreras* del deseo *humano,* y RECONOCER que lo ÚNICO que el deseo *humano quiere saber* y *entender* es: la *mente* de '*este* mundo', la cual se *disfraza* como la curiosidad, la razón, la lógica y la mente inquisitiva *de* 'ustedes' – pero en *realidad,* para NADA es de 'ustedes' – se trata de la *mente* de '*este* mundo', del *anticristo,* la cual se *resiste* a *rendirse.*

Cuanto *más* puedan, *mantengan* esto DENTRO del *ámbito* donde "NI lo *entiendo* NI quiero *entenderlo*" – simplemente *quiero descansar* en la Verdad con TOTAL *seguridad* y *certeza, confiando* en que puesto que el *Yo*-Cristo Soy *Infinito,* y puesto que NO hay *otro* Ser que El *Yo,* es que puedo *caminar* a través de este *Universo,* JAMÁS reconociendo a 'otro *yo*' – NUNCA *temiendo* a 'otro *yo*'; NUNCA *dudando* que 'otro *yo*' pueda *dañar,* NI que alguna condición *humana* pueda *dañar.* Y es que el Yo, SOY el ÚNICO Ser; El Yo, *Soy* la Mente; el Yo, *Soy* el Poder; el Yo, *Soy* la Visión; el Yo, *Soy* la Audición; el Yo, *Soy* TODO esto. Y *si* ustedes *buscaran* 'algo más', entonces estarían *saliéndose* del *conocimiento* de que el Yo, *Soy* el Cristo-*Infinito,* y estarían 'de regreso' en el *falso* sentido *humano* de las 'cosas'.

Cuando digo que *escucho limitadamente,* entonces ya NO estoy hablando del *Infinito Yo*-Cristo – estoy hablando de una forma *humana* con oídos *humanos.* Pero Dios, NO tiene oídos *humanos.* Entonces, *¿por qué* busco una audición *humana?* El Yo, *Soy* el Cristo *Infinito;* Mi Audición es: *Infinita.* Ustedes *descubrirán* que cuando *escuchan* en forma *Infinita,* entonces se manifiesta *como* la audición *humana*. Cuando ustedes *miran* en forma *Infinita*, entonces se manifiesta como la visión *humana*. Cuando ustedes *viven* DENTRO de la Mente *Infinita*, entonces se manifiesta como una inteligencia *humana* superior. –Y SIEMPRE se trata de un *Orden* DESDE el Espíritu, *satisfaciéndose* dondequiera que 'ustedes' se encuentren.

Bien pues, nosotros, que SOMOS *Hijos* de este Espíritu, *aprendemos* a caminar en *confianza* – SIN pequeñas mentes *humanas inquisitivas*. La pequeña mente *humana inquisitiva*, JAMÁS *experimentará* la TOTALIDAD DE Dios – NO tiene el menor *interés* en ello.

Esta pequeña mente *humana inquisitiva*, tiene *un solo* deseo: *demostrar* cuán *superior* y cuán *inteligente* es – se trata del *disfraz* de la *mente* de 'este mundo'. La *"Paz que sobrepasa el entendimiento"* (Filipenses 4:7), NO debe ser *comprendida* por una mente de 'este mundo'; por una mente *individual* en 'nosotros'. Debemos *elevarnos* por *encima*: del deseo de *entender* con esa mente *humana inquisitiva*, ya que *sólo* por *encima* de ese *deseo* es que podemos encontrar: la *"Paz que sobrepasa el entendimiento"* (*humano*), puesto que se trata de una Paz *Infinita*. Esa Paz, NO proviene de un *individuo* que de repente *conoce* alguna verdad que hubiera querido *saber* – se trata de la Paz de lo *Infinito*, *descendiendo* sobre el Cristo RECONOCIDO.

Ahora bien, NO *bajemos* los Estándares *Divinos* DE Dios a *nuestros* estándares *personales*. **No** seamos *hipnotizados* con la *creencia* de que "*yo*, por mí mismo" (Juan 5:30), *viviendo* DENTRO de un *sueño humano*, 'soy capaz de *entender cualquier cosa*' – lo *único* que 'ustedes' pueden *entender* DENTRO del *sueño* es, lo *irreal*.

Así pues, cuando ustedes *consideran* esta idea de *sueño* durante algún tiempo, resulta factible que NO la *capten* del todo. Resulta muy *difícil* aceptar que, 'este mundo' *y* TODO cuanto *contiene* es: parte del *sueño* de 'este mundo'. Posteriormente llegará a ser lo ÚNICO que tendrá *sentido* para ustedes, y se *darán cuenta* que NO puede haber *muerte*, <u>delante</u> de la *Presencia* DE Dios. Así que: ¿*de qué* se trata? **No** puede haber *cáncer*, delante de la *Presencia* DE Dios. Así que: *¿de qué* se trata? No puede haber *muerte infantil*, delante de la *Presencia* DE Dios. Así pues, *¿qué* son estos 'males', los cuales NO pueden *existir* delante de la *Presencia* DE Dios? –O es cierto, **y** Dios *no* está presente; o Dios *sí* está presente, **y** los 'males' NO lo están. Y *si* los 'males' NO están presentes debido a que Dios *sí* está presente, entonces *¿qué* son estos 'males'? –Estos 'males' son: *parte* de un *sueño*.

¿Pueden ustedes soñar *mal*, **y** NO soñar *bien* también? *¿Cómo* lo hacen? –El *sueño* contiene lo bueno **y** lo malo – el *sueño* de 'este mundo'. USTEDES van a *irrumpir* DENTRO de ese *sueño*. Parecerá un 'accidente', pero de repente quedará *claro*. En un *"abrir y cerrar de ojos"* (I Corintios 15:52), comprenderán el POR QUÉ *"la cosecha siempre ha estado presente";* POR QUÉ pueden *heredar*, **y** POR QUÉ *heredarán la tierra* – debido a que la *irrupción* DENTRO del *sueño* ocurre *repentinamente*. Está muy claro: *"La mortalidad es: un mito"*, **y** TODO cuanto conlleve un 'sentido de *mortalidad'* es parte del *mito*. TODO cuanto está presente ES: El Yo, *aquí, allá,* **y** en *TODAS partes*; El Yo, El Espíritu. *Reinterpreten* TODO *su* Universo hacia Su Sustancia *Única*: El Espíritu, y entonces *sabrán* que se trata del Yo; y que dicha Sustancia ES El Yo, que ustedes SON. Encontrarán Su Gracia allí, más allá de la *comprensión*, porque NO existe *comprensión humana* alguna DENTRO del Espíritu, que sea capaz de 'comprender'. La *verdadera* Naturaleza del Yo, El Espíritu, que ES: TODO, *excluye* la posibilidad de que haya allí una 'mente', una 'mente-*humana'* que pueda *entenderla*. Y esa misma 'mente' que dice: "'yo' quiero *entenderla"*, constituye: la *verdadera negación* de *su* propia Realidad *Espiritual*.

El Yo, NO tengo esa 'Mente' que pretende *entender*. La Mente *Infinita* NO está buscando *entenderse* a Sí Misma. ¿Qué *otra* 'mente' hay ahí? Cualquier otra 'mente' es: exceso de equipaje. ¡Desháganse de ella!

Y ahora, mientras **practican** eso, NADA 'sorprendente' *va a acontecer – permanecerán* dentro de un 'Vacío'. Pero les aseguro que, *si durante algún tiempo* lo llevan a cabo *correctamente*, entonces el mismo *aire* que los rodea, *parecerá cambiar* cuando menos lo esperen – incluso dentro de una hora – y sentirán una *Nueva Clase de Libertad*. Encontrarán que el *Vacío* que provocó esta *Nueva Especie* de *Libertad*, fue aquello que *eliminó* el *pensamiento* de 'este mundo' – el *pensamiento* de 'este mundo', sobre el que JAMÁS fueron *conscientes* porque es *invisible*, habrá sido *eliminado* en ese instante. Y cuando el *pensamiento* de 'este mundo' ya NO esté más allí, entonces *comenzará su* Libertad. TODAS las *ondas* de *pensamiento* del universo quedarán *anuladas*; prácticamente *destruidas* – en lo que a 'ustedes' respecta, – DENTRO del RECONOCIMIENTO de que: El Yo, Soy el Cristo *Infinito*. Y esta *Ausencia* de *pensamientos* de 'este mundo' que *penetra* ahora en su Conciencia-*Cristo Infinita*, traerá una Paz, una Ligereza, una Ausencia de densidad, una Lucidez, una Nueva Clase de Libertad…, tan Dulce, que ustedes *sabrán* que han encontrado una *Nueva Dimensión*.

Así pues, al igual que Juan, podrán decir: "*Busqué* el Libro que declara que: **DIOS ES TODO** – y fue *Dulce*; aunque *amargaba en el vientre*; pero lo *digerí* fielmente, *viví* con él".

Y entonces a ustedes, *el Ángel les dirá* exactamente aquello que le dijo a Juan, con lo cual termina ese Capítulo:

"*Y él me dijo: Ahora debes profetizar de nuevo delante de muchos pueblos, naciones, lenguas y reyes*" (Revelación 10:10).

Una vez que ustedes hayan '*tomado el Librito*', y lo hayan: *vivido, probado, demostrado…* entonces '*las naciones, las lenguas y los reyes*' de 'este mundo', serán *liberados* de su *falsedad* dentro de la Conciencia de *ustedes*. Ustedes se *pararán delante de ellos como un profeta* – ustedes habrán *demostrado* que: **Dios ES TODO**. Y *sólo* cuando *ustedes* lo hayan *comprobado*, "*rasgarán el velo*" (Mateo 27:51), y se *mudarán* hacia *el Reino de los Cielos, sobre la tierra*.

Ahora bien, esa *'prueba'*, es aquello que hemos de *vivir*, a través de la Conciencia-Yo-Soy, del Cristo *Infinito*. Y cuando ustedes se encuentren con 'problemas', tan solo: *aquiétense y recuerden* que, debido a que se trata de la Verdad, la *Misma* Verdad los *ayudará* a encontrar la solución. No importa *cuántas* veces se *tropiecen*; para NADA importa. El *Yo*-Cristo, NO está *tropezando*; lo único que está 'tropezando' es: un *sentido humano* de 'yo'. El *Yo*-Cristo ES POR SIEMPRE, el Ser de <u>ustedes</u>.

En este *momento* nos estamos *moviendo* hacia esa Conciencia – individual **y** colectivamente – y conforme *practiquemos*, entonces 'Algo' dentro de ustedes llegará y dirá: "AHORA están *preparado* para escuchar esa SÉPTIMA *Trompeta* que *derriba* los "*muros de Jericó*" (Hebreos 11:30); que *descorre el velo*; que los *libera* de los conceptos *mortales limitantes* – todo lo cual marca el *Comienzo* de la Nueva *Era*, del *Hombre* Nuevo, de la Nueva *Conciencia*, del Cielo *Nuevo* sobre la tierra.

Nos hemos *ganado* nuestro Camino – y siempre aquello que ustedes tendrán que hacer, será *seguir los pasos* DE *Cristo Jesús*, Quien estuvo *delante* de la mente de este 'mundo', haciendo lo *mismo*. Ahora cuentan con las *Armas de la Verdad*; y *si* ustedes las *utilizan*, entonces *descubrirán* que los 'poderes' de 'este mundo', NO son tan *grandes* NI tan *efectivos* como le parecían a la conciencia-*humana*.

Practiquemos esto ahora, *AQUÍ* donde nos encontramos: <u>"El Yo, NO tengo *próximo*, porque El *Yo*-Cristo SOY: *Infinito*.</u> <u>El Yo, SOY MI Propio *próximo*. El Yo, NO reconozco *próximo* alguno</u> <u>que NO sea: El *Yo*-Cristo, el Ser *Invisible* que El Yo, SOY. El Yo, NO</u> <u>RECONOZCO: ningún caballo, vaca, gallinas, NI ganado alguno de</u> <u>ningún tipo. El Yo, NO RECONOZCO cultivos. TODO ES: El *Invisible*</u> <u>*Yo*-Cristo. Todo esto es, *nuestro* 'concepto *visible*' de la Actividad</u> <u>del *Invisible Yo*-Cristo. El *Yo*-Cristo es, TODO cuanto hay allí. El</u> <u>*Yo*-Cristo Estoy, justo donde 'este mundo' contempla los edificios</u> <u>del Empire State o del Bank of America. *Sólo* El *Yo*-Cristo Me</u> <u>encuentro *allí*.</u>

"Toda *forma* e *imagen* NO se encuentran allí, porque El *Yo*-Cristo Estoy allí. *Dondequiera* que vaya, El Yo, Estoy. El Yo, Me *saludo* cuando llego. El Yo, Me *encuentro* a Mí Mismo, pues NO hay lugar alguno donde El Yo, NO Esté. En *toda* China, El Yo, Soy el Cristo-*Infinito* allí. En realidad, NO hay China; tan solo Mi Espíritu *Viviente*. No hay lugar alguno donde Mi Espíritu *Viviente* NO Esté. El Yo, Soy TODO cuanto hay. El Yo, Soy ese *Uno* – la Imagen **y** Semejanza *Infinita* **y** *Divina*".

Ustedes tienen que *descansar* continuamente EN esa Conciencia. **Practiquen** durante 10 o 20 minutos a la vez – y cuando NO estén *practicando*, entonces encontrarán que la vida NO resulta tan *acogedora* como les gustaría. Pero cuando **practican**, entonces descubren nuevas '*sendas de Gloria*' que JAMÁS *anticiparon*; descubren lo que es *Vivir* SIN *esfuerzo alguno*; lo que es la *Supervivencia* SIN *luchar*; lo que es la *Certeza* de que "tan *solo* existe *MI* Vida *Infinita*"; la Paz que verdaderamente *desciende*.

El *Yo*-Cristo **Infinito** Soy: la *Verdad*, la *Vida*, el *Camino*, la *Resurrección*. Además del *Mí*, NO hay 'otro'. El Yo, NO soy una: *forma humana* – y en este *RECONOCIMIENTO*, esta *forma humana* se encuentra: '*en las Manos* DE *Dios*'.

Ahora tengan la *disposición* para *moverse* hacia el lugar donde NO hay *pensamiento* alguno; donde NO hay *palabras* para *expresar pensamientos* – tan solo existe ese *Vasto Silencio* del Ser. Ustedes *descubrirán* que ese *Vasto Silencio* del Ser, *desprovisto* de palabras **y** de pensamientos, aunque al principio pudiera *parecer incómodo*, es *justo* donde la *Sustancia* de la Vida *restablece* para ustedes, el *propósito* DE '*Dios, en medio de ustedes*' (Sofonías 3:17). Ahí es donde la *Palabra* o el *Verbo* '*Se hace carne*' (Juan 1:14), más allá de las *palabras*, **y** más allá de los *pensamientos*. La *Acción* del Espíritu Santo Se *lleva a cabo* allí – SIN las restricciones del pensamiento *humano*, SIN las restricciones de la **mente** de 'este *mundo*' – ahí fluye *únicamente* la Gracia.

Cuando ustedes se encuentran "*más allá de las palabras* **y** *de los pensamientos*", entonces se encuentran "*muertos para el 'yo' mortal*, *y Vivos para El Cristo"* (Romanos 6:11). Estén *dispuestos* a ir 'más allá' de las *palabras* y 'más allá' de los *pensamientos*, hacia donde ustedes estén *muertos* para el 'yo' *mortal*. Esa *muerte*, constituye la *entrada* a la Vida – *surge* un Nuevo "Tú". Ahí, ustedes NO estarán *diciendo* nada, *sabiendo* nada, *haciendo* nada, *recordando* nada – estarán en un *Vasto* Silencio del ser *mortal* – **sólo** El Yo, *Estoy ahí*. Así es como ustedes comienzan *ahora*, a *recibir* esta Palabra que Juan *recibiera*:

> *"Y me fue dada una caña semejante a una vara; y el*
> *ángel se puso de pie, diciendo: 'Levántate; y mide el*
> *templo de Dios, el altar, y a los que adoran en él'"*
> (Revelación 11:1).

El *abandono* de esta conciencia *mortal*, y <u>su</u> *elevación* 'más allá' de las *palabras* y 'más allá' de los *pensamientos*, hacia lo Nuevo, es aquello que constituye *la Medición del Templo* de la *Nueva Conciencia*, la cual los *conduce* hacia la *Guía* Viviente, hacia la *Revelación* Viviente – hacia el RECONOCIMIENTO del Propio Ser de Luz de *ustedes*.

Creo que *concluimos* nuestro *Mensaje* para hoy. En parte es *Dulce*; las *hendiduras* pudieran ser *amargas* – pero *si* soportan la *amargura*, entonces *encontrarán* lo *Dulce*, puesto que TODOS SOMOS: el *"Templo* DEL *Dios Viviente"* (2 Corintios 6:16); y estamos *aprendiendo* que esto, constituye el **Hecho** que JAMÁS *cambiará*.

Con gusto *responderé* cualquier *pregunta* por correo o por teléfono, acerca de cualquier fase de este trabajo, en cualquier momento – así que NO *duden*, en caso de que *surja* alguna pregunta.

Muchas gracias.

35

CLASE 15

LA SÉPTIMA TROMPETA

REVELACIÓN 11:1 A REVELACIÓN 12:1

Herb: - Buenas tardes.

Nos encontramos en el **Capítulo** 11 del *Libro de la Revelación*, y ya ha habido una *Ascensión Gradual* de Conciencia para Juan, la cual representa también la *Ascensión* que está aconteciendo en la Conciencia de '*este* mundo'. Cada uno de nosotros descubrirá que *somos* parte de una *Nueva* y Gran Era, la cual se está *desplegando* a nuestro alrededor; y es posible que esta sesión en particular, NO consista de más de una *veintena* de personas – pero ustedes bien pudieran compararla con *varios miles*, puesto que cada uno de *nosotros* incluiremos, dentro de *nuestra Nueva* Conciencia, a muchas personas. Y *si* estuviéramos *sentados* en una habitación, en la cual TODOS adoráramos a través de un *ritual*, en lugar de a través de la *Conciencia*, entonces podría haber *miles* de nosotros... *carentes* de *poder*. Pero habrá algunos de nosotros que llegaremos a esta Experiencia, junto con el *Poder* – y ese *Poder* es: el Poder DE la Omnipotencia *Divina* actuando DENTRO del Ser de ustedes.

Juan ya ha dejado *atrás* la **SEXTA** *Trompeta*; y TODO cuanto ha *acontecido* hasta ahora, ha *acontecido* DENTRO de él mismo. *TODO* aquello que sucede en esta *Revelación* de Juan, representa la *Experiencia* de un *Individuo*, a medida que se *eleva **desde*** el sentido *material* de la Vida, ***hacia*** la *Invisible* Conciencia-*Cristo*. Así que ahora, *después* de haber **aceptado** la TOTALIDAD DE Dios, se enfrenta a un problema. Él tuvo que "*comerse el Librito, digerirlo*", **y** *aprender*

36

a vivir con eso. Y el problema era que, la *TOTALIDAD* DE Dios implica la *NADA* de la 'persona'. Cuando ustedes alcanzan ese *Nivel* donde Dios es *TODO* para ustedes, al *mismo tiempo* se encuentran en el *Nivel* donde *ustedes* son: *NADA.* "... *La carne, para NADA aprovecha*" (Juan 6:63) – y Juan *ya* había **aceptado** eso; la *preparación* de la *Nueva* Conciencia, del Cuerpo *Nuevo* que puede vivir DENTRO de la Vida *Eterna*. Juan estaba siendo *preparado* para *moverse* DENTRO de una 'forma' que JAMÁS podría *conocer* la 'muerte', era lo que estaba aconteciendo en la experiencia de Juan. Y El Espíritu lo guiaba *gentilmente*, de manera tal, que *cada* paso lo *acercaba* a la *Plenitud* de su Conciencia *Infinita*.

Han de recordar que se trata de un *Camino* que Jesús **ya** recorrió. Y para aquellos que dijeran: "Bueno, 'Él' lo recorrió, pero *¿qué* tiene eso que ver con *nosotros?* – eso *no* significa que *nosotros* tengamos que recorrerlo", pues entonces habría que *recordar* que Él dijo a sus discípulos: "El *Yo*, NUNCA los dejaré SIN *consuelo*; a donde El *Yo* vaya, *ustedes* irán – El *Yo*, voy a *su* Padre **y** a *Mi* Padre" (Juan 20:17). De ahí la gran importancia de Juan – él *también* está yendo a través de una *Crucifixión* – una *Crucifixión... indolora.*

Juan es, el *Testigo* que *permanece* en la tierra para *mostrarnos* que tal como Jesús *salió* de la forma *física* hacia la Vida *Eterna*, SIN tener que 'ir' a *ninguna* parte, ahora él *también* está haciendo lo *mismo* – NO se quedó SIN consuelo. *Nosotros*, como Juan, *tampoco* carecemos del Consolador. Y él está describiendo *cuidadosamente*, a través de la Voz DEL Espíritu, cada *movimiento* que lo *eleva* a lo largo del Camino, dentro de una Senda que ustedes y yo estamos *siguiendo* – para que NO nos resulte *desconocido* el Camino; para que *sintamos* que ciertamente <u>*tenemos*</u> que *recorrer* esta Senda; para que veamos que *sí* se *puede* recorrer, que se *está* recorriendo. No necesitamos *mirar* alrededor **y** *dudar* de nosotros mismos, porque ***aquí*** se encuentra Juan, diciendo: "¡Miren! ¡El Maestro hizo esta *Promesa*, y está *aconteciendo* tal como Él lo *prometió!*"

Miremos ahora el *último* versículo del **Capítulo** 1 de Juan; ahí encontramos algo que implica el *Cumplimiento* de esta *Promesa*.

He ahí al Espíritu, *a través* de Jesús, diciendo a sus discípulos en dicho **Capítulo:**

> *"De cierto; de cierto os digo: en adelante veréis abiertos los Cielos; y a los ángeles de Dios, ascendiendo y descendiendo sobre el Hijo DEL Hombre"* (Juan 1:51).

Así que miren ahora: he aquí el *Cumplimiento*, justo al comienzo del **Capítulo** 11 del *Libro de la Revelación:*

> *"Y me dieron una caña semejante a una vara de medir; y el ángel se puso de pie, diciendo: Levántate; y mide el templo de Dios; y el altar, y a los que adoran en él"* (Revelación 11:1).

Este es el comienzo del *Cumplimiento* de *la Apertura de los Cielos.* Le fue *dada* a Juan, *una Caña semejante a una Vara de medir.* Ahora esa *Caña, semejante a una Vara de medir,* va a *medir un Templo.* Y ese *Templo* es, el *nuevo Cuerpo*-Alma, el cual constituye el *Templo del Dios Vivo.* La *medición de ese Templo* implica, el *conocimiento* de que existe un *Cuerpo*-Alma. La **aceptación** del *Cuerpo*-Alma de ustedes, constituye la *medición del Templo.* Y la *Caña semejante a una Vara de medir,* constituye la Conciencia-*Cristo* de ustedes. Y esa Conciencia-*Cristo* es, una *Caña de medir* – por sí *sola* puede *medir* el *Templo de Dios,* en ustedes. A través de _su_ Conciencia-*Cristo*, ustedes *"miden"* o *comprenden* la Verdad de la Presencia del *Cuerpo*-Alma en donde ustedes se *encuentren.*

Y es un *Ángel* quien les *dice* esto a ustedes, porque el *Ángel* representa SIEMPRE, el *Cumplimiento* de _su_ *capacidad total.* Así que el *Ángel* dice: "*¡Levántate!*". TODO el *potencial* de ustedes les dice: "*¡Levántate!*"; sube *más allá* de donde te encuentras ahora – *fuera* de la *vieja* conciencia. Estás *preparado* para *medir* la *Nueva* Conciencia. Y NO será *medida* por la mente *mortal* que *midió* una forma *física* que *perece,* sino por la *Mente Infinita* que mide una *Forma*-Alma que *sobrevive* a TODA *dolencia* conocida sobre la tierra, con TOTAL *Inmunidad*. Esto constituye ahora, la *preparación* para la **SÉPTIMA** *Trompeta;* esta *Nueva Forma*-Alma está siendo RECONOCIDA o *medida* por el nuevo *amanecer* de la Conciencia-*Cristo* en ustedes – se trata de un *cambio* de Conciencia hacia un *Nivel Superior.*

> *"Pero el patio que está fuera del templo, no lo toques"* (Revelación 11:2).

Ahora pues, ese *"patio que está fuera del Templo"*, conlleva un significado *dual.* El *"terreno o patio que está <u>fuera</u> del Templo"* representa <u>sus</u> *sentidos.* Sus *sentidos* representan ese *"terreno o patio"* – NO pueden *medir* el *Cuerpo*-Alma; son *incapaces* de *percibir* la Presencia de Dios. Y así, ese *"terreno o patio",* ustedes deben dejarlo: *"sin medir".* Ahora ustedes se están *volviendo* hacia lo más *profundo* de su Ser. Juan está siendo *elevado* tan alto *dentro de sí mismo,* que la Conciencia-*Cristo* está *casi* a su alcance; y está comenzando a *explorar* el Reino DE Dios en tanto *permanece* sobre la tierra. Él está *entrando* en el "Patio *Interior*" – NO en el "patio *exterior*" – está apartándose de '*este* mundo' de *mortalidad.* Él, al igual que nosotros, está siendo *elevado **fuera*** del sueño de que es un ser *corpóreo,* que vive *dentro* de una *forma física.* Está siendo *elevado **fuera*** de la *forma,* hacia la *Conciencia* Espiritual, de modo que *sabe* que él se encuentra en TODAS partes – NO se encuentra *confinado dentro* de la *forma*; NO está *confinado* al *tiempo* NI al *espacio.* Está siendo *liberado* de la mente; y al ser *liberado* de la mente de 'este *mundo',* está siendo *liberado* de la *creencia* de un *cuerpo* que <u>debe</u> morir.

De igual manera, nosotros *también* encontraremos: *"una Caña semejante a una Vara de medir".* También a nosotros, el *Ángel* nos dirá: *"'Levántate; mide el Templo – pero deja el patio exterior, sin medir'* – porque ése es para quienes NO han *recibido* la Palabra DEL Padre".

Dense cuenta ahora de cuán *sutil* actúa esto: El *Verbo o Palabra hecha carne,* es *revelado* como la Identidad *Verdadera* DE Juan, A Juan. Él está *aprendiendo* que él es: la *Palabra o Verbo hecho carne*. Tal como el *Verbo hecho carne caminó entre nosotros, y* **no** *fue reconocido,* de la misma manera ahora El *Verbo hecho carne,* es *reconocido* por uno llamado Juan, quien nos *dice* a cada uno de nosotros: "Tal como El Yo estoy llegando al RECONOCIMIENTO de que SIEMPRE he sido el *"Verbo hecho carne",* el *Mismo* Espíritu Viviente; tal como El Yo, estoy *saliendo* de la hipnosis, de la *misma* manera *descubrirán* que ustedes SON, el *"Verbo hecho carne"* – aquello que fue *revelado* sobre la tierra como el *"Verbo hecho carne"* de Cristo-*Jesús* y ahora de Cristo-*Juan;* así será revelado a *su* Conciencia, como el Cristo *de ustedes".* Él le está diciendo al mundo: "*TODOS* ustedes SON, el *"Verbo hecho carne".* Y lo que *impide* que ustedes *conozcan* esto, es el que *aún* NO han *recibido* la *"Caña";* la *"Caña para medir";* la Conciencia-*Cristo Interior,* la cual es lo **único** que puede *revelarles* la *Identidad* de *su* Ser". Y esta *Identidad* constituye esa *Forma-*Espiritual, esa Mente-*Cristo* la cual es llamada el **Cuarto** *Cielo,* la **Cuarta** *Dimensión,* el comienzo del *retorno* a la Casa DEL Padre.

Bien, esta *Nueva* Conciencia, NO constituye solo 'nuestra' Experiencia *Individual,* sino que implica el *derrocamiento* de la *conciencia de* 'este' mundo'; implica el *amanecer* de una *Nueva* Era – una Era en la cual, el Cristo DENTRO de la Conciencia, constituirá el *gobierno* DE Dios sobre la tierra – siendo nosotros, los *pioneros.* Tal como Jesús fue el *Mostrador* del Camino, de igual manera nosotros, quienes estamos EN el Camino, somos *pioneros* de esta Época en la cual el Cristo *reina* sobre la tierra *como* la Conciencia de *cada* Individuo. <u>Y *en tanto* el Cristo *reine*</u> <u>en ustedes, *descubrirán* su *Inmunidad* a la ley de la *materia*, a la</u> <u>ley del *karma*, a la creencia en el *mal*, a la creencia en el *castigo*, a</u> <u>la creencia de que los *problemas puedan existir*.</u> En lo *profundo* de ustedes se *desplegará* la **Convicción** de que: Dios está *AHORA,* en *TODAS* partes; porque, en lugar de la visión *limitada* de la mente *mortal,* AHORA pueden ustedes *percibir* con *mayor* profundidad, el

Hecho de que Dios se encuentra *EN* la tierra, *tal como* se encuentra *EN* los Cielos – el perfecto Reino DE Dios – alguna vez *Invisible*, solo debido a nuestras *limitaciones mortales.* Pero AHORA, conforme *moramos* en el Principio de nuestro RECONOCIMIENTO del *Cuerpo-Alma* DENTRO de la *Mente*-Cristo, ese Reino que fue *Invisible* para ustedes, se convierte en una *Realidad* Presente **y** Viviente.

DIOS ESTÁ, EN *TODOS* LADOS – que esto se *convierta* en nuestra *Convicción* más Íntima en esta Etapa. Vamos a *practicarlo* AHORA *mismo.* Vamos a *dejar* que *leude* DENTRO de nosotros, el que: LA PRESENCIA DE DIOS, QUE ESTÁ EN *TODAS* PARTES, constituye algo más que una *frase* o una *abstracción* – ya que, en *realidad,* constituye la *única* Verdad que *necesitan* en su Conciencia, para conducirlos *hacia* el Reino DE Dios EN la Tierra, en este *instante.*

Ahora bien, ustedes pudieran *mirar* con su sentido *humano,* y *'observar'* un motín a la izquierda, un asesinato a la derecha, aviones cayendo del cielo, y personas muriendo en ello; ustedes pudieran *'ver' TODO* tipo de accidentes, infracciones a la ley, violación a *TODAS* las Leyes Divinas conocidas y muchas desconocidas; pudieran *'mirar'* crueldad y maldad; pudieran 'dar *testimonio',* con ojos *humanos,* de *TODO* esto... y luego preguntarse: *¿Está* Dios en *TODAS* partes? – En este *Nivel* actual de Juan, la respuesta sería: "*Sí*; y, sin embargo, *TODO* lo *opuesto* a aquello que *constituye* la Presencia DE Dios, ¡JAMÁS *puede* estar *presente!*"

Ahora contamos con un *criterio*: *DIOS ESTÁ EN **TODAS** PARTES.* Y ustedes *tienen* que *confrontar* CADA experiencia, bajo ese *criterio.* Es posible que alguna vez hayan *considerado* que el cáncer *pudiera* existir, pero AHORA "DIOS ESTÁ EN *TODAS* PARTES", se convierte en *su* criterio. Así pues, la pregunta sería: *Aquí hay* cáncer; pero DIOS, ESTANDO EN *TODAS* PARTES, nos lleva a la conclusión de que: **Aquí, ESTÁ DIOS.** *¿Qué* pues, está *aquí*? ¿Dios, el cáncer, o ambos? Así que, *si* ustedes *creen* que hay cáncer *aquí,* entonces ustedes NO *creen* que DIOS ESTÉ AQUÍ. Por lo tanto, en el instante en que *aceptamos* el cáncer, entonces en ese mismo instante, estamos *aceptando* la *'ausencia* DE Dios'. La *aceptación* del cáncer conlleva *ignorancia* o *ateísmo* – como quieran llamarlo – porque *implica* que DIOS, NO ESTÁ AQUÍ. Por otro lado, *si* ustedes han *edificado* **cuidadosamente** <u>su</u> Conciencia, donde ahora pueden **aceptar** que <u>*DIOS ESTÁ AQUÍ*</u>; que DIOS ESTÁ ALLÍ; que DIOS ESTÁ EN *TODAS* PARTES, entonces *saben con* **certeza** que: <u>un millón de **personas** sobre esta tierra, NO tiene la *menor* posibilidad de padecer cáncer</u>; y *saben con* **certeza** que: <u>otro medio millón de **personas** sobre esta tierra, no tiene la *menor* posibilidad de padecer tuberculosis</u>; *saben con* **certeza** que: <u>NO existe la *menor* posibilidad que haya artritis</u>; *saben con* **certeza** que: <u>NO existe la *menor* posibilidad que haya ataques cardíacos</u>; *saben con* **certeza** que: <u>NO existe la *menor* posibilidad que haya tumores en **ninguna** parte</u>; *saben con* **certeza** que: <u>NO existe la *menor* posibilidad que haya enfermedades</u>... porque: DIOS, ESTÁ EN *TODAS* PARTES. Y DONDE DIOS ESTÁ, justo *ahí* se encuentra la *Gloria* DE Dios, el *Poder* DE Dios, la *Armonía* DE Dios.

Tan solo necesitan de un instante para **acordarse**, ante la 'vista' de cualquier *problema*: "¡Un momento! ¿Está Dios *aquí*, o **no**? ¿Está Dios **allí**, o **no**?" Y *si* la respuesta vuelve a ustedes: "*Sí*; Dios está **aquí**; *sí*; Dios está **allí**", entonces ustedes *reconocerían* una *'cualidad' en ustedes* que NO le pertenece A Dios, porque implicaría una *percepción errónea* de Su Reino, al haber puesto la *atención* en el 'problema'. El 'problema' lo constituye la *percepción errónea* basada en la *creencia*, en forma *consciente* o *inconsciente*, de que Dios, NO está <u>*aquí*</u>; que Dios, NO está <u>*allá*</u>. Pero *si* ustedes *fortalecen* su RECONOCIMIENTO de la Presencia DE Dios *aquí*, *allá*, **y** en *TODAS* partes, entonces hallarán que cuentan con esa *Vara*, con esa *Caña*, la cual puede *medir* para ustedes, *el Templo* DE Dios.

DIOS ESTÁ, EN *TODOS* LADOS... – resulta muy *simple* de decir; pero El Espíritu, NO nos dejará allí. Vamos a tener que pasar por un *período* de **prueba** de lo anterior. <u>*Tendremos*</u> que pasar por un *período* de **prueba**, en el cual seremos *confrontados* con distintos 'problemas', mismos que nos van a **obligar** a enfrentarlos con **una sola** arma: <u>DIOS ESTÁ, AQUÍ</u>; <u>DIOS ESTÁ, ALLÁ</u>; <u>DIOS ESTÁ, EN *TODAS* PARTES</u>. Por lo tanto, 'aquello' que se *presenta* **y** que *pareciera*

negar la Presencia DE Dios, *no está allí.* Nosotros *tendremos* que pasar por dicho *período*; y ahora es Juan quien lo está *atravesando* – nosotros *tendremos* que *esperar* tal *período* de **prueba**. Ustedes bien podrían comenzar diciéndose a ustedes mismos: "Oh; para mí eso comenzó ya *hace tiempo...*" – y están en lo cierto – *hace tiempo* comenzó. Nos encontramos en el *Período de **Probación**;* y a partir de ahí, *desarrollaremos* la Capacidad de *Demostrar*, de *Comprobar*, que DIOS ESTÁ, EN *TODAS* PARTES. Considero que justo ahí es donde nos encontramos *TODOS* ahora. Hemos estado **probando**; y estamos *listos* para *enfrentar TODAS* las condiciones sobre esta tierra, con la **rigurosa** Verdad de que: DIOS ESTÁ, EN *TODAS* PARTES; que: *sólo* existe la *Perfecta* Presencia DE Dios; y que: *TODO* aquello que lo *niegue*, en **realidad**, *NO puede estar allí.*

Eso es lo que le va a *acontecer* a Juan.

> *"Pero el patio que está fuera del templo, no lo toques"*
> (Revelación 11:2).

Y la razón de eso es, porque ese '*patio*' constituye la *percepción* de los *cinco sentidos* en ustedes, la cual *niega* que Dios esté en *TODAS* partes. Así que, *si* ustedes quisieran *entrar* en el *Templo Viviente* DE *Dios*, el cual constituye *su* Verdadero Ser *Espiritual*, entonces *tienen* que *aprender* ahora a 'mirar' la *evidencia* de los *cinco sentidos* – el '*patio exterior*' – y en lugar de '*negar* A Dios', *tendrán* que '*negar* la evidencia **de** los *cinco sentidos*', ya que:

> *"(ese patio) ha sido dado a los gentiles; y ellos pisotearán la Ciudad Santa a pie, durante cuarenta y dos meses"*
> (Revelación 11:2).

Ustedes tienen que *recordar* que *la palabra* "Israel", NO había sido traída a los *gentiles*. Los *gentiles representan* a aquellos que vivían *inmersos* en sus *sentidos*, quienes NO habían *descubierto* el *Lugar Secreto del Altísimo*. Los *gentiles* representan a los *paganos*,

43

aquellos que NO están *conscientes,* y por eso, NO pueden *recibir* La Palabra *Interior.* Aquellos que NO **aceptan** la TOTALIDAD de Dios, son *gentiles* – sean o NO, judíos. *Israel* representa a los *elegidos,* a quienes han **aceptado** la TOTALIDAD de Dios. De esa manera, el '*patio exterior*' nos hace a cada uno de nosotros, *paganos,* al *negar* la TOTALIDAD *de* Dios.

"…*y ellos pisotearán la Ciudad Santa a pie, durante cuarenta y dos meses*" (Revelación 11:2).

Ahora bien, ese concepto de *cuarenta y dos meses* solo se encuentra en el *Nuevo* Testamento – abarca '*tres años y medio*'. De hecho, '*tres años y medio*' es un número muy interesante porque, como ustedes saben, Dios es: *Uno.* Y se nos dice que existen **Siete** Etapas para que el hombre se *Unifique* **con** Dios. De esa manera podríamos decir que el Hombre es, el **Siete**; y Dios es, el **Uno** – por lo que entonces, '*tres y medio*', constituye la '*mitad*' *del viaje* del hombre hacia la *Auto Realización,* hacia el *Reconocimiento del Ser.* Entonces, ese punto *intermedio* del '*tres y medio*', constituye un *símbolo* para un *período de* **prueba** – un período en el cual "Dios, ESTÁ EN *TODAS* PARTES", es **probado** por ustedes, como tarea EN su Conciencia.

Ahora les es dado un *mundo* que *encarar* – y la **única** arma con la que cuentan es, *su conocimiento* de que Dios ESTÁ, EN *TODAS* PARTES. Eso constituye su *tiempo de* **probación***.* Durante *cuarenta y dos meses* – '*tres años y medio*' – los sentidos *pisotearán* la Verdad DE Dios, lo cual implica que *ignorarán* la **Realidad** de la *Presencia* DE Dios en *TODAS* partes – los sentidos la *rechazarán.* La mente *mortal,* estando en el *mundo* durante *cuarenta y dos meses* en el *tiempo de* **probación***, rechazará* la TOTALIDAD DE Dios en el "*patio exterior*". Así pues, *moren* en el *Patio* **Interior** AHORA, ADENTRO, en el Reino DE Dios DENTRO de ustedes – NO DENTRO de la mente *mortal;* NO en el pensamiento *humano,* sino en la *Silenciosa* **Aceptación** de que aquí, donde estoy, está la Presencia DE Dios. Y esa Presencia es *Mi* Espíritu – *Mi Mismo* Espíritu constituye la Presencia DE Dios. Ahora bien, cuando **niego** la Presencia DE Dios *aquí*, lo que *niego* es, mi Identidad *Espiritual*. Cuando **acepto** la Presencia DE Dios *aquí*, entonces me estoy **aceptando** como Ser *Espiritual*. Y como Ser *Espiritual*, NO estamos bajo <u>ninguna</u> ley *material* – tan solo estamos bajo la Ley DEL Espíritu, que SIEMPRE mantiene Su Perfección, *dondequiera* que nos encontremos.

Y así, ahora hemos sido *preparados* para *encarar* esa mente de '*este* mundo'.

"*Y daré poder a mis dos testigos; y ellos profetizarán mil doscientos sesenta días, vestidos de cilicio*" (Revelación 11:3).

Hay *Dos Testigos* que vienen a ayudar a Juan. Esos *Dos Testigos* serán ejemplificados por Juan, para nosotros. Juan nos dijo que <u>teníamos</u> que: *adorar al Padre en* **Verdad** *y en* **Espíritu**. Pero nosotros contamos con otra *comprensión* de esos *Testigos*, una *comprensión* nacida *de* Juan. Y estos *dos Testigos* van a ser: **la Palabra** o **Verbo DE Dios, Y el *Hijo* DE Dios** – la *Palabra* o *Verbo* DE Dios *en* ustedes, **y** el *Hijo* DE Dios *en* ustedes – ustedes van a *RECONOCER* estos *Dos Testigos*. La *Palabra* o *Verbo* DE Dios es, el **Principio** de TODO cuanto ES; **y** el *Hijo* DE Dios es, el **Fin** de TODO cuanto ES. "*El Yo, Soy el Principio y el Fin*", dice el Padre. "*El Yo, Soy la Palabra* o *Verbo;* **y** *El Yo, Soy el Hijo*"; **y** El Yo, Soy el *Padre* DENTRO de ustedes. Mi *Palabra* o *Verbo* EN ustedes, ENTRA al *Hijo*, al *Cristo* EN ustedes – y entonces la *Palabra* o *Verbo*, '*Se hace carne*'. Y ustedes, RECONOCERÁN *la Palabra* o *Verbo, hecho carne*, los *Dos Testigos*". Y ustedes también *comprenderán* que los *Dos Testamentos*: el *Antiguo* **y** el *Nuevo* son, la *Palabra* o *Verbo* **y** el *Hijo*. El **Antiguo** *Testamento* es, la *Palabra* o *Verbo*; y el **Nuevo** *Testamento* es, el *Hijo* que viene a *recibir* la *Palabra* o *Verbo*, **y** a hacerla *manifiesta*. Y estos *Dos Testamentos* se encuentran, DENTRO de <u>ustedes</u>.

La *Plenitud* DE **Dios**, la *Palabra o Verbo*, **y** la *Plenitud* DEL **Hijo**, el Cristo, son los *Testigos* que ahora nos *elevarán* durante este *Período de Probación* hacia aquello que sea *necesario*, de manera que alcancemos la PRIMERA Resurrección. Estos *Dos Testigos* DENTRO de nosotros, *demostrarán* la Presencia DE Dios, *dondequiera* que nos *encontremos*; **así** como el *Poder* de esa Presencia, para *disipar* TODO *sentido de mal* que *pudiera* existir *dondequiera* que ustedes se encuentren. *Comprendan* que esa es la *Experiencia* que ha estado *aconteciendo* EN ustedes durante *muchos* años – ustedes han sido *establecidos* DENTRO de la Conciencia, para que estén *preparados* para *Permanecer en Silencio* RECONOCIENDO *la Verdad* que los <u>hace Libres</u>, **y** *Permitiendo* que *únicamente* esa *Verdad*, SIN ninguna 'ayuda *exterior*', constituya su *Defensiva* y su *Ofensiva* más que *suficiente,* contra TODO eso que los *acosa*, dentro del RECONOCIMIENTO Puro **y** Bello de que, "*Dondequiera* que se *encuentren*, ahí *mismo* se *encuentra* la *Palabra* o *Verbo* DEL Padre, que *Se hizo carne*". Ése es el *Nombre* de ustedes – y es *Inviolable*. La *Palabra* o el *Verbo* DENTRO de ustedes, **y** el Hijo DENTRO de ustedes, al '*recibir*' esa *Palabra*, *constituyen* la Presencia **y** el Poder Plenos DEL Padre *dondequiera* que ustedes se encuentren. No necesitan *temer* NADA que el hombre *o las condiciones mortales* puedan hacer, pues **carecen** de TODO poder *contra* el Espíritu DE Dios que *habita* DENTRO de *ustedes*. Ése será, su *Período* de **Probación** – y ustedes tendrán éxito o fracasarán, dependiendo del *grado* en el que se hayan *preparado* para su **Probación**. Tengan la *seguridad* de que, <u>*si siguen fielmente la enseñanza*</u>, lo *mejor* que puedan, entonces ésta será la Voluntad DEL Padre: que sean *Perfectos*, **y** que sean *gentilmente preparados* para *enfrentar* cualquier **Probación** sobre esta tierra.

Nuevamente tenemos aquí 'números' – *mil doscientos sesenta días* que son, como *cuarenta y dos meses* – tan solo con la intención de *enfatizar* que se trata de un *Período* de **Probación**. **No** se refiere a la duración *específica* de un tiempo *humano*. Es un *símbolo* de un *Período* de **Probación**.

Vestidos de cilicio – los *Testigos* se *vestirán de cilicio*. Ahora bien, lo anterior *significa* que, en este *Período* de **Probación**, ustedes *descubrirán* que están *ayunando* de voluntad *humana*; ayunando de deseos *personales*; ayunando de TODO plan y ambición, *personales*. Algo *llega* a ustedes, ante lo cual están dispuestos a *ceder*, permitiendo que el Padre *Interior lleve a cabo* TODAS *las obras*, TODOS los planes, TODA la conducción, TODA la enseñanza. Se trata de un período de *inmolación propia*, en el cual ya NO buscamos para *nosotros* mismos – TODO cuanto estamos *buscando* en este período, es esa *fuerza* de la **Convicción** *Espiritual*, que nos permita *saber* que el Padre *Interior* está *dirigiendo Perfectamente Su* Universo y *Su* Vida, *dondequiera* que nos encontremos. *TODO* cuanto necesitamos *hacer* es, **obedecer** aquello que se nos encomiende DESDE el *Interior*.

Los *dos Testigos* son:

"*Los dos olivos y los dos candeleros, que están de pie delante del Dios de la tierra*" (Revelación 11:4).

El *Dios de la* **tierra** ... Ahora, TODOS hemos *crecido*; en la mayoría de los casos, todavía con la *creencia* de que Dios está, 'arriba en los cielos'. Pero aquí tenemos un *Dios de la* **tierra** – y eso constituye el punto de **probación**. Estando Dios en TODAS partes, entonces Dios está *tanto* en la tierra *como* en los cielos. La **prueba** tiene como propósito, el que ustedes y yo **comprobemos** la Presencia DE Dios, *dondequiera* que nos encontremos – NO en el cielo; y NO mañana, sino HOY; para que *comprobemos* que Dios está *aquí* y *ahora*. Y los *Testigos* EN ustedes son llamados *los Olivos* y *los Candeleros*.

Un *Candelero* JAMÁS *brilla* – simplemente **mantiene** la luz – NO hace NADA *por sí mismo*. Así que, para ser realmente un *Testigo*, ustedes deben ser *Candelero*, *permitiendo* que la *Luz*, *haga* **Su** Propio trabajo. Ustedes simplemente *contemplan* la *emisión* de la Luz; *contemplan* la *actividad* de la Verdad DE Dios – NO la *canalizan*; SON *Testigos*, tal como un *Candelero* que 'sostiene' una vela. Entonces, en realidad, el *Candelero* representa la *capacidad* de ustedes para ser *Testigos de* la Luz. Y la *capacidad* de ustedes para *ser* el Cristo, constituye el *Candelero*. El testimonio *de* Dios *en* ustedes, constituye ese Cristo, el cual conforma el *Candelero* que *emite* la Luz DEL Padre.

Por otra parte, el *Olivo* constituye SIEMPRE, un símbolo de *fecundidad*. Observen; el *Olivo*, con sus hojas *extendidas* hacia el cielo, con su *belleza*, con su *fertilidad*, simboliza la *Confianza* COMPLETA *en* Dios. Y debido a esa *Confianza* COMPLETA *en* Dios, el *Olivo* trae hacia la tierra, la Ley DEL Cielo, la cual se hace visible como *fecundidad*. Siendo uno de los árboles más *fructíferos* de *Tierra Santa*, fue utilizado entonces, como un *símbolo* de una Ley *Celestial*, la cual *se hace visible sobre* la tierra, como *fecundidad*. Y nosotros, cuando estamos en ese estado de *Receptividad* a la Luz DEL Padre, **aceptando** Su Luz como la *Vida* de nuestro Ser *Verdadero*, nos *asemejamos* a los *Olivos* – y mostramos la *fecundidad* del resultado de nuestra *Confianza* en la Identidad *Espiritual*.

Así pues, contamos con nuestras *Capacidades* como Hijos DE Dios; con nuestras *Capacidades* como El Cristo DE Dios; y con nuestras *Capacidades* como la *fecundidad* que se evidencia cuando *mantenemos* el RECONOCIMIENTO DE ESA Identidad-*Cristo*... y dichas *Capacidades* constituyen los *Testigos* EN nosotros, de la Presencia *Viviente* DE Dios, *dondequiera* que nos encontramos.

> *"Y si alguno quiere dañar a los testigos, entonces los testigos (en ustedes), echarán fuego de sus bocas, y devorarán a sus enemigos; y si alguno quiere dañar a los testigos, de igual modo tendrá que ser muerto"* (Revelación 11:5).

Se les ha dicho que, *si* ustedes son *Fieles* a los *Testigos* EN ustedes, entonces estarán Divinamente *Protegidos*. También se les ha dicho que, *si* algún hombre *hiere* a estos *Testigos*, entonces *tendría que ser muerto*. Y esto va *directamente* para *ustedes*: *si* ustedes, debido a cierta *renuencia*, a cierto *egoísmo*, a cierta *ignorancia*, o por

CLASE 15: LA SÉPTIMA TROMPETA

cualquier causa, NO pudieran *aceptar* a los *Dos Testigos* EN ustedes: El *Cristo* y el *Poder* DEL Cristo, para que *trajeran* a la tierra las *Leyes* DE Dios, (las cuales constituyen los *Olivos* junto con sus frutos); *si* ustedes NO pudieran *aceptar* al *Cristo* y Su *Poder* EN ustedes al *cien por ciento* (los cuales representan la *Omnipresencia* y la Portentosa *Omniacción* DEL Padre), entonces 'ustedes mismos' serían como un *enemigo* viviendo en el *Anti*-Cristo, y tendrían que ser: *asesinados.* Dense cuenta: el *asesinato* constituye el **rechazo** a la Vida. Cuando *rechazamos* la Vida, entonces somos *considerados* como *entre los muertos.* Conforme **aceptamos** la *Validez* y la *Presencia* de los *Testigos*, estamos **aceptando** la Vida.

Y ahora, estos *Testigos*:

"... tienen poder para cerrar el cielo, para que no llueva en los días en que profeticen; y (ellos) cuentan con poder sobre las aguas, para convertirlas en sangre; y para herir la tierra con todas las plagas, cuantas veces quieran" (Revelación 11:6).

Tenemos todo tipo de *recuentos* en el *Antiguo* Testamento, acerca de *plagas hiriendo las aguas con sangre.* Y su *significado* realmente *dista* mucho de aquello que nos ha sido *enseñado.* Y en este instante tenemos la oportunidad para *revisar* algunos de esos *recuentos.*

A *Elías* le fue *conferido* "*el poder de cerrar el cielo, para que no lloviera*". *Él* realmente pudo haber dicho: "*Durante* el tiempo que profetice, NO lloverá", pero NO lo dijo. Y después, cuando *Elías* dijo: "Y *ahora* lloverá", llovió. ¿*Qué* significa eso? –Significa que los *Testigos* EN ustedes, también cuentan con Poder para *cerrar el cielo*, de manera que NO llueva. Significa que: el *Cristo* EN ustedes, constituye *un* Poder **sobre** el llamado *poder material.* El poder *material* NO es *NADA frente* al Poder DEL Cristo. Y NO fue 'Elías' quien *evitó* la lluvia – fue el *Cristo* EN Elías; NO fue *Moisés* quien *transformó* las aguas en sangre – fue el *Cristo* EN Moisés; NO son *ustedes* quienes *derrotarán* a sus enemigos; NO son *ustedes* quienes *aumentarán* su demanda de empleo; NO son *ustedes* quienes *aumentarán* su provisión – se trata de los *Testigos* EN ustedes, del *Cristo* EN ustedes. El Cristo EN ustedes, cuenta con el *Poder* para *evidenciar* la *falta total* de 'poder', de TODAS las leyes *materiales*.

Lo anterior resulta bastante *difícil* de **aceptar** para la mente *humana*, pero el Cristo, siendo el *Hijo* DE Dios, contando con la TOTALIDAD DEL Padre, el Cristo *EN* ustedes ES, *Omnipotente*. Por lo tanto, en su Etapa de **Probación**, ustedes estarán **probando** la Omnipotencia *del* Cristo EN ustedes – *Omnipotente* hasta el punto de *evitar* las *lluvias*, *si* fuese *necesario*; *transformando* las *aguas* en sangre, *si* fuese *necesario*... Las *aguas* representan, *simbólicamente*, la capacidad de *acción* **del** *hombre*. Y el '*transformar las aguas en sangre*' implica la capacidad **del** *Cristo* para *transformar* la acción de '*ustedes*', en Acción *Espiritual*. Si *su* 'acción' es por voluntad *personal*, entonces las *aguas* NO serían DEL Padre, NO serían "*Aguas Vivas*" (Juan 7:38).

Cuando *su Acción* proviene del *Impulso Espiritual*, entonces se dice que las *Aguas son transformadas en Sangre*, lo cual significa *Acción Divina*. La *Sangre* SIEMPRE significa *Sabiduría Divina* – una *Actividad* gobernada, guiada, dirigida y sostenida *completamente*, por la *Sabiduría Divina*, para que entonces *nuestras acciones* cuenten con el *Orden* Divino. Observen ahora que NO se trata de voluntad *personal* aquello que lleva a cabo estas Acciones *Divinamente* Ordenadas – se trata, simplemente, del **descanso** EN *los Testigos Interiores*; en la **aceptación** de que, *el lugar donde estamos parados* es AHORA y por siempre, *Tierra Santa* (Éxodo 3:5).

Ustedes *tendrán* que pasar por el *Período* de **Probación**, el cual **prescinde** de *afirmaciones verbales*. Verdaderamente están partiendo **desde** esta Verdad, **y** dependiendo *de* Ella – dispuestos a correr *cualquier riesgo* que pareciera *necesario*, porque ahora ustedes están *preparados* para **demostrar** que Dios, está justo *AQUÍ* donde *ustedes* se encuentran.

Y esto de "*herir la tierra con plagas*" ..., tiene que *interpretarse* una vez más, en su *verdadero* significado. *TODO* aquello que '*hiera* la voluntad *personal*', es llamado *plaga*, por lo que, en realidad, NO hay *plaga* alguna; y es que TODO aquello que '*restrinja* la voluntad *personal*', la misma voluntad *personal* lo considera '*plaga*' – de modo que TODO lo que **impida** a nuestra voluntad *personal* actuar *a su antojo*, la misma voluntad lo considera una monstruosa *plaga*. Y estas *plagas* nos llegan *únicamente* porque, dentro de la voluntad *personal*, estaríamos *desafiando* **y** *negando* a los *Testigos* DE *Dios*, los cuales *conforman* nuestro Ser *Verdadero*.

"... *cuando* [los olivos] *hayan terminado su testimonio, entonces la bestia que sube del abismo insondable hará guerra contra ellos; los vencerá y los matará*" (Revelación 11:7).

Así pues, en este *Período* de **Probación**, llegará un momento cuando EL ESPÍRITU DE DIOS EN USTEDES, habiendo sido **aceptado** por *ustedes*, **demostrará** que está *presente* – los problemas se *disolverán*, la provisión *aumentará*... De una manera u otra, o de muchas maneras, estarán **convencidos** en ese instante, que el *Poder* DE Dios, la *Presencia* DE Dios, la TOTALIDAD DE Dios es, un *Hecho* – se **demostrará**, a través de la **aceptación** del *Cristo* en ustedes. Pero, "la *bestia del abismo insondable* aún *vencerá* a los *Testigos* en ustedes, y los *matará*". Y en este *Período* de **Probación**, descubrirán que, *a pesar* de haber **aceptado** la Identidad-*Cristo*, aun así, la mente *mortal* se *levantará* ahora *en* ustedes, **y** los **convencerá** que están *equivocado*s – dudarán, se sentirán *inseguros*; pensarán: "Bueno, eso fue solo una 'coincidencia', una 'oportunidad'; seguro NO podrá volver a pasarme otra vez". Y entonces el *miedo* comienza a *penetrar nuevamente* en la conciencia – *abandonamos* nuestra *Unión Consciente* **con** Dios; todavía NO hemos *alcanzado* ese *Nivel* en el cual podemos **mantener** la *Unicidad* CON el Padre – por eso se dice que *los Testigos en nosotros, 'son asesinados'*. Todo esto debe sonarles *conocido*, ya que se trata de las experiencias por las que

TODOS hemos *pasado,* y por las que *seguimos* pasando – mismas que Juan está experimentando ahora en este *Alto Nivel.*

> *"Y sus cadáveres (que son los cadáveres de los testigos que hay en ustedes), yacerán en la plaza de la gran ciudad, la cual espiritualmente es llamada Sodoma y Egipto, donde ... nuestro Señor fue crucificado"* (Revelación 11:8).

Ahora bien, *la gran ciudad* es, entonces, la mente *mortal,* la mente *de 'este* mundo'. *'Babilonia'* será llamada más tarde; aquí se le llama *Sodoma y Egipto – la gran ciudad donde nuestro Señor... fue crucificado.* La mente de *'este* mundo' NO puede *ver* al Cristo; *vive* DENTRO de *sus* propios *sentidos;* NO *reconoce* a los Testigos *Interiores.* Y cada vez que la mente *de 'este* mundo' se *vuelve* hacia los Testigos *Interiores, ignorando* la *presencia* de los *Testigos, crucifica* al Cristo dentro de *sí misma.* Por lo que, *la gran ciudad, donde Cristo es crucificado* es, la mente *mortal.* Y ahora, dentro de esta *gran ciudad* de la mente *mortal,* hay *dos cadáveres* – los *cadáveres* de los *Testigos.*

Pero *todavía* nos encontramos en el *Período* de **Probación.** A pesar de que existe el *conflicto* en nosotros de haber *percibido* en nuestra Experiencia *Real* el Poder DEL Padre *Interior,* dichos *Impulsos* han *muerto,* y NO han surgido *Nuevos Impulsos,* por lo que creemos que fue una *casualidad.* Pareciéramos *desprovistos* del Impulso *Espiritual; TODO* cuanto queda es el *recuerdo* – y eso es lo que constituye los *cadáveres. Recordamos* el *milagro* que aconteció; pero eso fue *ayer; ahora* nos *preocupa* el *hoy;* y el *hoy,* ya NO parece ser un *milagro.* De hecho, la mente *mortal* nos ha *convencido* que los *milagros* son *pocos* y *distanciados.* Pero he aquí, *los cadáveres yacen en la plaza de la gran ciudad* – NO están *enterrados.* Los 'cadáveres' **recuerdan** la *actividad* del Espíritu EN ustedes; **recuerdan** cuando aconteció *algo* que parecía *inconcebible* para la mente *humana* – y el **recuerdo** de las obras DEL Espíritu constituye *los cadáveres que ahora yacen en la plaza.*

"Y los de los pueblos, tribus, lenguas y naciones, verán sus cadáveres durante tres días y medio; y no permitirán que sus cadáveres sean sepultados" (Revelación 11:9).

Así como nos resultó *difícil* llegar a la *convicción* de la Presencia TOTAL de Dios, de la misma manera una *probada* de ello hace que *difícilmente olvidemos* lo que esa Presencia *llevó a cabo,* cuando fuimos *elevados* lo suficientemente *alto* en Consciencia, como para *contemplar* Su Poder.

"... los que moran sobre la tierra, se regocijarán sobre ellos (los cadáveres); se alegrarán y se enviarán regalos unos a otros; porque estos dos profetas atormentaron a quienes habitaban sobre la tierra" (Revelación 11:10).

Hallamos que de alguna manera ahora nos sentimos *'aliviados'.* Después de todo, el *Impulso Espiritual* en nosotros, estaba *intentando* hacernos *creer* en algo que NO estábamos del todo *dispuestos* a creer. Quería que *creyéramos* en una *Fuerza* **Invisible**, en un *Poder* que NO podemos *ver,* El cual está *manteniendo* un Universo *Perfecto*; y quería que tuviéramos *Fe* en ese Poder *Invisible* – eso constituyó un verdadero *tormento* para nosotros; ahora nos sentimos *'aliviados'.* Una vez que el *Impulso Espiritual* ha *muerto,* el *hombre* quiere *retornar* a *su* propia voluntad *personal* – eso constituye la gran *fuerza* en él; el *hombre* quiere esa voluntad *personal*; él cuenta con ese instinto de *adquirir*; piensa que debe *vivir* la vida como 'él' *quiere.* Ahora el *tormento* ha *terminado* – puede *regocijarse.* Y eso constituye las *palmadas en la espalda* y el *intercambio de cartas de regocijo.*

El *hombre* pretende fingir que NO *hay* Cristo alguno. Nosotros NO tenemos que *preocuparnos* por el Cristo – Dios está *muerto.* Pero tenemos una *sorpresa*: Jesús *también* fue crucificado; Jesús estaba *muerto. Parecía* que Jesús había sido *crucificado* y *sepultado.* Y sus enemigos se *regocijaban* – lo *mismo* que nosotros. La *mente mortal* en nosotros se regocija, porque *aparentemente* 'ha *vencido*' al *Impulso*

Espiritual; el *Impulso Espiritual* ha sido *crucificado*. Pero... Jesús **resucitó** de los muertos. Y ahora hallamos una gran *alegría*, porque hemos estado, durante el *Período* de **Probación**, **comprobando** la *Presencia* DE Dios, el *Poder* DE Dios, justo donde nos *encontramos*. Y por un instante la ley *material* nos *cegó* a dicho Poder; incluso *casi* nos *convenció* por un instante, que Dios NO estaba *aquí*.

Pero ahora algo *acontece* a estos llamados *cadáveres*:

> *"Y después de tres días y medio, el Espíritu de vida de Dios, entró en ellos ..."* (Revelación 11:11).

El *Impulso Espiritual* en ustedes *pareciera* estar *tranquilo*, pero NO puede *morir*, porque está SIEMPRE *presente* – eso es un *Hecho*. El Espíritu DE Dios, NO puede *regresar vacío*, aunque *aparentemente* esté *inactivo*, aunque *aparentemente* parezca *muerto*. Y ahora, el Espíritu DE Dios, los *Testigos* en ustedes, **resucitan**.

> *"... el Espíritu de vida de Dios, entró en ellos; y se pararon sobre sus pies; y gran temor cayó sobre quienes los vieron"* (Revelación 11:11).

Se nos dice que el Espíritu DE Dios en *ustedes*, es *indestructible*. Jesús insistió: "El Yo, NO estoy siendo *crucificado*; el Yo, NO voy a *morir*; el Yo, estoy haciendo esto para **demostrar** que la Vida está SIEMPRE *Presente*; y que la Vida ES *Indestructible*". –*Nadie* le creyó. De la misma manera, nosotros NO creemos en el Espíritu DE Dios DENTRO de nuestro Ser. Pero *NADA* puede *cambiar* el *Hecho* de que es, *Indestructible* – que eso es *TODO*; que constituye nuestro **único** Ser. No importa cuánto 'tiempo' queramos *caminar* en un sentido de *mortalidad* o de *materialidad* – por SIEMPRE seremos: Espíritu.

Y ahora eso es *mostrado* aquí por el *Espíritu*, al 'levantarse' – los *Testigos levantándose* después del *Período* de **Probación**. Y se muestra que el *Período* de **Probación**, y la *muerte aparente* del

Espíritu, fue para un *propósito:* darles a los *Testigos* en ustedes, una *oportunidad* de **demostrar** que NO están *subordinados* a las leyes de la mente *mortal;* que ustedes bien pueden **depender** de los *Testigos* EN *ustedes.* Y a medida que Juan pasa *a través* de esta *Experiencia,* para su *regocijo,* el *Espíritu* le **prueba,** a través de su *Fe* en el *Espíritu,* que *ahora* puede *caminar* DENTRO de un Cuerpo *Indestructible,* DENTRO de una Mente-*Cristo;* que, para él, las *enfermedades* de la tierra han sido *vencidas;* los pecados, los males, los errores, las faltas, los problemas, se *han ido* – la *Fe* de Juan EN el *Espíritu,* como **su Propia** *Identidad,* era TODO cuanto se *necesitaba.*

Y aunque por el momento *aparentemente* el *Espíritu* fue *crucificado,* eso *no* fue sino para *mostrar* Su *Portentosa Fuerza* para *superar* la *falsa percepción* de los sentidos. NUNCA estuvo *muerto* el *Espíritu,* NUNCA fue *crucificado* – pero así le *pareció* al *falso testigo* de los sentidos. Y de esta experiencia *aprendemos: a crucificar los sentidos;* los *sentidos* que *afirmaban:* "fue *crucificado";* los *sentidos* que *afirman:* "El *Espíritu* NO está *en ti"* – esos *sentidos* son los *mentirosos.* Porque *si* el *Espíritu* Se *levanta* para mostrarnos la *Omnipotencia,* entonces ustedes *aprenden* que la mente *mortal* en nosotros, actuando como una *mente de cinco sentidos,* ¡es el *verdadero mentiroso!* –El *Espíritu constituye* la Verdad. Ése es el *Período* de **Probación** de ustedes, para *descubrir* que el *Espíritu* de su Ser, constituye la *Única* Presencia DE Dios sobre la tierra, *dondequiera* que ustedes se encuentren – y NO hay **ningún** 'otro' dentro de una forma *material* y *mortal.*

> "... *Oyeron una gran voz del cielo que les decía: ¡Subid acá! Y (los testigos) ... ascendieron a los cielos en una nube; y sus enemigos los miraron"* (Revelación 11:12).

Ahora bien, TODOS estos llamados *enemigos,* representan esas *creencias* en ustedes que NO creían *completamente* en el *Espíritu.* A medida que el *Espíritu* **demuestra** su Naturaleza *Invencible,* dichos *conceptos* en ustedes *constituyen* los *enemigos* que *contemplan* la

Ascensión DEL *Espíritu* EN el Ser DE ustedes. En este punto ustedes se encuentran *cerca* de una *Purificación Completa,* en la cual los *restos* de la *vieja* conciencia están *muriendo,* y la *Nueva* Conciencia está *surgiendo.*

> "... *en aquella misma hora ... hubo un gran terremoto, y la décima parte de la ciudad se derrumbó; y debido al terremoto, siete mil hombres fueron muertos; y el remanente se atemorizó y dio gloria al Dios del cielo*"
> (Revelación 11:13).

A lo largo de las Escrituras, el *terremoto* SIEMPRE ha *representado* 'un *vuelco* en la Conciencia'. Muchos de los Profetas hablaron de este *terremoto*; y los *siete mil que* ahora *fueron muertos* aquí, así como *la décima parte de la ciudad que se derrumbó,* representan *TODO* aquello que conforma la conciencia *material* en ustedes. La *ciudad* representa la mente *mortal.* Una *décima parte de la ciudad es arrasada. Siete mil hombres son muertos,* lo que significa que la conciencia *material* es ahora *derrocada* de su 'trono', la cual había *predominado* en ustedes; *y el Remanente que estaba atemorizado,* se ha *vuelto hacia Dios.*

∞∞∞∞∞∞ Fin del Lado Uno ∞∞∞∞∞∞

El Remanente glorifica al Dios del cielo. He aquí un *giro* o *vuelco* en este gran *terremoto;* y habiéndose *demostrado* que, la Vida es SIEMPRE Vida, y NUNCA muere; que el *Poder* DE Dios está SIEMPRE Presente, y JAMÁS *subordinado* a las leyes de '*este* mundo' – entonces *TODO* el *Remanente* de *pensamientos* y de *creencias* en ustedes, RECONOCE ahora que la ÚNICA Presencia sobre la que están *parados* es, la *Presencia* DEL Espíritu, el Dios que *realmente* ES *TODO.* E incluso ustedes pueden *mirar* '*este* mundo', y decir: "Aquello que *verdaderamente* está *aquí, verdaderamente* está *allá. Dios verdaderamente* ES, *TODO* aquello sobre lo que *este individuo se encuentra; y* TODO *aquello sobre lo que ese individuo se encuentra; y* TODO *aquello sobre lo que aquel otro individuo se encuentra*. En este *Período* de **Probación** he *descubierto* que, puesto que *únicamente* la PRESENCIA *Espiritual* se encuentra en TODAS partes, es que *sólo* el PODER *Espiritual* está en TODAS partes; y *sólo* la PERFECCIÓN *Espiritual* está en TODAS partes. Verdaderamente puedo *descansar* en el RECONOCIMIENTO de que la PERFECCIÓN es TODO cuanto hay *aquí*; NADA *puede* estar *mal*, en el Universo OMNIPRESENTE DE Dios. Donde *pareciera* haber un *error*, eso *tiene* que ser *mentira*; *tiene* que ser algo *irreal*, porque: SÓLO Dios está Presente; SÓLO el Espíritu Está aquí. El Espíritu, siendo *Perfecto* en TODOS aspectos, *impide* la presencia de aquello que *pareciera* estar *mal* – algo *imperfecto* NO puede estar aquí". Entonces, para *ustedes*, y en este RECONOCIMIENTO, NO hay *disturbio* alguno en los centros de estudios; NO hay *violadores* sueltos; NO hay *pobreza* NI *hambruna* ni *desarmonía* alguna – NO **hay** NADA, **además de Dios**. Aquello *distinto* a Dios, NO puede ser *real*, puesto que SÓLO Dios está *aquí*.

La *duración* de este *Período* de **Probación** dependerá de la *Fidelidad* de *ustedes* a la Palabra o Verbo. *Tres días y medio, tres años y medio, tres meses y medio...* NO hay diferencia con *tres siglos y medio ...* TODO *simboliza* que cada uno de nosotros *tendrá* que pasar por un período en el cual *nos elevemos* por *encima* de la *percepción de los sentidos*, **aceptando** la TOTALIDAD DE Dios; y después, NO estando *contentos* con las *palabras*, con las *creencias*, con la **aceptación** *intelectual*, ahora retomemos *cualquier* Fuerza que hayamos *reunido*, y... *descansemos*.

Este es Isaías 27:13, refiriéndose a la *Trompeta*:

> *"Y acontecerá en aquel día, que la gran trompeta será tocada; y vendrán aquellos que estaban listos para perecer en la tierra de Asiria, y los marginados en la tierra de Egipto – y adorarán al Señor en el Monte Santo, en Jerusalén".*

Vean ahora que *Asiria* y *Egipto* corresponden a *Sodoma, Egipto* y *Babilonia*. Aquellos que hayan estado en la mente *mortal*, en la conciencia *material*, al escuchar la SÉPTIMA *Trompeta*, **conocerán** la Verdad acerca *de* Dios. Y de nuevo, en Daniel 3:44, hay otra *referencia* a la *Trompeta* ... (En este instante no puedo encontrarla; así que tendré que *pasarla por alto*).

El *Misterio* DE Dios, *dado* a nosotros ahora, es éste:

"... *el séptimo ángel tocó la trompeta; y hubo grandes voces en los cielos, que decían: LOS REINOS DE 'ESTE* MUNDO' *HAN VENIDO A SER LOS REINOS DE NUESTRO SEÑOR Y DE SU CRISTO; Y ÉL REINARÁ POR SIEMPRE Y PARA SIEMPRE"* (Revelación 11:15).

Se trata del RECONOCIMIENTO y de la *Experiencia* DE Dios, justo dondequiera que *ustedes* se *encuentren*, como la *Sustancia*, el *Poder*, la *Presencia* y la *Ley* DEL *Ser* de ustedes. Esta es la *Unificación* del Entendimiento de que Dios, NO está *confinado* a un mundo más allá de 'este mundo'; Dios, NO está *confinado* a un lugar más allá de 'este lugar' – sino que el Ser *Supremo* NO es 'supremo' en absoluto, sino que en realidad ES: el ÚNICO MORADOR *sobre la tierra*.

Con la SÉPTIMA *Trompeta* ustedes *saben* que hay *Un Único* Ser *Infinito*; y se trata, del **Yo. No** hay 'otro' *Ser* sobre esta tierra – *sólo* Dios. TODA mortalidad ES, una mentira; TODA materialidad ES, una mentira. Ustedes están *totalmente despiertos* del sueño, en el RECONOCIMIENTO DE Dios, como el ÚNICO Ser *Viviente*. "El Yo, y el Padre *Uno* SOMOS (SOY)". Y en este instante de RECONOCIMIENTO, YA NO hay un "tú" mortal, parado allí – "ustedes" han *salido* y están *separados*. El *Misterio* de Dios lo constituye la *Identidad* de *cada* individuo sobre la tierra – NO su *personalidad física*, NI su *personalidad mortal*, NI la imagen *visible* de la *personalidad*. Ustedes han *crucificado* a la raza *humana*; ustedes han *re-sucitado* al Espíritu DE Dios, el cual *camina* sobre la *tierra* DENTRO de la Conciencia de *ustedes*. Y en este momento, *ustedes* se encuentran en la **PRIMERA** Resurrección – DENTRO del *cuerpo* DEL Espíritu que JAMÁS morirá. El *Misterio* de Dios ES, que JAMÁS existió un ser-*mortal* – Dios, NO creó NINGÚN ser-*mortal*; JAMÁS ha habido un ser-*físico*; Dios, NO creó *ninguno*. Tan SOLO existe la Vida DE Dios, la cual constituye la Vida **de** *ustedes* – y esa Vida, NO *comienza*, **y** NO *termina* en **ningún** 'momento' (tiempo) NI en **ningún** 'lugar' (espacio).

Su *Período* de **Probación**, el cual consistió en **probar** la *Presencia* DE Dios como estando *presente* en TODAS partes, se convierte en su *Nueva* Conciencia; y con ello se *vuelven* de *Naturaleza*-Cristo. Ahora ustedes son *Cristo*-Juan, en lugar de *Juan*. Ustedes son Juan, RECONOCIENDO la *Naturaleza*-Cristo. Y ahora se encuentran *preparados* para caminar sobre la tierra en *Forma*-Espiritual, la cual *contemplará* la *experiencia* de 'la muerte'; pero NO la *experimentará* en sí. Esa *Forma*-Espiritual, JAMÁS será *tocada* por los *clavos de la crucifixión*; esa *Forma*-Espiritual, JAMÁS será *tocada* por el virus o la enfermedad; esa *Forma*-Espiritual, JAMÁS será *sepultada* en una tumba; esa *Forma*-Espiritual, JAMÁS sabrá el *significado* de la ley-*material*; esa *Forma*-Espiritual, NUNCA quedará *atrapada* en una *tormenta* o en una *tormenta* eléctrica; esa *Forma*-Espiritual NUNCA sabrá de un terremoto – esa *Forma*-Espiritual caminará *libre* sobre la tierra en el Reino DE Dios. Y esa *Forma*-Espiritual *experimentará* la **PRIMERA** Resurrección, la cual JAMÁS *conocerá* la SEGUNDA *muerte*.

Así el *Misterio* **de** Dios *develado* con la **SÉPTIMA** *Trompeta*, NO representa una *Revelación* de un 'hecho a *futuro*' – se trata de la *Develación* de un *Hecho* que **ahora**, es *cierto*. Lo que ustedes *descubrirán* será aquello que es *cierto* en **este** *instante*, porque Dios ES, TODO aquello que FUE, ES, y siempre SERÁ. Y ustedes NO necesitan *esperar* siglos para dicho RECONOCIMIENTO **y** *Experiencia*. El propósito de la *Develación* ES, *revelar* aquello que ES. Y Juan, como discípulo **del** Cristo, **ahora** *revela* que el

Espíritu ES, la ÚNICA Presencia sobre la tierra. Y he aquí el *dónde* y el *cuándo* lo aprendió: en *este instante* de gran júbilo, cuando la *SÉPTIMA Trompeta*, o *Séptima Etapa de su viaje del Alma a través de los sentidos*, lo *liberó* del sueño *mortal,* en tanto caminaba sobre esta tierra; tal como ustedes y yo caminamos en este momento. Esto NO *aconteció* mientras él *dormía*; esto NO *aconteció* en un *trance* – esto implicó un *Cambio Radical* de Conciencia, en el cual, *TODAS* las trampas de *'este* mundo', quedaron *lejos.* Y Juan se RECONOCÍA como el Hijo *Vivo* DE Dios, el cual SOMOS *ahora* – aunque aún NO lo hayamos *comprendido.* Juan está *revelando* que, hay *UNA SOLA* Vida en el Universo; y ES *UNA SOLA* Vida *Divina*; ES la Vida DE Dios; y hay *un solo* concepto de cuerpo-*mortal,* el cual, en el RECONOCIMIENTO de la Vida *Única* DE Dios, *como* la Vida *de ustedes, ahora* les permite *caminar* aquí, EN su Cuerpo-*Inmortal,* EN su Cuerpo-*Perfecto, Inmaculado* y *Espiritual.* Y esta es la *Experiencia profetizada* para *TODOS* nosotros, a través de las *experiencias* de aquellos que han *alcanzado* el RECONOCIMIENTO de ese Cuerpo-*Inmortal.*

Es interesante *notar* que, de *TODOS* los discípulos *de* Jesús, hasta donde sabemos, *sólo* Juan, quien escribiera esta *Revelación, abandonó* esta tierra SIN mediar una *crucifixión.* Después de Jesús, ya NUNCA más fue 'necesaria' la *crucifixión.* Y *sólo* Juan alcanzó ese *Nivel de Conciencia,* desde el cual *repitió* el *Alto Entendimiento* del *Ser,* el cual hizo *posible* NO dejar 'cuerpo' alguno *tras* él – *puede* lograrse. Pero lograrlo o *no, carece* de importancia – lo que *importa* *es,* alcanzar ese *Nivel de Conciencia,* en el cual *ustedes* ya NO *creen más* que *su* Vida *dependa* de esta '*forma*'; ya NO *creen más* que *su* Vida esté *encerrada* DENTRO de esta '*forma*'; y finalmente ya NO *creen más* que *exista* Vida alguna DENTRO de esta '*forma*'.

La *SÉPTIMA Trompeta* le *reveló* a Juan que, NO hay *vida* DENTRO de *ninguna* 'forma' *material* sobre la tierra. Y eso, NO fue *difícil* de conseguir, porque él *sabía* que NO puede haber *vida* DENTRO de la 'forma' *material,* debido a una simple razón: porque NO existe la '*forma*' *material.* Juan había *salido,* había sido *apartado* de la '*proyección* de *imágenes de la mente mortal*' – y es por eso que *pasó* por el *Período* de **Probación** – para *enfrentar* a la mente *mortal*, de manera de poder *revelar*, su NADA. Por lo tanto, TODO aquello que *proyecte* la mente *mortal* como algo *visible*, es igualmente NADA. Y también <u>ustedes</u> disfrutarán de esos momentos en los cuales estarán *libres* de la *creencia* de que <u>su</u> Vida, se mueve DENTRO de la 'forma' *mortal*. <u>Ustedes</u> *contemplarán* la gran *coincidencia*, en una escala *cósmica*, que hace que la '*forma*' aparezca, justo donde **sólo** se encuentra: la Vida.

Recientemente, en clase, *propuse* la idea de: *descansar y considerar* en Conciencia, el *Hecho* de que: 'E<small>L</small> Y<small>O</small>, NO <u>SOLO</u> ESTOY EN <u>ESTA</u> HABITACIÓN, SINO QUE, <u>SIENDO</u> E<small>SPÍRITU</small>, E<small>L</small> Y<small>O</small>, **ESTOY** EN LA HABITACIÓN DE AL LADO, EN LA SIGUIENTE, Y EN LA SIGUIENTE'... Y les aseguro que hay *más poder* en esa pequeña *sugerencia*, de lo que muchos de ustedes han *captado*. Así que me gustaría *practicarlo* de nuevo ahora, porque he *descubierto* el '*poder*' de ese *ejercicio*. Anteriormente solíamos hacer el ejercicio de decir: 'M<small>IRA TUS PIES</small>, Y OBSERVA QUE TÚ, NO ESTÁS DENTRO DE ELLOS – *SI* TE CORTARAN LOS PIES, *TODAVÍA* ESTARÍAS AQUÍ. A<small>HORA SUBE LA ATENCIÓN A TU</small> RODILLA, A TU MUSLO, A TU TORSO, A TUS HOMBROS, ETC.'. Eso estuvo bien; fue un buen ejercicio; lo trabajamos *fielmente*. *Ahora* tenemos este *otro* ejercicio, **y** considero que *actúa* en nosotros de manera *distinta*. Contamos con la experiencia de: R<small>ECONOCERNOS</small> *a nosotros mismos como Espíritu Incontenible, fluyendo Libremente, siendo Uno con el Padre en* TODAS *partes*. Y en la **aceptación** de nosotros mismos *como* Espíritu, *sabemos* que NO hay *lugar* alguno donde podamos decir: '¡*Ése* de '*allí*' soy yo!', porque el Espíritu NO es así. Una vez que <u>ustedes</u> han **aceptado** su Identidad *Espiritual*, entonces habrán **aceptado** aquello que Juan descubriera: *Infinita Identidad Espiritual*. Así que lo *simplificaremos*; olvidaremos lo *Infinito* por el momento, pero al menos, vayamos hacia la *otra Habitación* [la otra Morada o Estado de Conciencia].

<u>En este instante *el Yo*, Me *encuentro* en la *otra Habitación*,</u> <u>debido a que el Espíritu está allí, y *el Yo*, *Soy* Espíritu. Justo en la</u>

Habitación de *al lado*, *el Yo*, Estoy – sé que ahí debo estar, porque el Espíritu está allí; y ése, es *mi Nombre* [Naturaleza *Divina*]. La **aceptación** de la **Omnipresencia** DEL Espíritu me dice que *el Yo*, *tengo* que estar en la *Habitación* de al lado. Y hay una Quietud, al *morar* en el RECONOCIMIENTO de que *el Yo*, Me encuentro en la *Habitación de al lado*. **No** existe *una sola Habitación* en esta *Casa* [Conciencia], en la cual *el Yo*, NO Esté. El Espíritu se encuentra en CADA *Habitación* de esta *Casa* y en TODA *Habitación* de esta *Casa* – *el Yo*, NO puedo separarme de la *Casa* – El Espíritu NUNCA Se *separa* de *Sí Mismo*. *El Yo*, Me encuentro en CADA *Habitación* de esta *Casa* – y DENTRO de la *Casa*, pues *el Yo*, NUNCA Me he *apartado* – Me encuentro justo *ahí*, justo *aquí*, justo *ahora*. **No** existe un solo rincón o grieta de Mi *Hogar*, donde Mi Espíritu NO se encuentre presente – la cocina, el baño, la sala de estar, la terraza, el patio... *El Yo*, Me encuentro allí; *cada centímetro* de Mi *Hogar* ES: Espíritu; y *el Yo* Me encuentro *allí*, porque *el Yo*, SOY Espíritu.

Consideren lo anterior por un tiempo, *hasta* que la Verdad de esto se *aclare* en *su* Conciencia. Y cuando *ustedes cuenten* con esa Verdad en *su Conciencia*, entonces contarán con un *Poder Invisible* de GRACIA, el cual *actuará dondequiera* que *ustedes* se *encuentren* – *dondequiera* que *ustedes* se *encuentren*, pues es justo donde el Espíritu *de ustedes*, Está.

El Espíritu de ustedes *Se encuentra*, en *su Hogar*; AHORA, el Espíritu de ustedes *Se Encuentra* en esta *Habitación*; el Espíritu de *ustedes Se encuentra*, abajo y arriba, y más allá, hasta lo *Infinito* – AHORA el Espíritu de *ustedes Se Encuentra*, en TODAS partes. No hay lugar alguno donde el Espíritu de *ustedes* NO se encuentre; NO hay lugar alguno en TODO este Universo, donde el Espíritu de *ustedes*, NO se encuentre.

Y eso se *convierte* en la Conciencia *Viva* de *ustedes*...

Dios ES, Espíritu; Dios está, en TODAS partes; Dios ES, TODO – El Yo, (y) el Padre, *UNO SOMOS*. El Yo, No puedo *separarme* de ese Espíritu *Único* que está, en TODAS partes. El Yo, *Soy* el Espíritu *Único* y *Total* que se encuentra en TODAS partes. El Yo, NO Soy de

NINGUNA manera, aquello que *parezco* ser. La *SÉPTIMA Trompeta* también ha *sonado* para Mí; El Yo, Soy un Espíritu *Infinito*; El Yo, *Estoy* en TODAS partes. Mi Presencia ES, la Presencia del Espíritu, en TODAS partes; y NO hay otro que ese Yo, que YO, Soy. *ESE YO, ESE ESPÍRITU, EL YO, SOY.*

Ésa es la *Nueva* Conciencia que *caminará* sobre esta tierra, como <u>ustedes</u>. **No** importa *cuánto tiempo* les lleve *arribar* a ese lugar. *Llegarán* ahí – cuanto *antes, mejor.* Y *cuando* lo hagan, entonces tan solo habrán *comenzado* su aventura – eso constituye sólo el *comienzo* del *Re-nacimiento.* Por ahora, al **aceptar** al Espíritu *Infinito dondequiera* como El Yo, NO podrán *negar* esa Verdad – de lo *contrario* estarían *mancillando* al Cristo de <u>su</u> propio Ser. En el *instante* en que *nieguen* que <u>ustedes</u> SON ese Espíritu que se *encuentra* en TODAS partes, en ese *mismo instante* estarían de *regreso* entre los *muertos*, y NO *andarían* entre aquellos que *Viven y Caminan* en 'Mi *Nombre'.* Pero cuando <u>ustedes</u> se *encuentren dispuestos* a **sostenerse** en la Verdad de la *Infinita Identidad Espiritual* como <u>su</u> propia *Identidad*, entonces *descubrirán* que la *Gracia* está ahí – ES *automático.* La *Gracia*, NO *necesita* esfuerzo *alguno* de parte de 'ustedes', para que *sea.* 'Ustedes', NO tienen que *hacer* NADA – la Gracia, YA está *actuando* EN Espíritu.

En el *instante* en que <u>ustedes</u> lleguen a la **Aceptación** *Espiritual,* en ese **mismo** *instante* la Gracia estará *actuando* EN el Espíritu que SIEMPRE fue, y que constituye <u>su</u> Ser. La Gracia está *preparada* para *hacerse Visible*; está *preparada* para *Expresarse* en lo *externo* como *ustedes*, dentro de <u>su</u> **Aceptación** *Interior.* Pero *ustedes* <u>tienen</u> que mantenerse *Fieles* a esa Identidad. Y entonces la **Probación** será cuando en *algún* lugar sobre la tierra *aparezca* una *discordia*, esa *discordia* estará *negando* que <u>su</u> Espíritu se *encuentra* allí. *Ustedes* pudieran **aceptar** dicha *negación*, y entonces estarían *participando* del juego de la mente *mortal. Pero* pueden *rechazar* la *negación:* "Esta *discordia* NO puede estar *ahí*, porque *Mi* Espíritu está *ahí".* ¿*Qué* más podrían *hacer*, que estuviera más allá de eso? –Absolutamente NADA. *Mi* Espíritu está *ahí*, y NO requiere *defensa* alguna. Entonces, podrían *decir*: "*¿Por qué* NO lo *quito* del *escenario*? *¿Por qué* Jesús NO lo *hizo?*" –*Ustedes*, NO han sido *llamados* a *llevar a cabo* las obras DEL Espíritu – el Propio Espíritu *hará* SIEMPRE **Su** Propio trabajo; *ustedes tienen* que ser **Testigos** DEL Espíritu *como* el Ser de *ustedes*, y tienen que *contemplar* al Espíritu *realizar* **Su** *Propia* obra. "Vengan a Mí, aquellos que estén *cargados*. **El Yo**, les voy a dar *descanso*. **El Yo**, *llevaré a cabo* aquello que se les asigne. **El Yo**, *perfeccionaré* aquello que les concierna. Pero *ustedes*, **aquiétense** y **sepan** que El Yo, Soy Espíritu. *Ustedes* **sepan** que **El Yo**, Soy *Dios*; *ustedes* **sepan** que **El Yo**, Soy *Omnipotente*; *ustedes* **sepan** que **El Yo**, Soy la Vida, la Vida *Única*. Y **descansen** en La Palabra, en El Verbo – y este *descanso* en la Palabra, se convertirá en la *Senda* en la cual *ustedes*, **aceptan** la Identidad *Espiritual*.

Debido a que Espíritu ES el *Nombre* de *ustedes*; debido a que *ustedes* se *encuentran* EN Casa en este instante, DENTRO del Espíritu, es que el **reconocimiento** de lo anterior constituye su *seguro* contra incendios; *su* **reconocimiento** de eso constituye *su* *seguro* contra accidentes; *su* **reconocimiento** de eso constituye *su* *seguro* contra inundaciones y contra terremotos. La Presencia, RECONOCIDA Y ACEPTADA de *su* Espíritu, constituye la *Presencia* DE Dios, la *Presencia* DE la Omnipotencia. El *Poder* de ese Espíritu actúa DENTRO de la **aceptación** de *ustedes*, acerca de la *Naturaleza Universal* DEL Espíritu, *como su* Ser – eso constituye el significado de: "*el Verbo, la Palabra, hecha carne*".

Eso es justo lo que le está *aconteciendo* aquí a Juan; y TODO cuanto sigue es, una *descripción* de ese Gran **y** Nuevo *Amanecer* de la Conciencia del Espíritu *Infinito* como: el *Nombre*, la *Identidad* y la *Ley*, de *ustedes*. Quienquiera que *alcance* esto, *descubrirá* que CADA Promesa **y** que TODA Promesa en la Biblia, se hace *realidad*, debido a dicho *RECONOCIMIENTO*. *Ustedes*, ya NO se *preocuparán* más por la salud NI por la provisión; ya NO verán más NI la vida NI la muerte; ya NO verán buena salud NI mala salud – ya NO verán más el *par de opuestos*. En la Identidad *Espiritual* NO existe la *menor* posibilidad de lo *opuesto*; NO existe amor NI odio; NO existe verdad NI mentira. Al *aceptar* los *opuestos*, ustedes estarían *negando* la Identidad *Espiritual* – pero al RECONOCER que los *opuestos* son del TODO *imposibles*, ustedes estarían *aceptando* la Identidad *Espiritual*.

TODO el Poder que <u>ustedes</u> han estado *buscando*, se encuentra *únicamente* EN el Espíritu; *únicamente* en la *aceptación* por parte de <u>ustedes</u>, de la Identidad *Espiritual Infinita*. No hay ladrones en la tierra para <u>ustedes</u>; NO hay asesinos; NO hay personas despreciables; NO hay blancos, negros, rojos NI amarillos; NO hay católicos, protestantes, judíos NI musulmanes; NO hay republicanos NI demócratas; NO hay nacionalidades... Y *si* <u>ustedes</u> anhelan TODA la Verdad, pues... ¡NO hay hombres NI mujeres! – hay, ¡Espíritu! La *aceptación* de <u>ustedes</u> del Espíritu es TODO cuanto existe en esta tierra para <u>ustedes</u>. No hay jóvenes NI viejos – hay un *Solo* Espíritu *Infinito*; y TODO aquel que *alcance* dicha *Identidad*, estará *adentrándose* en la *Identidad* del *Único* Ser *Infinito* que CADA UNO de nosotros ES.

La razón de esta *aceptación* TOTAL de *Un Solo* Ser *Infinito*, constituye la *manera* con la cual <u>ustedes</u> *entran* a la PRIMERA Resurrección; es la *manera* en la cual <u>ustedes</u> *caminan* por la muerte SIN ser *tocados* por ella. Se trata del Camino DEL Cristo; es el Camino *mostrado* por el Maestro – **y** *es*, el Camino de <u>ustedes</u>..., o NO lo *es*. Y *si* NO fuera el Camino de <u>ustedes</u>, entonces NO podrían *esperar* estar *bajo* la Ley DEL Espíritu *Perfecto*. El Espíritu actúa *sólo* DENTRO de *Sí Mismo*. Y este pequeño grupo aquí, se encuentra entre los pocos grupos sobre esta tierra, que están *aprendiendo* acerca de la PRIMERA Resurrección; que están *aprendiendo* a *caminar* DENTRO de una 'Forma' *Espiritual*, a medida que *abandonan* la *creencia* en una *personalidad material*; a medida que se *elevan* en el *RECONOCIMIENTO* del Cristo *Invisible* en TODAS partes, donde el mundo *mira* los 'opuestos'.

Una vez alcanzado esto, entonces TODO se *alinea* en conformidad. Y Juan lo describe de la siguiente manera:

"Y los veinticuatro ancianos, que estaban sentados delante de Dios en sus tronos, se postraron sobre sus rostros y adoraron a Dios, diciendo: Te damos ... gracias, Señor Dios, Todopoderoso ..." (Revelación 11:16-17).

'Todopoderoso' ya NO es, para nosotros, solo una palabra 'casual' – *'Todopoderoso'* significa *literalmente* lo que dice: El Espíritu ES, *Todopoderoso*. Y mientras tanto, podemos 'depender' de *Eso*, para SER exactamente *Eso* – en tanto estamos caminando *como* Espíritu *Infinito*, SIN dejar de RECONOCER la Identidad *Espiritual* de TODO hombre sobre la tierra; *encarando* TODO con *Mi Invisible* Naturaleza-*Cristo* – TODO – y *descansando* en la confianza *total* de que, *estando* el Espíritu *presente*, entonces TODO aquello que *niegue* la Presencia *Espiritual*, constituye tan solo, una *mentira* <u>carente de sustancia</u>. NADA es necesario *hacer* en NINGUNA instancia, puesto que, el Poder DE la Gracia *actúa, a través* de la Identidad *Espiritual Única*, la cual **aceptamos**. Y justo eso implica el que *todos los Ancianos se postraran sobre sus rostros* – lo cual significa la **aceptación** de UN SOLO Ser **Infinito**.

"... las naciones se enojaron; y Tu ira llegó; y llegó el momento para que los muertos fueran juzgados ... (nosotros fuimos aquellos 'muertos' que no aceptaron UN ÚNICO Ser Espiritual Infinito); y eso ... (debió) premiar a ... los siervos, a los profetas, ... a los santos, y a quienes temen Tu Nombre – pequeños y grandes – y debiera destruirse a quienes destruyen la tierra" (Revelación 11:18).

Entonces, realmente, esto implica la *desaparición* de TODO **concepto** que *niegue* UN SOLO Ser *Espiritual* **Infinito** – implica que somos *purgados* de TODA *creencia* en contrario.

"Y el Templo de Dios es abierto en los cielos; y fue visto en Su Templo, el Arca de Su Pacto – y hubo

relámpagos, voces, truenos, un terremoto y mucho granizo" (Revelación 11:19).

Cuando el *Arca de Su Pacto* es *percibida*, entonces somos *reunidos* DENTRO de la Voluntad ÚNICA DEL Padre – *"El Templo DE Dios, es abierto en los Cielos"*. Por medio de la *aceptación* de *ustedes*, de la Identidad **Espiritual** *Única*, es que *ustedes* han *heredado* la tierra. Lo que *ustedes* han **aceptado** *en los Cielos*, se convierte en *Ley* para *ustedes*, *sobre la tierra*. Para *ustedes*, Dios ya NO es más una *abstracción* – Dios **y** el Ser de *ustedes* ES: *UNO* **y** *lo MISMO*.

Ahora bien, en tanto esto acontece, tal vez en un *asomo*, quizá por un *instante*, tal vez sólo por *un momento*, o tal vez el RECONOCIMIENTO es tan *profundo*, que, como Pablo, *ustedes* resultan *cegados...* *su* Identidad *cambia* de Saulo, a Pablo – cegados a *TODO* lo *mortal*. O tal vez en algún punto intermedio, *ustedes* RECONOCEN que, *si* NO están *caminando* en la Verdad de la *Identidad Espiritual*, es porque están *viviendo* como: una *sombra*. Pero de algún modo, suficiente del RECONOCIMIENTO **penetra** en *su* Conciencia, conduciéndolos *finalmente* hacia la **aceptación** Plena **e** Incondicional, de *su* Identidad *Espiritual*.

> *"Y apareció en los cielos (en ese punto), una mujer vestida con el sol ... con la luna debajo de sus pies ... y sobre su cabeza, una corona de doce estrellas"* (Revelación 12:1).

Requiere *bastante* tiempo para nosotros, el arribar a ese punto *alcanzado* por Juan. Pero una vez que ustedes han **aceptado** al Dios *del* Cielo *como* el Dios *de* la tierra, como la ÚNICA *Identidad* de *TODO* ser, entonces *Cielo* **y** *tierra* se *unificarán* para *ustedes*. Y ahí es cuando *comenzará* la *Revelación Viviente*; ahí es cuando la Palabra o el Verbo DEL Padre en *ustedes*, Se *Hará cargo* del *gobierno* de *su* Ser, *completamente* – seremos *puestos* bajo el *gobierno* DE Dios, sobre la tierra; nos encontraremos DENTRO de la **Cuarta** Dimensión; ya NO seremos más, seres *mortales* – aunque *parezcamos* serlo.

Habremos **aceptado** la *Paternidad* DE Dios, **y** la *Filiación* CON el Padre. El Hijo ES, *siempre* Espíritu *Puro*, tal como el Padre Lo ES; y en esta **aceptación**, es que ahora estaremos *preparados* para ser *alimentados* **por** el Espíritu *Infinito*. Seremos *apartados* de las leyes de la *humanidad* – todavía *caminaremos* por la tierra, *comeremos* dos o tres veces al día, *estaremos a favor* de las llamadas 'tiendas inteligentes'... pero la melodía *dentro* de nuestro *corazón* será la *Melodía* DEL Espíritu; y la Vida que viviremos NO será la vida de una *persona* – será la Vida DE Dios, *expresándose* en la tierra *como* la Vida de Su Hijo.

Y para eso, _ustedes_ permanecerán **Fieles** – para que puedan *mostrar* Su Gloria, Su Voluntad, Su Poder, Su Inteligencia, Su Amor. No hay NADA más en esta tierra que _ustedes_ puedan *obtener*. _Ustedes_ han sido *designados*: *Herederos* DEL *Reino* – ahora _ustedes_ están *facultados* para *dar*, para *conferir*, para *otorgar*. *TODO* cuanto _ustedes_ poseen, pueden *dar*, y *dar*, y *dar*, y *dar*, porque _sus_ cofres de: Amor, Perdón, Belleza y Bendiciones son, *Ilimitados*. Y así *descubrirán* que, a medida que encuentran la *Alegría* de dar; el *Poder* de dar; la *Capacidad* para mirar y entregar _su_ corazón, dondequiera que sea *necesario*, ... será debido a que Dios, **en** _ustedes_, Se ha *convertido* en una *Fuerza Viva* EN _su_ Ser. De esa manera es como *reconocen* Su Presencia: cuando *Su Amor* fluye *a través* de _ustedes_, *hacia* el mundo, cumpliendo con *Su Propia Ley*. Y *hasta* que no lo **sientan**, sabrán que *aún* NO han llegado a ese *lugar* donde se habrían **aceptado** a _ustedes_ mismos como: *Espíritu Viviente*. Pero si *así* lo **sintieran**, entonces *'aparecerá la Mujer'*, La cual constituye el SIGNO del *Nacimiento* de La Palabra, del Verbo que *Se revela* EN ustedes.

Pareciera que hemos recorrido una *gran* distancia; y, sin embargo, solo estamos *comenzando* el **Capítulo** 12 de *la Revelación de San Juan*. Así pues, *parece* que se nos dará la *oportunidad* de *consolidar* nuestro *progreso*; de *someternos* a ciertas *pruebas*; de *expandirnos*; de *lle*gar a un 'lugar' donde podamos, **con** Juan, (y espero que NO sea de manera *indirecta*) – sino **con** Juan, en la

Experiencia de la Verdad, *presenciar* el *Nacimiento del Reino de los Cielos en la tierra*, DENTRO de *nosotros*.

La próxima semana vamos a *abordar el Nacimiento de la Revelación sobre la tierra*, el cual constituye el mencionado **Capítulo** 12. Lo que *ustedes* podrían llevar a cabo para *su adelanto*, sería *descubrir* que: a medida que *practican* que se *encuentran* DENTRO de *otra* Habitación, en *otra* Casa, en *otra* Ciudad – algo muy *hermoso* estará aconteciendo. Mi propia Experiencia sucedió de la siguiente manera: *Inconscientemente*, uno está siendo *liberado* del *pensamiento de 'este* mundo' – porque, dense cuenta, en *realidad*, NI siquiera se trata del *pensamiento* de *'este* mundo'. Así que, a medida que uno es *liberado* SIN *darse cuenta*, del *pensamiento* de *'este* mundo', un *Nuevo* Canal de *Conciencia* pareciera *asumir* el control; y, SIN saberlo, uno ha **aceptado** que ya NO está *confinado* más a un *'lugar'*; incluso NI siquiera a cierto *'tiempo'*.

Sería posible que ustedes recibieran una llamada telefónica, tal como me aconteció a mí. No recuerdo claramente cuál fue la situación; qué sucedió en el otro extremo..., pero cuando sonó el teléfono, una *voz* dijo algo así como... – de hecho, las *palabras* fueron *dichas* DENTRO de mí: "*El Yo*, Estoy AQUÍ". Y, sin embargo, había otra parte de *mí* que RECONOCIÓ que dichas palabras, NO significaban "estoy *físicamente aquí*", sino que significaban: "*El Yo*, Estoy AQUÍ". *El Yo, el Espíritu*, Estoy AQUÍ, *desde* donde viene la *llamada*. Y, sin embargo, *TODO* eso era *mi Ser*. Hubo esa *comprensión, inmediata* e *inconsciente* de que "*El Yo*, Estoy AQUÍ *desde* donde *emana* la llamada" – y SIN haberlo pensado...

A partir de eso, encontrarán que otras *cosas* acontecerán, y comenzarán a *comprender* por qué, alguien que los *busca* en *'algún lugar'*, los va a *encontrar 'allí mismo'*, justo donde *ustedes* se encuentren – SIN que *ustedes* lo *sepan*; realmente SIN que *ustedes* lo *sepan* – tan solo porque se encontraban *practicando* [RECONOCIENDO]: la *Naturaleza* **Infinita** de *su* Conciencia. Y la *Naturaleza* **Infinita** de *su* Conciencia es tal, que se encuentra en **cada** buzón de *'este'* mundo'. Y una persona puede colocar una carta *dentro* de dicho buzón, y <u>su</u> Conciencia, que *también* se encuentra ahí, SIN que ustedes lo *sepan*, puede *resolver* TODA situación, *siempre y cuando* <u>ustedes</u> estén *trabajando* con *fidelidad*, poniendo <u>su</u> *atención* DENTRO de la Conciencia del Ser **Infinito**.

Ahora bien, lo anterior NO será algo *permanente*. La gente NO pone simplemente cartas *dentro* de los buzones, y entonces la Conciencia de 'ustedes' las *encuentra* ahí *en cada ocasión*. Pero para 'mí', constituye una *evidencia suficiente, ya* que, *si* Joel dijo, que era *cierto*, entonces NO sólo fue *cierto* para Joel, sino que ES cierto para *cualquiera* que: **practique** lo que él enseñó.

Observen ahora que Juan, *después* de haber *alcanzado* el punto en el cual *se* ACEPTÓ *a sí mismo* como: *Ser Espiritual* **Infinito**, será capaz de *cumplir* la *Mayor* Profecía, "... (*si* ustedes *creen*) en *El Mí*, entonces las *Obras* que *El Yo*, hago, (<u>ustedes</u>) tendrán que ... hacer ...; y *Mayores* Obras ..." (Juan 14:12). De esta manera, Juan *evidenciará* estas '*Mayores* Obras': *saldrá* de una 'forma' *material*, SIN necesidad de *experimentar* la 'muerte'.

Para nosotros, esas "*Mayores Obras*" <u>tendrán</u> que ser, TODO aquello que el Espíritu *tenga en mente*. Pero a medida que *practiquen* esto, verán que: '*estar ausentes del cuerpo, y presentes con el Señor*', implica **realmente**, la Conciencia *Normal* y *Natural* de aquél que desee *caminar* DENTRO de la *Verdad* y de la *Identidad*. **No** requiere *pararse de cabeza*; NI requiere de alguna *capacidad especial*; NO se requiere *leer* ciertos *capítulos especiales* — tan *solo* requiere, el <u>*llevar a cabo*</u> esta simple **y** <u>pequeña *práctica*</u> que les he delineado. —Y entonces *encontrarán* que, Lo **Infinito** que <u>ustedes</u> han **aceptado** como <u>su</u> Ser, comienza a *alimentarse* DENTRO de esta llamada '*forma*'. Aquello que <u>ustedes</u> RECONOCEN, comienza a *regresar* hacia dicho RECONOCIMIENTO. "*El pan que lanzan sobre las aguas comienza a* **regresar**..." *justo a donde* <u>ustedes</u> *parecieran estar* DENTRO *de una '*forma*'.* Pero *tengan* claro que eso **Infinito** que <u>ustedes</u> RECONOCEN, constituye un Poder *distinto* de cualquier *otro* que hayan RECONOCIDO hasta ese momento. Y Su Poder que **retorna**, constituye la Voluntad *Expresada* DEL Padre, *respaldada* por la *Omnisciencia* **y** la *Omnipotencia* DEL Padre, DENTRO de las cuales se *encuentran* <u>ustedes</u>.

Y ahora nos encontramos *TODOS, caminando* hacia Eso. Algunos de ustedes YA están *experimentando* el Poder de ese Ser **Infinito.** Y cuando puedan **experimentar:** el NO estar DENTRO de una '*forma*', sino SER una Identidad *Espiritual,* NO localizada, sino *Espíritu,* el ÚNICO Espíritu que se encuentra en *TODAS* partes, entonces, a través de la **práctica** de <u>ustedes</u>, comenzarán a *percibir* la Gracia, *más allá* de la *imaginación* de un *ser mortal.*

Espero con ansias la gran **Experiencia** para *cada uno* de nosotros, a medida que *continuamos* **practicando** estas Verdades *Inmortales* que nos *entregara* Juan, *a través* del Cristo.

Ahora, ... ¡Gracias!

CLASE 16

EL SEGUNDO NACIMIENTO DE USTEDES

REVELACIÓN 12:1 A REVELACIÓN 12:17

Herb: - Hasta ahora el Tema de nuestra clase fue, *cómo* vivir DENTRO de la Voluntad *Divina*, y *cómo* vivir FUERA del *Paréntesis.* Y el *propósito* de vivir DENTRO de la Voluntad *Divina* y FUERA del *Paréntesis* es, alcanzar el **SEGUNDO** *Nacimiento* de *ustedes* – **SEGUNDO** *Nacimiento* es otra palabra para *Resurrección.*

La *Resurrección* quedó *aclarada* como el Nacimiento *Espiritual* que sigue al nacimiento *material;* y tuvo que *puntualizarse* como un evento que debiera tener lugar DENTRO de la Conciencia de *ustedes,* ANTES de la experiencia llamada *muerte.* Y ya debería saberse que, el Jesucristo *visible* que caminaba sobre la tierra donde los hombres podían *verlo,* nos estaba *mostrando* **y** *demostrando* visiblemente que, la *Resurrección* es, un Acontecimiento *Interior.* Y cuando la *Resurrección* tiene lugar, entonces aquello llamado *muerte,* la "Crucifixión" en el caso de Jesucristo, *carece* de TODO efecto; y, por lo tanto, las imágenes *parecieran* decir: "El Yo, *Estoy* AQUÍ".

Lo anterior *implica* que, cuando *alcanzamos* la **PRIMERA** *Resurrección* ANTES de la *muerte,* entonces la *muerte pierde* TODO efecto. Y para lograr esta **PRIMERA** *Resurrección,* este **SEGUNDO** *Nacimiento desde* lo físico *hacia* lo Espiritual, hay mucho que *tenemos* que llevar a cabo. Aunque a la *humanidad* esto NO le ha sido *específicamente enseñado,* de cualquier forma, sigue siendo

72

el ÚNICO camino hacia la Vida *Eterna*, hacia la *Experiencia* de la Vida *Real*. Y, por lo tanto, *el amado Juan*, quien había *vivido* **y** *caminado* junto con el Maestro, de quien había *aprendido*; y quien había sido designado como el *Heredero Visible* sobre la tierra, es **en** quien nosotros debemos *buscar* al Cristo, *después* que Cristo-*Jesús* *ascendiera* – más tarde él, escribió 'su' *Revelación*.

Hace algunos años *hicimos* el *estudio* de *Revelación*, y cuando lo hicimos, por alguna razón que NO pudimos explicar *en ese momento*, cierto *Capítulo* que apareció en la cinta, no *quedó grabado*, por lo que muchos de los que cuentan con la *serie* completa de *Revelación*, NO cuentan con el Capítulo **12**. En esa serie, dicho *Capítulo* correspondió a la *Decimosexta* Cinta – y simplemente NO se grabó. En ese entonces NO supimos *por qué*, pero AHORA yo sé el por qué ... –porque ese es el *Capítulo* que vamos a *contemplar* **ahora**.

El **12º**. Capítulo de *Revelación* trata sobre el SEGUNDO *Nacimiento* de ustedes, <u>su</u> PRIMERA *Resurrección*, <u>su</u> *Experiencia* de la **Naturaleza**-Cristo, ANTES de la muerte – y está expuesto en **Dos** Niveles. Está escrito en el NIVEL de la *Resurrección* de la Conciencia de 'este *mundo*', **y** en el NIVEL de la *Resurrección* de la Conciencia *Individual*. También constituye la *Experiencia personal* de Juan, en <u>su</u> propia PRIMERA *Resurrección*. Aunque lo *disfrazó* con palabras que indicarían que se trata *otra vez* del recuento de una *persona física*, la realidad es que se está refiriendo al *Logro Interior* de <u>su</u> propia PRIMERA *Resurrección* – aquello que le confirió la *certeza* para saber que, <u>la *muerte* NO podía *tocarlo*</u>.

Y cuando <u>ustedes</u> comienzan a *sustituir* los *símbolos* por el **conocimiento** *verdadero* de que, aquello de lo que él está hablando está DENTRO de <u>ustedes</u>; que todo aquello que está mencionando está *ocurriendo* DENTRO de <u>ustedes</u> – a pesar de que sea *llamado* un '*dragón*' o una '*mujer con sus pies sobre el sol y sobre la luna*' – a pesar de todo eso, es cuando *comprenden* que Juan está hablando de algo que ocurre en el *Interior* de <u>ustedes</u> – todo esto se refiere a la Conciencia *Interna* de <u>ustedes</u>, *venciendo* el sentido de *mortalidad*. Y creo que cuando <u>ustedes</u> *pueden* *sentir* dentro de <u>su</u> corazón que esta Experiencia es algo en lo que *ya* se han *embarcado*, y que otros, como Juan, han alcanzado la *Plenitud* de la Experiencia, entonces se animarán a *percibir* que, aunque el Camino puede en ocasiones *parecer* oscuro, SIEMPRE habrá una *Lámpara* Invisible para los ojos *humanos,* debajo de sus pies.

Todo cuanto se *requiere* de sus es, moverse *correctamente* en esa dirección, y *permitir* que sea el *Espíritu* Quien *prepare* el Camino. Y esta es la *Experiencia* que sigue, la cual Juan nos comparte. Siento cada vez que la leo, una y otra vez, que más nos es *desplegado*; y así, cada vez podemos encontrar *mayor* Confianza en que, aunque podamos *sentir* que estamos *tropezando* o andando *a tientas*, al menos nos estamos *moviendo* en la Dirección DEL *Espíritu* – lo cual es mucho mejor que *sentirse exitoso* en el mundo *material*, para finalmente *descubrir* que TODO aquello que se logró con voluntad *humana*, tan solo fue… un *espejismo*.

Ustedes tienen que *pasar por los dolores del parto*, para *moverse* EN el Espíritu – y siento que eso es precisamente lo que estamos *aprendiendo* aquí. Este es el **12º**. Capítulo de *Revelación,* y lo titularemos: "*SU* SEGUNDO *NACIMIENTO*" o la *Resurrección* de Ustedes – independientemente de que constituye tanto la *propia Resurrección* de Juan, como la *Resurrección* que él *presagia* acerca de la Conciencia *de* 'este *mundo'*. Esto constituyó una *Visión* para Juan, y en las propias *Visiones Internas* de ustedes, cuando *distingan* lo Verdadero de lo falso, lo Espiritual de lo síquico, lo Sustancial de lo NO-sustancial, entonces *encontrarán* un Significado en el cual podrán *confiar*.

Si en su *Visión Interna* les es *conferida* una cierta *Sustancia*, entonces *ustedes* sabrán que eso constituye "La Palabra" – y de hecho, así es como *surgió* la Palabra DENTRO del Alma de Juan.

"Apareció una gran maravilla en el cielo; una mujer vestida con el sol, y la luna bajo sus pies, y sobre su cabeza, una corona de doce estrellas" (Revelación 12:1).

Bien; aquello que hace que esta *mujer* sea *una gran maravilla*, no es solo que tenía una *corona con doce estrellas*, que estaba *vestida con el sol*; sí; *vestida con el sol*, y que tenía *la luna bajo sus pies*, sino que *estaba embarazada, con labor de parto*, y con un *parto doloroso*. Así es como *comienza* la aparición de este **SEGUNDO** *Nacimiento*. Pero ahora, se trata de <u>ustedes</u> – **no** de *una mujer*. Se trata de <u>su</u> conciencia-*material*, por eso es llamada, *mujer*. La *mujer* es, un símbolo de la conciencia-*material*, y NO implica hombre NI mujer – significa: *naturaleza **humana*** – eso es lo que significa *mujer* aquí. Por lo tanto, *mujer* implica *cualquiera* que esté en un estado de *mortalidad*.

La *mortalidad* está RECONOCIENDO su *Inmortalidad*; y la *mortalidad* 'se hace a un lado', para ***aceptar*** el **NUEVO** *Nacimiento*. La *mortalidad* es, agotadora – NO es *fácil*. Y entonces esta *gran maravilla en el cielo*, constituye *una señal – una señal que aparece* DENTRO de <u>ustedes</u>, la cual es llamada *una gran maravilla en el cielo;* y *la mujer, que está vestida con el sol, con los pies sobre la luna, con la luna debajo de sus pies*, obviamente está *trascendiendo* 'este mundo'. 'Algo' DENTRO de <u>ustedes</u>, esta *Señal*, les indica que <u>ustedes</u>, están *trascendiendo* 'este mundo', aunque *todavía* estén *apareciendo* aquí.

Esto, ¡NO constituye una 'experiencia ***posterior***' a la *muerte*'! Esto constituye una Experiencia *Personal* DENTRO de la vida *humana* – por eso se le llama, *mujer*. La *personalidad material* está *experimentando* esta vivencia de un **NUEVO** *NACIMIENTO*; la *personalidad material* se encuentra *preñada* con una *Idea* más allá de *su* propia *capacidad de comprensión*. TODO individuo va a ser *impregnado* con la Luz DEL Espíritu, y entonces se dirá, que está *vestido con el sol*. *Vestido con el sol* es, otra forma de *explicar* el Matrimonio *Místico*, cuando estamos *dando a luz* al Cristo. Esto significa que NO se han utilizado medios *humanos* para esta *fecundación* – Dios ES, el Padre. No hay *padre* alguno sobre la tierra, para este *Niño* que nace. Dios ES, el Padre; por eso *la mujer está vestida con el sol*. Y esto constituye la *Experiencia Interior* de ustedes – cuando <u>ustedes saben</u> que Dios ES, <u>la Sustancia de *su* Ser</u>. Entonces <u>Dios ES, *revelado*</u> como el *Creador* de TODO cuanto ustedes SON – lo cual, por supuesto, es su *garantía*, pues debido a que Dios ES, *su Creador, es que ustedes* SON, *tan Perfectos como su* Padre.

Esto implica el *inicio* del RECONOCIMIENTO, alcanzando ahora un Nivel *Máximo,* en el cual están *casi listos* para **aceptar**: "*Realmente el Yo,* SOY *el Cristo* DE *Dios*". *Aquello* que ha estado en el *Vientre* de la Conciencia, está a punto de *aparecer* como: *una Experiencia Viviente* y *Completa,* para *enviarlos* hacia el Reino DE Dios, sobre la tierra. Y Juan quiere que lo *sepamos* – se trata de un *acontecimiento* que tiene lugar en *nuestra* vida *humana:* "*debajo de sus pies, está la luna*".

La luna, *refleja* al sol. Pero ahora se encuentra *debajo de sus pies,* porque *ustedes* ya NO están *reflejando más al sol,* ya NO están *reflejando más a la mente de* 'este *mundo*' – ustedes están **sólo**: *reflejando* A Dios. *Ustedes* están, *expresando* TODO cuanto Dios ES; *la luna está debajo de sus pies.* A medida que el NACIMIENTO DE Cristo *en* *ustedes, madura en experiencia,* es que se encuentran, *expresando* A Dios. Y, como ahora están *trascendiendo* al sol y a la luna, es que en *realidad* están, *trascendiendo* TODAS las leyes *kármicas* de *tiempo* y *espacio.*

Esto NADA tiene que ver con *su* capacidad *humana* – tiene que ver con el *RECONOCIMIENTO* de que, Cristo EN *Mí,* está *naciendo.* Este Cristo ES Quien lleva a cabo la obra DEL Padre – NO el '*tú visible*'. Y debido a que esto constituye una *Ocasión Trascendental* – cuando el Matrimonio *Místico* está a punto de *parir* **Su Propio Ser** - Cristo: el *Nacimiento* DE Cristo EN *ustedes*; el **SEGUNDO** *Nacimiento*; el *regreso* a *su* Ser *Natural*; el *retorno* al Ser que eran "*antes de la fundación* de 'este *mundo*'", es que esto constituye el *Nacimiento* DE Cristo, la *separación* de la *falsa espiral mortal.*

"*Y clamaba con dolores de parto*" (Revelación 12:1).

Debe haber *fuerzas* que se *oponen* a este *Nacimiento* – y *sabemos* que las *hay* – *nuestros propios* conceptos; *nuestras propias* creencias acumuladas; *nuestro propio* pensamiento *de* 'este *mundo*' que nos rodea – todo se confabula para *impedir* este nacimiento – las *presiones* del mañana, los *temores* del hoy, las *falsas necesidades*, las *falsas ambiciones*... TODO cuanto hemos 'conocido' como seres *humanos*, *actúa* como un *velo*, como una *fuerza*, como una *barrera* opuesta para *impedir* el **Nacimiento** DE la **Conciencia**-Cristo... y así, *clamamos con dolores de parto*.

> *"Ella clamaba con dolores de parto, en la angustia del alumbramiento* [de la *entrega*]" (Revelación 12:2).

Juan *percibe* aquí, ese RECONOCIMIENTO *sensible* de cómo la *mortalidad* se *aferra*, se *apega*, y *rechaza*, la *Inmortalidad*. Y ustedes pueden hallar un *eco* de eso en *su* propia conciencia, ya que existe un *miedo latente* al *desapego*. *Sabemos* que nos estamos *desapegando*; NO sabemos lo que vamos a *encontrar*; y esta misma *cautela humana* constituye el *clamor* y el *dolor* que debe ser *"entregado"*. Pero al mismo tiempo, el Cristo *Interior* dice: "Deseo *nacer*; denme de *beber*; acéptenme en la *posada*". Así, este *conflicto entre la carne y el Espíritu*, que ahora está llegando a su *clímax*, pudiera incluso *aumentar* nuestros *temores*.

Tenemos *miedo* de *dejar entrar* al Cristo; estamos *perdiendo el 'control'* – el Cristo tendrá el *'control'*. *¿Cómo* podemos estar *seguros* de lo que implicará *Su* Control para nosotros? Y ese *miedo*, esa *duda*, esa *cautela*, esa *indecisión*, ese *momento* cuando..., tal como recordarán en muchas de sus meditaciones, cuando *acontece* algo *tan hermoso*, entonces ustedes... *retroceden*. Tienen *miedo* de continuar, *abren* los ojos y dicen: "Oh; eso me estaba llevando *demasiado* lejos, hasta el *límite*". Tienen *miedo*, y el *miedo* se *intensifica* a medida que se acercan al *Alumbramiento* del Cristo. Tienen *miedo*; NO quieren *perder* el 'control'; quieren *tener* 'la *última palabra*'. Y todo eso está *simbolizado* por *la aparición del dragón* – la mente *de* 'este *mundo*', que les dice: "En el *instante* en que *suelten*..., *¿cómo* sabrán *qué* va a *pasar*? Simplemente se están *sumergiendo* a 10 pies [más de 3.50 metros] de profundidad, **sin** siquiera *saber, si* hay agua *dentro* del tanque". Y entonces, *retroceden...* tal vez *una* vez; tal vez *dos* veces; tal vez lo han hecho *muchas* veces. Pero cuando **saben** que esto *realmente* implica el **Nacimiento** DEL Cristo **en** *ustedes*, y cuando han **superado** el miedo, *entonces* se vuelven más *deseosos* de *avanzar*, más *agradecidos* por la *oportunidad*. Y cuando sus precauciones y miedos, dudas e incertidumbres quedan del TODO *disueltas*, entonces encontrarán que esto constituye el Evento *Bendecido*, el Nacimiento *Cósmico* DEL Cristo DENTRO de *ustedes*, aquello para lo cual se encuentran *ustedes aquí* sobre esta tierra, *apareciendo* en forma *humana*.

Es cuando 'ya NO hay *vuelta atrás*' – NI tampoco *deseo* alguno de *retroceder*. Han *arribado* al punto del NO-retorno, en donde están **preparados** para *soltar* TODA *cautela* hacia los vientos. *ESTO* es lo que *ustedes* **saben** que *quieren*; ESTO es para lo que *ustedes* están **viviendo**; ESTO es para lo que *ustedes* están *dispuestos a dar a luz*; ESTO es un *resumen* de *su* Experiencia de Vida – el *comienzo* de su *llegada*, de *su* **entrada** al Reino DE los Cielos *sobre la tierra...*

"*Entonces apareció otra maravilla en el cielo*" (Revelación 12:3).

Ustedes van a decir: "*¿Cómo* puede *aparecer un dragón en el cielo?*" –Eso representa el cielo *falso*, el cielo *humano*, el concepto *humano* acerca de *cielo*. Habrá un *Cielo* **Nuevo** y una *Tierra* **Nueva**. Y por eso *el dragón aparece en el cielo*. Aunque en realidad, NO *aparece* en *el Cielo* en absoluto. Está *apareciendo* en 'nuestro' *concepto mortal* que llamamos: *cielo*.

Y ésta es la *nueva maravilla* que aparece en el *cielo*,

"*Mirad, he aquí un gran dragón rojo, que tiene siete cabezas y diez cuernos, y siete coronas sobre sus cabezas*" (Revelación 12:3).

Entonces ahora, para Juan, la *mente de* 'este *mundo*' aparece como un *dragón* – *un dragón de* **siete** *cabezas, un dragón de* **diez** *cuernos, y de* **siete** *coronas sobre las* **siete** *cabezas*. Para Eva fue una *serpiente*, pero se trata de la *misma* serpiente – a pesar de que *ahora* sea *un dragón con* **siete** *cabezas*. Intentará **convencer** a la '*mujer*' de cualquier manera, para que NO *dé a luz al Cristo*. Tal como cuando trató de *convencer* a Eva, de que tenía TODO el 'derecho' para *hacer lo que la serpiente le dijera que hiciera*, y que **no** *moriría si lo* hacía. Y, por supuesto, la *serpiente* era, *mentirosa*.

Ahora bien, se trata de la *misma* serpiente, pero ya **no** tiene que lidiar con *Eva* – la mujer *cándida* **e** *inocente*. La *serpiente* tiene que *lidiar ahora*, con la Conciencia que se ha **esforzado** POR Dios; que ha **subido** *por la Escalera* DE *Jacob*; la Conciencia que ha **pasado** *por tribulaciones, sacrificios*; la Conciencia que ha **resistido** *el diluvio*; la Conciencia que *diariamente ha ido a* **buscar** *al Padre*; la Conciencia que *a diario va a* **vivir** EN *el Padre*, para **conocer correctamente al Padre.**

Así pues, el *dragón* ahora ya NO tiene una presa *fácil*. Por lo tanto, NO va a *engañar* a esta '*mujer*', la va a *amenazar*. Y ustedes encontrarán que esta forma de *amenaza* les llega de TODOS lados: "**Si** *continúas*, tu matrimonio *colapsará; perderás tu seguridad* **si** haces esto y aquello; tus queridos amigos, NO querrán tener que ver *nada* contigo, **si** no sales de ese *ridículo* caparazón en el que te has *metido*".

Y *más allá* de TODAS estas relaciones *humanas*, existe el *propio* cuestionamiento emocional *interior* de <u>ustedes</u>. Se *intensifican* TODAS las *justificaciones negativas* por las cuales ustedes NO deberían *recorrer* esta *última milla*. Las **siete** *cabezas del dragón*, por supuesto, han *engañado* a **casi** todos en 'este mundo', *hasta* cierto punto... De vez en cuando, la medicina *llega* y *descubre* algo, SIN darse cuenta de que está *descubriendo*, '*una*' de las cabezas del *dragón*. Curiosamente, la *única* que pareciera NO *progresar* con las **siete** *cabezas del dragón* es, la 'religión', la cual, *supuestamente*, *representa* a Dios.

Ahora bien, cuando la *ciencia* se presenta y encuentra el *átomo*, eso es llamado '*progreso*'. No *sabe* que ha *descubierto* **una** *de las cabezas que el dragón* tiene. Y luego la religión, SIN siquiera *comprender* lo que la *ciencia* ha hecho, sigue a la *ciencia* y *adora* al *átomo*, en tanto *adora* a Dios al *mismo tiempo*. Se encuentra TODO tipo de **dualidad** *extraña*, porque NO hay *verdad* alguna con la cual *fundamentar* el punto de vista '*religioso*' acerca de un Dios '*allá arriba*', el Cual NO está '*aquí abajo*'. Y así, TODAS las miles de *alternativas* <u>*tienen*</u> que estar llenas de *contradicciones*. Tratemos ahora de *identificar* estas **siete** *cabezas*.

La *serpiente* representaba: la *mente de* 'este *mundo*'; y aquí es conocida como: *el dragón*, la *conciencia de* 'este *mundo*'. Y la *razón* por la que tiene **siete** *cabezas* es, porque tiene **siete** *disfraces*, **siete** *engañadores*, los cuales para NADA resultan *obvios*.

El <u>*TIEMPO*</u>, NO era un *disfraz* obvio, pero es *una* de las **siete** *cabezas*. El <u>*ESPACIO*</u>, NO era obvio, pero es una de las **siete** *cabezas*. La *MATERIA*, compuesta de átomos, la <u>*MATERIA ATÓMICA*</u>, es una de las **siete** *cabezas*. La *MENTE*, también llamada <u>*ENERGÍA*</u>, es una de las **siete** *cabezas*, porque la serpiente *de* 'este *mundo*' se convierte en la *mente humana individual*; la serpiente *individual*, el mentiroso *interior*, la *mente de los cinco sentidos*. El *TIEMPO*, el *ESPACIO*, la *MATERIA ATÓMICA*, la *ENERGÍA*… e incluso la propia <u>*PERSONALIDAD*</u> de ustedes, la cual NO constituye la Imagen y Semejanza DE Dios, pero que, de alguna manera difusa, provoca que *asumamos* que *somos* seres o <u>CUERPOS *HUMANOS*</u>. La <u>*FALSA* IDENTIDAD</u> es una de las **siete** *cabezas*; y luego, por supuesto, de ahí surge la <u>*FALSA* LONGITUD DE DÍAS, la VIDA</u>.

Y aquí los tienen: la IDENTIDAD falsa; la falsa LONGITUD de VIDA ÚTIL; la MATERIA ATÓMICA falsa que proyecta el CUERPO y los OBJETOS falsos de 'este *mundo*'; la ENERGÍA O MENTE falsa; el ESPACIO falso; el TIEMPO falso – TODAS, *falsificaciones*. Las **siete** *cabezas* son, **siete** *falsificaciones* que nos presenta la **mente** *de* 'este *mundo*', las cuales nosotros **aceptamos** – **viviendo** DENTRO de dichas **siete** *falsificaciones*.

La serpiente tiene *diez cuernos,* porque constituyen los poderes *falsos* de 'este *mundo',* y conforman los *opuestos.* Ustedes **creen** que 'esto' es *poder,* y *es poder;* la salud *es* un poder **y** la mala salud también *es* un poder. Y *diez,* NO representan *'diez'* – representa 10.000 y más; los *poderes falsos 'casi* ilimitados' de 'este *mundo',* a los cuales *obedecemos* porque vivimos DENTRO de las *siete cabezas.*

En el *Libro de Daniel,* hay una historia acerca de un carnero con *dos* cuernos [*dualidad*], que 'señoreaba' todo aquello que 'miraba' (Daniel 8: 3–7). *Nadie* podía *competir* con este carnero con *dos* cuernos. Era un símbolo de los *diez* cuernos de las *siete* cabezas, hasta que llegó una cabra con UN SOLO cuerno, y ese ÚNICO cuerno resultó ser *más* poderoso que los *dos* cuernos del carnero – observen ahí en Daniel, el recuento de la UNICIDAD.

Debido a la *falsa aceptación* del TIEMPO, el ESPACIO y de las otras *siete cabezas* – el MUNDO *falso* que comprende nuestra VIDA; nuestra *imitación* del Reino DE Dios – *aceptamos* los *poderes falsos.* Y, por lo tanto, hay *siete coronas en las siete* cabezas, y cada una es una *corona de tristeza* – son *siete coronas falsificadas.* Cuando ustedes buscan uno de estos *'grandes premios',* y cuando finalmente lo reciben, entonces *descubren* que tienen una *corona falsificada;* algo a lo que NO pueden *aferrarse;* algo que se *disuelve* simplemente al ser 'tocado'. Cuando alcanzan el ESPACIO y construyen rascacielos imponentes, y colocan *su nombre* en el edificio como presidentes de la junta, entonces han encontrado una de las *coronas falsas.* Lo anterior NO implica que *no* deban ser presidentes, es solo que será un *espejismo temporal* que disfrutarán, porque han encontrado una de las *coronas falsas en las cabezas falsas.*

TODO cuanto lleven a cabo *dentro* del TIEMPO **y** del ESPACIO; TODO cuanto hagan a través de un CUERPO *humano,* cuanto logren durante la VIDA *humana,* TODO eso *conduce* hacia los *falsos* logros de la MENTE *humana* – logros *transitorios,* los cuales consideramos muy *importantes* para 'nosotros,' porque NO hemos *conocido* otros. TODOS ellos son, elementos de *disuasión, desvíos,* que nos *apartan* de la *Acción Directa* hacia lo ÚNICO que cuenta: ¿Se puede *alcanzar* el *Renacimiento* <u>ANTES</u> de la *muerte*?

Negar las **siete** *cabezas*; **aprender** lo que son; **caminar** a través de ellas SIN que nos *afecten*; **renunciar** a *alcanzar* las **siete** *coronas falsas de éxito* en alguna de las **siete** *cabezas falsas*, se convierte en: el *CAMINO HACIA* EL **RENACIMIENTO**.

Y entonces es cuando el *dragón* se les *aparece*. Les dice que *pueden construir* un '*gran* futuro', **si** llevan a cabo esto o aquello – hace que <u>ustedes</u> *planeen* esperar a que *alguien los herede cuando muera*, para que entonces <u>ustedes</u> *hagan* esto y aquello.

Ustedes *enfrentarán* TODO tipo de *obstáculos* que el *dragón* les *lanzará*; intentará darles *parte*, un *fragmento*, de los *reinos de* 'este *mundo*'; haciéndoles todas las *promesas* posibles sobre <u>su</u> *propia* '*gloria personal*', <u>su</u> *propia* '*seguridad personal*'. TODO, en el arsenal *del dragón*, será *arrojado* sobre <u>ustedes</u>, con tal de *convencerlos* para que NO *den a luz* al Cristo. *Si* '*una*' de las *cabezas* **no** funciona, pues irán a *trabajar* en '*otra*'.

El *propósito* SIEMPRE será: <u>su</u> satisfacción *personal* de <u>su</u> amor *propio* – y en ocasiones, les hará *creer* que <u>ustedes</u> están *haciendo* '*mucho bien* al mundo', **si** hacen esto **y** aquello. Les hará *creer* que *realmente* están *obedeciendo* la Voluntad DE Dios. Pero será la *voluntad* de la *mente de* 'este *mundo*', el *dragón*, *disfrazado* como la *Voluntad* DE *Dios*, para *convencerlos* de *hacer* algo, *cualquier* cosa, MENOS *alcanzar* la Conciencia de <u>su</u> *Propia Identidad* **Verdadera**.

De esa manera Juan *personifica* la *mente de* 'este *mundo*', como teniendo **siete** *cabezas* que nos *engañan*; **siete** *coronas falsas* que *coleccionamos*, aunque sean solo *chucherías*; y **diez** *cuernos* o **diez** poderes *falsos* que *obedecemos*, porque *creemos* que *son* '*poderes*', cuando en *realidad* NO hay más *poder*, que el **Mismo** *Cristo* al que <u>ustedes</u> están **dando a luz**.

"Y su cola arrasó con la tercera parte de las estrellas del cielo, y las arrojó a la tierra; y el dragón se paró frente a la mujer que estaba lista para dar a luz, con la

intención de devorar a su hijo tan pronto como naciera" (Revelación 12:4).

María *huyó* a *Egipto*, porque Herodes decretó el *asesinato* de TODOS los niños – de TODOS los niños *varones* menores de cierta edad. He aquí lo *mismo* – ese *pequeño Bebé*, cuando *nace*, es un Bebé muy *Delicado, Exquisito*. Esa Conciencia al *nacer*, se encuentra en un *Estado* muy *Delicado*, muy *Exquisito*. *Ustedes* NO están *listos* para *saltar de los edificios*, **y** *demostrar* algo. Requieren conducirlo *silenciosamente* "*hacia Egipto*" – algo a lo cual *consagrarse* en el **Silencio**, en el **Aislamiento** de su Propia Conciencia, con objeto de *encontrar* un **Aposento Sagrado**, donde el *mundo* NI siquiera *sea consciente* que *ustedes* han **dado a luz.**

No es algo que *ustedes* vayan a *vocear desde los tejados de las casas*. Es algo que *ustedes* nutren **y** *cuidan,* en la *Intimidad* – porque este Bebé tiene *un solo enemigo*: la *mente* de 'este *mundo*', la cual SIEMPRE está *intentando sabotear*. Y la Conciencia de *ustedes, tiene* que constituir el *Pesebre* donde *nace*.

Así pues, encontramos un *significado nuevo* para el: "NO le cuenten a NINGÚN hombre" (Lucas 5:14). *No le cuenten a nadie esto que han visto este día* – por el contrario, *permanezcan* en '*Casa*', en tanto esto esté *aconteciendo* en el *Interior. Permanezcan* **dentro**; permanezcan **fieles** a la *Tarea* que tienen entre manos; NO busquen *afuera*; **confíen** en lo *Interior.* Y a pesar de que su *propia mortalidad* es, un *sirviente del dragón, ustedes* tendrán que **apartar** la *Conciencia* de su Cristo-*Interior* separada de la *propia mortalidad* de *ustedes* – NO *intenten vivir* en *ambos* enfoques, sino más bien *permitan* que *el Niño siga* **Su** *Propio Caminar.* De alguna manera, **condúzcanlo** a un *Lugar Seguro,* **y conságrenle** su *Tiempo.*

Cuando Jesús *entró* a la *habitación* de la *niña que estaba en coma,* lo **primero** que hizo fue '*limpiar'* la *habitación* de TODA la parentela que *lloraba,* así como de aquellos que se *lamentaban,* los cuales habían sido *contratados* para que *pareciera* un 'funeral *profesional'* (Marcos 5: 35–42). Y el *propósito* es echar fuera a los '*cambistas*' del *Templo;* echarlos *fuera* de la Conciencia de <u>ustedes</u>, para *eliminar* TODO pensamiento de 'este *mundo*' – *igual* que *aquí* en este recuento de la '*niña*' (Marcos 11:15).

Ese *pequeño Bebé* SÓLO *estará protegido,* **si** <u>ustedes</u> lo *llevan* a un Lugar *Seguro,* lo cual *exige:* **eliminar** el pensamiento de 'este <u>mundo', de la Conciencia **de** ustedes</u>. Esa es la *Protección* que <u>ustedes</u> *mantienen* sobre este *Niño* – <u>NINGÚN pensamiento **de** 'este *mundo*' debiera *entrar* en la Conciencia **de** ustedes, porque, **si** *entrara*, entonces ese *Niño* NO *nacería* como *debiera*</u>. Y así, en el instante en que la *mente* de 'este *mundo*' busque su *mayor triunfo* en la Conciencia de <u>ustedes</u> – debido al *Inminente Nacimiento* **del** Cristo – <u>entonces ese será el *instante* en el cual *ustedes, deliberadamente*, con un *esfuerzo* como *NUNCA* antes, *mantendrán:* **un *vacío* de pensamientos de 'este *mundo*', en su *propia Conciencia***</u>. Porque el *Más Preciado* de TODOS los Dones está *surgiendo,* y <u>ustedes tienen que *acunarlo:* EN el *Silencio*</u>.

"'*El Yo, en medio de Ti*', que Estoy *naciendo, 'Soy Poderoso*' (Sofonías 3:17); El Yo, *Soy Enviado.* '*El Yo,* [y] *el Padre,* **Uno** *Somos*' (Juan 10:30). Conforme El Yo Me *elevo* en la Conciencia de <u>ustedes</u>, NO Me *pidan* que trate de *caminar* por el Templo *Exterior* de los *cambistas* – *eliminen* TODOS los pensamientos de 'este *mundo*'; *tomen* un látigo, y enérgica, vigorosamente, *sáquenlos* de <u>su</u> Conciencia, para que El Yo, pueda *entrar* en la *Pureza* de la Casa DEL Padre, para *revelarles* la Luz DEL Ser".

Vamos a *aquietarnos* por un momento… Sería realmente hermoso **si** en *verdad* pudiéramos *compartir* una Conciencia-*grupal* que *diera a luz* al Cristo, *aquí* mismo.

Así que vamos a *dejar de lado* al "*yo humano*". Haremos ahora aquello que el *Padre* nos *pide* que *hagamos:* **eliminar** TODO el <u>pensamiento de 'este *mundo*'; y, por tanto, **eliminar** el pensamiento acerca de '*personas*'</u>. ***Eliminemos*** al "*yo humano*" – la **eliminación** del "*yo humano*" implica: *invitar* al Cristo. Cuando el *miedo* se presentaba, El Cristo decía: "**No** *teman, manada pequeña; es un* **placer** *para* <u>su</u> *Padre el darles el Reino*" (Lucas 12:32).

Recordemos eso AHORA...

Aquí NO hay NADIE más que *Dios, el Padre,* junto con ese *fragmento* de conciencia-*humana* al que se están *aferrando,* el cual se les pide AHORA, que lo **disuelvan.**

Ustedes han de *encontrarse* AHORA, entre *el* **Cuarto y** *el* **Quinto** *mundos.* –El **Cuarto** *mundo* intentará *jalarlos* hacia *atrás;* en tanto el **Quinto** *mundo* los está *elevando.* Y todo cuanto ustedes debieran *hacer* es, **confiar** en el *Padre Invisible,* que está *Presente* – y entonces la *ilusión* de un **Cuarto** *mundo* que está *jalando* de ustedes, se **disolverá** por sí misma.

Vamos a *tratar* de *mantener* esta Conciencia-*Interior,* a pesar de que *escuchen palabras.* **La** *Palabra* debiera *alcanzar* 'Aquello' *dentro* de ustedes, que está **aceptando** el *Nacimiento* DEL Cristo *Interior.* Pero cuando surjan las *palabras* del *dragón,* entonces que **reboten** en *su* Conciencia, ya que AHORA *sólo* están *interesados* en la Voz *Interna* DEL Padre – NO en la *voz externa* NI en las *amenazas* del *dragón.* Y bien que pueden *observar* la **carencia** de poder *del* dragón, su *futilidad,* mientras *agita* TODA su *fuerza* contra *ustedes* – pues ustedes *saben* que están DENTRO del Reino *Divino* DEL Espíritu, haciendo una *transición* en la Conciencia *desde* lo falso *hacia* lo Real – y lo *falso,* ya NO tiene más *poder...*

El ser *humano* ha sido **soltado;** de hecho, el ser *humano intentó* llevar a cabo '*su*' *propia voluntad;* y habiendo *fallado* tantas veces, finalmente *se da cuenta* que NO hay *futuro* alguno en la *voluntad humana.* **No** hay *lugar* a donde la *voluntad humana* pueda *dirigirse;* y ahora *la cola del dragón* es como el *aguijón* de la cola de la *langosta.* RECONOCEMOS *nuestras propias carencias* y *limitaciones* DENTRO de *nuestra* propia *voluntad humana;* así que estamos *dispuestos* a **soltar** una **tercera** *parte* de nuestra *voluntad humana* – tan solo una **tercera** *parte.* Y lo *hacemos,* debido a que hemos *visto* algunas *Obras Divinas;* hemos *visto* algunas *Estrellas del Cielo* que *aparecen* sobre la tierra; hemos *visto* algunos *milagros;* hemos *tenido* alguna *Revelación Interior;* hemos sido *testigos* de la *Mano Invisible* DEL

85

*Padre...*y estamos *dispuestos* a *eliminar,* 'todavía con *cautela,*' una **tercera** *parte* de *nuestra voluntad.*

Todavía nos *aferramos* a **dos tercios** de dicha *voluntad,* pero estamos *dispuestos* a *mirar* un poco más *profundo,* y eso es lo que implica:

> *"Su cola arrasó con la tercera parte de las estrellas del cielo, y las arrojó sobre la tierra; y el dragón se paró frente a la mujer que estaba lista para dar a luz, con la intención de devorar a su Hijo, tan pronto como naciera. Y ella dio a luz un Hijo varón, quien gobernaría a todas las naciones con una vara de hierro; y su Hijo fue elevado hacia Dios y hacia Su trono"* (Revelación 12:4–5).

Bueno, podríamos *encontrar,* probablemente cientos de *analogías* en la Biblia relacionadas con este evento. A medida que estén **dispuestos** a *encarar* TODA *tentación* en su mente *humana,* la cual está *sirviendo* a la mente de 'este *mundo*', 'Algo' se *elevará* por sobre dicha *tentación,* y darán ese *gran paso* hacia la *Conciencia* de la Presencia DEL Cristo donde ustedes se *encuentran* – como *el Ser.* Y ustedes *sabrán* que TODO su trabajo, *valió la pena* – TODO aquello que *pusieron* en ese trabajo, porque, este Cristo, este *Nuevo Ser,* aunque *todavía* un *Bebé,* un *recién Nacido* en <u>su</u> Conciencia, va a *crecer, "va a gobernar a todas las naciones, con una vara de hierro"* – porque *"este Niño es elevado hacia Dios y hacia Su Trono".*

Ahora, cuando *finalmente* ustedes se han *rendido* a su **verdadera** *Identidad,* en realidad se han *Unificado* CON Dios – han llegado al RECONOCIMIENTO de que NO son seres *mortales;* han **abandonado** la *creencia* de que fueron *carne* y *hueso.* El *Nacimiento* del Cristo **en** <u>ustedes</u>, constituye la **aceptación** de la *Carne Divina,* de un *"Tú"* que NO es *visible* para el mundo; de un *"Tú"* que NO está *limitado,* tal como el *mundo* conoce la *limitación.* En la **aceptación** del Cristo, <u>ustedes</u> han **aceptado** las Cualidades DEL Cristo – de lo contrario NO habrían **aceptado** al Cristo. Cuando _ustedes_ se encuentran DENTRO del Cristo, entonces las _Cualidades_ DEL Cristo son, _Omnipotentes_; entonces las _Cualidades_ DEL Cristo, _señorean_ la conciencia de 'este _mundo_' – "_...lo gobernará con vara de hierro_" (Revelación 2:27).

Estuve haciendo algunas notas relacionadas con 2ª. Samuel 7:9 a las que quiero referirme en este momento.

"_Y Yo, estuve contigo, dondequiera que estuviste; y frente a ti quité a todos tus enemigos, fuera de tu vista; e hice de ti un gran nombre, semejante al nombre de los grandes hombres que están en la tierra_".

El Yo, estuve contigo dondequiera que estuviste. Esto implica que el Cristo que _ustedes_ han **aceptado** es, _Omnipresente_ – dondequiera que han estado, el Cristo SIEMPRE ha estado y SIEMPRE estará. La _Omnipresencia_ de ese Cristo, que _ustedes_ **aceptan** como Identidad, implica que el Nombre de ustedes es: el Cristo _Omnipresente_.

El dragón NO quiere que ustedes _piensen_ eso; la mente _pequeña_ insiste: "Oh; **no** tú" – pero _sí_; ¡**Tú**! El Hijo DE Dios ES, el Cristo _Omnipresente_ – y eso YA consta _desde_ Samuel. Y en los Salmos vemos que el Cristo _Omnipresente_, "_va a señorear este mundo con vara de hierro_" – lo cual significa que el Cristo ES, _Omnipotente_. ¿Y _cómo_ pueden tener la **Mente**-Cristo, a menos que SEAN: el Cristo? "_En ustedes_ ESTÁ _esa Mente que estuvo también en Cristo-Jesús_" (Filipenses 2: 5).

Lo ÚNICO que les **impide** saber y _creer_ que _ustedes_ SON el Cristo es, el _dragón_. Les dice que son un ser _humano_ hecho de carne y hueso. Pero... ¿quién es este _dragón_? –La propia _mente de_ 'este _mundo_' de _ustedes_, la cual, en este momento, está _tratando_ de 'decidir' _quién son_ ustedes. El _dragón_ es 'aquello' DENTRO de _ustedes_, DENTRO de _su_ mente, que les dice que _ustedes_ **no** son el Cristo. Por eso estos _símbolos_ resultan tan _importantes_ de _entender_. Cada _duda_ que _revolotea_ en '_su_ mente' es _conocida_ por el _Espíritu_; el _Espíritu_ SIEMPRE puede _sentir_ cuando la Verdad es _eliminada_.

Así pues, ustedes _tienen_ que _vencer_ aquella 'mente' que NO es, la **Mente**-Cristo. ¿_Qué_ van a utilizar para _vencer_ aquella 'mente' que NO es la **Mente**-Cristo? Porque TODO cuanto tienen es, 'esa mente'. –Tendrán que ir **más alto**; tendrán que *establecer* una Conciencia **Superior** a esa 'mente'.

Tienen que **ascender** en Consciencia, hacia un *Lugar* desde el cual puedan *mirar* a esa 'mente', **y** decirle:

"Hasta ahora me *engañaste* haciéndome *creer* que era un ser-*humano*, un ser-*mortal* ... pero NO hay NINGUNO. Te has colocado **siete** *cabezas* para lograrlo; nos has dado una *falsa* sensación de *vida*, una *falsa* sensación de *cuerpo*; te has movido todo el *tiempo*, en forma *invisible*, *debajo* de nuestros pies; nos has dado una *falsa* sensación de *energía*; nos has dado una 'mente' para *conocer* tales cosas. Y apenas ahora nos estamos *dando cuenta* que eres, la *serpiente en el jardín*. **Si** dependiéramos de ti, después *nos entregarías al alguacil*. Estuvimos *ciegos*, pero ahora estamos *despertando* del sueño de los *átomos*, del sueño del *tiempo*, del sueño del *espacio*, del sueño del *fruto prohibido*, del sueño de los *siete engañadores*, del sueño de los **cinco** *sentidos* que sabotean la Verdad de Mi Ser".

"El Yo, *Soy* el Cristo EN Adán, *despertando* – NO soy *Adán*; el Yo, *Soy* el Cristo EN *Adán*. El Yo, NO soy *Eva*; el Yo, *Soy* el Cristo EN *Eva*. El Yo, NO *Soy humano*; El Yo, *Soy* el Cristo donde el *humano* 'pareciera' estar, porque Dios ES, el Padre de *ustedes*; Dios ES, el Creador de TODO Ser; Dios ES, la **Única** Realidad que existe. *Negarse* a *ustedes* mismos que SON el Cristo *Invisible*, implicaría *negar* que Dios SEA, el Padre de *ustedes* – porque Cristo ES, el ÚNICO Hijo DE Dios".

De esa manera el *peso* de la *balanza* estaría *cambiando* ahora – y donde la *mortalidad* pesaba más al principio, ahora está siendo *equilibrada* por el RECONOCIMIENTO **Consciente** de la *Inmortalidad*. El *Nuevo* Ser ES, el Ser *Omnipresente*, del cual SIEMPRE estuvimos *inconscientes*; pero ahora estamos *perdiendo la* fe en la *capacidad* de la personalidad *mortal* para lograr cualquier cosa de Naturaleza *Permanente*. Estamos *encontrando Fe* en la Capacidad del Ser *Inmortal* para estar *Presente*; *encontrando Fe* en la Capacidad del Ser *Inmortal* para *morar* en Él, *sabiendo* que nos conduce *únicamente* al RECONOCIMIENTO de <u>*nuestro*</u> **Verdadero** Ser – *estamos eligiendo a Dios, y* NO *a mamón* (Mateo 6:24).

Esto *continuará* con <u>*nosotros*</u> durante *muchos* años, día tras día, todo DENTRO de la *ilusión* del TIEMPO que NO está aquí. Y gradualmente *descubriremos* la *capacidad* para *sortear* esta idea del TIEMPO, junto con aquello que *pareciera* contener. Cada vez encontraremos a otros *más* que se están *estableciendo* en el AHORA de su Ser: el **Ahora**-Cristo, el **Ahora**-Reino, la **Ahora**-Realidad de la *Perfección* – el **Ahora** de su propia *Omnipotencia* EN Cristo – y esto expulsará cada vez más, a *los cambistas del dragón.*

Finalmente, *arribaremos* a la Mente ÚNICA en la cual NO hay dragón; en la cual sólo se encuentra la **Mente**-Cristo, la Mente-**Divina**, donde NO hay **siete** *cabezas* NI **diez** *coronas falsas.* El *caminar por sobre el agua,* el *caminar por sobre la mar de opuestos,* el *caminar por sobre el tiempo,* el *caminar por sobre el espacio,* el *trascender las siete cabezas* – esa Experiencia NO está lejos; se encuentra *junto* con el Nacimiento DEL Cristo – es una Experiencia *simultánea* al Nacimiento DEL Cristo.

> *"El niño fue elevado hacia Dios y hacia Su trono"*
> (Revelación 12:5).

Esto significa que en el *instante* en que se *concientizan* **del** Cristo, en ese *instante* <u>*ustedes*</u> están bajo la Ley *Divina*, bajo la *Omnipotencia Divina* – ahora son, *Auto existentes*; *entretejen* desde <u>*Su*</u> Propio Ser, como una araña, *aquello* que *requieren* en el *exterior.*

∞∞∞∞∞∞∞ Fin del Lado Uno ∞∞∞∞∞∞∞

<u>*Ustedes*</u>, ya NO tienen necesidades *externas*, porque cuentan con la *Plenitud* DENTRO de <u>*ustedes*</u>, de TODO aquello que *aparecerá* en lo *externo*. ESTE *Niño* fue *elevado* <u>hacia</u> Dios – NINGÚN otro *niño es elevado* <u>*hacia*</u> Dios – ESTE *Niño* lo ES; ESTE *Nacimiento* DEL Cristo EN <u>*ustedes*</u>, es *elevado* <u>*hacia*</u> Dios. Y el *Nacimiento* DEL Cristo

89

DENTRO de *su* hija, de *su* hijo, de *su* madre, de *su* padre, *debe* tener lugar de la **misma** manera, para que sean, *elevados hacia Dios*.

Cada uno de *nosotros tiene* que pasar por *esta experiencia* – se trata de la *Voluntad* DEL Padre. Por eso se *demuestra* aquí; por eso Jesús pasó *tres* años *demostrándolo*; por lo que Juan está *escribiendo* LA *Revelación de San Juan*, para decirnos, a *quienes tenemos oídos*, que ésta es, una *Experiencia Interior* a la que estamos siendo *invitados* a *vivenciar*, para *entrar* AL Reino de los Cielos, *aquí* y *ahora*.

Más adelante se nos *garantiza* lo *inevitable* de nuestro *Éxito*, porque: *es la Voluntad* DEL *Padre, darnos el Reino* (Lucas 12:32). De hecho, se nos dice que NO podemos *fallar*: *Toda rodilla ha de inclinarse; TODA rodilla debe doblarse* (Filipenses 2:10; Isaías 45:23); *la Palabra NO puede regresar vacía* (Isaías 55:11). *Ustedes* son los **únicos** que pueden *posponerlo, posponerlo* y *posponerlo*, al vivir en la *falsedad del tiempo* – o pueden *ingresar*... ¡AHORA!

> *"Y la mujer huyó al desierto, donde cuenta con un lugar preparado por Dios, para que la sustenten ahí, mil doscientos sesenta días"* (Revelación 12:6).

Mil doscientos sesenta días. Y el *Desierto* es, cuando *ustedes deponen* sus *sentidos* – esos **cinco** sentidos *palpables* que aportan esa *sensación* de 'este *mundo*', la cual *pareciera* tan *cómoda* para vivir... pero *salgamos* de esa *sensación*, hacia el *Desierto*, donde NO contamos más con los *cinco sentidos* para 'ayudarnos'. Y, sin embargo, encontremos un *Lugar Secreto* ahí, justo cuando *abandonemos* nuestra *creencia* en el mundo de los **cinco** sentidos.

Entramos al Universo DEL Alma, en el cual se ha *preparado* un *Lugar* para nosotros, donde hemos de ser *sustentados*. Y aquello que nos *alimenta* ahora es, *Sustancia* – Sustancia *Divina*. *Este* Niño requiere de Sustancia *Divina*. Y ahí *tendremos* que *permanecer* – ser *alimentados* SIN *interferencia* alguna por parte de la *mente* de 'este *mundo*', durante *mil doscientos sesenta días*.

Esa es una frase *hermosa*, porque les dice que, una vez **aceptada** la **Identidad**-Cristo, entonces la *mente* de 'este *mundo*' ya NO tiene más *poder* sobre ustedes. *Mil doscientos sesenta días* representan la *balanza* con TODA la *Experiencia* de <u>ustedes</u> entre este momento en el cual el Cristo *nace*, y <u>su</u> *entrada* TOTAL al **SÉPTIMO** Cielo.

La forma en que se mide esto es: **si** se *olvidan* de los *365* días del año, y tan solo consideran *360*, y lo *multiplican* por *3.5*, obtendrán *1,260* días. Así pues, *si se multiplica* por *3.5 – trescientos sesenta días multiplicado por tres y medio* – da como resultado, *1,260* días. Y hallarán que *tres y medio* se ubica *entre* donde ustedes se encuentran *ahora*, y la distancia que *todavía* tendrán que *recorrer* hasta *llegar* a la **Conciencia**-Cristo TOTAL.

<u>Ustedes</u> se encuentran *a la mitad del* **Cuarto** *mundo*; aún les quedan *tres mundos y medio* que *recorrer*. Pero en el instante en que *ingresan* a la **Naturaleza**-Cristo, entonces el *Niño*-Cristo es *alimentado* a través *del* Espíritu *hacia* el Alma. Esta pequeña **Naturaleza**-Cristo es, *Infinita*; <u>ustedes</u> están *reconociendo* un 'embrión'; pero *a medida* que <u>su</u> Conciencia se *expanda*, encontrarán que este *Cristo* al que han *dado a luz*, NO es un 'Bebé', sino el Espíritu *Infinito* del Ser. Simplemente *percibirán más y más* **de** Él, tal como ustedes *perciben más y más* de las *semillas*, y las llaman: *árbol*.

Tres mundos y medio por recorrer; y en esos *tres mundos y medio* por recorrer, a estas alturas, la *mente* de 'este *mundo*' ya NO tiene NINGÚN *efecto* sobre ustedes, porque Cristo ES, *Omnipotente*. Ese es el *significado* de los *mil doscientos sesenta días* allí. Esa cifra está *posicionando* a la humanidad en el **Cuarto** mundo; a la *mitad* de su viaje. Cada *día*, o en este caso cada *año*, representa *otro 'mundo'* – *otro Nivel* de Conciencia *hacia* el **SÉPTIMO** Nivel que implica: *SER* – pero NO, '*llegar a ser*'.

En este proceso <u>ustedes</u> van a *dejar atrás*, este mundo *de tiempo*, este mundo *de espacio*, este mundo *de lapsos de vida*, este mundo *de falsas coronas* y este *mundo de falsas autoridades*. *Después* de un 'tiempo', ya NO *verán igual* a como habían *visto* a los seres *humanos* – ya NO se *sentirán* como se sienten *aquí*. Harán su *transición gradual*, hasta que *se complete...* – ¡NUNCA más alguien los va a poner *dentro* de un *ataúd*!

Ustedes, YA SON Ser *Infinito*, y *tienen* que RECONOCERLO. El *Nacimiento* DEL Cristo implica el RECONOCIMIENTO de que: el Yo, YA SOY Ser *Infinito*. El *dragón* les va a estar *diciendo* que NO lo *son*; que ustedes son, seres extremadamente *finitos* – sangran, se lastiman, se duelen, sufren... Pero *ustedes* responderán al *dragón*: "No estás hablando del Mí; El Yo, SOY el Hijo DE Dios; y el Yo, lo *sé*; y el Yo, puedo ***probarlo***; y el Yo, puedo ***vivirlo***; y el Yo, puedo ***ser fiel*** a esa Verdad" ... Así es como *Nace* el Cristo.

Ustedes encaran cada *dolor del parto,* con el RECONOCIMIENTO de Quién SON.

> *"Hubo guerra en el cielo: Miguel y sus ángeles lucharon contra el dragón; y el dragón luchó con sus ángeles, pero no prevalecieron"* (Revelación 12:7–8).

Más de las *Buenas* Obras de la ***Conciencia***-Cristo se evidencian en la vida de *ustedes,* porque DENTRO de *ustedes* está *Miguel,* tal como también DENTRO de ustedes *está* la *mente* de 'este *mundo*'. Miguel representa, *su* Conciencia *Divina* TOTAL. *Su* Conciencia *Divina* TOTAL Se encuentra *aquí*; y cuando han ***aceptado*** al Cristo, entonces la *mente* de 'este *mundo*' ***carece*** de poder contra el *Cristo,* y NO *puede prevalecer*. Por lo tanto, en *su* vida se *despliegan* las *Buenas* Obras, las Obras *Divinamente* Ordenadas, la *evidencia* de 'Aquello' que NO se ve con ojos *humanos* – pero para ustedes son *reales,* y *saben* que se están *moviendo correctamente* – tienen ***evidencia*** de la *Acción* DE la Conciencia *Divina*. Eso es lo que está *ocurriendo aquí* – se está RECONOCIENDO que, *el dragón* NO *prevalece contra Miguel y Sus Ángeles.*

Cuando ustedes se *aferran* a 'Aquello' que SON, entonces esa *Acción* DENTRO de ustedes, en la cual se *trasciende* la *mente* de 'este *mundo*', es llamada: *Miguel*; y a partir de ahí, *Sus Ángeles derrotan al dragón.* Todo esto constituye su Ser *Interior,* el Ser que JAMÁS *nadie vio.*

"*Tampoco se halló lugar alguno en el cielo, para el dragón y sus ángeles*" (Revelación 12:8).

Observen, se trata de ángeles *falsos. Tampoco se halló lugar alguno para ellos en el Cielo,* significa que ustedes han *llegado* al *Lugar* donde se encuentran **fuera** de la *dualidad.* Y hay un *Lugar* donde la *dualidad* sencillamente NO puede *existir,* porque, ante la *Presencia* de Cristo, todo cuanto puede ser *expresado* es, la Presencia DE Dios – el Poder, la Mente, el Amor, la Verdad, la Paz, la Armonía, la Plenitud, la Eternidad.

DESDE la Plenitud, TODO es *expresado a través* DEL Cristo – SIN *dualidad* alguna. Los *opuestos desaparecerán,* **sólo** *cuando* ustedes hayan *alcanzado* cierto grado de RECONOCIMIENTO de su Ser *Espiritual.*

"*El gran dragón fue expulsado*" (Revelación 12:9).

La mente de 'este *mundo'* es *vencida* DENTRO de nosotros, por la *capacidad de aferrarnos* a la **Identidad**-Cristo.

"*El gran dragón fue lanzado fuera; esa serpiente antigua llamada diablo, Satanás, la cual engaña al mundo entero – fue arrojado a la tierra; y sus ángeles fueron arrojados junto con él*" (Revelación 12:9).

Eso fue lo que *experimentó* Juan – un *velo* recién *disuelto.* Juan sabía *Dónde* estaba; Juan sabía *Quién* era; Juan sabía que él era, por SIEMPRE, *Inmortal;* Juan sabía que NO estaba hecho de *átomos;* Juan sabía que NO vivía en el *tiempo;* Juan sabía que Él, [y] el Padre, eran **UN SOLO** Ser *Infinito* – Juan se *identificó* como: *Dios Expresado* – él, ya NO estaba más *engañado.*

El velo había sido rasgado – el *hipnotismo* cósmico había sido *perforado* – NO *solo* por Jesús, sino ahora *también* por Juan. Y NO *solo* por Jesús, sino *antes* que Jesús, por Elías, Eliseo **y** Enoc; y probablemente por cientos, cientos y cientos de miles, a quienes no conoceremos, hasta que *también nosotros* hayamos *salido* **conscientemente** de 'este *mundo' visible de ilusión, hacia el Mundo de la Realidad* **Invisible**.

Si ustedes *reconsideraran* su posición en este momento, sería hermoso si pudieran *ignorar* toda *creencia* en aquello que 'piensan **y** consideran' como un problema *personal*, porque bien saben que NO pueden *dar a luz* al Cristo, **y** *al mismo tiempo* tener un problema *personal*. El *ignorar* TODO problema *personal* es aquello que *da a luz* al Cristo.

Ahora bien, *¿qué* es aquello que se los *impide?* –Nada más que esta *tontera* de **siete** cabezas, hecha de *papel*, la cual la mente *manipula*, y la llama *su verdad*. Es como esos *dragones chinos* en las festividades chinas – cuando uno se mete por debajo de ellos, con todo y el humo que sale de sus fosas nasales, lo *único* que ahí se encuentra son, 'siete' *niños chinos* – eso es *todo* cuanto ahí hay.

Y ese gran *dragón* que *escupía* fuego por la nariz, por las orejas y por la cabeza, resulta ser nada más que: una *ilusión* para el mundo – TODO el lapso de vida *humana*. Cuando Joel lo llama *un sueño*, uno se pregunta qué quiso *decir* con eso. Ahora mismo estamos *destruyendo* ese *sueño*. Es un *sueño* con **siete** cabezas, **y** *cada* parte del *sueño* implica TODO un sueño –igual que el *sueño* que tienen en tanto 'duermen' – porque nosotros estamos: *durmiendo en la mortalidad*. *Dormimos* en *átomos* que NO están ahí, *soñando* con una *vida* que TAMPOCO se encuentra allí.

Cuando lean el capítulo de "*Esto Constituye La Inmortalidad*" en el libro de Joel LA ALTITUD DE LA ORACIÓN, ahí encontrarán la siguiente declaración: "La vida *humana* es, un *sueño*". ¿Acaso NO es eso lo *mismo* que estamos *descubriendo* aquí en la *Revelación de Juan*, el que la vida *humana* es, un *sueño?* Solo que Juan está utilizando toda esta *simbología*. ¿Y *quién* es el *soñador?* *Tú*, NO lo eres; *tú*, NO eres el *soñador*. Esa mente de 'este *mundo*' es la que está llevando a cabo TODO el *sueño*. *Nosotros* tan solo somos, los *personajes* que están siendo *soñados*; y cuando *aprendemos* que *nosotros* somos esos *personajes*, entonces *dejamos* de ser dichos *personajes*.

Nosotros SOMOS el *Infinito* Cristo *Invisible*, y eso constituye la *esencia* de la Biblia. *Nosotros* NO somos los *personajes* en el sueño del *dragón*. Y esta *Mujer* representa nuestra *Nueva Conciencia dando a luz* la Verdad de *nuestro* Ser; *rescatándonos* de la *falsa muerte* – del *lapso de vida* que termina en una *muerte* que NO se encuentra allí. Echemos un vistazo *debajo* de ese *dragón*, para ver a los *chinitos* moviendo sus ojitos – ellos se han estado *divirtiendo* mucho *a nuestra costa*.

Y AHORA estamos llegando a una *verdadera* Libertad – NO a una libertad *falsa*, sino a una Libertad basada en la *Palabra*, en el *Verbo*; NO una libertad basada en pensamientos *humanos*, en juicios *humanos*, en injusticia *humana* – sino que estamos **aceptando** la *Palabra*, el *Verbo*, 'literalmente': "*Tú, Eres **Mi** Hijo. Este día el Yo, **Te** he engendrado*" (Hechos 13:33), – lo cual fue dicho por el Cristo, *dentro* de ustedes.

Siento que estamos llegando a un *punto de consideración*, el cual resulta muy *vergonzoso*, especialmente cuando una persona ha sido educada bajo las doctrinas *religiosas tradicionales* – resulta muy *inquietante*. Se dice que este *dragón*, esta mente de 'este *mundo*', nos ha *otorgado* un dios *falso*; y se dice que el *mundo* está adorando a un dios que NO está allí, puesto que el *dragón* se encuentra *dentro* de la mente de 'este *mundo*'. –Eso es justo lo que me parece que resulta muy *inquietante*.

También se dice que *nosotros*, con esta mente *falsa*, NO solo *adoramos* a un dios *falso* que NO se encuentra allí, sino que nos *malinterpretamos* y *creemos* que *nosotros*, los *humanos*, somos: la Imagen *Divina de* Dios – pero, el ***hombre,*** NO es la Imagen *Divina de Dios*, tal y como consta aquí en esta pequeña *Revelación* de Hechos 13:33. Y *si* uno quisiera *profundizar* en esto, y *mostrarlo* al mundo para que lo viera, entonces finalmente TODOS tendrían que *considerarlo* y *decidir*: "¿Estoy *adorando* a *Dios*, **o** estoy *adorando* al *diablo*?" –Y encontrarían que esto está mostrando que el **hombre**, NO está *adorando* a *Dios*, sino que está *adorando* al *diablo* que **suplanta** a Dios.

La mente de 'este *mundo*' **suplanta** a Dios, y la *humanidad* **adora** a la mente de 'este *mundo*' que NO es Dios, sino que es *identificada* como el *demonio*. Ahora bien, *si* ustedes *asistieran* a cualquier *iglesia* de 'este *mundo*', y ahí ustedes *informaran* que ellos están *adorando* al *diablo*, y NO a Dios, entonces por supuesto que NO los *escucharían* – pero eso es *justo* lo que la cita *dice*; es más, no SÓLO lo *dice*, sino también es *cierto*. Ya *llegaremos* a eso, y *cuando* lo hagamos, entonces algunos de nosotros, podríamos *sorprendernos*. Lo anterior NO implica que *salgamos corriendo* a *criticar* a nuestro *prójimo* por pertenecer a alguna *religión*, pues nosotros también hemos viajado DENTRO de la mente de 'este *mundo*' – y TODO aquello que pretendiéramos *echar en cara* a otros, *nosotros* TAMBIÉN hemos sido IGUAL de *culpables*.

Lo anterior nos *exige*: hablar en voz baja: "**No se lo digas a nadie**" (Lucas 5:14). *Tenemos* que *conocer* la Verdad para **nosotros mismos**, en cuanto a que el mundo está *adorando* a la mente *maligna*, y NO a Dios – lo cual *provoca* que el mundo se encuentre SIEMPRE en *problemas*. –Y es que el *mundo* NO "*conoce a Dios* **correctamente**"; de hecho, NO *puede*; NO *puede* '*rasgar el velo*' de la mente de 'este *mundo*' – el *dragón* ha *vencido* al mundo. *Y hasta que* **ustedes** '*den a luz* al Cristo', el *dragón* los tendrá en *su poder* – porque incluso aunque NO estuvieran *adorando* al dios *equivocado*, *ustedes* estarían *adorando* 'algo' más – un *ídolo*, cualquier **imitación** de Dios.

Ustedes, como *humanos*, NO *pueden* 'adorar' a Dios – ése es el mensaje. **NINGÚN** ser *humano* puede *adorar* a Dios. Lo anterior me queda muy *claro* en Juan 1:18 – pero JAMÁS *supuse* que *significara* esto. Siempre pensé que *significaba* algo más, pero *si* *ustedes* 'escuchan' las palabras, entonces 'percibirán' lo que *realmente* significa – NO *significa* lo que en un principio *parece*. Es decir, **si** nosotros NO estamos EN Cristo, entonces estamos *adorando* a un dios *falso*, porque **un ser *humano*, NO *puede* adorar a Dios**. Ése es el *significado* de Juan 1:18 *si* es que estoy en lo *correcto...* –SÍ; ¡SÍ que lo estoy!

"*NINGÚN **hombre** ha **visto** A Dios*" (Juan 1:18).

Ahora bien, cuando ustedes escucharon que "*NINGÚN **hombre** ha **visto** A Dios*", seguramente pensaron que era debido a que Dios es, *Invisible*. Pero el verbo "***ver***" NO significa: "*ver*" con los ojos NI "*ver*" con el Alma – significa: ***conocer** A Dios*. "*Ver*", es como la palabra "*comer*" – cuando les dicen que "***coman** Mi Carne*" (Juan 6:54), significa ***morar*** en el RECONOCIMIENTO **Consciente** de la CARNE Divina *Invisible*. Lo que la *mente sabe*, es aquello que "*come*" – aquí, de la *misma* manera, se utiliza la palabra "***ver***". NINGÚN **hombre** ha "***visto***" A Dios en NINGÚN momento; NINGÚN **hombre** ha "***visto***" A Dios en NINGÚN momento.

"***El Hijo Unigénito***, *que está* DENTRO *del Seno del Padre, es Quien Lo ha declarado*" (Juan 1:18). ***Sólo** Cristo* puede "***ver***" *A* Dios; es decir, ***sólo** Cristo* puede "***conocer***" *A* Dios. *Ustedes*, ***humanos***, NO pueden ***conocer** A* Dios, *hasta* que '*den a luz* al Cristo'. Ésa es, la *esencia* de Juan 1:18. Y *poco* importa *si* la religión lo *sabe* o NO – ¡ésa ES, La Verdad!

Por eso resulta tan *importante* ahora, al *estudiar* en particular este Capítulo **12** de *Revelación*, que nos *demos cuenta* de que, ***a menos*** que *demos a luz* a la ***Identidad***-Cristo ***en nuestra*** Conciencia, NO ***conoceremos*** A Dios, *A* Quien "***conocer*** correctamente, implica *Vida Eterna*". Y TODA religión en el *mundo* que NO puede ***conocer*** *A* Dios, porque NO *conoce* AL **Cristo**-*Interior* en particular, tan solo le *dice* a la Vida *Eterna*: "**No** estamos *interesados*". Pero es la Voluntad DEL Padre que *ustedes*, SEAN esa Vida *Eterna*. Y así, la religión le *dice* a Dios: "**No** estamos *interesados* en ***Tu*** Voluntad – estamos interesados en ***nuestra*** voluntad; '*nosotros*' queremos: *pararnos el cuello*".

97

Recordemos ahora que, es *nuestra* Responsabilidad *Sagrada* con la Verdad, *dar a luz* al Cristo – porque *sólo* el Cristo *puede* "*conocer A* Dios *correctamente*". *Sólo* Cristo nos *aparta* de las '*siete cabezas*' de la mente de 'este *mundo*'. Desde lo *humano* NO podemos *hacerlo*; *nosotros* NO contamos con la *capacidad* para *conocer A* Dios con la mente *humana*. Y *si* NO podemos *conocer A* Dios con la mente *humana*, entonces TAMPOCO podremos *conocer* la Voluntad DE Dios, y TAMPOCO podremos *Experimentar* las Cualidades DE Dios. **No** hay forma de hacer *contacto* con la mente *humana* – está por siempre *enfocada* en los *opuestos*, en la *dualidad*… hasta que el Cristo *nace*.

> "*Y escuché una gran voz que decía en el cielo: Ahora ha llegado la salvación, el poder, y el reino de nuestro Dios, y la autoridad de su Cristo; porque ha sido lanzado fuera el acusador de nuestros hermanos, el cual los acusaba delante de nuestro Dios, de día y de noche*" (Revelación 12:10).

Todo aquello que hayamos *aprendido* en la religión *tradicional*, constituye una 'salvación' *falsificada*. Tan solo hay **Una Única** Salvación – la **PRIMERA** *Resurrección*, la *Venida* del Cristo a *su* Conciencia como un Hecho *Viviente*, como la *Identidad* del Ser. Eso constituye la Salvación, **y** *ahora ha venido el Reino* DE *Dios*. Cristo EN ustedes, constituye el Reino DE Dios. Y esto le está *aconteciendo* a Juan *sobre* la tierra, caminando *sobre* la tierra – Juan NO está *muerto*; él está *escribiendo* esto en tanto camina *sobre* esta tierra – esto es lo que le está *aconteciendo* a Juan. Esto es lo que *nos* está *aconteciendo* a *nosotros*, aunque todavía en *menor medida*; y también es aquello que le está *aconteciendo* a la conciencia de 'este *mundo*', *a través* de *ustedes*, *a través* de la *aceptación* de *ustedes*, de esta *Resurrección* – tal como *ustedes* están, '*leudando toda la masa*', a través de la *aceptación* de Jesucristo.

La Luz de _ustedes_ brilla de manera _Invisible_. Al hacer esto, están _multiplicando_ la Palabra, _Inconmensurablemente_. **No** existe forma de _cuantificar_ el grado en que _ustedes_ están _multiplicando_ la Palabra. Y **NO** lo están haciendo sólo por el _pequeño_ 'yo', sino que mientras lo hacen, están _descubriendo_ que el _Mismo_ Ser que se está beneficiando _invisiblemente_ alrededor de 'este _mundo_', será el Cristo _Invisible_ de _su_ propio Ser. Simplemente están _extendiendo_ _su_ RECONOCIMIENTO del Cristo, hacia lo _Infinito_; Lo están _desplegando_ NO sólo localmente, sino en TODAS partes. Resulta _indispensable_ que _ustedes_ sepan que **NO** lo están haciendo en favor de una '_persona_'.

"_Y ellos, vencieron al acusador_" (Revelación 12:11).

Es decir, _Miguel_ **y** _Sus Ángeles, vencieron al dragón_ **y** _a sus ángeles_. Los "_vencieron por medio de la Sangre del Cordero_". **No** hubo mente _humana_ venciendo al _dragón_; NO hubo voluntad _personal_; NO hubo _buenas_ obras _humanas_; NO hubo _oración_ – "_me acuesto a dormir_". Todo lo _contrario_, eso constituye la _capacidad_ EN _ustedes_, para **aferrarse** a la _Identidad_; y eso constituye la _Sangre_ DEL _Cordero_ – NO se trata de _sacrificar_ pichones, palomas, ovejas o cabras – se trata del _sacrificio_ del ser _mortal_, de _ustedes_ – esa es la _Sangre_ DEL _Cordero_ que se _sacrifica_ para alcanzar: el _Nacimiento_ DEL Cristo.

La _Sangre_ DEL _Cordero_ constituye el RECONOCIMIENTO **Consciente** DEL Cristo. Lo ÚNICO **aceptable** para el Señor es, que _ustedes_ **acepten** la Naturaleza _Inmortal_ DEL Cristo; **y** que _ustedes_ **rechacen** la naturaleza _mortal humana_ – se trata de un _sometimiento_ TOTAL. **No** queda NINGÚN residuo de pensamiento _humano_ que pueda _alcanzar_ la _Sangre_ DEL _Cordero_. Y entonces EN _ustedes_, la _Fuerza_ **de** _Miguel_, la _Fuerza_ **de** _la Conciencia Divina_, Se convierte en la Luz DEL Sol – y la _sombra_ de la conciencia de 'este _mundo_' _disminuye_, hasta que ya NO hay _vuelta atrás_; hasta que ya NO hay _dualidad_; hasta que TODO ES la Luz del SOL DE la

Conciencia *Divina, dentro* y *fuera* de ustes – y así, la mente de 'este *mundo*' es *expulsada* del cielo *falso*.

Enseguida viene una frase muy *extraña*:

> *"Y vencieron [al acusador], por medio de la Sangre del Cordero, y por la Palabra del testimonio de ellos"* (Revelación 12:11).

Esto significa que lo *vencieron* por sus **Hechos**, por sus **Obras**. El *testimonio* **de Miguel** y **de Sus Ángeles** EN el Espíritu es, **Acción**, **Actividad**. El testimonio dentro del sentido *humano*, cuando *testificamos*, es ligeramente *diferente* – pero cuando *testificamos* EN el Espíritu, lo hacemos con **Obras**. *"Por sus **Obras** [Frutos] los conoceréis"* (Mateo 7:16). Y lo anterior constituye la **negación** de lo *mortal*; la **aceptación** de la *Inmortalidad*; y por sus **Obras**, las cuales constituyen la *Palabra* de su testimonio.

Y he aquí la frase que resulta tan *desconcertante* hasta que la *entendemos*:

> *"... y menospreciaron sus vidas hasta la muerte"* (Revelación 12:11).

"Menospreciaron sus vidas hasta la muerte" – se refiere a esa *capacidad* EN ustes para NO *amar* su vida *humana*, incluso hasta la *muerte*; y quizá ahora resulte suficientemente claro: NO *amar* su vida *humana*. –Esa es la forma en que se *alcanza* la **Naturaleza**-Cristo. Pareciera un pensamiento muy *prohibitivo*, pero resulta aún más *prohibitivo* cuando se *escucha* de la forma en que se *expresó* en Juan.

Vayamos a Lucas 14:26 para ver cómo lo está expresando *Cristo* allí, y con ello tendremos una *pista* sobre el significado *verdadero* de esa frase – pareciera tan *extraña*, tan *extraña*...

> *"Si algún hombre viene a Mí, y no odia a su madre, a su padre, a su esposa e hijos, y a sus hermanos y*

hermanas; sí; y a su propia vida también, entonces no
podrá ser Mi Discípulo".

Ahora, en lugar de *pasar por alto* la cita, tal como lo hemos hecho, debiéramos *detenernos* y *darnos cuenta* de que ahí hay un mensaje *vital* para *nosotros*. No debemos *soslayarlo*, diciéndonos: "Bueno, *'algún día'* haré algo al respecto". Nos encontramos en un punto donde el *Nacimiento* de la **Identidad**-Cristo constituye el TODO por lo que estamos *comprometidos*. Pero las Escrituras dicen aquí que *odie a mi padre, que odie a mi madre, que odie a mi esposa, que odie a mis hijos, que odie a mis hermanos, que odie a mis hermanas e incluso que odie mi propia vida.* Y de repente, nos damos cuenta de que aquello que se nos dice es: *odiar, la mortalidad* – *odiar, la mortalidad*; y *odiar*, significa: ¡RECHAZAR!

Ustedes, NO tienen un padre *mortal*; *ustedes*, NO tienen una madre *mortal*. *Ustedes* están *contemplando* al Espíritu DE Dios – esto es lo que implica *odiar a su madre*: saber que se trata del Espíritu DE Dios. Ahora están *odiando* la aparición *mortal*; están *odiando* la *falsa* imagen; están *odiando* la imagen de la mente de 'este *mundo*' de: una madre *mortal*, cuando TODO lo que está a su lado ES, el Espíritu DE Dios.

Odiar a *su* padre implica: estar *rasgando el velo de la mortalidad*, para *revelar* AL Cristo *Invisible* allí. Por lo que, en la *Revelación*, *ellos* alcanzaron el NACIMIENTO DE Cristo – al *odiar* [**rechazar**] *sus propias vidas* incluso *hasta la muerte* – **negándose** a ser: criaturas **mortales** de 'carne y hueso'.

Eso es *parte del precio* a pagar por el *Nacimiento*-Cristo. Y por supuesto que *ustedes*, NO pueden ser Espíritu '*y*'...; *su* madre, NO puede ser Espíritu '*y*'...; *su* padre, NO puede ser Espíritu '*y*'... *Si* Dios ES Espíritu, y *si* Dios ES TODO, entonces ¿*dónde* pues se encuentra este "*y*"?

"Hemos estado hospedando Ángeles sin saberlo" (Hebreos 13: 2), y *tenemos* que hacer la *reversión* correspondiente *en* Conciencia.

No solo estamos *dando a* luz AL Cristo DENTRO de *nosotros* mismos – estamos *dando a luz* AL Cristo, en *nuestra* madre, en *nuestro* padre, en *nuestra* hermana, en *nuestros* hermanos – estamos *dando a luz,* el RECONOCIMIENTO *DEL* Cristo **Omnipresente**. Esto NO es a favor del pequeño 'yo'; esto es a favor de un *Cambio Universal* en la Conciencia; es lo que estamos haciendo *los unos por los otros* – estamos *tomándonos* de las manos DENTRO del Espíritu *Invisible,* RECONOCIENDO **Conscientemente** AL Cristo de *cada uno,* y AL Cristo de 'este *mundo'* que nos rodea. Estamos *dando a luz,* el RECONOCIMIENTO DEL Cristo **Omnipresente**.

Quizá tendrán que *comenzar* con *ustedes* mismos; y con *su* madre y *su* padre, y *"amar a su prójimo como a ustedes mismos"* (Mateo 23:39; Levítico 19:18) – y *expandirlo*. *Ustedes*, NO pueden *dar a luz* AL Cristo, DENTRO de un cuerpo *humano*. *Ustedes dan a luz* AL Cristo, DENTRO de una Conciencia *Infinita* en el AHORA, EL Cristo. DENTRO del *tiempo,* somos *personas* – dentro del Ser *Eterno,* SOMOS EL Cristo; dentro DEL *Espíritu,* SOMOS EL Cristo – pero DENTRO del *tiempo,* somos personas *materiales* – *Uno y lo Mismo.*

El *Árbol de la Vida,* visto a través de los ojos *humanos,* se *convierte* en el *Árbol del bien y del mal.* Un Cristo *Infinito,* visto a través de los ojos *humanos,* se convierte en: cuatro mil millones de *personas* caminando sobre la tierra. Pero *UN SOLO* Cristo ES, Aquello que está *aquí; UN SOLO* Cristo está *ahora;* y *UN SOLO* Cristo ES, *Eterno* – y ése, Cristo ES, el NOMBRE de *ustedes.* Cuando el *Nacimiento* DEL Cristo *llegue* a la Conciencia de *ustedes,* será porque han *amado* AL Cristo, y NO a lo *mortal.*

Ese es el *precio* que *pagamos* por **entrar** al *Presente* Reino *Invisible* DE Dios, *aquí* y *ahora.* En *realidad,* NO es un precio, *¿o sí?* –Es, un *Don;* ES, un *regalo* apreciado DE Dios – y *nosotros creyendo* que 'estamos *pagando un precio* por dicho *Don'.* Visto *correctamente,* todo cuanto podremos *decir* será: "Gracias, Padre". *¿Qué más* podríamos *pedir?* –Nos *deshacemos* de TODOS nuestros *falsos* conceptos; y, a *cambio vivimos,* por *SIEMPRE,* DENTRO del Reino DE Dios sobre la tierra.

Lo anterior nos *conduce* justo a aquello que se nos está diciendo.

"Por lo cual, alegraos cielos; y los que moráis en ellos. ¡Ay de los pobladores de la tierra y de la mar!" (Revelación 12:12).

Nosotros, quienes **aceptamos** esta Verdad, por *difícil* que *parezca* el *Parto,* estamos *viviendo* DENTRO de los Cielos – y ahí hay, alegría. Pero, *"ay de aquellos"* que *permanecen* en *la tierra y en la mar.* Lo que la *tierra* implica es, conciencia *material;* la *tierra* es, *materia.* Aquellos que *permanecen* en la *creencia* en la *materia,* permanecen en la *tierra.* Y aquellos que *permanecen en la mar,* son aquellos que *creen* que, a través de la *mente,* pueden *vencer.*

La *tierra* es, *materia;* la *mar* es, *mente* – y, por supuesto, el *aire* representa, el *Alma.* ¡Ay de los pobladores de la tierra y de la mar! – aquellos que mantienen su *atención* en la *materia* y en la *mente* de este mundo – tenemos que **elevarnos** hacia el Reino DEL Alma. La **aceptación** DEL Cristo implica, la **aceptación** de que NO somos un *ser-material,* que NO tenemos una *mente-humana* – ya que ésa, sería la *serpiente.* El Yo, cuento con la capacidad de *percibir* a través de estas *experiencias,* a través de estas *apariencias,* de ser *humano,* porque *confío* que mi Alma *está presente; confío* en que *funciona* y *refleja* la *Realidad* de Ser, a medida que *depongo* la *falsedad* a la que me he *aferrado.*

Mis *Nuevos Pensamientos* serán, los Pensamientos DE Dios – percibiendo el Universo DE Dios. Mis *viejos* pensamientos, que *representaban* los *pensamientos* y las *apariencias* de 'este *mundo',* están siendo *descartados.* Estamos *cambiando* las corrientes de *pensamiento,* las corrientes de la *mente,* las corrientes del *tiempo,* las corrientes de la *vida* – y todo debido a la **Confianza** EN la Palabra DE Dios.

"¡Ay de los pobladores de la tierra y de la mar! – Porque el diablo ha descendido hacia ustedes con gran ira, pues sabe que le queda poco tiempo" (Revelación 12:12).

Así es como *ustedes* son *alertados*, pues *si* han **resuelto** caminar EN Cristo, entonces *tienen* que volverse muy *sensibles* hacia muchas otras cosas. Esto les *parecerá* un *castigo*; les *parecerá* como la *renovación* de un *juicio doloroso*; les *parecerá* como que los *problemas proliferan*. Y *ciertamente* existe un momento en que *sus* problemas *parecieran* aumentar, pero NO es así –lo que sucede es que *ustedes* están *más sensibles* a aquello que *anteriormente* habían *aceptado* – ahora YA NO lo *aceptan* más, y esto *pareciera 'aumentar'* *sus* problemas.

Aquello que *ustedes consideraban* que estaba *correcto*, en un instante, de repente, ya NO lo está – NO lo *aceptan* más. Y eso *pareciera* como que **aumenta** *sus* problemas. Tan solo se trata de una simple *evidencia* de *su* mayor *Sensibilidad* hacia la *Verdad*, hacia la *Realidad*; y aunque venga *disfrazada* de un *exceso* o con un *incremento* en *sus* problemas, JAMÁS es así – SIEMPRE ES, una *Señal* de que *ahora*, están *más cerca* del **Nacimiento**-Cristo, porque aquello que *ahora* les *molesta*, les *desagrada* debido a que *se han vuelto*, **conscientes** de la *Presencia* DEL Cristo.

Observen que, en esta *Conciencia*, TODO aquello **opuesto** AL Cristo, ya NO es *tolerado* – y eso es precisamente lo que Juan está *revelando* aquí.

> *"Y cuando el dragón vio que fue arrojado a la tierra, persiguió a la mujer que había dado a luz al Hijo, al Hijo Varón"* (Revelación 12:13).

(Esto es justo lo que hace un instante, estábamos *describiendo*).

> *"Y se le dieron a la mujer las dos alas de la gran águila, para que pudiera volar al desierto, a su lugar; donde es sustentada por un tiempo, y tiempos, y medio tiempo, fuera del alcance de la serpiente"* (Revelación 12:14).

Bien; estas DOS *Alas de la Gran Águila*, conforman aquello que viene a *rescatarlos* cuando, en el instante en que hayan *expandido* su *Conciencia*-Cristo, el 'mundo' *parecerá* venir hacia <u>ustedes</u> con *mayor* intensidad. Con *las* DOS *Alas de la Gran Águila,* <u>ustedes</u> **ya** pueden *dirigirse* hacia <u>su</u> *Lugar.*

Estas DOS *Alas de la Gran Águila* van a *representar* algo muy *importante* para <u>ustedes</u>. En *PRIMER* lugar, *representan* la *Capacidad* de <u>ustedes</u>, para *recibir* **Impartición** *desde el Interior* – eso es lo que *realmente* significa **Revelación**, en su sentido más *amplio.* *Revelación* NO es una 'voz que hable', aunque lo *incluya*; *Revelación* constituye: **Dirección** *Interior,* **Sustancia** *Interior,* **Amor** *Interior,* **Paz** *Interior.* La **Expresión** *Interior* de la TOTALIDAD DE Dios, constituye la <u>*Revelación*</u> – es Dios *fluyendo* a través del Ser de <u>*ustedes*</u> – eso es *Revelación.* Y ésa es, UNA de *las Alas de la Gran Águila* – pero ustedes cuentan con DOS.

La SEGUNDA *Ala* constituye la **Expresión** *Interior* DE Dios, que surge *a través* de <u>ustedes</u>, la cual <u>ustedes</u> pueden *manifestar.* **No** son *solo* más *palabras* – se trata de algo que AHORA, se *convertirá* en un *nuevo* tipo de *Manifestación.* Tuvimos manifestación-*material* – AHORA contarán con **Manifestación**-*Espiritual* – ésa es, la SEGUNDA *Ala.*

Lo anterior *implica* también el significado de *hablar en lenguas.* Cuando <u>ustedes</u> puedan ***Manifestar*** aquello que les es **Revelado**, entonces estarán: *hablando en lenguas.* *Ustedes* le *otorgarán* una *Sustancia*; y TODO aquello que <u>ustedes</u> ***Manifiesten*** *Espiritualmente,* NINGÚN hombre se los podrá *quitar*; NINGÚN hombre puede *anularlo*; NINGÚN hombre puede *vetarlo.* –*Está* allí; es *permanente*; se encuentra bajo el *Dominio* DE Dios; *atraviesa* cualquier *obstáculo*; *permanece* ahí *imperturbable*; es del TODO *Indestructible* – es DE la *Misma* Sustancia *Invisible* que el Padre. Y eso, constituye la SEGUNDA *Ala.*

<u>*Ustedes*</u> *cuentan* con el *Poder,* con el *Señorío,* para ***Manifestar*** la Palabra DE Dios. Y con estas DOS *Alas,* ustedes pueden *volar* a través de *cualquier* adversidad. Eso constituye la *Esencia* de esas DOS *Alas.* Los *elevan* por *encima* de TODA adversidad; son capaces de *trascender* TODA enemistad. Y, además, a medida que la *trascienden,*

muchas veces encontrarán que dichas *DOS* Alas, *disolverán* la 'enemistad', para que NO tengan que *luchar* contra la 'enemistad', en lo más mínimo. A *través* DE la *Gracia*, esas *flechas y dardos* que les lancen se *desviarán*; y *muchas* veces, el Mismo Amor DEL Padre que *surge* a través de *ustedes*, se *convertirá* en un Amor que *envolverá* a quienes *lanzaron los dardos*.

Hay un **Lugar** *preparado para ustedes* – *preparado en el* **Desierto**, al cual los llevan las *DOS* Alas *de la Gran Águila*, de manera que puedan ser *alimentados* POR el Padre – *DOS* Alas *de la Gran Águila*, para que ustedes *puedan volar al* **Desierto**, hacia el **Lugar** del *Águila*. *Ustedes* tienen un **Lugar**; NUNCA piensen que NO cuentan con un **Lugar** para ustedes – ése es el punto.

Incluso aunque *pareciera* que están *solos* en esta Obra, hay un **Lugar** *para ustedes*; y las *DOS* Alas *de la Gran Águila* los *conducirán* ahí.

"Donde la mujer es sustentada por un tiempo, y tiempos, y medio tiempo, fuera del alcance de la serpiente" (Revelación 12:14).

Eso también implica lo *mismo* que los *1,260 días*. *Tiempo* significa: *un* año o *un* mundo; y *tiempos* significa: *dos* más; **y** *medio tiempo* significa: otro *medio* mundo – ustedes se *encuentran*: *a* **tres** **Mundos y medio de distancia**. Se trata tan solo de *otra repetición* de la idea de que TODOS *tenemos* que *trabajar* a partir de *este* punto – *a partir de los* **tres** *cielos y medio*. En realidad, el *equilibrio* de este mundo *material* constituye esa *mitad*; y luego los **tres** *cielos* conforman los **tres y medio**.

"Y la serpiente arrojó agua de su boca como una inundación, tras la mujer" (Revelación 12:15).

Ustedes han *retornado* al *Arca de Noé* – el *mismo* simbolismo, el *mismo* significado – el *'diluvio' de la mente* de 'este *mundo*', la *intensificación de la mente* de 'este *mundo*', justo *después* que ustedes, han *hecho su Compromiso*.

> *"Y la tierra se tragó el diluvio que el dragón arrojó de su boca, ayudando así, a la mujer"* (Revelación 12:15–16).

Ahora observen que aquí, la '*tierra*' *ayuda a la Mujer* por una muy buena *razón* – y es que ésta es, una *Tierra* **Nueva**; ésta es, una **Nueva** *Tierra*. La Mujer tenía *las* DOS *Alas de la Gran Águila*. La SEGUNDA *Ala* debía **manifestarse** – y ella **manifestó**, una *Tierra* **Nueva**; y esta *Tierra* ES, la *Mujer*. *Ustedes* están *presentando* una **nueva** *Cualidad*, una **nueva** *Atmósfera*; están *transformando* la *Atmósfera* que los rodea, la cual se *traga* las *animosidades* que se les presenten.

> *"La tierra ayudó a la mujer; y la tierra abrió su boca, y se tragó la inundación que el dragón arrojó de su boca"* (Revelación 12:16).

Finalmente *encuentran* que el Poder DEL Espíritu DE Dios EN *ustedes*, *trasciende* TODO – *señorea* por completo, y NO deja lugar alguno para un '**segundo**' *poder* – por lo que el *dragón*, JAMÁS estuvo *ahí*. Ahora el *dragón* es *revelado* como, una *ilusión* para *ustedes* – la *mente* de 'este *mundo*' es **expulsada** de *su* Conciencia – caminan DENTRO de la **Mente**-Cristo.

Juan quiere que *sepamos* que esto, es lo que *sucede* aquí:

> *"Y el dragón se llenó de ira contra la mujer, y fue a hacer la guerra con el resto de su simiente, quienes guardan los mandamientos de Dios y cuentan con el testimonio de Jesucristo"* (Revelación 12:17).

Fíjense cómo Juan ha estado *presentando* esto en **dos** niveles. El *dragón*, NO pudiendo *contactar* la **Conciencia**-Cristo, ahora se *dirige* hacia TODO aquel que *acepta* AL Cristo – se *dirige* hacia *la simiente* de la **Conciencia**-Cristo. La **Conciencia**-Cristo *es*, el Mundo; la *Infinita Conciencia* DE Dios. Y cuando el *dragón* NO puede *penetrar* la Conciencia *Infinita*, lo cual, por supuesto que JAMÁS podrá, entonces se *dirige* hacia *ti*, hacia *mí*, hacia *él*, hacia *ella*.

Nosotros SOMOS *la Simiente o Remanente* de la Conciencia *Infinita*, y por eso ahora intenta *perturbarnos*. Pero está *perturbando* "al Remanente de la Simiente de la Mujer – a quienes **guardan** los Mandamientos DE Dios, y a quienes cuentan CON el testimonio DE Jesucristo" (Revelación 12:17). Entonces *nosotros*, quienes nos mantenemos *Fieles* AL Cristo, *descubriremos* que *nosotros*, el *Remanente*, la *Simiente* DE Cristo, *irrumpiremos* en *plena* **Naturaleza**-Cristo, y *también* la mente de 'este *mundo*', *dentro* de nosotros, será **destrozada**, *tragada* por nuestra **Nueva** Conciencia.

Bien; resulta *definitivo* para *nosotros* *contemplar* esto en el *Libro de la Revelación*, porque cuando podemos *mirar* un mapa *geográfico*, *viendo dónde* se encuentran ciertos lugares, *ubicándolos* justo *frente* a nosotros, **y** *sabiendo* que están *ahí*, entonces hacia *ahí* nos *dirigimos*. Pero aquí se trata de lo *Intangible*, de lo *Invisible* – y NO contamos con *mapa* alguno. Tan solo *contamos* con la **Palabra** de los Profetas, **y** con la **Palabra** de aquellos que han *recorrido* esta Senda *antes* que nosotros. Resulta *muy difícil establecer* nuestra *confianza*, especialmente cuando se pide que *creamos* en un *Jesucristo,* con el cual NO podemos sentarnos a la mesa a charlar. Así que *realmente* van a tener que *establecer* TODAS sus *Garantías*, DENTRO de la **Confirmación** de *sus propias* **Experiencias** *Espirituales*.

Ustedes cuentan con las DOS *Alas de la Gran Águila*; cuentan con un *salvoconducto* hacia el Ser *Interior* – y **si** *ustedes* reciben *Sustancia – Revelación Interior –* y NO solo la *Voz*, sino la *Sustancia –* porque la Voz *incluye* Sustancia; **y si** ustedes *descubren* que *pueden* **depender** de la *Sustancia,* **y** *salir* **y** *manifestar* esa Sustancia *Interior,* entonces NO tendrán *necesidad* de *sentarse* **y** *hablar* con Jesucristo. Podrán **aceptar** *cada Palabra* DE *Cristo,* ya que cuando La hayan

Demostrado para <u>ustedes</u> mismos, entonces *recibirán la Fuerza necesaria para dirigirse a su **Desierto** para ser alimentados por un tiempo, por tiempos, y por tiempo y medio,* hasta que les sea *conferido* El **Séptimo** Cielo.

Ahora bien, NI por un instante *piensen* que esto se encuentra a *un millón de años luz de distancia.* Para algunos de ustedes, *en el tiempo,* esto se encuentra a NO más de *dos* o *tres* años de distancia – esto es lo que <u>nos</u> va a *acontecer,* conforme *continuemos morando* **fielmente** EN la *Realidad* DEL Ser, *sembrando* para <u>nuestro</u> Propio **Ser**-Cristo. Podrá haber muchas *otras* formas de vivir, pero ustedes <u>tendrán</u> que estar: muy *firmes* **y** *seguros* de *Aquello* que está *en juego,* para *poder vivir de esta manera.*

Sin embargo, <u>ustedes</u> han *recorrido* una *gran distancia* – no solo *geográficamente* – han *recorrido* una **gran** *distancia* DENTRO DE la Conciencia, para *llegar* al *punto* en el cual pueden *sentarse* **y** *considerar* todo esto en la *quietud* de la UNICIDAD, *sabiendo* que, *detrás* de la fachada de la *humanidad,* se encuentra: el Dios *Invisible,* el cual constituye la *Verdadera Sustancia* **y** *Fuente* de TODO cuanto *realmente* ES.

Ustedes SON, ese UNO – ¡NO hay 'otro'! Y en el *conocimiento* de ese UNO; en la **aceptación** de ese UNO como *siendo* el UNO que <u>ustedes</u> SON, El Cristo *es nacido…*

CLASE 17

AQUELLO QUE ENGAÑA AL HOMBRE

REVELACIÓN 13:1 A REVELACIÓN 13:18

Herb: - Nos encontramos en el Capítulo **13** de *Revelación*: *"Y me paré sobre la arena de la mar; y vi surgir de la mar una bestia que tenía siete cabezas y diez cuernos; y en sus cuernos tenía diez diademas; y sobre sus cabezas, un nombre blasfemo"* (Revelación 13:1).

Esta es la *visión* que tuvo Juan en tanto se encontraba DENTRO de la Naturaleza *Eterna* de la Vida. Las *Arenas de la Mar* simbolizan la *Sabiduría de lo Eterno*. De esa manera Juan nos está diciendo que *mientras* se encontraba DENTRO de la Realidad – SIN *prestar atención* al 'mundo que nos *rodea*'; SIN *mirar* las **forma**s-*físicas* de 'este *mundo*' – más bien *parado sobre las Arenas de la Mar*, de pie sobre *otra* Dimensión DE Conciencia, *contempló* a esta *bestia con* **diez** *cuernos*. Ahora bien, en una sola frase, Juan nos ha dado una *Revelación* que va más allá de todo *nuestro* conocimiento. Nos ha dado una *razón* para *percibir* 'algo' que *nunca* habíamos notado. Es *posible* que otros nos lo hayan dicho, pero he aquí la Autoridad *Suprema*, el Discípulo *más elevado* de Cristo-**Jesús** sobre la tierra.

Observen que se trata de la *misma* descripción que le fue asignada al *dragón*. Aquí tenemos una *bestia que surge de la mar, con* **siete** *cabezas y* **diez** *cuernos, y con* **diez** *coronas sobre* *sus cuernos* – y esto es precisamente lo que Juan mencionó en el Capítulo **12**, acerca del *dragón*. Tenía **siete** *cabezas,* **diez** *cuernos, y* **diez** *coronas sobre sus* **diez** *cuernos*, por lo cual, el *dragón* ya había sido *identificado* como: la **mente** de 'este *mundo'*; como: la **mente-***universal* del *hombre*.

¿Por qué ahora la *bestia* habría de tener las **mismas** características que el *dragón*? Cuando ustedes *identifican* a la *bestia* como 'este *mundo'* de **materia, y** cuando les queda claro que el **dragón** ES, la **mente-***mortal; y* la **bestia** ES, la **materia-***mortal*; entonces la **mente-***mortal* **invisible** se convierte en **materia-***mortal* **visible**. Y sus características, siendo *idénticas*, son para mostrarles que el "mundo" que los *rodea*, el mundo de la **forma**, el mundo de lo **físico**, la **materia-***mortal* tal como la vemos, conforma la **mente-***mortal* hecha **visible**. Por eso es que sus *características* son *idénticas*. Y así, la simbología del *dragón* **y** de la *bestia*, es utilizada *encubiertamente*, debido a que el *dragón* es, **incapaz** de *convencer* a aquellos que se encuentren DENTRO de la Conciencia-**Cristo**, de que: Dios **no** está *presente*, que Dios es **impotente**, que Dios *carece* de *interés* en Su Propia Creación.

La **mente-***mortal*, el **dragón**, NO puede *convencer* a aquellos que estén *revestidos* con Conciencia-**Espiritual** – pero a dicha **mente** se le conoce como "*El Engañador*". Y ahora, su *engaño* toma la **forma** de un mundo: *visible, mortal* **y** *físico*. En realidad, se trata del *mismo dragón*, el cual se *evidencia* ahora en *distintas* **formas**, por lo que miramos hacia un mundo-***material***, SIN reconocer que, DETRÁS de 'este *mundo'* de **materia,** hay una **mente**, un *proyector* – y NO se trata de la **Mente-***Dios*, pues lo que proyecta es, **materia-***mortal*, aquello que *debe* 'morir'.

Así pues, este Capítulo **13** trata sobre la *gran hipnosis*, a través de la cual, el mundo es *engañado*. **PRIMERO**, por esa **mente** que NO es la **Mente-***Dios*, la cual *concibe* una vez más al *universo*, como un mundo-***material*** bueno **y** malo; y **DESPUÉS,** por la *resultante* (*materia*) de esa **mente** o mundo de **materia** que nos *rodea*, el cual NO constituye el Reino DE Dios. Ahora bien, como ustedes saben, TODO esto está realmente *confuso* para la mayor parte de 'este *mundo*'; resulta bastante *difícil* de *asimilar* para aquellos que lo han *estudiado*, **y** que *intentan* hacer una *demostración* viva de <u>sus</u> 'conocimientos'.

Siete *cabezas,* **diez** *cuernos,* **diez** *coronas...* *Si* recuerdan, esos eran los **siete** *reyes* SIN *reino*, esperando que la Conciencia de *Verdad* de <u>ustedes</u>, colocara: un '*Rey*' en ese *Reino*. Y los **diez** *cuernos* representan: los *Poderes*, las *Leyes* Divinas DE Dios *otorgadas* **al** *hombre*, para llevar a cabo la *Equidad*, la *Justicia*; un Reino **Divino** sobre la tierra. Así que lo anterior simboliza el *uso* **indebido** de esa Ley *Divina* de las **Diez** Ideas *Perfectas* conferidas al hombre para gobernar**se** *inteligentemente* – pero las *Coronas* fueron *indebidamente identificadas* como *dolor,* como *penas.*

Ahora pues, esto es lo que Juan *percibe* en tanto *contempla:* la *Eternidad*. Y lo que él *percibe* en la *Eternidad, llegará* a nosotros en el *Futuro* – el *Futuro* llegará, pero realmente NO será más que <u>nuestro</u> *concepto* del 'mañana'; de aquello que **ya es** cierto en el 'AHORA'.

Tomemos como ejemplo un *árbol*, con una *hormiguita trepando* por ese árbol. La hormiga camina un metro, y todo cuanto quedó *detrás* de la hormiga, se encuentra, *para ella,* en el tiempo **y** en el espacio, *pasados* – eso quedó en <u>su</u> pasado, en <u>su</u> ayer. Pero todo aquello que la hormiga tiene *por delante,* se encuentra en el tiempo **y** en el espacio, *futuros;* y ella se encuentra justo *en medio* del pasado **y** del futuro, en aquello llamado: *presente.*

Bueno, esta hormiguita que viaja por el árbol está del TODO *inconsciente* de lo que le espera – *ignora* que hay fruta en el árbol; NO *sabe* nada acerca del follaje; incluso pudiera NI siquiera **saber** dónde se encuentra. Sin embargo, una persona parada allí, bien puede abarcar TODO el árbol de *un vistazo, incluido* el follaje, *incluido* el árbol, *incluido* el tronco. El árbol se encuentra ahí, *Completo* **y** *Pleno* – pero la *hormiga,* NO *se da cuenta...*

Y en la misma escala, se nos dice que <u>nosotros</u>, *parados* sobre lo *Infinito,* tenemos nuestro *pasado* en el tiempo **y** en el espacio,

DETRÁS de nosotros; **y** nuestro *futuro* en el tiempo **y** en el espacio, DELANTE de nosotros – aunque en *realidad*, TODO existe en **este preciso** instante. Tal como la TOTALIDAD del árbol existe en **este** instante, *aunque* la hormiga lo *ignore*, de la *misma* manera nosotros NO *sabemos*, y NO podemos *comprender* que: TODO cuanto es *Real*, existe **ahora**, ¡y NUNCA *cambiará*! En cierto modo es como si *nosotros* fuéramos la hormiga trepando por el árbol – aunque realmente es, nuestra **mente**-*sensoria* la que se *asemeja* a la hormiga trepando por el árbol. Esta **mente**-*sensoria* se encuentra *anclada* en **este** *momento*, en **este** *lugar*, en **este** *tiempo* – y **este** *tiempo* **pasará**, y **este** *espacio* quedará **detrás** de nosotros – llegará un tiempo *nuevo*; aparecerá un espacio *nuevo*. Pero ¿*qué* es esto?

Si ustedes se *encontraran* en las *Arenas de la Mar*, **si** ustedes estuvieran *dentro* de una **Conciencia**-*Superior*, y se *concientizaran* de *su* Reino, del Reino DE Dios que les fue *conferido*, entonces *descubrirían* que existe un Universo *Perfecto*, Infinitamente *Perfecto*, Infinitamente *Eterno*, Siempre *Correcto*, *aquí a mano*, y *más allá* del nivel de *su* visión, pero NO *más allá* del nivel de *su* **Percepción**-*Cristo*.

Y ahora, la *responsabilidad* **y** la *función* de *ustedes* es, **despertar** de la *hipnosis* de los *sentidos*, de la *hipnosis* de la **mente**-*mortal*, la cual solo puede percibir '*su*' propio tiempo **y** espacio *presentes*; y después, *despertar* de la *hipnosis* de la *bestia* que está *surgiendo* ahora en la conciencia, como conciencia-**material**.

Bien; así como la hormiga en el árbol NO *se da cuenta* de lo que está *detrás* o *delante* de ella, mirando tan *solo* el lugar donde se encuentra, de la *misma* manera la conciencia-**material** tiene una clase de experiencia *similar* – *sólo* es consciente de la sustancia-**material** que la *rodea* – NO es *consciente* de la Sustancia-**Invisible**; NO *se da cuenta* del Origen *Fundamental* de **todo**, DENTRO DEL Espíritu.

De esta manera estamos siendo *preparados ahora*, por aquello que muchos de nosotros sentimos que constituye una *Autoridad*: el *Espíritu* DE Dios actuando *a través* de Juan, *diciéndonos* que la *hipnosis* de 'este *mundo*' es provocada por **dos**, por **dos** factores. PRIMERO, por la *imitación* de la **Mente**-*Infinita*, la cual *pareciera* como una **mente** de 'este *mundo*'; y SEGUNDO, por el *resultado* de esa **mente** *de* 'este *mundo*', la cual 'aparece en lo **visible**', como un mundo **físico** o **materia**. Esto es justo para lo que Juan nos está *preparando*, de manera que pueda ser *comprendido* a fondo; y así podamos dar *testimonio* de la *naturaleza del engaño de la **materia**.

Así pues, 'al contar' ahora con la **materia**, pues tendríamos: leyes de la **materia**, leyes-**materiales**. Y nosotros tendríamos que '*respetar*' dichas leyes-**materiales** y *darles poder* –mirando a la **materia** teniendo 'poder' *sobre nosotros* como el clima, las enfermedades, la muerte – todo lo cual NO constituye una creación DE Dios. Se trata más bien, de una 'creación' de aquello que Juan llamara, "*el dragón*", lo cual nosotros hemos aprendido a llamar: la **mente**-*universal* de 'este *mundo*', la **conciencia**-*masiva* o **conciencia**-*colectiva*.

En realidad, el clima NO es una *creación* DE Dios – es una *creación* de esta **conciencia**-*colectiva*; al igual que la enfermedad, los desastres, los cataclismos, las guerras – TODOS los 'males' que *conocemos*, existen *únicamente* DENTRO de la **materia**. Y aquí Juan nos está diciendo que: la **materia**, NO es creada POR Dios, sino por el *dragón*, la **mente**-*moral* – aquello que en realidad constituye el "*anticristo*".

Entonces el *objetivo* de Juan es: **disminuir** en *nuestra* conciencia, la '*realidad*' de la **materia**, para *abrir* nuestros *ojos* al *Hecho* de que: *si* Dios hubiera *hecho* la **materia**, entonces ésta sería *eterna*; *si* Dios hubiera *hecho* la **materia**, entonces ésta jamás sería *imperfecta*; *si* Dios hubiera *hecho* la **materia**, entonces las formas-**físicas**, todo lo **físico**, jamás podría *desintegrarse*, jamás podría *doler*, jamás podría *sufrir*... Por lo tanto, el *gran hipnotizador* NO es 'este *mundo*'-**material**, sino "*aquello*" que creó 'este *mundo*'-**material** (**mente**-*mortal*)– y a "aquello" que lo creó, JAMÁS lo *veremos*...

Este es el *engaño* al que Juan llamara "el *dragón*" – el '*creador*' de aquello que ustedes NO *ven*, es el *dragón* (**mente**-*mortal*); y el '*creador*' de aquello que ustedes ***ven y aceptan*** como *realidad*, es la llamada ***materia***. *Un* solo *gramo* de *comprensión* de lo anterior *cambiaría* TODAS las religiones sobre la faz de la tierra.

Ahora, prosigamos viendo cómo Juan nos ilumina aún más.

> "*La bestia que vi era semejante a un leopardo; sus pies como de oso; y su boca, como boca de león; y el dragón le dio su poder, su trono y su gran autoridad*" (Revelación 13:2).

Entonces, podemos 'ver' al *leopardo*... ¿qué más? –al *oso*, al *león*. Bueno, todo el mundo sabe que un *leopardo* tiene sed de *sangre*, es *cruel*, *ataca* rápidamente. Sabemos que el *oso avanza pesadamente*, lo cual supongo que es un símbolo del *egoísmo humano* que se mueve hacia '*sus propios*' objetivos. Y la boca del *león* indicaría la determinación de *atacar* cualquier cosa que *amenace* 'su *supuesto poder*' de rey.

He ahí a la *bestia*, es decir, a la ***materia***, la cual se muestra ahora *sedienta* de sangre – y ciertamente podemos dar fe de ello – *viciosa, egoísta, obstinada*, decidida a toda costa a *preservarse*. Y todo esto es parte del gran *hipnotismo* de la ***materia*** – tal como nos ha hipnotizado el 'poder de la fuerza de gravedad'. Ahora bien, estas son, cualidades de la ***materia*** – bueno, algunas de las cualidades – y podemos encontrar a nuestro alrededor, numerosas *confirmaciones*.

Pero Juan apenas comienza:

> "*Y vi una de sus cabezas, como herida de muerte; y su herida mortal fue sanada; y el mundo se asombró por la bestia*" (Revelación 13:3).

Ahora Juan dice que el *dragón* (la **mente**-*mortal*), le dio ese *poder* a la *materia* **y** esa *autoridad* a la *materia*. Deben tener bien claro que *Dios*, NO dio *autoridad* a la *materia* NI *poder* a la *materia* – así que *todo* poder que se le *reconozca* a la *materia*, NO *constituye* un Poder *Divinamente* Conferido, sino un *falso sentido* de poder. Por ejemplo, 'ustedes' pudieran **pensar** que un peso pudiera caer sobre su cabeza y aplastarlos; 'ustedes' pudieran **pensar** que su avión pudiera caerse; 'ustedes' pudieran **pensar** que su cuerpo pudiera ser afectado; 'ustedes' pudieran **pensar** que los virus invisibles pudieran penetrar e invadir su torrente sanguíneo – ése es el poder que *nosotros* le *reconocemos* a la *materia* (bestia), debido a que la **mente**-*mortal* (dragón) **ya** se lo ha *conferido a la* **materia**, y *nosotros* simplemente **asentimos** con la cabeza, y decimos: "*Sí*; *así es*".

Toda autoridad *conferida* a la **materia**, en *realidad* le ha sido *conferida* por la **mente** de 'este *mundo*', la cual se encuentra *detrás de la materia*. La **conciencia**-*colectiva* dice: "Sí; así es" – y en esa **aceptación** de un poder que NO constituye el Poder DE Dios, hemos *creado* un '*segundo*' poder. Así pues, ya *no* contamos con la *Omnipotencia*, como una Cualidad DE Dios – ahora ***creemos*** que Dios, *no* puede *evitar* que los virus entren en el cuerpo; **creemos** que Dios, *no* puede *evitar* que un avión caiga; **creemos** que Dios, *no* puede *prevenir* un incendio forestal; **creemos** que Dios, *no* puede *evitar* el asesinato de un presidente...

Como resultado, ahora contamos con esta *creencia* **y** con esta *aceptación* de un '*supuesto*-poder' acerca de algo que NO constituye el *Poder* DE Dios – *creencia* que se convierte en parte de la **conciencia**-*colectiva*. La *aceptación* de que Dios, NO constituye el Poder-*Único*, se convierte en parte del *hipnotismo* de 'este *mundo*' – porque, ¿podríamos ***ver*** con *nuestros propios* 'ojos' que Dios ES, el *Único*-Poder? ¿Les queda claro? De esa manera es como somos *convencidos* que Dios está *compartiendo* 'Su Poder' con *algo más*. De hecho, hasta damos un paso adelante y decimos: "***Quizá*** Dios está *castigando* a 'este *mundo*' entero; **sin duda alguna**, por eso se mueren de hambre en India; y *por eso* no pueden unirse en África, y se matan entre ellos; y *por eso* tenemos todos estos problemas en 'casa' – *éste es* el castigo *de* Dios, *al* hombre". ¡Eso *también* constituye parte del *hipnotismo*!

Ese *supuesto* poder que hemos **aceptado** como el *poder* del clima, el *poder* de la enfermedad y el *poder* de la muerte misma NO constituye Poder-*Divino* – NO tiene su *Origen* EN Dios – se trata del *hipnotismo* de 'este *mundo*' **aceptado** *individualmente*; y debido a ese *seudo* poder, TODOS vivimos bajo el *sentido* de **dos** poderes, así como del *poder* del 'miedo' – poderes que NO constituyen el Poder DE Dios. Por lo que, en realidad, *practicamos* un cierto *ateísmo*, en tanto *pretendemos*, dentro de nuestro corazón, estar 'adorando' A Dios.

Tengamos bien claro que TODO es parte del *sueño de la mortalidad*, el cual comienza con la *inconsciencia* de una **mente** de 'este *mundo*', *detrás* del 'escenario', la cual está *proyectando* su *recreación* de la realidad, llamada *mundo*. Así es como Juan quiere que nos *preparemos* para que podamos *vivir* DENTRO de nuestro *Reino*, en lugar de en el *mundo* – para que justo donde el *mundo* aparece ante los ojos de los *mortales*, nosotros podamos caminar seguros, protegidos, libres, disfrutando los *Frutos* de nuestro *Reino*. Con nuestra *manera de vivir*, estaremos dando *ejemplo* para que otros puedan hacer lo *mismo*.

Sin embargo, NO podremos hacerlo, **a menos** que seamos *alertados* por la Verdad; y **a menos** que podamos **tomar** esa Verdad, **caminar** con esa Verdad **y** *vivir* en esa Verdad – pero NO con 'palabras', NO con 'opiniones', NO con 'teorías', sino con el *diario* **vivir**, SIN *ostentación* alguna, para *demostrarnos a nosotros mismos*, **y** a **nadie** más, *la verdad de los Principios establecidos por el Cristo* – comoquiera que el Cristo *aparezca* – ya sea *como* un Profeta, ya sea *como* Jesús, ya sea *como* Juan… De esa manera vamos a ser *bendecidos*, por medio de esta Verdad, para todos aquellos que *entren* a nuestra Conciencia, para que *ellos a su vez*, se *vuelvan* hacia los miembros de *sus* hogares, y por medio de su **ejemplo de** *vida, demuestren* el *Poder* DEL Padre *Interior*; el **Poder**-*Único contra* el cual, TODA *apariencia* de un *supuesto* poder-***humano***, de un *supuesto* poder-***material*** o de un *supuesto* poder-***mental***, evidencie: su *falta* de *poder*, su *falta* de *realidad*.

Aquí lo que está en *juego* es *Alto*, quizá más *Alto* de lo que somos capaces de *asimilar*. Ahora bien, esta *cabeza que fue herida de muerte, y esta herida mortal que fue sanada*, hacen referencia a un **Capítulo** *anterior* – pero en realidad, se refieren a <u>ustedes</u>. Así que *apartémonos* del Libro, y *centrémonos* en <u>ustedes</u>:

Cuando <u>ustedes</u> experimentaron <u>su</u> *primer roce* con la Verdad, eso constituyó una '*herida*'; eso constituyó una '*herida*' para su conciencia-***material***. Eso NO le *agradó* a su conciencia-***material***, porque la *herida* a la conciencia-***material*** constituye el Espíritu DE Verdad DENTRO de <u>ustedes</u>. Y *si* recuerdan, esos ***dos*** *testigos* que llegaron CON la Verdad fueron *asesinados*, fueron *aniquilados*. Lo anterior *significa* que, cuando la Verdad *entró* en ustedes, **y** después de un tiempo, <u>ustedes</u> *aniquilaron* la Verdad *en* <u>ustedes</u>. En otras palabras, <u>ustedes</u>, al NO poder *aceptar* la Verdad, entonces *asesinaron* la Verdad, lo cual constituyó la '*sanación*' de la conciencia-***material***. Por un instante la *Revelación* de la Verdad los *elevó*; les *reveló* un *destello* de lo que está *detrás* del *Velo* – quedaron *maravillados*. Pero *después*, cuando sus '*sentidos* volvieron a lo *cotidiano*', miraron hacia '*afuera*' y *todavía* veían el mundo: con su *bien* **y** con su *mal* – y entonces la *Impresión* DE la Verdad que había *provocado* una '*herida*' en su conciencia-***material***, se volvió a *perder* – y así, "*la herida fue sanada*". Juan se encuentra *describiendo* a cada "'yo' *individual*" cuando *rechaza* al Cristo *Interior*: *temeroso* de aventurarse, *temeroso* de aceptar el desafío de lo nuevo, *ansioso* por *descansar* junto a la 'cómoda' chimenea del *ayer*...

Así que ahora, en *algunos* de nosotros, *la herida fue sanada* – '*regresamos*' a la conciencia-***material***; tuvimos nuestro día CON la Verdad, pero... *preferimos* ***no*** *arriesgarnos*. Y así la **mente**-*mortal* está una vez más '*entronada* DENTRO de <u>nuestra</u> conciencia'; *creyendo* *nuevamente* en '**dos** poderes'. Y dentro de esa *creencia* en '**dos** poderes', nos encontramos *separados* DE Dios. *Ustedes* NO pueden *aceptar* a Dios como *Omnipotente*, **y** al **mismo tiempo** *creer* en un **segundo** *poder*. Al *creer* en un **segundo** *poder*, *ustedes* mismos se están *separando* del *Poder* DE Dios. Es como si *levantaran* una gran muralla y le dijeran al Padre: "**No**; NO me *ayudes*". E incluso pudiera ser que al *mismo* tiempo corrieran *hacia* el Padre, diciendo: "Me *persiguen*; tengo un *problema*; ¡*Ayúdame!*" Pero ustedes NO *reciben* ayuda alguna, porque el Padre NO ha *creado* un Universo en el cual '*alguien* o *algo*' los persiga, y en el cual necesiten de '*ayuda*' alguna.

El Padre ha *Expresado* un Universo *Perfecto*; y este *ajuste* DENTRO de la Conciencia de *ustedes* para *aceptar* el Universo *Perfecto* dondequiera que se encuentren, es la manera como **aceptan** **y** **honran** al Padre *supremamente* – NO huyendo, NO temiendo, NO anticipando el mal de *mañana*, sino **viviendo** en ese RECONOCIMIENTO de que *donde* el Padre *Está*, justo ahí se *encuentra* la *Perfección* – **y** el Padre se *encuentra* en *TODAS* partes. A *pesar* de los llamados '*poderes*' que pudieran *aparecer*, a *pesar* de lo que la **mente**-*mortal* pudiera *proyectar*, a *pesar* de las llamadas condiciones-**materiales** de la tierra, la *Realidad* es que: **sólo** Mi Padre está presente; **sólo** la Perfección está presente – y esto debiera *constituir* **nuestra** Conciencia-**Pura**, pues de lo *contrario*, también viviríamos en un *sentido* de *división*; de poderes *divididos*, con Dios '*combatiendo*' contra las *condiciones* de 'este *mundo*'.

Y Juan continúa *revelando* – y *el mundo se maravilló por la bestia* – todo el mundo mira hacia *arriba*, hacia la **materia**, haciéndola su *rey*, *adorando* a la **materia**... pero NO A Dios.

> "*Y adoraron al dragón que había dado autoridad a la bestia; y adoraron a la bestia, diciendo: ¿Quién es semejante a la bestia? ¿Quién será capaz de luchar contra ella?*" (Revelación 13:4)

De esa manera es como hoy en día hemos *establecido* la **materia** como 'la *ley* de nuestras vidas'. Queremos **materia** 'buena', pero NO *materia* 'mala'; *queremos* 'provisión', pero NO 'escasez'; *queremos* 'salud', pero NO 'enfermedad'. La *materia* pues, se convierte en el *problema* – y esto implica *la adoración a la bestia*. Así que ahora nos vemos *atraídos* por: ¡la *aceptación* de la *realidad* de la *materia*!

En *este* instante, estando *aquí*, lo anterior resulta *muy importante* para <u>nosotros</u>. Qué tan *importante* será en *treinta* años, *NO* lo sabemos. Pero Juan estaba en una *posición* desde la cual podía *ver* lo *importante* que sería en *treinta* años – *parado sobre las Arenas de la Mar* – así pudo *darse cuenta* que, <u>la *materia*, NO está sustentada POR Dios, porque Dios NO la creó</u>; pudo darse cuenta que, <u>la *materia*, tan *importante* como *pareciera* ser, tan *completa* como *pareciera* ser en *toda* la existencia *mortal* que conocemos, NO sirve NI un ápice para los *Propósitos* DE Dios sobre la tierra.</u>

Ustedes *busquen* por TODAS partes para *encontrar materia* que *sirva* A Dios – aunque quisiéramos *creer* que la hay, NO es posible *encontrar* un solo producto *hecho por* el *hombre* en todo este universo, de *ninguna* naturaleza, que sea *inmortal*; NO se puede encontrar *nada hecho por* el hombre, que dure para *siempre*.

Finalmente veamos que, incluso aquello NO *hecho por* el *hombre*, lo cual se *consideró* que 'Dios' había *hecho*, NO *durará* para *siempre*. Y por el momento todo esto *parece* muy *lejano*, aunque NO creo que Juan tuviera esa opinión – el que 'esté *lejano*'. En este Capítulo **13** encontramos *evidencia*, en Juan, que el *descubrimiento* del hombre, relacionado con la *falta* de *realidad* de la *materia*, constituye un *factor muy* importante en la experiencia presente *inmediata* de <u>ustedes</u>. Y la idea *verdadera* de esta *importancia*, bien pudiera *intensificarse*, a medida que *continuemos,* en los próximos cuarenta o cincuenta minutos.

"¿Quién es semejante a la bestia? ¿Quién será capaz de luchar contra ella?" (Revelación 13:4)

Contamos con estos "think-tanks"[1], en donde los científicos se *reúnen* **y** *estudian* la guerra *intercontinental*; cada nación *aprende* cómo *superar* a la otra – se trata SIEMPRE de una forma-*material*, *venciendo* otra forma-***material*** – pero… ¡NINGUNA de ellas fue *creada* POR Dios! ¿Se imaginan a Dios *creando* misiles *intercontinentales* para *matar*? Entonces… ¿qué tendríamos? –Tendríamos ***materia*** que crea ***materia***, con el propósito de *salvaguardar* la **materia** o *destruir* la **materia** – y *tiene* que haber alguien en algún lugar, capaz de *ver a través* del *error* en **TODO** esto, porque **NO** hay *actividad* DE Dios; en TODO esto, NO hay Ley ***Divina***; en TODO esto, NO hay *ninguna* garantía ***Divina***. El hijo de cualquier ministro, sacerdote o rabino es, *tan vulnerable, como* el hijo de un campesino o de un asesino. ¿*Qué* diferencia hay? *Dondequiera* que caiga una bomba, *ahí* es donde estará la *destrucción*.

Ahora bien, ¿existe '*poder*' alguno que *actúe sobre* la Creación DE Dios? ¿Existe *poder* alguno que *actúe sobre* el Reino DE Dios DENTRO de *ustedes*? He ahí el *problema* al que nos enfrentamos. ¿Existe *poder* en la radiación para '*barrer*' la tierra, **y** para 'aniquilar' a alguien que esté DENTRO del Reino DE Dios? Esa es la pregunta de los sesenta y cuatro mil dólares.

¿Estamos siendo *preparados*, o se trata del *engaño* de un ciego? *Averigüémoslo*, porque hay muchas *señales* aquí, que indican que estamos siendo *preparados* para algo de *Importancia Internacional*.

---

[1] Los "*think tanks*" suelen ser organizaciones sin fines lucrativos; y a menudo están relacionados con laboratorios militares, empresas privadas, instituciones académicas o de otro tipo. Normalmente en ellos trabajan teóricos e intelectuales multidisciplinares, que elaboran análisis o recomendaciones específicas. Defienden diversas ideas, y sus trabajos tienen, habitualmente, un peso importante en la política y la opinión pública – particularmente en los Estados Unidos de América.

"Le fue dada boca a la bestia para que hablara y blasfemara grandes cosas; y se le dio poder para actuar cuarenta y dos meses" (Revelación 13:5).

A esta *bestia le fue dada una 'boca'*. ¿Quién es *la bestia a quien le fue dada una 'boca'*? A la **materia** le es dada una *'boca'*. Quizá Juan se está refiriendo a la 'gente'; ya veremos...

"Y a esta bestia se le dio poder para blasfemar cuarenta y dos meses" (Revelación 13:5).

Ahora observen ustedes, SIEMPRE que existe ese *período* bien *definido – sólo* 12,600 días, **o** 42 meses **o** tres años y medio – se trata SIEMPRE de un *período de* **prueba**. Se tiene un *límite* de tiempo, como si <u>ustedes</u> pudieran llegar hasta '*determinado* punto'... y ¡*hasta ahí*! Y ahora, a la bestia-***material*** se le *otorga* un *límite de tiempo* para *proferir* sus *blasfemias*. Así que, ¿*cuáles* son algunas de esas *blasfemias*? En *primer* lugar, *si* ustedes *miran* la **materia** con sus 'ojos', ésta les está diciendo que *"Dios, NO está ahí"*, ¿cierto? La **materia** proclama: la **ausencia** de Dios. Pueden verlo en cualquier hospital. Obvio; *si* Dios *estuviera* ahí, entonces NO podría haber gente enferma *allí*. De lo contrario, ustedes tendrían un Dios *muy cruel*, ¿o no?

<u>Ustedes</u> *sólo* tienen que '*ver*' una sola vez a un bebé mongoloide, para saber que NO es creación DE Dios. Por ello el bebé mongoloide es: **materia** que está *diciendo*: *"Dios, NO está aquí"*; TODO accidente en la carretera está *diciendo*: *"Dios, NO estaba ahí – por eso sucedió – NO* había *protección* alguna". En otras palabras, la **materia** está *proclamando*: *"Dios, NO está sobre esta tierra"*. ¡Imaginen eso! Ustedes NO pueden *decir* que: *Dios está sobre esta tierra*, **y** que la **materia** también se encuentra *aquí*, **y** que hay un millón de personas muriendo de cáncer. –Ésa es la *razón* por la que mucha *gente* muere cada año – porque la **materia** proclama: *la* **ausencia** *de Dios*.

Así, la *religión* 'tiene a Dios *arriba* en los *cielos*' – en 'algún' *lugar*, pero NO '*abajo* sobre la *tierra*'. Ustedes NUNCA rezan hacia *abajo*, NUNCA rezan *aquí* – ustedes *rezan* hacia *arriba*, porque 'ahí' es donde se *supone* que *está* Dios. La religión ha **aceptado** *exactamente* aquello que proclama la **materia**: Dios *está* allá *arriba*; NO está *aquí abajo* – la *tierra* es un 'lugar' para 'alguien más', para un tipo llamado '*diablo*'.

Esto es parte de la **blasfemia** de la **materia**. La **materia** dice: "**Me** *pueden* lastimar; **me** *pueden* matar; *puedo* sufrir". Pero, ¿es *cierto*? ¿Fue *cierto* cuando Cristo-Jesús *caminó* sobre la tierra **y** *reveló* que *donde* la **materia** estaba *sufriendo*, el sufrimiento podía *terminar* rápidamente? ¿Fue *cierto* en las otras curaciones de Pedro, de Pablo, de Juan? ¿Fue *cierto* incluso en la Ciencia Cristiana hace uno o dos años, o hace más de cien años, cuando comenzó? ¿Acaso **no** pudimos **comprobar** que la **materia** realmente carece de poder? ¿Fue *cierto* en todas las curaciones de aquellos que han *consagrado* sus vidas a *descubrir* la verdad de que el **único**-poder que hay en la **materia** es, el 'poder' que **nosotros mismos** permitimos que tenga? En otras palabras, DENTRO de *una* conciencia-**espiritualmente-educada**, la **materia pierde** su *efecto* 'abrumador'. La **materia** lleva ya *mucho* tiempo *aquí*. Pensamos que se requiere de *mucho* tiempo, para *edificar* esa Conciencia que pueda *resistir* a la **materia**, y que NO *necesite* de *espada* alguna. Pero, afortunadamente, a la **materia sólo** se le dio la figura *simbólica* de: *tres años y medio para* '*blasfemar*'.

Eso es tan *simbólico* como:

"*En* **tres** *días, levantaré este cuerpo*" (Juan 2:19); o como "*Se creó la tierra – el mundo fue creado en* **siete** *días*" (Génesis 1).

Por lo anterior ustedes *saben* que NO se trata de *cifras reales de tiempo* – pero **sí** de un tiempo *limitado*. Y, quiero que en este momento tengan esto muy en cuenta: <u>a esa *materia*, a 'este</u> <u>mundo'-*material*, se le ha dado un tiempo *limitado*.</u> Eso incide en la causa por la que estamos siendo *preparados* con una Verdad que bien puede *oponerse* al supuesto *poder de la* **materia**. Y ahora,

> *"La bestia abrió su boca en blasfemias contra Dios, para blasfemar contra Su Nombre, para blasfemar contra Su Tabernáculo, y para blasfemar contra aquellos que moran en el cielo"* (Revelación 13:6).

¿Saben? *Cada* oración en este versículo está *cargada* con *Verdades* que han sido *transmitidas* a través de los siglos, las cuales han pasado **desapercibidas**, excepto para unos cuantos que trabajan *muy de cerca* al mundo *metafísico* **y** *místico – aquí* la Verdad resulta bastante *asombrosa*.

Consideremos las *blasfemias de la bestia* **contra** Dios, aunque todos pudiéramos nombrar quinientas formas-**materiales** que **niegan** la *Presencia* **de** Dios, el *Poder* **de** Dios **y** la *Sabiduría* TOTAL **de** Dios. Y por supuesto que *la bestia también niega el Tabernáculo* DE *Dios*. Ahora bien, ¿qué es *el Tabernáculo* DE *Dios?* –La **materia** <u>niega</u> *a Cristo en* <u>*ustedes*</u>, ¿no es así? *¿Cómo* podría Cristo estar DENTRO de <u>*ustedes*</u>, **y** *al mismo tiempo* en ocasiones experimentar dolor? Y, sin embargo, <u>*el Tabernáculo* DE *Dios*, el Cristo DE Dios,</u> <u>está DENTRO de *ustedes* – el Cristo DE Dios ES, el *Mismo* Reino DE</u> <u>Dios, DENTRO de *ustedes*.</u>

De esa manera <u>*su*</u> "yo"-**material** está *negando* <u>*su*</u> Realidad *Espiritual*. Aunque <u>*ustedes*</u> SON el Espíritu DE Dios, <u>*su*</u> personalidad-**material** dice: "No; NO ERES el Cristo DE Dios – *eres:* **materia**". El que Dios *creara* o NO *creara* la **materia**, *carece* de importancia, porque los *sentidos* de <u>*ustedes*</u> les dicen que, la **materia** constituye <u>*su*</u> Nombre. Y así, SIN importar dónde se *encuentren* ustedes, la **materia** *niega* el *Tabernáculo* DE Dios; *niega* su Identidad-**Espiritual** [Nombre]. Ustedes NO pueden *ser* higo **y** *a la vez ser*

manzana; ustedes NO pueden *ser* **Espíritu y** *también* **materia.**
Por lo tanto, al *aceptar* la *materia, ustedes* **niegan** a *Cristo*; y
aceptando a *Cristo,* ustedes **niegan** la *materia.* Y esa es la *decisión*
que NO hemos querido *afrontar* – NO es una *decisión* que nos hayan
impuesto las *religiones* de 'este *mundo',* porque en realidad, ellas NO
la están *afrontando.* Sin embargo, Juan nos dice: *"Llegará el día,*
para cada uno de nosotros, cuando seremos llamados para afrontarlo".
Y el 'día' YA *está aquí.*

Ahora bien, este *Espíritu* que *ustedes son,* pero al que NO pueden
reconocer porque la *materia* blasfema *contra el Tabernáculo* DE
Dios DENTRO de ustedes, *también* lleva a cabo algo *más.* Con ello
descubrirán por qué les resultó tan *difícil* a *ustedes mismos, conocerse*
espiritualmente – porque *la* **materia** *también blasfema contra los*
que moran en el Cielo.

Consideremos ahora Éxodo, debido a una *revelación* muy
extraña. Pero *primero,* vayamos a Juan 1:14.

> *"Y el Verbo se hizo carne, y habitó entre nosotros; (y*
> *vimos su gloria, gloria como del unigénito del Padre),*
> *lleno de gracia y de verdad"* (Juan 1:14).

Bien, la *materia* ha **negado** que esto aconteciera. *"El Verbo*
Se hizo Carne y habitó entre nosotros" – la *materia* lo **niega.** La
materia NI siquiera *entiende* que *"El Verbo Se hizo Carne",* NI lo
que implica – la *materia,* NO es *"El Verbo hecho Carne"* (Juan
1:14). *"El Verbo hecho Carne"* fue **Cristo,** *en* Jesús, RECONOCIDO
como el Ser, **y** *apareciendo como* Forma-***Espiritual.*** El *aspecto* de
la Forma-***Espiritual*** ES: *"El Verbo hecho Carne"* – hecho **Carne**
Espiritual; una experiencia que *acontecerá* a TODO Individuo de
Conciencia-***Espiritual*** – TODOS seremos hechos Carne-**Espiritual.**

La *materia* lo **niega**; y es que la *materia,* NO lo *sabe.* Y la
mayoría de nosotros TAMPOCO lo *sabemos,* debido a que *vivimos*
en esta conciencia-***material*** – pero estamos *descubriendo*
que hay una **Forma-***Espiritual*** que está *surgiendo* a *nuestro*

RECONOCIMIENTO – una **Forma**-*Espiritual* que *realmente* puede *caminar* a través de la *radiación*; una **Forma**-*Espiritual* que *realmente* puede *caminar* a través de la *enfermedad*... Solo estamos, en este instante, *a un paso* de **comprobar**, DENTRO de *nosotros* mismos, esa **confianza** y esa **convicción** de que *podemos caminar* **a través** de la *enfermedad*, **a través** de los *sufrimientos humanos* habituales. Y a medida que *lleguemos* al lugar donde esto se convierta en: *una Realidad* **aceptada** *en <u>nuestra</u> Conciencia*, en esa *misma* medida *descubriremos* que nosotros *también* contamos con Capacidades *Superiores*, siendo una de ellas, el poder *caminar* **a través** de 'este mundo'-**material** **y mortal**, *inmunes* a las leyes de la **materia**. No; NO es que *podamos* hacerlo en *este instante* – tan solo en *cierto* grado; pero estamos *aprendiendo* a hacerlo – y mucho *más rápido* de lo que pensamos.

Ahora bien, Pablo tiene algo que decir al respecto. En su *Epístola a los Colosenses*, Pablo también se refiere al hecho de que la **materia** *niega* la presencia del *Espíritu*:

"Porque en Él, habita corporalmente toda la plenitud de la Deidad" (Colosenses 2:9).

Por supuesto que *"Él"*, se refiere al Cristo. **En el** *Cristo habita Corporalmente toda la Plenitud* **de** *la Deidad*. Y el *Cristo*, por supuesto, ERES TÚ – *Cristo* ES, **tu** Yo *Espiritual*. De modo que, DENTRO del Ser-***Espiritual*** de *ustedes*, *habita Corporalmente la Plenitud* **de** *la Deidad*. El RECONOCIMIENTO de su **Yo** *Espiritual* constituye TODO el *Propósito* de las Escrituras – el *Propósito* del Antiguo **y** del Nuevo Testamento; el *Propósito* de cada Libro acerca de las Escrituras en cada *mundo*, en cada *país*, de manera que *puedan* <u>alcanzar</u> el RECONOCIMIENTO de su Yo *Espiritual*. Porque <u>en ese RECONOCIMIENTO, TODO cuanto el Padre *Tiene*, ES **de** ustedes</u>; en ese RECONOCIMIENTO se encuentra, *el **fin** de la blasfemia de la **materia***; en ese RECONOCIMIENTO se encuentra,

Aquel que camina a través de 'este *mundo' de la* **materia**, *SIN* estar sujeto a la ley del *karma*.

Entonces pues, *existe* un Yo – y NO tiene otro propósito la Biblia, en este pasaje en *particular* con el cual estamos *trabajando* en este instante, que *no* sea: alertarnos sobre el *Hecho* de que contamos: *con un Reino, con un Yo Espiritual* – pero NO nuestra personalidad-*material* – el Cual bien puede *enfrentarse* a TODOS los poderes-*falsos*, "a las blasfemias de 'este *mundo*'".

> "*Y a la bestia le fue dado hacer guerra contra los santos, y vencerlos; y se le dio autoridad sobre toda tribu, lengua y nación*" (Revelación 13:7).

De esta manera aprendemos que 'este *mundo*', está bajo la autoridad-*material* – la *ley de causa y efecto*. El mundo *cree* que está bajo el Poder DE Dios, El cual 'castiga' – pero NO; 'este *mundo*' se encuentra *sólo* bajo la ley del *karma*. TODO poder-*material* constituye la ley del *karma*, la cual implica: *violación* a la Ley *Divina*. La *violación* a la Ley *Divina* conlleva *su propio castigo* debido a dicha *violación* – NADA tiene que ver CON Dios. "Resbalar *debido* a una 'cáscara de plátano', NO implica *castigo* **de** Dios" – aunque duela. Al *violar* la Ley *Divina*, Dios NO *castiga* – TAMPOCO cuando conducen *sobre* las vías del ferrocarril, y el tren se *sale* de las vías – Dios NO está *castigando* – sencillamente *uno mismo* NO está *cumpliendo* con aquello que *uno mismo* debe hacer por *seguridad propia*. Así pues, NO *moramos* DENTRO de la Ley *Divina* – por el contrario, *moramos* DENTRO de la ley-*material*; y entonces esta ley-*material* gobierna la *tierra*; y con ello, TODOS somos *mantenidos* en *esclavitud* por causa de esta ley-*material*.

En lugar de vivir DENTRO del Reino DE Dios, vivimos DENTRO de la *prisión* de la ley-*material*, SIN *percatarnos* que la *materia* NO constituye nuestra *herencia* **verdadera**; que esta ley-*material* es **temporal, carente** de poder o presencia-*reales*, excepto por *nuestra ignorancia* de la *Presencia* DE Dios.

127

Y observen *dónde* se inicia todo esto:

> *"Y todos los moradores de la tierra adorarán al dragón;*
> *es decir, la bestia, la materia, y quienes la adoran –*
> *aquellos cuyos nombres no están escritos en el libro de*
> *la vida del Cordero Inmolado desde la fundación del*
> *mundo"* (Revelación 13:8).

Si nosotros estamos bajo la ley-***material***, es porque *nuestros nombres*, **no** *están escritos en el Libro de la Vida del Cordero*, que fue *Inmolado desde la fundación del mundo*. Éxodo nos da la clave para el increíble *significado* de esta declaración. Se trata de Éxodo 32:31–35. Estamos tratando de *averiguar* lo que significa cuando se dice:

> *"...los que no están en el Libro de la Vida del Cordero,*
> *que fue Inmolado desde la fundación del mundo"*
> (Revelación 13:8).

Descubrirán que esto se refiere al nacimiento *humano* de <u>ustedes</u>. Para <u>ustedes</u>, *la fundación* de 'este *mundo*' fue cuando **nacieron**, **y** justo ahí es cuando *comenzó <u>su</u>* fe en la **materia** – Éxodo 32:31

> *"Moisés retornó a Jehová y dijo: 'Oh, este pueblo ha*
> *cometido un gran pecado, pues se ha hecho dioses*
> *de oro'"* – lo cual implica lo mismo que la bestia
> (**materia**). *"'Sin embargo, perdona ahora su pecado;*
> *de lo contrario, bórrame, te ruego, de Tu Libro que*
> *has escrito'. Y el Señor dijo a Moisés: 'Cualquiera*
> *que pecare contra Mí, lo borraré de Mi Libro. Por*
> *tanto, regresa ahora y lleva al pueblo al lugar que te*
> *he indicado; he aquí, Mis Ángeles irán delante de ti;*

pero el día que Yo los castigue, castigaré su pecado sobre ellos'" (Éxodo 32:31–35).

El instante del *nacimiento*, constituye *la fundación* de 'este mundo' para *ustedes*; y *hasta* que lleguen a esa **comprensión**, se preguntarán *por qué* llegaron a *creer* en la **materia**. Y esa *creencia*, como pueden ver, comenzó ANTES que *ustedes nacieran*. *Ustedes* simplemente 'heredaron' la *conciencia* de 'este *mundo*' – ése es el *problema*. *Actualmente* estamos DENTRO de un estado de conciencia-**condicionado**, pero vamos a *encontrar* la **salida** de ese **condicionamiento**.

"Si alguno tiene oído, que oiga" (Revelación 13:9).

Esta pequeña declaración: *"Si alguno tiene oído, que oiga"*, aparece muchas veces en la Biblia – la hemos *pasado por alto* en muchas ocasiones, nos hemos detenido *muy poco* en ella. Esta vez, NO la *pasaremos por alto*.

"Si alguno tiene oído, que oiga". *¿Qué* es pues, lo que se ha dicho? ¿Por qué toda esta cuidadosa *preparación* con la intención de *sacarnos* **fuera** de los cuerpos-**materiales**? Quizá los *estremezca saber* que puede llegar el día cuando, *si* NO están *ustedes* DENTRO de una **Forma-Espiritual**, entonces serán uno de *aquellos* que Cristo mencionara: *"las ramas que... **no dan fruto, son quitadas**"* (Juan 15:2).

Bien; todos conocemos que la Biblia habla acerca de *los Últimos Días*. También son llamados, *el Día del Juicio* o *el Día del Señor*. *Si* ustedes llegaran a considerarlo, y *si* se preguntaran también acerca del *tiempo limitado* dado a la **materia** para *actuar*, pudiera ser que se cuestionaran: *"¿Existe el llamado **Fin** de 'este mundo'?* ¿Significa quizá que cuando *yo muera*, el *tiempo* para *mí*, habrá *terminado*? ¿Existe un *Fin* **colectivo** de 'este *mundo*'?"

Nadie podría decirles con *certeza si* hay o *si* **no** hay dicho *Fin*, aunque la Biblia así lo *afirma*. La Biblia *afirma*, como dijera Pedro: *"Los cielos se enrollarán como un pergamino"* (Isaías 34:4). De hecho, se podría leer a Pedro de tal manera, que dijera: '*habrá un fuego de radiación sobre los seis continentes*'. Ahora bien, *supongamos* que eso sucediera *pronto*, digamos dentro de *treinta* años; ¿Considerarían eso como *imposible*? El mundo habla de: *explosiones nucleares*; la Biblia habla de: *entrar en **Cuerpos**-Espirituales*; ¿Tiene algún *sentido* para ustedes?

¿*Cuál* fue la *razón* por la que Jesús nos *instruyera* con tanta *insistencia* en '*renacer* DEL Espíritu'? ¿*Por qué* dondequiera que miren se les dice que *renuncien a su vida, para que puedan encontrar Su Vida*?

No les pido que **acepten** lo que *yo* creo, pero recuerden que *no* hace mucho, hace como cinco o siete años, Joel estaba diciendo: "Dentro de *veinticinco* años, la Conciencia-**Cristo** estará sobre la tierra". Todos estábamos muy *satisfechos* por eso; implicaba que los bebés nacerían *dentro* de la Conciencia-**Cristo**; la *conciencia* de 'este *mundo*' se habría *leudado*; habría *Amor* donde hubo *odio*... todo era tan *hermoso*... Por otro lado, la gente habla acerca de una *Nueva* Era *de Acuario* – eso *suena* lindo.

Pocos de nosotros nos hemos **detenido** a RECONOCER que hay *bastante más* que decir. *Si* vamos a *tener* una *Nueva* Era, entonces tendrá que haber ANTES, la **muerte** de una *Vieja* Era. *Si* vamos a tener una Conciencia-**Cristo**, eso significa un *cambio* en la Conciencia, lo cual requiere que la conciencia-**material** *tendrá* que *morir* cuando *nazca la* Conciencia-**Cristo**. Y, para cualquier persona con **Conciencia**-*Espiritual*, el **fin** de una conciencia-**material** significa: *el* **fin** de 'este *mundo*'. El COMIENZO de una Conciencia-**Cristo** significa: el COMIENZO *de una Tierra* **Nueva y** *de un Cielo* **Nuevo**.

Ahora *supongamos* que yo supiera que su casa se iba a quemar – *conozco* la hora y el lugar, pero ustedes **no** lo saben. ¿*Qué* clase de amigo sería yo, *si* les dijera: "*Todo está en orden; todo está bien*", *omitiendo* decirles lo que *sabía*, **y** *sabiendo* de *antemano* que es un *hecho*? *Siento* con gran **certeza** que las condiciones de 'este *mundo*' *actual*, nos están *preparando* para la *predicción* de nuestro amiguito

Pedro, y que el *Gran Impulso* que nos dieron los Profetas, Jesús, Pablo, Juan, hablándonos acerca de *un Cuerpo **no** hecho con manos; Eterno, en los Cielos*, NO es algo para *continuar estudiando* 'más allá de **este** siglo'.

Finalmente llegará el día en que estas *palabras* se convertirán en *Realidad*. Creo que ustedes *descubrirán* que el llamado **Retorno** o la **Segunda** *Venida de Cristo-Jesús*, implica *verdaderamente* la *Nueva* Conciencia-**Cristo** que: *barrerá la tierra*. Y, a mis amigos, me gustaría decirles: "*Barrerá la tierra de la* **conciencia**-*material*". La **conciencia-***material* es aquello que <u>*proyecta*</u> 'este mundo'-***material**. **Si** existe un *retorno* a la Conciencia-**Cristo**, entonces 'este *mundo'* se habrá *marchado – llegará* el *día* cuando 'este *mundo'*, NO estará más *aquí*.

Hace 7 años, cuando *comenzamos* esta enseñanza, ***no*** fue con una Conciencia-Claramente-***Definida*** – tenía que haber una Enseñanza que *considerara* la Verdad **de** Cristo, la Verdad **de** TODAS las Grandes Enseñanzas, y La *viviera*; una Enseñanza que *tomara* la Verdad DEL Camino *Infinito* **y** la *continuara* hasta su *Revelación* Absoluta, Final **y** Perfecta, la cual implica que ÚNICAMENTE Cristo EN <u>*ustedes*</u> es, <u>'Aquello' que puede *sobrevivir*</u> <u>la 'demolición de un mundo-***material***'</u>. Y **si** ustedes NO *creen* que esto sea el Hecho *Final* de la existencia – que *cada* uno de nosotros <u>*tendremos*</u> que enfrentar, entonces les pido que *consideren* nuevamente la *Crucifixión* DE Jesús, para que precisamente *ahí* observen, la *demostración* de este asunto en lo *particular*.

"*Pedro, ¡envaina tu espada!*" – porque *aquí* NO hay forma-***material*** alguna que necesite *defensa*; ésta ES una Forma-***Espiritual***; Su *Nombre* ES, Cristo – NO puede ser *crucificada* NI *sepultada*; <u>*tiene*</u> que *vivir*, porque es una Forma-***Eterna***; es **Luz**. Tanto la *Crucifixión* de esa **Forma** como el *sepulcro, demostraron* que NO podía ser *sepultada – vivió* y apareció de *nuevo*, porque era la ÚNICA **Forma** sobre la tierra en ese momento – se trataba de una Forma-***Espiritual***. Y tengo la profunda ***convicción*** que todo eso aconteció para *mostrarnos*, ***visiblemente***, que nosotros TAMBIÉN <u>*debemos*</u> caminar DENTRO de esa Forma-***Espiritual*** llamada:

Forma-**Cristo** de *nosotros* mismos. Para *nosotros*, NO se requerirá una *crucifixión*; para *nosotros* será una *'radiación'* – así lo creo... No le pido a nadie más que lo *crea*, pero siento que es *mi **deber** mencionar mi creencia*. También considero que sucederá: dentro de *treinta* años; tengo *razones* para afirmar esto; pero esas *razones* deben *permanecer* **sin** ser *mencionadas*.

∞∞∞∞∞∞ Fin del Lado Uno ∞∞∞∞∞∞

Ahora bien, contamos con mucha *justificación* para lo anterior, **dentro** de la Biblia – y **únicamente** aquel que tenga esta misma *convicción,* **actuará en consecuencia**. De modo que, *si* esta convicción *NO* fuera la de *ustedes*, resultaría *lógico* que tal vez ustedes *continuaran posponiendo* el día en que tomen la *decisión*: "*Voy a caminar DENTRO de una* Forma-***Espiritual**, NO importa lo que me cueste – ¡Lo voy a hacer!*" Pero les pregunto: *suponiendo* que lo que acabo de expresar *NO* sucediera dentro de *treinta* años. *¿Por qué* debería entonces eso **alterar** nuestra *decisión* de continuar haciendo *exactamente* el *mismo* trabajo, viviendo de la *misma* manera, en lugar de *vivir DENTRO de una* Forma-***Espiritual**? ¿Dónde* estarán ustedes dentro de *treinta* años? –La mayoría de nosotros estaremos *listos* para hacer una *transición* [morir].

Ahora bien, *si* dentro de *treinta* años *continuamos* dentro de una forma-***física***; incluso *si* el mundo estuviera en '*buena* **forma**', *¿qué* nos acontecería? –Sabemos lo que pasaría: nos *uniríamos* a los incontables *miles de millones* que han *hecho lo **mismo***; y, hasta donde sabemos, reencarnaríamos *inmediatamente* o más *tarde*; algunos quizá pudiendo pensar que en realidad *nosotros* estamos '*muertos*' – no sé...

Lo *cierto* es que: <u>NO hacemos NINGUNA *transición* hacia el Reino DE los Cielos, simplemente *muriendo*</u>. Entonces, ¿a *qué* volvemos, *si* es que volvemos? Regresaremos a 'este *mundo*'; volveremos a las *mismas* condiciones en la tierra que dejamos; volveremos a los *miedos*, a las *preocupaciones*, a los *problemas* – y, sin embargo...

existe *otra alternativa*. Se nos ha dicho: *cuando* ustedes pasen por la *experiencia de la muerte* DENTRO de la Forma-*Espiritual*, entonces harán una **Transición** *hacia un Nivel* **Superior** *de Vida*, SIN tener *cuerpo* alguno que *enterrar* – será como *llevar* 'su propio' *cuerpo* con *ustedes*.

Aunque, *si* en *treinta* años la *radiación* se esparciera por el mundo, o *si* simplemente la *muerte* misma llegara, en cualquier caso, estar DENTRO de la Forma-*Espiritual* es, obviamente, muy *superior* a estar DENTRO de una forma-*material*. Y a estas alturas TODOS *sabemos* que *cada* palabra mencionada *por Cristo-Jesús*, tiene como *propósito*, el hacernos *renacer* DENTRO de esta Forma-*Espiritual*. Y ése es el *Propósito*; ése es el *Propósito* específico; SIEMPRE ha sido ése, el *Propósito* – *preparar* la Conciencia para que *pueda dar a Luz*, la *Experiencia* de una Forma-*Espiritual* que pueda *llevar a cabo* aquello que hicieron los *tres discípulos de Daniel* – *pararse* DENTRO *del fuego*, SIN *quemarse*.

Dentro de mi corazón siento la *seguridad* que ese *fuego* es, el mismo *fuego* del que Pedro habla al *final* de la Biblia. Y estoy seguro que nuestros científicos del *think-tank*, totalmente *inconscientes* de este Universo-*Espiritual* DENTRO del cual nos *movemos*; totalmente *inconscientes* del Cuerpo-*Espiritual* que constituye nuestros *Cuerpos* presentes – cuando **no** son *vistos* a través del *cristal oscuro* de la **mente**-*mortal*; estos *mismos* individuos que recibieron grandes sumas de *dinero*, se encuentran *planificando* ciudades del futuro; ciudades *planificadas* que JAMÁS se construirán; puesto que se nos dice que: *caminaremos* DENTRO *de un* Cielo **Nuevo y** DENTRO *de una* Tierra **Nueva**. Yo, por mi parte, *prefiero escuchar* al **Cristo**, a escuchar a todas esas *organizaciones* de investigadores de los *think-tanks* de 'este *mundo*'. Incluso estaría dispuesto a *apostar*, que ellos, en toda su *planificación*, NI una sola vez han *consultado* el Reino DE Dios, DENTRO de *ellos* mismos.

Quizá éste sea el significado de: *"El que tenga oídos, que oiga"* – lo es para *mí*. Algunos de ustedes pudieran estar *de acuerdo* con algunas de estas *opiniones*; otros más pudieran encontrar que NI siquiera son *opiniones,* en tanto *se paran en la Mar y sobre las Arenas de la Mar, contemplando* hacia lo Eterno.

Ustedes elijan:

> *"Si alguno tiene oído, que oiga. Aquel que conduce al cautiverio, al cautiverio será conducido. Aquel que mate a espada, a espada será muerto. He aquí la paciencia y la fe, de los santos"* (Revelación 13:10).

Así pues, encontramos a Cristo-*Jesús revelando* que NO *matamos* con la espada NI *defendemos* con la espada – pero, *si* tomamos esto de *manera literal,* entonces *quien mate a espada, tendría que ser muerto a espada.* Hay muchas personas que van a tener *grandes problemas,* al haber estado *utilizando* espadas o bombas o balas, o cualquier otro recurso de *muerte* que hayan *lanzado contra otros.*

Contemplémoslo *espiritualmente: en el instante* en que maten, engañen, mientan, o de alguna manera *agredan* al *prójimo* – ya sea que se encuentre de *este* lado del océano, o del *otro* lado de su cerca; incluso en *otro* continente… en el instante en que lo *hacen… ¿Por qué* lo *hacen?* –¡Porque **desconocen** la *Identidad* del *prójimo!* Y *¿por qué* **desconocen** la *Identidad* del *prójimo?* –¡Porque **desconocen** la *Identidad* de *ustedes!* Por lo tanto, cuando *ustedes* matan, cuando *ustedes* maltratan, cuando *ustedes* juzgan **erróneamente** a *alguien* sobre la tierra, SIN RECONOCER su Identidad-***Espiritual,*** se debe a que *ustedes* NO han RECONOCIDO *SU* Propia Identidad-***Espiritual*** – y eso, constituye la **muerte** de *ustedes.* Como pueden observar, NADIE viene *espada en mano* para 'matarlos' de *la misma* manera – son *ustedes* quienes *se* matan *ahí* mismo, en su *inconsciencia* del Cristo **Interior** – están *muertos* para Cristo; y Cristo es, la ÚNICA Vida que hay. –No existe *otra* Vida sobre esta tierra, que NO SEA el *Espíritu* DE Dios. *Quienquiera* que NO SEA ese *Espíritu* DENTRO de *su* Conciencia, se niega *a sí mismo* como estando vivo. Estar *muerto* para el *Espíritu* de *su Propio* Ser, implica estar *muerto* – *espectros andantes*. Hay más de *tres* mil millones de esos *espectros* sobre esta *tierra*... en *este instante*.

Y ése es, el *verdadero* significado detrás de:

"*El que a espada mata, a espada muere*" (Mateo 26:52).

Se trata de la *simbología* de la FALTA DE RECONOCIMIENTO de la Identidad-***Cristo*** del *prójimo*, la cual se presenta, debido a la FALTA DE RECONOCIMIENTO de la *Propia* Identidad-***Cristo***. El Cristo RECONOCIDO DENTRO de *ustedes*, obviamente *percibe* al Cristo en TODAS partes. Así que, *percibido* **espiritualmente**, el *Propósito* implica **despertarnos** al *Cristo*, a la Identidad-***Espiritual***, la cual, a su vez, conduce a la **derrota** del *hipnotizador* – la **mente-mortal**. Esta **mente**-*mortal* proyecta: la *ilusión de* **materia**-*mortal*, y luego nos *hipnotiza*, haciéndonos *creer* que, cuando la **materia**-*mortal muere*, entonces *nosotros* 'estamos *muertos*'; que cuando la **materia**-*mortal nace*, entonces *nosotros* 'nacemos'. Pero *nosotros*, NI *nacemos* NI *morimos* de esa manera – nosotros SOMOS ese *Invisible* Ser-***Espiritual***, el Cual *existía desde antes de la fundación* de 'este *mundo*', y el cual *se encuentra* AHORA *sobre esta tierra*, como el *Invisible* Ser-***Espiritual*** de *ustedes*.

Lo hermoso de esto es que *ustedes* lo pueden *comprobar* en *cualquier* momento en que estén *dispuestos* a *aprenderlo*, a *conocerlo*, a *vivirlo*, a *serlo* – y he aquí, para su gran sorpresa, ¡*ustedes* verdaderamente lo SON! Así después, ya NO estarán *muertos* AL Cristo EN *ustedes*; ya NO estarán *muertos* AL Cristo EN *otros* – y ya NO podrán '*matar a espada*'. TAMPOCO será necesario que *levanten su espada para defenderse*, pues TODO cuanto está *ahí*, donde *ustedes* se encuentran ES, el ***Espíritu*** DE Dios – y NO necesita *defensa* alguna; el ***Espíritu*** DE Dios constituye, el Propio Poder-***Espiritual*** de *ustedes*. El Propio *Reconocimiento* de *ustedes* constituye *su* Poder-***Espiritual*** en TODO – "***Mi*** *Gracia constituye, su suficiencia en* TODO" (2ª. Corintios 12:9).

He aquí otro 'amigo' que *aparece* en el horizonte:

"*Y vi otra bestia que subía de la tierra; y ésta tenía **dos** cuernos como de cordero, pero hablaba como dragón*" (Revelación 13:11).

Apenas terminamos con un **delegado** *de la* **mente**-*mortal* llamado: **materia y** *ley*-**material**; y he aquí que llega este *otro* 'compañerito'. *Tiene* **dos** *cuernos,* **como** *de cordero, pero habla como un dragón.* Ahora bien, ustedes han visto a este *tipo* por TODOS lados – se trata de: *ese* **gran** *sentido de* **razonamiento** *de la* **mente-humana**, llamado **falso** *profeta*. Él dice: "Soy un *delegado* **de** Dios; miren estos **dos** *cuernos* **semejantes** *a los de un cordero*". El Cordero ES, Cristo; y estos **dos** *cuernos* **como** *de cordero, presuponen* que cuenta con los *poderes* para llevar a cabo lo *mismo* que *Cristo* puede *hacer* sobre la *tierra*.

El **falso** *profeta* puede *sanar como* Jesús sanaba – es un *hacedor de milagros; si* tuvieran algún problema, el **falso** *profeta* se 'deshará del problema' por *ustedes*. Y, sin embargo, es llamado: *bestia,* **falso** *profeta*. Cuenta con el *poder* de *hacer milagros* con *los* **dos** *cuernos* **como** *de cordero, pero habla como dragón*. Entonces, he aquí otro elemento de *engaño* que llega a nuestras vidas; y, sin embargo, es un *engaño* que lleva a cabo algo *aparentemente* 'bueno' – este tipo, el **falso** *profeta*, nos *sana*, nos *quita el dolor* de espalda. ¿Por qué llamarlo *bestia* y *engañador*? Trae *provisión* donde hay *carencia*; sustituye la *mala* salud con *buena* salud. Deberíamos estar 'agradecidos'; deberíamos 'ponernos de rodillas' y decirle: "Gracias". Pero Juan nos alerta: "¡NO! ¡NO lo hagan!" Aunque haya conseguido **dos** *cuernos* **como** *de cordero*, asegúrense que se trata del Poder DEL Cristo, porque ¡cuidado!, *habla* **como** *dragón*.

Debemos ahora llegar al *fondo* de este asunto.

"Y esta otra bestia, ejerce toda la autoridad de la primera bestia en presencia de ella; y hace que la tierra y los moradores de la tierra adoren a la primera bestia, aquélla cuya herida mortal fue sanada" (Revelación 13:12).

He ahí una *pista*.

Este tipo, el *falso profeta*, el **razonamiento**-*humano*, dice: "'yo' puedo *curarte*" – pero nos *obliga* a *adorar a la primera bestia*, a la **materia**. En otras palabras, nuestro **razonamiento**-*humano* nos informa ahora que: la *mente*, puede *vencer* a la **materia**. Observen, *ambas* bestias se encuentran DENTRO de *ustedes*: la ley-*material* actúa DENTRO de ustedes, y este *falso profeta* es la *segunda* bestia DENTRO de ustedes – se trata de *su sentido de la razón*, diciendo: "Tengo que *mejorar* esta **materia**, hacerla más *saludable*". Entonces *ustedes* llevan a cabo 'algo', y están *mejor* y más *saludables* – de esa manera, su *sentido de la razón* queda *justificado*. Así que ustedes *continúan* con ese *sentido de la razón* – la **razón** de la **mente-humana** que declara: "'yo' acabo de mejorar *mi* salud". Y ustedes... *continúan* en esa *creencia*, *honrando* siempre la creencia de que: la **materia** está *aquí*, **y** la **materia** *es real*.

Así el *falso profeta fundamenta* su 'poder' – pero NO en el Poder DE Dios para *mantener* un Universo *Perfecto*, sino manteniendo la *ignorancia* DEL hombre acerca *de* Dios. Y esa es la *diferencia* entre los **cuernos** del Cordero, **y** el **hablar** como *dragón* – el *significado* resulta **muy** *importante, vital*.

Si ustedes basaran su *creencia* sobre la *ignorancia* acerca *de* Dios, **y** 'sanaran' la *materia*, entonces ustedes estarían 'sanando' aquello que NO está *ahí* – y, en última instancia, *pagarían* el precio por dicho *engaño*. EL CRISTO, NO *SANA* LA *MATERIA* – *EL CRISTO PERCIBE LA **NADA** DE LA **MATERIA***. *Aparentemente*, el resultado *pareciera* ser el *mismo*, pero con una **enorme** *diferencia*: uno, *honra* a la bestia, la **materia**; el otro, *honra* A Dios como **Omnipotente** y, por lo tanto, *incapaz* de producir algo llamado **materia**, la cual, de *alguna* manera, JAMÁS podría ser *Eterna*, JAMÁS podría ser *Eternamente Perfecta*.

De esa manera es como caemos en la *trampa* de *seguir* al *falso profeta*, el cual puede *mejorar* la **materia**, *manipular* la **materia**, *cambiar* la **materia**-*mala* por **materia**-*buena* – pero *ustedes* seguirían *atascados* con la ***materia*** – ***materia*** que *NO puede caminar a través del fuego*; ***materia*** que *NO puede hacer la transición hacia la* Forma-***Espiritual***. Ya van a ***mitad*** de camino, pero este *falso profeta* cuenta con muchas, muchas ***palabras persuasivas***; muchas ***demostraciones persuasivas***; y dice: 'Son *válidas; son válidas...*' Aquello que constituye el 'problema' se *marcha* – pero se *marcha* por **una sola** razón: el 'problema' ¡JAMÁS estuvo ahí! Y el ***falso*** profeta JAMÁS honrará la *Omnipotencia* **y** la *Omnipresencia del* Padre, sino que *honrará* al 'problema' como *si* estuviera *allí*; y después *eliminará* aquello que NUNCA estuvo *allí*. Y, para la conciencia-***humana***, para nuestra **mente**-*mortal*, eso *pareciera*, un '*gran milagro*'.

Así es como contamos con nuestros *falsos profetas*, los cuales *incluyen* a los que 'pueden *ayudarnos* **materialmente**' – pero **también** contamos **con** *Juan*, quien va tan *lejos* como para *mostrarnos* que, incluso '*recibir* ayuda-***material*', constituye un ***engaño***. Porque *si* Dios NO *creó* la ***materia***, entonces hay algo ***mejor*** que buscar la ayuda-***material*** – y por supuesto que eso ***mejor*** es, *el RECONOCIMIENTO de la Presencia TOTAL del Espíritu*. *Si* ustedes *buscan* PRIMERO *el Reino* **del** *Espíritu*, entonces TODO *les será añadido*. ¿Por qué hemos de *limitarnos* a la 'curación' de un hígado, de un codo o de una fractura? –La Sabiduría *Superior* nos advierte: "De esa manera *seguirían* siendo ***vulnerables***; luego tendrían *otro* dolor en otro lugar y *otro* problema en *otra* área...Y, finalmente, TODO se reduciría a que *seguirían* al resto de quienes se 'fueron' *ANTES* que ustedes, y sufrirían la *misma* muerte *mortal* que ellos – DENTRO de la ***materia***".

Pero ¿*qué* pasa con el *Renacimiento* **Espiritual** de *ustedes*, ANTES de esa *muerte mortal*? ¿Qué hay de su **PRIMERA** Resurrección que NO *conoce* la SEGUNDA *muerte*? –El *falso profeta* JAMÁS va a *hablar* de eso, a *enseñarlo*, NI a *demostrarlo*, porque TODO su *supuesto* 'poder' está basado en la <u>creencia de ustedes</u>, acerca de la *materia...* – y después, '*eliminará*' los problemas de la *materia* que <u>ustedes</u> enfrentan.

He aquí pues a Juan, *recorriendo* TODO el Camino – NO dejando *piedra sin remover*; motivado *espiritualmente* para *elevarnos* a ese Gran *Momento* de la Verdad, cuando lleguemos a la Identidad *del Espíritu* que *rechaza* TODA condición-*material* en la tierra – tanto lo *bueno* como lo *malo*; y dicha *Identidad* NO vive en los *efectos-externos*, sino EN la Causa-*Interior* que *subyace* a los *efectos, sustentada* por la *Palabra Viva, caminando sobre el Fuego,* y caminando por la *Experiencia* de la muerte *mortal.* Si éste NO fuera el *Propósito* de nuestro trabajo, entonces *careceríamos* de TODO propósito. TODOS podemos 'salir' y *curarnos*; TODOS podemos 'salir' y *transformar* lo malo en bueno; *incluso* la falta de provisión – pero eso, NO constituye nuestro *problema*; eso es el *problema* de aquellos que NO **conocen** *nada mejor*, y que están dispuestos a *conformarse* solo con los problemas *aparentes*. <u>*Nuestro*</u> problema es: <u>*la creencia en la mortalidad*</u>; y el *fin* de dicha *creencia* constituye: el <u>*fin* de la *mortalidad*</u>, *revistiéndonos* CON el *Manto de Inmortalidad,* <u>estando aún</u> en 'la carne'.

Así es como Juan está *removiendo* una de las *últimas* espinas, uno de los *últimos engaños.*

> "*Y la bestia también hace grandes maravillas, de modo*
> *que hace descender fuego del cielo a la tierra, delante*
> *de los hombres*" (Revelación 13:13).

El significado de *contar con fuego,* haciendo *descender fuego del cielo,* es hacernos *creer* que 'su obra' está *ordenada* **por** Dios, que 'su obra' cuenta con el *respaldo* **del** Cielo.

Pero *cambiar* una condición *mortal-mala* por una condición *mortal-buena,* NI siquiera *funciona* en el Reino DE la Verdad

Divina. En la Vida *Espiritual* NO existen condiciones *malas* NI condiciones *buenas*; tan **solo** hay Perfección *Inmutable*, la Verdad *Viviente* del Padre *Interior* Viviente. *Nosotros*, NO estamos DENTRO de una conciencia-*dividida* que *acepte* que un 'pie' sea **espiritual**, y el otro 'pie' sea **material**. *Nosotros*, NO tenemos corazones *físicos*; nosotros, NO tenemos cuerpos *físicos*; nosotros, NO tenemos vidas *físicas*. ¿Por qué? –Porque aquello que Dios NO sustenta, NO fue creado POR Dios. Porque *nosotros* sabemos que el átomo constituye la *sustancia* de la **forma**; NO hay NADA *físico* acerca de un átomo; y *sabemos* que a medida que se *desintegra* el átomo, uno *profundiza* más en aquello de lo que la **forma** está *hecha*. ¿Y a dónde se llega, finalmente? –Ustedes *contemplan* el átomo como el *pensamiento* de la **mente** de 'este *mundo*' – la **conciencia** de 'este *mundo*' es aquello que **forma** el átomo – Dios, NUNCA *creó* el átomo; CARECE de *origen* EN Dios. La **mente** de 'este *mundo*' arroja bombas sobre Japón, *mata*… ¿*Cómo* podría el Padre, Quien dice: "¡No *matarás*!" (Éxodo 20:13), crear *átomos* que '*maten*'?

De esa manera **aprendemos** que estas **formas**-*eléctricas* son parte de las *apariencias* de la **mente** de 'este *mundo*'. Y cuando aparece nuestro **falso** *profeta*, él es *simplemente* un ingeniero eléctrico que 'arregla' los átomos. Bueno, eso está *bien*; *no* tiene nada de *malo*, *siempre y cuando* ustedes *comprendan* que su **verdadero** 'Cuerpo', NO ha sido *reparado*. El 'Cuerpo' DENTRO del Cual van a **aprender** a vivir *Eternamente*, JAMÁS requerirá *reparación* alguna.

Y ahora, el Espíritu dice:

"*Vivan* dentro de ese *Cuerpo*, AHORA. ¿Qué esperan? *Ustedes* cuentan con esa **Mente** que estaba en Cristo-**Jesús**. Caminen en el **conocimiento** de su Ser-**Incorpóreo**. Cuiden lo '*externo*', pero cuídenlo de esta *nueva manera*: viviendo DENTRO *de la Causa* – y entonces, *Causa* y *Efecto*, serán UNO. *Si* ustedes *Viven* DENTRO de la **Causa** *Perfecta*, entonces alcanzarán la *Experiencia* del **Efecto** *Perfecto*".

Lo anterior ya NO implica una conciencia-*dividida* – se trata de una Conciencia-**Espiritual**, *Consciente* del Espíritu – es una

Conciencia-*Cristo*; está *consciente* del Espíritu *Invisible* DE Dios, llamado *Cristo*. Y como consecuencia, TODO *les es añadido*, gracias a la Expresión de ese Cristo-*Invisible*, el cual es llamado: la *Actividad* DEL *Santo Espíritu*. El *Santo Espíritu* aparece, como la *salud* de <u>su</u> semblante; como la *protección* de <u>su</u> avión; como la *seguridad* en la carretera; como la *provisión*; como la *salud* de <u>su</u> cuerpo; como la *inteligencia* de <u>su</u> **Mente**. La *Actividad* DEL *Espíritu Santo* se convierte en: *el Verbo hecho Carne* (Juan 1:14). En lugar de vivir en la *limitada* interpretación *finita* de la vida, permitamos que lo *Infinito Se Viva a Sí Mismo*, justo donde *estemos*. Lo *Infinito Se Individualiza dondequiera* que <u>ustedes</u> estén, como el Cristo-***Encarnado*** – el *Poder* de lo Infinito, la *Mente* de lo Infinito, la *Sabiduría* de lo Infinito, la *Perfección* de lo Infinito Se Manifiesta, *dondequiera* que <u>ustedes</u> estén.

En el ***Cuarto*** *Día de la Creación* – **PRIMER** Libro de Génesis – *descubrirán* aquello llamado: "*El Día de la* ***tierra***" – *ahí* es donde nos encontramos. El ***Cuarto*** *Día de la Creación* corresponde al "*Día de la* ***tierra***". Toda esta experiencia **terrestre** constituye ese ***Cuarto Día***. El ***Quinto Día***, curiosamente dice que: "***Subiremos*** *como las aves que vuelan*". Estamos *dejando atrás* el reino *inferior* de la ***tierra***, entrando a *otro* reino, DENTRO de una Tierra *Nueva*, DENTRO de un Cielo *Nuevo*. Ya **NO** estaremos más, DENTRO de las ***formas*** de este tamaño. Debieran saber que del ***Quinto Día*** se dice: "*Dios creará ballenas Gigantes*". ¿Saben lo que eso significa? –En su ***próxima*** Conciencia, ustedes vivirán DENTRO de su Individualidad ***Infinita***. Eso constituye la *ballena Gigante* del ***Quinto Día*** – ustedes son, Individualidad ***Infinita***. Ése, es el *Día del* ***Espíritu***; y éste, es el *Día de la* ***tierra***. Ahora estamos siendo *transformados* por la *Renovación* de la *Mente*, del *Entendimiento*, en el *Día de la Individualidad* ***Infinita***, *expresándose* justo donde <u>ustedes</u> se encuentren.

Este RECONOCIMIENTO *debe preceder* a la *concientización* de la Forma-*Espiritual* de *ustedes*... Espero que podamos *concluir* esto hoy – este Capítulo **13** de *Revelación*.

*"Y [la segunda bestia, el **falso** profeta] engaña a los moradores de la tierra por medio de las señales que se le han permitido hacer en presencia de la bestia; diciéndoles a los moradores de la tierra que hagan una imagen a la bestia, a la que tenía la herida de espada y vivió"* (Revelación 13:14).

Se nos está diciendo que la *materia* constituye *nuestro modo* de vida; que TODO sobre la *tierra debe girar* en torno a la *materia* – aunque con eso estemos haciendo *imágenes* de la *bestia*. Nuestro *"sentido de la razón" [el segundo profeta]*, nos dice que éste *es* un mundo-*material*; que debemos *contar* con **materia**-*buena* para vivir en él; que debemos *apartar* cierta cantidad de **materia**-*buena* para disfrutar de una *buena* vejez; y que debemos *prepararnos* **materialmente**, para una vida-*material*. Bueno, eso es lo que 'se nos dice'. Y ciertamente podemos *observar* a nuestro alrededor, y *mirar* a algunos que lo han hecho, y también podemos desear *heredar* a nuestros hijos un mundo *mejor*, un mundo en el cual, el *miedo* NO esté *diseminado*.

Hemos visto que *nadie* acude a la Oficina Testamentaria, para que TODAS sus posesiones-*materiales* se vayan con él. Hemos visto que TODO el 'cuerpo *mortal*' tiene el *mismo* destino. JAMÁS se nos ha *ocurrido* que exista *otro* Camino; y el Camino llegó en la *forma* de Cristo-**Jesús** – NO lo *entendimos*; cuando vino en la *forma* de Juan, NO lo *entendimos*. Pero como se encuentra justo FRENTE a nosotros una **y** otra vez, día **tras** día; cuando comenzamos a *Experimentar* esa Presencia *Viva* de una Dimensión *Nueva* DENTRO de *nosotros*, entonces, SIN duda alguna sabemos que, hay *un solo* YO-SOY QUE SOMOS, el cual es *totalmente distinto* a la imagen *mortal* que camina sobre la tierra, *portando* nuestro 'nombre'. Entonces se *convierte* en un Hecho *Vivo* en nuestro *Ser*, **y** sabemos que ese Ser, <u>*tiene*</u> que ser RECONOCIDO; **y** <u>*puede*</u> ser RECONOCIDO, a pesar de que exista un **razonamiento** DENTRO de nosotros, que diga: "Éste, es un mundo-***material***"; aunque el ***falso*** *profeta* en nosotros insista: "Ustedes *tienen* un 'cuerpo', y por eso deben *hacer* algo al respecto".

De esa manera *descubrimos* que podemos 'mirar' a este ***falso*** *profeta* y *encararlo* con el **Verdadero** *Profeta*, la Conciencia-**Cristo** *Interior* que dice: "*El Yo, He vencido a* 'este *mundo*' – a 'este *mundo*' *mortal*, a 'este *mundo*'-**material**. *El Yo, He vencido* 'ese *mundo*'; y ***si*** <u>*ustedes*</u> RECONOCEN que *el Yo, Estoy* en medio de <u>*ustedes*</u>, entonces *las Obras que el Yo, Hago,* <u>*ustedes*</u> *las harán – y aún* **más**".

Nos vamos *percatando* que el *dragón*, la PRIMERA *bestia* y la SEGUNDA *bestia*, NO *dominan* por completo nuestra Conciencia. También se encuentra *presente* una Conciencia-**Cristo** que se *despliega* cada vez *más*, y algún día va a tener un *encuentro* con las bestias. Y cuando se *encuentren*, entonces sólo '**uno**' saldrá *victorioso*. **Si** *Cristo* resulta *victorioso*, entonces *el Yo, caminaré como* un *Escogido* junto con los *Elegidos*. Aunque **si** el *dragón* y *sus* supuestos *ángeles* resultaran *victoriosos*, entonces 'yo' *regresaré a una* forma-***corporal***. Pero ANTES de este *encuentro final*, deben contar con *Hechos*; deben construir *Experiencias*; deben edificar los lentos *Bloques* de construcción de *Sustancia*, porque de lo contrario, se encontrarían frente al *gran engañador*, frente al *padre de mentiras*, SIN contar con la Conciencia-**Cristo**, y estarían como el *mundo*: *completamente hipnotizados* con la *creencia* de que TODO *poder* reside, en la ***materia***.

> "*Y ahora esta segunda bestia tenía poder para infundir aliento a la imagen de la bestia, de manera que la imagen de la bestia hablara, e hiciese matar a todo aquel que no adorase la imagen de la bestia*" (Revelación 13:15).

¿Saben algo? Esta declaración puede resultar mucho más *sorprendente* de lo que parece a simple vista.

Esto es lo que me *impactó*:

> "*Y ahora esta segunda bestia tenía poder para infundir aliento a la* **imagen** *de la bestia, de manera que la* **imagen** *de la bestia hablara*" (Revelación 13:15).

Se refiere: ¡*a las personas*!

La *bestia* **es**, la *materia*; la *imagen de la bestia* **es**, una *persona* – y la *bestia* [la *materia*], le da 'poder' a la *imagen de la bestia* [a la *persona*], para *hablar*. Lo anterior nos *revela* que: <u>la mente-*mortal, es aquello que 'crea personas'*</u>. Y acuérdense que la semana pasada, tuvimos que decir: "<u>*Dios,* NO *creó a las 'personas'; Dios, creó 'al Cristo'*</u>", Quien **es**, la *Identidad*, la cual se encuentra donde las 'personas' *parecieran* estar; que **cada uno** **es**, *el Cristo* **Invisible**, aunque **inconsciente** de *Sí Mismo*. Y ahora resulta que Juan, nos está diciendo algo *similar* – ¿cierto?

La bestia [la **materia**]*, le da poder al* '**hombre**' *para 'crear'* **imágenes**, *y para hacer que las* **imágenes** '*hablen*'. Y eso es lo que miramos, TODO el día, cuando miramos la *proyección de* **imágenes** de 'personas' – observamos la *manifestación* de la **materia** [bestia] por parte de la **mente-***mortal*. ¿*Qué* hay detrás de esa **forma-***mortal*, cuando Dios es el ÚNICO Creador, y cuando TODO lo que Dios crea **es** **Divino**? –Un *Yo* **Divino**. Y, *si sólo* Dios **es** Vida, y NO creó un '*yo*' **mortal**, entonces ¿hay *vida* en la forma-**mortal**, o tenemos un *concepto* **falso** de <u>*nosotros*</u> mismos; y somos <u>*nosotros*</u> quienes le hemos dado '*animación*' a lo que en *realidad* es del TODO '**inanimado**'? ¿*Podemos* 'volver' a la Vida que SOMOS, en lugar de aceptar el **falso** '*sentido* de vida'?

He aquí lo que dice Juan:

> "*Esta bestia hace que, a todos, pequeños y grandes; ricos y pobres; libres y esclavos; se les ponga una marca en la mano derecha o en la frente*" (Revelación 13:16).

Ahora bien, esa *marca* es, una *imitación*. En el Testamento *Inicial*, los hijos de Israel recibieron la *marca*, lo cual significa que, aquellos CON Conciencia-*Espiritual* estaban *protegidos* – la plaga NO se acercó a sus *moradas*. Pero esta '*otra marca*' constituye la marca de la *imitación* falsa de la Protección Divina, la cual resulta NO ser la Protección *Divina*. La *materia* CARECE de Protección Divina. Y la *marca* sobre sus *frentes* se revela más tarde como simple *imitación*. Se *supone* que significa Protección *Divina*, pero la **mente**-*mortal* **imita** la *marca* de la Protección *Divina*, y resulta que NO constituye Protección *Divina* ALGUNA – tan solo es una *falsa sensación* de Protección *Divina*.

Así pues, <u>ustedes</u> **carecen** de Protección **verdadera** en las formas-*materiales* – y NO importa 'quiénes' sean ustedes. NINGUNA forma-*material* está <u>verdaderamente</u> protegida POR Dios. E incluso, si *aparentemente* así *pareciera*, finalmente *descubrirán* que NINGUNA **forma**-*mortal* está protegida POR Dios, de la *muerte*.

Además, este *falso profeta* nos enseña:

"[*Y la marca es*]… *para que nadie compre ni venda, salvo el que tenga la marca, o el nombre de la bestia, o el número de su nombre*" (Revelación 13:17).

La *compra-venta* constituye TODO el centro de la vida *humana*, la cual gira en torno a la *distribución* de la **materia** – hacemos **materia**, compramos **materia**, *vendemos* **materia** – TODA nuestra vida *terrenal* se vive en torno a la **materia**.

Y he aquí la *Revelación* de Juan, la cual conforma el versículo *final* de este Capítulo **13**:

"*Aquí hay sabiduría. El que tenga entendimiento, cuente el número de la bestia, porque corresponde al número del hombre*" (Revelación 13:18).

Finalmente, Juan nos *revela* ahora que: *la bestia es, un **hombre** – la bestia es, la **humanidad***.

"Y su número es, seiscientos sesenta y seis" (Revelación 13:18).

Seiscientos sesenta y seis. El *seis, seis, seis,* corresponde al número de la *bestia*.

Ahora bien, el *significado* implícito es el siguiente: se ha revelado *antes* y *después* de esto, que la Identidad-*Espiritual* corresponde al DOCE – se trata solamente de *un símbolo*. La identidad-*material* es, *seis, seis, seis* – es decir, *tres* veces hemos *tratado* de convertirnos en Seres-*Espirituales*, y las *tres* veces hemos *fracasado*. Estamos sólo *a mitad de camino*; estamos en la **Tercera** Dimensión – *seis, seis, seis*. Vamos rumbo a la **Cuarta** Dimensión. Estamos *intentando* convertirnos en el DOCE. Nos gustaría ser *primero*, SIETE – el SIETE significa: *Compleción, Integridad*. DOCE significa: Compleción, Integridad *Espiritual*.

SEIS ha *intentado tres* veces convertirse en SIETE, pero NO ha podido. ¿Por qué? –Porque es *irreal*; está *incompleto*; *no* está *terminado*. Nuestra *Compleción*, nuestra *Integridad*, se *establece* cuando **superamos** *la creencia* en: la **mortalidad** y en la **materialidad**. Cuando *descubrimos* la *naturaleza* de la *invisible* **mente**-*mortal*, la cual *proyecta* el *sentido* de **mortalidad**; y cuando *descubrimos* la *naturaleza* del *falso* sentido de la **razón** o el **razonamiento**-*humano* que nos ha *forzado* a vivir *bajo* este sentido de **mortalidad** y de **materialidad**, es cuando *reconocemos* todo esto, con esa Conciencia que *dice*:

*"Hijo DE Dios, ES **Mi** Nombre; y el Hijo DE Dios, NO está sujeto a NINGUNA ley, sino a la Ley DE lo Divino. El Hijo DE Dios, NO está sujeto a la ley mortal. Si Dios ES **Mi** Padre, entonces el Yo, Estoy sujeto a la Ley DE **Mi** Padre – y **Mi** Padre ES, Inmortal. El Yo, Estoy sujeto **únicamente** a la Ley Inmortal; y debido a que **Mi** Padre ES Dios, y que el Yo, SOY el Hijo DEL Padre, es que cuento con*

un *Cuerpo-Inmortal*, con una Mente-*Inmortal*, *y con una Vida-Inmortal* – *y* NO *la tendré mañana; la tengo* AHORA, *en* **este** *instante*, **aquí.** *El Lugar en el que Me encuentro* ES, *la Vida-Inmortal* DE *Dios, la Mente-Inmortal* DE *Dios, el Espíritu-Inmortal* DE *Dios, lo cual constituye* **Mi** *Ser".*

Una vez que <u>ustedes</u> se *establecen* en eso, entonces están *saliendo* del *'seis, seis, seis';* hacia el SIETE; y finalmente, hacia el DOCE – yendo TODO el Camino, hacia aquello que YA constituye, la Realidad DE <u>su</u> Ser. Ustedes JAMÁS serán algo *más* de lo que YA SON AHORA – el Espíritu *Invisible* DE Dios, *aquí* mismo, *ahora* mismo, y *dondequiera* que se encuentren. Pero el RECONOCIMIENTO de esto ha sido *obstaculizado* debido al *condicionamiento* de la **mente** de 'este *mundo'*, de la **conciencia** de 'este *mundo'.* La **conciencia-colectiva concentrada** de 'este *mundo', desde* la *fundación* del mundo *hasta* este momento, NO ha *creído* que SEAMOS **El** Hijo *Viviente* DE Dios. Pero el UNO lo *sabe,* es decir, Dios **y** el Cristo DE Dios, lo cual Se *Convirtió* en esa **Forma** *conocida* como Jesús – la cual NO era forma-*material*; y más tarde se convirtió en la **Forma** llamada *Pedro* y *Pablo* – la cual NO era forma-*material.* Es por eso que se escuchan historias sobre personas como Lao Tze y como Enoc, quienes simplemente se *alejaron* de la tierra, debido a que vivían DENTRO de la Forma-*Espiritual.* Sin embargo, NO *alcanzaron* la Forma-*Espiritual* – YA ERAN Forma-*Espiritual,* **y** *Se* RECONOCÍAN *siéndolo.* Lo MISMO SOMOS <u>nosotros</u> – y cuando *aprendamos* a RECONOCER que YA LO SOMOS, entonces el *espectro* de la *muerte desaparecerá* de 'esta *tierra'.*

Ahora bien, esos *'cuarenta y seis'* meses, creo que fueron *cuarenta y seis...* Sí; *tres años y medio;* ese período de *prueba,* ha llegado a su ***fin.*** Eso pudiera *corresponder* a millones de años en la terminología *espiritual,* por lo que respecta al tiempo *humano* – pero la *hormiguita* que *camina* sobre el árbol de repente *descubrirá* que la TOTALIDAD del árbol YA se encuentra ***ahí*** – NO en un *futuro;* NO tiene que pasar *otra* media hora caminando en equilibrio.

Nosotros vamos a encontrar que nuestro Ser-*Eterno* YA está *aquí* – y podemos *vivir* DENTRO de Él, *movernos* DENTRO de Él... Quienquiera que haya *experimentado* un *instante* de la Presencia *Viva* DE Dios en su *Interior*, ha vivido DENTRO de ese Ser-*Eterno* en ese *instante*, y se ha *separado* del *tiempo* **y** del *espacio,* hacia lo *Eterno* – viviendo *aquí* **y** *ahora,* justo donde <u>ustedes</u> se *encuentran.*

Estoy plenamente *convencido* que lo vamos a *experimentar* – nosotros vamos a *vivir* DENTRO de nuestro Ser-*Eterno, aquí* **y** *ahora*; y vamos a *salir del tiempo* que *transcurre,* de la *ilusión* del *espacio* **y** del *tiempo* futuros; vamos a *ver* que Dios ES, Lo *Mismo* hoy que mañana. NADA va a *acontecer* en todo el llamado *futuro,* que pueda *cambiar* aquello que Dios ES, en este *instante.* Pero, aquello que Dios ES, en este *instante,* <u>ustedes</u> lo SON – porque TODO cuanto el Padre *tiene,* ES de <u>ustedes</u> en **este** momento. No existe NADA en el *futuro* de <u>ustedes</u>, que *NO* conforme YA, su *Realidad*; y cuando <u>ustedes</u> *salgan* de la *ilusión* del tiempo *futuro,* del tiempo *pasado,* e incluso del tiempo *presente,* hacia el *Eterno-Ahora,* entonces se *establecerán* DENTRO de ese *Ser.* Y así es como *caminaremos* a través del *Velo del tiempo* **y** *del espacio* – *aquí* mismo, DENTRO de la Conciencia. Porque el *Cristo, el Yo, en medio de ustedes, he vencido* 'este *mundo'* de *tiempo* **y** *espacio.*

Y entonces TODO el *Árbol* DE *la Vida* se *convierte* en su Experiencia-*Cotidiana* – NO más la *experiencia* de esa hormiga *subiendo* por ese árbol. El *Infinito* actúa – NO más un pequeño 'yo' *finito* a *merced* de los elementos. *¡Créanlo!* Cuando a Pedro se le dijo que *envainara la espada,* a <u>ustedes</u> se les dijo que *envainaran la espada de la 'mente',* **y** que RECONOCIERAN que la ÚNICA razón por la que *se estaban defendiendo* de 'este *mundo',* en cualquier momento, era porque estaban *defendiendo al 'yo' equivocado* – el Ser que ustedes SON, NO necesita *defensa* alguna. Y en el instante en que hayan **aceptado** a ese Ser, **y** hayan **encontrado** la manera de hacerlo, en ese *mismo* instante *encontrarán* que NO necesitan *defensa* alguna contra NADA en el *mundo* – NINGUNA *defensa* en lo absoluto, porque el *Cristo* constituye: el Poder-*ÚNICO.*

Ahora pues, esto constituye el Capítulo **13** del *Libro de la Revelación*, el cual corresponde a la **Quinta Visión**; y vamos a conocer el *contraste* de la **mente-mortal**, de la **materia-mortal**, en relación con el Espíritu-**Viviente** DE Cristo, a medida que se *eleve* DENTRO de nosotros, haciendo lo que *hizo* desde antaño: **vencer** *al falso* **sentido** de 'este *mundo*'.

No quedan muchos **Capítulos** más; y después de esta clase, habrá un *período de descanso* de *sesenta* días. En esos *sesenta* días, todos tendremos la *oportunidad* de *sentarnos* **y** *reflexionar* sobre algunas de las Verdades que hemos *aprendido* – con objeto de <u>*practicarlas*</u>; y luego, nuestro próximo encuentro, será el año entrante.

Confío que TODOS podamos *continuar* juntos aquí en los **Capítulos** finales. *No* quedan demasiados, unos ocho o nueve – y saldrán de esto con la **Comprensión** de *la Revelación de San Juan el Divino*. Es como si fuera un *examen final*, como cuando se presentan a la escuela al *final* del ciclo escolar, y el maestro les da el *examen* para ver *si realmente* **aprendieron** lo que se les **enseñó**.

Bien, **Jesús** nos dio una *Gran* Enseñanza, y son muy *pocas* personas sobre la tierra, que la han *aprovechado*. Así que **Juan** se presenta para nuestro *examen final*, y nos dice: "*¿Qué* es aquello que *realmente* **aprendieron** de cuando *Jesús caminó sobre la tierra*?"

Esto es lo que constituye nuestro *Curso de Posgrado* – y quizá, con este asueto de *sesenta* días, finalmente tendremos la *oportunidad* de *permitir* que los *Hechos* se *enraicen*, hasta que la Conciencia *despliegue* lo suficiente como para que podamos enfrentar el Año *Nuevo* con el *conocimiento* del Cristo, DENTRO de *nosotros* – *Reconocido, Vivo, Presente; Conscientemente* **admitido**, **y** del cual *dependamos por* SIEMPRE.

Así que, gracias. Conduzcan con cuidado. Este es uno de esos días, en que RECONOCEMOS que lo ÚNICO que está *presente* en el Camino ES, el *Mismo* Cristo DEL Ser de <u>*ustedes*</u> – y, *si* <u>*ustedes*</u> pueden *aferrarse* a eso, entonces *encontrarán* Gran-**Poder** en ello.

Muchas gracias…

CLASE 18

LA VENIDA DEL HIJO DEL HOMBRE

REVELACIÓN 14:14 A REVELACIÓN 15:4

Herb: - Hay *dos* puntos sobre los que me gustaría llamar su atención.

Independientemente de los *problemas* que pudieran aparecer en el escenario *humano*, ustedes encontrarán una *respuesta sustancial* en el libro de Joel *RECONOCIMIENTO DE LA UNICIDAD*, Capítulo **4**. Este *Capítulo* fue traído a mi atención el otro día; y, después de *escudriñarlo* por *decimoctava* vez, *me di cuenta* de que es del todo *atemporal*. NINGUNO de nosotros puede *prescindir* de él, del Capítulo **4**: *"No hay Dios, 'y'..."*, del mencionado Libro – cualquiera que sea su actividad, asegúrense de *obtenerlo* **y** *leerlo*.

Lo *PRIMERO* es que, *si* aún existe *ambición* en ustedes, regresen al Capítulo **11** de *EL CAMINO INFINITO*, titulado: *"El Horizonte Nuevo"* – y descubrirán que, aunque la última vez que lo *leyeron* dijeron: "Oh, sí; *entiendo* que éste, es el Camino", *diez minutos después* de haber leído dicho Capítulo **11**, *'El Horizonte Nuevo'* en *El Camino Infinito*, se habrán **apartado** de él. Estos *dos* Capítulos debieran ser parte de *su* Conciencia **permanentemente**, *si* es que quieren caminar, aquí y ahora, DENTRO del Reino DE Dios.

Lo *SEGUNDO* que me gustaría decirles es que hemos *llegado* a un punto en el cual ciertas cosas que estamos diciendo, están *quedando en las grabaciones*; y personas que *no* están aquí, que las reciban **y** escuchen, se van a *sorprender* bastante *si* NO están *preparadas*. Es lo suficientemente *impactante* para un Estudiante de la Verdad, *aprender* que "NO hay gente"; que "estamos siendo *preparados* para el *fin de* 'este *mundo*"; y cosas por el estilo – resulta bastante *impactante*. Así que me gustaría *sugerirles* que quienquiera que escuche esto en una cinta, recuerde: *esto* **No** *debe compartirse, **excepto** con aquellos que estén preparados para que se les comparta*.

Ustedes NO pueden invitar a un *extraño* a sentarse en *su* estancia, y decirle: "Escuche, esto es muy bueno" – y luego poner un audio en el cual se diga que: "**No** hay *gente*; y esto es la llegada del *fin de* 'este *mundo*". Si lo hicieran, entonces no sólo estarían evidenciando la conciencia NO preparada de *ellos*, sino que *ustedes*, al hacerlo, estarían también evidenciando *su propia* conciencia NO preparada. Así que, por favor, *¡**manéjenlo con precaución**!* – es por demás, *indispensable*.

Por otro lado, NO nos gustaría vernos en la necesidad de *cancelar* esta Enseñanza *Superior,* la cual anhelamos ver *evidenciada*. Y les aseguro que NO podremos *avanzar*, *si* le ponemos una *barrera,* al *exponerla* ante aquellos que NO están *preparados*. Ahora bien, en esta clase *estamos preparados*; *no* hay nadie en esta clase que *no* esté preparado para *escuchar* las palabras de la Verdad, *sin estremecerse*; *sin* estar *dispuesto* a *encararlas* – esa es la razón por la que **ustedes fueron traídos aquí**.

De esta manera descubrirán *hoy*, por ejemplo, que ciertas frases como el *fin de* 'este *mundo*' comienzan a adquirir un *significado nuevo* para ustedes. Así como la **primera** vez que escucharon esto lo consideraron *literalmente* como el *fin de la vida*, **ahora** ustedes *descubrirán*, y de hecho *ya* lo están haciendo, que el *fin de* 'este *mundo*' NO implica el *fin de la vida* – se trata del *fin* del *anti-Cristo*; el *fin* de la *imitación* de la Vida.

Hoy comenzamos el Capítulo *14* del *Libro de la Revelación*, el cual tocamos ligeramente la semana pasada. Esperamos terminar los Capítulos *14* y *15*. Me gustaría que *mirasen* primero el *Versículo* *14* del Capítulo *14*. Constituye una coyuntura decisiva en la historia de la humanidad – acontece en lo *individual*, y acontecerá *colectivamente*.

"Y miré, y he aquí una nube blanca; y sobre la nube, uno sentado semejante al Hijo del Hombre, teniendo sobre su cabeza una corona de oro; y en su mano, una hoz aguda" (Revelación 14:14).

Lo anterior constituye la SEGUNDA *Venida* del Cristo; constituye la *Cosecha*. También implica el *comienzo* del *fin de* 'este *mundo*'. La *Nube Blanca* ejemplifica al Hombre *Nuevo*, el cual *reemplaza* el antiguo *concepto* de hombre – el Ser *Inmortal, Semejante al Hijo del Hombre*. El *Hijo del Hombre siempre* significa el **Cristo** DENTRO de ustedes. Conlleva una *deducción* muy interesante – *cada* uno de <u>*nosotros*</u>, nacido *en* 'este *mundo*', es hijo DE *mujer*; y *el Hijo del Hombre* les dice, *tiene* que Nacer de *Nuevo* DEL Cristo: PRIMERO, *de* la carne y LUEGO *del* Espíritu; PRIMERO *de* la mujer, y LUEGO *del* Cristo. Así que, el *hijo de mujer* constituye el **Primer** Nacimiento; *el Hijo* DEL *Hombre* constituye el **Segundo** Nacimiento o el **Renacimiento** EN Cristo – por donde lo vean, significa **Renacer** DEL Espíritu. Se aplica *deliberadamente*, para designar el **Segundo** Nacimiento; para decirles que <u>*tiene*</u> que haber, un **Segundo** Nacimiento.

"'Mujer, ¿qué tengo Yo que ver contigo'? (Juan 2:4).

Cierto; nací *de* ti en la *carne*; pero también he pasado por el **Segundo** Nacimiento – ahora Soy el *Hijo* DEL *Hombre*, NO de la *mujer*". Y aquí es donde surge la *Nube Blanca*, el símbolo de la *Nueva* Era, la Era donde la **Verdad** DE Dios es, RECONOCIDA *en la tierra, tal como lo es en el cielo* (Mateo 6:10). El **Cristo** *en* <u>*ustedes*</u>, está *naciendo* por medio de la *comprensión* de <u>*ustedes*</u>, DE la Verdad *Divina*; a través de la *receptividad* de <u>*ustedes*</u> hacia Ella; por medio de todo cuanto ha acontecido *antes* de que hubieran entrado en la *Purificación* del '*concepto*'.

Este momento de *retorno* hacia *ustedes*, por parte de la Conciencia-**Cristo**, constituye la SEGUNDA *Venida*, puesto que *ustedes* YA estuvieron DENTRO de la Conciencia-**Cristo**, ANTES de la *fundación* de 'este *mundo*'. Y conforme los *conceptos* de 'este *mundo*' **mueran** en *ustedes*, serán *reestablecidos* hacia la Conciencia-**Cristo**, la cual constituye la SEGUNDA *Venida* del Cristo.

Pero ahora este *Hijo del* **Hombre** cuenta con una *Hoz,* porque es tiempo de *Cosecha* – para *ustedes*, esto corresponde al **fin** *de* 'este *mundo*'; para *ustedes*, es el *momento* cuando 'este *mundo*' será *reemplazado* con el Reino DE Dios; cuando *ustedes*, ya NO verán *más a través de un espejo, oscuramente* (1 Corintios 13:12); cuando *ustedes*, ya NO *vivirán más dentro de la neblina, dentro* del cuerpo que se *deteriora*, mirando a través de los 'ojos' que miran *tanto* el bien *como* el mal.

La *Hoz* representa la *Cosecha,* para aquellos que estén **preparados** para ser **cosechados** DENTRO del Reino; para quienes *hayan* **pagado** *el precio*; para quienes *hayan* **vendido** TODO *cuanto tenían* – los que hayan **vendido** TODAS las creencias en un Yo **separado** DE Dios. Ellos ya NO *creen* más que haya un Dios **y** un 'yo'. *Hasta* que NO se llegue a ese instante, NO habrá *tiempo de Cosecha* para ellos; NO habrá *Nube Blanca* con un Cristo **y** con *la Hoz*; *deberán* continuar dentro de su *ciclo de vidas* **humanas**, yendo **y** viniendo; yendo **y** viniendo, hasta que acontezca la *Purificación*, la cual constituye el PRIMER paso en el *Renacimiento*.

Así pues, la *raza* **humana** es semejante a Nicodemo: '*Os es* **necesario** *nacer de nuevo*', le dice el Cristo a Nicodemo (Juan 3:3). Y todo cuanto Nicodemo puede hacer, es *decir*: "¿*Qué*? ¿*Renacer*? ¿*Qué es eso*?" –**No** basta con *renacer*, se requiere una *explicación* mayor. Ustedes *tienen* que *renacer* **del** *Agua*, **y** *tienen* que *renacer* **del** *Espíritu*. Y el pobre y viejo Nicodemo, con su lista de cuestionamientos que iba a presentar a Jesús: "¿*Qué* piensas de esto? ¿*Qué* piensas de aquello?" Porque estaba haciendo una encuesta... Y he aquí le lanzan todas estas palabras de las que *nunca* había oído hablar: *"¿Renacido del Agua? ¿Renacido del Espíritu?* Vine aquí para *entrevistar* al Mesías; para averiguar *si realmente* era el Mesías"...* "Repito: *'No te maravilles que te diga que <u>tienes</u> que renacer del Espíritu'"* (Juan 3:7). ¿Por qué *'<u>tenemos</u>* que renacer DEL *Espíritu?* –Porque estamos DENTRO del **Primer** Nacimiento, 'nacidos *de mujer'*; todavía NO somos *el Hijo del Hombre,* nacido DEL Cristo; y todavía no hemos *nacidos* DEL *Agua, de* la *Purificación, de* la *Limpieza, del Bautismo Interior, nacidos* DEL *Agua... – Purificados* de 'este *mundo'* de los *conceptos.*

¿Por qué <u>*tenemos*</u> que *renacer del Agua?* (Juan 3:5) ¿Por qué <u>*tenemos*</u> que ser *Purificados, Limpiados?* –Porque <u>*nosotros*</u> somos, la *criatura de cinco **sentidos*** que NO *conoce las cosas* DE Dios, que NO **percibe** *las cosas* DE Dios, que NO **toca** *las cosas* DE Dios, y que incluso **vive** *dentro* de una 'forma' que NO *fue creada* POR Dios.

No existe una sola *religión* sobre la faz de la tierra, que **no** *crea que Dios creó al* **Hombre.** Y, sin embargo, TODOS *temen* aquello que pueda *acontecerle al* **Hombre,** *negando* con ello que el *Hombre sea la creación* DE Dios; y al *mismo* tiempo *creyendo* que el **hombre** es la *creación* DE Dios. La paradoja de *creer* que el **hombre** sea *creación* DE *Dios,* y luego *temer* que el *Hombre* sea *dañado,* es algo que *arrastramos* desde el *nacimiento.* Nos dicen: *"Que* **no** *se dañe el bebé. ¿Qué* pasa con todas esas enfermedades *infantiles?* Saquen su *Manual de Enfermedades y Tratamientos,* y miren cada pequeña *palabra,* pues de lo contrario, obtendrán la fórmula *incorrecta".*

Vivimos con el *temor* de que éste, NO sea un *Hijo* DE Dios; y, sin embargo, en algún *lugar* de nuestra mente está la *creencia* de que *efectivamente sí* sea un *Hijo* DE Dios. Y esto constituye nuestra *división,* nuestro *desconocimiento* de la Verdad, la Conciencia *dividida* que NO conoce NI peces NI aves. ¡Dios, NO *es un infante!* Dios, *NUNCA fue un bebé* – sino que *Dios,* ES TODO. Dios NO era *'ustedes',* cuando *ustedes* eran un *bebé* – sino que *Dios,* ES TODO. ¿No hay al menos veinte 'personas' que puedan *encarar* esto **y** decir:

"¡*Sí*; lo *entiendo*!"? *Si* Dios ES TODO; y *si* Dios NO ES un bebé; entonces, ¿*cuál* es *la Verdad* que debemos *conocer*?

Bueno, ese 'bebé' *crece* para llegar a ser una '*persona*'; pero Dios, NO ES una '*persona*'. *No* existe Dios, *y* un *bebé*; NO hay Dios, *y* una '*persona*'. "Dios, NO hace *acepción* de '*personas*'" (Hechos 10:34). Y ahora estamos empezando a *sentir la necesidad de renacer*. *Si* Dios NO hace *acepción de* '*personas*'; *si* Dios NO es el bebé que '*yo*' *fui*; *y si* Dios NO es la '*persona*' que '*yo*' soy, entonces '*yo*', estoy *separado* DE Dios. Y en esa *separación*, '*yo*', NO estoy *bajo* el *gobierno* DE *Dios* – '*yo*' estoy DENTRO de un *sentido de vida falso*; DENTRO de un *sentido* de vida de cinco *sentidos*, nacido DE mujer.

Tengo que *prepararme para la Cosecha*, para que Cristo *renazca* EN *Mí*, DEL Espíritu – por eso *debo* Purificarme. Debo *admitir* que los *cinco sentidos* han *falsificado* mi existencia por *completo*. **No** hay NADA *cierto* en aquello que los *cinco sentidos* me han *dicho* – NADA; NI una sola palabra. Existe un *mesmerismo universal* en nuestra *experiencia*, traído por los *cinco sentidos* en los cuales hay, en el *inter*, un *sueño* de nacimiento, un *sueño* de vida, un *sueño* de muerte, *y* un *sueño* de sufrimiento.

TODA la exposición de la *Enseñanza*-Cristo ES ser **renacidos** debido a ese *sueño*. Debido al *sueño* de los *cinco sentidos*, es que *tenemos* que renacer DEL Espíritu – y *ustedes* NO pueden ser **renacidos**, *en tanto* vivan DENTRO del *falso sentido* del Ser – así que **primero** *tienen* que ser **renacidos** por la *Purificación* de las '*creencias*' – **renacidos** del *Agua*; **renacidos** por la *Limpieza* de TODO '*concepto*' de los *cinco sentidos* que se ha *acumulado* en TODO el *espacio* y el tiempo. *Cada* uno *de los cinco sentidos, constituye el anti-Cristo.*

Ahora *prosigan* y *den* un paso al *frente* – miren *cada* 'forma' **material**, como una '*sombra*'. Ustedes están mirando **dos** tipos de '*sombras*'. A algunas '*sombras*' ustedes las llaman *buenas*; y a *otras*, *malas*; algunas '*sombras*' son *positivas, buenas*; otras son '*sombras*' negativas, *malas*. –Pero TODAS son: '*sombras*' **materiales**. *Enfóquense* más allá, *y perciban* al Cristo-**Invisible**, el **Invisible**

Reino DE la Verdad, **y** RECONOZCAN que Lo **Invisible**, SIN ser *visto* por sus *cinco* **sentidos**, *permanece* Intacto, Desconocido – *surgiendo* como '*sombras*'.

Buenas '*sombras*', *malas* '*sombras*'; el '*árbol*' que ustedes *ven* **no** es más que su concepto de *cinco* **sentidos**, una '*sombra*' – una '*sombra*' **en** el *pensamiento*, acerca de la *verdadera* Idea *Invisible* de *árbol*; el '*río*' que ustedes *ven* **no** es más que una '*sombra*' acerca de la *verdadera* Idea *Invisible* de *río*; la '*persona*' que ustedes *ven* **no** es más que una '*sombra*' de la Imagen **y** Semejanza *Divinas*, de la Idea Divina que es *Invisible*. El "tú" que *camina sobre la tierra*, **no** es más que una '*sombra*' del '*Tú*' *Perfecto*, del Cristo que ES *Invisible*.

Dondequiera que *miren* se encuentra el Ser *Invisible*, la Idea *Invisible*, la Realidad *Divina*, manifestándose *a través* de los *cinco* **sentidos**, como las '*sombras*' *de* '*este mundo*'. Cuando ustedes RECONOZCAN *parcialmente* que '*este mundo*' representa las '*sombras*' DEL pensamiento *humano*, SOLO entonces, estarán *comenzando* a ser *purificados*, *renaciendo* del *Agua*, *abandonando* sus conceptos de *cinco* **sentidos** para dejar de *juzgar*, diciendo: "Éste es un ladrón; éste *es* un santo; ésta *es* una adúltera; éste *es* bueno; ésta *es* mala", sino que dirán: "Éstas son *TODAS*, *imágenes* EN el *pensamiento*; no son más que '*sombras*' – algunas *parecieran* ser buenas, otras *parecieran* ser malas, pero TODAS SON '*sombras*' llamadas: **materia**".

Incluso el '*bebé*' no es más que una '*sombra*' **en** el *pensamiento*. Dios NO *creó* al bebé; Dios NO *creó* al niño que nació muerto; Dios NO *creó* al mongoloide; Dios NO *creó* al '*bebé azul*'; Dios NO *creó* al bebé lisiado; Dios NO *creó* al bebé retrasado; Dios NO *creó* al bebé sano – NINGÚN '*bebé*' fue *creado* POR el Padre. –Dios **sólo** *creó* al '*Hijo*' *Divino*, la **Perfecta** Idea **Invisible** que es **Infinita**, y que, a través de la conciencia-*masiva* de '*este mundo*', *individualizándose* en *todas* partes, aparece como '*nuestro*' concepto de ese '*Hijo*' *Divino*.

Pero *¿qué* hay ahí? ¿'Nuestro' *concepto* o la *Realidad*? –**Sólo** el '*Hijo*' *Divino* está ahí; **sólo** el '*Hijo*' *Divino* estaba ahí cuando *ustedes aparecieron* dentro de la '*forma*'. Y *desde entonces, ustedes* han pasado *una y otra vez*, a través de la infancia, de la niñez, de la adolescencia hacia la madurez – aunque *sólo* el 'Hijo' *Divino* ha constituido SIEMPRE, la *Realidad* de <u>ustedes</u>. Pero NO será sino hasta que "*una Nube Blanca, con Uno sentado semejante al **Hijo** del Hombre, portando una Hoz en la mano*" (Revelación 14:14), *llegando* a través de <u>su</u> Conciencia, que ustedes RECONOCERÁN aquello llamado el *Cántico **Nuevo*** – el *Cántico **del** Cordero* – **primero** el *Cántico **de** Moisés*, **y luego** el *Cántico **del** Cordero*.

"El Yo, *Soy*" dijo Moisés (Éxodo 3:14) – ésa era su *Cántico*. "El Yo, *Soy*", dicen DENTRO de <u>ustedes</u>. "El Yo, *Soy*... ¿qué'?" –"El Yo, ***Soy*** la Idea *Divina* Expresada; *Siendo* el Yo Mismo. El Yo, ***Soy*** el Cristo *Invisible*". Ése es el *Cántico **de** Moisés*. Y el *Cántico **del** Cordero* es: "El Yo [y] el Padre, **UNO** *Somos*" (Juan 10:30). ¡**No** HAY <u>SEPARACIÓN</u> <u>ALGUNA</u> *entre* Dios *y* el Yo; *entre* el Padre *y* el Hijo!

El Espíritu ES por SIEMPRE, *Espíritu*. El Yo, NO SOY ser-**material**. El Espíritu NO se convierte en **materia** – ésa es la *ilusión*. El Espíritu ES **siempre**, *Él Mismo* – y eso constituye el *Cántico **Nuevo***: El Yo, *Soy* EL Espíritu. "El Yo, [y] EL Espíritu DE Dios, SOMOS **Uno** y lo **Mismo**" – y ése es el *Cántico **DEL** Cordero*: el RECONOCIMIENTO de que NUNCA *fui,* aquello que JAMÁS fui. Y hay una *Cosecha* para eso, debido a que hay un *tiempo* 'asignado' para *llegar* a esa *concientización*. <u>Tenemos</u> que *llegar* a ese RECONOCIMIENTO, DENTRO del *tiempo* 'asignado'. Cuando el *tiempo* de la *Cosecha* llegue, NO habrá *vuelta atrás*. Para algunos, el *tiempo* de la *Cosecha* es *pronto*; para otros es '*más tarde*' – pero a TODOS, llegará.

La *SEGUNDA* Venida es, una Venida *Infinita* de RECONOCIMIENTO DEL Cristo, en **Todo** – y para nosotros, *pareciera* que llega HOY.... *AHORA* estamos siendo *elevados*; *AHORA*, conforme *abandonamos* los conceptos de 'este *mundo*'; *AHORA*, conforme *encaramos* el Hecho de que NO existe NADA **material** sobre esta tierra que Dios *creara*, estamos *aceptando* la **Primera** Purificación, la *Iniciación* DEL *Agua*. **No** hay NADA **material** sobre la tierra que Dios *creó*; <u>ustedes</u> NO pueden *encontrar* NADA **material** en lo que Dios *creó* – y <u>sus</u> *cinco* *sentidos* NO pueden *reportar* nada de lo que Dios *creara*, porque esos *cinco* **sentidos** están *condicionados* a ese mundo **material** que NO constituye **Su** Creación.

Ahora *tienen* que *afrontar* el Hecho de que sus *cinco* **sentidos** constituyen: el **anti-Cristo**. Y **sólo** dejarán de ser el **anti-Cristo**, cuando <u>ustedes</u> *superen* el *falso* testimonio de esos **sentidos** – entonces *encontrarán* su *Verdadero* Propósito. Pero en tanto puedan ser *engañados* haciéndoles *creer* en un mundo **material**, <u>ustedes</u> NI siquiera serán *elegibles* para la *Cosecha* del Espíritu, porque la *Purificación* <u>tiene</u> que **preceder** a esa *Cosecha*.

La *ilusión* pareciera *total* – *toman* una manzana; la *muerden*; es muy real; tiene un sabor dulce o agrio; la *miran*; su superficie es verde, roja o amarilla; *sienten* la suavidad o la aspereza; *ven* el tamaño, la 'forma'. Hasta ahora NADA de eso ES DE Dios – NI el tamaño, NI la 'forma', NI el color, NI el sabor, NI la textura. Abarca TODA la *sensación* de los *cinco* **sentidos**, y para <u>ustedes</u> es *real*. Sin embargo, Dios NUNCA *creó* esa manzana – **<u>ustedes</u>** la *hicieron*; **<u>ustedes</u>** *hicieron* cada milímetro de ella; **<u>ustedes</u>** *hicieron* la textura y el color; *hicieron* el sabor, el tamaño y la 'forma' – esa manzana JAMÁS *salió* de la '*mente*' DE **<u>ustedes</u>**; es *parte* del *mesmerismo universal* de los *cinco* **sentidos**, tal como lo son TODOS los '*objetos*' sobre la *tierra*. *Sobre* esta *tierra*, NO existe NADA *creado* POR Dios – NI una sola '*cosa*'. Así que... "*No te maravilles de que* <u>tengas</u> *que* **renacer** *de nuevo*" (Juan 3:7).

'Este *mundo*' completo, tal como lo *conocen* los **hombres**, **ya** ha sido *descrito* en el *Libro de la Revelación* como el *dragón* **y** *las dos bestias*. Se trata de la *hipnosis total* bajo la cual TODA '*persona*' nace y vive, *hasta* que *la Nube Blanca, el Hijo del **Hombre** que lleva una Hoz*, se *convierta* en una Expresión *Viva* DENTRO de la Conciencia de un *Individuo*. Los ojos *humanos* SIEMPRE *verán* la crucifixión, la decadencia, el sufrimiento, las agonías, los tormentos; los ojos *humanos* SIEMPRE *verán* el bien, la plenitud, la abundancia; pero *también verán* la pobreza, la escasez y la limitación. Y NI la abundancia NI la carencia provienen DE Dios; TAMPOCO la abundancia en la *materia*, la carencia en la *materia*, la salud en la *carne*, NI la falta de salud en la *carne*.

Así es como somos *encarados* con algo que a *pocas* personas se les pide que *enfrenten* en *otras* enseñanzas metafísicas o religiosas. Estamos siendo *confrontados* con el *Hecho Absoluto* de que: *A MENOS QUE NOS ELEVEMOS POR ENCIMA DE AQUELLO QUE NUESTROS SENTIDOS NOS DICEN QUE CREAMOS, NO ESTAREMOS SIENDO PURIFICADOS, NI NACEREMOS DE AGUA – Y, POR LO TANTO, NO RENACEREMOS DEL ESPÍRITU.*

Una *Promesa* de *Vida Eterna* fue hecha – fue *más* que una 'Promesa'; fue el *Anuncio* de algo que pocos de nosotros hemos RECONOCIDO; constituye una *Victoria* YA ganada – la Vida *Eterna* es un *Hecho*; la Vida *Eterna* constituye la *Naturaleza* del Ser de ustedes. Y ahora, *cuando* el *Hijo* DEL *Hombre* es nacido DENTRO de ustedes, *entonces* el RECONOCIMIENTO de la Vida *Eterna* es *traído* a la Conciencia *Consciente* de ustedes:

"El Yo, NO *soy* ese niño EN la *materia*, que nació y debe morir. El Yo, **Soy** Vida *Eterna*; Espíritu, SIN principio NI fin – el Cristo, NUNCA nació, NUNCA murió".

Y *a menos* que ustedes sean *renacidos* DEL Espíritu, *permanecerán* como un *mortal* que *tiene* que 'morir'. Porque la Vida *Eterna* JAMÁS puede ocurrir DENTRO de la 'forma' *mortal* – *sólo* DENTRO del Ser *Espiritual*.

La *insólita* manera de *enseñar* a las *multitudes* de Cristo-*Jesús*, mediante el uso de *símbolos* sumamente *incoherentes*, fue debido a lo *insólito* de la Enseñanza en Sí. Los **h**ombres NO *supieron* que se les estaba *diciendo* **cómo** vivir una Vida *Eterna*; los **h**ombres NO *sabían* que, en un *futuro*, habría un *fin* de 'este *mundo*'; ellos NO *sabían* que estaban *siendo preparados* para *afrontar* ese *fin* de 'este *mundo*' DENTRO de una Forma-*Nueva* – eso resultaba *inaudito* – **y** *actualmente* sigue siendo bastante *insólito*.

Sin embargo, lo anterior constituye la *Base* de la Enseñanza DEL Cristo: Ustedes *tienen* que vivir DENTRO de una Forma-*Nueva*, DENTRO de un Cuerpo-*Nuevo Incorpóreo*, con objeto de poder atravesar el *fin* de 'este *mundo*'. Y esto acontecerá *únicamente*, *si ustedes* abandonan la conciencia del *cuerpo*, tal como lo *conocen*, *liberando* TODA *creencia* en la **materia**, en la *ley* **material** y en el *poder* de la *ley* **material**, siendo *elevados* hacia una *Nueva-*Conciencia, hacia una Conciencia-DE-*Espíritu*, hacia una Conciencia-DE-*Identidad*-Cristo – una Conciencia en la que *puedan* caminar DENTRO de aquello que *pareciera* ser una 'forma' *física*, pero que, en *realidad* es un *Templo*-Nuevo, un Cuerpo-DE-Espíritu – un Cuerpo-DE-Espíritu que NO puede ser *crucificado* con clavos; que NO puede ser *crucificado* por los caminos de 'este *mundo*'; que **desconoce** TODO *fin*; que *vive* DENTRO del *Eterno-*Reino DE Dios *Presente en la tierra.*

En verdad *Extraña* Enseñanza para *ese* tiempo, e incluso *Extraña actualmente* – todo cuanto estamos escuchando suena como *salido* de otro planeta. Imaginen *cómo* había *sonado* hace más de 2,000 años, *si* hubiera sido registrada. Aquellos NO fueron tiempos de *Cosecha* – pero SÍ que lo son **ahora**.

Nosotros *somos* como manzanas, ya **maduras** como para ser *arrancadas*. Y surge un *Extraño Sentir* que los *invade* cuando *enfrentan* TODO esto – y *si* este *Extraño Sentir* **no** los *invadiera*, entonces NADA les *acontecería*. <u>Tiene</u> que ser *Extraño*; ES *Extraño*. Resulta *Extraño* ser *elevado* FUERA de un modo de vida *común* de *cinco* **sentidos**, hacia una *Nueva*-Conciencia, FUERA de una *'mente'* que ha estado *acostumbrada* a <u>su</u> *propia* voluntad, a <u>sus</u> *propias* formas, a <u>su</u> *propia* comprensión – por supuesto que resulta *Extraño...* Por eso nos fue dicho: *'"He aquí que el Yo, hago nuevas todas las cosas'* (Revelación 21:5). *'No pongan Parche Nuevo en vestido viejo'* (Mateo 9:16). *'No echen Vino Nuevo en odre viejo'* (Mateo 9:17). El Yo, Estoy *creando* un *Nuevo "Tú"*; un *"Tú"* TOTALMENTE *Nuevo* – una Mente-*Nueva* y un Cuerpo-*Nuevo*; una Vida-*Nueva*; un Yo-*Nuevo*; una Identidad-*Nueva*; un Nombre-*Nuevo"*.

Sí; resulta *Extraño*; y cuanto *más Extraño* lo sientan, tanto *más seguros* pueden estar de que la *Acción* DEL Espíritu Santo DENTRO de <u>ustedes</u>, está *actuando*. Piensen cuán *Extraño* resultó para los Discípulos – NI siquiera *conocían* la Verdad que *ustedes conocen* actualmente. Ellos *todavía* estaban *negando* al Cristo – Pedro en *tres ocasiones*. *Aún pensaban* en un Mesías llamado *Jesús; aún veían* a *'alguien'* haciendo milagros, en lugar de RECONOCER que se les estaba *revelando* la *Presencia* DEL Reino-*Invisible*. Sí; ciertamente les resultó *Extraño*...

Nosotros *tenemos* que atravesar por estos *Extraños* momentos. Se convierten en '*las noches oscuras del alma*' para TODOS nosotros; también implican *Bendiciones disfrazadas*, porque a medida que nos *alejamos* de *los senderos de* 'este *mundo*', estamos siendo *purificados* de la conciencia DE 'este *mundo*': *Permitimos* que las enfermedades DE 'este *mundo*' se *vayan*; *permitimos* que todos los *males* DE 'este *mundo*', la contaminación DE 'este *mundo*', los miedos DE 'este *mundo*', los odios DE 'este *mundo*' y la violencia DE 'este *mundo*', *penetren* DENTRO de *nuestra* Conciencia como algo **carente** de poder; como algo que NO ES; como una **irrealidad**; algo NO *creado* por Dios y, por lo tanto, siendo tan **sólo**: *sombras en el viento*.

¿Acaso no han *experimentado* su *propia Capacidad* para *observar* esos *supuestos* males DE 'este *mundo*', y RECONOCER su *nada*? ¿Acaso no han *experimentado* su *propia Capacidad* para *percibirlos* como meras *sombras, sabiendo* que NO pueden *tocarlos,* en tanto *ustedes moren en el Lugar Secreto*? (Salmo 91:1). ¿Y *qué* es ese *Lugar Secreto*, si no el *Hijo* DEL **Hombre** DENTRO de ustedes, la *Identidad*? Y resulta *Extraño* – pero NO dicen *nada* a *nadie*, porque ahí es donde **aprenden** a *sostenerse* en su *Lugar Secreto*, esperando la *Cosecha* de la Verdad DENTRO de ustedes. El *Hijo* DEL **Hombre** está '*siendo nacido* sobre esta tierra', en CADA Conciencia que se **abra** al Cristo.

LA SEGUNDA VENIDA DEL CRISTO ESTÁ SOBRE LA TIERRA, DENTRO DE TODO AQUEL QUE **DESPIERTE** Y **NO** DUERMA. Y el *Poder* de ese Cristo es *mayor* que TODO el poder sobre la faz de *esta tierra*. "*El Yo, en medio de ustedes,* SOY *Mayor que aquel que camina sobre la tierra*". Ahora estamos *muriendo* y *renaciendo*, al *mismo* tiempo. A esto se le llama: *morir* PARA *el Señor* – *morir* a TODA creencia *heredada* al nacer; incluso *morir* a la creencia en una 'forma' **material**. Hasta ahora esto les había resultado *casi imposible* de llevar a cabo, pero *descubrirán* que la **Actividad** DEL Cristo DENTRO de *ustedes*, es *Aquello* que lo hace *posible* – ¡NADA MÁS lo lograría!

Recuerden que el Cántico *Nuevo **sólo*** podía ser *escuchado* por los 144.000 – los *Iluminados* – los que habían *renunciado* a TODA voluntad *personal propia*; los *mansos* ante el Padre; los que *caminan solo* bajo la Voluntad DE Dios; los que son *guiados únicamente* por el Padre *Interior*... ***sólo*** ellos *eran* **y** *son*, quienes pueden *escuchar* el Cántico: *"El Yo, SOY"*. **Sólo** ellos *escuchan* la Voz; **sólo** ellos *sienten* el Impulso *Divino*; **y sólo** ellos pueden RECONOCER la *presencia* del *"Templo NO Hecho con Manos"* (2ª. Corintios 5:1).

El Cuerpo-*Espiritual* NO puede ser RECONOCIDO por una *'mente' humana*. TODA la *fuerza* de *voluntad* y *determinación*, resultan *inútiles*. El Cuerpo, el Cuerpo-*Real* de *ustedes*, conforma *'el Templo DEL Dios Vivo'* (2ª. Corintios 6:16); y *su 'mente'* de *cinco* **sentidos** NO se *da cuenta* de ello – *su 'mente'* de *cinco* **sentidos** conoce 'el cuerpo de *carne* **y** *hueso'*; pero *"la carne, para NADA aprovecha"* (Juan 6:63); *"aquello que es nacido DE la carne, carne es*; y *Aquello que es nacido DEL Espíritu, Espíritu ES"* (Juan 3:6).

No se maravillen de que serán *elevados* más allá de *sus* conceptos de *su* carne, cuando *escuchen* la Voz *Interior*, el Espíritu *Interior*, el Impulso *Interior*, la *afilada Hoz* que dice:

> *"El Yo, He venido; el Yo, Te daré Luz; el Yo, Te alimentaré; el Yo, Seré Tu Vino y seré Tu Agua; el Yo, Te llevaré por un Camino llamado el Cristo; y el Yo, Te mostraré un Cuerpo **no** hecho de mujer, **no** hecho por manos –* 'Eterno, en los Cielos' *– un Cuerpo que es Vida Eterna, el Templo Verdadero del Dios Vivo, en donde Tú Estás; un Cuerpo que **no** conoce la enfermedad; un Cuerpo que **jamás** nació; un Cuerpo que **jamás** sufre; un Cuerpo que **nunca** muere".*

Y, ¿*dónde* está ese Cuerpo *ahora*? Ése es, el **único** Cuerpo que *ustedes* tienen; NO tienen *otro*. El *'otro cuerpo'* es la *creencia* de *ustedes*; pero NO es *su* Cuerpo, pues NUNCA *salió* de *su* '*mente*'. Ese '*otro* cuerpo' es *su* propia '*mente*' hecha *visible* como 'cuerpo'. Pero cuando la '*mente*' de *ustedes* se *revista* con el *Manto* DE *la Verdad*, entonces el *Cuerpo* DE *la Verdad* será *habitado*, *comprendido* y *RECONOCIDO*.

El *Cuerpo* DE *la Verdad* es el que *caminará a través del fuego*; el que JAMÁS conocerá el *fin de* un 'mundo', porque AHORA vive *aquí*, DENTRO del Reino *Invisible*. A medida que *abandonen* *sus* conceptos acerca de la *materia* a su alrededor; a medida que *miren* TODOS los objetos *materiales* de 'este *mundo*', y den *un paso adelante*, y RECONOZCAN que se trata de *sombras* 'visibles' que surgen *desde* lo *Invisible*, es que *percibirán* que *su* Conciencia se está *moviendo* DENTRO de la *Cuarta* *Dimensión* – los *Invisibles Ángeles* DEL Padre los están *guiando* gentilmente *hacia* la Verdad.

Así es como *aprendemos* que cuando la *Hoz Afilada* deja su *huella* en *nuestra* Conciencia, entonces el *hipnotismo* de 'este *mundo*' está siendo *destruido*. Dondequiera que haya una *creencia* de error, *la Hoz* trae el *Conocimiento* de que el error, JAMÁS existió EN Dios. Dondequiera que haya una *creencia* de dolor, *la Hoz* trae la *Luz* que *evidencia* que el dolor *no es más* que la *ausencia* de *nuestro* Reconocimiento Interior de que Dios, ESTÁ Presente. Dondequiera que haya un hueso *deforme*, un ser-'físico' *deforme*, una *imperfección* o una *discordia* de cualquier clase *en* el cuerpo, ahí *la Hoz revela* que tan solo habíamos *mirado* y *aceptado* el *concepto* DE 'este *mundo*' hecho visible, puesto que, aquello que pareciera *imperfecto*, NO viene DE Dios – y Dios ES, el *Único* Creador. ¿*Qué* estamos *mirando*, pues? –Nuevamente la *proyección de los cinco* *sentidos*.

AHORA es el momento de ponerse *estrictos* con *ustedes* mismos. En lugar de ser *estrictos* con su 'enemigo', ¡*sean estrictos con ustedes* mismos! YA es hora de *enfrentarse* al *anti-Cristo*. *Cada vez* que el *anti-Cristo declare* algún 'mal' en *su* vida – *cualquier* error, *cualquier* imperfección, estará declarando que: *ustedes*, NO son Ser *Espiritual*. Y se los *continuará* declarando, para *su propia agonía*, en tanto se encuentren allí *parados, permitiendo* que el *anti-Cristo* les *robe su Identidad*. *Ustedes parecerían* como el *pequeño Moisés bajando por el río dentro de una cesta,* cuando en *realidad ustedes* SON el Hijo DEL Rey. *Si ustedes* NO *defendieran su Identidad, permitiendo* que sus *cinco* **sentidos** los *empujaran* dentro de *una canastilla,* como seres *humanos físicos,* entonces estarían: **negando** al Cristo – tal como *Pedro* en su momento lo hiciera. *Ustedes* estarían *aceptando* el sufrimiento como algo *merecido,* incluso *culpando* de ello **a** Dios, o *pensando* que Dios los está *castigando,* e incluso sintiendo algo de *culpa* o *karma* – cuando todo esto **no** *es* más que **falta de Fe** EN *Dios.* **No** hay karma en *su* Vida; TODO el karma que pudieran *considerar* se encuentra sólo en el *concepto falso* DE *ustedes* – ¡DENTRO del Reino DE Dios NO hay karma alguno! EN el Espíritu, NO hay karma – pero Sí hay karma en la **materia.** La **materia** conforma los *conceptos;* y de hecho el karma *es,* un *concepto* DENTRO de un *concepto.*

¿**Cómo** se *destruye* la ley del karma? –**Siendo** aquello que SON; **conociéndose** a *ustedes* mismos *como* Espíritu; y **sabiendo** que aquello que *aparece* como alguna 'imperfección', constituye el **segundo** *sentido* del 'yo'; el 'yo' **separado** – la *creencia* de que aquí está Dios, **y** 'algo más'. –No lo hay; *tan* **solo** existe Dios, el **Uno,** lo **Único.** No hay Dios, **y** *carencia;* NO hay Dios, **y** *limitación;* NO hay Dios, **y** *dolor;* NO hay Dios, **y** *sufrimiento;* NO hay Dios, **y** *muerte.* TODOS los "**y**" representan la *creencia* de que Dios, NO es *Infinito* – que Dios es, *finito;* y eso deja *espacio* para 'algo más'. **Corrijan su** *creencia;* NO *luchen* contra el 'enemigo'; **corrijan su creencia, y** **sepan** que Dios, NO tiene un *segundo* 'yo' – NO hay 'opuesto'; NO; ¡NO hay 'nada más'!

Dios ES, TODO; Dios ES, lo **Único;** Dios ES, el Ser **Único** justo donde *ustedes* se encuentren; Dios ES, el Ser **Único** donde se encuentre el niño; Dios ES, el Ser **Único** donde se encuentre la madre; Dios ES, el Ser **Único** sobre la tierra – y *todo* cuanto *niegue* lo anterior, no es más que una *ilusión* de los *cinco* **sentidos.** ¡Ustedes *tienen* que *ahondar* en eso! ¡Ustedes *tienen* que *disciplinarse!* Y **no** se sorprendan si en el transcurso de una o dos horas, la *creencia* **no** *cede*. Pero ustedes *sentirán* una *Fortaleza Creciente*; les *sorprenderá* la *Fortaleza Acumulada* que se obtiene al *ahondar* en el *conocimiento* de que: SÓLO DIOS ES.

SÓLO DIOS ES. *Ustedes* NO podrían *expresarlo* de manera más *simple*, pero *tienen* que *trabajar* en eso, hasta que *sientan* esa *Sensación creciente* de... al principio, tal vez de *futilidad*, de *frustración*. ¿Y qué acontece si tan solo *repetimos* ahondando en que: *Dios* ES? *Repetirlo* ahondando, NO *detendrá* esas guerras; *repetirlo* ahondando, NO *detendrá* las enfermedades; *repetirlo* ahondando, NO *detendrá* nada. Así es como se *siente* al principio – porque en ese momento ustedes NO *conocen* "*el Poder* DE *la Verdad*" – pero *sigan* *trabajando* en esto: *Sólo* DIOS ES; y, por lo tanto, NO hay *otro* más – *sólo* DIOS ES. Entonces se dará un *cambio* en *ustedes* – ciertamente *lleva tiempo*; ¡pero lleva mucho **menos** *tiempo* que 'luchar' contra los *males de* 'este *mundo*'!

Finalmente surgirá una *Fuerza* DENTRO de *ustedes*; 'Algo' se *intensificará* al Interior; es como un *cambio* de engranaje – de repente se encuentra en *acción*; pueden *sentirlo*. –Pueden *sentir* que 'Aquello' que habían estado *repitiendo, ahondando* DENTRO de ustedes, *comienza* a *acontecer*. Están *empezando* a *saber* que ésta, ES la Verdad: *sólo* DIOS ES. Y esa *Hoz* continúa *presionándolos* hasta que tengan: la Fuerza, el Coraje y la Convicción *suficientes* para **descansar** en el *Conocimiento* de que: *sólo* DIOS ES, a *pesar* de lo que 'este *mundo*' esté diciendo y mostrando; y a *pesar* de lo que *sus* *sentidos* estén informando – y he aquí, *observen*: ¡ustedes *alcanzan* su **primera** *Victoria* sobre la *ilusión* de la **materia**!

Vendrá *otra* Victoria, y *otra* más; habrá *cientos* de *Victorias*, y cada una *representará* el Paso de la *Iniciación* de la **materia** y de la **mente**, *hasta que* la **mente**, la **materia** y los **sentidos** estén encontrando su *Maestro*, en *ustedes*. *Ustedes* los *sobrepasan*; y entonces encuentran este INVISIBLE PODER DE LO ALTO, *elevándolos*, hasta *sentir* que TODA *imperfección* de su 'forma' **material**, NO es parte de *ustedes* en lo absoluto – están *completamente libres* de TODA *imperfección*; NUNCA fue parte de su *Yo Espiritual* – y ustedes, NO tienen *otro Yo*. Tan *solo* fue, la *acumulación* de *creencias* erróneas de generaciones – y ahora se sienten **apartados** de dichas *creencias* – en lugar de *sentirse* separados **y** apartados *del* Padre.

Esas *creencias* de repente *pierden* peso, vigencia, poder; la Luz *penetra*, y los *separa* de ellas. La *Hoz* los está *tocando*; el *Hijo* DEL *Hombre* está *naciendo* – la Nueva *Generación*. Porque *después* que fueran *purificados* de los *conceptos*, ahora están siendo *regenerados* por el *Espíritu* – y estamos *entrando* en esa *Regeneración*, debido a que las *sombras* de las falsas *creencias* están siendo *desvanecidas*.

Una vez que *ustedes* **aceptan** esa Verdad *Interior*, entonces *aparecen* muchos *Ángeles* con muchas '*Hoces*', porque el Espíritu *penetra* donde *sabe* que será **recibido**. *Cuando* *ustedes* están **preparados** para *recibirlo*, entonces el Espíritu lo *sabe* – y *sabe* más que eso; *sabe cuándo* es que *ustedes* están **dispuestos** para **Obedecerlo**. Y cuando *ustedes* están **dispuestos** para **Obedecerlo**, entonces el Espíritu Se *multiplica* DENTRO de *su* Conciencia – y eso es lo que sucede a *continuación*, *aquí* mismo.

> "*Otro ángel salió del templo, clamando a gran voz al que estaba sentado sobre la nube: Mete tu hoz y siega, porque el tiempo ha llegado – pues la mies de la tierra está madura*" (Revelación 14:15).

Nosotros SOMOS parte de esa *Cosecha* – TODOS quienes podemos **escuchar**; TODOS quienes podemos **aceptar** la Presencia DE Dios; TODOS quienes podemos **rechazar** la *creencia* en lo *opuesto* a Dios. Estamos **dispuestos**, **preparados** – TODOS quienes hemos sido **estrictos** con *nosotros mismos*, **rehusándonos** a ser *débiles* al *aceptar* aquello que *NO ES*; **negándonos** a condenar, **rehusándonos** a acusar, **negándonos** a mirar a 'este *mundo*' y a mirar pecado y sufrimiento, *creyendo* que Dios *pudiera* estar *presente* también, justo donde *todo aquello está*.

Pero... ciertamente *Dios* **Está** *presente*; es más... SÓLO *Dios* *Está presente*; y por eso, para *nosotros*, el pecado **y** el sufrimiento representan la *niebla* de los **sentidos** de 'este *mundo*', jugando su *broma* – su *lúgubre* broma, proyectando la *apariencia* de sufrimiento, donde SÓLO *Dios Está.*

¿Pueden *ustedes* avanzar hasta ahí? Cuando lo hayan *logrado*, entonces *sentirán* la *Hoz*, porque estarán RECONOCIENDO al Padre – ¡pero NO habrá *sufrimiento* alguno! *Ustedes* estarán *entonando* el *Cántico* **del** *Cordero*. *Ustedes* estarán *dirigiendo* su total **y** comprometida *Atención* hacia Dios, el Padre, *Presente* en TODAS partes; *ustedes* NO estarán *juzgando según las apariencias de* 'este *mundo*' (Juan 7:27); *ustedes* serán un *Siervo Fiel negando el testimonio de* sus **sentidos**, **y** *tomando* **Su** *Cruz. Nadie* podría decirles que esto resulta *fácil* – de hecho, es el trabajo *más difícil* de 'este *mundo*', pero también es el trabajo *más gratificante* – constituye *El Camino Hacia la Vida Eterna.*

Como ahora nos hemos *abierto*, la *Hoz* está *descendiendo*; *nos* está *segando*, una y otra vez.

> *"Y el que estaba sentado sobre la nube, metió su hoz en la tierra; y la tierra fue segada. Y salió otro ángel del templo que está en el cielo, y él también contaba con una hoz aguda. Y del altar salió otro ángel, que tenía poder sobre el fuego; y clamó con gran voz al que tenía la hoz afilada, diciendo: Mete tu hoz, ... recoge los racimos de la vid de la tierra; sus uvas están totalmente maduras. Y el ángel metió su hoz en la tierra, y recogió la vid de la tierra"* ... (Revelación 14:16-18).

De nuevo, **permitimos** que SEA, en *nosotros*. *Nosotros* fuimos quienes *invitamos* al Espíritu *Invisible*, al haber *renunciado* a 'nuestros' *conceptos* acerca de 'este *mundo*'. Porque a medida que nos *convertimos* en *Vasijas Vacías*, en esa *misma* medida la Luz del Padre, *SIEMPRE DENTRO* de nosotros, *brilla.* 'Este *mundo*' se ha quedado *estancado* en la Palabra. Shakespeare lo sabía, "¡Qué tontos son estos *mortales*!"

¿Cómo podrían *ustedes* ser un *mortal*, y hablar acerca de *mejor* salud, *mayor* ingreso? *¿Cómo* podrían *ustedes* ser un *mortal*, y *preocuparse* realmente por la *seguridad* de 'su' hijo? En el instante en que utilizan esa palabra, "*mortal*", en ese instante están: *condenando* a ese niño y a *ustedes* mismos – a TODO aquello que NO es DE Dios.

DIOS NUNCA 'HIZO' NADA "*MORTAL*" – NI un árbol, NI una flor, NI un animal, NI una persona, NI un vegetal, NI un mineral... TODO aquello que puede "*morir*", NO es DE Dios. TODO aquello que es DE Dios ES, *Inmortal*; y, por tanto, la carne, que es "*mortal*", NO es DE Dios. Pero Dios ES, el *Único* Creador; así que, *si* NO *es* DE Dios, entonces qué *afortunados* somos de *saber* que todo eso *carece* de Existencia *Real*. Caminamos *como* carne y huesos, los cuales *carecen* de Existencia *Real* – son "*mortales*"; NO son DEL Padre *Inmortal*. *¿Qué* son, pues? –Se trata de la naturaleza del *hipnotismo* de 'este *mundo*'; y *mientras* vivamos *dentro* de ese *hipnotismo* que *acepta* la carne *mortal* como "yo", entonces TODOS los *males* de la carne *mortal* podrán *entrar* a 'nuestra' morada.

Ahora bien, NO debería resultar demasiado *difícil* para *ustedes llegar* al punto donde puedan *mirar* la "carne *mortal*" como: *ilusión* – podrán *percibir claramente* que Dios, de *ninguna* manera la está *protegiendo*. *Ustedes* "*miran*" la muerte a su alrededor; "*miran*" la guerra... Dios, NO está *protegiendo* a 'esos' jóvenes' – NO protegería a 'algunos' NI dejaría de lado a 'otros'. *Ustedes* "*ven*" los hospitales; "*miran*" a los enfermos, a los ancianos, a los moribundos. ¡No nos *incluyamos* dentro de esa *ilusión*! ¡No nos *involucremos* con eso!

Adoremos **verdaderamente** A Dios, y NO a la **materia**. La 'mente razonadora' de ustedes, dice: "Todo lo que *sé* es, este *cuerpo*; todo cuanto *sé*, es aquel *cuerpo*", y *ése* es el punto. *Su* 'mente razonadora' siempre dirá eso; y *su* 'mente que *razona*' los va a **atrapar** dentro de ese cuerpo. *Su* 'mente razonadora' va a invitar a *todas* las leyes **materiales** para que actúen en donde *ustedes* están. ¡No existe Dios, y un cuerpo *material*! ¿Se dan cuenta que *tendrán* que *encarar* esto algún día? –No podrán *posponerlo*...

En realidad, lo hemos estado *posponiendo* – lo *encaramos* los martes y lo *olvidamos* el miércoles; y luego el *jueves* nos preguntamos *por qué* tenemos un resfriado; el viernes, nos preguntamos *por qué* sucede algo más; la siguiente semana nos cuestionamos *por qué* tememos esto y *por qué* tememos aquello. ¡No hay Dios, y un cuerpo *material*!

AHORA *tendrán* ustedes que *luchar* contra eso, *hasta* que "Algo" en *ustedes* les *anuncie* la gran Verdad:

"*Ustedes Me ven, ustedes contemplan al Padre.*

El Yo, Soy la Luz (Juan 8:12).

El Yo, Soy el Hijo DE *Dios.*

El Yo, Soy el Niño DE *Dios.*

Dios ES *verdaderamente, Mi Padre.*

TODO cuanto el Padre ES, *el Yo,* SOY.

TODO cuanto el Padre TIENE, *el Yo, lo* TENGO (Juan 16:15).

¿*Qué* es Dios? –**Espíritu**. "*TODO cuanto el Espíritu* TIENE, *el Yo, lo* TENGO. *TODO cuanto el Espíritu* ES, *el Yo, lo* SOY".

¡La *creencia* en un 'cuerpo *material*' ha sido la causa de TODAS las enfermedades y muertes que 'este *mundo*' ha *conocido*!

∞∞∞∞∞∞∞ Fin del Lado Uno ∞∞∞∞∞∞∞

¡La *creencia* en un 'cuerpo *material*' ha sido la causa de TODAS las enfermedades y muertes que 'este mundo' ha *conocido*! – aunque la ÚNICA enfermedad y muerte que ha *ocurrido* sobre esta tierra ha sido: DENTRO del cuerpo *material* que Dios NO creó; DENTRO del **sentido mortal** del 'yo'. ¿Verdad que tuvo razón Shakespeare?

Qué *tontos* somos al *pensar* que el 'yo *mortal*' somos *nosotros*, cuando la *enseñanza* DE Cristo **exige** '**salir** de esa *creencia mortal*'; ser **renacidos**; **renunciar** a TODO cuanto *pensaron* que eran; y

conocer que, <u>*antes*</u> *de la fundación de* 'este *mundo*', <u>*antes*</u> de toda aparición ***material*** en 'este *mundo*', *la Imagen* **y** *Semejanza Divina* DEL *Padre, el Yo*, lo SOY y SIEMPRE lo SERÉ.

Y ***mi*** *Salvación*, ***mi*** Vida *Eterna*, NO descansan en *encontrar* una religión 'mejor' o 'más' Verdad, sino que descansan en ***saber*** que el Espíritu DE Dios <u>ES</u>: ***mi*** Vida, ***mi*** Mente, ***mi*** Cuerpo, ***mi*** Identidad, ***mi*** Actividad, ***mi*** Ley, ***mi*** Todo – porque Dios ES, TODO; **y** el 'Yo [y] el Padre, <u>SOMOS</u> ***Un Solo*** Ser' (Juan 10:30).

Eso está *aconteciendo* AHORA – se trata del Impulso *Interno* de la Época de la *Cosecha*. *Si* hemos '*segado* ***para*** *el Espíritu*', es porque hemos '*sembrado* ***para*** *el Espíritu*'. Y **si** *NO* estuviéramos *incluidos* en la *Cosecha*, sería porque habríamos '*sembrado* ***para*** *la carne*'. Contamos con *mucho* tiempo por delante para llevar a cabo <u>*nuestros*</u> ***ajustes*** en la Conciencia.

"Y el ángel metió su hoz en la tierra, y recogió la vid de la tierra; (y) echó las uvas en el gran lagar de la ira de Dios. Y el lagar fue pisado fuera de la ciudad; y salió sangre del lagar, hasta los frenos de los caballos, por mil seiscientos estadios" (Revelación 14:19–20).

El *Lagar fue pisado fuera de la Ciudad*. *Si* <u>*ustedes*</u> 'miraran' a su alrededor en 'este *mundo*' actual tan confuso, estarían '*viendo*' aquello que está *aconteciendo* en *el Lagar pisado fuera de la Ciudad*. Tal como <u>*su*</u> *separación individual* DE Dios a través del *falso* ***sentido*** de <u>*ustedes*</u> *mismos* conduce a problemas ***internos*** *individuales* que se convierten en problemas ***externos*** *individuales*, de la ***misma*** manera al *separar* 'este *mundo*', DE Dios, conlleva problemas '*colectivos*' de la *tierra* a *TODO* nuestro *alrededor. Nosotros* tenemos *nuestros* problemas '*personales*', y de la *misma* manera 'este *mundo*' tiene sus problemas '*colectivos*'.

Cuando <u>*ustedes*</u> tienen algo *mal*, eso constituye parte de <u>*su*</u> Iniciación '*Individual*', con el propósito de *recordarles* que se encuentran *momentáneamente separados* del RECONOCIMIENTO de

<u>su</u> *Identidad* – *creyendo* 'subconscientemente' que Dios, *NO* Está donde <u>ustedes</u> están; o *creyendo* que Dios, pudiera *Estar en* ese mal, **y** que <u>ustedes</u> se encuentran ahí *'también'*.

En este momento en *particular* me pregunto si deberíamos *continuar* con la *Revelación*. Siento la *necesidad* de *consolidar* también lo que hemos venido *haciendo*, así que veamos hacia *dónde* seremos *'conducidos'*.

"Vi otra señal en el cielo, grande y maravillosa: siete ángeles que portaban las siete últimas plagas; porque en ellas se consumaba la ira de Dios" (Revelación 15:1).

Ahora tenemos **siete** *Ángeles*, y **siete** *Plagas*; y éstas constituyen las **siete** '*últimas*' *Plagas*. ¿Por qué un *Ángel* debería *portar* una *Plaga*? Eso es exactamente lo que 'este *mundo'* ha pensado: que 'Dios *castiga'*. Pero, *si* **Todo ES Dios**, entonces ¿'a *quién'* estaría *castigando* Dios?

De ese modo encontramos que las *Plagas* representan el grado de *obstinación* en <u>nosotros</u>; el grado de *ignorancia* acerca DE Dios, que está *todavía* en <u>nosotros</u>, el cual <u>nos</u> impide RECONOCER la Identidad *Verdadera*. Las *Plagas* van a *destruir* esa *barrera* restante en cada uno de <u>nosotros</u>, la cual *todavía* se encuentra dentro de la voluntad *personal*. Para 'nosotros', *parecerán* 'plagas' – pero NO lo son, ¿cierto? Las *Plagas* están *quitando* la barrera de la voluntad *personal*, para que se nos permita *entrar* al Reino DE Dios. Pero *parecen* Plagas sólo para aquellos que se encuentran *separados* DE Dios – NO *dañan* la Realidad de un Individuo; NO *tocan* al Cristo. Por el contrario, los llevan a <u>ustedes</u> a *comprender* la Identidad-Cristo; los *liberan* a <u>ustedes</u> del **anti**-Cristo – son *Plagas* **sólo** para el **anti**-Cristo. Y *si* <u>ustedes</u> están morando en el **anti**-Cristo, entonces, para <u>ustedes</u>, por supuesto que constituyen una *Plaga* – ¡NO se *confundan* al respecto! Se dice que los *Ángeles* portaban las **siete** *Plagas*, pero eso *también* significa que los **siete** *Ángeles* van a *revelar:* el Poder *Total*, el Inevitable, el Invencible, Poder *Total* DEL

Espíritu, ante el Cual TODA rodilla y TODO concepto *falso*, _tiene_ que *doblegarse* y ser *disuelto*.

Entonces seremos *Perfectos* en _nuestro_ entendimiento y *comprensión*, en _nuestra_ vida, en _nuestra_ experiencia, tal como el Espíritu, como '*nuestro Padre que está en los cielos*', es *Perfecto* (Mateo 6:9). Los **siete** *Ángeles*, entonces, serán los **Siete** *Dones* DE Dios PARA el **Hombre** – los **siete** *Mandatos* u *Órdenes*, con los cuales *cada* uno de _nosotros_ se encuentra *dotado espiritualmente*; y los cuales *cada* uno de _nosotros_ YA hemos *recibido*, pero NO *experimentamos* en nuestro diario vivir, porque NO hemos **entregado** dichos *Siete* Dones **al** Creador, para que sean *utilizados* POR el Espíritu. Ahora, a medida que **aprendemos** a **permitir** que el Espíritu *utilice* **Sus** Dones Divinos **en** _nosotros_, éstos serán cultivados, sembrados y cosechados con Entendimiento *Infinito*, en lugar de estar *limitados* por 'nuestros **sentidos** *humanos*'.

Supongamos que ustedes observan una hormiguita parada frente a una ballena. Bien; lo que sea que la hormiga '*vea*', JAMÁS corresponderá a la **totalidad** de la ballena. Por lo tanto, sea lo que sea que '*vea*' la hormiguita, JAMÁS tendrá la menor *idea* de lo que **es**; NO *percibirá* aquello que la *rodea* – tan solo verá la 'pequeña mota' que *mira*; JAMÁS podrá *comprender* a la ballena.

Los **sentidos** *finitos* del hombre JAMÁS podrán *comprender* lo *Infinito* – son como la *hormiguita* que *mira* a la ballena. Y lo que sea que *llame la atención* de la hormiga, será *mentira*, porque el simple hecho de tener *enfrente* una ballena, NO le puede ser *informado* a la hormiguita. *Independientemente* de lo que *miren* 'nuestros **sentidos**', ellos harán lo *mismo* con _nosotros_ – NO importa lo que traigan ante _nuestra_ *consideración* – será **mentira**, porque '_nuestros_ **sentidos**' NO pueden *captar* la *Plenitud*. Y **si** _ustedes_ tan solo pueden *ver* una '*parte*', entonces _ustedes_ NO podrán *apreciar* aquello que hace que esa '*parte*' lleve a cabo lo que hace, porque _ustedes_ NO *pueden captar* la *Fuerza Motivadora* que *rodea* esa '*parte*'.

Nosotros, *mirando* a la ballena, a lo *Infinito*, a través de los ojos de la *hormiga*, a través de los **sentidos**, hemos llegado a *acumular* considerables *falsedades*. Y **aferrándonos** a dichas *falsedades*, aún **influenciados** por las *creencias*, aunque NO podamos *percibir* la *Plenitud*, aun así, *todavía* nos **aferramos** a los fragmentos, a los conceptos, a las sensaciones, y permanecemos *enlazados* con la **materia**, y seguimos *buscando* cómo 'obtener' dicha **materia**. De ahí que pensemos que nuestra *vida* consiste en seguridad **material**, y eso constituye un concepto **falso**: NO hay seguridad en la **materia**; JAMÁS podremos estar *protegidos* DENTRO de la **materia**.

No hay *nada* que *ustedes* puedan alcanzar **materialmente**, que les diga la *Verdad* acerca de la *Existencia*; y cuando *ustedes* construyen TODA su vida alrededor de la **materia**, la cual NO constituye la *Realidad*, entonces toda su Vida *experimenta* TODAS las *secuencias* de *sueños* de **irrealidad** – pero *sus* sufrimientos, NO provienen DEL Padre, sino de *su* propia *comprensión* **limitada** acerca de la Realidad. Y *llegan* las *Plagas*... – *ustedes* agotaron *su* tiempo *asignado*, y *todavía* siguen *creyendo* en la **materia**. Por ello entonces, las **siete** Plagas *tienen* que *llegar*, porque "*SU Palabra, NO ha de regresar vacía...*" (Isaías 55:11).

El Espíritu *debe Expresarse* dondequiera que *ustedes* se encuentren; NO Se quedará *de brazos cruzados* mientras *ustedes* viven DENTRO de conceptos **falsos**. Y así, esos conceptos son, **o** *purgados* **y** *arrojados* al fuego; **o** *ceden* ante la Verdad...

Y ahora las *Plagas*, las **siete** *últimas Plagas*.

"*Y Yo vi como una mar de vidrio mezclada con fuego; y quienes habían obtenido la victoria sobre la bestia, sobre la imagen, sobre su marca, y sobre el número de su nombre, estaban de pie sobre la mar de vidrio, teniendo las arpas de Dios*" (Revelación 15:2).

Justo **ahí** es donde *queremos estar*, ¿cierto? – en esa '*Mar de Vidrio*', habiendo obtenido nuestra *Victoria* sobre la *bestia* y sobre el *número del* **hombre**, superando la naturaleza *incompleta* del *yo* *material* – el *'666'* – que constituye el *hombre* que JAMÁS podrá llegar a ser ÉL MISMO. Nosotros *recibimos* la *'Marca'*, pero NO la de la *bestia*, sino la DEL Padre: la *Marca de los 144.000 en el Monte Sion*; la *Marca* de aquellos que se encuentran *enlazados* CON el Cristo; la *Marca* de la *Revelación*; la *Marca* de la *Comunicación Directa* CON el Espíritu. ¿Y 'a dónde' *llegan* las *Plagas*, cuando *ustedes* están en *Comunicación Directa* CON el Espíritu?

Las *Plagas*, *NO se* **acercarán** *a Su Morada* (Salmo 91:1), porque *ustedes* se encontrarán *parados sobre la Mar de Vidrio – Impecables*, SIN *obstrucción*, la Conciencia-*Maestra Pura*, *Libres* de conceptos **materiales**, *sobre Aguas Tranquilas, en Verdes Pastos* (Salmo 23:2). Ya NO se encontrarán más, *encadenados* por la *dualidad* de la *creencia* en el Espíritu, **y** 'algo más'. Así se encontrarán *Tocando un Arpa*; se encontrarán *Escuchando Música Celestial*; se encontrarán DENTRO *del Ritmo de las Esferas*.

Ustedes se encontrarán llevando a cabo Obras *Divinas* sobre la tierra, porque habiendo *eliminado* TODA *creencia* en un universo **material**, en una personalidad **material**, entonces la *Actividad* DEL Espíritu en *ustedes*, se convertirá en una *'Mar de Vidrio'*; en una Conciencia *Pura* e *Inmaculada*; en una Unidad *Conscientemente* RECONOCIDA, *Clara* como el Cristal; NO estropeada por *concepto* alguno – UNA SOLA Mente; pero NO una Mente *Infinita* **y** una *'mente' finita* – UNA SOLA Mente *Infinita*, *activa* dondequiera que *ustedes* se *encuentren*, como la ÚNICA Mente que ustedes *conocen*; expresándose *como* el *Santo* Espíritu; apareciendo como la *Armonía* de la Existencia – porque las *Plagas*, solamente pueden *'tocar'* a quienes NO están DENTRO de la Conciencia **Única**.

Las *Plagas*, sólo pueden *destruir* la *ignorancia* acerca de Dios; las *Plagas*, NO pueden *destruir* la Realidad. Pero **si** *ustedes* NO se encontraran DENTRO de la *Realidad* del Ser, entonces, para *ustedes*, Ellas serían *Plagas*. Pero **si** *ustedes* se encontraran DENTRO de la *Realidad* del Ser, entonces *ustedes* serían *demasiado Puros como para contemplar las Plagas*, puesto que, *en la Luz*, NO *puede haber* *oscuridad alguna* (1Juan 1:5). <u>AQUELLO EN LO QUE *USTEDES* SE ENFOQUEN, ES LO QUE *DETERMINARÁ* SU *EXPERIENCIA*</u>.

Y ahora *"cantamos el cántico de Moisés, (el) siervo de Dios, y el cántico del Cordero, diciendo: Grandes y maravillosas son tus obras, Señor Dios Todopoderoso; justos y verdaderos son tus caminos, Rey de los santos"* (Revelación 15:3).

Observen que SIEMPRE hay 'Algo' *impulsándonos*, para hacernos *llegar* a ese *Lugar* en la Conciencia, donde *entreguemos* **completamente** nuestro corazón AL Espíritu. NI siquiera intentamos *retener* 'algo' para <u>*nosotros*</u> – implica una *entrega* TOTAL AL Espíritu. *–Ustedes* la *sienten* también, porque cuando *acontece*, entonces <u>*ustedes*</u> RECONOCEN que NUNCA se habían *rendido* **verdaderamente** AL Espíritu.

Ustedes habían *cumplido* con algunos *cuantos* 'sacrificios'; y habían *cumplido* algunas cuantas 'promesas'; y habían presentado algunas *cuantas* 'plegarias', e incluso habían *dedicado* un *gran* esfuerzo, pero siempre había un *"tú"*, llevando a cabo todo eso. Esto **exige** ahora un tipo **diferente** de *sacrificio* – el *Sacrificio* TOTAL de <u>*su*</u> propia personalidad *humana* – el *Sacrificio* del *"tú"* a favor DEL Espíritu, constituye la *Crucifixión* de TODA *creencia* acerca de que exista un *"tú"*.

¿Han hecho ustedes ese *Sacrificio*? –Bueno, *al saber* que NO existe un *"tú"* **material**, ¿a <u>*qué*</u> nos estamos *aferrando*? –Tan solo a la *creencia* de que existe un *"yo"* **material**... y por ello <u>*tendremos*</u> que *sufrir* las **siete** *Plagas*. Esa *creencia*, de que hay un *"yo"* **material**, *carece* de fundamento. Esa *creencia* es aquello que *todavía* <u>*nos*</u> considera *'nacidos de mujer'*. Y mientras dicha *creencia* esté DENTRO de <u>*ustedes*</u>, estarán *invitando* al karma, porque el karma es, la *ley* **automática** *de causa-efecto* que <u>*ustedes*</u> *establecen* cuando se **separan** de la Identidad *Espiritual*.

En el instante en que *ustedes* adquirieran 'forma' **material**, en ese preciso instante *comenzaría* el karma – incluso *antes*, puesto que NO existe una Identidad *Espiritual*, '**y**'... La *creencia* de que *también* exista una 'personalidad **material**', es aquello que *invita* al karma. La Actividad *Infinita* DEL Espíritu NO *tolera* NINGÚN *opuesto*. En el instante en que *ustedes* sean *hipnotizados* como una identidad **separada** del Espíritu, de *cualquier* tipo, en ese preciso instante *ustedes* caminarán DENTRO del karma, *sembrando para la carne* (Gálatas 6:8) – y aquí somos *advertidos* que eso, NO podrá *continuar*. Ustedes serán *víctimas* de las **siete** *Plagas* – TODA onza, TODO remanente de creencia **humana**, *tiene* que **disolverse**, porque *ustedes* NO pueden ser *liberados hacia el* Reino DE Dios, en tanto *todavía* cuenten con '**un solo**' defecto **humano**. –SÓLO los *Perfectos* pueden *sobrevivir* DENTRO del Reino.

De esa manera estamos siendo *purgados* de TODA creencia **humana**; estamos siendo *conducidos* hacia la PRIMERA *Resurrección*. Estamos siendo *conducidos* al *SEGUNDO* Nacimiento, el cual NO *conoce* la muerte, que constituye el **fin** del *PRIMER* Nacimiento, el **fin** del "*yo*" **material**. Y los *desastres*, las *enfermedades*, las *pestilencias* de 'este *mundo*', son sólo la *evidencia* de que *todavía* nos **aferramos** a la *creencia* de que 'este *mundo*', está *ahí*.

A través de TODO este *despliegue*, es que estamos *alcanzando* ahora una *Libertad*, incluso aunque NO la hubiéramos *atraído* **conscientemente**. Se trata de la *Libertad* que **exige** el Espíritu, porque *nosotros* SOMOS la Imagen **y** la Semejanza *Divinas*, **y** *debemos* ser *liberados* de TODA *creencia* **contraria** a la Realidad.

Observarán aquí que, aquellos que han **alcanzado** la Unicidad CON la Voluntad DEL Padre, *automáticamente* están *cumpliendo* CON los **Diez** Mandamientos en su Esencia *Espiritual*; *cumpliendo* CON los **Dos** Mandamientos que Jesús introdujo; y están siendo *unificados* en Unicidad CON la Voluntad DEL Padre en *sí mismos*, de manera que pueden ser **enseñados** POR Dios (Juan 6:45); enseñados, guiados, dirigidos, alimentados *POR* el Espíritu, para *vivir* COMO Ser *Espiritual*, BAJO el Gobierno *Espiritual*.

Si *ustedes* NO han *degustado* el Alimento *Divino*, entonces *desconocen* **Su** Poder – pero *si* lo han *degustado*, entonces **saben** que NO hay *otro* Poder que el Alimento *Divino*: esa *Carne* DEL Espíritu, esa *Sangre* DEL Espíritu, el Alimento *Divino* **y** la Bebida *Divina*. Eso constituye la *Dieta*, la ***Última*** *Cena*, la *Senda* hacia la *Auto-Identidad*, el Camino para *'tejer el Manto* DE *lo Alto'*. **Sólo** la *Carne* Espiritual **y** la *Sangre* Espiritual; ***sólo*** la *Sabiduría* DEL Cristo en *ustedes*, puede *'tejer el Manto* DE *lo Alto'*.

Para *cada* uno de *nosotros*, la PRIMERA Resurrección *comenzó* hace algún tiempo; está siendo *tejida* DESDE lo Alto. Y cuantas más *creencias* **materiales** *ustedes* **desechen**, tanto más *Alimento* Divino está siendo *ministrado* a *su* *Nueva* Conciencia, siendo *liberado* hacia la *Acción*. Cuando *ustedes* NO tengan más *conceptos*, pero sean **completamente** *libres* para *caminar sobre las aguas* DEL Espíritu, SIN *temor* alguno, *sabiendo* que NO hay NINGUNA *'persona'* dondequiera que *ustedes* se encuentren; NINGUNA *'persona'* donde puedan mirar madre, padre, hermano, hermana, entonces *ustedes* habrán ***dejado*** madre, padre, hermano, hermana POR *Mí*. Y SÓLO entonces, comenzarán a *percibir* 'Aquello' que está *allí* – *MI* *ESPÍRITU*.

Ustedes NO podrán *percibir* lo *Invisible*, en tanto **persistan** en *considerar* lo *'visible'*. ***Únicamente*** cuando RECONOZCAN la Validez **y** la Identidad de lo *Invisible* como el **TODO**, RECONOCIENDO A Dios como *siendo* **TODO**, como Dios *siendo Invisible*, **TODO** lo *Invisible*, es que podrán *caminar a través de las 'formas'* de esta *'tierra'*, *sabiendo* que NO están allí. Cuando puedan ***aceptar*** *las* *'formas'* de esta *'tierra'*, como las *sombras de la 'mente'-cósmica*; entonces podrán *sentir la* **liberación** de dichas *'formas'*; podrán *ser* **liberados y alimentados** POR lo *Infinito*, POR lo *Divino*; **y** podrán ***sentir*** *florecer su* Vida *Eterna*.

Ustedes *conocerán* el significado de: *'Yo* [y] *el Padre,* **UNO** *Somos'* (Juan 10:30) – pero NO como una *cita* Bíblica, sino como un RECONOCIMIENTO, como una *Experiencia*, como una *Convicción*, como una Verdad *Permanente* de *Identidad*. *Ustedes*

NUNCA podrían ser algo *más* que el UNO, puesto que el Padre ES lo ÚNICO. Y entonces el *'Manto **sin** costura, tejido desde lo Alto'* de *ustedes*, se convertirá en *su* Forma-*Espiritual*-Viviente, *alimentada* **y** *sustentada* POR lo *Infinito* – para NUNCA ser *empañada*; para NUNCA ser algo *menos* que el **H**ijo Viviente DE Dios. Esa es la razón por la que hay *Plagas* – para llamar *nuestra atención* sobre *nuestra separación*, hasta que ya NO estemos más *separados*, sino que seamos: *demasiado Puros como para contemplar la iniquidad* (Habacuc 1:13).

"¿Quién no te temerá, oh, Señor, y glorificará Tu Nombre? ..." (Revelación 15:4).

Deténganse en la palabra: *"temor"*, y NO la *interpreten* como los **humanos** *interpretan* el *temor*. *Nosotros*, NO *tememos* a Dios; NO existe un *"tú"* para *temer* A Dios. Nosotros *conocemos* la Verdad acerca de que *'El Yo* [y] *el Padre,* **UNO** *Somos'* (Juan 10:30). *Nuestro temor* implica la **aceptación** de la *Unicidad*, porque conlleva un **conocimiento** de que NO podemos ser algo *menos* que el UNO – ser algo *menos* que el UNO, es aquello que se *teme*. Esto constituye la **aceptación** y el **reconocimiento** TOTAL DE Dios, y es lo que aquí se menciona como *"temor a Dios"*: el RECONOCIMIENTO TOTAL DE Dios *en* el prójimo; DE Dios *en* cada animal; DE Dios **dondequiera** que *pareciera* estar la 'forma' **material** – devorando el *orgullo* de *ustedes*, donde fuese *necesario*, para *percibir* A Dios, justo donde 'este *mundo*' ve 'pecadores'.

¿Dónde perciben A Dios, si NO pueden *percibir* con 'ojos *humanos*'? –*Percibir* es, **aceptar** en Consciencia; *percibir* es, *Ser*; *liberar todo* 'lo demás', *toda* 'evidencia *sensoria*', en la **aceptación** del Espíritu ÚNICO que ES Dios – eso es TODO; eso es **percibir**. Y la Verdadera *Percepción* llega cuando *ustedes* han **aceptado**; y entonces *ustedes* percibirán *"cara a cara"*; percibirán con un 'Ojo *distinto'* – 'percibirán' DESDE lo *Infinito* DENTRO de *ustedes*, en lugar de 'mirar' DESDE lo *finito*, a 'este *mundo*' exterior.

Ustedes percibirán Su Ser, *El* Ser. ¿Les suena *extraño* entonces, el que *no exista* 'gente'? ¿Les suena *extraño* que *no existan* 'personas'? Pues entonces les *seguirá* sonando *extraño*, hasta que 'Algo' DENTRO de *ustedes*, Se *eleve* más allá de *su nivel actual* de Conciencia. Porque la *creencia* en 'personas', constituye *hipnotismo*; *hipnotismo universal* – y las 'personas', *mueren...*

La **aceptación** de la TOTALIDAD DE Dios constituye la **liberación** de la *creencia* en 'personas'. Y cuando **aprendamos** a *amar* A Dios SUPREMAMENTE; a *amar La Verdad* por encima de **todo**, entonces NUNCA mantendremos a una 'persona' en esclavitud, *etiquetándola* como *tal* – como 'persona' – y TAMPOCO aceptaremos en *nuestra* Conciencia, a 'persona' alguna. Y mientras *mantengamos* esa **falta** de voluntad para *caminar esta* **última** *milla* (Mateo 5:41), entonces encontraremos que **todavía** estaremos bajo la *ley de siembra y cosecha para la carne*. "*De aquí en adelante, a* NADIE *conocemos* [a NINGUNA *'persona'*, a NINGÚN '*hombre*'], *según la* 'carne'" (2ª. Corintios 5:16).

TODO cuanto *existe* es el "Yo", el Cristo *Impersonal*, el Ser *Invisible* – *falsamente* interpretado por 'este *mundo*' de los *sentidos*. Y, a su *debido* tiempo, *ustedes* descubrirán que la *extrañeza* de este *entendimiento* habrá **desaparecido**. Conforme *ustedes* **salgan** de la *hipnosis* de 'este *mundo*', la *niebla* a su alrededor **perderá** *poder*, **y** entonces **El** Poder de *Su Propio* Ser *Perfecto*, *florecerá*.

De nuevo, las *Plagas* NO *llegarán a quienes moren* **dentro** *de la Conciencia* **Espiritual**. Las *Plagas* **sólo** van a "*destruir* la *destrucción*"; **únicamente** "la *destrucción* puede ser *destruida*" por las *Plagas*; **solamente** la "*ignorancia* puede ser *destruida*" por las *Plagas*. Pero las *Plagas* NO pueden *tocar* la *Realidad*. Así que, *si* esto les *duele*, es debido a que NO están *en* la *Realidad*.

Me parece que continuaremos con las *Plagas* la siguiente sesión, porque vamos a tener esas *Plagas* identificadas para *nosotros*, como '*las* **siete** *Copas que contienen las* **siete** *Plagas*' – las cuales serán *administradas por* **siete** *Ángeles*. Los **siete** *Mandamientos* DE *Dios*, se *convierten* en los *siete Ángeles* que administran las *siete*

Plagas; Mandamientos en *nosotros*, que *nos* **obligan** a ser aquello que SOMOS.

Quiero *recordarles* varias cosas debido a lo que han escuchado el día de hoy. *Cuando* ustedes vuelvan a *leer* el Capítulo **11**, *"El Horizonte Nuevo"* en el libro *El Camino Infinito*, bien pudiera *adquirir* otro *significado* para <u>ustedes</u>. Sugiero que <u>después</u> de haberlo *leído*, <u>vuelvan</u> a leerlo por **siete** días – *léanlo* **una** *vez al día*. Y si *NO* se sienten *tontos* al hacerlo, sugiero que lo *lean en* **voz alta** *para 'ustedes mismos'*, donde se encuentren – a solas o con un amigo. –Tan solo el **escuchar**, utilizando esas palabras, les **ayudará**.

Después, *cuando* lean: *"No hay Dios, 'y'"*, el Capítulo **4** de *Reconocimiento de la Unicidad*, intenten *leer* algunas partes en **voz alta** dentro de una habitación, *para 'ustedes mismos'*. Les *dará* a sus oídos, la oportunidad de **discernir** la Verdad; les *dará* un **recuerdo** de la Verdad cuando se encuentren en 'este *mundo*' – incluso pudieran **escuchar** las palabras de 'sus *propios labios*', las cuales les *recordarán*, cuando estén en 'este *mundo*', 'aquello' que *necesitará ser recordado* 100 veces o más.

Ahora bien, cuando *descubran* que *"No hay Dios, 'y'"*, constituye una *Verdad* que JAMÁS puede *cambiar*, entonces cada vez que *acepten* algo que NO sea *Dios como una Realidad*, se encontrarán **separados** DE Dios, **atrayendo** sobre <u>ustedes</u>, la **retribución** de quien se encuentra *viviendo* una vida **dual**. *Cuando* por otro lado, ustedes **consulten** al Espíritu *Interior*, con el *conocimiento* de que debido a que *sólo* hay Dios, Espíritu, y NADA más; y, por lo tanto, ¿*cómo* vivir DENTRO de ese Espíritu? – entonces *encontrarán* los '*Brazos Eternos*' (Deuteronomio 33:27), *ayudándolos*, a vivir DENTRO de esa Extraña y Hermosa *Conciencia*, donde SÓLO EL ESPÍRITU ES.

El Espíritu Se *vivirá* a Sí Mismo en la *Conciencia* DE <u>ustedes</u>, a medida que <u>ustedes</u> Se lo *permitan* – porque <u>ustedes</u>, como *humanos*, JAMÁS podrían *vivir* EN Dios, **y** *sin* opuestos – eso constituiría la *negación* misma de la Verdad *Absoluta* de que: SÓLO EXISTE DIOS.

Ustedes <u>tienen</u> que **apartarse** del camino, **y** *permitir* que el Espíritu constituya <u>su</u> propio Ser, porque <u>ustedes</u>, TAMPOCO son 'persona' – JAMÁS lo fueron. *Consideren* lo anterior, hasta que **no** sea más algo *extraño* para <u>ustedes</u>, sino algo **Glorioso**; y entonces NO serán *tocados* por las '*siete Plagas*' – NO habrá *necesidad* alguna de '*tocarlos*', porque NO se puede *purificar* **el** Espíritu, lo cual constituye el *Nombre*, la *Naturaleza* de <u>ustedes</u>.

Todavía contamos con seis o siete semanas, *antes* de alcanzar la *conclusión* de esto. Hay un indicio de que, para entonces, *todos habremos alcanzado* **otro** *Nivel de Ser*. Y también *sabemos* que hay 'otros', entre *nosotros*, quienes YA *han alcanzado* dicho *Nivel*, por lo que NO estamos *solos*. Y NO *duden* que seremos *acompañados* por aquellos **en** el Espíritu *a través* del Universo, porque cuando <u>ustedes</u> '*abandonen*' *el valle de la sombra de la muerte* (Salmo 23), **y** '*entren* a la *Realidad* DEL Ser*', entonces *encontrarán* a muchos que han *ido* DELANTE de <u>ustedes</u> – demasiado *ansiosos* por tener *comunión* CON <u>ustedes</u>; por *compartir* CON <u>ustedes</u>; por *vivir* CON <u>ustedes</u>; por *estar* CON <u>ustedes</u>; por *ser* de UNA SOLA Familia, por TODO este Universo DENTRO de lo *Invisible*. Y algunos *llegan* hacia lo *Visible* como su *Nuevo* Hogar, como su *Nueva* Familia, en tanto otros, de los 'viejos', se *mudan*...

No *recuerden* los *odres de vino* **viejos**, NI los *vestidos* **viejos** (Mateo 9:16–17). "*He aquí, el Yo*, Hago TODO **Nuevo**" (Revelación 21:5). Ése es, el *Camino Angosto* (Mateo 7:13) que conduce a la *Plenitud* de Ser – pero NO es el '*camino ancho*' que conduce a la *estrechez* de la vida *humana*. Pareciera una manera *Extraña*, pero NO lo será para *siempre*.

Ahora *confrontamos* estas Verdades. En lugar de ser **obligados** a *apartarnos* de la mentira, *encaramos* **voluntariamente** estas Verdades, **y** vamos **aprendiendo** a NO *luchar* contra el *error* con las *armas* **del** *error*, sino con *la Espada* DE *la Verdad* EN la Conciencia.

Lean esos **dos** Capítulos – se *sentirán* muy *agradecidos* de haberlo hecho.

Gracias de nuevo – los veo pronto.

CLASE 19

EL YO, SOY

Herb: - Prosigamos con el Capítulo **16** de *Revelación*.
"*Oí una gran voz desde el templo, la cual decía a los siete ángeles: Id, y derramad las copas de la ira de Dios sobre la tierra*" (Revelación 16:1).

Hay **siete** *Ángeles* que están a punto de *derramar las Copas de la Ira*. Esto nos parecerá una paradoja, hasta que aprendamos que *la Ira de Dios* es, ese Amor que **no** nos permite *permanecer* dentro de un *sentido de imperfección*. Y *las* **siete** Copas disolverán *los* **siete** *pasos de* **separación** entre nosotros, **y** nuestra Propia *Identidad Verdadera*.

Las **siete** Copas nos permitirán, una por una, *salir* de la niebla, *salir* del hipnotismo de la *mente*, precisamente hacia 'Aquello' de lo que pareciera que nos estamos *apartando*, en tanto que, al mismo tiempo, *anhelamos* 'Aquello' desesperadamente. Las *Copas* nos llevarán al RECONOCIMIENTO de la Vida **sin** *Fin*. Pero para quienes estén *inmersos* en la *creencia* de que la *materia* determina los asuntos de la Vida, las *Copas* parecerán una *Plaga*. Y el *tormento* que experimentamos a causa de dichas *Copas*, lo constituye nuestro *apego* a la *materia*; nuestro *apego* a los *conceptos materiales – apegos* de los cuales las *Copas* intentan *apartarnos*.

–Las *Copas* representan la *Sabiduría* Divina, la *Verdad*, la *Palabra* o el *Verbo*. Y así, ahora ha llegado el momento para un *cambio* en la Conciencia del Individuo **y** en la Conciencia de 'este *mundo*'. Ya **no** podemos más estar DENTRO del Espíritu los *martes*, **y** FUERA del Espíritu los *jueves*; ya *no* podemos *entrar* más al Templo *a voluntad*, **y** *salir* del Templo *a voluntad*. Nosotros <u>tendremos</u> que elegir entre los *dos amos*. Así pues, ha llegado el momento de **actuar**; se trata del **fin** del *sometimiento* – la oportunidad *está a la mano*. Y ahora, estas **siete** *Copas*, llamadas las **siete** *Plagas*, nos van a *mostrar* que tenemos que llevar a cabo una *elección* entre la destrucción **o** el Cristo; entre la mortalidad **o** la Inmortalidad; entre el sometimiento a la materia **o** la obediencia a la Conciencia *Espiritual*.

> "*El primer ángel fue, y derramó su copa sobre la tierra;*
> *y cayó una úlcera maligna y pestilente sobre los hombres*
> *que tenían la marca de la bestia, los cuales adoraban*
> *su imagen*" (Revelación 16:2).

Ahora sabemos que, la *marca de la bestia* es esa *cualidad*, o ese grupo de *cualidades* en <u>nosotros</u>, las cuales *adoran* 'este *mundo*' **material**, comenzando con 'nuestro' *cuerpo material*. Esa es la manera con la cual '*nosotros*' buscamos ser *glorificados*; se trata de la *persona* **y** de la *personalidad*, las cuales pretendemos *convertir en algo* – en algún tipo de *estatus*; es la forma con la cual intentamos, *proteger* **y** *salvaguardar*. Tenemos *la marca de la bestia en nuestras frentes*; **no** nos hemos *elevado* DE *la tierra*; todavía caminamos DENTRO de la conciencia-*cuerpo*, DENTRO de la conciencia-*sentidos*; DENTRO del reconocimiento consciente de la *mortalidad*, en donde **no** existe *mortalidad* alguna, *temerosos* de *salir* hacia la *Libertad de la Inmortalidad*. Y de esa manera permanecemos *aprisionados* DENTRO del *cuerpo*, atados a la *materia*, atados a la *tierra*, atados a un *lapso de vida* – aunque NADA de eso es *cierto* en la *Realidad*.

Así pues, *la **primera** Copa es derramada sobre la tierra*. Habrá otra *Copa* derramada sobre la *mar* y otra más derramada en el *aire* – y nosotros *tenemos* que *conocer* lo que esto *significa*. La *tierra* implica: la CONCIENCIA *INDIVIDUAL* de ustedes. La *Copa* que es *derramada* sobre la CONCIENCIA *INDIVIDUAL* de ustedes es, la Verdad, *enseñándoles* que existe *otro* lado en las cosas, *otra* forma posible de Vida – una Vida que NO termina en la *tumba*. Existe una Vida posible, *antes* de la *tumba*, la cual *tiene* que ser alcanzada, *para* que dicha Vida NO termine en la *tumba*. Así pues, esto es *derramado* sobre *su* tierra, sobre *su* conciencia. *Su* CONCIENCIA-HUMANA *INDIVIDUAL*, recibe un *Impulso*, el cual la lleva hacia un *nivel* desde el cual tenga la posibilidad de *ver*, de *sopesar*, de **admitir** la posibilidad del Cristo *Interior*.

–Porque esto NO constituye tan solo *la **primera** Copa que es derramada*, sino que también implica el *Método* mediante el cual será recibida cada *Copa* adicional de Verdad. Porque la **primera** *Copa* nos habla acerca de la *posibilidad* de una Conciencia **Trascendental** llamada Conciencia-**Cristo**; y también nos *enseña* que éste es el *Método* por medio del cual somos *elevados más allá* de esos insistentes remanentes de *creencias materiales* que nos mantienen *esclavizados* a una vida *imaginaria inexistente*.

El CRISTO constituye, la **primera** *Enseñanza* de la **primera** *Copa*. Existe un *Cristo*, se trata del *Reino* DE Dios, DENTRO de *cada uno* de nosotros; y a través DEL Cristo llega la *Enseñanza* DEL Padre, por medio DEL Hijo. DESDE el Padre HACIA el Hijo, en ustedes; DESDE lo Infinito, el Cristo EN ustedes, la *Revelación llegará*. Ese será el *Método* a través del cual los **siete** *Ángeles*, los **siete** *Mandatos*, los **siete** *Pasos*, han de *recorrerse* hacia la *Vida Eterna*.

El "Yo", DENTRO de nosotros, se está *elevando, desplegando*, para que podamos *escuchar, discernir*, aquello que los oídos *humanos* NO pueden *oír*; para que podamos *percibir*, aquello que los ojos *humanos* NO pueden *ver*; y para que nos *movamos* en un Universo tal, *dentro* del cual, un cuerpo *humano*, NO puede *moverse*. –Estamos siendo *elevados* desde un universo de *segunda* mano, hacia la *Realidad* – nuestros oídos están *siendo abiertos*; nuestras Nuevas *Capacidades* están siendo *activadas* DENTRO de una Vitalidad *Interior*, por lo que ya NO estamos *muertos* para Cristo. ¿Constituye eso una *Plaga*? –Sólo para quienes sienten *temor* de la *Realidad*; para quienes permanecen *asidos* de los *sentidos, temerosos* de ceder, *temerosos* de avanzar *y* ascender hacia la Verdad, calificando la ***primera*** *Copa*, como *Plaga*. "*No* perturben mi existencia *humana*; déjenme sentir *cómodo* donde estoy; déjenme *morir* en paz; déjenme *marchitarme y desintegrarme.* ¡**No** me molesten!". Ésa constituye la ***primera*** *Plaga*, para la engreída **y** complaciente conciencia-*terrenal*, la cual, a pesar de todos sus problemas, *todavía cree* que los *problemas* de la vida serán *resueltos* por un genio *científico*, por un genio *gubernamental*, por un genio *ecologista* – siempre buscando al cerebro *humano* para que *resuelva* los *problemas* que *sólo ella* ha creado.

Y de esa manera, la *Palabra* o *Verbo de Verdad*, para esa conciencia-*terrenal* **y** *mortal*, se convierte en un gran *dolor*, una enorme *Espada* que carcome. Y esta conciencia-*terrenal, persigue* a la Palabra o Verbo de Verdad; *contraataca* la *Plaga* de la Verdad – NO se arrepiente; NO cede; NO se humilla ante la *Realidad*.

Por lo que una ***segunda*** *Copa* tendrá que ser enviada:

"*El segundo ángel derramó su copa sobre la mar*" (Revelación 16:3).

Oh; esta *Copa* NO se derrama sobre la *tierra*, sobre la conciencia-*humana* – esta *Copa* se dirige hacia la *mar*. Se trata de la *mar* que *riega la tierra* – se trata de, la CONCIENCIA DE 'ESTE *MUNDO*', la mar. La *mar* del ***pensamiento*** de 'este *mundo*', la cual *alimenta* la conciencia *individual humana* de ustedes **y** la mía. Aquí es donde es vertida la ***segunda*** Verdad. Los ***siete*** Ángeles **NO** nos están *tratando* a cada uno de nosotros en lo *individual* – están tratando con un universo *colectivo* al mismo tiempo. De modo que, sobre

la *mar*, sobre la CONCIENCIA DE 'ESTE *MUNDO*', es derramada la
segunda *Copa* de la Verdad.

"*Y la mar se convirtió en sangre, como de muerto; y
murió toda alma viviente en la mar*" (Revelación 16:3).

Moisés golpeó *la mar*, y ésta *se convirtió en sangre* – y esto
ocurre una **y** otra vez. Pero *tampoco* se *comprendió* la actividad
de Moisés. Debemos *entender* que esta *actividad* significa que,
conforme la conciencia *de* 'este *mundo*' *recibe* la Verdad, entonces
la conciencia de 'este *mundo*' se *muere* para la *mentira* – tal como
la *sangre de un muerto*. La conciencia de 'este *mundo*', la conciencia
individual de ustedes ya NO puede *alimentarse* de la *mentira*, porque
dicha conciencia de 'este *mundo*' se *muere* para *ustedes*. *Ustedes*
están siendo *educados* para ser **independientes** de la conciencia de
'este *mundo*', porque ésta, ha *muerto* para *ustedes*. El Espíritu NO
deja *piedra* alguna **sin** *remover*, por lo que NO les pide que hagan
lo *imposible*, sino que el Propio Espíritu *va delante de ustedes,
para enderezar* la conciencia de 'este *mundo*'; para *liberarlos* de la
esclavitud del **pensamiento** de 'este *mundo*', de modo que, cuando
ustedes se encuentren en *Sus Asuntos*, NO estén dentro de los asuntos
del **pensamiento** de 'este *mundo*', sino que se vuelvan hacia los
Negocios de su Padre – los *Negocios* de la *Verdad* sobre la *tierra*.

Y así, la *mar* del **pensamiento** de 'este *mundo*' – debido a que
ustedes han *muerto* para tal **pensamiento** – conforme *ustedes* se
elevan más alto; conforme el *Cristo* en *ustedes* recibe DESDE el Padre,
y ustedes se *concientizan* de este Cristo, recibiendo *Revelación* en
ustedes; se *apartan* de la mente de 'este *mundo*' – y entonces, para
ustedes, que se encuentran viviendo *ahora* DENTRO de la *Inspiración
Directa de lo Infinito* – *dejan* de vivir en las *sombras* donde el eco
del **pensamiento** de 'este *mundo*' es escuchado, el cual es *reflejado*
en la *experiencia* de vida. La **segunda** *Copa* los está *elevando fuera*
de la *esclavitud* de esa *invisible actividad* del **pensamiento** de 'este
mundo', la cual nos ha *aprisionado* a todos, con *creencias* tales como

la *herencia*, como las *leyes naturales* de 'este *mundo*', como el *clima*, la *enfermedad*, la *mortalidad*... TODO esto es *revelado*, pero NO como *castigo* del Infinito, sino como el *karma* natural de la *mente* que NO es *consciente* de la Verdad – mente que *viola* la Verdad, **y** que *invoca* de esa manera, la *ley de causa y efecto*.

Nosotros somos **apartados** de eso, gracias a la *Revelación* del Cristo desde el *Interior* – y esto es considerado como una **segunda** *Plaga para el mundo*. Así que, en *primer* lugar, la conciencia *personal* de ustedes recibe el *Impulso* DEL *Cristo*; y conforme ustedes *reciben* dicho *Impulso*, eso *impide* la influencia de las *creencias* de 'este *mundo*' sobre *ustedes*, y se convierte en una **segunda** *Plaga para la mar*, para la conciencia de 'este *mundo*' que los rodea, para la conciencia de 'este *mundo*' que *alimenta* su conciencia *personal*.

Y ahora ustedes están entrando a una *sensación de Libertad*, preparándolos para la **tercera** *Copa*:

> *"Entonces el tercer ángel derramó su copa sobre los ríos,*
> *y sobre las fuentes de aguas; y se convirtieron en sangre"*
> (Revelación 16:4).

Bien, lo anterior constituye un nuevo *tipo de Sangre* – esta *Sangre* es la *Sabiduría* DE Cristo. *Los ríos y las fuentes de agua* constituyen *las afluentes de la mar*, las cuales alimentan la conciencia *individual* de *ustedes*, de modo que los canales utilizados por la conciencia de 'este *mundo*', para penetrar *su* conciencia, también son *afectados* por la *Verdad* y *transformados* en *Sabiduría*. Y he aquí, *su* conciencia *individual* – la cual representa la *tierra* – *liberada de la mar* – que representa la conciencia de 'este *mundo*' – y liberada de los *canales* a través de los cuales la conciencia de 'este *mundo*' alimenta la conciencia *individual* de *ustedes*, los está preparando para la gran *Iluminación* – un *cambio* de Conciencia en el cual *ustedes* están siendo **separados** de 'este *mundo*', hacia la Naturaleza-*Cristo* – lejos de la engañosa *creencia* en un universo *material*, hacia *el Reino en* *la tierra*, donde <u>ustedes</u> caminan SIN *temor* alguno, SIN estar sujetos a NINGÚN 'poder' que *no* sea el *Propio* **Ser** DE <u>ustedes</u>.

Aquí se está llevando a cabo, una *Gran Preparación* en esta *Purificación*, para otra *Revelación* – una *Revelación* que todos hemos *vislumbrado* **y** *pospuesto*, al *aceptarla* 'a medias', habiéndola *rechazado* después, al *admitir* 'otras actividades'. Y ahora, en este día, SIN compromiso de ninguna especie; en este día de Actividad *Divina* sobre la tierra, estamos siendo *elevados* para **admitir** dicha *aceptación*.

Y he aquí lo que *libera* la **cuarta** *Copa*:

> *"Y oí al ángel de las aguas que decía: Justo eres tú, oh, Señor; El que eres, El que era y El que será, porque así has juzgado Tú"* (Revelación 16:5).

En esta *Nueva* Conciencia, <u>ustedes</u> *perciben* aquello que NO habían *visto* anteriormente: <u>que Dios, NO trae *Plaga* alguna a la tierra; que Dios, NO contamina nuestros arroyos; que Dios, NO envía una nación a destruir a otra; que Dios, NO envía la enfermedad al hombre como castigo; que Dios, NO lleva a cabo ninguno de los males que hemos presenciado sobre esta tierra.</u> Ustedes pues, comienzan a *percibir* que se trata de la **hipnosis** *masiva* de la conciencia de 'este *mundo*', de la cual <u>ustedes</u> están siendo *liberados* – la *niebla* está subiendo. El Dios, a Quien el **h**ombre había *negado*, a Quien el **h**ombre NO había *conocido*, es ahora *percibido* a través de la *niebla*, como la Mente *Infinita*, como la Conciencia *Infinita*, como el Ser *Infinito*, como el UNO. Comenzamos a considerar la *naturaleza* de lo Infinito, Lo cual Se gobierna a Sí Mismo por *completo*, *manteniendo* la *Pureza* de Sí Mismo, *dondequiera*.

Así pues, lo que se nos *enseñó* fue, ley del karma; lo que se nos <u>enseñó</u> fue, el error **y** el mal – TODO lo cual JAMÁS tuvo existencia *real*. *TODO* eso existía **sólo** DENTRO de la mente de 'este *mundo*', en la *mar*, **y** a través de sus *afluentes* – sus *ríos* y *fuentes* – hacia la tierra;

hacia la mente *individual,* la cual fue *víctima* de la conciencia de la *masa.* Afirmemos esto: *Sentimos y sabemos que Dios nunca cambia; que la Verdad es siempre Verdad; y que la Verdad lo es TODO.* Ahora *comprendamos* que TODA enfermedad, epidemia y dolencia en el universo, aconteció *únicamente* DENTRO de la conciencia de 'este *mundo'.* Incluso, en este instante, podemos *vislumbrar* que NO existe tal cosa como espacio *exterior;* podemos *sentir* la *nada* del espacio; la *nada* de los objetos en el espacio; y la *nada* del tiempo que se requiere para mover un objeto hacia otro – comenzamos a *darnos cuenta* de que hemos vivido en aquello que fue… simple *suposición.*

Desde SIEMPRE, la Verdad *Perfecta* ha estado *presente* – detrás de la *niebla* – *sustentándose* a Sí Misma. DENTRO de *nosotros* SIEMPRE ha habido 'Algo' intentando *surgir* a *reconocimiento;* 'Algo' capaz de *reconocer* esta *Perfecta* Verdad; 'Algo' que puede *caminar,* pero NO entre *dos mundos,* sino DENTRO de un Universo *Real.* Y así Dios, que ES, que FUE y que SIEMPRE SERÁ, es *percibido* como la **Inmutable** *Realidad* del Universo que nos rodea.

DENTRO de *nosotros* está *desplegándose* una *Capacidad* para *reconocer* que TODO el mal que miramos sobre esta tierra NO es *percibido* por *nosotros* en *absoluto;* estamos *aprendiendo* que la *falsa* naturaleza del *mal* está 'confirmada' *dentro* de *nosotros,* sólo por una mente *falsa; estamos* aprendiendo que el *mal* que *creemos ver,* NO lo vemos *nosotros, sino esa mente *falsa en *nosotros.* Y al *separarnos* de esa mente *falsa* en *nosotros,* entonces *percibimos* que la Verdad está SIEMPRE presente; que la Armonía está SIEMPRE presente; que aquello llamado guerra, *realmente* NO está ahí; que aquello llamado enfermedad, maldad, pecado, crimen, NO existe. –Se trata de la mente *falsa* en *nosotros,* viendo *su* propia creación *falsa. Percibimos* los *grados* de la hipnosis; *sentimos* la *elevación* de las *Copas* de la Verdad, las cuales los *Ángeles* están enviando *a través* de *nuestra* Conciencia *despertada.* Incluso comenzamos a *sospechar* que *nosotros,* NO somos aquello que *parecemos* ser.

Ahora estamos siendo *instruidos* por lo Infinito – se trata de *liberarnos* de los 'conceptos *finitos'* acerca de una *mente* que NUNCA fue. Ahora contamos con un Fundamento: 'Aquello' que el mundo llama Dios, 'Aquello' que es *Infinita* Conciencia *Divina*, está SIEMPRE presente en TODAS partes, manteniendo Su Perfecto Ser. Estamos *aprendiendo* que Dios ES ayer, hoy y mañana, el *ÚNICO* Ser sobre esta tierra – TODO es Conciencia *Divina*. Tan solo hay el *Uno*, lo *Infinito*, el TODO. El *nacimiento* del RECONOCIMIENTO del Ser de uno mismo va a ser, en última instancia, nuestra *comprensión* de la *Paternidad* de lo Infinito, y de la *Hermandad* del **H**ombre; constituirá nuestro RECONOCIMIENTO final de la *verdadera* Paz y de la verdadera *Buena Voluntad*. **U**N **S**OLO Ser – NO muchos, como *parecen* a través de la conciencia de 'este *mundo*'. Este *amanecer* de la idea de **U**N **S**OLO Ser, de **U**N **Ú**NICO Ser, *surgiendo* desde _nuestra_ Conciencia, está *reduciendo* el 'espacio' entre la tierra y Dios; *reduciendo* la 'separación' entre el **H**ombre y la Verdad – la idea acerca del **U**NO se vuelve *primordial* en este nivel.

> *"Por cuanto derramaron sangre de santos y profetas, también Tú les has dado a beber sangre, porque lo merecen"* (Revelación 16:6).

El que el **h**ombre *terrenal* haya **rechazado** la Palabra de los *Profetas*, equivale a *derramar la Sangre de los Profetas*. El *Profeta* llega *inspirado*; *abre* su corazón y su alma a la *Palabra*; La *comparte*... y se *ríen* de Ella, La *ignoran*. Y es que la Palabra, el Verbo, SIEMPRE es como una *Copa* más, como una *Plaga* – *evidencia* para el **h**ombre, aquello que está haciendo *mal*; busca *darle* al **h**ombre Vida *Eterna* – pero él, NO La quiere; NO cree en Ella. De esa manera *ignora* al Profeta, lo cual implica: *derramar la Sangre de los Profetas*. Mas ahora el Espíritu dice: "Está bien; vamos a *probarlos* a _ustedes_ en _sus_ caminos *humanos*". Y entonces al **h**ombre se le *da Sangre para beber*; y el *darle Sangre para beber*, significa que el **h**ombre es *encarado* con _sus_ propios caminos *materiales*; y _se_ le pide que *demuestre* que _sus_ caminos son, correctos y justos – pero NO puede *superar* la prueba...

Este *descubrimiento* lo llevamos a cabo, *DENTRO* de *nosotros* mismos – "'mis' métodos *humanos* JAMÁS podrán *superar* la prueba. ¿A *dónde* podrían conducirme? –A una lápida. Eso es lo más *lejos* hacia donde pueden *conducirme*". Por eso se *nos* da Sangre para *beber*: Verdad, Juicio, Sabiduría Divina. Y eso *nos despierta* para **renunciar** a *nuestros* métodos *humanos*. "Yo NO quiero más *mis* finitos métodos *humanos* – el Yo quiero la Senda *Divina*, el Camino que NO tiene *fin*; el Camino que *carece* de poder *maligno*; el Camino que *implica* Amor SIN *oposición*; el Camino que NO es egoísta NI voluntarioso; el Camino que *carece* de hacha para golpear – el Camino puro, virginal, angosto, que *conduce* hacia la Vida *Eterna*".

Así pues, el **h**ombre finalmente se dispone a **renunciar** a *sus* métodos, *sabiendo* que Dios es TODO. La *TOTALIDAD* DEL Espíritu se convierte en la *Realidad, aceptada* y *admitida,* en la propia Conciencia de *ustedes*. Y ahora, *ustedes* se encuentran *preparados* y *actuando*. Para *ustedes*, el Reino *sobre la tierra* NO se encuentra muy lejos – el Reino DE los Cielos *sobre la tierra*, será *Uno* y lo *Mismo*. *Nosotros* moveremos los *montes* de la irrealidad, **y** contemplaremos que ahí está el Reino DE Dios *sobre la tierra*, para aquella Conciencia que haya *admitido* la *TOTALIDAD* DEL Espíritu.

Lo anterior abrirá la **cuarta** *Copa* para esa persona.

Ahora bien, ese individuo está comenzando a *saber* que, de hecho, las *Copas* NO constituyen *Plagas* – se trata de *Dones Preciosos* que nos *abren*, que nos *levantan*, que nos *instruyen*, que nos *guían*, que nos *sacan fuera* del pantano de la conciencia-*humana*, *liberándonos*… – ¡eso constituye la *Emancipación*!

Y ahora, lo *mejor* de todo está a punto de acontecer. *Probablemente* sea la etapa en la cual, la *mayoría* de nosotros, nos encontramos en este momento.

> "*Y oí a otro ángel, que desde el altar decía: Ciertamente Señor, Dios Todopoderoso, verdaderos y justos son tus juicios*" (Revelación 16:7).

"Desde el Altar". <u>Ustedes</u> han estado *edificando* un *Altar* – anteriormente NO contaban con *Altar* alguno; NO contaban con un *Lugar* para *establecerse* y *conocer* la Verdad, lo cual implica *orar*. El *Nuevo Altar* es, el RECONOCIMIENTO de que Dios ES TODO – ése es el *Altar* de <u>ustedes</u>.

Y ahora que cuentan de manera *suprema* DENTRO de <u>su</u> Conciencia con el *Altar* de Dios que ES TODO, entonces ahí se presenta la **cuarta** *Copa*:

> *"El cuarto ángel derramó su copa sobre el sol; y le fue dado poder para quemar a los hombres con fuego"* (Revelación 16:8).

El *sol* es mencionado aquí, porque para nosotros constituye el *centro* de nuestro universo – representa el *núcleo* de todo cuanto hacemos: nuestro *calor*, nuestra *calidez*, nuestra *luz*; el *poder* que hace que las cosas vivan, y *crezca* aquello que pensamos. Y así, el *núcleo* mismo de nuestra existencia es *quemado* por la **cuarta** *Copa*. Pero qué extraño que el *Sol*, el *núcleo* de nuestra existencia, sea *quemado* con *Fuego*. ¿Quemar el *Sol* con *Fuego*? Así es como llegamos a esa palabra, *Fuego* – el contenido de la **cuarta** *Copa*.

He hecho varios *descubrimientos* sobre la palabra *Fuego*, los cuales me gustaría *compartir* con ustedes – y son muy *importantes* para nosotros en este instante. Vamos a *escudriñar* varios pasajes de la Biblia que explican el *Fuego*. Me gustaría que lo vieran bajo el enfoque de la *autoridad* que emana de las Escrituras – NO como la *opinión* de una 'persona'; me gustaría que lo *recordaran* por *siempre*. Y creo que, **si** esto se *expresa correctamente*, entonces la **cuarta** *Copa* puede *cambiar* la forma en que vivimos; puede *cambiar* la forma en que morimos; puede *cambiar* cada instante de nuestras vidas.

Vayamos a Mateo. Juan el Bautista hace ahí la declaración: *"Yo, a la Verdad, los bautizo en agua para arrepentimiento"* – se trata de Juan el Bautista quien está hablando: *"Pero Aquél que* viene después de mí, cuyo calzado yo no soy digno de desatar, Él es más poderoso que yo; Él los bautizará con el Espíritu Santo y con fuego" (Mateo 3:11). Después de Juan el Bautista viene el Cristo – el Cristo los bautizará con Fuego – observen que se trata del mismo contenido que el de la **cuarta** Copa.

Ahora bien, Isaías también dijo algo acerca de este Bautismo de Fuego – de hecho, NO se trata de una idea nueva. Isaías la llamó: "El Espíritu Abrazador", que consume (Isaías 4:14) – el Espíritu Abrazador implicaba lo mismo que el Bautismo de Fuego. Pero más allá de lo que Isaías dijera, he aquí algo que quizá nunca hayan visto en la Biblia, lo cual se encuentra registrado en el Capítulo **44** de Isaías; se trata de algo que estoy seguro de que la mayoría de nosotros NUNCA hemos visto. El Versículo 2 del Capítulo **44** de Isaías dice lo siguiente:

"Así dijo el Señor, quien te hizo y te formó desde el vientre, el cual te ayudará: No temas, oh, Jacob, siervo mío"; (y ahora escuchen la siguiente palabra) "ni tú, 'Jesurún', a quien yo he elegido – J E S U RÚN, a quien yo he elegido".

Eso aconteció en el año 712 AC, ocho siglos **antes** de Jesús. "Jacob Mi siervo, y tú, **Jesurún**, a quien el Yo elegí". ¿Se dan cuenta de lo que es un Profeta? – Se trata de alguien que está **en** el Espíritu; alguien que recibe la Palabra, el Verbo, de manera directa; y alguien, cuya Palabra recibida por Inspiración Directa, finalmente se convierte en Forma Visible, **Jesurún**. No quiten su atención de esa palabra, porque vamos a ahondar más en ella.

"Porque yo, derramaré aguas sobre el sediento; y yo, derramaré aguas sobre aquél que tiene sed; y derramaré ríos sobre la tierra árida; yo, derramaré mi espíritu sobre tu simiente; y yo, derramaré mi bendición sobre tu descendencia" (Isaías 44:3).

"No teman, ni tengan miedo – ¿no se los dije desde entonces; y no se los he declarado? De hecho, ustedes son

mis testigos. ¿Existe algún Dios aparte de mí? Sí; no hay
más Dios; yo, no conozco ningún otro" (Isaías 44:8).

"¿Existe algún Dios, aparte del Mí?" Recuerden ese nombre:
Jesurún, porque vamos a ver ahora, cómo es que se *despliega*.
Retrocedamos más en el Antiguo Testamento, hasta Deuteronomio.
Y ahora algo acontece con esa *palabra*; y dicha *palabra* existió *antes*
de convertirse en *J e s u rún*; se encuentra en el Capítulo **32** de
Deuteronomio, Versículos 4 y 5, me parece.

Se encuentra aquí en algún lugar, y aparentemente no lo voy a
encontrar en este momento… Se trata de la *misma* palabra, pero no
se deletrea **Jesurún**, sino **Jeshurún**, por lo que ahora comienza con
Jeshurún. **Jeshurún** en el tiempo de Isaías, se convirtió en **Jesurún**.
Así pues, veamos el Capítulo **33** de Deuteronomio:

> *"Moisés nos dio una ley, como herencia a la congregación*
> *de Jacob. Y él, (Moisés), era rey en **Jeshurún**, cuando*
> *se reunieron los jefes del pueblo con las tribus de Israel"*
> (Deuteronomio 33:4–5).

¿Saben lo que implica que *Moisés fuera rey en **Jeshurún**?* Lo
van a descubrir, y cambiará sus vidas por completo. *Moisés era rey*
*en **Jeshurún**…* Vayamos ahora al Versículo 26.

> *"No hay nadie como el Dios de **Jeshurún**, el cual*
> *cabalga sobre los cielos para ayudarte, y cabalga sobre*
> *los cielos en toda su majestad"* (Deuteronomio 33:26).

*"No hay **nadie** como el Dios de **Jeshurún**".* El Dios de **Jeshurún**
es, Quien puede *cabalgar sobre los Cielos.*
Ahora vayamos a los Salmos – el Salmo 68 nos dice algo
que aplica a **Jeshurún** de manera distinta. Es el Versículo 4, en
Salmos 68:

> *"Cantad a Dios; cantad alabanzas a su nombre; exaltad por su nombre al que cabalga sobre los cielos –* **JAH**; **JAH** *es su nombre; alegraos delante de él"* (Salmos 68:4).

Ahora recuerden que **JAH** *significa* **Jeh**ová; y se nos dice que hay un Dios en **Jesh**urún, y que **Jeh**ová es Dios. He aquí entonces la *Revelación*, la cual *unifica* todo, y nos *instruye* a ustedes y a mí, sobre algo acerca de *nosotros mismos*. Bien, en Juan 8, Versículo 58, **Jesú**s, **Jesú**s... *recuerden* ese **Jesu**rún

"Jesús les dijo: De cierto, de cierto os digo que: antes que Abraham fuese, Yo soy".

Ahora bien, ¿cómo son ustedes *bautizados con Fuego*? –*Reconociendo* que el *Yo, Soy.* **Jeh**ová es, El *Yo Soy*; **Jesú**s es, el *Yo Soy*; **Jesu**rún es, el *Yo, Soy*; **y** *cuando* *ustedes* son *bautizados con Fuego*, entonces el *Yo Soy*, constituye *su Nombre* Nuevo. El *Mostrador* del Camino es: ese *Yo Soy.*

Lo anterior constituye el *cumplimiento* de las eras, así como la **cuarta** Copa. En tanto que anteriormente, *ustedes* sabían **y** *aceptaban* a *Dios como todo*, ahora ustedes *llegan* a la siguiente *conclusión* lógica: Puesto que Dios es todo, entonces El **Yo, Soy** – de esa manera es como *ustedes* se encuentran *bautizados* **con** *Fuego (Iluminados)*. Pudiera ser que aún *no* haya acontecido, ¡pero **acontecerá**!

Ese *bautismo con Fuego* implica el reconocimiento de que todo cuanto Dios es, el **Yo, Soy** – *aparte* del **Yo Soy**, no hay 'nada' más. Y *cuando* eso acontezca, entonces el *contenido* de la **cuarta** Copa los habrá *bautizado* – pero **no** con *agua*, tal como Juan el Bautista *bautizaba*, sino con *Fuego*. Porque El **Yo Soy**, *es* el *Fuego* – el *Fuego* detrás de lo *visible*; el *Fuego* que puede *quemar el sol*; el *Fuego* que nos *vivifica,* **y** el *Fuego* que nos lleva *desde* lo muerto *hacia* lo vivo.

Y permítanme *decirles* esto: *hasta* que el **Yo Soy** constituya *su reconocimiento* **y** *aceptación*, ustedes *seguirán* viviendo en el

RECONOCIMIENTO de que el YO, NO SOY; ustedes *seguirán* sirviendo al amo *equivocado*, viviendo DENTRO del cuerpo *equivocado* y DENTRO de la mente *equivocada*, así como DENTRO del universo *equivocado*. Se nos dice que *tenemos* que llegar al *RECONOCIMIENTO* de esta **cuarta** *Copa* – el **Yo**, SOY. Todo aquello que ustedes *toquen* NO será NADA, hasta que el Yo **SOY**, constituya: *su* Nombre, *su* Identidad, *su* Reconocimiento y *su* Concientización, las **24** horas del día.

Y entonces, todo aquello que el **Yo** SOY, *siendo aquello que* ustedes **SON**, *frente a aquello que ustedes* **no** **SON**, *se estrellará contra esa Roca de la Conciencia, la cual dice: "Sin embargo el* **Yo**, SOY". Y **todo** *cuanto la conciencia de* 'este *mundo*' **y** *la conciencia de* 'esta tierra' *declaren que* 'soy', **no** *lo* **SOY**, *puesto que el* **Yo**, SOY *el Espíritu Viviente* DEL *Padre. La Omnipotencia* DEL *Padre el* **Yo**, SOY; *la Omnisciencia* DEL *Padre el* **Yo**, SOY; *la Omnipresencia* DEL *Padre el* **Yo**, SOY. El **Yo**, SOY *Omnipresente en* TODO *tiempo* – ANTES *que Abraham fuera, el* **Yo**, SOY; *y cuando el mundo deje de existir, el* **Yo**, SOY ..."

TODO aquello que *ustedes* lleven a cabo, que **no** esté *investido* con esta *comprensión*, con este *RECONOCIMIENTO*, resultará *perecedero*, *transitorio*, **no**-*ordenado* por el Padre – y constituirá una forma de *esclavitud*. La *transición* hacia la *Realidad* resulta *imposible*, hasta que el **Yo** SOY *constituya* la Conciencia que esté presente, donde el mundo los *perciba* a *ustedes*.

Su mayor *enemigo* será la conciencia de los '**cinco** sentidos', *dentro* de la cual han vivido, la misma que *declara* que el YO, *NO* SOY – que tan solo 'soy' un *manojo* de 'carne mortal'. Ahora la batalla está siendo *conducida* hacia una *Nitidez Intensa* – TODAS las *fuerzas* del 'yo' que *NO soy* se *enfrentarán* a TODAS las Fuerzas del **Yo** SOY en *ustedes*. Aquello en *ustedes* que *niega* que *ustedes* sean el *Yo-**Cristo***, **y** aquello en ustedes que **sabe** que el *Yo-**Cristo*** es TODO cuanto el **Yo**, SOY, es llamado *Armagedón*. **No** se trata de una *batalla* sobre las colinas; **no** se trata de una *batalla* de nación contra nación – se trata de la **resolución** del *conflicto* TOTAL entre el Espíritu **y** la materia, DENTRO del Alma de un **Hombre**.

Cada uno de nosotros *llegará* al lugar del *Armagedón*, donde el *peso* de la balanza va en sentido *contrario*. TODAS las *negaciones* a la Divinidad son *enfrentadas* por medio del RECONOCIMIENTO de que: *SÓLO* la Divinidad existe. Se trata de *Armagedón*, porque conlleva o *destrucción*, o CRISTO – lo uno o lo Otro.

No existe NADA que hayan enfrentado en *toda* su vida, o en *todas* las vidas que *precedieron* a ésta, o en cualquiera que pudiera venir *después* de ésta; NADA que *carezca* del **mismo** propósito: *prepararlos* para saber que: el **Yo,** Soy. Porque *hasta* que *ustedes* **acepten** que el **Yo,** Soy, *ustedes* tendrán a Dios **y** ('algo' más); tendrán una conciencia-*dividida* – y TODA conciencia-*dividida*, *tiene* que *fracasar*. *Ustedes* NO pueden ser tan *Perfectos como* **su** *Padre Celestial*, DENTRO de una conciencia-*dividida*. SÓLO el **Yo** Soy, ES *tan Perfecto como el Padre*. Y en el instante en que *ustedes* **acepten** el **Yo** Soy, hasta ahí *quedó* **su** 'mundo *material'*. Porque el 'Yo', Soy el Espíritu; el 'Yo', Soy la Vida Eterna; el 'Yo', Soy la Verdad; el 'Yo', Soy el Camino; el 'Yo', Soy la Luz; el 'Yo', Soy el Amor. El 'Yo', JAMÁS podré *regresar* a la voluntad *personal*, al *egoísmo*, a la gloria *personal*. El 'Yo', JAMÁS podré *aferrarme* a 'este *mundo'* **y** a sus 'posesiones *materiales'*. El 'Yo', JAMÁS podré intentar *adquirir* las *posesiones* de 'este *mundo'*. ¿Por qué? –Porque el 'Yo', Soy. 'Este *mundo'* es la *imitación* de aquello que el 'Yo', Soy. 'yo', soy la *falsificación* en tanto **no** sepa que el 'Yo', Soy. Porque cuando el 'Yo' es *RECONOCIDO*, entonces… ¿buscaría la *falsificación*? ¿Buscaría las *imitaciones*? ¿Buscaría *materia* que *imitara* MI Espíritu? ¿Buscaría aquello que *carece* de Realidad?

En base a lo anterior considero que *TODOS* estamos, más o menos, en ese punto, en ese *Lugar* donde el 'Yo' Soy, Se encuentra para ser *aceptado* o *rechazado* – se trata del *Lugar* donde estamos *decidiendo* servir a **Un Solo** Amo; ¡y **no** a 'dos'!

Descubrirán que en el instante en que el 'Yo' Soy se *convierte* en *su* Camino, entonces se *evidencian* muchos *cambios* en *su* vida. En PRIMER lugar, TODO se vuelve *posible* – ya NADA resulta *imposible*. En SEGUNDO lugar, surge una *Exaltación Sobrecogedora* que comienza en el *Interior*, la cual les ayuda a *escalar montañas* que antes *parecían* insuperables. ¿Por qué *no*? –En el instante en que el *hijo pródigo decide regresar a Casa*, en ese *mismo* instante el *Padre* corre a <u>su</u> encuentro, **y** manda traer el *ternero gordo*.

En el momento en que nos **apartamos** de la conciencia-*dividida*, de la *creencia* de que NO SOMOS el Yo, en ese momento *dejamos* de ser un *pródigo* – *retornamos* al *Hogar* de la *Realidad*, a lo *Infinito*. Vamos a *aprender* que lo Infinito, vive **únicamente** a través del **Yo Soy** *RECONOCIDO*; la *Gracia* **sólo** fluye a través del **Yo Soy** *RECONOCIDO*; el *Poder* de lo Infinito, la *Mente* de lo Infinito, la *Presencia* de lo Infinito se encuentran, en su *TOTALIDAD*, en el **Yo Soy**. –Ya *NO* hay más un 'tú' *finito*, llevando a cabo algo *finito* – TODO cuanto <u>ustedes</u> llevan a cabo, está *Infinitamente* Ordenado **y** Ejecutado por: el **Yo Soy**.

Ésa es la **cuarta** Copa, la cual lleva a cabo la *Preparación* – SIN esa *Preparación*, <u>ustedes</u> NO podrían *enfrentarse* a la mente *mortal*; SIN dicha *Preparación*, <u>ustedes</u> NO podrían *enfrentarse* a la conciencia de 'este *mundo*', exitosamente; SIN esa *Preparación*, <u>ustedes</u> SIEMPRE serían *siervos* de 'este *mundo*'. Nosotros somos *esclavos* SIN el **Yo Soy** – pero **no** lo sabemos – somos *esclavos* de la *irrealidad*. Por lo tanto, la *liberación rompe* las cadenas **y** grilletes de TODOS los conceptos *finitos* que nos han *anclado* a la tierra, al sepulcro, a la vida de bien **y** de mal, convirtiendo TODO eso en parte de nuestro *pasado humano*. "He aquí, El Yo, hago Nuevo TODO" (Revelación 21:5) – el **Yo Soy**, nos *lleva* hacia el Cielo *Nuevo* y hacia la Tierra *Nueva*; el **Yo Soy**, *destruye* el *Antiguo Pacto* que teníamos con la mente de 'este *mundo*'; **Yo Soy**, *firma* un *Nuevo Pacto*: **VIDA ETERNA**.

No hay *marcha atrás*; **no** hay *caída* alguna; **no** hay nada que *temer*; **no** hay necesidad de que se *protejan* de nada **ni** de nadie – <u>EL YO, SOY</u> **TODO** CUANTO EXISTE. *Ustedes* pueden *encontrar* al Yo Soy, *dondequiera* que vayan; con TODO aquel que se *encuentren*, porque *sólo* el Yo Soy, *Estoy* ahí. *Nosotros* **aprendemos** a hacer eso; **aprendemos** a hacer ese *esfuerzo consciente* para *percibir el* Yo Soy, en TODAS partes – justo donde el mundo mira la *forma*. *Nosotros*, estamos *glorificando* al Yo Soy; *nosotros,* estamos *percibiendo* la Naturaleza *Infinita* del Yo Soy; *nosotros,* estamos *percibiendo* la *Hermandad* del Yo Soy; la *Paternidad* del Yo Soy; la *Unicidad* del Yo Soy – NO hay *lugar* alguno donde el Yo Soy, **no** *Esté*.

Por lo tanto, NO hay 'mal' alguno en esta tierra, para ser: *visto, aceptado* o *experimentado*, ya que el Yo, *Soy* el Poder **Único**. Siendo el Yo, lo **Único** del Yo Soy, entonces *ustedes perciben* que TODO cuanto ha *aparecido* como 'poder', JAMÁS contó con la *menor* posibilidad de *influir* en lo Divino, o de *cambiar* lo Divino – Lo cual constituye, **Todo**. Y cuando se encuentran *libres* de esa mente de 'este *mundo*' en *ustedes*, la cual ha *confirmado* su propio *error de creación*, entonces se encuentran *mirando* a través del Yo **Único** de la *Verdad* – y dondequiera que *perciban*, aunque el mundo *vea* el 'mal', ustedes *perciben* al Yo Soy – ya que el Yo Soy, Se *percibe* a *Sí Mismo* en TODAS partes. "*Y el Yo, **cuando** fuere elevado, entonces a* TODO *atraeré hacia el Mí*" (Juan 12:32).

¿No es esto lo que *ustedes* **realmente** querían *hacer*? ¿No querían *ayudar* a ese 'pobre muchacho'? –Bueno, pues *ustedes* estarán *ayudando* a 'cinco millones' como él, cuando se *establezcan* en el Yo Soy, puesto que estarán *comprendiendo* que NO hay NINGÚN 'pobre' ahí, sino el Yo Soy – *aún* se encuentran en la **cuarta** *Copa*.

Con esto, como *su* Armadura, *su* Espada y *su* Escudo completos de Luz, *ustedes* se encuentran SIN ninguna necesidad de *defenderse* en este Universo. Con esto, *ustedes* se encuentran AHORA, preparados para *continuar*. **Ni** siquiera requieren de una *honda* para atinarle a Goliat, ya que, para *ustedes*, Goliat **carece** de existencia – el Yo, **Estoy** *aquí*.

De esa manera, la **cuarta** *Copa*, dentro del Capítulo **16** del *Libro de la Revelación*, implica la **aceptación** de TODO cuanto la *precedió*, enseñándonos la TOTALIDAD DE Dios, AHORA *recibida* EN Conciencia: *si* Dios es TODO, entonces el Yo, Soy – *¡acéptenlo!* Y ahora, *vivir* a partir de dicha ***aceptación***, constituye el Camino DEL Cristo; el Camino DE la Senda *Espiritual*; el Camino DEL Hacedor – NO el Camino del que tan solo se *hablaba*. Esto se convierte en el Camino DE *ustedes* – *su **única*** forma DE Vida; el camino DEL *Discípulo* DEL Cristo: el Yo, **SOY**.

Mi Maestro fue el Yo SOY. Y el Yo SOY, *SOY* la Verdad; el Yo SOY, *SOY* la Vida. ¿Qué Vida? –La Vida **ÚNICA**; NO hay *otra*. Y en el instante en que quisiera *protegerla*, en ese instante estaría diciendo que el Yo, NO SOY la Vida. *Proteger* la Vida, ¿de *qué*? –**No** hay *nada más*... Defender la Vida, ¿de *quién*? –**No** hay *algo más*... Ese *Estado de Conciencia Puro*, el cual NO tiene Vida alguna que *defender* o *proteger*, ha **aceptado** que el Yo, **SOY** la Vida – la Vida *Única* e *Infinita*, a la cual los **h**ombres llaman: Dios.

¿Podremos *llevarlo a cabo*? – "*SEAN* pues *ustedes*, *Perfectos*; tal como su Padre" (Mateo 5:48); se trata de la Voluntad DEL Padre. No solo *podemos* hacerlo, sino que, de *Hecho*, esto YA *está terminado*, YA *fue hecho* – tan solo espera *nuestro* RECONOCIMIENTO. *Ustedes*, JAMÁS lo *harían* – YA *ha sido hecho*. Pero llegaremos al lugar donde RECONOCEREMOS que NO hay nada que *hacer* – tan solo ***admitirlo***, ***aceptarlo***.

> "*Los hombres se quemaron con el gran calor, y blasfemaron el nombre de Dios que tenía poder sobre estas plagas; y no se arrepintieron para darle gloria a Dios*" (Revelación 16:9).

El Yo SOY, *es* demasiado *grande* para decir: "Sí, sí, sí. Eso es lo que 'yo', *quiero*; eso es lo que 'yo', *haré* ahora mismo". Y así, *nos* encontramos en un *estado de indecisión*; y *nuestra indecisión* es una forma de *desobediencia*, por lo que *permanecemos* en el: '*yo*' **no** *soy*, *incapaces* de **aceptar** el Don DE la Vida *Eterna* – y el calor con el que estamos *quemados*, constituye nuestra *propia desobediencia* A la Verdad. Y es que *sencillamente* NO podemos *concebir* que Dios **y** el Yo, *SEAMOS* **UNO**. Aunque nuestro Maestro lo *dijo*: "El Yo [y el

Padre, **Uno** somos" … "Pero ¿*qué* hay del 'yo' de antaño? –Pues *ciertamente* no se refería a 'mí'". De esta manera tenemos esa *continua separación*, la *división* de Su Manto, de modo que **no** hay *tan solo* Dios, y *sólo* Dios, como el Ser **Único**. *Nosotros continuamos* **insistiendo** en que Dios es el Ser *Supremo*; y que **además** está 'el *resto de nosotros*'. Pero Dios Mismo dice: "**No**, **no**; *fuera del Mí*, no hay **nadie** más; el **Yo**, *Soy*, es **todo** cuanto es". –Y eso es lo que *tiene* que ser; es aquello que *tiene* que resonar en *su* corazón – El **Yo**, Soy.

Vamos a *detenernos* por un momento. Ya estamos en el *quinto Ángel*. Al parecer, hoy concluiremos las **siete** Copas – y está bien. Mientras tanto, veamos *qué* es lo que vamos a *hacer* respecto al Yo Soy. Por un lado, habrá *alguna* aceptación, por otro lado, habrá *algún* rechazo. Y en cada uno de nosotros habrá una *aceptación parcial*, así como un *rechazo parcial*; e incluso aquellos de nosotros quienes lo *aceptemos*… al *salir de aquí*, lo *olvidaremos*.

∞∞∞∞∞∞ Fin del Lado Uno ∞∞∞∞∞∞

Con lo anterior *reconocemos* que *tenemos* que **reafirmar** nuestra *determinación* de *vivir* **en** *el Yo Soy*. Veamos una *forma* de poder *llevarlo a cabo*. *Superficialmente*, ya muchos han *aceptado* el Yo Soy, como *su* Nombre **y** como *su* Identidad – sin *darse cuenta* de que lo han *hecho*. Con ello, *permanece* en sus '*bocas*' – lo *repiten* diez veces al día; lo *escriben* en alguna parte de un libro: 'El Yo, Soy'; *creen* que el Yo, Soy – pero *actúan* como *si* el Yo, no fuera. ¿*Cómo* van a saber que el Yo, Soy, **cuando** todavía *piensan* que el Yo Soy, *constituye* *su* forma *física* **y** *su* mente *humana*? Entonces, ¿se dan cuenta que la **aceptación** del Yo Soy, implica la **aniquilación** del 'yo' *mortal*? –Todo ha de *conducir* a la *crucifixión* del 'yo' *personal*, para que el Yo Soy, sea *liberado* dentro de *su* Conciencia. Todos *queremos* **ser** el Yo Soy, pero no queremos **renunciar** al "'*yo*', **no** *soy*".

Justo ahora, cuando están **decididos** a *renunciar* al 'yo, **no** soy'; y **decididos** a *ser* el Yo Soy, eso tan solo implica únicamente el *comienzo* de un cambio. *Difícilmente* podría decirse que somos un *niño* en ese instante; aún somos *embrión*. –El Yo Soy, **no** está limitado a un *lugar*. Y *cuando* ustedes **admiten** al Yo Soy, *entonces* están **aceptando** una *Identidad* que **no** está *limitada* al 'lugar' donde el *cuerpo* de *ustedes* se encuentra. Y justo ahí es donde hay que llevar a cabo el *trabajo* **importante** – *dondequiera* que el *cuerpo* de *ustedes* se encuentre, justo *ahí* **no** se encuentra la *Plenitud* de su Ser – porque el Yo, **Soy** en **TODO** lugar...

Y así, el *"Conviértanse y vivan"* (Ezequiel 18:32), requiere que **abandonemos** la *creencia* de que 'yo', me siento en una silla; que 'yo', camino en un cuerpo; que 'yo', viajo en automóvil. El Yo Soy, **no** lleva a cabo NADA de esto. Y hasta que *ustedes* cuenten para empezar, con la **experiencia** del Yo Soy, en TODAS partes, en TODO lugar – incluso a 'dos pies' de *distancia* de esta forma, eso *bastará* para *comenzar*.

¿Recuerdan que les sugerí un *ejercicio*? –En dicho ejercicio había que RECONOCER que el Espíritu del Ser *de* ustedes, la Esencia *de* lo que ustedes SON, JAMÁS podría ser *separada* de Lo Infinito. –Porque se trata de: *Lo Infinito, expresándose a Sí Mismo*; y la *única* forma en que el Poder de Lo Infinito podría estar actuando como la Gracia de *su* Ser, sería *identificándose como* ese Espíritu; *identificándose como* esa Esencia, ya que dicha *Identificación* conduce a la **Unicidad**. Ahora bien, a través de la *Revelación de Juan*, aquello que Jesús enseñó y que el mundo ignoró es, que *el Yo Soy, constituye el Nombre de la Identidad de ustedes*, debido al *Nombre del Primogénito*: Aquél que RECONOCIÓ que *el Yo Soy, constituía Su Identidad*. El Yo Soy, *constituye el Nombre de TODO individuo sobre esta tierra* – y eso conforma la *Clave* para TODAS las Escrituras; conforma la *Clave* para TODA Enseñanza *Espiritual*; conforma la *Clave* para la Libertad; conforma la *Clave* para **todo** aquello que **realmente** hemos buscado. Y *ustedes*, **no** pueden *caminar* e *ignorar su* Propia Identidad, *SIN* sufrir las consecuencias.

Aunque pudiéramos **no** llevar a cabo dicho *ejercicio* en este momento, quiero *recordarles* que *Aquello que ustedes* SON, *NO está* *limitado a esta habitación.* A menos que *ustedes* HAGAN algo al respecto **conscientemente**, *su* Identidad los *eludirá*; la *olvidarán*; NO llegarán a *experimentarla* – y NO importa lo que 'digan' acerca de la Identidad – el Hecho *ineludible* es, que *no* estarán **experimentando** dicha Identidad. *Ustedes tienen* que llegar a un lugar en *su* Conciencia, en el cual puedan **saber** que *su* Identidad, **siendo** Espíritu, NO los *confina* a esta habitación NI a ninguna otra en NINGÚN momento; se trata de llegar a un lugar en *su* Conciencia, en el cual puedan *saber* que *ustedes* se encuentran *simultáneamente* en TODOS lados. *Ustedes* **tienen** que alcanzar esa **experiencia**; y SÓLO la *alcanzarán*, a través de la *práctica **continua** de ejercicios simples* como RECONOCER que se *encuentran* en la habitación *contigua*; como RECONOCER que se *encuentran* a dos pies de *altura* de esta 'forma'; como RECONOCER que se *encuentran* en la tienda de comestibles, en la biblioteca, arriba **y** abajo, en el océano **y** en el firmamento – RECONOZCAN que *no* hay *lugar* alguno donde *ustedes* [El Yo Soy], *no* esté. *Practíquenlo* con *ustedes* mismos, *tranquila* **y** *silenciosamente.*

Ustedes **no** necesitan que algún paciente les llame por teléfono para *practicarlo.* –Simplemente, *diríjanse* hacia algún lugar en donde puedan estar *quietos* DENTRO de ustedes mismos, **y** entonces RECONOZCAN que: el Yo, *ESTOY* en la habitación *contigua*; y debido a que el Yo, *ESTOY* en la habitación *contigua*, es que el Yo, *ESTOY* tanto **ahí**, como en **esta** habitación, en **este** instante; el Yo, *ESTOY* en la playa **ahora** mismo; el Yo, *ESTOY* en la oficina **ahora** mismo – *no* hay *lugar* donde el Yo, **no** me encuentre en **este** instante.

Practiquen lo anterior por *partes*, *antes* de intentar *practicarlo completamente*; pero *dense cuenta* de que ustedes **no** pueden *confinar* el Manto DEL Espíritu dentro de un 'yo soy', *finito* – eso, ¡**no** puede ser! Tal como *descubrieron* quienes *aceptaron* esto, **sin** saber aquello que estaban *aceptando*, el Yo, *Soy* ese Espíritu *Infinito*.

Y esa mente-*voluntariosa* que *rechaza* lo anterior, es la que *ahora* se ha convertido en el *objetivo* de la **quinta** y **sexta** Copas.

Sepan que yo *no* habría podido llegar a NINGÚN estado de Conciencia *Trascendente*, SIN *practicar* el que: dondequiera que el Espíritu está, *ahí* ESTOY el Yo; estando el Espíritu *presente* en TODAS partes, *ahí* ESTOY el Yo – eso constituye mi Yo *Permanente*, AHORA; el Yo, *no* ESTOY *esperando la muerte*; el Yo, *no* ESTOY *esperando la transición*; El Yo *ESTOY AHORA* en TODAS partes. Lo anterior *tiene* que *conformar* *su* Conciencia RECONOCIDA; y ustedes *sólo* pueden RECONOCERLA a través de la **práctica – práctica** *DIARIA*.

Ahora podría *platicarles* de los pocos que *sí* lo **practicaron**, y de lo *interesantes* que se *volvieron* sus vidas. Verán, cuando *ustedes* están **aceptando** el *ESTAR* en TODAS partes, entonces ese *ESTAR* en TODAS partes, comienza a *suministrarles, justo* **aquello** que *ustedes* RECONOCIERON. La *aceptación* por parte de *ustedes*, de ESTAR en TODAS partes, constituye *"el pan que están lanzando sobre las aguas"*. Y *su* RECONOCIMIENTO de ESTAR en TODAS partes, les *devuelve ese* MISMO pan. *Ustedes reciben* **únicamente,** aquello que **previamente** *"lanzaron"*, a través de *SU* **admisión** y de *SU* **aceptación** de *ESTAR* en TODAS partes. –Eso constituye la *Expansión* de *su* 'ser', HACIA *su* Verdadero Ser.

Ustedes se encuentran en la ciudad de Chicago, y RECONOCEN que Chicago está DENTRO de *ustedes*, *aquí*, AHORA – eso implica morar DENTRO de *su* Espíritu. *Ustedes* se encuentran EN TODA ciudad del estado de California, AHORA – y créanme, NO estamos 'jugando' – esto constituye un *Hecho* DEL Espíritu. *Ustedes* se encuentran *ahí*, tal como *yo también* lo estoy; y el *Poder* del Yo SOY, se encuentra *allí*, junto con la *Presencia* del Yo SOY, y junto con la *Sabiduría* del Yo SOY – y NO hay NADA más. Así pues, ¿qué más hay? –NADA; tan solo el Yo SOY. Eso constituye el *Hecho* del cual *ustedes* pueden *depender, si* es que se encuentran DENTRO de dicha Conciencia. El Yo SOY ES, el *Nombre* [la *Naturaleza*] de *ustedes*; y *ustedes*, se encuentran en TODAS partes, porque tan **solo** el Yo, ESTOY *allí*.

Cuando *admiten* que se encuentran *compartiendo* ese lugar con 'otro'; cuando *piensan* que se encuentran *compartiendo* ese lugar con 'otro', entonces *ustedes* quedan **fuera** del Yo Soy. El Yo, **Soy** TODO – por eso NADA más se encuentra donde el Yo Soy es RECONOCIDO – *ninguna* inundación, *ningún* incendio, donde el Yo, Soy RECONOCIDO; *ninguna* enfermedad donde el Yo, Soy RECONOCIDO. ¿Constituye el Yo Soy, la Conciencia DE *ustedes*? –Entonces encontrarán, en *dicha* Conciencia, que NO hay NADA que *profane*. ¿*Carencia* o *limitación*? –**No**, donde el Yo Soy es RECONOCIDO como la *Identidad* de *ustedes* en TODAS partes. Y entonces, *allí* mismo, donde la carencia *parecía* estar, el Yo Soy RECONOCIDO, revela que el Yo Soy, *Estoy* **ahí** – NO la carencia – y el Yo Soy, Lo *revela* a **Su** manera.

No se trata de voluntad *humana*, creatividad *humana* NI ingenuidad *humana*. –Esto constituye la *muerte* de TODO lo anterior. Se trata de la **aceptación** del Yo *Superior* **y Único**. Y TODOS los milagros *carentes* de 'tratamiento' por parte de Jesús, constituyeron la *Revelación* de *Su* Conciencia, *evidenciando*: "'Ustedes' *pensaron* que aquí había una mujer 'muerta', pero están *equivocados* – el Yo, Soy. 'Ustedes' *pensaron* que aquí había un Lázaro 'muerto', pero se *equivocaron* – el Yo, Soy. 'Ustedes' *pensaron* que aquí había una niñita 'muerta', pero se *equivocaron* – el Yo, Soy. 'Ustedes' *pensaron* que la multitud *carecía* aquí de 'alimento', pero se *equivocaron* – el Yo, Soy el *alimento*". Fue la Conciencia del Yo Soy, RECONOCIDA en TODAS partes, La cual Se *manifestó* como aquello que se *requería*. Y **si** 'ustedes' *creen* en el Yo Soy, entonces las obras que el Yo *Hago*, *ustedes harán también*".

No podría haber habido 'curaciones a *distancia*' por parte de Jesús, **si** su Conciencia se hubiera *limitado* al 'lugar' donde él se encontraba. Su *conocimiento* de que el Yo, Soy el Ser **Infinito** en TODAS partes, se convirtió en la *Instantaneidad* de la Gracia, con la cual se *revelaba* la **ausencia** de toda *pretensión* de desarmonía. Puesto que hay un *Verdadero* Yo Soy **Infinito**, al cual el mundo llamó Jesús, fue justamente el *Verdadero* Yo Soy **Infinito**, aquello que reveló la naturaleza de Su **Infinitud**, mediante '*curaciones* de la forma a *distancia*' – lo *mismo* aconteció con '*la mar* que se *dividió*' para Moisés; y con '*los cuervos* que *alimentaron*' a Elías...

Aquello que aconteció *fuera* de la forma, y que se manifestó *como* forma, constituye el RECONOCIMIENTO del Yo *Soy*, el Cual se encuentra *ahí*, manifestado DENTRO de un Hecho *tangible* y *visible* – y NUNCA debido al *poder* de la voluntad *humana*, sino debido al *vivir* DENTRO de esa *Conciencia* del Yo *Soy*, la Cual dice: Yo, NO ESTOY *aquí* DENTRO de esa forma – el Yo, *ESTOY* en TODAS partes.

Y por supuesto que NO podemos *aceptar* plenamente lo *novedoso* de eso – existe 'algo' en <u>nosotros</u>, que se *resiste* a *aceptarlo*, por lo cual resulta *necesario* que se presente la *quinta* Copa:

"*Y el quinto ángel derramó su copa sobre el trono de la bestia; y su reino se llenó de tinieblas; y se mordían sus lenguas de dolor*" (Revelación 16:10).

Ya ha sido *expuesto* el *trono de la bestia*, la *autoridad de la bestia*, la *conciencia terrena*, la *conciencia de* 'este *mundo*', las vías a través de las cuales la *conciencia de* 'este *mundo*' lleva la *autoridad de la bestia* a la conciencia-terrena-*individual* – pero ahora se *devela* el *trono* de la bestia, la *autoridad* de la *materia*, la *persistente creencia* de que los asuntos de la vida se encuentran DENTRO de la *materia*.

'*Si yo tuviera* un millón de *dólares*... oh; *eso* lo cambiaría TODO'. –**No**; *no cambiaría* nada; tan solo serían un millón de veces, *cero*. Y aunque la *ilusión* de que '*eso* lo cambiaría TODO' pudiera *continuar* durante los próximos veinte años, *finalmente* dicha *ilusión* se *disolvería*. Todos 'podríamos hacer nuestras vidas más felices y más cómodas, con más *dinero*' – ¿están de acuerdo? –*temporalmente*. Pero eso, NO constituye el *propósito* de la Vida *Espiritual*. –El *propósito* de la Vida *Espiritual* implica *salir* del *paréntesis* de una vida *humana* limitada; *conlleva* una *Identidad* del Yo *Soy*, aceptada, reconocida, vivida, practicada... Aunque *ustedes tropezaran* muchas veces, aunque *finalmente* dijeran: "Oh; ¡esto es lo que *significa volver* a ser *niño*! Sí; *apenas* estoy *comenzando* a SER el Yo Soy – luego de un *minuto*; luego de un *año*; al *año* de edad – y aún NO llego siquiera a *ser* NI un nene" …

Pero el Yo Soy *Es* donde *vivimos*, donde *respiramos,* donde *tenemos* nuestro Ser. Eso implica *morar **en*** Él; eso implica *reconocerlo **sólo*** *a* Él, en TODOS nuestros caminos. El Yo, *Soy incluso* mi vecino; el Yo, *Soy cada pájaro*; el Yo, *Soy cada flor*; y el Yo, *Soy* *cada bestia* – porque ***sólo*** el Yo Soy, *Estoy* ahí.

Nos estamos *moviendo* a través de las *imágenes del pensamiento de la mente*, hacia un *nuevo* Nivel de Conciencia llamado: *El* Yo Soy – *fuera* de las sombras, *fuera* de los ecos, *fuera* del tiempo, *fuera* del espacio, *hacia* la Esencia *Infinita*, *hacia* la Vida *Infinita*, *hacia* el Ser *Infinito*, *hacia* la *Realidad*...

Al igual que *niños*, *abandonamos* los *juguetes* de la ***materia***. La *autoridad* de la ***materia***, como *poseedora* de los asuntos de la Vida, finalmente es *eliminada*. *Vemos* a la ***materia*** por lo que es, NADA. La Vida NO *depende* en absoluto de la ***materia***; la Vida NO es ***materia*** en absoluto. Vemos la ***materia*** por lo que es: una *imagen en el pensamiento*, en el *tiempo*, en el *espacio*… Y *nosotros*, NO nos *identificamos* con esa ***materia***, porque SOMOS el Yo Soy. Nosotros *somos* una *Sustancia* Nueva; y dicha *Sustancia* NO está *sujeta* a las leyes de la ***materia***; NO puede ser *generada* por la ***materia***; NO *reacciona* a la ***materia***; NO se *defiende* en base a la ***materia***; NO *busca* adquirir ***materia***. Esa Sustancia *Nueva*, simplemente vive *como Ella Misma, fabricando* a través de la *Gracia*, aquello que *necesita* DESDE <u>Su</u> Propio Ser, SIN *esfuerzo* alguno. *–Aprendemos* que tanto la *lucha* **como** la *supervivencia*, son totalmente, parte de un pasado *humano.*

El Yo Soy *Es*, autosuficiente en Sí Mismo hasta la *Eternidad;* *constituye* la Vida *Eterna*; 'aquello' que requiere, lo *forma*. **No** necesita que se le diga *qué* formar; NO necesita que se le *pida*. *Antes que pidan, el Yo, responde*. El Yo Soy, Es la Mente *Omnisciente*, utilizando *TODO* su Poder, para *formar* aquello que necesita, *cuando* lo necesita. El Yo Soy, Es el *Nombre,* la 'Naturaleza' de <u>ustedes</u> – *aprendan* a descansar DENTRO de la *Naturalidad* del Ser. Y aquellos que *no* lo hagan, nos dicen aquí, *se muerden la lengua de dolor.* ¿Por qué? –Bueno, el *trono* de la bestia, la *autoridad* de la **materia** se *ha ido;* y, *sin* embargo, *todavía* se le *anhela,* a pesar de *saber* que es un deseo *inútil.* Se quiere aquello que puede ser *obtenido, sabiendo* que cuando se *obtenga,* NO *satisfará* – se trata tan *solo* de un *reflejo condicionado* del *pasado,* moviéndose hacia el *presente,* haciéndolos *buscar* aquello que *saben* que NUNCA podrá *satisfacer* – la Verdad *Misma* que están *buscando.* Y se encuentran *derrotados* ante este *dilema;* lo ÚNICO que saben es *buscar* EN la **materia;** y ésta, NO podrá *darles* aquello que *quieren* – por eso *se muerden la lengua de dolor;* *blasfeman* al Dios del cielo a causa de estos dolores, y NI así se *arrepienten;* siguen *insistiendo.* Todavía 'algo' los mantiene *esclavizados* a la **materia** – es una *dura lección...*

Y he aquí ahora, la **sexta** *Copa:*

"*Y el sexto ángel derramó su copa sobre el gran río Éufrates; y las aguas de éste se secaron, de manera que el camino para los reyes del oriente estuviera preparado*" (Revelación 16:12).

Regresen a Babilonia y *vean* este gran Río *Éufrates;* y toda la *riqueza* que conformaba Babilonia, llegó *a través* de ese gran *Río.* El *Río* que conduce hacia al *símbolo* del *poder* **material** *humano,* fue llamado *Éufrates* – lo *mismo* que **en** nosotros, un *río de conceptos.*

'Aquello' en <u>nosotros</u> que nos *justifica* en nuestro **materialismo** **y** en nuestra voluntad **personal, y** que *apoya* la *creencia* de que estamos *haciendo lo correcto* en cuanto a la **materia** y en cuanto a la *voluntad* **personal,** es llamado *Éufrates* – TODO *argumento* que <u>ustedes</u> pudieran *imaginar.* Y así, la **sexta** *Copa* va directamente hacia 'aquello' que *apoya* el punto de vista **material** – cada *creencia,* cada *concepto,* cada *juicio,* cada *recuerdo,* cada pensamiento *condicionado...*TODO eso es enfrentado por la *Verdad*, la **sexta** *Copa*.

Y *las aguas se secan* – TODOS nuestros *argumentos* resultan **inútiles**. *Sabemos* que estamos *hablando* SIN *creer* en la *materia*; estamos *superando* el *materialismo*, y así es como los *Reyes del Oriente*, serán *recibidos*. Los *Reyes del Oriente* se refieren SIEMPRE a la *Verdad*, a la Verdad *Divina*. Cuando *finalmente* el **último** vestigio de *creencia* en la *materia* es **removido**, entonces somos *visitados por los Reyes del Oriente*. Y los **tres** *Sabios*, el *pensamiento* DEL Cristo, *desciende* sobre nosotros, **sustituyendo** al pensamiento *humano*, en la medida en que el *materialismo* **pierde** su *control* sobre nosotros.

Sin embargo, aquí, *surge* algo *inesperado*.

"Y vi salir de la boca del dragón, de la boca de la bestia y de la boca del falso profeta, tres espíritus inmundos como ranas" (Revelación 16:13).

Las *ranas* se identifican en el siguiente Versículo:

"Las ranas son los espíritus de los demonios, haciendo milagros, las cuales se dirigen hacia los reyes de la tierra y al mundo entero, para reunirlos en la batalla del gran día del Dios Todopoderoso" (Revelación 16:14).

De esa manera, la mente *mortal*, dando sus *últimas patadas*, siendo un *engañador* desde el principio, ahora se prepara para tomar *otro disfraz* – a esto se llama, las *tres ranas*: la *mente* de 'este *mundo*', la *mente 'individual'*, **y** la *creencia* en la '*materia*' – las cuales, habiendo *recibido* una *paliza* de parte de la *Verdad*, se *juntan* ahora en su gran furia **y** dolor. Y *aparecen* como *tres ranas*, haciendo TODA clase de *milagros* espectaculares; TODO tipo de *promesas* maravillosas y de nuevas *esperanzas* – pero SIEMPRE:

DENTRO de la *materia*. TODO DENTRO de <u>ustedes</u>, desde el *principio de los tiempos*, se *opone a renunciar* a 'este *mundo' material* – son como *tres ranas*; y cada refrán les repite: *"Más vale pájaro en mano, que un ciento volando* – aférrense a lo que *tienen*, antes de soltarlo por algo que NO *tienen"*.

<u>Ustedes</u> pueden encontrar todo tipo de *dichos*, incluso directamente de la Biblia; pueden encontrar algo que *justifique* sus creencias; algo *bueno* que todavía pueden *obtener de* la *materia*. Vean, la *sexta* Copa les está diciendo que <u>ustedes</u>, NO pueden *obtener* NINGÚN bien **de** la *materia*, porque <u>NO hay **materia** alguna</u>; simplemente NO *existe*. Dios, NO hizo la *materia*. El Espíritu ES, Espíritu; ES Espíritu, ES Espíritu por SIEMPRE – y ¡NO existe NADA más! Y el Espíritu, *Soy Yo*; dondequiera, el Espíritu *Soy Yo*.

Y estas *ranas*, estas *seudo enseñanzas*, los van a *instruir* acerca de cómo tener una *mente dinámica*; los van a *instruir* para tener *pensamientos positivos*; les van a *revelar* cómo *obtener todo* aquello que *siempre desearon* en esta vida; les van a *decir* cómo ser un ser **humano** feliz, exitoso, ingenioso **y** poderoso – *todas* estas *ranas*; *todo* aquello en ustedes que *responda* a una *rana*, los va a *alejar* de la ÚNICA Verdad Simple: la *Identidad*. *Identidad Divina* constituye <u>su</u> *Verdadero Nombre*; e *Identidad*, aquí **y** ahora. **No** hay **nada** que *enseñar*; NO hay **nada** que *aprender* – tan *solo* tienen que *aceptar* QUIENES SON. Y así las *ranas* llevan a cabo su *trabajo* – hacen *todo* tipo de milagros *humanos* y todo tipo de promesas *humanas*. Pero al *final,* NO pueden *triunfar* contra esa Conciencia-*Cristo* que está *surgiendo* EN ustedes. Los espíritus *inmundos* que están siendo *preparados* para esta gran *prueba*, se están *concentrando*; la llaman *"la gran batalla*; el *gran día del Dios Todopoderoso"*.

Y para *prepararse* para dicha 'batalla', el Espíritu dice:

"He aquí, el Yo vengo como un ladrón. Bienaventurado quien vela y guarda sus vestiduras, no sea que ande desnudo y vean su vergüenza" (Revelación 16:15).

Entonces, *guardar sus Vestiduras* implica *revestir su* Conciencia, de *Verdad*. *En lugar* de *convertir* la Verdad en algo muy *complicado*, *ustedes* pueden *simplificarla* en una *sola* palabra: **Identidad** – la **Identidad** constituye el *Núcleo* de TODA Verdad; *sin Identidad*, se estarían agarrando a la *paja*; *con Identidad*, ustedes NO pueden *fracasar*; ustedes *tienen* que *establecerse en la* **Identidad**.

> *"Y ahora, el Yo los reunió en un lugar llamado en hebreo: Armagedón"* (Revelación 16:16).

Ya hemos visto que *Armagedón*, representa el *lugar de encuentro* entre alguien que esté establecido en la **Identidad**, y cada cualidad en un ser *humano*, el cual dice: Tú, NO eres aquello que estás *tratando de ser*. Y ustedes van a *salir* de esa *batalla*, de ese *conflicto* entre el Espíritu **y** la materia, ya sea como *Identidad* **aceptada**, **reconocida** y **probada**; o como un *ser mortal*, que debe *reencarnar* de nuevo dentro de la *forma*, hasta el *final de los tiempos*.

Ahora bien, NO hay *profecía* alguna relacionada con este *conflicto* – *TODO* se encuentra DENTRO de la *persona*. *Ustedes* han de saber que hubo *días*, cuando TODOS *predecían*: "Oh, esa fue la 'guerra mundial'; y aquella fue 'esta guerra'; y eso fue la 'inundación', y esto otro fue este 'terremoto'". Pero eso, NO lo es *TODO*; realmente lo será cuando el *Alma* de *ustedes* se *enfrente* a *su mente*; y entonces *su mente* sea *disuelta* EN *su* Alma; y el Alma de *ustedes* sea aquello que *viva su* Vida, como *'ustedes'*.

Hasta ahora, TODO cuanto ha *acontecido* ha sido la *Preparación* para este *encuentro*, para este *conflicto*, para esta *confrontación*. *Si* ustedes NO estuvieran *preparados* para la *confrontación*, entonces la mente de 'este *mundo*' *vencería para siempre*. Sin embargo, AHORA estamos **preparados** para *establecernos* en la **Identidad** para los *tiempos* que se *avecinan*; **y** para *permitir* que TODAS las *imágenes mentales* de 'este *mundo*', junto con TODO lo *grotesco* que pudieran *proyectar*, con toda *rana* que pudieran *producir*, *salte de arriba a abajo frente a nosotros*, como si estuviera *viva*, para que *toque* esa

CLASE 19: EL YO, SOY

Conciencia *firme* e *inquebrantable* del Yo SOY – ¡y punto! Y
TODO cuanto queda es: el Yo SOY – hacia dondequiera que el *ojo*
pueda *percibir*; SIN *importar* lo que '*vea*'.

   Históricamente hablando, *Armagedón* fue el lugar donde los
israelitas *derrotaron* a los cananeos en el monte Meguido. Y *si*
recuerdan, los israelitas fueron *superados* en número; de hecho,
estaban *desarmados*. *Pero tenían **un** Conocimiento; el Conocimiento
de que existe **Un Solo** Poder. Ellos RECONOCIERON que hay **Un Solo**
Poder – el Poder **del** Bien Infinito. Y así es como nos enfrentamos a
nuestro Armagedón: RECONOCIENDO que tan solo hay **Un Solo** Poder,
y que el YO, **SOY** ese Poder – NO hay otro 'poder'. Ese Poder **del** YO,
SOY el Ser Infinito AHORA, con el RECONOCIMIENTO del Ser Infinito*.

   "*Y el séptimo ángel derramó su copa por el aire; y salió
   una gran voz del templo de los cielos, desde el trono,
   que decía: Hecho está*" (Revelación 16:17).

   SIEMPRE se trata de la *Verdad* – *ustedes* NO lograron NADA.
Antes de que se *establecieran* los cimientos de 'este *mundo*', el *Yo
Soy* ha sido el *Nombre* de *ustedes*; SIEMPRE lo será. Y TODO problema
que alguna vez vayan a *enfrentar*, constituirá la ***falta** de voluntad*
de *ustedes* para **aceptar** dicho Nombre e Identidad. Es el *deseo* DEL
Padre de ustedes que SEAN: EL YO SOY.

   Creo que nos queda *claro* que, para *nosotros*, la **séptima** *Copa*
implica: el RECONOCIMIENTO de que *fuimos* el Yo Soy, **antes** de
aparecer *dentro* del vientre materno; **antes** de que Abraham fuera,
el *Yo, Soy*. Y podemos *agradecer* a ese Espíritu, que el Yo Soy,
apareciera sobre la tierra como un **Hombre** llamado Jesús, porque
se trató SIEMPRE del *Yo Soy* – ese era el *Yo Soy*, caminando por
TODAS partes bajo el nombre de *Jesús*; ese era el *Yo Soy*, caminando
por TODAS partes bajo el nombre de *Moisés*; y ese es el *Yo Soy*,
caminando donde ***ustedes*** parecieran estar.

   Verán, esa es la *Nueva* Conciencia de 'este *mundo*', ¿cierto? –El
Yo, **Soy**. Y cuando se trata de la Conciencia de ***ustedes***, incluso

213

el *Armagedón* se *convierte* en una verdadera *imposibilidad*, porque *sólo* el Yo, ESTOY ahí. El *hipnotismo* total de la mente de 'este *mundo*' queda *evidenciado*; NUNCA estuvo aquí; tan *solo parecía* estar. El *Yo SOY*, *disipa* el hipnotismo de 'este *mundo*'; y donde *parecía* estar, *sólo* el Yo, ESTOY.

Así que más adelante se dice:

"*Y toda isla huyó, y los montes no fueron hallados*" (Revelación 16:20).

Las *islas* representan esas ideas de *separación* que admitimos; ideas de *separación*. Los *montes* son las montañas de *error* que miramos. Pero NO hay *separación* alguna; TODA *isla* se ha *ido* – hay: UN SOLO SER. NO hay *monte* alguno, porque TAMPOCO hay *valles* – hay UN SOLO SER.

"*Y cayó sobre los hombres, un gran granizo del cielo*" – ese *granizo* constituye la Verdad *Divina* – "*y cada gran granizo tenía el peso de un talento*" (Revelación 16:21).

Y los *Granizos* como Piedras que *pesan como un Talento*, representan las *poderosas* Obras *Divinas*, llevadas a cabo a través de la *Nueva* Conciencia de *ustedes*. En *su* Conciencia del Yo Soy, NO existe NINGUNA *oposición* – el Yo, ESTOY *libre* de la mente *mortal*, de la conciencia de 'este *mundo*'. El Yo, SOY el Espíritu *Eterno* actuando *aquí*, justo donde el Yo, ESTOY, en aquello que 'este *mundo*' llama '*mi* forma'. Así, como *consecuencia*, las Obras de *ustedes* constituyen las Obras *más* grandes, del tamaño de un *Talento*. Y en tanto *ustedes* llevan a cabo dichas *grandes Obras*, los **h**ombres *continúan blasfemando* contra Dios, debido a la *granizada* – para *ellos* es, *granizo*; para *ustedes* es, *Identidad* CONSCIENTEMENTE RECONOCIDA.

Con esto llegamos al Capítulo **17**.

Ahora consideremos por un instante, el *"espacio"*. El *"espacio"*, JAMÁS es *externo* al Yo SOY; pero lo es para la *limitada* mente *humana*. Así, cuando ustedes *afirman* que el *"espacio"* NO es *externo*, lo están haciendo **desde** la Conciencia-Yo SOY. Cuando ustedes *afirman* que el *mal* es *inexistente*, lo están haciendo **desde** la Conciencia-Yo SOY. Cuando ustedes *aseveran* que SÓLO la *Perfección* existe, entonces es porque se encuentran **dentro** de la Conciencia-Yo SOY. Y esto, se convierte en *su* **práctica diaria**; *cotidiana*.

Ustedes NO están *permitiendo* que la mente *humana* les *imponga* sus *creencias*; *ustedes* se están **apartando** de esa mente *humana* y *condicionada* – están *entrando* a un Nivel de Conciencia, el cual la mente *humana* NO puede *comprender*; un Nivel de Conciencia que *ustedes*, literalmente, NO pueden *comprender* – por eso la palabra **Fe** resulta aquí tan *importante* – *ustedes* comienzan a caminar *fuera* del radio del pensamiento *humano*. Se *dejan llevar* hacia este **otro** Reino, **confiando** en el Yo SOY, como *su* Mente *Infinita*. El *Yo, SOY*; y el Yo, he ido **delante** de *ustedes*; de hecho, el Yo, he SIDO **antes** que *ustedes*. Dondequiera que *ustedes* vayan, el Yo los ESTOY esperando. No hay *"lugar"* donde el Yo, NO ESTÉ – y el *Yo, SOY ustedes*.

¿Pueden **sentir** la *posibilidad* de la *Libertad* en tanto **aprendemos** a *descansar* en el *Infinito* Yo Soy, SIN reconocer NADA más? ¿Pueden **sentirlo** hasta que sea *probado*, hasta que sea *reconocido*, hasta que la *Unicidad* sea TODO cuanto haya *en* la Conciencia de *ustedes*? –Esa es la *Preparación* que, por *Sí Misma*, los *capacita* para *vivir* DENTRO del Cuerpo que NO *conoce* la *muerte*.

¿Se *dan cuenta* que TODOS esos pasos resultaron *necesarios*, y que SIN ellos *NO* podrían *vivir* DENTRO de un Cuerpo **de** *Espíritu*? –Ésa es la manera como el Cuerpo DEL *Espíritu* llega a su *concientización*: De repente *ustedes* ya NO son más, un cuerpo de *carne* – **y** lo **saben** – *ustedes* SON, un Cuerpo **de** *Espíritu*. Entonces es cuando se *dan cuenta*: El Yo, **Soy** la *Conciencia Divina Misma* – esa es la razón por la que NO existe '*lugar*' *alguno donde el Hijo del Hombre pueda recostar su cabeza.* –Él **Es**, la *Conciencia Divina.*

El Yo, **Soy** el Hijo del *Hombre*; el Yo, **Soy** Conciencia *Divina* – el Yo, NO **Soy**, **h**ijo de *mujer* – el Yo, **Soy** Conciencia *Divina.* De esa manera, en el Capítulo **24** de Mateo se dice: "que aquellas que *están encinta...*" – eso implica la *comprensión* de que JAMÁS se puede "*estar encinta*" – eso implicaría un *concepto **material**.* Tiene que haber un RECONOCIMIENTO de que TODO ES, Espíritu *Infinito*; e incluso 'esto', *dentro de mi útero*, no es más que una *imitación* del Espíritu *Infinito* – *sólo* el Espíritu *Infinito* está *aquí*, **siendo** ÉL MISMO.

Todo concepto **material** tiene que *desaparecer* – de lo contrario el *Yo Soy*, Lo *Único*, NO sería **admitido**. No puede haber "*lugar*", NINGÚN "*lugar*", donde *ustedes* se *permitan* hacer una *excepción* a lo anterior. La madre, que "*alimenta al niño*", tiene que saber: SÓLO el *Yo Soy*, **Está** aquí, como el *Verdadero* Alimento, tanto para la madre como para el niño. La madre, que "*da a luz* al niño", *tiene* que *saber*: SÓLO el Yo Soy, Está *aquí, evidenciándose* ante la visión humana, como *madre* **e** hijo.

Se requiere una *Consagración* TOTAL – *total* **y** *completa*, al Ser ÚNICO, al Yo **Soy**, al *Espíritu*, al Ser *Invisible*, a lo ÚNICO. De lo contrario NO habría **aceptación** alguna, y entonces *ustedes*, estarían *quebrantando* la Unicidad; estarían *de regreso* a la *pródiga* conciencia-*dividida*. Lo anterior, ¿implica *dejar* de *tener* hijos? –**No**; pero *significa tenerlos* DENTRO de la Conciencia-***Cristo***; *significa* que TODO aquello que se lleve a cabo a *través* de la Conciencia-***Cristo***, esté DENTRO del *Ritmo* **y** la *Armonía* DEL Universo *Infinito*.

Ahora bien, la ***Identidad***, el Yo **Soy**, constituye la *Clave* para la Vida *Mística*; constituye la *Clave* para la Vida *Eterna*; constituye la *Clave* para la *Armonía*; constituye la *Clave* para TODO aquello que *conforma* la *Totalidad* DE Dios. – SIN la ***Identidad***, NADA somos; CON Ella, somos **Todo**. *Todo* cuanto *hagamos* a partir de *este* instante, en *esta Revelación*, estará *unificado* con eso, como el *punto focal* de nuestro Ser, *conduciéndonos* al *Señorío Total* sobre mente **y** cuerpo, con el cual comenzamos a principios del año. El Yo, Soy; y NO Estoy *dentro* de una mente *humana* NI *dentro* de un cuerpo *humano*.

Comenzaremos el Capítulo **17** la próxima semana; y parece que tendremos unas cinco o seis semanas libres a partir de este domingo.

Por favor *vuelvan* a considerar la **cuarta** *Copa* del Capítulo **16**, RECONOCIENDO que su *propósito* es, *enseñarles* que <u>su</u> Nombre e Identidad *es*, el Yo Soy; y que esa *Identidad*, NO es propiedad *'personal'* de ustedes – pertenece **al** Universo, porque el Yo Soy es, un Universo; y <u>ustedes</u> **no** son una *'persona'* – <u>ustedes</u> SON, *un Universo*.

Practiquen el ejercicio de estar en TODAS partes del *'espacio'*, lo cual implica que, en *realidad*, NO están DENTRO del *'espacio'* en lo absoluto. Y *si verdaderamente* tienen ambición – que espero que así sea – *practíquenlo* con el enfoque del *'tiempo'*. AHORA Soy, hace dos mil AÑOS; AHORA Soy, dentro de dos mil *años*... Y NO estoy *bromeando*; ¡*pueden* hacerlo! Y se *darán cuenta* que esto comienza a *revelarles* **Quién** son. <u>Ustedes</u> estarán **admitiendo** la *Infinitud* de Ser, en lugar de esa *pequeña mancha de protoplasma* a la cual llamamos: "*la divina imagen y semejanza de Dios*".

AHORA estamos *contemplando* al Yo Soy, *dondequiera* que vayamos – *contemplándolo* justo *a través* de la forma, porque SÓLO el Yo Soy, Estoy *AQUÍ*.

Los veo pronto –– Muchas gracias.

CLASE 20

A TRAVÉS DE UN CRISTAL OSCURECIDO

Revelación 17:1 a Revelación 17:18

Herb: - Hay algunos acontecimientos actuales que llaman nuestra atención sobre ciertas cosas que hemos *tratado* de aprender, y que todavía estamos *tratando* de aprender, por lo que considero que resultaría bueno *revisarlas* en este instante – particularmente a la luz del presente Capítulo **17**: el *Estudio de la Conciencia de 'Este Mundo'*.

El viernes tuvo lugar un acontecimiento con niños del estado de Wichita que volaban a Salt Lake City, o a Logan, en el estado de Utah – se accidentaron sobre las Montañas Rocosas de Colorado – el avión explotó; fallecieron trece niños, el entrenador y el director de atletismo del equipo de fútbol… En realidad, veintinueve personas que volaban en ese avión murieron, y once sobrevivieron. Y si alguno de nosotros hubiéramos sido los padres de esos jóvenes, en este momento estaríamos inconsolables.

Ahora bien, el estado de Wichita se encuentra en medio de lo que podría llamarse, el *Cinturón de la Biblia*. Sucede algo muy extraño cuando algo así acontece en una familia – por lo regular, la *fe* en Dios, **no** se ve afectada, sino que nos volvemos hacia Dios, y decimos: "Señor, realmente *no* entiendo esto, pero espero que estés cuidando a mi hijo ahora, en los cielos". ¿Saben? Cuando seis millones de judíos fueron quemados en los hornos de

Hitler, la religión judía NO se volvió hacia Dios preguntándose: "Bueno, *¿qué* es lo que está *mal* en **nuestro propio** concepto de Dios?" –Simplemente *continuaron* adorando al *mismo* Dios; al Dios que *no* hizo nada por los seis millones de muertos. Y lo mismo acontece en TODAS las religiones de nuestro mundo. Y de esa manera, *seguimos* adelante, como *si* Dios estuviera haciendo lo *correcto* por nosotros – *confiamos*. JAMÁS se nos ocurre que, al NO cuestionar **nuestro propio** *concepto* de Dios, estamos siendo *infieles* a Dios, **e** *insultando* a Dios.

Ahora miremos de cerca esos 'restos' sobre las Montañas Rocosas de Colorado – el avión cruzaba los *cielos*. Y la religión cree que Dios creó los *cielos*, así que entonces la siguiente pregunta lógica sería: "*Si* Dios creó los *cielos*, ¿por qué entonces Dios *no* mantiene una ruta *ordenada* a través de los *cielos, protegida* bajo el Gobierno Divino de todo aquello que *acontece* a través de los *cielos* DE Dios?" Y, por supuesto, NO hay respuesta posible a eso, desde el punto de vista de la mente *humana*. Así que nos cuestionamos: "*¿Sabía* Dios de este accidente ANTES que sucediera?" Y claro que nos respondemos: "Obviamente que NO, porque *si* Dios lo hubiera sabido ANTES que *aconteciera*, ciertamente Él habría *alertado* a todos, y lo habría *evitado*". El hecho de que Dios NO lo impidiera, indica que NO lo *supo* ANTES que aconteciera. Sería bueno *saber* exactamente *cuándo* Dios se *enteró* del accidente. ¿Hubo un *momento* en el que Dios *supo* de esto? ¿Hubo un *momento* en que los motores *dejaron* de funcionar? ¿Hubo un *momento* en que el piloto *se dio cuenta*? ¿Dios Se *dio cuenta* también? –Bueno, Dios NO *hizo* NADA al respecto en ese *momento*, por lo que tendríamos que *concluir* que, en ese *momento,* el *piloto* lo supo, pero NO *Dios*. En ese *instante*, el *piloto* sabía algo que Dios NO sabía – el piloto *sabía* que sus motores *no* estaban funcionando, pero Dios **ignoraba** todo eso.

Posteriormente salió un poco de humo negro, y finalmente el avión ya *no* pudo continuar; y el piloto fue lanzado a tierra en picada. Y nosotros quisiéramos saber *si* Dios lo *supo* en ese *momento* – porque ciertamente, *si* Dios lo hubiera *sabido* en ese *instante*, ¿*no* habría *preparado* un lugar *perfecto* para que aterrizara el avión? Pero parece que Dios NO debió haberlo *sabido*, pues el avión chocó con la montaña; estalló en llamas y luego explotó. Antes que nos *diéramos cuenta*, once sobrevivientes salieron aturdidos, confundidos, quemados ... y quedaron veintinueve cuerpos carbonizados, incluidos los trece miembros del equipo de fútbol de la Universidad Estatal de Wichita, de los cuales podríamos decir: "Uno de *nuestros* muchachos estaba en ese avión, uno de *nuestros* hijos..."

Consideremos ahora a ese chico, o a los trece – estaban sometidos a una *disciplina* futbolística muy rígida, por lo que *no* eran degenerados; *no* bebían alcohol; *no* fumaban. Probablemente bebían leche por las noches, acostándose temprano. Ellos llevaban una vida normal, saludable, sana; amaban la Biblia – pero, ya NO están *vivos*...

Todavía nos preguntamos, ¿*cuándo* se dio cuenta *Dios* de ese acontecimiento? Los *fotógrafos* se dieron cuenta; la *prensa* se dio cuenta; sus *madres* y *padres* se dieron cuenta... Y Dios, ¿*Se dio cuenta*, Se *hizo consciente* de lo que aconteció? **No** hay *indicio* alguno de que Dios *supiera* nada de esto; de que Se *diera cuenta* en el instante en que sucedía o *antes* de que aconteciera. Pero 'este *mundo*' lo sabe; todos los *periódicos* del país lo saben. Y hay un gran pesar, un gran duelo y dolor, porque *nosotros* sabemos lo que aconteció, pero *Dios* NO *sabe* qué sucedió.

Las preguntas de rigor son: "¿*Quién* es el responsable? ¿Fue el piloto? ¿Fue el dueño del avión fletado? ¿Estaba averiado el equipo? ¿No fue debidamente verificado en forma adecuada por el personal de tierra? ¿Sabía el piloto, algo de navegación? ¿Contaba con licencia para pilotear?" Y así sucesivamente ... Pero *todos* esos cuestionamientos están *equivocados*. Esas preguntas son las que se han hecho una y otra vez después de *cada* accidente *fatal*. Así que la pregunta que queremos hacer es la siguiente: ¿***Cómo*** es que *nosotros* sabemos lo que sucedió; y *Dios* NO sabe lo que aconteció?

¿Cómo es que *nosotros* sabemos más que *Dios?* ¿Mediante qué *inteligencia terrenal* podemos *nosotros* ser **capaces** de *saber* aquello que *Dios* es **incapaz** de saber? –Porque NO hay *evidencia* alguna de que *Dios* hubiera *sabido* algo acerca de ese accidente, de la *muerte* de veintinueve personas.

Cuando *ustedes* se *preguntan* todo eso, pueden comenzar a *percibir* lo que el Mensaje de la *Verdad* ha estado tratando de decirles durante el *pasado* – oh; durante *cientos de años* en esta tierra: en ese avión, NO HUBO NADIE QUE ESTUVIERA *CONSCIENTE* DE LA PRESENCIA DE DIOS. Y, sin embargo, es *factible* que *todos* hubieran amado la Biblia; que todos fueran *creyentes* desde que tuvieron la altura de un saltamontes; es posible que todos hayan sido destetados de la mano de *creencias* religiosas – pero dichas *creencias* resultaron, *impotentes*. Y *si* hubiera habido un ministro, un sacerdote o un rabino sentado *con* ellos en el avión, igual de NADA habría servido; *si* todo Kansas lo hubiera *sabido anticipadamente,* y hubiera *orado,* TAMPOCO habría servido de NADA.

Así pues, la pregunta NO es: "*¿Qué* salió mal? ¿Estaba *averiado* el avión?" La pregunta es, "*¿Cómo* alcanzamos la **Unicidad** CON Dios?" –Porque con TODA seguridad, **nuestros** conceptos humanos normales en este mundo, acerca de Dios, están **equivocados.** **No** es 'nuestro equipo', aquello que está *averiado* – se trata de *NUESTRA IGNORANCIA* ACERCA DE DIOS, AQUELLO QUE CONSTITUYE LA *CAUSA* DE TODO PROBLEMA QUE ENFRENTAMOS. Ahora bien, se nos ha dicho que: "*Uno* CON *Dios es mayoría*". Así que *también* debemos aceptar el *hecho* de que: **Uno** CON Dios en ese aeroplano, CONSCIENTE **de la Presencia** DE **Dios** – pero NO de un *concepto* llamado Dios, sino de la *Presencia Viviente* DE Dios, hubiera hecho **imposible** el *accidente.*

Aclarado lo anterior, es hora de volver a nuestra rutina. Para nosotros tan solo representó un artículo en los periódicos. Sin embargo, NO *olviden* que el día de mañana podría tratarse de *nuestro* hijo, de *nuestro* nieto, y de *su* universidad – y podrían estarse dirigiendo a otro lugar para un juego. O mañana pudiéramos ser *nosotros* quienes viajemos en avión hacia algún otro lugar; o también *nosotros* viajando en automóvil. –La cuestión es *siempre* la *misma*; ¿Nos estamos *moviendo*, DENTRO de 'este mundo' de los *hombres*, FUERA del gobierno DE Dios? o ¿Estamos *moviéndonos* DENTRO del Reino DE Dios, *bajo* la Protección *Divina*?

Supongamos ahora que ustedes hubieran podido *entrenar* a uno de esos chicos EN la *Verdad*; supongamos que hubieran podido *enseñarle* que CUANDO UNO NO ESTÁ *CONSCIENTE* DE LA PRESENCIA DE DIOS, ENTONCES DICHA PRESENCIA NO PUEDE *ACTUAR* A TRAVÉS DE *NUESTRA* CONCIENCIA – quedando uno, por lo tanto, FUERA de la *protección* del *mismísimo* Dios al que adoramos. NUESTRA CONCIENCIA *ES* LA VÍA O EL CANAL A TRAVÉS DEL CUAL, DIOS *ENTRA* EN NUESTRA EXPERIENCIA. Y cuando **uno** NO está *consciente* DE Dios, porque Dios ES Vida; cuando **uno** NO está *consciente* DE Dios, entonces **uno** está *inconsciente*, moviéndonos DENTRO de la *irrealidad* – '*muerto para* Dios'. Y tan solo es cuestión de *tiempo*, el que eso *nos afecte*, para *demostrar* que hemos estado '**muertos** *para* Dios'. Pudiera *no* acontecernos en un accidente, pero nos llegará como algo *cotidiano*. *Nosotros*, quienes estamos '**muertos** *para* Dios', *morimos* – porque TODO AQUELLO QUE ESTÁ *DENTRO* DE NUESTRA CONCIENCIA, SE *EXPERIMENTA* O *EXTERIORIZA*. Pero nosotros, quienes estamos '**vivos** *para* Dios', *vivimos*.

Así es como nos ***concientizamos*** que estamos ***aquí*** para *edificar* una Conciencia – pero NO una conciencia de *muerte*; NO una conciencia-*mortal*, sino una Conciencia *plena* de esas Cualidades que son *Eternas*. Cada vez que *su* Conciencia RECONOZCA lo *Eterno*, eso será *justamente* aquello que ustedes evidenciarán – ustedes evidenciarán *su* Conciencia de lo *Eterno*, como una *Experiencia Eterna* – **o** evidenciarán *su* conciencia-*mortal*, como una experiencia de *mortalidad*. Y justo ahora, asomando por el horizonte, se encuentra el *entendimiento* de que ESTAMOS AQUÍ PARA *EDIFICAR* NUESTRA CONCIENCIA DE LA PRESENCIA DE DIOS, EN **TODO** MOMENTO – NO durante *veintitrés* horas al día, sino que durante las **veinticuatro** horas de día *tenemos que RECONOCER, sin cesar* que, DONDE NOSOTROS ESTEMOS, JUSTO AHÍ, DIOS *ESTÁ*.

Eso es lo que implica el PRIMER Mandamiento: RECONÓCEME; *honra* al Señor *Supremamente*; RECONÓCEME con TODO tu Corazón, con TODA tu Alma y con TODA tu Mente. Y lo anterior nos fue conferido porque, CUANDO *NOSOTROS* RECONOCEMOS LA PRESENCIA DE DIOS, ENTONCES ESA PRESENCIA NOS RECONOCE A NOSOTROS. *El estar **inconscientes** de la Presencia, impide que actúe a favor de nosotros.* SIN ese RECONOCIMIENTO, SIN **nuestro** RECONOCIMIENTO de la Presencia, caminamos *separados* de Ella – *divididos, forzados* a una *separación,* por *ignorancia.* Y 'este *mundo*' entero está *caminando* DENTRO de esa *separación – separado* de la Presencia DE Dios, al NO *darse cuenta*, al NO *RECONOCER* dicha Presencia; estando *inconsciente* de Ella. A través de *este estudio,* tenemos el *privilegio* de *ajustar* nuestra Conciencia, *eliminando* la *división*, la *separación,* lo cual, como *consecuencia*, nos conduce hacia el gobierno *Divino* – debido a nuestro **incesante** RECONOCIMIENTO de que DONDE EL YO ESTOY, AHÍ *DIOS* ESTÁ – AHORA. JAMÁS podría haber un *cambio* en esa Verdad; pero, el RECONOCIMIENTO CONSCIENTE de *ustedes* de TODO esto, es aquello que hace *que se **experimente** activamente.*

Ahora bien, el Capítulo 17 de *la Revelación de San Juan,* trata sobre 'este *mundo*' *que está **inconsciente** de la Presencia DE Dios.* Y nos presenta la *causa* por la que estamos **inconscientes** de la Presencia DE Dios. *Si* ustedes *miraran* a su alrededor, hacia su mundo actual, verían que la *ciencia* está *constituida* principalmente, por *ateísmo*. Es cierto que hay científicos que *creen* en un Dios – pero básicamente, la mayoría de 'este *mundo*' *científico cree* que Dios, NO existe. Debido a eso es que *NO* podemos recurrir a la *ciencia* para que nos ayude a *encontrar* la Presencia DE Dios. Luego, al acudir a 'este *mundo*' religioso que encontramos, nos percatamos que está **inconsciente** de la Presencia DE Dios, y al mismo tiempo *cree* que *adora* A Dios – por eso NO puede *demostrar* A Dios; NO puede *traer* A Dios a la **experiencia**; la religión SIEMPRE está

223

rezando, buscando la ayuda DE Dios, para que *haga* algo; o está rezando, en tanto está *enterrando* un cadáver después de la *muerte*. La religión NO puede *darnos* A Dios, porque NO ha *encontrado* A Dios; NO ha salido de la *trampa* de la *creencia* en la *mortalidad*. La ciencia TAMPOCO ha salido de la *trampa* de la *creencia* en la *mortalidad*.

Todo alrededor de _ustedes_, las personas a quienes aman, a quienes respetan, a quienes desean ayudar, TODAS ellas están *convencidas* de la *creencia* de que *somos seres-mortales*. Y NO hay manera de ayudarlas, más que *demostrando*, a través de _su_ RECONOCIMIENTO de la Presencia DE Dios, que NO somos seres-*mortales* – las *palabras* que _ustedes_ les *digan*, NO les serán de *utilidad*; TAMPOCO las *promesas* que _ustedes_ les hagan. NADA de lo que _ustedes_ lleven a cabo, puede ayudarlos, *si* los *dejan* en la *creencia* de que son seres-*mortales*, porque tengan la seguridad que la ÚNICA *razón* por la que *murieron* veintinueve personas en ese aeroplano fue porque *ellos creyeron* que eran *simples mortales* – y con ello se *separaron* de la Presencia *Inmortal*, la cual constituye la ÚNICA Presencia.

Por eso, quienes deseamos ser de *bendición* para quienes nos rodean para *expresarles* nuestro Amor, tenemos que hacerlo de una manera *diferente* a como 'este *mundo*' lo ha hecho en el pasado. Escuchamos acerca de personas que llevan a cabo toda clase de *maravillas*; todo tipo de *buenas* acciones en la escena *humana* – pero que han dejado a sus seres queridos, en la *creencia* de que la *mortalidad*, constituye la **naturaleza** *del hombre*; dejándolos supeditados a '*dos*' *poderes*, dentro de una conciencia *dividida* que NO está *protegida* contra los *falsos* poderes de *este mundo*. Así pues, la ÚNICA forma de *ayudarlos* es que _ustedes_ caminen DENTRO de su Ser **Inmortal**, el cual camina hoy *sobre* la tierra, *RECONOCIENDO SIN CESAR*, que 'ellos', se encuentran DENTRO del Reino DE Dios. *Nosotros _tenemos_ que abandonar* y *renunciar* a la *creencia* en la **mortalidad**, en la **materialidad**. Ésta es, la **Nueva** Conciencia que está *amaneciendo* DENTRO de nosotros.

En el mencionado Capítulo **17**, encontramos que, *aunque* Juan ha **demostrado** en sus primeras Cartas que "el amor a *este mundo*" es la causa de TODOS los problemas en esta tierra; *aunque* Jesús **enseñó** que la *materia* y la *mortalidad* constituían las *falsas* creencias de una mente *humana*; *aunque* esta Biblia ha estado en *existencia* desde el Siglo V; *aunque* ha sido *impresa* desde el siglo XIV; *aunque* hay *millones* de Biblias por todo 'este *mundo*', aun así, *la* **enseñanza** *básica de la Biblia* ha sido **ignorada** por *completo*. Y dicha **enseñanza básica** es: Dios ES, TODO; y Dios ES, *Espíritu*. *A menos que haya una Conciencia de que* EL YO, SOY ESPÍRITU, *no habremos* **captado** *el mensaje* DE *la Biblia*.

Bien pudiéramos abordar un avión mañana *sin* Protección Divina – pero, *si* RECONOCEMOS que Espíritu ES Mi *Nombre,* Mi *Naturaleza* dondequiera que esté, entonces estaré bajo la *Ley* **Perfecta** DE Dios. En la medida en que NO me *distraiga* en el RECONOCIMIENTO de que Espíritu ES Mi *Nombre*, en esa misma medida, caminaré DENTRO del Reino DE Dios, *sobre la tierra*. *Si* lo anterior se *negara*, voluntaria o involuntariamente, consciente o inconscientemente, entonces estaría *fuera* del Reino DE Dios, caminando *indefenso* en medio de ¡*poderes* **inexistentes** *que realmente pueden matar!*

Continuando con este Capítulo, Juan *ve* un *Ángel*, uno de los *Ángeles* con las **siete copas** – el *Ángel* dice:

> *"Acércate; te mostraré la sentencia contra la gran ramera, la que se sienta sobre las muchas aguas"* (Revelación 17:1).

Bien; el uso de este *término* tiene como objeto, *dramatizar* el que la mente *humana* ha sido *seducida, degradada* de la Realidad. *"La gran ramera, la que se sienta sobre las muchas aguas"* – la *mortalidad*, la *creencia* en la *mortalidad*, es llamada *ramera*, tanto en el Antiguo como en el Nuevo Testamentos, pues debido a la **creencia** en la **mortalidad**, es que somos **infieles** A Dios – Dios

ES, *Inmortal.* Debido a <u>nuestra</u> *creencia* en la *mortalidad*, es que somos **infieles** A *nuestra Propia* Identidad. Estamos *engañados*; *aceptamos* la **mortalidad**, justo donde el ÚNICO Creador es el Ser **Inmortal**; donde la ÚNICA Vida es Vida **Inmortal**; y donde <u>nosotros</u> caminamos bajo un *sentido* de ser-**mortal.** De esa manera es como somos *seducidos* por la *ramera*, quien nos invita a vivir una vida-**mortal** – y <u>nosotros</u>, en nuestra *ignorancia, aceptamos.* Ella *"se sienta sobre las muchas aguas".* Lo anterior se refiere a los muchos *niveles* de conciencia *humana*, los cuales, SIN excepción, *aceptan* la **mortalidad** como la *realidad* de la Vida. Lo anterior constituye la *creencia* más común, generalizada y aceptada, del hombre *sobre la tierra.*

Pero Juan dice: "**No**; *si* ustedes *creyeran* eso, entonces NO habrían captado la **Enseñanza.** Jesús nos **enseñó** a *renacer*, FUERA de la creencia-**mortal**, hacia el RECONOCIMIENTO de la Filiación **Inmortal**, la cual constituye el estado de Ser **Permanente**, dentro del cual <u>nosotros</u> hemos *estado desde* ANTES *de la fundación de* 'este mundo', AHORA Y POR SIEMPRE".

Hipnotizados por los *sentidos* ...

No basta que un '*mortal*' diga: "**Creo en Dios**" – ese '*mortal*' **tiene** que *decir*: "*Debido* a que *creo en Dios*, Quien ES Ser **Inmortal**, el Creador ÚNICO, es que **también** creo que <u>el Yo, NO Soy *mortal,* sino Ser *Inmortal*; el Yo creo que, la Sustancia-Dios ES, **Mi** Sustancia; el Yo creo que, debido a que Dios ES Espíritu, es que el Yo, Soy Espíritu; el Yo *creo que, puesto que Dios* ES *Perfecto, el Yo,* Soy *Perfecto.* Yo ya NO voy a *insultar* a Dios, creyendo que el Espíritu *Inmortal* puede crear un **mortal** imperfecto.</u> Sí; <u>el Yo, *creo* EN Dios; pero TAMBIÉN *creo* que el Yo, Soy la *Imagen* y *Semejanza* Divina DE Dios</u>, la cual NO es *mortal*; la cual NO puede *morir*; la cual NO puede *sufrir*; la cual NO puede *carbonizarse* en la ladera de una montaña al estallar un avión en llamas. <u>Mi *Nombre* ES: EL Yo Soy</u>; <u>Mi *Nombre* ES: EL Espíritu DE Dios.</u> Por lo tanto, <u>esta *forma* que ustedes *ven*, la cual es *mortal*, NO puede ser Mi Identidad</u> – Mi Identidad *tiene* que ser otra cosa; y el Yo, *tengo* que *averiguar* lo que es. El Yo, *tengo* que *abandonar* la *creencia* ancestral de que este cuerpo-*mortal*, soy Yo – porque *si* NO lo *hiciera*, estaría *aceptándome* a mí mismo, como aquello que Dios NO creó. El Dios, que NO *salvó* a esos trece niños en una ladera, NO fue el Dios que los *creó*.

Volvamos ahora al '*Estruendo del Silencio*'. Miremos algo que *ya* han *estudiado*, y veamos qué tan bien lo *asimilaron*:

> "**No** *hay verdad alguna en* TODO *este escenario, porque nosotros vivimos en un Universo* ESPIRITUAL, *en el cual* NADIE *necesita de un equipaje*". (Joel Goldsmith)

Recuerden que Joel *extravió* su 'equipaje'. Pero más tarde *comprendió* que: NADIE tiene necesidad de un 'equipaje', DENTRO de un Universo ESPIRITUAL:

> "TODO *cuanto hay de* **Realidad** *es,* INCORPÓREO, ESPIRITUAL, OMNIPRESENTE; *y* TODO *aquello que aparece como un 'equipaje finito en el tiempo',* ... *'en el espacio', tiene que ser una imagen* DENTRO *del pensamiento*".

Joel nos está diciendo ahora que, TODO lo que veamos como carne-*mortal*, al igual que TODO cuanto vemos de un *equipaje finito*, no es más que "*una imagen dentro del pensamiento*". Y vamos a *permanecer* con esto, hasta que *comprendamos* lo que *significa*.

> "... *eso* **no** *puede tener realidad, así que*", concluyó, "*he sido engañado al esperar y confiar en que el equipaje* **material** *aparecería dentro de un Universo* **Espiritual**, *en el cual* TODA *idea* ES, **Omnipresente**".

Bueno, lo anterior resulta bastante *difícil* de entender; pero la siguiente oración **no** es difícil de comprender – y es ésta:

"**No** *existe algo así como un* **cuerpo material** *– tan sólo existe un* **concepto material** *acerca de cuerpo*".

Ahora están ustedes aquí, y su hijo acaba de 'morir' en la ladera de una montaña de Colorado – y les dicen que, *tan sólo existe un* **concepto** *material acerca de cuerpo*. *No* les ayuda gran cosa; sin embargo, aunque "*amargo en el vientre*", Dios NO creó aquello que *puede morir*. Y entonces es que *tenemos* que *cambiar* nuestro **concepto** acerca de nuestro '*hijo*'; *cambiar* nuestro **concepto** acerca de nuestro propio *cuerpo*, y percibir la diferencia entre: *Cuerpo*, **y** un **concepto** acerca de *cuerpo*. El *Cuerpo* de *ustedes* ES, *el Templo del Dios Vivo* – NO puede *morir* en la ladera de una colina. Por lo tanto, NO puede tratarse de **este** *Cuerpo*. Pero ¿*qué* es *ese cuerpo*?

Entendamos finalmente qué es '*ese* cuerpo'. '*Ese* cuerpo' es, la *conciencia de ustedes*, hecha *visible*. La *conciencia* **de** *ustedes* simplemente **no** es *consciente* de *su* Cuerpo *Verdadero*. **Su** **Conciencia** Verdadera está mirando *su verdadero* Cuerpo, *su* Cuerpo *Espiritual* – pero *ustedes* **no** pueden *percibir* la TOTALIDAD de *su* Cuerpo *Espiritual* dentro de *su* propia *conciencia*, porque es *finita*. Y así, FUERA de *su conciencia*, se encuentra la PLENITUD de *su* Cuerpo *Espiritual*; y DENTRO de la *conciencia* de *ustedes* se encuentra *su concepto limitado* de ese *cuerpo*. Ese *concepto limitado* DENTRO de *su conciencia* constituye el *cuerpo* DENTRO del cual *caminan* – su *cuerpo físico* está DENTRO de *su conciencia*; **no** está FUERA de *su conciencia* – se encuentra DENTRO de *su conciencia*. Y *si su* conciencia pudiera *expandirse, expandirse* y *expandirse* para *percibir* una *comprensión* más *amplia* **y** *verdadera* de *su* Cuerpo *Espiritual*, entonces dicha *comprensión cambiaría* su forma *física* acorde a dicha medida de *expansión*.

Mientras tanto, hasta que *ustedes* puedan *hacerlo*, *su* 'Forma **Espiritual**' NO será *reconocida* por *su conciencia*; y *su reconocimiento limitado* de dicha 'Forma **Espiritual**', DENTRO de *su conciencia*, es convertida en un *concepto* llamado "cuerpo *físico*". Entre *su* "cuerpo *físico*", el cual es *finito* y *mortal*, **y** *su* Cuerpo *Espiritual*, que es *Infinito* e *Inmortal*, se encuentra el *límite* de <u>*su*</u> *conciencia*. Y de acuerdo con la *capacidad* de <u>*ustedes*</u> para *percibir* la Verdad de <u>*su*</u> Ser, justo en esa *misma* medida es que se *manifiesta* esta forma *física*. Más tarde, *cuando* <u>*su*</u> Conciencia sea *Espiritual*, <u>*ustedes*</u> *manifestarán* una 'Forma **Espiritual**'.

Así pues, nos encontramos en los *límites* entre 'Espíritu **y** materia', ya que <u>*nuestra*</u> *conciencia* es **material** – y de esa manera adquirimos ese *sentido* **material** de cuerpo. Nosotros, NO tenemos un 'cuerpo' *material*, sino que tenemos, un '*SENTIDO*' *material* **de** *cuerpo*. Y los *cuerpos* que <u>*ustedes*</u> 'ven', se encuentran DENTRO de la conciencia de *cada* individuo que camina por donde <u>*ustedes*</u> se encuentran, y donde el ojo de <u>*ustedes*</u> *registra* una '*forma*'. Allá ven una *forma*, pero se trata de una *forma* DENTRO de la conciencia de *alguien*, la cual <u>*ustedes*</u> están *aceptando* como *forma*. **Si** la Conciencia de dicho *individuo* fuera *Espíritu*, entonces esa '*forma*' NO estaría allí, sino que ahí *aparecería* un '*Cuerpo* **de** *Luz*'. **<u>La *conciencia* es SIEMPRE el *traductor*; y</u>** <u>*la DENSIDAD de dicha*</u> **<u>*conciencia, determina la* DENSIDAD *de la* 'forma'</u>**. El *cuerpo* de ustedes está constituido por una *estructura*, por un *tejido*; y ese *tejido* lo constituye <u>la **conciencia de ustedes**</u>. *Cuando* <u>*su*</u> conciencia es una 'Conciencia *Espiritual*', entonces el *tejido* de <u>*su*</u> Cuerpo será *Espíritu*; pero *cuando* <u>*su*</u> '*conciencia* es *mental*', entonces la *estructura* o *tejido* de su cuerpo estará constituido por el 'tejido *mental*', el cual aparece como *materia*.

En realidad, se trata del *hipnotismo* de la mente – por eso *vemos* 'formas', *vemos* 'equipajes' Pero Dios ES SIEMPRE: la ÚNICA Sustancia, la ÚNICA Presencia; y la Presencia-Dios ES, Espíritu, el cual estamos *interpretando* a través de la *densidad* de <u>*nuestra*</u> propia conciencia. Fíjense, los cuerpos que ustedes *ven*, NO se encuentran ahí – tan solo están DENTRO de <u>*su*</u> conciencia; son *imágenes* DENTRO del pensamiento de <u>*ustedes*</u>. Aquello que en *Realidad* se encuentra ahí, es la Emanación *Pura*, *Espiritual* e *Invisible*, la cual resulta *inaccesible* a la *limitación* de <u>*su*</u> conciencia *finita*. Por ello se nos dice que *despleguemos* esta Conciencia a través del *conocimiento* de la Verdad, **y** de la *MEDITACIÓN*; que la *espiritualicemos*, la *refinemos*, la *elevemos*, para hacerla *consciente* del Cristo.

> "**No** existe algo así como un cuerpo material; tan solo existe un concepto material acerca de cuerpo; tampoco existe algo así como un universo material ..."

Encontrarán todo esto en las páginas 102 y 103 del libro *El Estruendo del Silencio*, según la versión en inglés. *"Tan solo existe un concepto material del Único Universo Espiritual. Y en tanto aceptemos estos conceptos materiales acerca de este Universo Espiritual, estaremos sujetos a las leyes de la materia ..."*

De esa manera es como *entramos* en un estado de *conceptos materiales*, llamado "cuerpo"; y con ello quedamos *sujetos* a las *leyes de la materia*. Sin embargo, podemos subir a un avión de esta otra manera: *sabiendo* que este concepto *material* que *vemos* NO cambia el hecho de que *sólo* Espíritu es, *mi* Nombre y *mi* Sustancia. Por ello ahora podemos *descansar* en el *conocimiento* de que, *siendo* Espíritu, *nosotros* estamos bajo el *gobierno* DE la Conciencia *Divina*; que el ÚNICO Poder en nuestra Vida ES, la Conciencia *Divina*, la cual *gobierna Su Propio* Espíritu. Y así estaremos *abriéndonos* a una *Nueva* Ley, a un *Nuevo* Nivel. **No somos seres-mortales dentro de cuerpos-mortales** – SOMOS: <u>**Ser Espiritual dentro de un Cuerpo Divino, sujetos a la Ley de la Conciencia Divina**</u>.

¿Y qué es aquello que provoca el que esa Ley *actúe ahora*? –El **PRIMER** Mandamiento: "RECONÓZCANME A **MÍ**; RECONÓZCANME A **MÍ**; el Yo, **SOY** la Conciencia *Divina*, el Padre. *No* fue tan difícil RECONOCERME, ¿verdad? Ahora que *Me* han RECONOCIDO, *seamos* UNA Conciencia. *Tu* Conciencia, CONSCIENTE de *Mi* Conciencia, Te vuelve **UNO** con Mi Conciencia – y ahora, Padre **e** Hijo SON: **UNO**. *RECONÓZCANME en TODOS sus Caminos sin cesar*, con <u>su</u> Mente, con <u>su</u> Alma, con <u>su</u> Corazón. NUNCA dejen de RECONOCER que el Yo, la Conciencia Divina, SOY el Padre, el *Creador*, de este

Universo – el Yo, Estoy *presente,* dondequiera que 'alguien' esté *RECONOCIÉNDOME".*

No se *suban* a un automóvil – ENTREN a la Conciencia Divina, tal como se *suben* a un automóvil; **no** *suban* a un avión – ENTREN a la Conciencia Divina; **no** se *metan* a la cama – ENTREN a la Conciencia Divina; **no** *salgan* de la cama – salgan DENTRO de la Conciencia Divina, *sin cesar.* Y eso implica que *dondequiera* que se encuentren, RECONOZCAN que Dios está *ahí.* Dios ES: Conciencia *Divina.* Justo *aquí,* en esta habitación, Dios *Está;* la Conciencia Divina *Está* justo *aquí.* Y, por lo tanto, estando *aquí* la Conciencia Divina, *Está gobernando* aquí. Y el RECONOCIMIENTO de eso, es aquello que *permite* que la Conciencia Divina *venga* – a través de <u>*su*</u> RECONOCIMIENTO. SI <u>USTEDES</u> **NO** <u>RECONOCEN</u> ALGO, ENTONCES QUEDA FUERA DE *SU* CONCIENTIZACIÓN. ¿CÓMO PUEDEN SER *CONSCIENTES* DE ALGO, SI **NO** ESTÁ SIENDO ***RECONOCIDO*** POR <u>USTEDES</u>?

Debido a lo anterior es que **ustedes** <u>*tienen*</u> que estar CONSCIENTEMENTE CONSCIENTES. En el instante en que lo estén, en ese instante estarán *orando.* Y esa es la ÚNICA *oración* que ustedes necesitan *conocer* – porque eso constituye la Oración DEL Señor: "**DIOS ESTÁ AQUÍ, AHORA, *SIENDO* DIOS**". Y TODAS las *apariencias* de 'este *mundo'* van a dar *testimonio, sabiendo* que ***Dios está aquí, Siendo Dios.*** Dios NO *cambia.* Y quien sea *consciente* de eso, estará bajo la *Ley de dicha Presencia.* **No** *importa* aquello por lo que ustedes estén *sufriendo.* En el *instante* en que <u>*ustedes*</u> RECONOZCAN que **Dios está *donde* ustedes están** (*a pesar* de que sus cinco sentidos estén 'en llamas' *negando* a Dios), la **aceptación y *reconocimiento*** de <u>*ustedes,*</u> acerca de la Presencia DE Dios, incluso *a pesar* de lo que los cinco sentidos estén diciendo, constituye el RECONOCIMIENTO, el ÚNICO *RECONOCIMIENTO* que se *necesita.*

Dios <u>*ESTÁ AQUÍ*</u> – Dios **NO** habita en lugares donde pueda existir un 'virus'. ¿Puede Dios estar aquí, **y** un virus *también*? ¿Qué clase de poder *tendría* Dios? *¿Puede* Dios *estar* presente *aquí,* **y** *al mismo tiempo* estar presente un problema *también aquí*? *¿Puede* Dios *estar* *aquí*, **y** *al mismo tiempo* haber 'algo más' que Dios? –En el *instante* en que *ustedes saben* que **Dios** *está aquí*, en ese *mismo* instante *conocen* lo *contrario*: TODO AQUELLO QUE **NO** ES DIOS, **NO** ESTÁ AQUÍ, PUESTO QUE DIOS ES, **TODO**. Y esta es la Conciencia que *ustedes* *edifican* día tras día, hasta que se vuelve algo *automático* – así ya **no** tendrán que *expresarlo*; **ni** siquiera tendrán que *pensarlo* – lo anterior constituirá *su* Conciencia *normal*: **DIOS, ESTÁ AQUÍ**. *¿Dónde?* 'Este *mundo*' parecerá *verlos* a *ustedes* aquí, pero: **Dios Es Quien está aquí**. *¿Por qué* está *Dios aquí*? –Porque **no** hay lugar alguno donde Dios **no** *esté*. Pero, ¿qué hay de 'ustedes'? *Si* Dios *está ahí*, ¿qué hay de 'ustedes'? –*Si* Dios *está ahí*, entonces Dios ES, la Sustancia de TODO cuanto *ustedes son*. Y *todo* aquello que **no** sea la Sustancia *DE* Dios, **no** puede estar en **ningún** lado – aunque *parezca* estarlo; se tratará de un simple *concepto* en la conciencia.

Dios, **no** es su cuerpo-*mortal*; pero Dios, **sí** que se encuentra donde *ustedes* están. Y *cuando* *ustedes* *aceptan* su cuerpo-*mortal* como realidad, entonces están *negando* la Presencia de Dios. Ése es el *obstáculo* al que se enfrentan. En el *instante* en que *ustedes* *aceptan* que su cuerpo-*mortal* está 'presente', en ese *mismo* instante se encuentran *imaginando* una *forma* que **no** se encuentra *ahí* – porque **Dios, *está ahí***; y Dios, **no** es *su* forma-*mortal*, ya que **Dios ES TODO**. Por lo tanto, **sin** la capacidad de *comprender* plenamente lo anterior, *ustedes* todavía tienen que **aceptarlo** por *Fe* para conocerlo. **Dios *está aquí***, y Dios **no** es esta *forma*, ya que debido a que **Dios ES TODO**, es que esta *forma* **no** puede *estar aquí*. ¿Y *dónde* es que se encuentra esta *forma*? –Está en *mi* conciencia; ése es el ÚNICO lugar en donde *existe*. Y a medida que esa conciencia se convierta en Conciencia-**Cristo**, entonces *ustedes* encontrarán **y** vivirán, *conscientemente*, DENTRO de la **Forma**-Cristo. Ahora bien, lo anterior implica una *transición* en la Conciencia por la que TODOS estamos atravesando – se trata de la *negación* real de la *forma humana*, de **toda** *forma material* – *forma* buena **y** *forma* mala.

Así que ésa es la *"ramera"* que nos *seduce* hacia un *falso* sentido de vida; ésa es la *"ramera"* que *"se sienta"* sobre muchos de los *niveles* de la conciencia *humana* – TODOS *aceptando* la forma-*mortal*, como *si* fuera ellos mismos; y TODOS *muriendo* dentro de esa forma-*mortal.* –TODOS hemos pasado por eso; y después TODOS llegamos al punto donde *creímos* que lo habíamos *comprendido* – para luego, *ignorarlo por completo, regresando* una vez más a la *forma.* De alguna manera siempre estamos *esperando* poder vivir DENTRO de lo mejor de *dos mundos* – tratando de vivir *dentro* del Reino, **y** a la vez *también* tratando de vivir *dentro* de lo mejor de 'este *mundo',* *aferrándonos* a nuestras creencias-*mortales.* Pero finalmente *descubriremos* que **no** podemos vivir *dentro* de lo mejor de 'dos mundos', ya que solo **Uno** está aquí – y **no** se trata de 'este *mundo'.* TODO aquello que llamamos "mundo-*mortal",* se encuentra *dentro* de nuestra conciencia-*mortal.* Y TODA la experiencia-*mortal* no es más que la conciencia-*mortal,* hecha *visible.*

Por otro lado, Dios es: Conciencia *Divina;* Conciencia *Inmortal;* la Conciencia **Única.** Y así, la *muerte* de la conciencia-*mortal* constituye el **renacimiento** DENTRO de la Conciencia *Inmortal.* Todo aquello que está *contenido* dentro de la conciencia-*mortal,* tiene que ser *abandonado;* y es abandonado *conforme* la conciencia-*mortal* muere a lo *falso.* Conforme nos *revestimos* del Manto de la Consciencia **Inmortal,** Ésta se *exterioriza,* y ya **no** estamos caminando DENTRO de cuerpos de *barro* – caminamos DENTRO del RECONOCIMIENTO de una Forma *Espiritual* – aunque 'este *mundo'* tan solo vea un cuerpo de *barro.* De esta manera, nosotros ya **no** somos *engañados* por *"la gran ramera, la que se sienta sobre las muchas aguas".*

Quizá esto constituye lo más *difícil* que existe en la Biblia; y, sin embargo, constituye su *esencia misma.* Joel continúa diciendo, ... nos enteramos que:

"... Comenzamos a *comprender* que *vivimos, nos movemos y tenemos nuestro Ser* DENTRO del Capítulo **1** de Génesis, donde el **H**ombre está hecho a la Imagen **y** a la Semejanza *Divinas* DE Dios, DEL Espíritu; que el Alma DE Dios **es**, el Alma DEL Hombre; que la Vida DE Dios **es**, la Vida DEL Hombre; que la Mente DE Dios **constituye**, la Mente DEL Hombre; y que el Cuerpo DE Dios **es**, el Cuerpo DEL Hombre ... *Nada* ocupa tiempo *ni* espacio – excepto nuestras *imágenes mentales*".

Así pues, cualquiera que sea su *Nombre* o Naturaleza, **si** *ustedes* *existen en* el tiempo o *en* el espacio, entonces *ustedes* son una *imagen* **mental** – NADA. Ahora bien, esos son *Hechos*, y de NADA aprovecha *leerlos* – NI siquiera *comprenderlos* – <u>se **tiene** que **vivir** con ellos, hasta que, ya NO sea la Conciencia de Joel quien diga lo anterior, sino la Conciencia DE **ustedes**</u>.

Bien; *esta* es la Conciencia que TODOS estamos tratando de *edificar*, la Conciencia DEL Omnipresente Espíritu DE Dios, Pura, Perfecta – la cual está presente en TODAS partes, comenzando *aquí*, donde <u>me</u> encuentro; y luego *ahí* mismo donde *ustedes* se encuentran; y justo *allá* donde *ella* y donde *todos* los demás se encuentran, hasta que, *dentro* de su Conciencia, el Espíritu se encuentre en *todas partes*, a pesar de las 'imágenes *mentales*' que aparecen *externas* a la *forma* de *ustedes* – ése, es *el Camino hacia la Libertad*.

"*Ven acá*", le dijo el ángel a Juan, "*El Yo, ... te mostraré la sentencia contra la gran ramera*" (Revelación 17:1).

Ahora bien, esa *sentencia* implica que, habiendo *aceptado* la *mortalidad* como aquello que somos, en *realidad* lo que aceptamos es: la *muerte*. <u>Nosotros</u> *aceptamos la muerte como algo 'normal'*, porque la *mortalidad* acepta que las cosas *mueren*. Y de esa manera *aceptamos* que vivimos DENTRO de cuerpos *moribundos*; *aceptamos* que vivimos DENTRO de una vida *agonizante*; *aceptamos* que todas las estructuras *materiales* que conocemos, en última instancia, *tienen* que *morir* con nosotros. Eso se convierte en parte del '*modelo de pensamiento*' o 'paradigma' de nuestras *mentes* – la *muerte* es algo *aceptado* por *nosotros*; *creemos* en la *mortalidad*, **y** *vivimos* a partir de dicha *creencia*. Buscamos *posponer* la muerte el mayor tiempo posible; estamos *conscientes* de ella. Pero Dios, *jamás* creó la *mortalidad*; y todavía *afirmamos* que 'adoramos a Dios'. La *sentencia* de la *mortalidad* implica que *TODO aquello que nace, tiene que morir* – y eso constituye un '*modelo* de pensamiento' que es *perpetuado*.

Juan tiene ahora, mucho más que decir acerca de la *mortalidad*:

> "*Con quien los reyes de la tierra han fornicado; y los habitantes de la tierra han sido embriagados con el vino de la fornicación de la gran ramera*" (Revelación 17:2).

Se ha *inventado* todo un 'modelo' de *poderes*, llamado "*los reyes de la tierra*". *Todo* eso cuenta con *poder* – el *dinero* tiene poder; la *posición social* tiene poder; las *posesiones materiales* tienen poder; las *bombas* tienen poder; la *enfermedad* tiene poder... a *todo* eso se le *llama* los "*reyes de la tierra*" – ellos han "*bebido el vino de su fornicación*". Y *todo* eso tiene *poder*, debido a que *nosotros creemos* en la *mortalidad*. Aquello que 'amenaza' nuestras vidas **y** que es *aceptado* como *poder*, se debe a que **nosotros** hemos **admitido** la *creencia* en la *mortalidad*. Esos "*reyes de la tierra*" que tienen *poder* sobre nosotros, constituyen los *falsos* poderes que surgen de la *falsa creencia* de que 'yo', camino *DENTRO* de una forma-*mortal*. Siendo 'mi' cuerpo-*mortal*, entonces todo aquello que *amenace* 'mi' cuerpo constituye, un *poder* sobre *mí*. De la *falsa creencia* llamada "*fornicación*", surgen *TODOS* los poderes *falsos* que debemos *temer*, de los cuales hemos de *huir*, y contra los cuales nos hemos de *defender* – 'poderes' que existen *únicamente* debido a la *ilusión* básica de que *somos* 'seres-mortales'.

> *"... aquiétense (enfocados en su Ser Inmortal) **y** ... (contemplen) la salvación del Señor"* (2ª Crónicas 20:17).

No existe un solo *"rey de la tierra"*, que tenga *poder* sobre *ustedes*; NO existen los poderes *falsos.* ¡**No** hay NADA que amenace *su mortalidad,* porque *ustedes* NO tienen *mortalidad* alguna! ¡**NADA** puede *amenazar* la Inmortalidad! Nosotros hemos *sido engañados* por la *creencia universal* de que la *mortalidad,* constituye la *realidad.*

> *"Y entonces me llevó en el Espíritu hacia el desierto; y yo Juan, vi a una mujer sentada sobre una bestia de color escarlata, llena de nombres de blasfemia, la cual tenía siete cabezas y diez cuernos"* (Revelación 17:3).

Ahora Juan es *elevado* aún más en el *Espíritu,* hacia el *"desierto".* Y eso implica que él ha sido *elevado* **fuera** del *pensamiento* de 'este *mundo',* **fuera** del *hipnotismo* de 'este *mundo'.* **Cuarenta** *días* en *el desierto* **fuera** del *hipnotismo de* 'este *mundo'* ... y ya **fuera** del *hipnotismo de* 'este *mundo',* Juan pudo *contemplar* lo *Eterno,* las Realidades *Inmortales* – él pudo *percibir* aquello que Es. Y, al *percibir* aquello que Es, como *consecuencia,* y en *automático, conoció* aquello que NO ES.

Ahí vio Juan a esa *mujer, sentada sobre una "bestia escarlata". La ramera,* la *mortalidad, se sienta sobre una bestia.* Verás, la *mortalidad cabalga sobre la bestia. La mortalidad depende de la creencia en la materia. La creencia en la materia* es la *"bestia".* Al *creer* que la materia es *mortal,* **aceptamos** que somos *mortales.* Así que, *la bestia sobre la que cabalgamos* es el *materialismo;* y a partir de ahí nos *engañamos* con la *creencia* de que somos materia-*mortal.*

> *"... Lleno de nombres de blasfemia" ...,* porque cada *creencia* que tenemos en nuestro ser-*mortal, material,* constituye una *blasfemia,* una *mentira* sobre la Realidad. ¿*Cómo* puede la 'materia-*mortal'*

conocer a Dios? *¿Cómo* puede la 'materia-*mortal*', ser *protegida* POR Dios, o *vivir* DENTRO de la Ley DE Dios o *caminar* DENTRO del Reino DE Dios? Así, tan solo por *creer* que somos materia-*mortal*, somos Adán **y** Eva *saliendo* del Edén. Hemos *sucumbido* a los *susurros* de la "*ramera*", y a partir de ese instante, TODO cuanto *pensemos* o *hagamos*, constituye una *blasfemia*, ya que habremos **aceptado** las "*siete cabezas*" **y** los "*diez cuernos*" de la "*bestia*", los cuales representan sus *poderes falsos*.

"... *la mujer estaba vestida de púrpura ... y de escarlata; ...*
y estaba adornada con oro, piedras preciosas y perlas;
y tenía una copa de oro en su mano, llena con las
abominaciones y la inmundicia de su fornicación"
(Revelación 17:4).

Observen que, para la 'materia-*mortal*', la mujer llamada '*mortalidad*' representa algo muy *deseable*. La *mortalidad* está *embelesada* con la materia-*mortal*; su atuendo es hermoso *y* atractivo; *y* cuenta con todas esas *piedras preciosas*. Esas '*joyas*' representan los *falsos señuelos* de la 'mente-*mortal*'. La *mortalidad* cuenta con una '*copa de oro*'. Y nosotros *buscamos* todo eso – resultan ser inmundicias **y** abominaciones; es decir, la *mortalidad* **no** tiene *nada* que ofrecer, excepto el *engaño*; *ella* ha *engañado* a 'este *mundo*'. La *mortalidad* tan solo puede ofrecer *muerte*; un *final*; *falsas* promesas. Y en tanto <u>ustedes</u> se *esfuerzan* por *alcanzarlas*, incluso *aunque* las obtuvieran, la *muerte* todavía estaría *acechando* a la vuelta de la esquina. La *mortalidad* es la *mentira* acerca DE Dios; la *mentira suprema* acerca DE Dios ...

∞∞∞∞∞∞ Fin del Lado Uno ∞∞∞∞∞∞

... y, sin embargo, la *mortalidad* siempre ha tenido *fascinantes embelesos*, de modo que el 'mundo' busca *todas* esas cosas-*mortales*, dedicándoles tiempo, esfuerzo, dinero. La *vida* de 'este *mundo*' se edifica sobre logros-*mortales*. Y justo ése es el *contenido* de la *copa de oro*, el cual nos <u>obliga</u> a *penetrar* DENTRO de un estado de vida que JAMÁS es Real, aunque siempre *pareciera* serlo. Y *vivimos* DENTRO de esa *irrealidad*, completamente *embelesados por la mujer vestida de escarlata y púrpura*; *ignorantes* de que *ella*, **no** *existe*. *Adoramos* una *sombra*, **y** *vivimos* de una *sombra*, *buscando* más *sombras* – *acumulándolas, almacenándolas* en graneros; construyendo vidas de *sombras* gloriosas. Y *detrás* de las *sombras*... el Yo, ESTOY *esperando* RECONOCIMIENTO, *siempre presente, diciendo*: "Mira al *Mí*; el Yo, SOY tu Ser *Inmortal*, tu Cuerpo *Espiritual*, tu *Perfecta* Mente *Divina*, tu Vida *Eterna*. ¿Van ustedes a ser *seducidos* por las *sombras*, por la 'materia-*mortal*'?

Seamos ahora *dirigidos* hacia *Jesús*. Los Reinos de 'este *mundo*', materia-*mortal*, le fueron *ofrecidos* (Mateo 4: 1-11) – de hecho, igual que como ustedes y yo somos *tentados* a *cada momento* para *creer* que vivimos como materia-*mortal*, dentro de un universo-*mortal*. Así que ahora <u>debemos</u> *responder* tal como Él lo hizo: "**No**, NO; el *Yo*, NO vivo *DENTRO* de un 'mundo-*mortal*'; *Dios*, NO creó *ningún* 'mundo-*mortal*'. Justo *aquí presente*, donde aparece el 'mundo-*mortal*', se encuentra el *Invisible* Reino *Perfecto* DE Mi Padre; **y** el Yo, ESTOY *desplegando* esa Conciencia *Espiritual*, que puede *vivir, discernir y reconocer* ese Reino *Invisible*, ese Cuerpo *Invisible*, ese Ser *Invisible*. El Yo, **no** seré *tentado* por los reinos de 'este *mundo*', ¡porque **no** *existen*!"

La ramera en el caballo, sobre la bestia, pierde su atractivo para aquellos que llegan a la *Conciencia* de que Dios es *verdaderamente* Todo, *verdaderamente* Presente, *verdaderamente* Ahora. "*El Yo, SOY; y aparte del Mí*, **no** *hay* NADA **ni** *NADIE más*" (Isaías 43:10). Ustedes se encuentran *contemplando* la *mentira* sobre el Mí, llamada 'esta palabra'; pero *Mi Reino* está justo *aquí*, para aquellos que estén *Iluminados*; para aquellos que **no** se estén *aferrando* a lo *mejor* de 'este *mundo*', sino que hayan logrado *liberarse* de los halagos de una vida *temporal*; de un éxito *temporal*; de una posesión *temporal*; de un cuerpo *temporal*; **y** para aquellos que *insistan* en vivir DENTRO de su Ser *Eterno, aquí, ahora,* mientras están 'en la carne'. El Camino es *siempre: Dios es Quien está aquí* – RECONOCER la Presencia DE Dios constituye *siempre* el Camino – **y** *siempre* actúa. Cuando *aceptan* la Presencia DE Dios donde <u>ustedes</u> se *encuentren,* entonces el Poder DE Dios Se *manifiesta, revelando* los *falsos* señuelos de la *materia,* así como de la <u>mortalidad</u>. Y es cuando SOMOS *libres – liberados* de nuestras *propias* ambiciones *personales;* de nuestra *propia* voluntad *personal;* de nuestro *propio* autoengaño; de nuestros *propios* miedos; de nuestros *propios* achaques y dolores – somos *liberados* de *todo falso* sentido de amor, hacia el Amor *Divino.*

"... sobre su frente estaba escrito un nombre, MISTERIO, BABILONIA LA GRANDE, LA MADRE DE LAS RAMERAS Y DE LAS ABOMINACIONES DE LA TIERRA" (Revelación 17:5).

Mortalidad y materia; la ramera y la bestia...

Me gustaría llevar a cabo un *experimento* a medida que vamos *considerando* el resto de este Capítulo: *Intenten* **no** *prestar <u>su</u> total atención* a lo que estoy diciendo. Con eso quiero decir que, en tanto se 'encuentran aquí', *intenten quitar <u>su</u> atención* de estar *dentro de una forma.* Sean *conscientes* del hecho de que *hay mucho más de* **ustedes,** *que tan solo una forma y una mente, sentadas aquí. Vuélvanse* **e** *interrumpan* el 'circuito de la conciencia-*corpórea'.*

Veamos ahora *cómo* hacerlo. Hay una *sensación* interesante que puede presentarse cuando hemos *interrumpido* ese 'circuito de los *sentidos'* – 'este *mundo'* pareciera estar *fluyendo.* Ustedes *ya no* están simplemente *quietos;* hay un *movimiento interior,* como si 'este *mundo'* entero estuviera *pasando lentamente.* Por lo regular, lo anterior constituye una *señal* para ustedes, de que han '*interrumpido'* el circuito de los *sentidos',* **y** de que se encuentran *dentro* de una Experiencia *Interior distinta* – ustedes están siendo *liberados* hacia lo *Infinito*.

Ahora bien, hay un *paso* muy *importante* que me gustaría que dieran en *este* instante; algo que *jamás* ha sido *enseñado*. Por ejemplo, cuando *suben* a su automóvil para ir a casa, posiblemente *dirán* "Soy Espíritu". Ahora bien, eso *no* es *suficiente*, así que entonces el *otro paso* implica algo así como:

RECONOZCAN que *cuando* con su automóvil *abren automáticamente* la cochera, es debido a que 'algo' *dentro de la cochera*, está *respondiendo* a 'algo' *dentro de su automóvil*. 'Algo', *dentro de su automóvil* está *enviando una* 'señal'; y 'algo' *dentro de la cochera*, está *recibiendo dicha* 'señal'. Así pues, hay una *emisión* positiva y una *recepción* negativa, de modo que *positivo* y *negativo* se vuelven *uno*; el *emisor* y el *receptor*, *se vuelven uno* – y eso es lo que 'abre' la puerta. Si el *dispositivo de su automóvil* no estuviera *enviando una señal*, entonces dicho dispositivo *emisor* no afectaría el *buen funcionamiento* del *dispositivo receptor* en la cochera, pues no habría *nada* que *recibir*. Y *si*, el *dispositivo de la cochera* no '*funcionara*', pues *no* importaría qué tan bien su *automóvil* estuviera *enviando* la señal, pues no habría *nada* para *recibirla*. Como pueden ver, *tienen que existir ambos* – emisor y *receptor*.

Lo anterior constituye: *el secreto para vivir* DENTRO *del Espíritu*. Dios lo *Infinito*, constituye *su Ser Universal* – *ustedes* tienen que *saberlo*; ustedes *tienen* que estar *conscientes* de que el Yo, SOY Espíritu *Infinito* – *ustedes tienen* que *saberlo*. El Espíritu *Infinito* se encuentra en TODAS partes, y constituye EL YO INDIVIUD... Pero eso NO *basta* – El Espíritu *Infinito* constituye el *Emisor*, y también constituye el *Transmisor*. El Espíritu *Infinito* está *emitiendo* a TODA esta tierra, *Su* Verdad, *Sus* Cualidades – *Su* TOTALIDAD está *siendo transmitida*. ¿*Dónde* se encuentra el *receptor*? *Ustedes también* son el *Receptor*. El Yo, *SOY* lo *Infinito* Yo SOY; y *también* el Yo, SOY lo *Individualizado* Yo SOY. Justo *aquí* se encuentra lo *Individualizado* Yo SOY, así como lo *Infinito* Yo SOY, Quien se encuentra en TODAS partes, y se encuentra justo *AQUÍ*, donde el Yo Estoy. *Ustedes* tienen TODO *aquí*. El Espíritu se *encuentra* en TODAS partes; **y** El Espíritu *está* **aquí**. Y así **ustedes** cuentan *con* el Receptor **y** *con* el Emisor. Y el *Emisor* es **mayor** que el *Receptor* – el Padre es **mayor** que el Hijo. Pero el Yo, el *Receptor*, el *Hijo*, Soy *UNO* **con** el Yo, el *Trasmisor*, el *Padre* – de manera que lo *Infinito* está *vertiendo* Su *Plenitud*, justo *aquí* donde el Yo, lo *Individualizado*, Estoy *recibiendo*, simplemente al **aceptar** esta Verdad DENTRO de *Mi* Conciencia.

El Yo, *[y]* el Padre, *UNO* Somos (Juan 10:30). Lo *Infinito*, [y] lo *Individualizado, UNO Somos*, AQUÍ, AHORA. Y el Yo, puedo *descansar* en eso, porque *dentro* de esta *Unicidad Infinita* se encuentra *Mi* Paz. **No** hay *nada* más para el *Mí* que hacer, sino *descansar* en el RECONOCIMIENTO de esta *Unicidad*. Ese UNO *Infinito*, *Individualizándose* justo AQUÍ donde el *Yo* Estoy, constituye el Yo-Soy que el Yo, Soy. *No* hay *separación* alguna; *NO* hay un Espíritu **y** un "yo" *material*. El Yo, **Soy** el Espíritu *Infinito-Individualizado AQUÍ, como Espíritu*. Aunque 'este *mundo*' ignore *todo* esto; aunque 'este *mundo*' no *vea todo* esto; aunque los' cinco *sentidos*' no puedan *discernir* todo esto, el Yo, **Soy** ese Espíritu *Infinito-Individualizado* AQUÍ, AHORA. Y TODO lo *Infinito* está *adornando Mi* Presencia AQUÍ mismo, porque NO hay un '*segundo*', NO hay '*otro*', NO existe una Conciencia '*dividida*'.

El Circuito está COMPLETO: *Emisor* y *Receptor*, UNO son – y el Yo, Soy **ambos**. Dios *ES*, TODO – Dios *ES* el Emisor, Dios *ES* el Receptor; Dios *ES* el Padre, Dios *ES* el Hijo; Dios *ES* lo positivo, Dios *ES* lo negativo... ¿Qué *diferencia* hay en las *palabras* utilizadas? El Yo, Estoy *aceptando* la TOTALIDAD DE Dios como *presente* EN TODAS PARTES **y** AQUÍ – EN TODAS PARTES **y** AQUÍ. *Si* ustedes **no** *consideraran* el "AQUÍ", entonces lo *habrían perdido*; **si** ustedes *omitieran* el "EN TODAS PARTES", entonces lo *habrían perdido*. EN TODAS PARTES **y** AQUÍ, Dios *ES* – ¡y NO hay NADA más!

Bien, con esa Conciencia ... ustedes bien pueden ir a *cualquier* parte – pueden *ir* en aviones que vuelen boca abajo; pueden *perderse*

241

en el desierto; pueden *estar* en completa y extrema pobreza – eso *no cambia* nada, pues ese Yo, Se materializará como *cada* necesidad *satisfecha*. Porque cuando ese Yo es RECONOCIDO como la ÚNICA Presencia; como lo *Infinito* y como lo *Individualizado*, SIN opuesto alguno, entonces ese **Yo** *manifestará* **Su** Presencia como la TOTALIDAD del Padre '*hecha carne*', AQUÍ (Juan 1:14).

No hay NADIE que pueda *llevar a cabo* lo anterior, *a menos* que cuente con la *firme intención de hacerlo*; *a menos* que sea *instruido adecuadamente*; y *a menos* que esté *dispuesto a morar, a descansar, a practicar*, el vivir DENTRO de lo *Infinito,* DENTRO de lo *Individualizado* Yo, que ES Espíritu – EN TODAS PARTES. Así pues, habiendo RECONOCIDO al Espíritu *Infinito*, ahora **no** pueden *mirar* hacia *afuera*, viendo *formas*, y ser *impresionados* por ellas como **si** *fueran* poderes, como **si** *fueran* realidades. El Yo, RECONOZCO *únicamente* al Espíritu *Infinito*; el Yo, *no* soy *infiel* al Espíritu *Infinito*; el Yo, *no* Soy engañado por las formaciones de la materia; el Yo, *no* voy a *permitir* que el *falso* sentido de conciencia me *engañe* haciéndome *creer* que el Espíritu *INFINITO no* es TODO cuanto está AQUÍ.

Al mismo tiempo, una *transición* se *lleva a cabo* al Interior, la cual *interrumpe* el 'circuito de los sentidos'. El Yo, *descubro* que JAMÁS tengo que *salir* del cuerpo; el Yo, NUNCA pude *salir* del cuerpo; el Yo, NUNCA podré *vencer* al cuerpo – porque el Yo, SIEMPRE *he sido* el Espíritu. El Yo, JAMÁS podría *vencer* aquello que NO está AQUÍ – SÓLO el Espíritu está AQUÍ. El Yo, JAMÁS podría *salir* de un 'cuerpo', porque SÓLO el Espíritu está AQUÍ. Ahora estoy *dándome cuenta*, cómo la *falsa* conciencia convierte su *sensación* en una *apariencia* llamada: *forma*. El Yo, NO estoy *dentro* de esa *sensación, dentro* de esa *apariencia*. El Yo, la RECONOZCO por lo que es: una *apariencia* constituida por la *sensación* de una *falsa* conciencia – pero el Yo, NO Estoy DENTRO de eso. El Yo, SOY Espíritu; y el Espíritu *Infinito* se sustenta *a Sí Mismo* donde el Yo ESTOY, porque el Yo, SOY. TODO cuanto el Padre está *haciendo* en TODAS partes, el Padre lo está *llevando a cabo*, AQUÍ mismo, donde el Yo, ESTOY, *como* el *Invisible* Espíritu. *Dondequiera* que el Yo camine en Conciencia *Espiritual*, AHÍ el Yo ESTOY, bajo el *gobierno* de ese Espíritu – y NO necesito *temer* lo que el hombre-*mortal*, los poderes *mortales*, o los 'reyes de la *tierra*' pudieran *hacer*, porque el Yo, NO estoy *aceptando* las *falsas* creencias que constituyen las *abominaciones*. El Yo, ESTOY DENTRO de Mi *Identidad*; y DENTRO de Mi *Identidad*, el Yo *puedo* escuchar **y** discernir estos *Capítulos*, y percibir **y** ver aquello que están *revelando* – estos *Capítulos* **develan** a los *engañadores* de 'este *mundo*', intentando *conducir* a los hombres hacia un cuerpo *falso,* cuyo destino es la NADA.

Démonos cuenta de que se trata de las *tentaciones* dentro de las cuales *todos* hemos *sucumbido* – y en la medida en que *aprendamos* a NO *ceder* ante ellas, es que seremos *liberados*.

"... *Vi a la mujer embriagada con la sangre de los santos, con la sangre de los mártires de Jesús – y cuando la vi, me quedé maravillado con gran admiración*" (Revelación 17:6).

La ramera estaba embriagada con la sangre de los Santos, lo cual implica que *incluso* los *Santos* han sido *tentados*; incluso *los mártires de Jesús* han sido *tentados*; incluso *Jesús* fue *tentado* para creer en la *realidad de la materia* – pero sólo por *un instante*. Y "*me quedé maravillado con gran admiración*", es decir: ¡Qué asombroso que *TODAS* las personas que caminan sobre la 'tierra', hayan sido *engañadas*!

"*Y el ángel me dijo: ¿Por qué te maravillas? Te diré el misterio de la mujer, y el de la bestia que la lleva, la cual tiene siete cabezas y diez cuernos*" (Revelación 17:7).

"*La bestia que tú viste* **era,** *y* **no es**". Voy a repetir, "*La bestia que tú viste* **era,** *y* **no es***; y subirá desde lo hondo del abismo, hacia su perdición; y se maravillarán los* moradores de la tierra, cuyos Nombres, **no** se encuentran inscritos en el Libro de la Vida desde la fundación del mundo, cuando contemplen a la bestia que **era**, y que **no es**; y que, sin embargo, **es**" (Revelación 17:8).

Observen, la *mortalidad* y la *materia* **fueron**, pero **no son**. Ellas, en *realidad*, JAMÁS han existido, *excepto* en la conciencia *falsa*. Y así, Juan está *aprendiendo* que la *bestia* o la materia **era** – pero que **no es**. Y *ustedes* tienen que *recordar* que Juan está *viendo* esto en *el desierto*, es decir, *dentro de todo tiempo*. Y *dentro de todo tiempo*, Juan ve que hubo algo llamado 'materia' – pero *al final de los tiempos* la 'materia' *se va* – tan solo **fue**, *dentro del tiempo*; tan solo **fue**, *dentro del espacio* – pero DENTRO de la *Realidad*, la 'materia' *NO es*. Lo **fue**, en el *tiempo* y en el *espacio*, pero en la *Realidad* NO *lo es*. Y eso constituye el "**era**" y el "**es**" de la *materia*, de la *bestia*. NUNCA **fue**, excepto dentro de los *conceptos* del hombre. Y Juan, *dentro* de la Conciencia *Superior*, puede *percibir* el momento *final* en el cual, aquello que NUNCA **fue**, es finalmente *percibido* como algo que NUNCA **fue** – quedando el Hombre, *libre de creencias materiales*.

"... *y subirá desde lo hondo del abismo*" (Revelación 17:8).

Esto constituye la *liberación* de la *creencia* en la *materia*.

"...*y se maravillarán los moradores de la tierra, cuyos Nombres, **no** se encuentran inscritos en el Libro de la Vida*" (Revelación 17:8).

Nosotros, quienes NO conocemos la *Identidad*, somos aquellos *cuyos Nombres, NO están inscritos en el Libro de la Vida*, porque TODOS, SOMOS el Espíritu. Aquellos que NO han *RECONOCIDO* su Identidad *Espiritual* se *asombrarán* cuando contemplen *a la bestia que era; que es; y que, sin embargo, NO es*.

"... *he aquí algo para la mente que tiene las siete cabezas son siete montañas, sobre las sienta la mujer*" (Revelación 17:9).

Cuando Jesús fue *tentado por el diablo*, por la cre. *materia*, por la '*bestia*', *fue llevado a una 'montaña'*. Y e. se ha convertido en **siete** *montañas*. En otras palabras, h. *tentaciones* principales. **No** todas actúan *simultáneamente*, o. a que en *un nivel* se cree de *cierta* manera; en *otro nivel*, se r. otra *tentación*; y en *otros niveles*, de nuevo, más *tentaciones* – p. *siempre* en *diferentes* niveles, *diferentes* tentaciones. Eso constituy. las **siete** *montañas* que TODOS *aprenderemos* que **NO** están *realmente* ahí – aunque *parezcan* estarlo – se trata de **siete** *iniciaciones*.

"*Y hay siete reyes – cinco de ellos han caído ...*" (Revelación 17:10).

Y ahora estos **cinco** son, *aquellos* a quienes *nosotros*, hemos *vencido*.

"*... uno es, y el otro aún no ha venido ...*" (Revelación 17:10).

La *materia* todavía **no** ha *caído*; y la próxima *tentación*, después de la *materia, aún no ha venido*.

"*... y cuando venga, continuará durante un breve tiempo*" (Revelación 17:10).

No puede *evitarse* – TODOS <u>*tendremos*</u> que pasar, por la *Iniciación* **Final**.

"*Y la bestia que era, y que no es, es el octavo, y pertenece a los siete; y va rumbo a la perdición*" (Revelación 17:11).

Así pues, las *siete tentaciones* principales, *nacen* y se *combinan* . aquello que surge de la **octava**, la cual es: la *creencia en la* materia. Y a partir de la *materia* surgen, digamos, las **siete** *falsas* reencias: que vivimos *dentro* de un cuerpo *material*; que vivimos *dentro* de la vida *material*; que *tenemos* órganos *materiales*; que vivimos *dentro* del *espacio*; que vivimos *dentro* del *tiempo*. La vida, el cuerpo, el tiempo, el espacio, constituyen las *creencias* que *aceptamos*. Que *nacimos*... – y desde el nacimiento hasta la tumba, somos *engañados* por las **siete** *tentaciones* de: nacimiento, vida, cuerpo, posesiones, tiempo, espacio y muerte; todo ello generando una existencia *falsa* que 'nace' de aquello que constituye la *combinación* de las **siete**: *la creencia en la materia*; todo destinado a ser, *temporal*, ya que **no** procede DE Dios – se trata tan solo de una *imagen mutable* dentro de la '*mente del mundo*'.

> "... *Los diez cuernos que tú has visto, son diez reyes, que*
> *no han recibido todavía su reino; pero recibirán poder*
> *como reyes, durante una hora, junto con la bestia*"
> (Revelación 17:12).

Ahora bien, esta "**hora**" significa que TODO 'este mundo-material', TODO, NO constituye más que *una* "*hora*" dentro de la *Eternidad*. Y nosotros hemos *aceptado* esta "*única hora*", como *realidad*, en lugar de *aceptar* la *Eternidad*. Nos es dicho con eso, que NO *vivamos* en esa "*única hora*", sino que *permanezcamos* **fuera** de ella, DENTRO de la *Eternidad*, contemplando, velando; SIN permitir que las *tentaciones*, los **diez** reyes, los **diez** cuernos – el *poder* concentrado de la *materia*, nos *engañe* con su vasto *hipnotismo* terrenal. TODOS los poderes de la tierra *material* **y** de los cielos *materiales*, se *concentran* como los **diez** cuernos **y** los **diez** reyes, para *convencernos* de que *todavía* estamos *dentro* de 'cuerpos de *barro*'.

> "*Y éstos tienen un mismo propósito, una misma mente, y le*
> *darán su poder y fuerza, a la bestia*" (Revelación 17:13).

La llamada '*una misma mente*', el '*único propósito*' de *todos* los *poderes* de la tierra **y** de los cielos *dentro* de la materia es **negar** que Dios sea TODO – y tan *vasta* es dicha *hipnosis*, que la hemos *aceptado*.

> "*Pero ellos pelearán contra el Cordero... pero el Cordero los vencerá, ya que Él es: Señor de señores, ... Rey de reyes; y aquellos que están con Él son llamados: ... Elegidos **y** Fieles*" (Revelación 17:14).

Ahora bien, esta es la *voz de la profecía* de Juan, elevada *más allá* de la *mortalidad* hacia el *Ser Inmortal*, dando *testimonio* de aquello que ES *Verdadero*; de aquello que ES *Real*; de aquello que ES *Eterno*. Y la '*profecía*' *contempla* al Cristo **en ti**, venciendo la *creencia* en la *materia*. La *creencia en la materia*, la *creencia en la mortalidad* hace la *guerra* contra el "*Cordero*" – pero el "*Cordero* **vencerá**". Viviendo DENTRO del Ser **Interior**, *todavía* adentro, estamos *recibiendo* a esa '*Mujer que estaba parada sobre el sol y la luna, la cual está vestida con el sol*'. Nosotros estamos *recibiendo* la *Revelación* **Interior**. El Capítulo **12** llega a través de esto, para *desplazar* a la "*ramera*". Estamos *siendo preparados* para *recibir* La *Palabra* o *Verbo Divino* **Interior**, el cual nos *libera* del *hipnotismo* de los *sentidos*; el cual nos *libera* de la *esclavitud* de la *materia*; el cual nos *libera* de una *esclavitud* que **sólo** existe *dentro* de nuestro *falso* sentido de las *cosas* – ¡pero NO dentro de la *Realidad*!

Todo esto, lo *percibe* Juan en su Estado de Conciencia *Iluminado*. Y él *también* está *pasando* a través de esa *liberación*. ¿Existe algún *lugar* donde Juan nos *cuente* sobre esto, sobre el *amor* a 'este *mundo*', por parte de ese 'yo'-Juan? Vamos a ver... La *primera* Epístola de Juan contenía algo *relacionado* con esto. Recordarán que, en ella, Juan nos dice que "quien ama 'este *mundo*', **no** es DE Dios, porque nada en 'este *mundo*' es DE Dios" (I Juan 2: 15–16). Lo anterior contiene una *profunda* dimensión.

Y ése es, el *mismo* Juan que ha *recibido* esta *Revelación*: <u>*que*</u> <u>'este *mundo*' **no** *existe, excepto dentro de la falsa conciencia, de aquel*</u> <u>*que cree en lo material, en las apariencias-mortales de* 'este *mundo*'.</u> Juan nos está *enseñando* a '*salir* del avión', *antes* que se *estrelle* contra la ladera de la montaña – nos está *enseñando cómo* vivir en la *Eternidad,* aquí en la *tierra,* incluso en tanto *aparecemos* dentro de un cuerpo *material* **y** *mortal,* para el supuesto sentido *humano,* al *elevarnos* hacia la Conciencia *Purificada* DEL Espíritu. Y entonces, el "*Cordero vencerá a la bestia*".

> "*Y me dijo: Las aguas que has visto donde la ramera se* > *sienta, son pueblos, muchedumbres, naciones y lenguas*" > (Revelación 17:15).

Juan nos está diciendo que 'este *mundo*', TODO 'este *mundo*', se encuentra *esclavizado* a aquello que **no es**.

> "*Y los diez cuernos que has visto sobre la bestia,* > *aborrecerán a la ramera; y la dejarán desolada y* > *desnuda; y comerán su carne, y la quemarán con fuego*" > (Revelación 17:16).

Ahora resulta que los 'poderes' que tienen 'poder' sobre nosotros, son *poderes* **falsos** – *incluso* para la bestia. Y esto conlleva un *gran secreto* – incluso <u>*ustedes*</u> bien pudieran *estremecerse* cuando lo *escuchen*. Pero estamos **aprendiendo** a *conocer el mal de tal manera, como para poder reconocerlo*. Y cuando lo RECONOZCAMOS, cuando *sepamos* lo que es, entonces YA NO LO EXPERIMENTAREMOS MÁS. Tal vez desde nuestro enfoque *humano* de las cosas, pensemos: "Vaya; qué forma más divertida de hacer las cosas", pero obviamente, se trata de la Sabiduría *Divina* actuando, la cual dice: "*Antes* que puedan *conocer* la Verdad, <u>*tienen*</u> que *conocer* la mentira. ¿Cómo podrían *reconocer* la Verdad cuando **no** son capaces de *reconocer* la mentira?" Así pues, *todos* los males que encontremos; *toda* la nada *mortal* y *material* que experimentemos, tienen como *objetivo familiarizarnos con la mentira*, de manera que podamos *buscar, reconocer y apreciar la Verdad.* Actualmente algunos de nosotros *ya conocemos* la mentira bastante bien; tanto así, que estamos *dispuestos a hacer cualquier cosa* para buscar, encontrar y experimentar *la Verdad* – ése es el *propósito.*

Recuerden, ***todo*** el mal, existe *únicamente* dentro de la *falsa* conciencia – JAMÁS es real; JAMÁS es permanente; JAMÁS toca la Identidad. Pero al *compararse* con lo que *sí ES*, entonces se *aprende* **qué** es lo *Real*; **cuál** es el Poder *Real*; y **cuál** es la Identidad *Verdadera.* Y a través de esto ustedes pueden *salir* de esa *"una hora"* – ese momento *fugaz* de la existencia *humana*, con rumbo hacia lo *Eterno*, aquello para lo cual han sido *preparados*, para poder *experimentar* la Vida que ES Eterna.

"Cinco de las tentaciones han caído, una es ahora, y aún una está por llegar" (Revelación 17:10).

"... la mujer que viste es, esa gran ciudad" – *"... la mujer que viste es, la gran ciudad, la cual reina sobre los reyes de la tierra"* (Revelación 17:18).

"La 'mujer' es la gran ciudad que reina sobre los reyes de la tierra". Ahora es utilizada la palabra *"ciudad"*, porque significa "estado de conciencia". Y la *mujer* es, un *estado de conciencia* que *gobierna incluso a los reyes de la tierra* – el *estado de conciencia* que conocemos como 'materialismo-*mortal'.* Y esa es la *fuerza* dominante del *estado de conciencia* de esta *tierra*, de la cual, la Conciencia-**Cristo** nos *libera.*

Ahora bien, el *Cristo*, NUNCA fue una *forma* física; y el Cristo, JAMÁS estuvo *dentro* de una *forma* física. Cristo es SIEMPRE, el *Nombre* de ustedes; Cristo es SIEMPRE, el *Ser* de ustedes; Cristo es SIEMPRE, la *Identidad* de ustedes; Cristo es SIEMPRE, el *Hijo de Dios*; Cristo es SIEMPRE, la *Individualización* de lo *Infinito* en donde *ustedes* se encuentran. Cristo ES, esa Conciencia que NO está *confinada* dentro de una *forma física*; Cristo ES, esa Conciencia que NO responde a las *formas físicas* que nos rodean; Cristo ES, esa Conciencia *siempre liberada*; Cristo ES, esa Conciencia *desapegada*; Cristo ES, esa Conciencia que se *suelta*; Cristo ES, libre; Cristo ES, esa Conciencia que *no necesita nada*; Cristo ES, esa Conciencia que *no busca nada*; Cristo ES, esa Conciencia que *no quiere nada* – porque el *Ser*-Cristo ES, TODO cuanto hay.

Y así es como *subimos* a ese *pináculo* donde podemos *descansar* RECONOCIENDO al Cristo. ¿**Qué** *necesito* 'yo'? –Las *necesidades* sólo son expresadas por una conciencia *falsa*. ¿**Qué** *quiero* 'yo'? –Los *deseos* sólo son expresados por una conciencia *falsa*. ¡El Yo, **Soy**! Dios ES, AHORA, AQUÍ. De esta manera *dense cuenta* de que, *cuando estén dispuestos a elevarse* por sobre el *querer*, el *necesitar*, el *buscar*, el *llamar*, el *esperar*, el *confiar*, el *llegar a ser*, y el *aceptar*... entonces 'AHORA, el Yo, **Soy** el Cristo. AHORA el Yo, **Soy** el Espíritu', y es cuando la *mujer que se sienta sobre la bestia, ha sido derrotada.*

AHORA *ya* están *deshipnotizados* – **no** son *engañados* para que *sean algo menos* que el Hijo **Perfecto**, viviendo DENTRO de la Sabiduría, DENTRO del Alimento *Divino*, DENTRO de la Verdad, DENTRO del Amor, DENTRO de la Presencia *Perfecta* de Dios, justo **donde ustedes se encuentran**. Por ello, entonces, *ustedes* SON **literalmente**, Conciencia *Divina* – **no** formados *dentro* de un cuerpo de *barro*. Y ustedes son *libres de recibir*, *desde* esa *Infinita* Conciencia *Divina*, justo donde se *encuentren*; *permitiendo* que dicha Conciencia *fluya*; *permitiendo* que dicha Conciencia los *llene* de Gracia; *permitiendo* que dicha Conciencia *Se viva a Sí Misma* – **sin** *preocuparse* por los efectos *externos* de la forma; **sin** *preocuparse* de *cómo* va a estar todo ahí *fuera*, *sabiendo* que la Conciencia *Divina* está *Presente*, *Actuando* perfectamente dondequiera que ustedes se encuentren. *Velen, contemplen, esperen*, sean *pacientes, aquiétense, confíen, acepten...* **No** se *permitan volverse a identificar* dentro de una *forma*. *Vivan* DENTRO de *su* Conciencia, **y** entonces _ustedes_ estarán ADENTRO, viviendo la Vida _Interior_ – _sin_ estar más, _atados_ por lo _externo_.

De esa manera ustedes estarán _invirtiendo_ el _orden total de_ 'este _mundo_' – porque lo _Interior_ constituye el Reino DE Dios DENTRO de _ustedes_; y _fluye a expresión_; _transforma_ los efectos _externos_; se _evidencia_ como lo _bueno_. Pero, en el _instante_ en que _ustedes_ se _presentan_ ante la mente, _tratando_ de decir: "'yo' _quiero_ esto o aquello; o 'yo' _hago_ esto o aquello; o permítanme _utilizarlos_ de esta o de aquella manera", justo _en ese instante_, se encontrarán **_fuera_** de la Conciencia _Divina_. Habrán _roto_ la _Continuidad Perfecta_, incluso con **un solo** pensamiento _humano_ descuidado. 'No se _afanen_; _aquiétense_; _permitan_; y _contemplen_ esta Conciencia _Divina_, _fluyendo a través de ustedes_, **y** _como ustedes_' – ELLA _transforma_ '_su_ mundo' en '**_Mi_** Reino' – ésa ES la _Gloria_ del Padre _Interior_.

Mantengan su atención, _fuera_ de las formas; no intenten _salir_ de la forma; RECONOZCAN que _ustedes_, NO están _dentro_ de la forma. Y contemplen _cómo_ esa forma, lleva a cabo la Palabra DEL Padre, a través DE la Gracia – entonces TODO cuanto ustedes _hagan_, se volverá _radiante_ con el _Invisible_ Amor; TODO cuanto ustedes _toquen_, será _animado_ por esta Chispa _Divina_ que ustedes permiten que _fluya_ como _su_ Conciencia. No _busquen_ NADA – porque "TODO cuanto el Yo TENGO ES: _de_ ustedes". Y al NO buscar, al NO anhelar, entonces _ustedes_ estarán _aceptando_ al "Yo SOY"; _ustedes_, YA estarán DENTRO del _Uno_. Y el _Uno_ Se _convertirá_ en _Su Propia Manifestación Perfecta_, por lo que a _ustedes_ toca.

Juan _vislumbró_ que esto, es lo que _ustedes_ harían. El "Cordero", el Cristo RECONOCIDO _dentro_ de _ustedes, como_ el "Yo SOY", _derrotaría_ TODA tentación _mental, mortal, material_, para que _ustedes_ insistieran en la _Pureza_ del Vivir _Espiritual_. Y así es como nosotros _salimos_ de las abominaciones; del _falso_ sentido de la vida; de los _altibajos_; de lo bueno **y** de lo malo – de los _opuestos_. Y de esa manera AHORA _caminamos_ bajo la Ley _Divina_, porque nuestra Conciencia ES, la _Divina_ Conciencia que _nos_ gobierna – _NO HAY **DOS** CONCIENCIAS_. La conciencia _falsa_, la _sombra_, ya NO existe más.

De amigo a amigo, permítanme decirles esto: *hasta* que *ustedes cultiven* **y** *desarrollen* ese *deseo* en *ustedes* de *sentarse* **frecuentemente** *en quietud*; *hasta* que *ustedes* *practiquen* el RECONOCER que **no** *están dentro de un cuerpo de barro*; *hasta* que *ustedes* RECONOZCAN que SON Espíritu; *hasta* que *ustedes* admitan que la Conciencia *Divina* los gobierna… y después **experimenten** TODO esto, *una y otra y otra vez*; *hasta* que *ustedes* estén *seguros* que TODO esto constituye la Verdad; *hasta* que *ustedes* *practiquen* TODO esto… *hasta entonces*, *ustedes* continuarán *experimentando* *sus* propios *altibajos*.

Cuando *ustedes* lleven a cabo TODO esto, *notarán* la *diferencia* – por lo general, *rápidamente*. Debemos llegar a un 'lugar' donde NO seamos *más*, *atrapados* dentro de la forma-*mortal*. *Cuando* 'alguien llame a su puerta', quien llame **no** encontrará una forma-*mortal* detrás de esa puerta, abriéndola y diciendo: 'Hola'. *Cuando* 'suene el teléfono', quien llame **no** estará hablando con una persona-*mortal*. *Ustedes* NO deben quedar *atrapados* dentro de la forma-*mortal* – ustedes *deben* aprender **cómo** *vivir* DENTRO de la Conciencia *Divina*. Y esa forma-*mortal* que aparezca, vivirá bajo la Ley DE la Conciencia *Divina*. Es cuando ustedes encontrarán *su* "*Nombre, inscrito dentro del Libro de la Vida, desde la fundación de* 'este *mundo*'".

Ahora bien, yo sé que lo que les estoy diciendo resulta *difícil*; les aseguro que **no** soy un *maestro* en esto. Pero *también sé* que, mientras lo *práctico*, cede, se rinde, se abre. Y sé que *es posible* llevarlo a cabo, porque lo he *atestiguado* – **no** sólo en *mí*, sino en otros cuantos que son *capaces* de **no** dejarse *atrapar* DENTRO de la forma-*mortal*. *Ellos* son quienes *pueden* viajar en avión, **y** bendecir a *todo* pasajero de ese avión; a *todo* pasajero de ese automóvil; a *todo* participante de ese negocio; a *todo* ocupante de esta habitación… *Ellos*, *conscientemente*, NO se encuentran DENTRO de la forma-*mortal* – es aquello que *trae* la Ley *Divina* dondequiera que *ustedes* se encuentren. Sean *ustedes* ese 'Uno' – eso implica, *caminar* CON *Dios*.

Bueno, creo que aún tenemos unas cinco semanas *antes* de la graduación. Así que hoy, en su camino de retorno a casa, RECONOZCAN que el Espíritu *Infinito* se encuentra en TODAS partes; **y** el Espíritu *Infinito* se encuentra justo donde *ustedes* se encuentran. *Permitan* que los 'dos' se conviertan en 'el UNO', DENTRO de *su* Conciencia, **y** entonces observen lo *hermoso* que ES.

Los veo pronto – Gracias.

CLASE 21

APÁRTENSE DE 'ELLA'

REVELACIÓN 18:1 A REVELACIÓN 18:21

Herb: - Bienvenidos sean todos los viajeros de 'este *mundo*', y bienvenidos sean aquellos de ustedes que han estado aquí durante las últimas semanas.

Vamos a continuar con los conceptos de *mortalidad* y *materialismo*, los cuales han estado bajo incesante *enfoque* por parte del Espíritu. Se nos han '*proyectado*' todo tipo de *imágenes* acerca de 'este *mundo*' *material* y *mortal*, para considerarlo *degradante* e *indeseable*. Y para quienes **no** hemos captado el *objetivo*, entonces la '*proyección*' continúa. El propósito es RECONOCER que, en nuestro deseo de *perpetuar* **y** *mejorar* la vida *material*, estamos siendo *manipulados* por el *engaño*. Esto pudiera sonar muy *extraño* para 'este *mundo*', pero *sabiendo* que Dios es TODO; *sabiendo* que Dios ES Espíritu; *sabiendo* que el Espíritu ES TODO, entonces *no* debería *sorprendernos* más el saber que, *mientras* vivamos la vida, *inconscientes* de nuestra *Identidad Espiritual*, estaremos siendo *engañados*; estaremos viviendo en 'este *mundo*' – que **no** es DEL Padre.

La única dificultad pareciera ser el que *todavía* tenemos un cuerpo y una MENTE *MORTALES* – que aparentemente *no cooperan* con nosotros. El *cuerpo* **y** la *mente*, MORTALES, están decididos a *continuar* haciendo aquello que han estado haciendo, y a *mejorarse* a sí mismos tanto como puedan, haciendo *caso omiso* de la Voz DEL Espíritu. Por eso el Espíritu, el cual JAMÁS regresa *vacío*, insiste con *otro Ángel*, con otra *Revelación*, con otro *terremoto*, con otra *granizada* – es decir, la *Sabiduría Divina* continúa *impregnando* la *densidad* del pensamiento *humano*, *eliminando* todo aquello *desemejante* a Sí Misma. Y entonces *surge* esa extraña sensación *interior* de estar *caminando* en los *albores* de una Tierra *Nueva* (Revelación 21:1), dentro de una Forma *Nueva*, dentro de una Vida *Nueva* – dentro de aquello que *no* podemos *identificar* fácilmente.

Ahora bien, Pablo tuvo también este *conflicto interno* como nosotros, y él fue muy *sincero* al respecto. Les dijo a sus discípulos: "Ni por un momento crean que a mí *no* me preocupa la *dualidad* – realmente me preocupa; pero *prosigo* hacia lo Superior". Y en una de sus Epístolas a los Filipenses, la cual tengo aquí para leerles, Pablo hace algunas declaraciones que merecen nuestra *atención ahora* mismo, en tanto avanzamos hacia el Capítulo **18** del *Libro de la Revelación*.

Se trata del Capítulo **1** de Filipenses – comencemos con el versículo 20, donde Pablo dice:

"De acuerdo con mi más ferviente anhelo y esperanza, de nada me avergonzaré – así que, con todo denuedo, como siempre, también ahora sea engrandecido Cristo en mi cuerpo – ya sea con vida o por muerte".

Bueno, se trata de una declaración muy peculiar para una MENTE *humana*: *"Cristo sea engrandecido en (su) cuerpo, ya sea con vida o por muerte"*. Así que, *si* ustedes **aceptan** que Cristo puede *ser engrandecido en su cuerpo por la muerte*, entonces es porque NO *existe* tal cosa como la *muerte*. Aunque también cabe la posibilidad de que la *Vida* pueda *engrandecer* a Cristo en *su* cuerpo. Así, NI por vida NI por muerte, podemos estar *separados del* Padre, por medio *de* Cristo. *El engrandecimiento de Cristo en su cuerpo* es aquello en lo que ustedes están *ocupados* ahora mismo.

Observen ahora qué más tiene Pablo que decir:

"Para mí, el vivir es Cristo – el morir es, ganar"
(Filipenses 1:21).

¿Qué tipo de *muerte* puede implicar *ganar*, excepto *morir* a aquello que NO es Cristo? Y así, la idea es nacida DENTRO de nosotros, de que *existe* 'Algo' por lo *cual* morir, ya que *existe* 'Algo' por lo cual *vivir*. *Tiene* que haber muerte **e** incineración; partida **y** llegada; salida **y** entrada. Es decir, *tenemos* que entrar al Reino, pero NO podremos hacerlo SIN *abandonar* 'este *mundo*'. Aquello que nosotros hemos estado *buscando* SIN resultado alguno, *es el Reino DE Dios en la tierra.* Y la razón por la que NO hemos *entrado* en ese Reino es, porque hemos estado *aferrados* a 'este *mundo*'. Y ustedes NO pueden *entrar* al Reino, llevando 'este *mundo*' con ustedes.

Pablo está *aclarando* que, para *entrar* al Reino **y** *abandonar* 'este *mundo*', ustedes *tienen* que *encontrar* al Cristo DENTRO de *ustedes* – y poco importa *dónde* **y** *cuándo*, ustedes encuentren al Cristo – de *este* lado del velo o del *otro* lado del velo; en el instante en que *ustedes* encuentren al Cristo, en ese instante ustedes habrán *entrado* al Reino.

Dense cuenta ahora, que Pablo tuvo problemas para *encontrar* al Cristo – tal como nosotros.

"Estoy en una encrucijada – teniendo el deseo de partir
y estar con Cristo, lo cual es mucho mejor; sin embargo,
para ustedes, resulta más necesario que yo permanezca
en la carne" (Filipenses 1:23,24).

Ahí, Pablo se dirige a sus discípulos para decirles que él, si *no fuera* por ellos, *abandonaría* el cuerpo **y** *viviría* dentro del Cristo *Invisible*, dentro de la Vida del *Espíritu* – *no* dentro de la vida de un cuerpo *mortal* – pero que, por el bien de *ellos*, *permanece* en la tierra como *maestro*. Y eso fue precisamente lo que hizo Joel. **No** era necesario que él viviera aquí, dentro de un cuerpo *humano*;

él había *alcanzado* la Conciencia-Cristo, pero *mantuvo* la Vida DENTRO de un cuerpo *humano*, para hacer contacto *visible* con sus alumnos. Y esto es lo que Pablo está haciendo con sus *alumnos* en esta Epístola.

Entonces continúa:

> *"A ustedes les es concedido, en nombre de Cristo, no sólo el creer en Él, sino también el sufrir por Él"* (Filipenses 1:29).

Y quienquiera que haya pensado que podría entrar en el Reino de Dios a través del Cristo, *leyendo* un libro, *escuchando* una grabación, o *estrechando* la mano de alguien que esté Iluminado, debería prestar atención a esta declaración, porque aquí está Pablo, quien está Iluminado, diciendo a sus propios discípulos, que <u>tienen</u> que *sufrir* para *entrar* en el Cristo. Y el *sufrimiento* va a implicar *recorrer* el puente entre 'este *mundo'* al que están *acostumbrados*; entre la vida, el cuerpo, la MENTE a los que están *acostumbrados*; *renunciando* al apego, a la dependencia de las cosas de 'este *mundo'*, para *entrar* en el Cristo – y esto, conlleva *sufrimiento*.

> *"Y ustedes tendrán el mismo conflicto que Él vio en mí, y que ahora ustedes escuchan que está en mí"* (Filipenses 1:30).

Ustedes sabrán que caminan *en compañía* de los 'grandes', cuando observen que están atravesando por *dificultades*. NINGÚN gran Maestro JAMÁS ha dicho que su camino fue como la *primavera*. Por el contrario, ellos han *enfatizado* lo *estrecho del Camino* (Mateo 7:14); las *dificultades*, las *dudas* que lo asaltan a uno; las ciento y un cosas diferentes que *entran* en la MENTE, para decirnos: *"Regresa;* tan solo acepta un *mínimo* de comodidad, y *olvida* todo esto".

Pablo tuvo ese problema con sus discípulos, y también con su propio 'yo personal'.

Ahora, al *contemplar* 'este *mundo*', *atrapados, desapercibidos* por la conciencia *humana*, ustedes están viendo TODO tipo de *divisiones* – TODO está *separado*; *no* hay *unidad*; la gente está *separada*; los objetos están *separados*; TODO, dentro del tiempo **y** el espacio, está *separado*. Y, sin embargo, Dios ES TODO **y** Dios ES UNO. Así que, si ustedes *insisten* en vivir en la *creencia* de *separación* entre cosas, entre personas, entre condiciones, entre objetos dentro del *tiempo* **y** el espacio... *prolongarán su* sufrimiento. Es tiempo de *apartarse* de la *dualidad* de las divisiones, **y** de *reinterpretar* TODO lo *visible* dentro de lo *Invisible* Infinito *Indivisible*; es tiempo de ver que la *separación* corresponde a 'este *mundo*', pero lo *Indivisible* ES lo *Invisible*, el ÚNICO Reino DE Dios. TODO cuanto los rodea es el UNO; y ustedes *tienen* que RECONOCER *conscientemente* a este UNO, para que las *divisiones* que los acosan NO tengan *influencia* alguna sobre ustedes.

Ahora consideren la palabra *Infinitud*, y recuerden que Dios ES, Infinito; y que Dios ES, TODO – por lo tanto, INFINITUD ES, TODO. Y *a menos* que la *Infinitud* sea la medida de aquello que esté dirigiendo *su* actividad sobre la tierra, ustedes se encontrarán en *oposición* a la *Infinitud* – se encontrarán DENTRO de lo *finito*; y DENTRO de lo *finito*, ustedes se encuentran *separados* DE Dios. *Toda* acción *finita* constituye, una *separación*, una *división* DE Dios; *toda* acción *finita* NO actúa bajo la Gracia; *toda* acción *finita* conduce inequívocamente hacia el *karma*. Así pues, existe un lugar DENTRO de *su* Conciencia donde *ustedes permanecen conscientes*, en el RECONOCIMIENTO de que *la Infinitud EN Dios*, se encuentra en TODAS partes.

El *lugar* donde ustedes se encuentran ES, la *Infinitud*; y *dondequiera* que ustedes vayan está la *Infinitud*; y ustedes se están *moviendo* DENTRO del Reino de la *Infinitud* Incondicional.

SIN esta *práctica* **consciente** del RECONOCIMIENTO de que la *Infinitud* se encuentra *dondequiera* que *ustedes* se encuentren,

258

entonces de inmediato *todo* sería *enfocado* por los sentidos, y se *encontrarían* de regreso en las *separaciones* de tiempo / espacio, donde TODO se encuadra dentro de un espectro *limitado*, dentro de los *opuestos*, dentro del *bien* y el *mal* – y esto es lo que nos *remite* a un estado de *carencia* y *limitación mortales*.

En gran medida, Pablo había *dominado* el arte de *vivir* DENTRO de la *Infinitud*, *consciente* de que, a pesar de lo que *parecía* haber ahí en ese momento, la *Infinitud* era Aquello que estaba *actuando* justo *ahí* en ese *instante*. Y el *milagro* de la *Infinitud* ES que actúa *simultáneamente* en TODAS partes. Así que, en tanto estén viviendo en la **aceptación** de Dios *aquí* y de Dios *allá*, ustedes *sabrán* que la *Infinitud* está *actuando* aquí y *actuando* allá; ustedes estarán RECONOCIENDO que se trata de la *Perfección* de la Vida Misma, Aquello que ahora está *actuando* justo dondequiera que <u>sus</u> ojos se posen, SIN importar lo que el ojo pueda *mirar*. Ustedes estarán *descansando* DENTRO de ese RECONOCIMIENTO de que la *Infinitud* mantiene *Su* Universo *Infinito* en TODAS partes – y a partir de ahí surge esa Mente que NO acepta *separaciones*, porque la *Infinitud*, JAMÁS Se separa DE *Sí Misma*.

Estamos DENTRO del *Uno* – NO estamos en las *separaciones*; NO estamos en las *divisiones*; NO estamos en las *apariencias* que se presentan ante el *sentido* de la vista. **No** hay 'personas' *separadas* DENTRO de esta Conciencia; tan *solo* hay, '*formas*' *separadas* – pero TODO emana DESDE el *Uno*, DESDE la *Unicidad Infinita*.

Vayamos ahora *más allá*, y encontremos que TODO en 'este *mundo*', está *formado*, NO por *Dios*, sino por la MENTE de 'este *mundo*'. Así que entonces nuestro *problema* es, que **todas** las *formaciones de la* MENTE de 'este *mundo*', NO constituyen las *emanaciones* DE Dios. **TODO** cuanto hay DENTRO de la MENTE de 'este *mundo*', *formado* ANTES que nosotros, constituye parte de nuestra *Iniciación*. Y ustedes pueden *encarar* dicha *Iniciación*, *intentando* dar *tratamiento* a *todo* cuanto *ven*; viviendo una vida de *confusión* constante; *enfrentando* todo y dándole *tratamiento*; dando *tratamiento* a 'eso' por allá y a 'esto' por acá; dándole *tratamiento* a 'esto' **y** *también* a 'aquello'; y *continuar* dando **y** dando *tratamientos*, pero mientras <u>ustedes</u> dan *tratamiento* a **dos** cosas por *aquí*, entonces **diez** más aparecen por *allá*.

Tenemos que llegar a un '*lugar*' en la conciencia, en el cual *retrocedamos* más allá del dar *tratamiento* a todos los *problemas* que surjan en nuestras vidas – NO funciona; <u>ustedes</u> NUNCA terminarían con los problemas. Así pues, <u>su creencia</u> en un mundo *material* en el cual existen los *problemas* está siendo *desafiada* por <u>su</u> Iniciación. TODO aquello que está DENTRO de la materia, *tiene* que perecer – y NADA que surja DE Dios, puede perecer. Y <u>mientras ustedes vivan DENTRO de la materia, en lo perecedero, vivirán separados DEL</u> Padre. De esa manera es como **aprendemos** a NO vivir DENTRO de la materia; **aprendemos** a NO vivir DENTRO de lo *finito*; **aprendemos** a NO vivir DENTRO de lo *perecedero*.

Aquí tenemos, *a pesar* de lo anterior, los problemas *materiales*; **e** intentamos darles *tratamiento* – **y** entonces viene el *Aprendizaje* Superior que dice: "**No** les den *tratamiento* a estos *problemas*, pues NO constituyen *emanaciones* DE Dios. En *realidad*, NO se encuentran allá *afuera* – se encuentran DENTRO de la MENTE de 'este *mundo*'. *En lugar* de dar *tratamiento* a los *problemas*, RECONOZCAN a la MENTE de 'este *mundo*'. **No** se dejen *engañar* por los *problemas* que aparezcan – tan solo son, el *disfraz* de la MENTE de 'este *mundo*'". Casi al instante *comprenderemos* la causa de muchos de nuestros *fracasos* del pasado.

Ahora bien, existen muchas *sutilezas* dentro de la MENTE de 'este *mundo*'. *Llegan* a ustedes de una manera muy *extraña*, al *presentarse* como algo 'bueno'. Y entonces <u>ustedes</u> las *aceptan*, les *agradan* **y** las *atesoran*. Y luego, cuando la MENTE de 'este *mundo*' los *ataca* con lo 'malo', entonces ustedes le dan *tratamiento* a 'ESO' – pero NO le dan *tratamiento* a la MENTE de 'este *mundo*' que fue aquello que les *trajo* todo eso; y, como resultado, dichas *sutilezas continúan* afectándolos **y** traicionándolos. Después, cuando *finalmente* <u>ustedes</u> se han *deshecho* de eso, y se tranquilizan, entonces están *dispuestos a aceptar* lo 'bueno', SIN saber que la **misma** MENTE de 'este *mundo*' que les trajo el 'mal', es *también* la que les trae el 'bien'. Lo anterior constituye una *amarga* lección en esta obra: *aprender* que la **misma** MENTE de 'este *mundo*' que trae el 'mal', es *también* la que trae el 'bien'. La mayoría de nosotros NO estamos *dispuestos* a llegar tan *lejos...*

Jesús **sí** estuvo *dispuesto.* "–Maestro *bueno,* ¿qué puedo hacer para entrar en el Reino? –¿Por qué me llamas 'bueno'? 'Bueno' **sólo hay Uno** – el *Padre"* (Mateo 19:16). La razón de eso es que, *a menos* que *ustedes encuentren* el CAMINO MEDIO entre el bien **y** el mal, *continuarán* cometiendo el *error* de *aceptar* el 'bien' de la MENTE de 'este *mundo*', **y** de *rechazar* el 'mal' de la MENTE de 'este *mundo*' – olvidando que el 'mal' SIEMPRE es *tan* engañoso como el 'bien'.

Ustedes quieren 'buena' salud, pero... ¿Se *dan cuenta* que la 'buena' salud *proviene* de la MENTE de 'este *mundo*'? – se trata de la MISMA MENTE que les da la 'mala' salud. El Padre NO les *daría* 'buena' salud NI se las *quitaría* – la MENTE de 'este *mundo*' **sí** lo hace – les da 'buena' salud, **y** luego se las *quita*; **también** da *riqueza* **y** después *pobreza.* La MENTE de 'este *mundo*' es 'aquello' que nos da 'este *mundo*' *de materia*, en el cual tenemos *materia* 'buena' **y** *materia* 'mala'.

Estamos aquí, en la *Revelación de Juan*, la cual dice: "**No; no.** El Yo sé que quieren *deshacerse* de la *materia* 'mala', pero también **tienen** que deshacerse de la *materia* 'buena', porque si **no** lo hacen, entonces un día les *dará* 'buena' salud **y** al día siguiente se las *quitará*; un día les *dará* una 'buena' vida, para *quitárselas* posteriormente; les *dará* muchas *cosas* 'buenas', pero luego se las *quitará*, porque desde el *principio* ha sido: un *engañador* – ¡No ES Dios!"

Ahora bien, he aquí el mensaje del CAMINO MEDIO – nosotros, quienes seguimos el CAMINO MEDIO, **no** buscamos la materia 'buena'; **no** buscamos aquello que 'este *mundo*' llama lo 'bueno'; nosotros **no** lo reconocemos tal como 'este *mundo*' lo conoce; **tampoco** reconocemos los 'males' tal como 'este *mundo*' los conoce — nosotros *APRENDEMOS* A MIRAR *MÁS ALLÁ* DEL BIEN Y *MÁS ALLÁ* DEL MAL, JUSTO *EN MEDIO*, HACIA LA *INMUTABLE REALIDAD ESPIRITUAL PERMANENTE* QUE SE ENCUENTRA *AQUÍ*, LA CUAL NO TIENE LA MENOR POSIBILIDAD DE SER 'BUENA' HOY, Y 'MALA' MAÑANA.

Bien, la sabiduría de lo anterior se hace *evidente*, cuando *ustedes* han *aceptado* al Cristo, como la ÚNICA *Meta* de *sus* vidas. *Mientras* tengan un *segundo* objetivo, *además* del Cristo, es decir, una meta *humana*, entonces ustedes *terminarán* dentro de los *opuestos* del bien y del mal; se *extraviarán* del CAMINO MEDIO; *vivirán* en aquello que está *dividido*, encontrando que *su* mundo es, como un tiovivo de *altibajos*, como un péndulo *oscilante*... Y aunque *parecieran* estar llegando a alguna parte, *finalmente* encontrarán que, en *realidad*, NO llegaron a NINGÚN lado.

Nosotros, quienes hemos *vivido* DENTRO de la *materia*, y a quienes nos *consta* que *perece*, hemos sido *elevados* ahora, hacia el lugar donde 'este *mundo*' *material*, para *nosotros*, NO ofrece más NINGÚN *incentivo*. Aquello que 'este *mundo*' *material* nos *ofrece* es, un *falso* apretón de manos; nos *ofrece* una *falsa* sensación de vida — y ahora, nuestro *enfoque* y *atención* se encuentran en un nivel *diferente*; NO en lo *material*, NO en lo *perecedero*, NO en lo *corruptible*, NO en lo *temporal*... Porque a nosotros nos ha sido *enseñado* uno de los *mayores* secretos: QUIENES VIVAN *DENTRO* DE LO *TEMPORAL*, NO PODRÁN *SOBREVIVIR* A ESE MOMENTO LLAMADO 'EL ÚLTIMO DÍA'. TODO AQUELLO QUE ES *TEMPORAL*; TODO AQUELLO QUE NO ES DE DIOS; TODO AQUELLO QUE ES *MORTAL*, *TIENE* QUE *PERECER* EN 'EL ÚLTIMO DÍA'.

Veamos algunas de las *razones* para esto, a través de ciertos *pasajes* Bíblicos que lo *confirman* en la lección de hoy, pues el Espíritu nos está *preparando* para esa Sutil *Transición*, cuando 'algo' en nosotros *aprende* 'cómo morir', y 'algo' en nosotros *nace*. Se nos dice: "¡No se lo *cuenten* a NADIE!" (Marcos 9:9) — pero ahora **no** hablo a un hombre, *sino* al Espíritu. Y ustedes *tienen* que *encontrar* en ustedes, ese *sentido personal del* "yo", ese "yo" mortal, que *tiene* que morir. Tal *sentido personal del "yo"* existe en cada uno de nosotros, el cual *tiene* que morir –para *rescatar* a ese *Individuo* de la muerte, *revistiéndolo* AHORA, con el Manto de *Inmortalidad*.

Existe *'algo'* en *ustedes* que esta mañana se *levantó*; *'algo'* en *ustedes* que quiere *ir* a algún lado; *'algo'* en *ustedes* que cuenta con un *plan* **y** un *horario*; *'algo'* en *ustedes* que tiene *deseos* **y** *busca* cosas. Y *ustedes* bien *saben* que ese *sujeto*, NO es el Cristo; y dicho *sujeto*, aunque *ustedes* lo llamen 'yo', NO es *ustedes* – ese sujeto es MENTE MORTAL *dentro* de *ustedes*, *disfrazado* como *ustedes*.

He aquí uno de los *secretos* más asombrosos de *todos* los tiempos: el *disfraz* de la MENTE MORTAL en *ustedes* es el llamado "yo". Y en tanto *ustedes alimentan* a ese "yo", *visten* a ese "yo", **y** *permiten* que ese "yo" *decida* TODO cuanto *ustedes* han de *llevar a cabo, ustedes* se están **negando** a caminar DENTRO del Reino DE Dios. *Ustedes saben* que ese "yo", JAMÁS será *perfecto*; ese "yo", NO tiene el menor *conocimiento de* Dios; ese "yo", *carece* de TODO interés en ser *Perfecto*; ese "yo", se *aferra* desesperadamente a 'esta vida'; ese "yo", quiere *caminar* en 'este *mundo*'; ese "yo", quiere *vestir* bien; ese "yo", quiere ser *visto* en los mejores lugares; ese "yo", *anhela* vivir en los lugares más bellos; ese "yo", *sueña* con tener las mejores relaciones, los mejores amigos, la vida familiar más bonita... Ese "yo", NO es el Cristo – ese "yo", es aquello que los mantiene **fuera** del Reino DE Dios.

Y ese "yo", llega disfrazado de muchos *sabores*, muchos de ellos 'buenos'. Cuando ese "yo" puede decir: "Hoy *me* siento maravilloso", entonces *ustedes* están felices; cuando ese "yo" dice: "Hoy **no** *me* siento muy bien", entonces *ustedes* se ponen tristes; cuando ese "yo" está *asustado*, entonces *ustedes* corren; cuando ese "yo" tiene *valor*, entonces *ustedes* se levantan. Pero se trata SIEMPRE de ese "yo" el cual NO es *permanente*; se trata de ese "yo" **falso** – y es ese "yo", debido al cual *morimos*...

¿Acaso no resulta una *enseñanza* un tanto extraña el que las Escrituras nos digan que: "*Quien quiera salvar su vida, la perderá*"? (Marcos 8:35) Quien intente *perpetuar* ese "yo", ese "yo" *material*, ese "yo" *emocional,* ese "yo" *intelectual,* ese "yo" *humano* **y** *mortal…* quienquiera que intente *perpetuar* ese "yo", entonces **perderá** su vida. Lo anterior **no** constituye *ninguna* novedad para nosotros; *sabemos* que *perderemos esa vida.* Pero, *quienquiera que pierda esa vida* – y eso es lo novedoso – encontrará VIDA. A medida que ustedes *pierden* ese "yo"; a medida que la *falsa* luz de ese "yo" sea *apagada* por la Conciencia *Iluminada* de *ustedes,* en esa *misma* medida, la Luz *verdadera* DEL Ser, *irrumpirá* – eso constituye lo *simultáneo* de muerte-**y**-nacimiento.

Ahora bien, el Yo, he *buscado* **y** *buscado* a ese "yo", porque cuando uno lo *encuentra,* cuando uno lo *sujeta,* cuando uno lo *frena,* cuando uno *controla* a ese "yo", entonces es que estamos en el *Camino* hacia el *Nacimiento* del *Cristo,* lo cual constituye el *Núcleo* a partir del cual, se lleva a cabo el Trabajo *Superior.* SÓLO cuando ese "yo" está *reprimido,* ustedes *encuentran* esa Mente *tranquila,* esa Conciencia que **no** es *tocada* por 'este *mundo',* la cual es *Imperturbable, Inamovible, Inmutable* – estando en PAZ. Ese "yo" NUNCA podrá estar en PAZ, porque ese "yo" es, la MENTE MORTAL en *ustedes,* la cual los mantiene *controlados* totalmente, por la MENTE MORTAL, *mantenidos* por la MENTE MORTAL, *gobernados* **y** *mal* gobernados por la MENTE MORTAL. Al *falso* profeta de la MENTE MORTAL que *gobierna* a cada "yo" sobre esta tierra, Pablo lo llamó el "dios de este *mundo".* Estamos en ese *cruce* de caminos desde el cual podemos *mirar* a ese "yo", *sabiendo* que El *Yo,* es quien ha de ser *elevado.*

Ese "yo" JAMÁS lleva a cabo la Voluntad DEL Padre; ese "yo" *carece* de capacidad para *conocer* la Voluntad DEL Padre, o para *llevarla* a cabo. Y la Voluntad DEL Padre, JAMÁS actuará DENTRO de ustedes, *hasta* que ese llamado "yo", sea *crucificado.*

Ahora bien, hay un *tiempo* llamado "el fin de 'este *mundo'"* (Mateo 24:3), y ese *fin* **no** llega debido a aquello que *ustedes* miran en 'este *mundo'* actual, **ni** debido a la violencia, el odio **y** el potencial de *destrucción* que nos rodea – "el fin de 'este *mundo'"* llega por una razón muy simple – de hecho, **ya** aconteció. El "fin

de 'este *mundo*'" llegó cuando tuvo lugar la *crucifixión* de Jesús.
En el Espíritu, ese *Evento* constituyó *la muerte de* 'este *mundo*' –
el resto es, simplemente, la *representación visible* de dicho *Evento*,
dentro del *tiempo* **y** del *espacio*.

NADA puede *impedir* el "fin de 'este *mundo*'", por la simple
razón de que **ya** *aconteció*. Ustedes tan solo verán *cómo* ocurre
dentro del tiempo. Pero **ya** ha *acontecido* DENTRO de lo Eterno, y
debido a eso, aquellos que *son* DEL Espíritu, aquellos que han sido
elegidos, aquellos que han sido *elevados* al punto de poder *contemplar*,
observan que ese "yo" *muere* en "el fin de 'este mundo'" – pero el
Yo, JAMÁS *muere*.

Por eso se nos ha dicho que nos *apartemos* de ese "yo" –
porque ese "yo" que *muere* en 'este *mundo*', simplemente nos está
convirtiendo en *prisioneros* DENTRO de un *lapso* de vida **irreal**. A
medida que nos *separamos* de ese "yo", *fuera* de lo *material*, *fuera*
de ese "yo" *mortal*, *fuera* de ese "yo" que **no** es *consciente* de la
Voluntad DEL Padre, *hacia* el Yo, el Cristo DE Dios, el *Vivificante*
Espíritu *Incorpóreo* DE Dios, el cual es UNO CON Dios, JAMÁS
separado DE Dios, en esa misma medida, para *nosotros*, NO habrá
algo así como "el fin" de NADA.

Los Hijos DE la *Luz*, JAMÁS son conscientes de la *oscuridad*.
Así pues, el mayor *misticismo* del Mensaje de hoy es que, *en tanto
permanezcan* en ese "yo", <u>ustedes</u> se estarán *condenando* a *muerte*.
Pero *cuando* se hayan *apartado* de ese "yo", *hacia* el Yo, entonces
se habrán *revestido* con el Manto de la *Inmortalidad* **y** serán *Libres*,
mantenidos por lo Infinito, *viviendo* bajo la Ley de lo Infinito – y
por más *absurdo* que esto pueda parecerle a 'este *mundo*', *si* 'este
mundo' fuera capaz de *escuchar*, a *pesar* de ello, 'este *mundo*'
estaría *sostenido* por las Escrituras – eso, constituye el *Propósito
fundamental* de la Biblia.

El *Propósito* de la Biblia, *comenzando* precisamente con
Génesis, pasando por los Profetas, hacia el Nuevo Testamento y
las Epístolas, es *llegar* finalmente, a la *Revelación*. En su totalidad,
la Biblia tiene *una sola* función: **separar** al Hombre de ese "yo";

apartar al **H**ombre del **h**ombre, y *elevarnos* hacia el Universo *Espiritual*, en donde *no* hay tal cosa como el "fin de 'este *mundo*'"; donde ustedes *no* se quedan *sentados, esperando* los acontecimientos: el que *alguien* presione 'el botón'; el que *alguien* encienda la mecha; el que una nación se enoje contra otra nación. <u>*Nosotros*</u> *no* estamos *preocupados* en absoluto, con eso, porque TODO eso acontece dentro de *la niebla,* dentro del *vapor* (Génesis 2:6). Y aunque 'este *mundo*' *vea* eso en la *niebla,* nosotros hemos sido *avisados* con dos mil años de *anticipación.* Y *sólo* hasta ahora el *aviso* ha sido *leído* de manera tal, que *ya* podemos *entenderlo.*

Gradualmente, cada uno de los Profetas ha ido *añadiendo* más y más luz, al *esclarecimiento* de 'este *mundo*' acerca de asuntos *Espirituales.* Pero aquello que *básicamente* estaba *estableciendo* fue un *Fundamento* para que, *cuando* una Verdad fuera *anunciada, no* se presentara como *un rayo de luz surgiendo de la 'nada',* sino que se *encontrara Autoridad* para ello, DENTRO de las Escrituras. Los Profetas estuvieron *sentando* las bases para tal *Autoridad,* de manera que, cuando llegó un *Joel* para decirnos que *la muerte es tan solo una experiencia dentro de* la MENTE MORTAL; para decirnos que *no existen bien ni mal, puesto que no hay 'materia' alguna dentro de la cual puedan existir el bien o el mal,* entonces pudiéramos mirarlo y preguntarle: "Bueno, ¿y *dónde* se encuentra el *Fundamento Bíblico*?" Entonces él podría respondernos: "Bueno, miren; se encuentra por aquí **y** *también* por allá". Así nosotros podríamos agradecerle por *aclararnos* dicho Mensaje.

De esa manera es como <u>ustedes</u> van a *encontrar* que, a lo largo de la *Biblia,* se hicieron muchas *sugerencias,* muchas grandes *verdades,* muchas *revelaciones* importantes… pero TODO cayó en *oídos sordos. Difícilmente* encontramos dentro de la *Revelación de San Juan,* algo que *no* se encuentre **ya,** en Isaías, Ezequiel, Daniel y Jeremías.

El Libro de la Revelación constituye una *combinación* de aquello que fue *enseñado* por los *profetas;* una combinación de aquello que *Jesús enseñara* – pero que 'este *mundo*', *difícilmente* escucharía.

'Este *mundo*' simplemente *no* tenía *idea* alguna que aquello que se nos estaba *enseñando* era que ese "yo" _tenía_ que *morir*; que la *mortalidad* es, un *mito*; que la *materia* es, una *imagen mental*; **y** que la *Vida* es, *Eterna*. La *Vida* **no** tiene *fin*, porque *la Vida* ES*, Dios.*

Y ahora resulta que aparecen algunos hippies, llegan algunos niños con flores, llegan algunos consumidores de LSD, y al parecer *accidentalmente*, dan con un "universo nuevo". *Fuman* algo o se *inyectan* en el brazo, y *pierden* la conciencia-*material.* Ellos contemplan un "mundo nuevo"; **no** saben qué *es*; se maravillan **y** se niegan a *renunciar* a él. *Regresan* a 'este *mundo*', y *anhelan* volver al que acaban de contemplar. Así es como arribamos al *borde* de un "Horizonte *Nuevo*". Aquellos pioneros que fueron *mal vistos*, que **no** sabían nada de lo que habían *hecho*, admiten que 'este *mundo*' **no** les gusta, y tienen toda la razón – *tampoco* al Cristo le gusta.

Esos *pioneros* fueron quienes *accidentalmente abrieron* un sendero – y ahora ustedes **no** pueden *persuadirlos* de que exista algo en 'este *mundo*', que *valga la pena* tener, comparado con lo que **ya** han contemplado en *otro* mundo. Y, sin embargo, ellos TAMPOCO *saben* que 'ese *mundo*' que *contemplaron* es **tan** *irreal* **como** *éste* – pasaron de una *falsedad* hacia a *otra*; pasaron de una *mala ilusión* de bien **y** de mal, hacia una hermosa *ilusión*. Pero *incluso así*, NO se trata de *La Realidad*. La ÚNICA Realidad es, la *Perfección* – Perfección *Infinita* **e** *Inmutable*.

Y el hecho de que esa Perfección sea *alcanzable* en 'esta vida', es *repetido* una y otra vez a lo largo de *cada Profecía* Bíblica. *Isaías* dijo: "**Apártense** de Babilonia; **apártense** de los Caldeos". Y miren que la *misma* declaración está en *Jeremías*: "**Apártense** de Babilonia; **apártense** de los Caldeos". En *Génesis* se nos dice que TODOS *saldremos* de Egipto; y que los asirios *saldrán* de Egipto, y se *unirán* a los egipcios; y que después una *tercera* parte se *convertirá* en Israel. Y todo esto pareciera que son *nombres* de *ubicaciones geográficas*, pero la historia es SIEMPRE la *misma*: <u>*salir* de Egipto,</u> <u>*salir* de la materia; *salir* de Babilonia, *salir* de lo material.</u>

Los Profetas para **nada** estaban hablando acerca de *lugares*. Ellos se referían a *niveles de conciencia*; ellos se referían a *estados mentales*; ellos se referían a MENTES que estaban *inmersas* en Egipto; que estaban *inmersas* dentro de la prisión del cuerpo. Asiria, que estaba un poco 'más avanzada', sucumbió a la MENTE; pero luego Israel la *sacó* del cuerpo y de la MENTE, hacia el Alma. Siempre estos *primeros* Profetas, con *toda* su sangre y estruendo; con *todas* las mareas y las naves que se *hundieron* dentro de la mar; y con *todos* los ejércitos y *todos* los ataques... se referían <u>al conflicto que acontece</u> <u>DENTRO del pensamiento del hombre</u>. La *mar* fue siempre, *la mar del pensamiento mortal*; y los *barcos* fueron siempre, esas *verdades sobre las que navegamos a través de la mar del pensamiento mortal*.

Incluso ahora, en *Revelación*, encontramos estas extrañas palabras: "*Apártense*; *apártense*" (Revelación 18:4). ¿*Apartarse* de qué? "*Apártense de ella*", se dice en este Capítulo **18**. *Apártense* de 'este *mundo*' material; *apártense* de 'este *mundo*' que NO constituye el Reino de <u>su</u> Padre; *apártense* de la vida que NO constituye <u>su</u> Vida *Permanente*... Y de repente RECONOCEMOS que, cuando Isaías dijo "*Apártense* de Babilonia", se estaba refiriendo *exactamente* a aquello que Pablo estuvo diciendo cuando indicó "*Apártense*; *sepárense* y *aléjense*" (2 Corintios 6:17).

TODOS ellos nos han estado *diciendo*; "Más adelante habrá una *colisión* en una carretera; dos vehículos chocarán; ustedes están dentro de uno de ellos. ¡*Deténganse*! ¡*Desvíense*! ¡*Sálganse*! *No* continúen en *esa dirección*, porque *ahí* es donde estará la *colisión*". Ellos le han estado *diciendo* al *mundo* entero: "Se están *moviendo* hacia un *fin*, hacia un lugar donde *no* hay *mundo* alguno; hay una *colisión* más adelante; ustedes se encuentran en *Babilonia* – *Sepárense* y *apártense*". Y nos han estado *diciendo* que nos *apartemos* de la MENTE de 'este *mundo*' – *fuera* de la MENTE de 'este *mundo*' que constituye el *padre* de TODO *mal*, la *causa* de TODA muerte, el *hacedor* de TODA *limitación* y carencia – *Apártense* de la MENTE de 'este *mundo*'.

Aparentemente de la nada, un niño halló esta semana el Recinto de la *Inmortalidad* – tenía un *extraño problema*. Él **no** tenía la menor idea de *cómo* empezó todo, y **tampoco** podía *admitir* que alguien *creyera* que él tenía tal *problema* – **no** sabía hacia *dónde* dirigirse. Su problema era que *su mente estaba siendo controlada por un grupo de supuestos amigos.* Cuanto *peor* lo hicieran *sentir,* tanto *más* se *alegraban. TODO* cuanto querían *hacer* era, **controlar** su *mente* y **controlar** sus *acciones* – en realidad el chico estaba bajo un *estado de hipnosis total.* Y en ese estado de *hipnosis,* ellos querían que *él supiera* que *ellos* le estaban *haciendo* eso – que lo estaban *controlando.* Y él por supuesto que lo *sabía,* pero NADA podía *hacer* al respecto. Entonces llegó *aquí,* encontró nuestro nombre en una guía telefónica; necesitaba *encontrar* a alguien que pudiera *sacarlo del control de la manipulación mental de otras personas.* Y repetía de continuo: "Sé que ***no*** *creerá* usted esto, pero *ahora* mismo, *mientras* le hablo, aquello que le *estoy diciendo,* **no** lo estoy *diciendo* 'yo'. *Alguien* más lo está *diciendo* a través de 'mí'". Y continuaba *repitiendo:* "Sé que ***no*** *creerá* usted esto" ...

Y el muchacho había llegado *finalmente* ante una persona que *definitivamente* le *creía.* Algo muy *extraño* le había *traído* ante *alguien* que *creía* que él se encontraba *bajo* un estado de *hipnosis.* Ahora bien, ese estado *visible de hipnosis,* en el cual su *mente* estaba siendo *controlada* ... bueno, es *brujería,* es *magia negra, telepatía mental* SIN ningún propósito *bueno.* Y, sin embargo, *aquéllos* que estaban *controlando su mente,* estaban *haciendo* algo que, de *cualquier* manera, le está *sucediendo* a TODOS en 'este *mundo*' – en este caso en particular, fue a *voluntad.* 'Ellos' querían *específicamente controlar* su mente; **y** han estado *haciendo* un *buen trabajo desde* 1967. De hecho, este pobre chico había estado *deambulando* bajo *hipnosis,* haciendo aquello que *él* **no** quería hacer. Pero RECONOZCAN que TODOS lo hemos estado *haciendo,* SIN *darnos cuenta:* TODOS hemos estado *deambulando, controlados* por una MENTE de 'este *mundo*'.

"Apartarse" implica *despertar* al hecho de que, *si ustedes no* están DENTRO de la Mente *Única* DE Dios, entonces están *siendo controlados*. *Sus* acciones están *siendo* **controladas**; *su* cuerpo está *siendo* **controlado**; *sus* altibajos están *siendo* **controlados**. *Ustedes* se *convierten* en un *esclavo* DENTRO de *su propia* mente, para una *MENTE* de 'este *mundo*' – *tal como* este joven fue *controlado* por unos pocos 'amigos' *falsos* que querían *controlar su* mente. Y esto constituye la naturaleza de la vida DENTRO de una *MENTE* humana, DENTRO de ese "yo".

Aunque parezca *extraño*, ésa **es** la condición *actual* en 'este *mundo*'. En NINGUNA parte se *contempla* la Mente DE Dios, *actuando* EN los hombres. **TODOS** los *supuestos* 'males' que ustedes *ven*, constituyen la *imagen externa* de la *MENTE* de 'este *mundo*'. Y *cuando* ustedes se encuentran *dispuestos* a *aceptar* el 'bien' de esa *MENTE* de 'este *mundo*', **y** a **no** *admitir* el 'mal', tan solo SE ESTÁN ENGAÑANDO A *USTEDES* MISMOS. **No** existe algo así como el 'bien', SIN su *correspondiente* 'mal'; NI existe el 'mal', SIN su *correspondiente* 'bien'. La *misma MENTE* de 'este *mundo*' la cual *controla* a esta raza *humana*; la cual le otorga *también* a la raza *humana sus* placeres, alegrías, belleza – **TODO** *pertenece* a 'este *mundo*'. Entonces así es como RECONOCEN el *error* de intentar *abandonar* lo 'malo', para *encontrar* lo 'bueno'. *Ustedes están engañados* por la **MISMA** *MENTE* de 'este *mundo*', que les *otorgó* el 'mal'.

Supongamos que ustedes tuvieran un *infarto* – *saben* que NO procede DE Dios, por lo que entonces le *pertenece* a la *MENTE* de 'este *mundo*'. Así que ahora *ustedes* quieren *liberarse* del 'infarto' **y** *contar* con un corazón que *funcione* 'bien' – **y** lo *logran*… Pero ¿es ese el *corazón* que *DIOS les* da? De hecho, *ahora*, ustedes tan solo están DENTRO de **OTRO** *concepto* llamado, corazón 'bueno'. Y en *realidad* lo que ahora tienen es un *concepto* 'bueno' en lugar del *concepto* 'malo'. Sin embargo, el Espíritu *dice*: "¿Por qué *conformarse* con un *concepto*? ¿Por qué *conformarse* con un *corazón* 'bueno' en lugar de con un *corazón* 'malo', cuando que el corazón 'bueno' *también* tendrá que *acabarse*? –Ese 'corazón', NO ES DE Dios. Dios

NO *hizo* un *corazón* '*imperfecto*', **ni** un corazón que pudiera *morir*, o un corazón que pudiera *flaquear*. **No** se dejen *engañar* por el *corazón* '*bueno*'".

¿Se *dan cuenta*, entonces, del *engaño* de la MENTE de 'este *mundo*'? Nos *alimentará* 'bien' para *aplacarnos*, de manera que estemos *dispuestos* a *permanecer* en el 'bien', para luego ser *destruidos* por el 'mal'. "***Apártense de la*** MENTE ***de*** '***este*** ***mundo*** '", es el *significado* de "***Vengan***, **y** ***sepárense***; ***aléjense*** de Babilonia". En el instante en que *capten* la Verdad de '*separarse* de la MENTE de 'este *mundo*', en ese *mismo* instante *sabrán* que SÓLO podrán estar DENTRO de *su* Ser *Completo*, cuando PERMANEZCAN EN LA MENTE-DIOS. Cuando la Mente DEL Padre es Aquello que *gobierna*, entonces es cuando el Yo, NO tendré un *corazón* que pueda *flaquear*, un *corazón* que pueda ser *imperfecto,* NI un *corazón* que NO pueda llevar a cabo *su función*. El Yo, NO estoy *bajo* la ley de la MENTE de 'este *mundo*'. El Yo, ***salgo*** del gran *engaño* de que *existan bien* **y** *mal*. El Yo, Estoy DENTRO de un Reino *completamente* distinto – el Yo, Me encuentro *establecido* DENTRO del CAMINO MEDIO *de la* REALIDAD *ESPIRITUAL.*

Así pues, *encuentren Quietud* en '*Su* Mente', *Quietud* en '*Sus* pensamientos', **y** *comprendan* que la *manera de* ***salir*** de la MENTE de 'este *mundo*' es: *encontrando Su Tranquilidad, encontrando Su Paz Interior*. Mientras *continúen* con los *pensamientos* de la MENTE de 'este *mundo*', **no** estarán DENTRO de *Su* Paz *Interior* – y es ***sólo*** en esa *Quietud*, siendo capaces de ***descansar de*** la MENTE de 'este *mundo*'; siendo capaces de ***descansar de*** los *pensamientos* de la MENTE de 'este *mundo*'; en el RECONOCIMIENTO de que, justo *aquí* donde el Yo Estoy, se encuentra la *Plenitud* DE Dios **y** DEL Yo – UNO SOMOS. ***Solamente*** con eso, pueden *ustedes* RESISTIR la *actividad invisible* de la MENTE de 'este *mundo*'. La *Quietud* **y** la *Paz Interiores*, JAMÁS se *alcanzan* DENTRO de una *conciencia-**material***.

Ahora bien, el *secreto* de la llegada de este niño *hipnotizado, gobernado* por personas que NO tenían mayor *interés* en *él* que en *sí mismas*, implica que él *representa*, **no** a una *persona*, **ni** a un *individuo*, sino que él representa: la MENTE de 'este *mundo*'. <u>*Si*</u> <u>ustedes *intentaran* **resolver** 'su' *problema* a nivel *personal*, entonces</u> <u>*ustedes* habrían sido *engañados* por la MENTE de 'este *mundo*' **en**</u> <u>*ustedes*</u>. **Sólo** podrían <u>*resolver* el *problema* de ese chico, *si* ustedes</u> <u>fueran *capaces* de *considerar* que 'él', **no** es *ese* '*individuo*' *que se*</u> <u>*encuentra ahí*, sino que 'él', *representa* la MENTE de 'este *mundo*',</u> <u>*evidenciada*</u>. ***Si*** ustedes *intentaran* 'resolver' el problema en 'su' <u>*persona*, entonces tendrían que *hacerlo* DENTRO de una MENTE</u> <u>*humana*, la cual, en *sí misma*, **no** es más que un *reflejo* de la MENTE</u> de 'este *mundo*', y por ello *ustedes* estarían *condenados* al *fracaso*.

Pues bien, *si* ustedes han estado *tratando* de resolver *sus* propios problemas *humanos* en el nivel de la MENTE *humana*, habrán *fracasado* en RECONOCER <u>qué</u> es 'aquello' que les está *trayendo* dicho problema. Al NO haber *identificado* la ***procedencia*** del problema, *no* podrán *eliminarlo,* sino hasta que *identifiquen su* ***procedencia***. La <u>*fuente*</u> o ***procedencia*** de TODO problema <u>NO es, la</u> <u>imagen *visible*</u>; NO es aquel que *arrojó* la lanza; NO es quien *apretó* el gatillo; NO es quien *dijo* la mentira; NO aquello que *causó* el dolor – TODO eso, NO constituye la *causa*, la *fuente* NI la ***procedencia*** de nuestros *problemas*. TODO eso *no* es más que las *aparentes* 'causas *visibles*'; pero ¡<u>NO existe una **causa real** '*visible*'</u>, en NINGÚN problema! **TODA** *causa* o *procedencia* se encuentra: DENTRO de la MENTE de 'este *mundo*'. Esa MENTE es, 'aquello' que está *presentando* '*su*' problema ante *ustedes* – y <u>el 'problema' NO es más que: el *disfraz*,</u> <u>el *señuelo*</u>. Y <u>*si* ustedes *intentaran solucionar* el 'problema', entonces</u> <u>estarían *pasando por alto*: la **causa**, la ***procedencia*** del problema,</u> **y** <u>acabarían *atascándose* en el 'problema'.</u>

Ustedes *no* tienen un corazón *débil*; *no* es lo que *comieron*; *no* es el *ejercicio* que hicieron, *ni* la *vejez* – eso 'conforma' la **causa** *falsa*. Entonces, cuando un médico prescribe que *no* hagan esto o aquello, *asumiendo* que eso es la **causa**, entonces ustedes a menudo encontrarán que *aún* persiste el problema. Ahora bien, *cualquiera* que sea su problema, *si* ustedes están *tratando de eliminar* la **causa**, *fracasarán* del TODO, hasta que *recuerden* que: <u>*la **causa**, **nunca***</u>

es aquello que aparece en este *mundo 'visible'* – **no** existe una sola *causa* 'visible' – *ninguna*. La *causa* está SIEMPRE en lo *'invisible'*, y aquello que *aparece* como la *causa* 'visible', SIEMPRE constituye el *resultado* de la *causa 'invisible'*. *Si* ustedes *no* ponen el hacha *en la raíz* de la *causa* 'invisible', entonces *sus* problemas se *magnificarán continuamente*, a pesar de TODO *su esfuerzo* por *eliminarlos*.

'Apártense de ella' constituye el Luminoso *Impulso* de las Escrituras que dice: "*__Sepárense__ de la MENTE de* 'este *mundo'*, y entonces NO tendrán que *preocuparse* por los problemas *individuales* que los acosen". La manera en que pudieran *considerarlo* con facilidad es así: consideren su guardarropa – tienen mucha ropa, y toda es de cierta época; todo empacado DENTRO de un baúl. Pero un día *despiertan* y *se dan cuenta* que 'este *mundo'* de la moda *cambió*; ahora 'este mundo' de la moda cuenta con cosas *nuevas*; y TODA su ropa *vieja*, incluso si regresara aquella moda, ya NO sería igual a su ropa *vieja*. Así que ahora *deciden* **deshacerse** de esa ropa; y pueden **deshacerse** de ella, *una* por *una*. Pueden sacar *una* prenda a la vez; por supuesto que pueden **deshacerse** de las prendas viejas; pueden **deshacerse** de todo *individualmente*... –tirar primero *una* prenda, luego *otra*; luego tirar una *tercera*, y continuar así: *una por una*...

∞∞∞∞∞∞ Fin del Lado Uno ∞∞∞∞∞∞

Ahora bien, los problemas de ustedes se parecen a esto: TODOS están DENTRO de un *baúl*. Y *si* ustedes los eliminan *uno* por *uno*, descubrirán que NUNCA van a terminar con ellos. Pero la forma de *deshacerse* de TODOS los problemas es, *tomar el **baúl** y deshacerse de él*. Tomen el **recipiente** que contiene TODOS los problemas, **y** *deséchenlo*. Ese **baúl** representa la MENTE de 'este *mundo'*; *ahí* es donde están los *problemas*, DENTRO de la MENTE de 'este *mundo'*. En lugar de *considerar* TODOS los males de su vida, *intentando darles tratamiento* en forma *individual* con una nueva *Verdad* día tras día; con nuevas *afirmaciones* día tras día; con nuevo *entendimiento* día tras día; con nueva *lógica* y *razón* día tras día... "*¡Apártense y sean separados!*", lo cual significa: *encierren* TODO en un *único baúl*, el llamado MENTE de 'este *mundo*'.

No hagan *distinción* entre infarto y germen; entre carencia o limitación; NO se dejen *llevar* por *si* se trata del lado izquierdo del pulmón o del lado derecho – *TODOS los males de la tierra **no son** más que: la MENTE de* 'este *mundo*'. Y esa MENTE de 'este *mundo*', SIEMPRE se les va a presentar, *disfrazada* de personas, condiciones, cosas, carencia, limitación – pero SIEMPRE se trata de la *misma* MENTE de 'este *mundo*'. Lo asombroso es que cuando ustedes se detienen a RECONOCER: "*Si* esto es 'malo', entonces *tiene* que tratarse de la MENTE de 'este *mundo*', porque NO se trata de la Mente DE Dios" – justo entonces ¡habrán *encontrado* a su *adversario*! Ya NO estarán *atrapados* persiguiendo una causa *equivocada* o un resultado *falso*. En el *instante* en que ustedes RECONOCEN a su *adversario* como MENTE de 'este *mundo*', en ese *mismo* instante, 'algo' acontece.

La MENTE de 'este *mundo*' *les dice* que ustedes, padecen artritis; la MENTE de 'este *mundo*' *les dice* esto **y** aquello... Pero *ustedes*, *¿qué* RECONOCIERON? ¿RECONOCIERON a la MENTE de 'este *mundo*', **o** RECONOCIERON la artritis? Así que RECONOZCAMOS a la MENTE de 'este *mundo*'; *enfrentemos* nuestros problemas – los que sean – RECONOCIENDO que la MENTE de 'este *mundo*', está *intentando* presentarnos una *mentira*, justo donde **sólo** Dios ESTÁ (Omnipresencia). Y el Yo, *Estoy **separándome*** de la MENTE de 'este *mundo*'; el Yo, *Estoy siendo* 'separado'; el Yo, NO *Estoy aceptando* aquello que la MENTE de 'este *mundo*' me *presenta* – ¡porque NO *procede* DE Dios! Ese *pequeño* "yo" que mencionábamos anteriormente, ése es el 'tipo' que está *aceptando* dichas *imágenes*.

Encuentren **ahora** a ese pequeño "yo"; ese "yo" que está *aceptando* "tener artritis"; ese "yo" que está *aceptando* que tiene este otro problema; ese "yo" que *dijo* que el Yo, estoy *perdiendo* la vista; ese "yo" que *dijo* que el Yo, estoy *envejeciendo*; ese "yo" que dijo que *me falta* esto y aquello; ese "yo" que *dijo* que mis problemas *familiares* me están *acabando...* ¿QUIÉN es ese "yo"? –Pero si es, ¡el títere! Es la MENTE de 'este *mundo*' *apareciendo* y *haciéndose* llamar 'yo' – eso es lo que es. Ese "yo" es la MENTE de 'este *mundo*', *individualizada* como 'mí mismo', pero JAMÁS fui el Yo. Ese *perpetuar* la mentira, justo frente al Mí, <u>*tiene*</u> que ser *detectado* y *entendido*.

De lo anterior trata el Capítulo **18** de *Revelación*.

"Después de esto vi a otro ángel descender del cielo con gran poder, y la tierra fue iluminada con su gloria" (Revelación 18:1).

Ahora pueden tener la *seguridad* que NINGÚN *Ángel descendió* **del cielo** – se trata del *Ángel* de la *Revelación* **Interior**; se trata de Juan, *recibiendo* el *Impulso* Divino *Interior*, RECONOCIENDO la *Inteligencia* Divina **Interior**. *Receptivo* al Ser Superior, Juan *recibe* a este *'Ángel'* – el *Pensamiento* Divino *penetra* la Conciencia de <u>*ustedes*</u>, tal como lo hará y lo hace, con TODO aquel que sea capaz de **eliminar** las *barreras* frente al Espíritu *eternamente presente*, el cual *actúa* en su Ser **Interior** – el Padre **Interior**.

Ahora Juan es *elevado* más *alto*, debido a esta Intuición **Interior**, y él *contempla* lo que hemos estado *considerando*:

"El ángel clamó con gran fuerza, con voz potente, diciendo: 'Ha caído; Babilonia ha caído'" (Revelación 18:2).

Babilonia representa la conciencia de 'este *mundo*'; el estado de la MENTE humana en su nivel *cósmico*. ¿Por qué ha *caído*? –Porque las *últimas* palabras dichas por Cristo-Jesús en la *crucifixión* fueron: "¡CONSUMADO ESTÁ!" (Juan 19:30). Y fue entonces cuando *Babilonia* 'cayó'; fue entonces cuando la *conciencia* de 'este *mundo*' se *abrió* de par en par. Y estos son los *efectos* que ustedes están *viendo* hoy en día a su alrededor – *Babilonia* ha 'caído'; *está consumado*; la Conciencia-Cristo ha *aniquilado* el *falso* sentido de 'este *mundo*'.

De esa manera Juan está siendo *elevado* al *lugar* desde donde puede *contemplar...* ¡Sí; sí! La *Crucifixión* de Jesús, **no** fue, para NADA, aquello que *parecía* ser – la *Crucifixión* de Jesús representa la **muerte** del *falso* sentido de 'uno mismo', lo cual evidencia el **nacimiento** de la Conciencia-*Cristo* sobre la tierra. 'Aquello', NO fue un '*hombre*' – era la Conciencia-*Cristo*, **impregnando** el Universo; **penetrando** la corteza del pensamiento *humano*. "¡*CONSUMADO ESTÁ*!" – la conciencia de 'este *mundo*' *carece* de existencia alguna EN el Cristo – y ahora ustedes están *sintiendo* el maremoto, el *efecto* de dicho acontecimiento.

Literalmente hablando, en este llamado siglo XX, tan solo estamos *percibiendo* el maremoto de aquel *acontecimiento* DENTRO del tiempo y del espacio, de que "¡*CONSUMADO ESTÁ*!", es decir, la conciencia de 'este *mundo*' *carece* de existencia alguna EN el Cristo. Juan es *privilegiado* al poderlo *contemplar*, y al *recordarnos* el *significado* de "¡*CONSUMADO está*!" – "*Babilonia ha caído*". Esas *dos* últimas palabras de Jesús en la Cruz: "¡*CONSUMADO está*!", son las *mismas* que se dicen en esta cita de *Revelación*: "*Babilonia ha caído*" – la conciencia de 'este *mundo*' *carece* de poder; ha quedado *expuesta* como una *ilusión*, como un dios *falso* – se ha *des-cubierto el invisible disfraz* – con ello, Juan nos está trayendo el RECONOCIMIENTO de que **ciertamente** *podemos* **liberarnos** *de los males de* 'este *mundo*'.

> "*Babilonia ha caído; ha caído; y se ha convertido en morada de demonios, guarida de todo espíritu inmundo, y jaula de toda ave inmunda y aborrecible*" (Revelación 18:2).

Dense cuenta de que estas 'aves', *representan* las intenciones *humanas*, los pensamientos *humanos*, los caminos *humanos*. *Dense cuenta* de que esta 'jaula' *humana* está llena de mucha *corrupción* – esto, en 'este *mundo*' visible, *pareciera* estar en *aumento* hoy en día; *pareciera* estar alcanzando aquello que pudiéramos llamar el "clímax de la locura". Y ese "clímax de la locura" constituirá su *fin* – porque **ya ha caído**. Y es solo cuestión de *tiempo*, ANTES que aquello que **ya ha caído**, se evidencie *caído* <u>ante</u> *nosotros*. Esto es aquello que Juan *contempló* DENTRO de la Conciencia *Superior*, la Cual está llegando actualmente a la tierra, como la *degeneración* visible **y** tangible de 'este *mundo*'.

> *"Porque todas las naciones han bebido del vino del furor de su fornicación"* (Revelación 18:3).

Mientras <u>ustedes</u> vivan DENTRO de la conciencia-**material**, DENTRO de un mundo *material*, DENTRO de un cuerpo *material*, <u>ustedes</u> estarán *bebiendo del vino de la ira de su fornicación*. *"Ustedes, sean Perfectos"* (Mateo 5:48), dice el Padre. Así pues, ahora <u>ustedes</u> *intentan* hacer perfecto ese cuerpo *humano*; observen *qué tan lejos* llegan – NO podrán lograrlo; ustedes NO pueden *perfeccionar* los órganos *temporales*. Y la ÚNICA manera en que <u>ustedes</u> pueden ser *Perfectos* como el Padre, *cumpliendo* con dicho Mandato, es *aceptando* <u>su</u> Ser *Espiritual*, *saliéndose* de esa 'jaula'. Nosotros, quienes *vivimos* en 'este *mundo*' *material*, estamos DENTRO de un estado de **infidelidad** al Padre; NO somos *Perfectos*, porque *mantenemos* la atención en la *forma*, *rechazando* con ello, la *perfección* de NUESTRO *Propio Ser*.

Acuérdense que Pablo dijo: *"Cuando* <u>ustedes</u> *ponen su atención en el cuerpo, entonces están ausentes del Señor"* (2 Corintios 5:8). Y eso es lo que *también* estaba diciendo, de *otra* manera, cuando también expresó: *"Y cuando están fuera de la atención del cuerpo, entonces* <u>ustedes</u> *están presentes con el Señor"* (2 Corintios 5:8). <u>Ustedes</u> NO pueden estar DENTRO de la *conciencia* del *cuerpo*, DENTRO de 'este *mundo*' *material*, DENTRO de la *MENTE material*; **y** al *mismo tiempo*, estar *también* DENTRO del Reino DE Dios, BAJO el Gobierno DE Dios. Bien, ahora *apliquemos* lo anterior al concepto 'Vida'. <u>Ustedes</u> NO pueden estar DENTRO de la conciencia-**material**, DENTRO del cuerpo *material*; **y** al *mismo tiempo*, estar

DENTRO del Reino de la *Vida*. Entonces, ¿*dónde* estamos? *Si* NO estamos DENTRO del Reino de la Vida, ¿*dónde* estamos? –Estamos en ese lugar que dice: "*Cuando el Espíritu venga sobre ti, entonces los muertos saldrán de sus tumbas*" (I Tesalonicenses 4:16) – *ahí* es donde estamos.

La Sabiduría *exige aceptar* que *ustedes* pueden ser: "*Perfectos como el Padre*" (Mateo 5:48), ÚNICAMENTE DENTRO de una FORMA *Espiritual*. Y debido a que la *materia* JAMÁS podrá convertirse en *Espíritu*, cuando se les dice que: "*sean Perfectos como su Padre*" (Mateo 5:48), tiene que ser debido a que *ustedes* cuentan CON una FORMA *Espiritual*. *No* es algo en lo que *ustedes* se *vayan a convertir*, sino algo que *ustedes* tienen *que* **aprender** *a* **admitir** que **ya** son. **Apártense** de la *creencia* de que *ustedes* se encuentran DENTRO de una forma *material*, porque NO es así; NO están *ahí* – la forma *material* constituye el *disfraz* de la MENTE de 'este *mundo*', la cual les ha hecho *creer* que *ustedes* se encuentran DENTRO de una forma *material*.

Y así, TODOS nos encontramos DENTRO de *la jaula del espíritu inmundo*.

"*Todas las naciones han bebido del vino del furor de su fornicación. Y los reyes de la tierra han fornicado con ella*" (Revelación 18:3).

…es decir, *Babilonia* – ése es, el estado de la MENTE de 'este *mundo*'.

"*Y los mercaderes de la tierra se han enriquecido con la abundancia de sus manjares*" (Revelación 18:3).

Nosotros hemos *aceptado* lo 'bueno' – *nosotros* hemos tratado de *evitar* el 'mal'.

"*Y oí otra voz del cielo que decía:*" (Revelación 18:4).

Y recuerden nuevamente: *"una voz del cielo que* dice", es SIEMPRE la Voz *Interior* – NO visualicen a *alguien* 'allá arriba', *bajando* con alas – *"la voz del cielo"* es SIEMPRE, la Voz DE Dios DENTRO de *ustedes*, DENTRO de Juan

"Apártense de ella, pueblo Mío" (Revelación 18:4).

¡Tenemos que *salir de Babilonia*! ¡Tenemos que *apartarnos*, *separarnos* de la MENTE de 'este *mundo*'!

"Para que no sean partícipes de sus pecados, y para que no reciban sus plagas" (Revelación 18:4).

RECONOZCAN que TODAS las plagas de 'este *mundo*', *sólo* ocurren DENTRO de la MENTE de 'este *mundo*' y DENTRO de la *materia*, la cual constituye la *creación* de la MENTE de 'este *mundo*'. La *materia* NO es una *emanación* DE Dios – la *materia* ES una *creación* de la MENTE de 'este *mundo*' – por lo que Dios, NO apoya a la materia. Debido a lo anterior, este *año*, en *todo* 'este *mundo*', un millón de personas *morirán* de cáncer. ¿De *verdad creen* ustedes que *Dios crearía* un millón de cuerpos para que luego *murieran* de cáncer? *Sin* la menor duda se puede *ver* que la materia NO constituye la creación DE Dios. La *materia* está DENTRO de la MENTE de 'este *mundo*'; la *materia* es *creada* por la MENTE de 'este *mundo*'.

¿*Qué* hay del *resto* de los miles de millones? ¿Son ellos *distintos*? ¿Fueron *ellos* creados *por* Dios? ¿Y *aquel* millón que *muere* de cáncer, *no* lo fue? Ustedes *tendrían* que *recorrer* un *largo* camino para *encontrar* **un solo** cuerpo *"humano"* creado *por* Dios – TODA la *materia humana* es creación DE la MENTE de 'este *mundo*' – la *materia humana* NO constituye una *emanación* DE Dios; la *materia humana* NO está bajo la Ley DE Dios. Y nosotros estamos siendo *iluminados* para **comprender** que, debido a que Dios NO *creó* la *materia humana*; para **comprender** que Dios ES Mi Padre, es que el Yo, NO puedo *ser* 'aquello' que *aparento* ser – el Yo, NO puedo ser *materia humana*. Y en tanto *permanezca creyendo* que soy *materia humana*, NO estaré bajo la Ley DE Dios, NI estaré *caminando* DENTRO del Reino – estaré *caminando* bajo la *ilusión* de una 'personalidad', que *JAMÁS* fue *creada*.

El velo, el misterio, está siendo *levantado*: "¡*Apártense de ella*!". Eso ha estado *repitiéndose* una y otra vez – de hecho, constituye el *título* de nuestra charla de hoy "¡*APÁRTENSE DE ELLA*!". Esas son las *tres* palabras que queremos *recordar* – esas *tres* palabras, en tanto estemos en *Babilonia*, DENTRO de la conciencia de 'este *mundo*'. Ese "yo", y el Padre, estamos **separados** por la conciencia de 'este *mundo*'; **alejado** DEL Padre, ese "yo" *gasta* esa poca sustancia que tiene, y *lo declaran* muerto; *lo declaran* enfermo, *lo declaran* sufriendo.

Pero, **fuera** de la conciencia de 'este *mundo*', cuando somos **apartados**; cuando somos **separados** de esa conciencia; cuando se **deja** de 'pensar'; cuando se **descansa** en la tranquilidad, lejos de esa MENTE que dice 'saber', entonces, en *verdad* El Yo (y) el Padre SOMOS *Un Solo* **Inseparable** Espíritu *Perfecto*; Mi Prójimo (y) el Yo, SOMOS *Un Solo* **Inseparable** Espíritu *Perfecto*; el Yo (y) Mi Esposo; el Yo (y) Mi Hijo; el Yo (y) Mi Madre; el Yo (y) Mi Padre... el Yo (y) TODOS aquellos que alguna vez han *caminado* sobre la tierra o que alguna vez *caminarán* sobre la tierra, SOMOS *Un Solo* **Inseparable** Espíritu *Perfecto*. Entonces es cuando el Yo, Estoy **fuera** de la MENTE de 'este *mundo*' – porque la MENTE de 'este *mundo*', dice justamente todo lo *contrario*; dice que el Yo, *estoy separado* de todos, pero NO lo Estoy. El Yo (y) el Padre, UNO Somos; el Yo (y) el Padre, ES **TODO**; el Yo (y) *Todo*, UNO Somos.

Y mientras el Yo viva DENTRO de ese RECONOCIMIENTO, la MENTE de 'este *mundo*' NO podrá *encontrar* en Mí, un *blanco* de ataque; y TAMPOCO podrá *transmitirme* sus mentiras acerca de pecado, enfermedad, NI muerte; acerca de carencia y limitación; acerca de dolor, de tristeza y de pena.

La MENTE de 'este *mundo*' NO puede *presentar* NADA a quien se encuentre **fuera** de la MENTE de 'este *mundo*' – a quien se encuentre

DENTRO del RECONOCIMIENTO de que el Yo (y) el Padre, SOMOS UN SOLO Espíritu; a quien RECONOZCA que el Yo (y) el Universo, SOMOS UN SOLO Espíritu. La *MENTE* de 'este *mundo*' NO puede *tocar* a ese UNO que ES *libre* – a quien puede *enfrentar* el pelotón de fusilamiento. NADA puede *tocar* a ese UNO, que puede *enfrentar* cualquier cosa en 'esta *tierra*', puesto que TODO cuanto *hay* en 'esta *tierra*' *es*, la *MENTE* de 'este *mundo*'. Ese UNO, camina *conscientemente* DENTRO del Reino DE Dios *sobre* la tierra; DENTRO de esa Tierra *Nueva* (Revelación 21:1); DENTRO de la Realidad *Invisible* del Ser; *ENTRE* el bien **y** el mal; DENTRO del CAMINO MEDIO de la Verdad – NO DENTRO del bien *mutable* NI DENTRO del mal *mutable* – sino DENTRO de la *Inmutable* Verdad *Permanente*. –Y justo *ahí* es donde el Yo, *fundamenta* su *práctica* de RECONOCIMIENTO de la Verdad.

> *"Porque sus pecados han llegado hasta el cielo. Dios se ha acordado de su iniquidad"* (Revelación 18:5).

TODO el mal sobre la tierra constituye la *separación* de <u>ustedes</u>, DE Dios – eso es lo que implica el: *"Dios Se ha acordado de <u>su</u> iniquidad"*. Cuando <u>ustedes</u> aceptan el mal, entonces <u>ustedes</u> están *negando* la Presencia DE Dios – eso es lo que constituye la *separación* de <u>ustedes</u>, DE Dios. El mal es ***aceptado***, únicamente porque <u>ustedes</u> se encuentran DENTRO de esa 'cadena de *transmisión*' llamada: conciencia de 'este *mundo*', *individualizándose* como ese "yo"; *individualizándose* como "persona".

Voy ahora a continuar *aniquilando* a ese pequeño "yo", porque ese 'tipo' es, quien *acepta* las *apariencias*; ese pequeño "yo" es quien *dice*: "Sí; cierto; *aquí está*"; ese pequeño "yo" es quien una mañana, NO se levantará más en tu cama – en cambio el Yo, Estaré allí; y ese pequeño "yo" se *despertará* repentinamente, para encontrar que el Yo, digo: "Lo siento, "yo", tus días se ***acabaron***; el Yo, Estoy *viviendo hoy* – pero NO ese "yo" – el Yo, Estoy *avanzando*, puesto que *camino* DENTRO del Reino; el Yo, camino EN Unicidad CON el Padre; el Yo, me he ***separado*** de la *MENTE* de 'este *mundo*'; el Yo, he *vencido* a la MENTE de 'este *mundo*'; el Yo, Estoy *caminando* DENTRO del Día DE Dios; el Yo, Estoy *caminando* DENTRO de la Realidad, DENTRO de la Verdad, DENTRO del Espíritu – ya NO en forma *corpórea*, porque El Yo, **Soy** el Ser *Espiritual*".

Cuando ese "yo" sea **apartado**, **y** el Yo **asuma** el control, entonces *ustedes* se *encontrarán* DENTRO de la Tierra *Nueva* (Revelación 21:1) – quedará *cumplida* TODA Promesa de las Escrituras; *ustedes* se *encontrarán* DENTRO de **La** Mente ÚNICA – NO DENTRO de la sombra de "*una* mente"; *ustedes* se encontrarán DENTRO de la Realidad – NO DENTRO de la *falsificación*... **y** entonces, *ustedes* encontrarán que la pena **y** el dolor, NO se *encuentran* DENTRO de la Realidad.

> "*Retribuidle a ella, tal como ella os retribuyó. Y recompensadle al doble, según las obras de ella. Y la copa que ella llenó, llenadla vosotros al doble*" (Revelación 18:6).

Esto *suena* a "*ojo por ojo*", pero NO es así. El *doble castigo* implica la *dualidad* de la MENTE de 'este *mundo*'. Cada vez que ustedes *aceptan* que en su vida ocurre un *error*, justo con ello *ustedes* alimentan a la MENTE de 'este *mundo*' – de esa manera *ustedes* experimentan el error, y *ustedes* perpetúan la creencia; y eso *regresa* el error hacia la MENTE de 'este *mundo*', de manera que ahora, hay error *individual* **y** error *colectivo*, por lo que el karma *individual* **y** el karma *colectivo*, son *incrementados* – eso es lo que constituye "*el doble castigo*".

Cuando *ustedes* **interrumpen** el circuito por *ustedes mismos*, entonces RECONOCEN que **también** lo están *interrumpiendo* para la MENTE *colectiva* de 'este *mundo*'. Así es como *ustedes* llevan a cabo *su* trabajo a favor de 'este *mundo*'; así es como *ustedes* reducen las creencias a la mitad – tal como **también** *ustedes* pueden *aumentar* las creencias al doble – dependiendo de *dónde se encuentren ustedes en conciencia*. Y una Conciencia como la de Joel, que puede

PERMANECER en la Verdad y *vencer* la MENTE de 'este *mundo*', es capaz de *reducir* las creencias a la mitad, de forma *constante*. Por lo que hoy, *invisiblemente*, la Conciencia de un Joel, es *magnificada* miles de veces; por lo que *dos o más (reunidos) en Mi Nombre...*; por lo que *Uno con Dios es, mayoría*; por eso es que *diez, pueden salvar una ciudad*. La *combinación* de esa Verdad, DENTRO de la Conciencia, DENTRO de lo Invisible, *vence* gran parte de la MENTE de 'este *mundo*'; y, *finalmente*, a través de dicha Conciencia, *llega* el Cristo, quien AHORA está *tomando* el *control* de la tierra.

TODA creencia *arraigada* está *emergiendo*, está *surgiendo*. Ustedes la *verán*, al principio, como los *males* de 'este *mundo*' *manifestados*, porque la Verdad *conduce* al mal hacia lo *visible*. Cuanta *más Verdad* esté *expresada*, tanta *más maldad aparecerá*, hasta que el clímax de la *locura* sea *alcanzado*. TODO el mal que ustedes *ven* no es más que la *expresión exteriorizada* de la Verdad DENTRO de la Conciencia, la cual *limpia el Templo colectivo* de la mente del *hombre* – *llevando* a cabo, una *profunda limpieza* DENTRO de lo *Invisible*.

El *látigo* que el Cristo tomó *dentro del Templo* fue un *látigo* cósmico. Y a través de TODA la conciencia del *hombre*, está en marcha una *limpieza*, una *purificación*; y todo lo *inmundo*, todos los *pájaros enjaulados*, corren en busca de refugio. Nosotros lo hemos llamado *contaminación* del agua, *antagonismo* entre naciones..., le damos *toda* clase de nombres – pero constituye la *limpieza* del *Templo Interior* de la conciencia de 'este *mundo*'. Y todo esto será *seguido* por la *re-surrección* del Cristo *en* Ti.

"*Lo mismo que se ha glorificado a sí misma, viviendo en deleites...*" (Revelación 18:7).

Me sigo refiriendo a la MENTE de 'este *mundo*':

"eso mismo dadle en tormento y llanto; porque ella ha dicho en su corazón: 'yo' estoy sentada como reina, pero no soy viuda, ni veré llanto" (Revelación 18:7).

La MENTE de 'este *mundo*' considera que es, *impenetrable*; la MENTE del hombre considera que es, el *rey del gallinero* – lo mismo consideró Jerusalén en los días de Jeremías. Y he aquí la *misma* frase; ella considera que *no es viuda* – Jerusalén *cayó*; y **también** la conciencia de 'este *mundo*' de *hoy en día*, está *cayendo*, aunque NO lo *sepa*. La conciencia de 'este *mundo*' sigue *insistiendo* en *perpetuar* esas instituciones tan inadecuadas e ineficaces que se *burlan* de la *Perfección* DEL Padre. Cuando ustedes vean *corrupción* en los sacerdotes de hoy, NO se *sorprendan*; cuando vean *desintegración* en la *esencia* de toda la vida *humana*, NO se *sorprendan* – se trata de la *Palabra*, del *Verbo*, dentro de lo *Invisible, echando fuera* TODO lo *inmundo*.

No importa hacia dónde *miren* hoy en día, hay un Nivel de Conciencia **distinto**, *actuando* en la tierra, al que, digamos, había hace *treinta* o *cuarenta* años. Hoy *pareciera* haber *menos* respeto por la Verdad; *menos* respeto por las Realidades Eternas; *menos* respeto por el Alma – y la razón es que, *"el fin" de los tiempos*, ha *llegado* a su *clímax*. DENTRO del *tiempo*, hay un lugar llamado *Plenitud* – y el momento de la *Plenitud*, ha *llegado*.

Resulta *evidente*, y cada vez será *más evidente*, que la MENTE del hombre es **incapaz** de *dirigir* esta tierra – el hombre se ha *creído* capaz, pero su *incapacidad* para *dirigir* su propio mundo es cada vez más *evidente*. La *comedia* de sus errores *aumenta* día tras día, y *llegará* un momento cuando el hombre lo *sabrá* – ya NO se *someterá* a *sus* propias leyes e instituciones; empezará a *ver* que, el *"hágase Tu Voluntad"*, *difiere* por completo de la *voluntad* **del** *hombre*; *comprenderá* que se ha estado *glorificando a sí mismo*; que ha estado *viviendo* en las *delicias* de la existencia *humana*; que ha estado viviendo *exquisitamente*, y que ha estado viviendo con gran cantidad de *injusticias* y *desigualdades*, *pisoteando* a los oprimidos, *odiando* a los que *no* son de 'su' familia, de 'su' propio color, de 'su' propia ideología política, de 'su' propia nación...

Porque TODO se ha *reducido* a *mi* país, a *mi* manera de ser, a *mi* idea, a *mí* mismo – TODO ha sido *separación*; TODO ha sido *ausencia* de Amor. Y NADA de eso es, DE Dios. Y ése es el *final*. Ustedes están *regresando* a los días de Roma, cuando TODO era *degeneración*; la miran a *su* alrededor – están viendo la *repetición* de la época del Cristo, en la *forma* de un Jesús, el cual se *levantó* y *enfrentó* al Imperio Romano. Eso es lo que está *aconteciendo nuevamente*. Y SIEMPRE, cuando *acontece*, es porque hay una *Nueva Fuerza Espiritual* manifestándose.

No *miren* hacia el año 2000 *antes* de que eso suceda – NO habrá *más* 'tiempo'; NO *miren* a la *ciencia*; y NO *miren* a la *religión* – *descubrirán* que ambos *son*, las *dos* caras de la MISMA moneda. La *misma* MENTE de 'este *mundo*' que nos da el 'mal', es *también* la que nos da 'la ciencia y la religión'. Y 'este *mundo*' está *mirando* esto que ustedes *conocen*; NO se dejen *engañar*. Hay UNA SOLA respuesta, y Pablo **ya** nos la *compartió* – "*Cuando* ustedes estén **ausentes** de la forma *física*, entonces estarán **presentes** CON el Señor. *Cuando* ustedes pongan su *atención* en la forma *física*, entonces su *atención* se encontrará **ausente** DEL Señor". No pongan su *atención* en la religión, NO pongan su *atención* en la ciencia, NO pongan su *atención* en NADA más que en *su* Ser *Espiritual Invisible*. *Ustedes* SON, la Iglesia DE Dios; ustedes SON, el Cristo DE Dios – y ÚNICAMENTE el Cristo DE Dios EN ustedes, *sobrevivirá* a aquello que está por *venir*.

Observen que eso es lo que las Sagradas Escrituras nos *dicen*: "*No pongan su fe en los príncipes*" (Salmos 146:3) – NO pongan su *confianza* en los *hombres*. "*De ahora en adelante, ustedes no conozcan a* **nadie** *según la carne*" (2 Corintios 5:16); "*Aléjense del hombre cuyo* **aliento** *está en su nariz*" (Isaías 2:22) – TAMPOCO importa la *religión* – TODO lo anterior es la MENTE MORTAL hecha *visible*. Algunos se 'ven bien'; algunos se 'ven mejor'; y algunos se 'ven peor' – pero NINGUNO es DEL Padre.

285

Reconozcan que Dios, jamás estableció ninguna de las *religiones* de esta *tierra*; Dios, jamás *hizo* ninguna de las máquinas de las que se *jacta* la *ciencia*; Dios, jamás *hizo* ninguno de los cuerpos *físicos* que un día *morirán*. Pero Dios, *hizo* un Universo *Perfecto*, de *Su* Espíritu. Y ese Reino *Invisible* aquí y ahora, puede ser *vivido* por el Hijo de Dios llamado el *Cristo*, el Unigénito – el cual *cada uno de nosotros* es, en nuestra *Realidad*; y el cual *cada uno de nosotros* no es, dentro de *nuestro concepto* de mundo, llamado 'raza *humana*'.

"*Sepárense de ella*". Reconozcan que ese pequeño "yo", que se *despierta* cada mañana con una 'gran agenda' por delante, es *quien* debe "*apartarse de ella*". *Créanme* que ahora, para mí, no me es fácil *decir* esto, de lo que para ustedes es, el *escucharlo* – y no me es *fácil hacerlo*, pero *tiene* que ser *hecho*.

Jesús se *separó de ella* – Jesús se *apartó* de ese "yo" llamado Jesús. ¿Se *dan cuenta*? Él *se separó* de ese "yo"; Pablo *se apartó* de ese "yo"; Juan *se alejó* de ese "yo". Jesús *alcanzó* ese punto desde donde pudo decir: "Pueden *crucificarme*, porque no se trata del Yo". Y Él, *ciertamente* ya estaba *fuera* de ese "yo", antes que fuera *crucificado*; porque Él, pudo *escuchar* la Voz del Padre que decía: "Sólo el Tú, Eres Mi Unigénito; y eso, no es un "yo", eso es, El Yo – el Yo-Soy".

Dentro del Yo, es donde se *encuentra* la Vida – *atrás* del *velo* de la mente de 'este *mundo*'. *Fuera* de ese "yo", y *en tanto* haya un "yo", ahí no habrá Vida alguna – en ese "yo" se encuentra la *pretensión*, el *engañador*. Y ese *engañador* que *finge* que hay Vida ahí, es *Babilonia*. El Cristo en Ti, ha *vencido* la *ilusión* de un "yo" que *muere*; "*El Cristo en nosotros, la Esperanza de Gloria*" (Colosenses 1:27), se encuentra siempre presente, como nuestra Identidad. Y *si ustedes* viven dentro de la *Identidad*; *si ustedes* *aceptan* la Identidad de todo aquel que venga hacia *ustedes*, *sin* importar el *rostro* que muestren; *si ustedes* viven dentro de su Identidad; y la *viven* como la Única Invisible *Identidad Perfecta*, entonces ustedes se habrán *apartado de 'ella'* – A ustedes, Babilonia NO los *aterrorizará* más.

IDENTIDAD es la clave. En el *instante* en que <u>ustedes</u> *dejan* de RECONOCER la *IDENTIDAD*, **y aceptan** las *apariencias*, entonces en *ese* instante, estarán de *regreso* en Babilonia – habrán *desperdiciado* cuatro mil años de Escrituras, **y** estarán, en *ese* instante, de *regreso* en Babilonia. **No** hay *mortales;* tan **SOLO** existe la *IDENTIDAD*-Cristo. Ya sea que se presente *como* un niño *hipnotizado* deambulando por su casa; ya sea que se presente *como* un policía que viene a *atraparlos* por algo que hayan hecho; ya sea que se presente como una *persona* que, por alguna razón u otra, *no* es muy *amigable* con ustedes... ustedes oren *incluso* por ese *supuesto* enemigo, RECONOCIENDO que: "**SÓLO DIOS ES; y** el Yo, NO necesito *otro* refugio – SÓLO DIOS ES – y el Yo, NO voy a *admitir* la *separación* NI la *creencia* acerca de *'otro* ser' sobre esta tierra".

Cuando <u>ustedes</u> *permanecen* DENTRO de la *IDENTIDAD Correcta*, entonces TODAS las Leyes de Dios actúan en *armonía* para <u>ustedes</u>. El *inconcebible* Milagro de la *IDENTIDAD,* actúa SIEMPRE como lo *Infinito*, dondequiera que <u>ustedes</u> se encuentren. Cuando <u>ustedes</u> *viven* DENTRO de la *IDENTIDAD,* entonces se encuentran *presionando* el 'botón' *correcto* – y **no** solo el botón de *ustedes*, sino el *mío*, el de *él*, el de *ella*, el de *ellos*... <u>IDENTIDAD ES LA CLAVE PARA EL REINO DE DIOS SOBRE LA TIERRA</u>. Y *si* <u>ustedes</u> quieren *caminar* DENTRO de ese Reino *aquí* y *ahora*, *impasibles* ante los *temores* de 'este *mundo*', entonces <u>tienen que caminar</u> DENTRO del RECONOCIMIENTO de <u>que, la *IDENTIDAD* de TODOS sobre esta tierra ES</u>, el Cristo *Invisible* – ¡NO hay <u>*excepciones* a esta regla</u>! *Carece* de *importancia* a quién <u>*les*</u> gustaría *excluir* – ¡NO puede haber *exclusiones*! Aquel a quien ustedes *odian* más ES, el Cristo *Invisible*; aquel a quien ustedes *aman* más ES, el Cristo *Invisible*. ¿Y *quién* es el que está diciendo que *ustedes odian* a este y *aman* a ese otro? –Se trata de ese "yo" pequeño – ese "yo" que <u>tiene</u> que *irse*.

Ese "yo" SIEMPRE dice que ese "yo", *necesito* un aumento; que ese "yo", *necesito* más dinero; que ese "yo", *no* tengo la ropa que *quiero*; que "me" *falta* esto o aquello… – y ese "yo", *niega* al Cristo, el Cual constituye la TOTALIDAD de Dios *dondequiera* que <u>ustedes</u> se encuentren.

> *"Por lo cual, en un solo día vendrán sus plagas: muerte,*
> *duelo y hambruna; y será totalmente quemada con*
> *fuego, porque poderoso es Dios el Señor, quien la juzga"*
> (Revelación 18:8).

El *fin* de *Babilonia* en UN SOLO día – es un lenguaje bastante *fuerte*. En cuatro mil años estamos *empezando* a *captar* que <u>la materia, NO es creación DE Dios</u>. Y en ese instante, cuando la Conciencia-*Cristo* irrumpa a través de 'este *mundo*', para que se *desequilibre*, ese será, *el día* – *el día* en el cual la MENTE de 'este *mundo*' ya **no** *existirá* más. Ahora bien, *cuando* la MENTE de 'este *mundo*' ya NO *exista* más, aquello que se *irá* con ella será su supuesta *creación*. ¿Cuál es su supuesta *creación*? –'Este *mundo*'. ¿Qué es lo que se va? –'Este *mundo*' se va; justo cuando la MENTE de 'este *mundo*' se vaya – y se *está yendo*, ¡*apártense de ella*! Así pues, en verdad, NADA puede ser *más claro* que eso – y NO hay *necesidad* de entrar en *pánico*; NO hay razón para *echar* a correr hacia la salida más cercana – el momento ES, *Perfecto*.

Nosotros estamos *siendo preparados maravillosamente*: SIN *prisas*, SIN carreras – simplemente *permanezcamos* en la Verdad DEL Ser. Y cada vez que *tropiecen*, entonces *levántense* y *sonrían*, porque *cada* tropiezo los *ayuda* a *aprender* **cómo** *morar* más *profundo*. *Cada* error es, una *bendición* – NO se *preocupen* por ellos. <u>Ustedes</u> llegarán *más alto*, debido a esos *errores* – y *saben* que es cierto. Los *errores* les *impiden* ser *engreídos*, *complacientes*, y les *impiden conformarse* con algo *menos* de aquello que *necesitan* para **salir** de Babilonia.

> *"Y los reyes de la tierra, que han fornicado y han*
> *disfrutado deleites con (Babilonia), la llorarán y harán*

lamentos por ella, cuando vean el humo de su hoguera"
(Revelación 18:9).

Bueno, 'lo *humano*', constituye *los reyes de la tierra* – los *poderes falsos* que hemos **aceptado** son, *los reyes de la tierra*. Pero en *algún* momento, la *irrealidad* de la materia quedará *evidenciada*, *aclarada* y *aceptada*. Esa *evidencia* constituye *el humo de su hoguera*. Y habrá quienes se *aferren*, queriendo *aferrarse* a aquello a lo cual NO *pueden aferrarse*. Pero si *ustedes* sueltan **antes** los *errores*, entonces NO *perderán* el tiempo, tratando de *aferrarse* a aquello que *tiene* que *desaparecer*.

> *"Y los reyes de la tierra se apartan por temor de su tormento, diciendo: ¡Ay! ¡Ay, la gran ciudad de Babilonia, la ciudad fuerte, porque en una hora ha llegado tu juicio!"* (Revelación 18:10).

Juan repite: *"en una hora"*.

> *"Y los mercaderes de la tierra lloran y se lamentan por ella; porque ningún hombre compra más sus mercancías"* (Revelación 18:11).

NADIE, en ese *momento*, tendrá *materia* alguna – eso será lo *último* que *querrían*. No contarán con mucho *tiempo* para *considerarlo*, porque *comprenderán* que la *materia*, JAMÁS *existió*; JAMÁS fue *sustentada* POR Dios – por lo que era *tanto* materia 'buena', *como* materia 'mala'. La *ilusión*, el *engaño*, la *niebla*, el *velo* que nos mantenía FUERA del Edén, está siendo *levantado*. Y ahora viene toda una *lista* de cosas, mercadería, oro, plata, piedras preciosas, etc., etc. – son tan solo *nombres*, todo aquello que está *disponible* en 'este *mundo*': *"canela, aromas, ungüentos, incienso, vino, harina…"* (Revelación 18:13).

"... todo lo exquisito y deseable se ha apartado de ti; y no lo hallarás nunca más" (Revelación 18:14).

Es decir, el *eclipse* **total** de la materia es *contemplado* por Juan en esta *Revelación Interior*. En una *hora*, en un **instante**, tan grandes *riquezas* se han *esfumado*. Piensen en los *miles* de años de *esfuerzos* del **h**ombre para *conseguir* cosas *materiales*... y en un **instante** se *esfuman*. ¿Se dan cuenta del *cambio* de Conciencia DESDE la materia HACIA el Espíritu? La materia se desvanece, **y** *resurge* una Tierra *Nueva* (Revelación 21:1). ¿No les parece como algo *surgido* de las obras de Julio Verne? Bueno, *sí* que lo es – es mucho más *espectacular* que cualquier cosa con la que Julio Verne haya soñado. –Es el 'fin de este *mundo*', y el comienzo de una Tierra *Nueva* y de un Cielo *Nuevo* (Revelación 21:1). Se trata de *la Nueva Dimensión*, llamada la *Cuarta Dimensión de Conciencia*, en la cual se *camina* DENTRO de un *Cuerpo* que por fin ya NO está *sujeto* a todos los *males* de 'este *mundo*'.

Se *enfatiza*: *en una hora*; se *enfatiza*: **sepárense** *de ella, porque esa hora llega rápidamente*. En otras palabras, *estar prevenido es estar preparado*. Juan nos está *confiriendo* el Camino hacia la Vida *Eterna*, **y** nos está *mostrando* que el **hombre** ha **aceptado**, contrariamente, el camino hacia la *destrucción* – aunque NO era *necesario*. Y en lugar de *conformarnos*, como en el pasado, con *botiquines* de primeros auxilios *temporales*, ahora vamos hacia *adelante, de* la mano, hacia la Realidad *Perfecta*, CON la Verdad *Suprema*, SIN necesidad de pasos *intermedios*.

Nosotros deseamos *vivir* EN Cristo, tal como los discípulos *aprendieron* a vivir; nosotros deseamos *vivir* DENTRO del Reino, donde los discípulos *moran* ahora; nosotros queremos *unirnos* a aquellos que nos han *precedido* hacia la *Realidad*. Nosotros nos hemos **apartado** de la conciencia de 'este *mundo*' llamada *Babilonia*, **y** ahora *caminamos* DENTRO del *Cuarto*, DENTRO del *Quinto*, DENTRO del *Sexto*, DENTRO del *Séptimo* Cielos – *Unificados*

CON Dios. TODOS nos estamos *moviendo* hacia la *Primera* Re-surrección.

"Y ahora un ángel poderoso tomó una piedra semejante a una gran piedra de molino, y la arrojó a la mar, diciendo: Así con violencia será derribada la gran Babilonia; y nunca más será hallada" (Revelación 18:21).

Nos estamos refiriendo a la *falsa* conciencia; nos estamos refiriendo a la manera *falsa* en la cual, NO hemos *adorado* A Dios, sino a un *engañador* llamado el 'dios de este *mundo'*. Nos están *preparando* para un *gran* momento en nuestras vidas: el *Nacimiento* DEL *Cristo* – *"La Paz que sobrepasa* TODO *entendimiento"* (Filipenses 4:7); el *conocimiento* de que, hemos *encontrado "el Lugar Secreto"*, donde, ya sea en el *"fin de* este *mundo"* o NO, cualquier *ilusión a mi derecha o a mi izquierda*, y en cualquier *cantidad*, NO *se acercará a la Morada* de Mi Verdad, *a la Morada* de Mi Espíritu (Salmos 91).

Y SIEMPRE ese pequeño "yo" DENTRO de nosotros, *agacha* la cabeza, *permite* que las palabras *vengan*, **y** *dice*: **"No** 'me' van a *matar; todavía* 'me' *necesitan; todavía* voy a *despertar* mañana por la mañana; todavía voy a *gobernar* este cuerpo; *todavía* voy a *dirigir* esta vida". Esta es la *primera* vez en la que están siendo *encarados* con el hecho de que, *Babilonia* **y** ese "yo", somos *uno* **y** lo *mismo*. **No** *enfoquen* todo esto como la conciencia de 'este *mundo'* **allá** **afuera**; se trata de la conciencia de 'este *mundo'* DENTRO de *ustedes*, llamada: ese "yo" – eso es TODO cuanto ese "yo", alguna vez *fui*...

En seguida se hacen más *predicciones*: que ese "yo" se volverá *vacío, superficial* **e** *inútil* para *ustedes*; que TODAS las cualidades *negativas* que han *experimentado*, las cuales están en "mí", serán *evidenciadas*; que cada *mentira* acerca *de* Dios que alguna vez *ustedes* hayan *escuchado, pensado* o *sentido*, se encuentra *sólo* DENTRO de "mí"; que TODO cuanto alguna vez ustedes *dijeron* o *quisieron*, fue *negado* solo por "mí"; que por *culpa* del "mí", TODO cuanto Dios *tenía* para ustedes, NO estuvo en su experiencia; que *sólo* ese "yo" se *interpuso* en su camino. *Babilonia* y ese "yo", somos *uno* y lo *mismo*. Ese "yo" *colectivo* y ese "yo" *individual*, constituyen el *anti-Cristo*. Puede que NO les *agrade* que a ese "yo" de ustedes, se le llame el *anti-Cristo* – pero en el *instante* en que RECONOZCAN que el Cristo NO soy ese "yo", en ese *mismo* instante se *darán cuenta* que ese "yo", debo ser el *anti-Cristo*. Y entonces tendrán *claramente* identificado el *verdadero* problema, justo donde *realmente* existe: DENTRO del *falso* sentido de ese "yo", que ha *causado* DENTRO de ustedes, una conciencia *dividida* o *dual*.

La *muerte* de ese "yo" constituye el *nacimiento* del Cristo. Así que, cuando Mateo nos *dice*, *a través* de las *palabras* DE Jesús que, *si* tratamos de *salvar* nuestra vida la *perderemos*, en realidad nos está *diciendo* que, *si* intentamos *salvar* a ese "yo", entonces *lograremos* salvar a ese "yo", pero eso *constituirá nuestra* muerte, porque de *todos* modos ese "yo", *morirá*. Pero que, *si* podemos *abandonar* a ese "yo", entonces *encontraremos* nuestra Vida. Cuando la vela *falsa* sea *apagada*, entonces 'este *mundo*' ya NO será *gobernado* por una vela *falsa*, sino por la *Luz* DE la *Gloria* DE Dios. Y ustedes, NO tienen por qué *esperar* a 'este *mundo*' – "*¡Apártense de ella!*".

Eso es lo que conforma el *final* del Capítulo **18**. Y cuando *ustedes* intenten **aislar** ese "yo", entonces lo van a *encontrar* por demás *ilusorio* – ustedes NO pueden *echar mano* sobre "él"; *pareciera* que NO pueden *encontrar* a ese "yo" – pero van a *tener* que hacerlo. Y *si* son *sabios*, entonces NO intentarán *encontrarlo* por *ustedes mismos* – *permitirán* que el Padre, les *revele* al Padre; **y**, ante la *presencia* de la Luz DEL Padre, las *tinieblas* de ese "yo", se *disolverán*.

Ahora bien, para mí, esta constituye una lección *difícil* de *impartir*. Sobre todo, porque *si ustedes* NO están *familiarizados* con esto *ilusorio* llamado ese "yo", entonces *ustedes* van a estar *persiguiendo* algo que NO se puede *ver* NI *encontrar* – y se sentirán *frustrados*. Pero el Cristo DENTRO de *ustedes*, está SIEMPRE presente; y *si ustedes* aquietan el pensamiento, *permaneciendo* en el RECONOCIMIENTO del Cristo EN *ustedes*, entonces el Cristo EN *ustedes*, les *mostrará* el camino para *crucificar* a ese "yo", Y *re-nacer* DEL Espíritu.

No importa lo que les *diga* – SIEMPRE será demasiado *débil* para enfatizar *adecuadamente*, la *crucifixión* de ese "yo" que resulta *necesaria* en TODA *persona* sobre la tierra. Pero cuando *comprendan* *cierta medida* de lo anterior, entonces *sabrán* el 'por qué'. *Ustedes* se encuentran *más* cerca del Reino, de lo que *jamás* soñaron – descubrirán que la *Infinitud* DEL Ser, ya NO es tan solo una *palabra*, o una *posibilidad*, sino una Gloriosa y Exaltada *Concientización*, en constante *expansión*. Las *muchas Mansiones* se *abren* en el instante en que ese "yo" ya NO está más *allí*, en su sentido *finito* y *limitante* de la Vida – *Babilonia* y ese "yo" *tenemos* que *caer*.

Esperamos que la semana *entrante* haya MENOS de ese "yo" *aquí* – pero lo haya o NO, *asegúrense* que el *Espíritu* DE la Verdad DENTRO de *ustedes*, NUNCA falte – NO *importa* lo que pudiera *parecer* en el *exterior*. El *Espíritu* DE la Verdad DENTRO de *ustedes*, constituye la actividad del *Santo* Espíritu, la cual está *ascendiendo* AHORA hacia un Nuevo *Pináculo*, justo ANTES del *fin* de *Babilonia*.

La palabra "*retirarse*" es una palabra interesante. Ustedes han de aprender a "*retirarse* del *mí*". Y en este momento, eso es todo cuanto *puedo* decirles – *aprender* cómo "*retirarse* del *mí*", constituye el *desafío* del Capítulo **18** de *Revelación*. *Cómo* lo interpreten y *cómo* lo practiquen *ustedes*, ese "*retirarse* del *mí*", en este momento, *depende* de *ustedes*. Pero la semana que viene, veremos lo que han *logrado*, y partiremos desde ahí; trataremos de *impartirles* un *bosquejo* más *definido* para que se "*retiren* de *mí*".

Nuevamente, Gracias.

CLASE 22

EL MATRIMONIO MÍSTICO DEL CORDERO

REVELACIÓN 18:21 A REVELACIÓN 19:11

Herb: - Sean nuevamente bienvenidos.

Estamos en los Capítulos finales de la *Revelación de San Juan*. Hoy terminaremos el Capítulo **19**, por lo cual faltarán aún los Capítulos **20**, **21** y **22** – es decir, tres sesiones más después de ésta, a menos que suceda algo inesperado y nos retrasemos una semana más o terminemos una semana antes. Ya veremos cómo se despliega esto.

El Padre nos ha dicho: *"Sean pues Perfectos; iguales a su Padre"* (Mateo 5:48). La mayoría de nosotros NO estamos dispuestos a ser *Perfectos* – preferimos 'estar cómodos'. Ser *Perfectos* implica *renunciar* a muchos hábitos fuertemente *arraigados*, los cuales hemos *desarrollado* a lo largo de los *siglos*, y resulta factible que prefiramos *permanecer con lo conocido*. Pero el Espíritu *insiste*: *"Sean pues Perfectos; iguales a su Padre"* (Mateo 5:48) – y NO perfectos como *humanos*, puesto que NO podremos encontrar un solo *humano* que *sea Perfecto, tal como Dios lo ES*. *"Sean Perfectos; iguales a su Padre"*, nos lleva más allá de la *buena* naturaleza *humana*; más allá de cualquier tipo de *humanidad* – *humanidad* exitosa, *humanidad* gloriosa. Nuestro Padre, NO es *humano*; y ser *Perfectos*, **iguales a nuestro Padre**, es un *Mandato* para **aceptar** la *Realidad* de nuestro propio *Ser*, como *Espíritu Inmortal*.

Cuando *aprendemos* a **apartarnos** de ese "yo" que ha vivido todos estos años DENTRO de un cuerpo *finito*; cuando *aprendemos* a estar **dispuestos** a recibir la Voluntad DEL Padre; cuando *aprendemos* a **someternos** al Consolador; cuando *aprendemos* a **abrir** nuestra Conciencia a 'Algo' que está *más allá* de nosotros mismos, entonces *vislumbramos* el significado de "*Sorbida es la muerte en Victoria*" (1ª. Corintios15:58); entonces *vislumbramos* el significado de *trascender la* 'mente *mortal*'; entonces *vislumbramos* un *Nuevo Reino*, y entonces *comprendemos* por qué tan *persistentemente* el Espíritu ha dicho: "*Sean pues, Perfectos*" (Mateo 5:48).

Ustedes NO pueden ser Mammón **y** Espíritu, al *mismo* tiempo; ustedes NO pueden ser mortales **e** inmortales, al *mismo* tiempo; ustedes NO pueden ser *tanto* materia, *como* Espíritu. Y así, mientras nos *aferramos*, somos *desobedientes*; y en tanto somos *desobedientes*, NO podemos *escuchar* la Perfecta Voluntad DEL Padre DENTRO de nosotros, *conduciéndonos* hacia una Mansión *más allá* de nuestro nivel *actual* de Conciencia. Este *rechazo* del Espíritu, nos mantiene en un *estado de frustración*, cuestionándonos por qué, aunque *pareciéramos* estar consagrados; aunque estemos *buscando* honestamente, aun así, *seguimos* siendo *incapaces* de *penetrar* esa *barrera* que se *interpone* en la Senda hacia nuestra *Iluminación*.

La *Libertad* llega cuando el Espíritu DEL Señor, *penetra* la Conciencia – pero JAMÁS podrá *entrar* en una conciencia que esté *intentando* traer el Reino DE Dios, a 'este *mundo*'. Casi ninguno hemos sido *culpables* de dicho problema – a todos nos *gustaría* traer el Reino DE Dios a *nuestra* estancia; a *nuestra* rutina actual; a *nuestra* forma de pensar; a *nuestros* hábitos arraigados... pero el Padre dice: "**No**; _ustedes_ tienen que **salir** de 'este *mundo*'. El Yo, el Padre, NO puedo *entrar* en 'este *mundo*'; _ustedes_ tienen que *entrar* en **Mi** Reino – y eso implica *renunciar* a muchas de las cosas *preciadas* que ustedes han acumulado dentro de la *mente* y dentro de la *materia*".

El Padre *revela* que NO existe 'poder' alguno DENTRO de la 'mente *humana*'– la 'mente *humana*' NO cuenta con *poder* para *recibir* aquello que es DE Dios; y esa última fortaleza de 'este mundo' – la 'mente *humana*' – está ahí y le dice al Padre: "Pero ¿con qué *pensaré*, si *renuncio* a esta 'mente *humana*'? ¿Por qué me la diste en *primer* lugar?" Y el Padre dice: "El Yo, NO les di una 'mente *humana*'. La 'mente *humana*' que <u>ustedes</u> *utilizan* presumiblemente para hacer el 'bien', *también* es capaz de hacer el 'mal' – porque mira la *iniquidad*, e incluso ve la *oscuridad* que el Yo, NO creé".

<u>Ustedes</u>, NO tienen 'mente *humana*' alguna. Y mientras <u>ustedes</u> *continúen* utilizando aquello que <u>ustedes</u> consideran que es <u>su</u> 'mente *humana*', <u>ustedes</u> NO podrán ser *Perfectos, iguales a su Padre* (Mateo 5:48) – <u>ustedes</u> simplemente tan solo podrán *perpetuar* el sueño, bajo la *creencia* de que se encuentran *obedeciendo* la Ley *de* Dios, la Voluntad *de* Dios, y el Propósito *de* Dios. Y así <u>nosotros</u>, quienes *rechazamos* el Mandato de "*Ser Perfectos*", *continuamos* DENTRO de nuestro 'pensamiento *humano*', *convenciéndonos* de que, en *algún* lugar del camino, realmente estamos *cumpliendo* con la Voluntad *de* Dios, *cambiando* lo 'malo' por lo 'bueno' –seguramente esa es la Voluntad *de* Dios– y así, muy *sutilmente*, **admitimos** la *tentación* del 'bien'. Todos estamos de acuerdo en que **no** *queremos* el 'mal', que *queremos* el 'bien'; y *si* podemos *cambiar* el 'mal' por el 'bien', entonces 'con eso' nos *damos por satisfechos*.

Pero el Padre NO está *satisfecho*; el Padre dice: "*Después* de haber *cambiado* lo 'malo' por lo 'bueno', ustedes NO están *más cerca* de Dios. En lugar de 'mal *finito*', obtuvieron 'bien *finito*' – y el Yo, NO hice lo uno NI lo otro. Así que ahora ustedes tienen 'buena salud' – ¿y eso *qué*? Cuentan con 'buenos ingresos' – ¿y eso *qué*? ¿Los hace eso *Perfectos, iguales a su Padre que está en los Cielos*? ¿*Cuánto* tiempo podrán *retener* lo que obtuvieron? –Sólo hasta la *tumba*".

Y así el Padre nos está *impulsando* a *considerar* que la Vida es, *Eterna*; *impulsando* a *considerar* que la Vida, NO *termina* en la tumba – y luego más adelante, nos *impulsa* a *considerar* que la Vida es *Eterna*, AHORA – NO *mañana*, sino Vida *Eterna*, AHORA.

De esa manera, mientras vamos *cediendo* poco a poco, *aprendemos* que un *Nuevo* Impulso se *expande* a lo largo de nuestro

propio Ser, por Fuerzas *Invisibles* para nosotros; *aprendemos* que
esta existencia <u>*tiene*</u> que ser *influida* por otra Existencia *desconocida*
para nuestros sentidos *humanos*; *aprendemos* que <u>*debemos*</u> *exponernos*
a una Dimensión de Inteligencia *Superior* a la que nuestra propia
'mente *humana*' es capaz de alcanzar; *aprendemos* que *sólo* a
través de la *sumisión* hacia aquéllos que nos han *precedido*, hacia
aquéllos que ya *no* están en la *carne*, es que podremos *recibir* la
Sutil *Influencia* DEL Espíritu, en *medio* de nosotros.

Y empezamos a *percibir* Dimensiones hasta ahora *desconocidas*
e *insospechadas*; un RECONOCIMIENTO de que contamos con una
Vida *Eterna* – *ya* Completa; *ya* Perfecta; *ya* Aquí y Ahora. Y
aunque viviéramos *físicamente* por otro millón de años, NADA
podemos hacer que NO esté *Completo*, DENTRO de <u>*nuestra*</u> Vida
Eterna.

"*Ser Perfectos*", significa *aceptar* AHORA nuestra Vida *Eterna*;
y aunque el testimonio sensorio **no** pudiera darnos *evidencia* de
eso, *aprenderíamos* a vivir *desde* el nivel de Conciencia que *acepta*
esa Vida *Eterna*; *aprenderíamos* a vivir DENTRO de ese nivel de
RECONOCIMIENTO el cual, en Realidad, constituye un *Nuevo* Nivel
de Fe – pero *NO* DENTRO de un nivel de conocimiento basado en
lo que ese "yo" sabe *personalmente*, sino más bien viviendo DESDE
ese Nivel de RECONOCIMIENTO basado en la Vida *Eterna* que es
<u>*nuestra*</u> AHORA, *aceptando* esa Vida como el Espíritu *Viviente* DEL
Dios *Vivo*.

Ahora bien, *cuando* eso sucede ... *cuando* <u>*ustedes*</u> se encuentran
'*viviendo* de puntitas', como *si* estuvieran *aceptando* la Vida
Eterna AHORA ... entonces <u>*ustedes*</u> rompen el lazo que los mantuvo
atados a la esclavitud de los *sentidos* – los *sentidos* que los *limitaban*
a aquello que <u>ustedes</u> *conocían* DENTRO del *cuerpo*. El *despliegue* del
Nuevo Nivel de Fe, la *aceptación* del Mandato de "*Ser Perfectos*",
los *eleva* a la *aceptación* de *otra* Vida AQUÍ y AHORA, llamada Vida
Inmortal – una Vida que NO conoce nacimiento NI muerte; una
Vida que NO conoce edad NI género; una Vida SIN necesidades;
una Vida que ES libre... y con Ella *aprendemos* a *apartarnos* de

la *creencia* de que alguna vez, caminamos DENTRO de una forma *física*.

NUNCA hubo tal "yo"; NO existe ese "yo" AHORA. Ese "yo" NO es *Perfecto*; ese "yo" ES *finito*; ese "yo" está *sujeto* a TODAS las circunstancias de 'este *mundo*'. El Yo, *no* puedo ser *Perfecto tal como Mi Padre lo ES*, **y** al *mismo* tiempo ser ese "yo".

Ahora bien, nosotros estamos siendo *preparados* para esta **aceptación**. Nosotros hemos pasado por siglos de *encarnaciones*; hemos pasado a través de muchos *movimientos* – muchos *movimientos* de la Verdad; hemos pasado a través de muchas *eras* – y ahora, en *esta* encarnación, todos hemos pasado por *ciertos* niveles *metafísicos*. Hemos pasado por la *ortodoxia*; estamos en el *Misticismo* donde el Mandato de *"Ser Perfectos"*, es **aceptado** por nuestra *Alma*; donde estamos *dispuestos* a vivir DENTRO del Centro *del Alma*, en lugar de estar *dispuestos* a vivir DENTRO del centro *de* la *mente* – RECONOCIENDO la diferencia entre ambos.

Dentro de la *Revelación de San Juan*, ustedes encontrarán algo acerca de esto, sólo al final del Capítulo **18**. *Una gran piedra de molino es arrojada a la mar* – de hecho, está redactado de la siguiente manera:

> *"Y un ángel poderoso tomó una piedra, como una gran piedra de molino, y la arrojó a la mar, diciendo: Así, con violencia, será derribada Babilonia, la gran ciudad, y nunca más será hallada"* (Revelación 18:21).

Ahora sabemos que *la gran ciudad de Babilonia* es una ciudad de *mortalidad*, una ciudad de *materia* – pero también sabemos que la materia es *mente hecha visible*. Por tanto, *si* la ciudad de *materia* es *destruida*, es debido a que la *mente*, que se ha hecho *visible* como dicha *materia*, ha sido *destruida* o *cambiada*. El *cambio* en la mente se convierte en el *cambio* en la materia – pero en *Revelación* dice que *la ciudad será* **destruida**, por lo que podemos asumir que existe una '*antigua* conciencia' que *tiene* que ser *destruida*. La 'conciencia *humana*' <u>tiene</u> que ser **destruida**, y eso constituye *la caída de Babilonia*, porque cuando la **destrucción** de la 'conciencia *humana*' es *completa*, entonces *aparece* una Conciencia *Nueva*; y una Conciencia *Nueva* exterioriza una Tierra *Nueva*.

Ahora bien, ¿qué es esta *piedra de molino que se arroja a la mar*? En nuestra *conciencia actual*, nosotros *amamos* a 'este *mundo*' – pero ahora, el Amor DE Dios *penetra* en nuestro Corazón. El Amor *Divino* hace Su *entrada* al Corazón, a la *Conciencia*, *reemplazando* el amor a 'este *mundo*' – y de ahí *nace* una *Nueva* Conciencia – una Conciencia que va en camino a **aceptar** la Perfección.

Cuando la Luz *entra*, entonces la oscuridad *desaparece*. A medida que nos volvemos *conscientes* del Espíritu, RECONOCEMOS que JAMÁS caminamos DENTRO de la *carne*. Y para nosotros, quienes hemos *dudado*, *preguntado*, *cuestionado*, y nos hemos *rebelado*, todavía va más allá. El Espíritu *revela* aquello que NUNCA pensamos que *oiríamos* – ciertamente aquello que NUNCA pensamos que *aceptaríamos*.

"Y voz de arpistas, de músicos, de flautistas y de trompeteros, no se oirán más en ti ..." (Revelación 18:22).

TODO el placer, TODO el gozo, en los logros *humanos*, en los talentos *humanos*, ya NO será *escuchado* en el mundo *material*. NINGÚN arpista, flautista, trompetista, NI músico, será literalmente *oído* más en ustedes. ¿Por qué? –Porque el *fin* de 'este *mundo*' *material*, *elimina* TODA *creencia* de que pueda existir alegría en la *materia*. Estamos *trascendiendo* las creencias *materiales*; estamos *trascendiendo* lo *mutable* y lo *finito*.

"... y ningún artesano, de ningún oficio, se encontrará más en ti; ..." (Revelación 18:22).

SIN artesanos... Una vez más, NO hay alegría en NINGÚN logro *personal*. ¿Por qué? –Porque el gozo por los logros *personales*, depende de la 'realidad' de la *materia*. Cuando, DENTRO de la *Nueva* Conciencia, se des-cubre la *irrealidad* de la materia, entonces TODO logro *personal*, produce *vacío*...

"... *ni ruido de piedras de molino se oirá más en ninguno de ustedes*" (Revelación 18:22).

Y estas *piedras de molino* constituyen las *piedras de molino* utilizadas para moler *maíz*. Ustedes NO escucharán más acerca de las *piedras de molino* que muelen *maíz*, lo cual significa que el hombre ya NO buscará la *provisión* DENTRO de la *materia* – ustedes NO buscarán la *materia* para su *provisión*. Y bueno, eso implica *descartar* 'este *mundo*', ¿cierto?

"*Y la luz de una vela no brillará más en ti*" (Revelación 18:23).

Lo anterior implica que *incluso* nuestro sol, *no* es más que una *vela*. En la *Nueva* Conciencia, la Luz DEL Mundo la constituye el *Propio Ser de* <u>ustedes</u> – ya NADA es *finito*.

"... *y, de hecho, la voz del esposo y de la esposa, no se escucharán más en ti*" (Revelación 18:23).

Esto constituye un símbolo de *complementarse*, la creencia en *complementarse* – la novia y el novio – *dos, convirtiéndose* en UNO. Incluso eso, *NO* será suficiente DENTRO de la *Nueva* Conciencia. ¿Por qué? –Porque la *ilusión* de *complementarse* entre hombre y mujer, es *evidenciada*. No existe *posibilidad* alguna de *complementarse* entre el hombre y la mujer, porque, de hecho, NO existe hombre NI mujer. "*Sean pues Perfectos; iguales a su Padre*" (Mateo 5:48) – y es que nos habíamos *aferrado* a *nuestro* concepto de lo que la *Perfección* implicaba; TODOS contamos con ideas *diferentes* acerca de la *Perfección*; pero ahora estamos siendo *obligados a contemplar* que la *idea* de *Perfección* DEL Padre, la constituye el *Cuerpo* DEL *Espíritu*, y NO el *cuerpo* DE *carne*.

'Algo' *flota* en el horizonte – estamos siendo *preparados* para aquello que podría llamarse una *Fiesta de Bodas* – *la Cena a la Mesa* DEL *Padre*, de una manera *distinta* a la que habíamos anticipado en *nuestro* sentido de bondad y perfección *humanas*.

"... *Porque tus mercaderes eran los grandes hombres de la tierra; pues por tus hechicerías fueron engañadas todas las naciones*" (Revelación 18:23).

TODOS hemos sido *engañados* tanto por la *materia* como por su *'padre'* – la 'mente *mortal*' – *materia* nacida *de* la 'mente *mortal*'; *materia* hecha visible a través *de* la 'mente *mortal*'. Esas son las *hechicerías* que nos han *impedido* "*ser Perfectos, iguales a nuestro Padre*" (Mateo 5:48). Pero, *si renunciamos* a la *materia* y a la 'mente *mortal*' en nuestra *Nueva* Conciencia, y *llegamos* entonces a un lugar en el cual NO nos consideremos hombres NI mujeres, físicos NI mortales, entonces... ¿*qué* seremos? Esos placeres *perdidos* de los sentidos, ¿serán reemplazados por *algo*? ¿Se nos está *pidiendo* abstinencia, vestiduras de tela de sacos, y ceniza? ¿O estamos *siendo elevados* hacia un Reino DE Conciencia que corresponde al *Cuarto* Cielo? –Ese *Primer* Cielo *Invisible* nos prepara para esa Vida EN el Espíritu *sobre* la tierra, *tal como lo es en los Cielos*, en el cual ya NO somos más, *criaturas* sujetas a las *circunstancias*, sino *Hijos* DEL Padre, viviendo bajo la Ley *Divina*, viviendo bajo la *Gracia*, caminando CON Él, DENTRO de la Vida que es *Eterna*. ¿Implica esto una gran *posibilidad* de convertirnos en algo muy *distinto*? ¿Se está *desvaneciendo* lo *remoto*? Así lo parece...

"*Y en ella se halló la sangre de los profetas y de los santos, y de todos los que han sido muertos sobre la tierra*" (Revelación 18:24).

En la *Nueva* Conciencia, en *la piedra de molino arrojada sobre la mar* del *pensamiento* de 'este *mundo*', somos *rescatados* de la mar, *a través* del Amor *Divino* – ahí encontramos TODA la *Sabiduría* de los Santos que fueron *asesinados* por nuestro **rechazo** de ellos, a través de las eras. Ahora *su sangre* constituye el sentido *vengado*; TODO cuanto ellos han *llevado a cabo*, está *fructificando* DENTRO de nuestra Conciencia. Y estamos *viendo* que TODOS Aquéllos **rechazados** en el pasado, cuyas *Palabras* provenían DE Dios, *Palabras* que fueron *leídas*, pero NO **aceptadas** de corazón, AHORA se hacen *Realidad* en nuestro *Nuevo* RECONOCIMIENTO de la Identidad *Espiritual*.

Nos encontramos AHORA en un lugar donde el Yo SOY, *deja* de ser una *declaración* de la boca, para ser más bien, un *Sentimiento* del Corazón. Nos encontramos AHORA donde Dios *deja* de ser una *palabra* que utilizamos, una *creencia* que tenemos, o un *término* abstracto que *esperamos encontrar* algún día *cara a cara* (1ª. Corintios 13:12) – Dios, Se *Convierte* en la *Experiencia* de nuestra Alma. Para nosotros, Dios Se *Convierte* en una *Realidad* Viviente **y** Presente de la Vida. Pero más que un Dios *Vivo Presente*, AHORA estamos llegando a esa hermosa Conciencia que dice: "*Hay* un Dios TOTAL; NO un *fragmento* de Dios; NO un Dios de tiempo *parcial*; NO un Dios al que *recurro* cuando estoy enfermo; NO un Dios al que *recurro* cuando me gustaría saber la Verdad; NO a un Dios al que *me vuelvo* cuando quiero cambiar mal por bien. **No**; este es un Dios a quien el Yo, *consagro* Mi Vida; este es un Dios en quien el Yo *moro*, **aceptando** Su Vida **y** la mía, como la **Única** Sola Vida. 'mi' voluntad se ha *ido*; 'mi' sentido *personal* se ha *ido*. Mi *aceptación* de Dios ES **Total**, completa". Y en ese *Nivel* de Conciencia, _ustedes_ NO están en *busca* de experiencias *terrenales*; _ustedes_ NO están en *busca* de 'este *mundo*'; _ustedes_ NO están en *busca* de *efecto* alguno. –*Ustedes* están **totalmente** *Inmersos* EN la CAUSA – EN Dios. _Ustedes_ se están *concientizando* de _Ustedes_ Mismos – y la sombra de *dualidad* se está *desvaneciendo*. La voz de ese "yo" *personal* está *menguando*, y la Voz DEL *Espíritu* se está convirtiendo en _su_ *Diaria Compañía*.

AHORA el Amor DEL Padre está *ardiendo* DENTRO de <u>sus</u> Corazones, y <u>ustedes</u> están *preparados* para *caminar* DENTRO del Espíritu **y** FUERA de la creencia en la *forma*; FUERA de la creencia en la *materia*; FUERA de la creencia en la *mortalidad* – *descansando completamente* en una Confianza *Radical* EN Dios. Y esa Confianza *Radical* es importante, porque, habiéndose **aceptado** <u>ustedes</u> mismos COMO Hijos DE Dios, Hijos DEL Espíritu DE Dios, es que <u>ustedes</u> NO pueden *desconfiar* de la Presencia *TOTAL* DEL Padre – y así, NO hay 'mal' alguno que <u>ustedes</u> quieran *cambiar* en 'bien' – pues <u>ustedes</u> se *encuentran* por SOBRE la *creencia* en el 'mal'.

Creer en el 'mal' sería una *falta* de confianza **Total** EN Dios. La *creencia* en el 'mal' diría, "*Hay* Dios **y** *hay* 'mal'", lo cual implica una confianza **parcial** EN Dios. *Si* hay Dios **y** 'mal', entonces <u>ustedes</u> NO cuentan con un Dios *TOTAL* – estarían *con* el dios de 'este *mundo*', la 'mente *mortal*'. En el instante en que <u>ustedes</u> *saben* que Dios ES, *TOTAL*, en ese *mismo* instante la *creencia* en el 'mal' *desaparece*. TODA *apariencia* de 'mal' no es más que *televisión* o *proyección cósmica* para ustedes – *imágenes mentales* proyectadas a través del *tiempo*, a través del *espacio*. Para <u>ustedes</u>, eso NO tiene *sentido*. ¿Por qué? –Porque <u>ustedes</u> han *aceptado* un Dios *TOTAL*, un Dios *OMNIPOTENTE*. ¿*Cómo* podría Dios ser *OMNIPOTENTE*, **si** existe el 'mal'? En la **aceptación** de un Dios *TOTAL*, <u>ustedes</u> han **eliminado** la creencia en el 'mal'.

Nosotros nos encontramos AHORA, entre aquéllos que fueron anteriormente *descritos*.

Llegamos al Capítulo **19**.

> "*Después de eso escuché gran voz de multitud en los Cielos, que decían: ¡Aleluya! Salvación, gloria, honra y poder, al Señor nuestro Dios*" (Revelación 19:1).

Sobre la 'tierra' hubo *muchas voces*. DENTRO de la Conciencia *Espiritual*, hay **UNA SOLA** Voz. **TODO** es **UNO**, y por eso "*escuché* *una gran voz de multitud"*, implica el UNO, la *Unicidad*, dentro de UNA SOLA Voz de *muchos*. ¡*Aleluya*!

Y cuando dicen "¡*Aleluya*!"; cuando esa ÚNICA Voz dice "¡*Aleluya*!", es radicalmente *distinto* a cuando la voz *humana* lo dice. Cuando *ustedes* dicen: "Voy a la tienda", les toma cinco o diez minutos llegar ahí. Cuando Dios dice: "¡*Sea la Luz*!" (Génesis 1:3) (el chasquido de los dedos es oído *una sola* vez); y *hay* Luz. Con *Dios*, lo que el *decreto* y la *acción*, son UNO – con el *hombre*, lo que se *dice* y la *acción*, puede *tardar* siglos. DENTRO de su *Nueva* Conciencia, cuando *ustedes* dicen "¡*Aleluya*!", eso significa que *ustedes* están *llevando* a cabo las Obras DE Dios. Aquello que se *dice* EN el Espíritu, está **aconteciendo**. Aquello que se *dice* en lo *material*, se *dice*... – y, a menudo, *ahí* queda.

"*El Yo, os digo* ..." Esto es muy distinto a cuando un *hombre* lo dice. Cuando "*El Yo, os digo*", entonces ¡está *hecho*! El *Poder* acompaña a la Voz DEL Espíritu. Ahora bien, *Aleluya* significa que, DENTRO de la *Nueva* Conciencia, *ustedes* están FUERA de la voluntad *humana*; y la Voluntad DEL Padre, actuando *a través* de *ustedes* como Gracia, está *llevando* a cabo las Obras DEL Padre donde *ustedes* se encuentran – *ustedes* están *llevando* a cabo las Obras que NO *perecen*; *ustedes* están Divinamente *guiados* – *sus* tropiezos *humanos* han *cesado*, y "*la Gracia, la Gloria y la Honra*" significan que estas *Obras* NO son *temporales*, sino *Eternas*.

"*Porque sus juicios son verdaderos y justos*"
(Revelación 19:2).

Originalmente nos fue dicho que *nuestros* juicios debían ser *Justos* – *más allá* de la justicia de los escribas y de los fariseos; *más allá* de la justicia de la 'mente *humana*'. Y NO podíamos *concebir* cómo podríamos ser *más* justos que una 'mente *humana*' – particularmente una 'mente *humana*' farisea, una 'mente *humana*' brillante, una gran 'mente científica-*humana*', o una 'mente *humana*' de un genio. Pero sólo SUS Juicios son *Justos*, porque 'nosotros', incluso desde nuestro *más alto* entendimiento, *todavía* estamos actuando desde lo *finito*; *todavía* estamos actuando desde una *encarnación*, desde un *lapso* de vida – *"y el Padre, Quien ve en lo Secreto"* (Mateo 6:6), lo ve TODO *a la vez*.

Ahora bien, SÓLO Cristo EN *ustedes*, es capaz de un *Juicio JUSTO* – siendo que la Mente-Cristo y la 'mente *humana*', NO son lo mismo. Aquel que NO tiene al Hijo, NO tiene al Padre. Aquel que NO tiene la Mente-*Cristo*, NO tiene la Mente del *Padre* – y en la *creencia* errónea de que ese "yo" dentro de la 'mente *humana*' puede *recibir* la Inteligencia DE Dios, nos *hunde* a TODOS en el colmo de la *ignorancia*. Ese "yo" dentro de *mi* 'mente *humana*', aunque *mi* nombre fuera Einstein; aunque fuera el *fundador* de una gran religión, NO puedo *recibir* la Palabra DEL Padre. *SÓLO* el Hijo DE Dios recibe la Palabra DEL Padre; y ése es, el Cristo. Pero el Cristo EN mí, puede *recibir* la Palabra DEL Padre – y, a menos que *encuentre* al Cristo EN *mí*, *vagaré* por esta tierra en una *ignorancia* mortal, esforzándome por *cambiar* 'mal' en 'bien'; *evitando* los problemas; *encontrando* un poco de consuelo dentro de 'un mundo' que NO es el Reino DE MI Padre.

Cristo EN MÍ, es el método de *comunicación* DESDE el Padre HACIA el Hijo. Y para dar Honor, Gloria y Poder AL Padre, *primero* tenemos que estar *dispuestos* a ser *dignos* de *recibir* esa Conciencia llamada Conciencia-*Cristo*. <u>Ustedes</u> NO cuentan con la *facultad* de cumplir con la Voluntad DEL Padre, *hasta que* estén **receptivos** a la Conciencia-*Cristo*; *hasta que* hayan **renunciado** a TODO deseo de ser, un 'mejor' ser *humano* –un ser *humano* más saludable y exitoso– y *hasta que* hayan llegado a la **renuncia** TOTAL de necesidades *personales*, hacia la **aceptación** de que *ustedes* SON el Espíritu *Viviente* llamado Hijo DE Dios, viviendo DENTRO de una Forma *Espiritual* –aunque *sus* sentidos NO lo sepan– estando SIEMPRE bajo la Gracia DE Dios DENTRO de *su* Forma *Espiritual*, AQUÍ y AHORA.

<u>Ustedes</u> se están *acercando* al gran *descubrimiento* del Reino DEL **Es** – NO del *será*; NO del *mañana*, sino del AQUÍ-AHORA. Estamos

hallando que el Reino DE Dios es TODO lo que *hay* AQUÍ. Y *sólo* cuando hayamos *sacrificado* el *falso* sentido de la vida, el *falso* sentido de ese "yo", el *falso* sentido de *mortalidad*, la *falsa* creencia de que hay *seguridad* dentro de la materia, *protección* dentro de la materia, *riqueza* dentro de la materia, *vida* dentro de la materia ... *sólo* cuando TODO eso haya sido *borrado*, cuando nos hayamos *crucificado* a 'este *mundo*'... *sólo* entonces, *seremos* como *niños* otra vez, *caminando* una vez *más*, NO *fuera* del Edén, sino DENTRO del Reino DE la Perfección *sobre* la tierra – *Perfectos, iguales a nuestro Padre que está en los Cielos* (Mateo 5:48).

DENTRO de cada *corazón* hay un lugar que *sabe* que esto es *cierto*; y, sin embargo, en cada 'mente' hay un *miedo* que le dice al corazón: "¿No podríamos *posponerlo* un poco más?" Y eso está perfectamente bien – todo aquel que desee *posponerlo* un poco más, tiene *derecho* a hacerlo. El único problema es que existe un *Horario Divino*, ¡que NO *espera* a NADIE! Dice: "*Ustedes pueden* hacer lo que 'gusten'; ustedes tienen **total** 'libre albedrío' para servir a Mammón **o** para servir a Dios; *ustedes pueden* escuchar la voz de ese "yo" *personal*, en lugar de la Voz DEL Padre; *ustedes pueden* caminar dentro de 'este *mundo*', y *pueden* tener un gran éxito – todo eso está 'aquí' para que lo lleven a cabo, *si* así lo desean –pero también pueden caminar DENTRO DEL Espíritu...

A la *vuelta de la esquina* se encuentra el *fin* de una *era*, a la cual hemos llamado, *el fin* de 'este *mundo*'. *Cuando* el balancín se incline hacia el otro lado; *cuando* aquello que hemos exteriorizado dentro de esta conciencia *mortal*, sea *cambiado* por la *Nueva* Conciencia que ha *nacido* sobre la tierra, y *cuando* toda la materia sea *disuelta* y *desaparezca*, entonces habrá resultado de *utilidad*, el *conocer* todo esto HOY **mismo** – podría ayudarlos a *decidirse*...

Y así, la *muerte* puede *llegar*, o puede ser *sorbida en victoria* (1ª. Corintios 15:57). Podemos *morir* a ese "yo" material, ANTES que *muera* para nosotros. NUNCA habíamos contado con esa *elección*; NO estábamos *conscientes* de eso. AHORA tenemos esa *alternativa*, porque el Cristo, EN nosotros, nos está *entregando* A Dios, *liberándonos* de los *falsos* conceptos.

El Amor DE Dios, el Poder DE Dios, la Presencia DE Dios, siendo *aceptados* DENTRO de <u>su</u> Conciencia, hace que TODOS los demás poderes *encaren* esa Verdad DENTRO de la Conciencia de <u>ustedes</u>: que Dios ESTÁ *Presente* y que Dios ES *Poder* – por lo tanto, ese *Poder Presente* que *actúa* AQUÍ y AHORA, *más allá* del nivel de <u>su</u> conciencia *sensoria*, está AQUÍ, sin lugar a dudas, *haciendo* Su Trabajo ... y aquello que los *sentidos* les estén *presentando*, lo pueden *rechazar*, porque AHORA se encuentran en esa 'tierra de ningún hombre', donde <u>ustedes</u> están dispuestos a ir *más allá* de <u>su</u> *conocimiento*, *más allá* de <u>su</u> *nivel de comprensión humana*, hacia el nivel que NO *acepta* 'este *mundo*' del que son *conscientes*, sino el Reino del que <u>Dios</u> ES *Consciente*. AQUÍ <u>ustedes</u> aceptan el Reino del que <u>Dios</u> ES *Consciente*, en lugar de 'este *mundo*' del que <u>ustedes</u> son conscientes – encontrándose *ahora*, DENTRO del nivel de Fe *más alto* posible.

Vean *por qué* el Maestro pudo decir: "*'yo' nada puedo hacer por mí mismo; pero sé que aquí mismo el Padre Está haciendo las obras*" (Juan 5:30 y 4:10); y el Yo, puedo caminar *humildemente* tras de Él y decir: 'Yo, *también*'. El Yo <u>*sé*</u> que aquí mismo, el Padre está <u>*llevando*</u> a cabo las obras, aunque todos mis sentidos den testimonio de lo *opuesto*". Y esa es, la Conciencia-*Aleluya*, la cual ha *descartado* aquello que *ve*, aquello que *sabe*, y dice: "<u>Cierto; NO *veo*</u> a Dios – pero Dios, *Está aquí*. No "*conozco a Dios correctamente*" (Juan 17:3) – pero Dios, *Está aquí*. El Yo, estoy <u>*crucificando*</u> la conciencia de mis <u>*sentidos*, y *resucitando*</u> para el Señor". Lo anterior constituye un gran 'salto' para nosotros; pero en realidad, muchos de nosotros *ya* hemos *experimentado* una gran parte de dicho 'salto'.

'Nuestro' *conocimiento* NO se encuentra donde nuestra *Fe* está; pero nuestra *Fe* se encuentra *aquí*; y aunque por mucho tiempo, pudo haberse considerado una *fe ciega*, ahora esa Fe *cuenta con ojos*. Se trata de una Fe que ha sido *recompensada* por *el Padre que ve en lo secreto* (Mateo 6:6); se trata de una Fe que pronto se *convertirá* en una *Fe Inquebrantable*; se trata de una Fe que pronto se convertirá en una *Convicción Viva*, más profunda que el océano – porque cuando *el hijo pródigo vuelve a Casa*, entonces *el Padre corre a su encuentro* (Lucas 15:20) – y la *seguridad* que *ustedes* necesitan NO *tarda* en llegar, en tanto *ustedes tropiezan.*

Y cuando los *"Brazos Eternos"* (Deuteronomio 33:27) los *rodean* a *ustedes*, y *descubren* que su Fe era **verdadera**, entonces 'Aquello' en lo que tuvieron Fe se encuentra AQUÍ – hay un Universo *Espiritual* llamado el Reino DE Dios. Ese Universo ES *Perfecto*; ese Universo constituye el ÚNICO Poder. En ese Universo NO hay poderes de *'mal'*; en ese Universo NO hay 'formas *físicas'*; en ese Universo NO hay 'formas *materiales'*; en ese Universo NO hay 'seres *mortales'*. Esto se *arraiga* **más** DENTRO de ustedes, tal como lo *contrario* estuvo arraigado en su conciencia de *ayer* – se *arraiga* con la *misma* firmeza con la que ustedes *conocen*, DENTRO de la *Nueva* Conciencia, aquello que, en la *antigua* conciencia, ustedes *creyeron* que era cierto.

Se trata de un *proceso* de *des*-Condicionamiento, de *des*-Hipnotización. *Ustedes* **saben** que un día, *ustedes caminarán* DENTRO de una Forma a la que se ha llamado, *Forma Astral*. Ya NO estarán más DENTRO de la *ilusión* de un 'cuerpo *material'*. Y entonces se preguntarán: *"¿Cómo* pudo alguien haber *creído* en una 'forma *física'*? ¿*Quién* pudo haber *oído* hablar de algo tan *tonto*? Entonces NADIE podrá *convencerlos*; y *difícilmente* tendrán algún *recuerdo* de eso. Después *llegarán* a su *Forma* **Espiritual** – y les resultará difícil *creer* que tuvieron una *Forma Astral.*

Sin embargo, el Cristo nos dice: "El Yo, NO estoy pasando a través de esos *procesos*. Vivan AHORA, DENTRO de la Mente-*Cristo* que *sabe* que el Yo, Estoy AHORA DENTRO de la *Forma* **Espiritual**; el Yo, Estoy DENTRO del Cuerpo DEL **Alma**" … y entonces, *la muerte será sorbida en victoria* (1ª. Corintios 15:57); *ustedes* estarán viviendo DENTRO de un *Nuevo* conjunto de Leyes – pero NO *establecidas* por el *hombre*; y ciertamente, NO DENTRO de los *temores* de 'este *mundo'.*

Si ustedes *examinaran sus motivos*, entonces des-Cubrirían que *gran* parte de aquello que *hacen*, está *condicionado* por ese **temor** a NO estar *preparados* para lo **Inesperado** – pero *ustedes* NO podrán *recibir* el Verbo, la Palabra DE Dios, *si* se encuentren *atrapados* por el **temor** a lo **Inesperado** – *ansiosos* por *moverse* DENTRO de las *viejas* rutinas. *Velar, despertar,* implica *des-Hacerse* de TODOS los grilletes de los *conceptos*; implica NO *comprometerse* con algo 'más'; implica NO darse por *vencido* y *retirarse* – sino por el *contrario*: ser *libres,* para ser *elegidos* POR el Padre.

Y así *aprendemos* que uno de los requisitos **previos** a la LIBERTAD, es la *voluntad* de *permanecer* SIN *compromiso* alguno con NADA sobre esta tierra – comprometidos ÚNICAMENTE **con** el Cristo *en medio de ustedes* – **con** el Cristo, *en medio de madre*; **con** el Cristo, *en medio de padre*; **con** el Cristo, *en medio de hermano y hermana*; **con** el Cristo *en medio del prójimo.* Ése es, el ÚNICO *compromiso* que el Espíritu RECONOCE: el *compromiso* **con** el Cristo. ¿Por qué? –Porque cualquier *otro* compromiso *humano,* **impide** la libertad para lo **Inesperado**; para el *milagro* de un *Impulso Divino* que los *conduciría* a un Reino DE Conciencia *Invisible* e *Insospechado.*

Si limitáramos a Dios a *nuestro* sentido *finito* de las cosas, entonces estaríamos en la *dualidad.* Aquellos que están *gritando*: "¡*Aleluya!*", son quienes han *salido* del 'dios' que los *limitaba* a cualquier *cosa* – son quienes han *liberado* A Dios. Ellos están diciendo: "*Hágase únicamente Tu Voluntad*" (Mateo 6:10). Ellos NO tienen *otra* voluntad, que la *Voluntad* DE Dios; ellos NO tienen otro propósito, que el *Propósito* DE Dios; ellos NO tienen ningún deseo, sino los *Deseos* DE Dios en ellos – y NO *racionalizan* diciendo: "Bueno; ciertamente *Dios quiere* que 'yo' haga esto o que 'yo' haga aquello". Todo lo contrario – ellos moran DENTRO del Cristo de *su* Ser, *permitiendo* que el Padre *Interior,* lleve a cabo las Obras.

Ahora bien, en este Nivel de Conciencia anunciado aquí en la *primera* parte del Capítulo **19** – la *Sumisión **Total** de la Individualidad,* al *Espíritu* DE *Dios* que mora en *ustedes, permitiendo*

que ese Espíritu de _su_ Ser, sea _movido_ TOTALMENTE por la Voluntad
DEL Padre, implica entonces que ustedes estarían **permitiendo** que
lo _Infinito gobernara su_ Ser; entonces ustedes estarían **aceptando**
a Dios _como_ INFINITUD – Mente _Infinita_, Poder _Infinito_, Ley
Infinita, Principio _Infinito_, Ser _Infinito_, Sustancia _Infinita_,
Actividad _Infinita_... De esa manera _ustedes_ estarían diciendo: "El
Yo, estoy _listo_ para _recibir_ al Espíritu Santo".

Ésos son los _Elegidos_ – aquellos que _se han_ **sometido** a la actividad
DEL Santo Espíritu. Entre ellos y Dios, ya NO existe _separación_
alguna provocada por la existencia de una 'mente _humana_' – la
mente y el cuerpo, ya NO existen más. Una Conciencia _Divina_,
Una Mente _Divina_, es TODO cuanto hay en este _Nuevo_ Nivel de
Conciencia – TODA _separación_ se ha ido. Ya NO hay _separación_ DEL
Padre; ya NO puede haber **aceptación** de 'bien', _aparte_ DEL Padre;
tampoco de 'mal' _fuera_ DEL Padre. _Aceptar_ lo _finito_ constituiría
una _negación_ de la _Unicidad_ CON el Padre, ya que el Padre JAMÁS
es, _finito_; la **aceptación** de algo que _pereciera_ constituiría una
negación de la _Unicidad_ CON el Padre, ya que NADA EN el Padre
puede _perecer_ JAMÁS. De esa manera es como están _aceptando_ que
la Vida ES, _Eterna_; y que SÓLO aquello que es _Eterno_, ES Vida.

Cuando _ustedes_ comprendan esto, y cuando _ustedes_ le sean
fiel, entonces _encontrarán_ la _Nueva_ Fuente de Poder elevándose
DENTRO de _ustedes_ – un poder que constituye el Poder DEL Padre
Interior. NADA creado POR el Padre, puede _perecer_. SÓLO aquello
que es _Eterno_, es Vida; y aquello que NO es _Eterno_, NO es Vida;
y, por lo tanto, TAMPOCO es _Real_. ¿Hacia _dónde_ nos conduce
todo esto? –Nos lleva ante la _necesidad_ de tomar una _decisión_:
Continuar desobedeciendo al "_Ser Perfectos, iguales a nuestro Padre_"
(Mateo 5:48), o **aceptar** que hay una Vida que se encuentra AQUÍ
y AHORA presente; y ésa es, la **única** Vida que el Yo, tengo. El Yo,
NO tengo _otra_ vida que NO sea la Vida _Eterna_; y aquello que _creí_
que era 'mi vida', la cual NO es _Eterna_, NO constituye _Mi Vida_ – de
lo contrario, ese "yo", también caminaría en 'este _mundo_', _separado_
de esa Vida que constituye la Vida de **Mi** Padre.

Ahora bien, algunos, *antes* que nosotros, ya han **aceptado** esa Vida *única*, la han *trascendido* y han hecho la *transición*. En *este* momento ellos se encuentran DENTRO de lo *Invisible*, llevando a cabo Obras *portentosas*, y se encuentran diciendo:

"*¡Aleluya! Gloria y Honra, al Señor nuestro Dios*" (Revelación 19:1).

En muchos otros versículos, Juan nos vuelve a presentar esta Actividad *Interior* DENTRO de la Conciencia *Espiritual*, la cual NO es *visible* para los sentidos *humanos*.

"*De nuevo dijeron: ¡Aleluya! Y su humo se elevó por los siglos de los siglos*" (Revelación 19:3).

Ellos están llevando a cabo, Obras en lo *Invisible*, las cuales van a llegar a la Conciencia de *ustedes* y a la *mía* – *siempre y cuando* estemos *receptivos* a ellos. Con eso quiero decir que hay un Joel, en alguna parte, *moviéndose a través de ustedes*; que hay un Jesús, *moviéndose a través de ustedes*; que hay un Pablo, *moviéndose a través de ustedes*; y hay otros más, *anónimos*. De hecho, hay miles, *moviéndose a través de cada uno de nosotros*, diciendo: "El Yo, Estoy *llamando* a la puerta de *su* Conciencia; les *traigo* una Sabiduría *Superior*; un Conocimiento *Superior* del Ser. *Renuncien* a *su* actitud *personal* hacia la vida; *renuncien* a *su* sentido de 'mente *humana*'. *Vengan* HACIA el Mí, SIN *concepto* alguno; *edifiquen su* Santuario del Cristo *Interior*".

¿No resultaría tonto, el que hubiera *veinte* personas arrodilladas ante la presencia de Dios, tratando las veinte de *hablar al mismo tiempo*? ¿O incluso las *veinte* personas tratando *de pensar al mismo tiempo*? ¿O de *actuar* sobre algo, *al mismo tiempo*? Cuánto mejor **si** ellos "*se aquietaran* (Salmos 46:10) *y esperaran en el Señor*" (Isaías 8:17 y 40:31). **Si** los veinte *se aquietaran y esperaran en el Señor*, ¿no serían *llenos* DEL Padre?

Demos un paso al frente. *Si* el Padre ESTÁ presente *dondequiera* que *ustedes* están, ¿no deberían *ustedes* aquietarse DELANTE del Padre? ¿No debería esa 'mente *humana*', la cual es *el hijo pródigo, volver a Casa y aquietarse, esperando en el Señor,* CON confianza, CON certeza, SIN conceptos, SIN anhelos, SIN deseos, SIN buscar, SIN pedir... simplemente *contentos* de estar DELANTE *del* ¿Padre? Eso es lo que '*retirarse*' significa; '*allanar*' un camino. *Ese Esplendor aprisionado* JAMÁS puede surgir mientras *ustedes* se encuentren *dentro* del pensamiento *humano* – el pensamiento *humano* constituye la *separación* del Padre. Mientras *ustedes hablen con su mente,* Dios NO podrá *hablarles.*

Para ser *dignos* de *recibir* la Voz, *tenemos* que hacer algo más que tan solo poner *sobre el altar* una paloma, una oveja o una cabra como *sacrificio. Tenemos* que **abandonar** esa 'mente *humana*'. "*Habla Padre; Tu Siervo escucha*" (1ª. Samuel 3:9). El Yo, Soy un *oyente,* un *testigo.* **No** hay ninguna *otra* forma de ser un *espectador;* NO hay ninguna *otra* manera de dar *testimonio* de la Verdad, que "*entrar*" en nuestro *Aposento*" (Mateo 6:8), dentro de la Mente-*Cristo,* y "*esperar en el Señor*" (Salmos 37:5).

"**No** *tengo conceptos, Padre;* CAREZCO *de ideas preconcebidas;* NO *tengo nada en* 'este *mundo*' *a lo que me esté aferrando.* **No** *busco* NI *pido nada – tan solo* A Ti. **Acepto** *la Identidad Espiritual. El Yo, Soy un ciudadano del Reino* **de** *Dios. Confiando en ese Reino y en su Gobernante, el Yo descanso y permito que el Espíritu de Dios, lleve a cabo* SUS *Propias Obras dondequiera que el Yo, Estoy*".

Ahora nos estamos *vaciando;* nos estamos *purificando* de TODA *creencia, concepto, deseo.* Venimos *vacíos* ante el Padre – *descubrimos* el Poder de ese *Vacío,* porque es *llenado* con el Pensamiento DEL Padre. El Yo, Estoy siendo *elevado* más allá del pensamiento *humano.* El Pensamiento DEL Padre *llena* el recipiente *vacío* de nuestra *mente.*

El Poder *crece,* y entonces *ustedes* son *elevados* por encima de *sus creencias. Ustedes* son *elevados* hacia el RECONOCIMIENTO de la Mente-*Cristo* – pero esto, sólo porque *ustedes* vienen *vacíos,*

SIN *concepto* alguno. *Ustedes* NO tienen NINGÚN *concepto* de bien; NINGÚN *concepto* de mal; NINGÚN *concepto* de materia; NINGÚN *concepto* de forma – *ustedes* se encuentran SIN NINGÚN *pensamiento*. El *menor* deseo de parte de *ustedes* constituiría un *pensamiento*, y entonces le *pedirían* al Padre que *"llenara odres de vino, viejos"* (Mateo 9:17) – y NO lo hará. Así que, *cuando* la pizarra esté *limpia*; *cuando* NO haya *nada* escrito en *su* pizarra; *cuando* *ustedes* sean capaces de *entrar* al Silencio con una Conciencia *Virginal*, entonces la *vestimenta* de *su* mente será *revestida* con los Pensamientos DEL Padre – serán Pensamientos *Puros*; serán Pensamientos que 'este *mundo*', NO conoce; serán Pensamientos que la 'mente *humana*' JAMÁS podría *percibir* – y serán Pensamientos que dirán: "¡*Sea la Luz!*, *y fue la Luz...*" (Génesis 1:2-3). Se trata de Pensamientos que dicen: "¡*Que haya* provisión!", y hay provisión...; se trata de Pensamientos que dicen: "¡Que *haya* salud!", y hay salud....

Estos son los Pensamientos DE Poder – el Poder para mantenerse y sostenerse *Ellos Mismos*, como la *Actividad* DEL Santo Espíritu.

∞∞∞∞∞∞∞ Fin del Lado Uno ∞∞∞∞∞∞∞

MI Gracia *penetra* el pensamiento de *ustedes*, cuando *ustedes* se encuentran SIN pensar, SIN pensamientos, NO pensando... y entonces *llega el Novio* (Mateo 25:6). Y ahí hay una forma *distinta* de 'matrimonio' – un Matrimonio *Místico* – el Matrimonio de la *Novia* y el *Cristo* – y todo porque *nosotros* hemos *vaciado* la *creencia* de que: "*mi* mente *humana* cuenta con *poder* para *pensar*; cuenta con *poder* para '*conocer a Dios correctamente*'" (Juan 17:3).

El *engaño* de la mente y del cuerpo es *revelado*, exponiendo la *falsa* tentación de *hacer* el 'bien', de *pensar* 'bien', de *encontrar* el 'bien', de ser 'buenos'... Todo lo anterior nos ha *persuadido* a dejar de hacer el 'mal', de ser 'malos', y de encontrar el 'mal', haciéndonos *creer* que debido a que estamos en el *lado* 'bueno' de las cosas, fuimos *favorecidos* por el Señor. ÚNICAMENTE en el Nivel *Espiritual* de Vida, es que *ustedes* moran EN el Padre, y el Padre mora EN ustedes. Y esto corresponde al *Cuarto* Cielo, el *Primer* Cielo *Invisible*; es decir, la *Cuarta Dimensión de Conciencia.*

Ahora bien, a partir del Capítulo **19**, todo se *enfoca* en ese Nivel y otros *más* arriba – pero, sobre TODO, se *enfoca* hacia los *Invisibles* Impulsos Divinos que se mueven *a través* de *ustedes* – los cuales son *desconocidos* para *sus* sentidos – sentidos que *ustedes* están *abandonando* junto con el hábito de *prestarles atención*, ya que ese "yo", *insiste* en vivir DENTRO de la *creencia* de que aquello que *sus* sentidos 'conocen', constituye la *Realidad.*

Así pues, debido a todas nuestras 'cualidades *dubitativas*' al estilo de Tomás, Juan nos trae lo siguiente: Ustedes saben que, DENTRO de cada uno de nosotros, *existe* al menos un Tomás. Casi cada *cualidad* de los *personajes* de la Biblia existe DENTRO de *cada uno* de nosotros – y todos tenemos una *incredulidad* latente acerca de la *Presencia* DE Dios; NO *creemos* en la OMNIPOTENCIA como estando presente. Sin embargo, estos 'pocos' que ahora han **aceptado** la TOTALIDAD de Dios, comparten esto:

> *"Oí como la voz de una gran multitud, como el estruendo de muchas aguas, y como la voz de fuertes truenos, que decía: ¡Aleluya!, porque el Señor Dios* OMNIPOTENTE, *reina"* (Revelación 19:6).

Bueno, pues *esa **aceptación** de la* OMNIPOTENCIA, *en automático excluye la creencia en la realidad de* TODA *forma de desastres conocida por el hombre*. En esta Conciencia-*Aleluya*, NO hay *creencia* en NINGÚN 'mal' – NO se cree en la muerte; NO se cree en NADA de aquello que el hombre *mortal* ha *temido* desde que 'este *mundo*' comenzara. Y cuando *ustedes* consideran lo anterior, entonces no pueden más que *admitir* que, *si* Dios ES OMNIPOTENTE, entonces *nosotros* hemos 'perdido la ruta', al *admitir* que los males de 'este *mundo*' sean 'reales'.

Hemos sido *tiranizados* por lo *limitado* de nuestros *sentidos*, para *percibir* 'Aquello' que se encuentra AQUÍ. Hemos *vivido* en un

Nivel de Conciencia que camina *a través* del Reino DE Dios sobre la tierra, SIN ojos – *ciegos*. Podemos *aprobar* para obtener una licencia de conducir, pero, aun así, *seguimos ciegos*. Podemos *ver* edificios; podemos *ver* gente, pero estamos tan *ciegos* como se puede estar, porque TODO cuanto hay AQUÍ es: *el Reino* DE *Dios*.

DENTRO de la *Nueva* Conciencia de *ustedes*, DENTRO de su *Nuevo* Nivel de Fe, *ustedes* **admiten** ese Reino PRESENTE. "Dios *OMNIPOTENTE, reina*" – eso constituye *su conocimiento*; eso constituye *su aceptación* – que porque Dios OMNIPOTENTE reina, TODO aquello que *niegue* esa OMNIPOTENCIA, constituye una *mentira*, puesto que la OMNIPOTENCIA ES, el *Hecho*. Y *si* alguna vez han *necesitado* de AUTORIDAD BÍBLICA para ello, la *encontrarán en Revelación 19:6* "***DIOS, OMNIPOTENTE, REINA***" – esa es, la *Palabra*, el *Verbo* DE Dios.

Cuando *ustedes* hayan **aceptado** eso, entonces habrán **abierto** un Camino para algo más *Elevado* que el mero nivel de *aceptación por fe*, DENTRO de la *Verdad* – y eso es lo que sigue en este Capítulo **19**. Se trata de la **aceptación** de la Presencia OMNIPOTENTE DE Dios, *dondequiera* que *ustedes* se encuentren – aquello que les *permitirá* ser *instruidos* POR Dios. Y *si* *ustedes* ascendiendo *pacientemente* la escalera de la Conciencia, se *preguntaron* por qué *su* progreso era *lento*, fue debido a que, *hasta* que *ustedes* se *sentaran a la mesa* DE *Dios*, en aquello que aquí se llama la *Fiesta de las Bodas*, Dios NO sería Quien les estuviera *instruyendo* ... – y NO hay otra *manera* de *aprender* la Verdad; NO la *leerán* en un libro. En el instante en que la Verdad es proferida *en Voz Alta*, en ese *mismo* instante ya NO se trata de la *Verdad*. Ustedes *tienen* que *recibir* la *Revelación Directa* DESDE el Espíritu DE Dios DENTRO de *ustedes*; y ese es el Espíritu de la *Verdad* que Juan *anunció* que *vendría al mundo* como el *Consolador* (Juan 16:13).

"*Cuando el Espíritu de Verdad, el Consolador, venga a ustedes, entonces Él les dirá todo*" (Juan 16:13) – y eso es lo que constituye la *Fiesta*, la *Celebración de las Bodas*.

Ahora bien, *si ustedes* NO han *aceptado* la *Presencia* OMNIPOTENTE DE Dios, junto con la consiguiente *pérdida* en la *creencia* de la presencia de *cualquier* forma de 'mal' como siendo 'real' – ya que implica lo *opuesto* a la Presencia OMNIPOTENTE DE Dios; *si* ustedes NO han *aplicado ambos* lados de esta Espada de *Doble Filo*, entonces eso implica que *ustedes* NO están *preparados* para ser *instruidos* POR Dios. No han *despejado* un Camino; NO están *Purificados*; *su* Templo *todavía* está *abarrotado* con pensamientos *humanos*, con creencias *humanas*, con miedos *humanos*, con dudas *humanas*... – *todavía insisten* en los conceptos *humanos*. Esa *división* de conciencia *impide* la presencia de *ustedes*, DENTRO del Matrimonio *Místico*.

YA quedan *alertados* al respecto; YA *saben* que tienen que *preparar* una Habitación adecuada PARA el Señor, DENTRO de *su* propia Conciencia; YA *saben* que tienen que *Purificarse*. Ustedes YA han *pasado* por el *"Pero el Yo, les digo"* ... *ustedes* YA han *pasado* por el *"Ustedes oyeron que se les dijo en la antigüedad..., pero el Yo, les digo..."* (Mateo 5: 43-48). *Ustedes* YA han *pasado* por todo aquello llamado *la limpieza del Templo*; y, *si* por un lado NO lo han *aceptado*, **y** *si* por otro lado NO han *tomado el látigo* ante *cada* creencia *falsa* (Marcos 11: 15-18), y finalmente el *látigo* ante *cada* pensamiento *humano*, entonces es que aún están **persistiendo** en el 'pensamiento *humano*'; aún están **insistiendo** en '*pensar*' (Mateo 6:25) ... y el Pensamiento *Divino* NO *comparte* Su Mente, con el 'pensamiento *humano*' – de NINGUNA manera va a *parchar esa vieja vestimenta* (Marcos 2:21).

Cuando *ustedes* se *encuentren* DENTRO de la Conciencia *Virginal*, SIN *concepto* alguno, de nuevo como *niños*, **aceptando** SÓLO la Presencia DE Dios como la *Realidad*, entonces llegará lo siguiente:

> *"Gocémonos y alegrémonos, y démosle gloria a Él;*
> *porque han llegado las bodas del Cordero, y su esposa*
> *se ha preparado"* (Revelación 19:7).

Bueno, aquellos de nosotros que nos hemos *liberado* para que podamos ser *elegidos*, somos llamados: *la Esposa del Cordero* – y eso constituye el *Matrimonio **Místico*** en el cual la Conciencia de <u>ustedes</u> es ***desposada*** CON el *Cristo*. Este Matrimonio ***Místico*** NO acontece entre 'dos *personas*', aunque el Cantar de los Cantares de Salomón, constituye su *símbolo* – donde 'hombre' **y** 'mujer', son usados ***sólo*** como *símbolos*, para mostrar aquello que ocurre DENTRO de <u>ustedes</u>. Bien pudieran decir que el 'hombre' **y** la 'mujer' DENTRO de <u>ustedes</u>, están *unidos* en el UNO; y, como dijera Jesús al referirse a 'su madre': *"Estás siendo hecha varón"*. Lo anterior, el *Matrimonio **Místico***, acontece DENTRO de UN solo *Individuo*, NO entre '*dos*' individuos – y entonces ahora, *vienen a cenar a la Mesa* DEL *Cristo*.

<u>Ustedes</u> *son hechos Cristo*; y existe otra *fase* en la cual a la *Esposa* le es conferido el *Vestido Dorado de Bodas*. A la *Esposa* le es dado el *Manto* – y ese *Manto* representa la *Nueva* Conciencia que los *separa* de la *antigua* conciencia de *mortalidad*. Y *portando* ese *Manto* de la *Nueva* Conciencia, entran en *Unicidad* CON el Cordero que es UNO con el Padre – y entonces *el Yo (y) el Padre, UNO somos* (Juan 10:30). *"Quien **Me** ve, ha visto al Padre"* (Juan 14:9), y así se *unen* al *Primogénito* que, aunque *apareció* sobre la tierra en '*forma* mortal', pudo *elevarse* a través de estos *niveles* de Conciencia, hacia *la* Conciencia que está *re-Naciendo* DEL Espíritu, *renunciando* a la conciencia *dividida* de un 'ser *mortal*'; *encontrando* al Cristo *Interior*, El cual *conoce* al Padre, porque ES el Hijo DEL Padre; *descansando* en Cristo con *Integridad*; SIN *buscar* NINGUNA experiencia *terrenal*; *confiando* en que la *Presencia* del Padre EN el Mí, constituye la ÚNICA Ley que se necesita RECONOCER; y que *"Aquel que ve en lo Secreto"* (Mateo 6:6), Se *expresa* EN el Mí, como la *actividad* del *Santo* Espíritu – como la expresión *Plena, Completa* y ***Total*** DE Dios EN Cristo, ***aceptada*** por <u>ustedes</u> como su herencia *natural* como el Hijo DE Dios.

Y NO habiendo *otra* Conciencia que ésta, ahora los *Pensamientos* DE Dios se *convierten* en los pensamientos DE <u>ustedes</u> – y eso constituye su *Pan de cada día* (Mateo 6:11). Los *Pensamientos* DE Dios se convierten en la *actividad* DE ustedes; y "*tal como el Padre actúa hasta ahora, ustedes trabajan*" (Juan 5:17). Hay una ÚNICA Expresión *Rítmica*. **No** hay *Infinito* interpretado por ese "yo" *finito*, sino más bien, el *Infinito* Expresándose COMO *ustedes* – y esta es la *Fiesta de Bodas* llamada el *Matrimonio* **Místico**.

Es AQUÍ donde caminamos EN el Padre y el Padre EN nosotros – y TODO poder en 'este *mundo*', TODA *pretensión* de poder, TODO poder *además* del Padre, son vistos como NADA – *carentes* de poder. Aquí, *ustedes* NO se *preocupan* por un cuerpo *mortal*, aunque *parecieran* estar *dentro* de uno; aquí NO les *preocupan* la vista NI el oído, porque cuentan con "*ojos para ver*" (Mateo 13:19) – aquello que 'este *mundo*' NO puede ver. "**No** *piensen* en su vida, **ni** *en la vestimenta que deben usar*" (Mateo 6:25), porque *su* vestimenta ya NO la constituye la *ropa* que adorna la forma *mortal* – *su* vestimenta es *su* propio *Vestido Dorado de Bodas* – el *Cuerpo* DEL *Alma*.

Es para este Propósito que hemos sido *entrenados*, **y** estamos siendo *entrenados*, por la *Invisible* Conciencia-*Cristo*, *elevándonos*, *preparándonos*, para esta *Fiesta* del Matrimonio *Místico*, en la cual somos *alimentados* ÚNICAMENTE por el Pensamiento *Divino* – DENTRO del Cual, TODO pensamiento *humano* está *muerto*. Nosotros somos *crucificados* al pensamiento *humano*, **y** *resucitados* DENTRO del Pensamiento *Divino*, mientras estamos en la *carne*; y es AQUÍ donde ustedes *conocen* que la Guía **y** el Poder DEL Espíritu, están *sobre ustedes*. "El Yo, *en medio* de *ustedes*" (Mateo 18:20), *muestra* Su Poder, porque TODO aquello que 'este *mundo*' llama 'poder', *cae* ante los pies de *ustedes*.

Ustedes *tienen* que *saber* que esto NO se *escribiría*, a menos que se trate de la Conciencia para la que TODOS estamos siendo *preparados* para **aceptar y vivir** sobre esta tierra. Así es como encontramos un *Fin* para 'este *mundo*' tal como lo conocemos, así como un *Comienzo* para la Tierra *Nueva*, justo donde la tierra *vieja* parecía estar, porque la Tierra *Nueva* estará un Cielo *más cerca* del Reino DE Dios.

Este *cambio* en la Conciencia está *ocurriendo* en TODOS nosotros; y en muchos, *alrededor* del mundo – *las Bodas con el Cordero* en las cuales el Cristo es RECONOCIDO en *ustedes*; y después... *"el Yo, en medio de ustedes"* (Mateo 18:20); *"el Yo, Soy el Camino"* (Juan 14:6). El Yo, *Actúo*; y el Yo, *Perfecciono*; el Yo, SOY la Luz; el Yo, SOY la Resurrección. El Yo, el Cordero, con quien te has *desposado*, SOY la *Unión* de lo Infinito **y** de lo finito, DENTRO de la cual lo 'finito' es *disuelto*...

Con lo anterior se nos coloca ahora, justo a la *mitad* del Capítulo **19**. Considero que hay un *pasaje* que, a estas alturas requiere una *explicación* – se trata del *viento*. Echemos un vistazo a Juan **3**:8.

> *"El viento sopla de donde quiere, y ustedes oyen su sonido; pero no saben de dónde viene ni a dónde va – así es todo aquel que es nacido del Espíritu".*

Así pues, tal como *ustedes* nacen DEL Espíritu pero NO saben *de dónde* proviene la Voz; NO saben *cómo* actúa el Poder DE Dios *a través* de ustedes; NI saben *cuál* es el Propósito Final detrás de ese Poder; ... así como el viento *aparece* **y** se *evidencian* los *efectos* del viento, y *ustedes saben* que 'Algo' *Invisible* está *empujando* ese viento; de la **misma** manera ese 'Algo' *Invisible* está *actuando* EN ustedes – y ustedes NO intentan *manipularlo*; NO intentan *dirigirlo, instruirlo, solicitarle, limitarlo* – *ustedes* permiten que *el viento sople*, RECONOCIENDO que para TODO lo *visible*, existe un *Invisible*.

Para TODA 'forma', existe una Forma *Espiritual Invisible*. TODO cuanto *ven* sobre la tierra, es como *Aquello* que se encuentra *detrás* del viento, haciendo que sea un *viento* – 'Algo' *detrás* de TODO cuanto *ustedes ven* – **y** entonces comienzan a *sentir* y a *experimentar* la *Presencia* de ese 'Algo'; **y** comienzan a *moverse* CON ese 'Algo', **y** a conocerlo *correctamente* ... **y** así *se dan cuenta* que están ANTE la Presencia de la *Eterna* Vida *Infinita*. Y pueden *inclinar* su cabeza humildemente, y decir: "Ésta es *Tu* Vida; vívela *a través* de mí;

vívela a *través de* él y de ella; 'yo', NO voy a *interferir*; 'yo', NO voy a *interpretarla*; 'yo', NO voy a *canalizarla*; 'yo', NO voy a *manipularla*. El Yo, estoy **aceptando** un Dios TOTAL. El Yo, NO voy a *aprisionar* un solo *pensamiento* en 'mi' mente, *sabiendo* que cada *pensamiento* que *aprisiono* en 'mi' mente, constituye una *barrera* para el *fluir* del Espíritu *Invisible*. El Yo, me ofrezco como una *Vía Receptiva*; el Yo, permanezco *libre* en mente, SIN sacar *conclusiones*, SIN compromisos. NINGUNA verdad se *convierte* en verdad *permanente* para mí, porque LA Verdad ES, Infinita; y *tiene* que continuar *desplegándose*, en la medida en que el Yo, Doy *testimonio* de Ella".

Ustedes tienen que **aprender** que el *verdadero* significado de *Libertad*, NO se encuentra *encerrando* verdades DENTRO de su *memoria* – eso sería *esclavizar*. Se trata de CONFIAR en la Verdad, la cual está SIEMPRE presente, SIEMPRE expresada, SIEMPRE sabiendo aquello que tiene que *llevar a cabo*, dondequiera que *ustedes* se encuentren. *Ustedes* están completamente *libres* de obstáculos, porque *ustedes* se *encuentran* siempre EN la *Celebración del Cordero* – EN una *Cena Infinita*. DENTRO del Espíritu NO existe una *'Última Cena'*. ¿Captan lo que eso *significa*? –Implica *soltar*; implica dejar de *intentar* dirigir el Universo DE Dios donde *ustedes* se encuentren – Dios *está haciendo* una Obra *Perfecta*; *libérenlo*; **acepten** las *Bodas* CON el *Cordero*.

Recuerden también que dice:

"Y su esposa se había preparado" (Revelación 19:7).

La *preparación* conlleva el *abandono* **total** de TODO concepto *admitido* por ese "yo". Ustedes llegan a este *Matrimonio libres* de TODO *concepto*; SIN un solo *pensamiento*; y esto continúa siendo un Estado *Permanente* de la Conciencia. *Ustedes* JAMÁS **admiten** pensamientos *humanos* – TODO cuanto *permanece es*, el *Vacío*, el Cual *permite* que el Pensamiento *Divino, llene la Vasija*.

"A Ella se le concedió que se vista de lino fino, limpio y resplandeciente; porque el lino fino representa, las acciones justas de los santos" (Revelación 19:8).

Ahora bien, ¿se acuerdan cuando les fue dicho: "**No** se preocupen por *su* vida **NI** por aquello que han de vestir"? (Mateo 6:25-34) –Eso se debe a que este *Nuevo Lino Fino* limpio **y** resplandeciente, con el cual **YA** están *revestidos*, constituye su *Nueva Vestidura*. Cuando ustedes *piensan* en lo que han de *vestir*, **NO** están *libres* **NI** *receptivos* para *recibir* las *Nuevas Vestiduras* – y estas *Vestiduras* constituyen *su* *Cuerpo*, el cual es *Imperecedero* **y** *prescinde* de vestiduras *humanas* – se trata de su Cuerpo *Incorpóreo* DE Espíritu. El Matrimonio CON el Cordero los *conduce* hacia el RECONOCIMIENTO de la Forma *Espiritual*.

Esa Forma *Espiritual* nace de este *Matrimonio* – SIEMPRE está Presente, pero *hasta* que ustedes se *enlazan* CON el Cristo, **NO** estarán *conscientes* de Ella... Y así ustedes caminan DENTRO de la forma *falsa* de una conciencia *dividida*... hasta que finalmente arriban al *Matrimonio* – y entonces *nace* la Conciencia del RECONOCIMIENTO de que "el Yo, SOY Pura Forma *Espiritual* desde *AHORA* **y** para *SIEMPRE* – SIEMPRE he sido *Lino Fino, Lino Limpio, Lino Blanco, Lino Inmaculado*".

"Y me dijo: ¡Escribe! Bienaventurados aquellos llamados a la cena de las bodas del Cordero'. Y me dijo: 'Estas son palabras verdaderas de Dios'" (Revelación 19:9).

Y así, la *Cena de las Bodas del Cordero* es cuando los *verdaderos* Preceptos DE Dios, *fluyen* a través del Alma de *ustedes*, hacia *su* RECONOCIMIENTO *Consciente*. Eso constituye la *Cena de Bodas* – y de esa manera es como ustedes son *instruidos* POR Dios; así es como el *Padre Nuestro* se convierte en un *Hecho*. *"Padre nuestro que Estás en los Cielos; santificado sea Tu Nombre"* (Mateo 6:9) – estamos *sentados* a Tu *Cena*. *"Danos hoy, nuestro Pan de cada día"* (Mateo

321

6:11) – danos Tus *Preceptos*, Tu *Palabra*. **No** estamos *interesados* en el pensamiento *mortal* – NINGÚN pensamiento *mortal* vuelve a ser *de interés* para nosotros. Incluso el *Maná* de 'hoy', para 'mañana' ya NO interesa, porque el *Maná* es de *continuo* Nuevo, Fresco – una *Revelación Continua* DEL Padre. **No** estamos *interesados* en el *Maná* de 'ayer', porque el Padre ES *siempre* HOY, AHORA – por eso *cada* momento de la Vida constituye una Expresión *Divina*. *Ustedes sabrán* cuándo estará *aconteciendo* esto, porque *sentirán* lo *novedoso* de cada *Mansión* de experiencia, a medida que se presente. La *Constante* Progresión que se despliega, les dice que *han encontrado Su Camino*.

Si en algún momento, durante el curso de nuestro trabajo, estuvimos *desilusionados* o *desanimados*, ahora *nos queda claro* que *cada* error cometido, *cada* problema no resuelto, fue *parte* de la labor para **abrir** una Senda, *y prepararnos* para lo *Sublime*. En el instante en que podamos decir: *"Vivo el Yo, pero no 'yo'"* (Gálatas 2:20), y "me deleito en la *Cena de las Bodas* del Cristo, Quien *hace* las Obras; Quien ES Uno CON el Padre – el Padre que Está SIEMPRE presente, *dondequiera* que el Yo, Estoy", entonces este RECONOCIMIENTO, esta *Confianza*, esta *Conciencia*, será aquello que 'abrirá' las *muchas Mansiones del Padre* (Juan 14:2), a *nuestra* experiencia, *destruyendo* por completo TODA creencia en el *mal*; TODA creencia en la *muerte*; TODA creencia en **un** *solo* lapso de vida, lo cual constituye una de las mayores *blasfemias* contra Dios que pudiéramos considerar. Para *conocer* ahora CORRECTAMENTE que Dios ES Vida *Eterna*, tendremos que *encontrar* que *NOSOTROS* SOMOS Vida *Eterna*. La *'corteza'* de la *forma* ya NO nos *preocupa* – *sabemos* que será *reemplazada*, en el momento *adecuado*.

Ahora bien, DENTRO de esta Conciencia, NO hay *inquietud* alguna por NINGUNA de las preocupaciones *comunes* que habíamos albergado de 'este *mundo*'. Dios *es* muy *Real* para nosotros – porque Cristo EN nosotros ES, el Hijo *Viviente*. Cristo EN nosotros, le dice a *cada* tormenta: "*¡Paz; aquiétate!*" (Salmos 46:10); Cristo EN nosotros, *resucita a los muertos*; Cristo EN nosotros, lleva a cabo el *milagro*, **y** el Cristo se convierte en la forma de Vida *Natural*, de modo que ya *no,* es más un *milagro*. La forma de vida *normal* es, *Su* Perfección *expresada, dondequiera* que nos encontremos.

En la *Fiesta de Bodas* encontramos *"la Perla de Gran Valor"* (Mateo 13:45-46); encontramos el *Maná Diario* DE Dios *expresándose*; **y** ahora el Espíritu ES nuestra ÚNICA Identidad, nuestra ÚNICA Forma, nuestra ÚNICA Vida. **No** nos *preocupan* las apariencias *materiales*, porque, tal como el día *sigue* a la noche, de la *misma* manera tendrá que *seguir* la *Perfección* de nuestra Herencia *Espiritual*, y *aparecer* en Formas *Armoniosas*. El Reino DE los Cielos, en *medio* de nuestro Ser, Se *convierte* en la *Expresión* de aquello que en el mundo constituyen las *añadiduras*. La *continuidad* de la UNICIDAD Se *expresa* incluso en los *efectos* de 'este *mundo*', tal como la *Gracia es nuestra suficiencia en* TODO (2ª. Corintios 12:9).

Contamos con UNA SOLA Ley: la *Perfección*; contamos con UN SOLO lugar: el Reino DE *Dios*; contamos con UN SOLO *tiempo*: el *Ahora* que es, *Infinito, Continuo* e *Interminable*. Y NO tenemos *temor* alguno, porque *Él, ha preparado Mesa delante de nosotros en el desierto* (Salmos 23:5) de todo pensamiento *humano*; y esa *Mesa* es donde celebramos *la Fiesta de las Bodas*, la *Cena* de la Verdad SIN fin. Ahora bien, *cada* instante dentro del cual *ustedes* se *preparan* para este Evento, los está *acercando* mucho más al *final* de TODAS las perturbaciones, dudas, mortificaciones y preocupaciones internas, así como al *despliegue* final de un *Corazón* **libre**.

No hay NADA más importante NI más gratificante, que *saber* que, mientras *continúan* en el Camino, *haciendo* lo mejor para serle *fiel* a la Presencia DE Dios, dondequiera que *ustedes* y aquellos a *su* alrededor se encuentren, justo *ahí* se encuentran *los Brazos Eternos* (Deuteronomio 33:27), *ayudándolos* en ese Camino, para *conducirlos* a la coyuntura de la *experiencia* de la *"Perla de Gran Valor"* (Mateo 13:46). Cuando *ustedes* se encuentren *unificados* al Cristo, entonces el *falso* sentido de ese "yo", se convertirá en NADA; y ustedes se encontrarán *ataviados con Lino Fino, Blanco* – con el *Perfecto* Cuerpo *Espiritual* – RECONOCIDO.

Lo anterior *llega* de una forma *extraña*. De repente, durante un instante, *ustedes sienten* que NO tienen forma *física*, y resulta bastante *desconcertante*; de repente *ustedes experimentan* un *nuevo* tipo de *Libertad*; de repente, *ustedes descubren* que ya NO se encuentran *limitados* por el tiempo NI por el espacio. De repente descubren que *ustedes* SON TODA Vida, en TODAS partes – que NO hay vida en NINGÚN lugar, que NO sea la Vida DE *ustedes* – descubren la Infinita UNICIDAD de la Vida. Comienzan a *percibir* desde un nivel *diferente* al de los cinco sentidos *físicos* – pudiera llamarse el Sentido-*Cristo*; pudiera llamarse su Intuición *Superior*; pudiera llamarse su Conciencia de lo *Invisible*-Infinito … y luego, de repente, *ustedes saben*: "'El Yo, SOY lo *Invisible*-Infinito' – eso es lo que SIEMPRE fui, y heme aquí *creyendo* que era esta *limitada* criatura *corpórea*".

Ustedes pueden **aceptar** como Verdad aquí **y** ahora, que *su* Nombre ES, lo *Invisible* Infinito; y que, en *este* momento, TODO cuanto el Ser *Infinito* ES, ustedes lo SON; y que se está *evidenciando*, justo donde la *forma* de ustedes *pareciera* estar. DETRÁS de esa forma *visible*, se encuentra su *Invisible* Ser Infinito; y cuando *ustedes* se encuentren en el *Banquete de Bodas*, entonces ustedes *atraerán* TODO, DESDE su *Invisible* Ser Infinito, justo hacia el mundo *visible*. Ustedes *contemplarán* la Gracia *actuando* como un *Hecho*, como un *Invariable* Poder *Perfecto*, *llevando* a cabo, los milagros de *antaño*, en el *presente*…

El Yo, el *Nombre* de *ustedes*, SIEMPRE he sido el Ser *Infinito*; y justo donde ese "yo" *visible* aparecía, SIEMPRE lo *Invisible* Infinito de *su* propio Ser *Verdadero*, estaba *esperando* su RECONOCIMIENTO *consciente*; y, al *igual* que el viento que *debe* contar con una *causa* Invisible, de la *misma* manera la 'forma *física*' visible de ustedes, *TIENE* que contar con una *Invisible* Causa Infinita, la cual constituye *su* propio Ser *Verdadero*. SIEMPRE fue su *Invisible* Ser Infinito, aquello que *apareció* como *otra* 'forma física reencarnada' – y *continuará* haciéndolo, *hasta* que *ustedes* lleven a cabo este RECONOCIMIENTO de *su* *Identidad*, tal como *Jesús* lo hiciera; tal como *Gautama* lo hiciera, y tal como 'ellos' *instruyeron* a sus *discípulos* a *hacer*.

No existe *otro* Ser, que este ÚNICO Ser *Invisible*, el cual *ustedes* *tienen* que **aprender** a RECONOCER, el cual constituye el YO SOY — pero NO como una *palabra* para ser *pronunciada*, sino como un Ser *Divino* TOTAL, *en* el Cual *creer, vivir, experimentar, expresar, confiar...*

> *"Y me postré a los pies del ángel para adorarlo. Y él me dijo: Mira, no lo hagas; yo soy consiervo tuyo y de tus hermanos quienes cuentan con el testimonio de Jesús; adora a Dios; porque el testimonio de Jesús constituye el Espíritu de profecía"* (Revelación 19:10).

Juan se *arrodilló* para *adorar* al 'Ángel', y entonces el Ángel dijo: "¡No lo hagas! Alguna vez Yo *también* fui un ser *humano* — he *pasado* por *todo* eso. Soy tu *consiervo*". *Si* se acuerdan, Pedro le *dijo* eso a Cornelio, el Centurión; y cuando Pablo *sanó* al lisiado, él y Bernabé fueron llamados *dioses* — y nuevamente, ambos dijeron: "¿Por qué *nos* llaman *dioses*? —Tan solo somos personas *como ustedes*, pero hemos *aprendido* una gran *Verdad*: que la *forma externa*, NO constituye el Ser *Interior*. *Ustedes también* pueden llevar a cabo, aquello que *nosotros* hemos hecho — así que NO se arrodillen ANTE 'nosotros' — arrodíllense ANTE el *Cristo*". Y por supuesto, TODOS aquellos que están DENTRO de una *religión*, se encuentran *adorando* a un 'hombre' como a Dios, SIN haber *comprendido* este pasaje.

¡No se *arrodillen* ante *Jesús*! Por el amor de Dios; Jesús *mismo* dijo: "¡No te arrodilles ante 'mí'!" "*Si* 'yo' NO me voy, entonces el *Consolador* NO vendrá a ustedes" (Juan 16:7). *Arrodíllense* ante el *Consolador*", lo cual implica *aceptar* al Cristo, *como el Ser de ustedes*. *Nosotros* NO estamos *adorando* personas, príncipes, principados, NI a un 'Dios' *aparte* de *NUESTRO* SER. *Nosotros* estamos **aceptando** que el Espíritu DE Dios ES *NUESTRO* SER — y esa es la *adoración* que está siendo *enseñada* en este instante, *como las Bodas del Cordero con la Novia.*

La ACEPTACIÓN DEL Cristo *como* el Ser de *ustedes*, constituye el Matrimonio que *abre la Puerta* al Yo, quien ha estado *llamando* a *su* Conciencia diciendo: "'*Entren*'; el Yo, *cenaré con ustedes*" (Revelación 3:20).

> "*Entonces vi los Cielos abiertos, y he aquí un caballo blanco; y el que lo montaba se llama Fiel y Verdadero, y con justicia juzga y pelea*" (Revelación 19:11).

Y ahora, *desposada* CON el Cordero, la *Nueva* Conciencia de *ustedes* es llamada *Fiel y Verdadera*, porque ahora **admite** la Palabra o Verbo DE Dios – la Palabra que TODOS los hombres han *rechazado* por su *incapacidad* para *recibirla*; la Palabra que constituye *el Principio y el Fin* (Revelación 1:8); *Fiel y Verdadera.* Esta Palabra entra **después** que se han *desposado* CON el Cristo, y entonces su Conciencia *recibe* la Palabra *Viva* DE Dios – *ustedes* se encuentran DENTRO de la *Revelación.*

Ustedes cuentan CON el Pan DE Vida – cuentan CON el Pan que NUNCA *perece*; han *recibido* el Espíritu DE la Verdad. Ahora bien, cuando la Palabra DE Dios EN *ustedes* está *viva*, **y es *aceptada***, entonces *ustedes cuentan* con el ÚNICO Testimonio DE la Verdad que es *posible*. Sólo entonces *ustedes* pueden decir: "Ahora el Yo, *Doy* Testimonio DE la Verdad". Es cuando *ustedes* pueden *presentarse* DELANTE de los Pilatos de 'este *mundo*': "El Yo, Estoy *dando* Testimonio DE la Verdad; la Palabra Viva DE Dios está EN el Mí, *expresándose*; y la Palabra constituye el ÚNICO Poder – tú NO puedes tener *poder* sobre el Mí. La Palabra *Viva* DE Dios EN el Mí, constituye el Poder que Se expresa *a través* del Cristo, que el Yo, **Soy**".

No estamos *minimizando* las dificultades que *ustedes* van a *encontrar* al llegar a 'este lugar', pero **sí** *enfatizamos* que existe 'este lugar', y que *ustedes llegarán* a él, porque es la Voluntad DEL Padre que *ustedes sean Perfectos* (Mateo 5:48) – y éste ES, el *Camino* a esa *Perfección*. *Ustedes* se *desposarán* CON el Cristo, y *recibirán* la Palabra *Viva*, la cual les *mostrará* que Ella constituye el ÚNICO Poder; les *mostrará* que el Yo, la Palabra *Viva* en medio de *ustedes*, *Soy* el ÚNICO Poder en TODO este Universo. Así *ustedes descubrirán* que esa Palabra *Viva* DENTRO de *ustedes*, constituye la Voluntad DE Dios **y** el Propósito DE Dios – y *sólo* entonces *conocerán* la Voluntad DE Dios. Entonces SU Voluntad será hecha EN *ustedes*; y con ello *su* 'deuda kármica' será *perdonada* – así, la Gloria, el Poder **y** el Honor DEL Padre, serán *expresados*, y ustedes estarán *glorificando* A Dios.

Sí; esto es llamado, el *Milenio*. Es la Conciencia dentro de la cual, TODOS estamos siendo *elevados* por medio del Espíritu DE Dios – resulta *imposible* fracasar. **No** existe *poder* sobre la tierra que pueda hacer *fallar* a alguien, porque la Voluntad DEL Padre ES que *ustedes*, sean *Perfectos* (Mateo 5:48).

Ustedes pudieran **NO** *colaborar*; pudieran *permitir* que la 'mente *mortal*' les haga *correr* persiguiendo *sombras*; pudieran *permitir* que la 'mente *mortal*' pinte hermosas *imágenes* de materia, de seguridad y de protección – las cuales **NO** existen – pero *ustedes* simplemente estarían *perpetuando* un *sueño*; y, finalmente, el sueño se *disolverá*, y *regresarán* a la Casa DEL Padre. "*Elijan hoy…*" (Josué 24:15; Mateo 6:24). TODOS contamos con la facultad para *elegir* a la 'mente *mortal*' junto con sus llamativas promesas… **o** *elegir* AL Padre *Interior*.

Hasta aquí dejaremos el resto de este Capítulo. La próxima semana nos pondremos al corriente. Ustedes pudieran darle una leída. Me gustaría dejarlos con algo *específico* – **NO** algo sacado de un *libro*, sino algo *extraído* DE *su* Corazón. Nosotros sólo estaremos comenzando a conocer el Poder DEL Cristo, cuando estemos *muertos* a ese "yo" – y lo anterior **NO** constituye, en absoluto, una *crucifixión dolorosa*.

Incluso en sus *Meditaciones*, *si* se propusieran **NO** meditar sino hasta que se hayan *despojado* de TODAS las *creencias* que pudieran tener, entonces con eso tendrían una *Clave Vital* para alcanzar una Meditación *Exitosa*. *Ustedes* **NO** pueden *aquietarse* cuando esa corriente de pensamientos *ondulantes* se encuentra *moviéndose* DENTRO de *ustedes*, NI cuando está presente un *deseo*, un *anhelo*, una *esperanza* o un *plan* que busca alguna *satisfacción*; eso, NO facilita la *quietud* – nosotros *acerquémonos* a la Meditación, COMPLETAMENTE *libres* de ese "yo".

Es como cuando alguien, pero NO ustedes, hubiera *horneado* o *cocinado* una deliciosa cena, y hubiera dicho: "Ven a cenar. Tan SOLO trae tu *presencia*; NO traigas NADA más – tan SOLO *tu presencia*. ¡Ven!". Ustedes *llegan* a esta Fiesta DE la Presencia *Invisible*; NO traen NADA – NI siquiera un *deseo* – TODO está *preparado* para *ustedes*. TODO cuanto tienen que *hacer* es: **presentarse** ... y justamente *así* es como ustedes han de *llegar* a la *Meditación* – *preparados* para la Fiesta, listos para **aceptarla**. Y TODO cuanto tienen que *hacer* es **presentarse** ante la Conciencia; *callados, aceptando,* RECONOCIENDO que el Padre está *derramando* Su Gracia TOTAL en ese instante. A mí no se me ocurriría *decirle* a mi anfitriona: "¿Sabes? 'Esto' me gustaría de postre; *deshazte* del que preparaste"; o "*Me* apetece otra cosa para el plato principal que ese que tenías planeado". Ustedes *preséntense* a la Fiesta DEL Padre, **y** *acepten* aquello que ÉL ha *preparado* para *ustedes* – eso es *todo*. Ustedes hallarán que *sus* Meditaciones *saltarán* inconmensurablemente hacia la *Experiencia*, en lugar de hacia la *frustración*. *Acepten* la Fiesta *Invisible* en los términos DEL Padre; *acepten* ser SU Invitado. Y NO se *sorprendan*, porque Él, los ha estado *esperando* TODO este tiempo...

Cada Meditación a la que *lleguen* con eso en *mente*, les *mostrará* un *Nuevo* Grado de **Aceptación**; y lo Infinito dirá: "El Yo, he *Preparado* una Mesa para TI, *en medio del desierto* (Salmos 78:19). El Yo, *tengo* un Banquete *listo* para TI. El Yo, *Tengo* TODO cuanto siempre has *querido*. El Yo, te he dicho que **Me** busques Primero, *y entonces* TODO *te será añadido* (Mateo 6:33). Ahora vengan a la *Fiesta de las Bodas*. Tan *solo* traigan, un 'plato *vacío*', una *mente vacía*, y el **Yo**, lo *llenaré*, con la Invaluable *Herencia* DE la Verdad – y luego podrán ir y **gastarlo**, **y** *regresar* mañana – habrá MÁS, porque el Espíritu ES, *Infinito*".

Se les está pidiendo que *vayan* SIEMPRE **y gasten** aquello que se les *dio*, para que *regresen* 'pobres' – **preparados** para *recibir más*. El Yo, desea **verterse** a través de un Canal **Receptivo** que diga: "Aquello que Tú *tienes*, es aquello que el Yo, *quiero. Haré* cualquier cosa para *recibir* DE lo **TUYO**". Con ese Espíritu *encontrarán* que la Meditación, los *elevará* hacia *Nuevos* Reinos de Conciencia. **No** le *digan* a su *anfitrión* aquello que 'ustedes' *quieren* para cenar; NO le *cuenten* a Dios lo que *debería darles. Descubrirán* el Milagro de lo *Infinito* **preparado** para *ustedes, desde* **antes** *de la fundación de* 'este *mundo*' (Efesios 1:4), *más allá* de *sus* más preciadas *medidas* de esperanzas **y** sueños.

Continuaremos con el Capítulo **19** la semana que viene, y probablemente llegaremos hasta el Capítulo **20**. Estamos llegando a ese *Gran Mar de Cristal* (Revelación 15:2), donde hay UNA SOLA Conciencia *Infinita*, DENTRO de la cual *moran* _ustedes_. Mientras tanto, por favor *entren* en este Matrimonio *Espiritual* CON el Espíritu de *Su* Ser, y sean *testigos* del *nacimiento* de Algo muy *importante*.

Gracias por el día de hoy, – Hasta pronto.

CLASE 23

LA VIDA, JAMÁS SE ENCUENTRA DENTRO DE LA FORMA

REVELACIÓN 19:9 A REVELACIÓN 20:3

"Y me dijo: Escribe: '¡Bienaventurados los que son llamados a la cena de las bodas del Cordero!' Y me dijo: 'Estas son palabras verdaderas de Dios'" (Revelación 19:9).

Herb: - La *Cena de las Bodas del Cordero* tiene un significado *trascendente* para cada uno de nosotros. En *la Cena de Bodas* nos deleitamos *únicamente* en la Palabra, en el Verbo DE Dios. El *enlace* de la Conciencia de <u>ustedes</u> CON el Cristo *Interior*, el Cordero, hace *surgir* la *capacidad* de <u>ustedes</u> para *recibir* directamente DESDE el Padre, Su Voluntad, Su Propósito, Su Acción, Su Amor, Su Verdad, para que *el Verbo pueda hacerse Carne* (Juan 1:14) en *todo* aquello que <u>ustedes</u> lleven a cabo. *Sin* esta capacidad para *recibir* DESDE el Padre, nosotros somos sólo la 'raza *humana*' que vive en un 'sentido de *separación*' – NO estamos en la *Fiesta del Cordero*. Hasta ahora, todo nuestro trabajo ha constituido una *preparación* para permitirnos *alcanzar* ese nivel de *receptividad* en el cual, NO solo *sentimos* la Presencia, *escuchamos* la Presencia, *conocemos* la Presencia, sino que *podemos*, por así decirlo, *hacernos a un lado* para *contemplar* la actividad DE la Presencia que *Se Vive* a Sí Misma, justo donde 'este *mundo*' **nos** ve. "*El Yo*", dijo el Maestro, "*he* *venido a dar testimonio de la Verdad*" (Juan 18:37). Y NO hay otra manera de *dar testimonio*, excepto **participando** de *la Cena del Cordero.*

Esto es lo que *encaramos* en este instante. *Todos* hemos recorrido *varios* caminos hacia lo que esperábamos *encontrar* como la Presencia DE Dios; las Aguas Vivas DE la Verdad; el RECONOCIMIENTO de la Naturaleza *Infinita* del Ser DENTRO del cual nos encontramos. Y hemos *descubierto* que NO podemos hacerlo *solos. Si* limitáramos a Dios a aquello que podemos *recibir* con nuestra '*limitada* inteligencia *humana*', entonces realmente seríamos *una rama cortada* (Juan 15:6). Para nosotros, las palabras *Omnisciencia, Omnipotencia, Omnipresencia*, CARECEN de todo *sentido* cuando *todavía* permanecemos en la *creencia* de que a través de 'mi' inteligencia *humana*, puedo ser *Uno* CON el Padre. Estamos *rechazando* la Gracia; estamos *rechazando* la propia Enseñanza DEL Cristo, *hasta* que llegue un momento de *decisión*, en el cual *sabremos* que, *a menos que* busquemos, pidamos y clamemos ÚNICAMENTE al Cristo *Interior*, NO seremos Hijos DE Dios en *nuestra* Experiencia, en nuestra Vida, en *nuestra* Consagración, NI en los Frutos de *nuestra* Vida.

Así entonces nos damos a la tarea de *buscar, pedir y clamar.* Nuestra *percepción* es diferente a aquella que 'este *mundo*' ve – *buscamos* al Cristo *Interior*; *pedimos* en el Nombre del Cristo *Interior*; *clamamos* por el Cristo *Interior*. SIEMPRE *buscamos* tan solo el Reino DE Dios, y *aprendemos* que el Reino DE Dios ES el Cordero; el Cristo *Resucitado; el Cristo en medio de nuestro Ser, esperando ser RECONOCIDO* (Juan 15).

En TODA Iniciación SIEMPRE está presente una *muerte* – una muerte *individual* y una muerte *colectiva*. La muerte *colectiva* constituye *el fin de* 'este *mundo*'; la muerte *individual* también es llamada *la 'primera* muerte', aunque, en realidad, el *nacimiento* es aquello que constituye la '*primera* muerte'. En la *Iniciación* morimos a ese "yo"; y **sólo** muriendo a ese "yo" es que somos capaces de *Renacer* a *la Cena* DEL *Cordero.*

Vivir para 'uno mismo', NO es servir A Dios. Y en realidad, NADIE tiene que decirnos cuándo estamos viviendo para 'nosotros mismos', y NO para Dios. Si nos detenemos un momento, en un instante podemos descubrir, que la mayor parte de nuestras vidas está enfocada a vivir para 'nosotros mismos', o incluso a vivir 'nuestro' concepto de lo que a Dios debería agradarle. Es como decir: bueno, ciertamente Dios está de acuerdo conmigo en que esto es lo que debo hacer. Sin embargo, ahora contamos con un mayor Sentido de Justicia, el cual se alcanza sólo cuando nos apartamos de 'nosotros mismos'. Y aquellos que NO estén dispuestos a hacer esta Ascensión fuera de 'sí mismos', NO entrarán a la Fiesta de Bodas con el Cordero.

Así es como encontramos muchas personas decepcionadas que han seguido 'su propio' concepto de Dios – han leído todos los libros correctos; se han unido a todos los grupos adecuados; han dicho todas las cosas correctas, e incluso han hecho todo lo bueno para sus semejantes – pero de NINGÚN modo la Presencia DE Dios se ha manifestado en su experiencia, y SIEMPRE ha sido debido a que NO están celebrando en la Cena de Bodas. Ellos todavía se encuentran en esa Torre de Babel (Génesis 11:1-9) llamada 'mente humana' – SIEMPRE elevándose hacia los Cielos, pero NUNCA alcanzándolos; limitando a Dios a su inteligencia humana. Así pues, el énfasis aquí, DENTRO de esta Conciencia Superior de Juan, es que AHORA Somos Yo, (y) el Padre, UNO SOLO; que AHORA la Voluntad DEL Padre es, MI Voluntad; y que AHORA sólo la Gracia DEL Padre constituye MI Gracia – porque ya NO hay un tal Juan. Juan, el escritor del Evangelio, está muerto; Cristo-Juan es nacido para celebrar en las Bodas del Cordero; para recibir el verdadero Dicho DE Dios, NO las interpretaciones humanas; para beber de las Aguas Vivas (Juan 7:38) – de la Boca DEL Padre, SIN intermediario alguno.

Por muchos siglos 'este mundo' ha estado limitado a los intermediarios – hombres que dicen: "Así es como Dios lo quiere"; a las religiones que dicen: "Ésta es la forma en que lo vemos y no hay otra"; e incluso a destacados metafísicos que lo han visto a su manera. Pero ésa, NO es la Fiesta DEL Cordero. La Libertad de ustedes **y** mía, JAMÁS se va a alcanzar poniendo nuestra fe en alguna *'autoridad'* – en todo 'aquél' que *crea* que tiene el Camino. **No** existe 'tal'; el ÚNICO es el Cristo EN ti. *Todo* nuestro trabajo implica *alcanzar* las conclusiones DENTRO de *nosotros mismos* – porque *a menos* que nos sentemos, *individualmente*, a los Pies DEL Maestro *Interior*, estaremos oyendo a *falsos* profetas; y esos *falsos* profetas pueden ser *externos* a nosotros, o incluso puede ser, *nuestra limitada* 'mente *humana*'.

Tengo la certeza que *todos* sabemos que el *propósito* de la *Revelación de Juan* es *llevarnos* a TODOS al punto donde seamos los **receptores** de la *Revelación*; donde *nosotros*, tal como Juan, podamos *sentarnos* **en** Silencio, *sintonizados* **con** lo Infinito, *escuchando, recibiendo*, siendo *alimentados, avanzando* en SU Voluntad **y** Propósito, BAJO el Gobierno *Divino* que es Vida *Eterna* – NO la vida *interrumpida* por un 'paréntesis', luego por otro, y después por otro más...

Así que AHORA, *cada uno* de nosotros encaramos una *Nueva* Decisión, *si* es que NO la habíamos *tomado* ya. Estamos aquí para **aprender** cómo *celebrar a la Mesa del Cordero*; estamos aquí para ser *mansos* con el Cristo *Interior*; estamos aquí para ser ese Puro DE Corazón que *recibe* el Agua *Viva*, el Espíritu *Puro* de la Verdad DEL Padre, *sabiendo* que TODA Omnipotencia, TODA Omnisciencia, TODA Omnipresencia residen EN ese Espíritu DE Verdad: el Reino *Interior* DE Dios.

Cuando viajan, *ustedes* pueden contemplar muchas *vistas* maravillosas. Estoy seguro de que podrían nombrar diez *lugares* hermosos en 'este *mundo*'. Puede que hayan visitado el Taj Mahal a la luz de la luna; que hayan visto los Jardines Colgantes de Babilonia; que hayan estado en las pirámides de Egipto. Dondequiera que han ido, han visto *cosas* hermosas, *lugares* hermosos, *gente* hermosa... pero existe un *lugar* MÁS hermoso que TODOS los demás – se trata del Reino DE *ustedes*, del Reino DE los Cielos EN la tierra – y *ustedes* tienen que **aprender** cómo *vivir* DENTRO de SU Reino, porque NO hay NINGÚN otro lugar donde *ustedes* puedan ser *un Rey*.

El Reino DE *ustedes* ES, el Reino DE Dios – pero únicamente *si ustedes* viven *COMO* el Hijo DE Dios. Y ahora, en este Capítulo **19**, al *rechazar* TODO cuanto *niega* nuestra *Filiación*; al *negarnos* a ser *mortales*, al *negar* la *mortalidad*, la *materialidad*; al *negarnos* a ser un *trozo de barro*, una *idea que pasa*... en tanto permanecemos **firmes** DENTRO de la *Identidad*, *declaramos* nosotros mismos SER, ese Hijo que vive DENTRO DEL Padre, **y** EN quien el Padre vive.

UNO; *el Yo* (y) *el Padre* (Juan 10:30). Y ahora 'este *mundo*' entero se *acercará* a *ustedes* para declarar: "*tú* NO eres ese UNO" – y la respuesta de *ustedes* es, NO con *palabras*, sino con sus propios *hechos*, declarar: "*el Yo*, **SOY** *Ése*" (Éxodo 3:14). **No** basta *declarar* sobre el Yo Soy. *Ustedes descubrirán* que, en momentos de *crisis*, las *declaraciones* NO los *sostendrán*; NO basta *leer* libros sobre el Yo Soy; NI siquiera basta *estar de acuerdo* en que el Yo, Soy. Tenemos que ***aprender*** a SER ese Ser *Puro* que NO percibe *error* alguno en 'este *mundo*'. El Yo Soy, NUNCA percibe el *error* – tan solo piensen en los miles que van corriendo por esta tierra *declarando*: "Yo Soy, Yo Soy, Yo Soy, Yo Soy", en tanto al *mismo* tiempo, el *miedo* los persigue. El Yo Soy, JAMÁS percibe el *error*; y *mientras ustedes* contemplen el *error*, estarán *rechazando* esa *Fiesta*. Mientras '*ustedes* sepan **más** que Dios', *la Mesa del Cordero* NO será para *ustedes*.

Veamos ahora lo *sutil* que resulta *declarar* que '*ustedes* saben **más** que Dios', SIN tener la *intención* de hacerlo. En un instante podrán *comprobar* que *ustedes, inconscientemente,* creyeron que 'realmente *sabían* **más** que Dios'. *Ustedes* pueden *considerar* diez cosas que están 'mal' en sus vidas, ¿cierto? Así que luego debieran *preguntarse*: "¿Lo *sabe Dios*?" Y *ustedes* conocen la respuesta: Dios NO *sabe* **nada** de eso; pero *ustedes*, sí... ¡Ahí tienen! *Dios* NO lo *sabe*, pero *ustedes* sí que lo *saben*. ¿No es esa la *historia* de nuestras 'vidas *humanas*'? Hemos *aceptado* que *nosotros conocemos* aquello que *Dios* NO *sabe*. Cada vez que *se den cuenta* que ustedes *saben* algo que Dios NO sabe, *recuerden* esto: SI *ustedes* estuvieran *cenando a la Mesa del Cordero*, entonces *ustedes* ÚNICAMENTE *sabrían* aquello que *Dios* sabe. De esa manera NUNCA más *caerán* en la *trampa* de *creer* que algo que *'ustedes conozcan'*, es posible como *realidad*, cuando *Dios*, lo **desconoce**.

Lo anterior requiere un *enorme* grado de *alerta*. –*Si* Dios NO *sabe* NADA acerca de *mi* nieto, de *mi* nieta, de *un* niño o de *una* niña *enfermos...* *¿cómo* puedo *saberlo* 'yo'? *Si* Dios NO *sabe* NADA al respecto, *¿cómo* puedo *saberlo* 'yo'? –Únicamente cuando en ese instante, 'yo' *declare* que *'sé **más** que* Dios'... Y como bien saben, *ustedes* NO pueden *saber **más** que* Dios; *si ustedes saben* aquello que *Dios* NO *sabe*, entonces aquello que *ustedes saben, tiene* que ser *irreal*.

Si ustedes 'saben' que *su* hijo está enfermo, pero Dios NO lo *sabe*, entonces *tendrán* que llegar a ese RECONOCIMIENTO que *acepta* que 'Su Hijo' NO PUEDE estar *enfermo*. Y claro que eso pudo haberles parecido *absurdo* en algún momento; incluso puede que les hubiera parecido *absurdo* hace *veinte* Capítulos – ¡pero NO AHORA! AHORA *ustedes* saben que si *Dios es demasiado puro como para contemplar la iniquidad* (Habacuc 1:13), de la *misma* manera el Hijo DE Dios ES, *demasiado puro como para contemplar la iniquidad* – y *ustedes*, al *aceptar* y *declarar* la *iniquidad* presente, están declarando que *ustedes*, NO son el Hijo DE Dios.

Qué *extraño* resulta que *nosotros* mismos nos *desterremos* de *nuestro* propio Reino, por *ignorancia*. Porque en el instante en que *ustedes* mirasen *imperfección* en 'este *mundo'*, estarían *declarando* que *ustedes* ven con *ojos* que NO ven *como* Dios ve; con *ojos* que NO ven *como* Cristo ve – y entonces habrían hecho una *'segunda* vida' para *ustedes...* y *¿dónde* se encontrarían? –En un *sueño*, porque NO hay una *'segunda* vida'. La ÚNICA Vida que hay ES, Dios. *¿Cómo* podrían *ustedes* ver el 'mal'? *¿Cómo* podrían *ustedes* experimentar el 'mal', excepto en una *'segunda* vida'?

Y ahora la *Fiesta* dice: "*Vengan; cenen Conmigo*" (Revelación 3:20). *Si ustedes* quieren la Verdad, AQUÍ la tienen. Pero primero, *renuncien* a la *creencia* en una *'segunda* vida'; *renuncien* incluso a la *creencia* en la *'posibilidad* de error'. "Oh", dicen ustedes, "*No* puedo hacerlo; *mi* hijo está *realmente* enfermo". ¡Multa! *Ustedes* bien pueden *reencarnar*, **y** *comenzar* todo de nuevo – el Padre está más que dispuesto, para que quienes NO están *preparados* para entrar al Reino DE Dios, que se tomen *tanto* tiempo como deseen. A *todos* nos es dada la oportunidad de *revolcarnos* dentro de nuestra *mortalidad, todo* el tiempo que *queramos...*

Pero *supongamos* que *cambio* mi enfoque: Padre, mi hijo *pareciera* estar enfermo; y mi médico dice que mi hijo está enfermo; y su temperatura es alta; y el pobrecito está pálido y débil – pero *yo estoy seguro* de que, *si* Tú *supieras* algo al respecto, entonces Tú, algo estarías *haciendo*, y NO Estás *haciendo* NADA. Por lo tanto, **tengo la** *seguridad* que Tú, NADA *sabes* de esto; por lo tanto, *estoy dispuesto a* **admitir** que quien *sepa* algo al respecto, es porque está bajo la *impresión* de que 'sabe **más** que Dios', por lo que ¡*tiene* que estar **equivocado**! Yo puedo *afirmar* con *sinceridad*, que cada diagnóstico médico que se haya hecho desde que 'este *mundo*' comenzara, no es más que *una declaración de que saben* **más** *que Dios*. Y esto *tiene* que *estar* **mal** por la sencilla razón de que Dios ES TODO, **y** de que Dios ES **PERFECTO**. Entonces, ¿*qué* cosa puede ser *imperfecta*? – tan solo esa conciencia **desconectada** DE Dios, la cual NO "*conoce al Padre* **correctamente**" (Juan 17:3).

Y así es como *nos* hemos estado *limitando* a estos *segmentos* llamados 'vida *humana*', porque hemos sido *incapaces* de "*conocer* **correctamente** *al Padre, a Quien conocer* **correctamente** *es Vida Eterna*" (Juan 17:3). *Ustedes* NO *pueden* *declarar* el mal sobre esta tierra; *ustedes* NO *pueden* *declarar* enfermedad sobre esta tierra; *ustedes* NO *pueden* *declarar* imperfección sobre esta tierra, **y** celebrar, al *mismo* tiempo, a *la Mesa* DEL *Cordero* – *ustedes* tienen que *purificarse*. Y hay algunos que **ya** se han *purificado* – *se* han **negado a sí mismos**; han **encontrado** al Cristo *Interior*, el Cual está **levantando** su cruz; han **crucificado** el *sentido* del "yo" que dice: '*yo* sé' que algo anda *mal*; '*yo* sé' **más** que Dios. Ellos han **sometido** *su* 'juicio *humano*', y han sido **conducidos** hacia un Juicio **Justo**, hacia un Juicio **Recto** (Juan 7:24); ellos han *sometido* *su* 'voluntad *humana*', y han sido *conducidos* hacia la Voluntad **Divina**; ellos han *sometido* TODA crítica **y** condena, y han sido *conducidos* hacia esa Gloria DE **Perdón**, DENTRO de la Cual pueden *contemplar* el Invisible Reino **Infinito** DE Dios, el Cual constituye la ÚNICA Realidad, la ÚNICA Presencia, **TODO** cuanto Es.

Ahora bien, *todos* contamos con la **misma** oportunidad. Y hay algunos que AHORA **ya** están *cenando a la Mesa del Cordero*, debido a esto: han **negado** su voluntad *personal*; han **sobrepasado** el testimonio de los *sentidos*; han **alcanzado** esa Conciencia *Superior* que puede decir "PADRE, TODO CUANTO TÚ VES, ES LO QUE EL YO VEO; TODO CUANTO TÚ SABES, ES LO QUE EL YO SÉ – el Yo, NO puedo ver *más*, saber *más*, NI hacer *más*, que TÚ". Y entonces comienzan a *sentir* esa Presencia expresando, instruyendo, guiando, conduciendo, alimentando, abriendo el Camino; trayendo *más* alto, hacia su Conciencia, la *Presencia* DEL Cristo.

Y luego miren, he AQUÍ la Fiesta, el Verbo, la Palabra, la Voz, la Presencia Viva DEL Espíritu, la Libertad, la Gloria, la Verdad, Todo EN UNO, moviéndose *a través* de *ustedes*, llamándolos "*Siervo Verdadero y Fiel*" (Mateo 25:23). *Todos* hemos tenido esos *momentos*... ¿Serán meros 'momentos'? O ¿constituirán nuestra 'Ministración **Permanente**'?

Ahora Juan dice: "Vayan *más* alto; mucho *más* alto; muévanse hacia ese nivel de Conciencia que implica **Dominio, Señorío** – pero NO el *dominio* de un 'ser *humano*', porque NINGÚN 'ser *humano*' cuenta con *dominio* sobre el fuego **y** el diluvio – se trata de ese *Dominio*, de ese *Señorío* que implica: **Realidad** RECONOCIDA".

Ustedes saben que en la India hay *ilusionistas*, son como changos ágiles; y he ahí un árbol de plátano al cual pueden subir y comer el plátano – como una especie de *magia*. Pero hay otros que *también* pueden hacerlo SIN ser ilusionistas, y otros que en un futuro lo harán – pero NO es *magia* en absoluto. *Existe* un Nivel de Vida en el cual **nosotros** producimos *nuestro* propio alimento, *instantáneamente*. Ustedes NO lo han encontrado DENTRO de la Biblia, porque NO les ha sido **necesario**. Pero *cuando* lo 'encuentren', como algún día lo *harán*, entonces estas palabras NO serán recordadas, pero de cualquier modo lo *harán* – porque, en realidad, TODOS SOMOS *Auto*suficientes.

DENTRO de *nosotros* se encuentra la Plenitud DEL Ser; y *ustedes* podrán llevarlo a cabo, de una forma un tanto *extraña*. *Instantáneamente ustedes* 'producirán' los alimentos que requieran, SIN necesidad de un huerto. El huerto *exterior* será un Jardín *Interior*, y *ustedes* lo harán, porque para entonces **comprenderán** el PRINCIPIO DEL "NO-*TIEMPO*" (Juan 4:35). *Ustedes* NO estarán haciendo *magia*; sin embargo, en este otro Nivel, simplemente estarán RECONOCIENDO la *Presencia* DEL Padre. Ciertamente será como *los panes y los peces* que 'aparecieron' para Jesús (Mateo 14:19-20), pues esto constituye la Actividad DEL Cristo en *cada uno* de nosotros, DENTRO del Nivel de *Purificación* TOTAL, *cuando el tiempo ya no sea* (Revelación 10:6). Y NO se trata de 'magia' – es simplemente la REVELACIÓN de la **Presencia** DE la *Satisfacción* de CADA necesidad; es el RECONOCIMIENTO del "Reino **Terminado** sobre la Tierra".

Debido a lo anterior, algunos *pueden* llevarlo a cabo AHORA – pero NO en forma *visible* para los ojos *humanos* – tendríamos que estar DENTRO del Espíritu para *percibirlo*. Y este *poder* para *manifestar* la Presencia DE Dios, es parte de la *Expresión* del *Dominio*, del **Señorío**; es más, constituye la *Revelación* de que *dondequiera que estemos parados, se trata del Invisible Reino DE Dios Presente, Terminado*. Y el Cordero DENTRO de nosotros, ante cuya *Mesa* estamos *festejando*, SIEMPRE camina DENTRO de ese Reino *Terminado*. Debido a eso, cuando somos UNO CON EL CORDERO, es que el Cordero que camina DENTRO del Reino *Consumado*, puede *revelar* a este 'yo' *exterior*, la Presencia de CADA Cualidad DE Dios, conforme sea *necesaria* – el Cristo *camina* DENTRO del Reino DE Dios, COMO el Hijo *Viviente* DE Dios. Entonces TODOS los llamados 'milagros' se *convierten* en la *Realidad* DE la Vida; de modo que, TODO aquello que pudo haber sido considerado *imposible* para el 'sentido *humano*', AHORA se convierte en una *Ministración*, en una *Bendición* Natural DESDE lo Divino HACIA lo *visible*, A TRAVÉS del Cristo. **No** hay *limitaciones*; no hay una 'mente *humana*' que establezca conceptos, límites, contornos, canales. Tan **solo** está el Cristo, *Expresándose* a través de Aquél que *ha sido crucificado al "Yo"*.

Si en este instante estamos *enfatizando* todo lo anterior, es porque muchos están *satisfechos* con un *grado* de aquello que _ellos_ consideran 'Verdad', aunque encuentran que, en la *aceptación* de dicho nivel, se ven *defraudados* – no *funciona* tal como *esperaban*. **No;** no hay 'niveles' – tan sólo existe La Verdad.

Ahora bien, podríamos continuar, para *descubrir* que la Vida de Dios *no es*, la vida del 'ser *humano*'.

Cuando _ustedes_ *miran* a los jóvenes *partir* a la guerra, y que no regresan; cuando *ven* las imágenes de los *campos* de batalla; cuando *leen* acerca de estos *accidentes* de aviación; cuando *leen* sobre universitarios a los que les *dispara* la policía; cuando *leen* sobre todo esto, _ustedes_ tienen que **saber** que la Vida de Dios, no ha sido *disparada*; que la Vida de Dios, no ha sido *arrancada* – la Vida de Dios, no está dentro de una '*persona*' muerta en un campo de batalla – por eso es que la '*persona*' puede considerarse 'muerta'.

Les pido que encaren esto el día de hoy: la Vida de Dios, no está dentro de una *persona*. **No** hay *persona* alguna sobre esta tierra que pueda afirmar que '*mi* vida es la Vida *de* Dios'; señalar hacia su *forma*, y decir: '*aquí* mismo está la Vida *de* Dios'. _Ustedes_ no pueden *hacer* eso – porque no sería *cierto*. Resulta de lo más importante *saber* esto, porque, mientras _ustedes_ estén _actuando_ desde el nivel de una _persona_ dentro de esta _forma_, se están _engañando_ incluso con la plácida *suposición* de que la Vida **de** Dios está dentro de su forma… y con ello, _apartan_ la Vida.

En alguna ocasión se les dijo que no *compartieran* estas cintas con *cualquiera* – y ahora pueden *entender* la razón. De ninguna manera vamos a dejar la *Revelación de San Juan* sin la Verdad *Total* – la *Confianza*-Cristo. Así pues, cuando se les dice que *Cristo dentro de ustedes es, su Esperanza de Gloria*, en realidad no implica, para nada, que Cristo esté 'dentro' de _ustedes_. _Ustedes_ no pueden *limitar* al Cristo, 'DENTRO' de *ustedes*. Mas, sin embargo, *gentilmente*, el Espíritu los está *guiando* para *buscar* al Cristo 'DENTRO' de *ustedes*, de manera que NO *busquen* la Plenitud en lo '*exterior*' – y con ello deben RECONOCER que el Cristo, de NINGUNA manera está 'DENTRO' de *ustedes* – ¡JAMÁS Lo estuvo!

Cuando un *niño* 'muere', ¿*qué* le *sucede* al Cristo 'DENTRO' del *niño*? ¿Se *sale* el Cristo *Interior* del *cuerpo*? –Esa es una *teología* bastante arcaica, ¿cierto? El Cristo *Interior,* NUNCA estuvo 'DENTRO', para NADA. Todo cuanto le acontece a una 'forma *humana*' constituye una *negación del Cristo Interior* – porque *si* el Cristo *estuviera* 'DENTRO' de la *forma*, *ustedes* tendrían la *certeza* de que la *forma* sería *Perfecta*.

Ahora bien, ¿*qué* es lo que se nos está *revelando*? –Que el Cristo NO está 'DENTRO' de *nuestra forma*; Dios NO está 'DENTRO' de *nuestra forma* – porque Dios ES Vida. ¿Serían capaces de *aceptar* que la Vida DE Dios NO está DENTRO de la *forma* de *ustedes*? –La mayoría de la gente se *rebelaría* y diría: "¡No puedo!". Pero yo les pido que *comprendan* que *ustedes* tienen que *aprender* que eso constituye, la *Verdad*. La Vida DE Dios, NO está 'DENTRO' de la *forma* de *ustedes*. Y hasta que puedan *aceptarlo*, NO estarán *respondiendo* con la Verdad cuando comenten: "Bueno, veamos *quién* se 'murió' allí". ¿Qué le pasó a la Vida DE Dios 'DENTRO' de esa *forma*? –¡No estaba *ahí*! *Ustedes* tienen que *encarar* eso. Esa es la *razón* por la que TODOS en esta tierra, *perecen* – pues la Vida DE Dios, NO está 'DENTRO' de la *forma* – aunque se queden en la *creencia* de que *sí* está 'DENTRO' de la *forma*; pero eso ¡NO es *cierto*! Dios ES Vida; y *si* la Vida DE Dios NO está 'DENTRO' de la *forma*, entonces *ustedes*, *si* quisieran *ser* Vida, NO estarían *tampoco,* 'DENTRO' de la *forma*. *Ustedes* NO pueden estar 'DENTRO' de esa *forma*, **y** ser Vida *también*. El Yo, (y) el Padre, SOMOS Vida. La Vida, NUNCA está 'DENTRO' de la *forma*; y, por lo tanto, *ustedes* *tampoco* pueden estar JAMÁS, 'DENTRO' de *su forma* – *tienen* que estar en **otro** lugar. Y por *difícil* que *parezca*, *ustedes deben percibir* que la Vida ES Dios; que Dios ES Todo; que Dios NO está 'DENTRO' de la *forma* de *ustedes*... por lo tanto, la Vida NO está 'DENTRO' de su *forma*. Y, sin embargo, en la *Realidad*, ustedes SON la Vida DE Dios... pero la Vida DE Dios, NO está 'DENTRO' de la *forma*.

Traten de encontrar un *lugar* donde la Vida NO esté – NO *existe* tal *lugar*. Y, sin embargo, *dondequiera* que miren, pueden ver *formas* que NO están *completas* o *enteras*; *formas* que *perecerán*. O la Vida DE Dios NO está *ahí*; o, por el contrario, la Vida DE Dios SOLO está *ahí*, y las *formas* NO están *ahí*. Ustedes tienen que *decidirse* – la Vida NO está EN la *forma*; y como la Vida ES TODO, entonces *ustedes* tienen que *comprender* que la *forma*, NUNCA está EN la Vida.

Esto es lo que constituye la parte *difícil* de la enseñanza: La Presencia DE la Vida *significa* e *implica*: la AUSENCIA de la *forma* – NUNCA está Una, DENTRO de la otra; NO existen Vida y 'forma *física*', a la vez. Y *hasta que* durante un tiempo hayan **practicado** esto DENTRO de *ustedes* mismos, estarán caminando bajo la *presunción* de que la Vida DE Dios '*en* mí', '**me** está *sustentando*' – y con ello estarán cometiendo el *error* de la *dualidad*. Ustedes tienen que *superar* ese *obstáculo*, para RECONOCER que la Vida DE Dios '*en ustedes*', NO 'los está *sustentando*'; que TODO cuanto hay de *ustedes* ES, la *MISMA* Vida DEL **PROPIO** Dios.

Este es el *Nombre* de *ustedes*: "LA VIDA DE DIOS". Y dicha Vida, NO está 'DENTRO' de la *forma*, y TAMPOCO *constituye* la *forma*. *Después* habrán de *superar* la *creencia* en la *forma*, y para entonces estarán *cenando a la Mesa del Cordero*.

Lamento que todo esto suene tan *largo* y *extenso*, pero 'este *mundo*' lo ha *ignorado* durante *muchos* siglos, SIEMPRE con alguna *verdad a medias*; SIEMPRE con alguna *verdad momentánea* que *pareciera* satisfacer; y SIEMPRE al final, encontrando que la *Verdad*, realmente los había *esquivado*. Cuando que el hecho es que SÓLO Dios ES Vida; y Dios NO es *materia*; por lo que la *materia*, NO es. La Vida, NO puede estar DENTRO de la *materia*, por la sencilla razón de que NO existe *materia* alguna EN Dios.

Ahora bien, en este Taller del *Libro de la Revelación*, hemos *descubierto*, **PRIMERO** que *la* 'mente *mortal*', *el dragón*, constituye la *causa* de TODAS las *apariencias* de 'mal' en 'este *mundo*'. Pero si recuerdan, *el dragón fue arrojado fuera de los Cielos* (Revelación 12:9). El Ser más *elevado* de nosotros RECONOCIÓ que la 'mente *mortal*' era el *engañador* – en realidad era, "*el dios de* 'este *mundo*'" (2ª. Corintios 4:4), tal como Pablo lo llamó; o como Jesús dijera: "*mentiroso desde el principio*" (Juan 8:44).

Cuando la 'mente *mortal*' fue **expulsada** de los *Cielos* (Revelación 12:9), entonces comenzó la SEGUNDA *fase* sobre la tierra en dicho nivel de la 'conciencia *humana*' – había que *comprender* la IRREALIDAD de la *materia* y de la *mortalidad*, las cuales constituyen *los dos delegados de la* 'mente *mortal*'. La 'mente *mortal*' se manifiesta a través de *nuestra creencia* tanto en la *materia* como en la *mortalidad*. Y así, sobre la tierra, nosotros comenzamos a *comprender* que la *materia* NO es DE Dios, y que la *mortalidad* NO es DEL Padre *Inmortal* – de esa manera, esos *dos mentirosos* fueron *evidenciados*. De esa manera, **ambas** fases constituyen las DOS *fases de la guerra*.

Pero aún faltaba por lograrse una TERCERA victoria: Y la TERCERA victoria fue ésta: aunque nosotros contábamos con *cierto* conocimiento de la *irrealidad* y de la *falta* de poder, tanto de la *materia* **como** de la 'mente *mortal*', esa *creencia todavía* existía EN nosotros. Aunque la 'mente *mortal*' había sido *evidenciada*, esa *creencia* restante *todavía* existía como nuestra *separación* DE Dios. Tan *profundamente* habíamos sido *condicionados* a través de los siglos, que *todavía* teníamos la *creencia* de que Dios y yo, somos '*dos*'. Por lo tanto, la TERCERA guerra, la Victoria FINAL, aún está por llegar en estos Capítulos *restantes* – y esa Victoria *tiene* que *permanecer* en *nuestra* Conciencia. *Nosotros* **tenemos** que *saber* que el engañador *invisible* es la *mente* de 'este *mundo*'. Su *método* de engaño es a través de las *formas* físicas, de las *formas* materiales de 'este *mundo*', y de *nuestra creencia* en la *realidad* de aquello que *muere*.

Y finalmente, la *ÚLTIMA* ilusión, o como Pablo la menciona: "*el último enemigo a vencer será la muerte misma*" (1ª. Corintios 15:26).

Porque la _muerte,_ nace de la _creencia_ de que estamos **separados** DE la Vida. _SI_ la Vida y _ustedes_ ES **UNO**, entonces la _muerte es vencida_. Y la Vida y _ustedes_ NO puede SER UNO, mientras _ustedes_ se encuentren DENTRO de un '_sentido_ material **y** mortal' o DENTRO de una '_forma_ material **y** mortal'. TAMPOCO _pueden ustedes_ 'llenar' dicha _forma material_ **y** _mortal,_ CON Vida. Así pues, el **despertar** FUERA de la '_mente mortal_', FUERA de la _materialidad,_ FUERA de la _mortalidad_ y FUERA de la _separación_ DE Dios – TODO eso, constituye parte de la _Crucifixión,_ **liberándolos** de TODA _idea,_ de TODA _creencia,_ de TODO _concepto,_ de TODA _forma,_ de TODA _imagen_ grabada **en** la '_mente_', lo cual los ha _convencido_ de que la Vida DE Dios, NO constituye el ÚNICO Ser de _ustedes_ – hasta que TODA _creencia_ en TODO lo _desemejante_ a Dios, sea **apartada** – y USTEDES sean **revelados** como LA VIDA DE DIOS.

Cuando hablamos de _aquellos_ que algún día _producirán_ justamente aquello que necesitarán para _comer,_ en forma _instantánea,_ fue lo MISMO que decir: _si algún día van a descubrir que ustedes_ SON, la Vida DE Dios, entonces NO _esperen_ por ese _descubrimiento_ – el Yo, **SOY** AHORA; AHORA ES el Reino DE Dios. _Si_ la Vida DE Dios ES TODO, entonces esa Vida ES AHORA; AHORA _ustedes_ SON, la Vida DE Dios; AHORA SOMOS los Hijos DE Dios. _TODO cuanto pidan en **MI Nombre** [Identidad], se les dará_ (Juan 16:24). _Busquen; toquen; clamen por **MI Nombre**_ [Identidad] (Mateo 7:7). Por lo tanto, **acepten** que TODO aquello que _pudieron_ ser, y TODO aquello que _fueron,_ a pesar de lo que _parecían_ ser, NO es más que la _Vida Pura_ DE _Dios._

De esa manera estarán en vías de **salir**, de **separarse** de 'este _mundo_' de _ilusión_; estarán **despertando** del sueño; **despertando** del mito de un "yo" mortal, _material,_ que 'debe seguir' _reencarnando_ y _reencarnando_ DENTRO de la carne, _padeciendo_ SIEMPRE los opuestos – _bien_ **y** _mal._

Vida ES lo que el Yo, SOY; y aunque 'este _mundo_' lo _niegue,_ aunque los sentidos lo _nieguen,_ aunque TODA apariencia lo _niegue,_ Dios lo **declara** – por lo tanto, ¡Así Es!

343

Sostenerse en que *ustedes* SON Vida, implica *rechazar* TODO cuanto lo *niegue*. *En lugar* de fluir con la marea de opiniones *humanas* que dicen que '*hay* enfermedad', *ustedes* NO lo *admitan* – Dios ES, Vida; la Vida ES, TODO; SÓLO hay Vida – y aquello que *vean* por ahí como enfermedad, en *realidad* NO se encuentra ahí. El Yo, **Soy** Vida; mi vecino ES, Vida – Vida ES, TODO cuanto existe. Esa Vida que el Yo *acepto* como MI Vida ES la Vida de TODO aquello que aparece sobre la tierra. Así como la *ilusión de la forma distorsiona* esa Vida donde el Yo Estoy, de la *misma* manera la *ilusión de la forma distorsiona* esa Vida donde TODO se encuentra – *donde* crece un bosque, *donde* fluye un río, *donde* se eleva una montaña, justo AHÍ se encuentra la Vida *Invisible*. Y a TODO su alrededor, en TODAS partes, la Vida Se *entona* a *Sí Misma* aplaudiendo, y el RECONOCIMIENTO de Ella, la *aceptación* de Ella por parte de *ustedes* constituye la Conciencia-*Cristo*. El *rechazo* que *ustedes* hagan de TODO aquello que la *niegue*, constituye la *Integridad* que se encuentra DENTRO de la Conciencia-*Cristo*. Y esto los hace *dignos* de *sentarse a la Mesa del Cordero*. Quien NO niegue a Cristo como *su Identidad*; quien *admita* que *él* ES, la Vida DE Dios; que TODO a su alrededor ES, la Vida DE Dios *hasta donde alcanza la vista y más allá*, ése es quien *se sienta a la Mesa del Cordero* – y es *alimentado* SÓLO por la *Palabra* DE Dios. Y esa *Palabra* es lo que constituye el *Poder* DE Dios; y ese individuo está siendo *preparado* para *el Día del Juicio*, porque en ese *Día del Juicio*, ÚNICAMENTE aquellos que *degustaron* a la Mesa del Cordero, son *invitados* para entrar al Reino DE Dios.

'Este *mundo*' SIEMPRE ha tratado de *apartarse* del Mensaje DE Cristo, SIN perder la *esperanza* de, incluso así, recibir un *poquito* de Él. Los teólogos de 'este *mundo*' que *insisten* en que la 'moral *humana*' cumple *plenamente* la Voluntad DE Dios, y que el *Día del Juicio* implicará una *recompensa* en algún apartado y lejano *lugar*; JAMÁS han tenido la disposición de detenerse a *encarar* los *hechos* por los que TODOS hemos pasado durante *muchas, muchas, muchas* vidas...

De hecho, hubo un día en que el Padre nos llamó y dijo: 'Hijo, Yo te he hecho un *Rey* DENTRO de **MI** Reino, el cual ES *tu* Reino – pero ahora vas a emprender un largo *viaje*. Te voy a *enviar* a través de *tu* Reino, de *arriba a abajo*; Te voy a *enviar* a través de *tu* Reino, *siete veces siete*, y de nuevo *siete veces siete* (Mateo 18:22). Te voy a *enviar* a través de TODOS los "días" de *tu* Reino; vas a *aparecer* en *formas* que JAMÁS supiste que *tenías*. Estarás *atravesando* **siete** Cielos, y el **primero** es un Cielo muy, muy *bajo* – NI siquiera serás un ser humano o un animal – estarás *atravesando* el *yo material*, pasando a través de la etapa *mineral*, la etapa *vegetal*, la etapa *animal*... y un día vas a llegar al "**cuarto** *día*", el cual es llamado "*el Día de la* **Tierra**". Y en ese "**cuarto** *día*", tendrás aquello llamado 'cuerpo *humano*'. No *recordarás* una sola palabra de lo que te he dicho. *Creerás* que tú y Yo, NO tenemos NADA en *común*; incluso vas a *pensar* que quizá Dios NO *existe*. Te preguntarás *cuál* es tu *propósito* en ese "*Día de la* **Tierra**". Pero trata de *recordar* que "*Yo,* **nunca** *te dejaré*" (Deuteronomio 31:8) – *busca* SIEMPRE al "Yo", *pregunta* por el "Yo", *clama* por el "Yo". Porque el "*Yo, Estaré* **siempre** *ahí*" (Josué 1:5), y el "*Yo, te responderé*" (Jeremías 33:3). El "*Yo,* SOY *el Camino*" (Juan 14:6); y cuando 'este *mundo*' te diga que hay *maldad*, entonces *busca* de nuevo al "Yo", y entonces el "Yo", *te mostraré* **Mi** *Jardín*, en donde SÓLO hay *Perfección*. El "Yo", *te llevaré hacia lo Invisible Infinito* – *te llevaré por un Camino* llamado el *Cristo*. "*Tú,* **siempre** *serás* **Mi Hijo**" (Lucas 15:31). Y *si* te *acuerdas* de que NADA puede *alterar* el que SEAS la Vida DE Dios, entonces, *finalmente*, llegarás al **Séptimo** Cielo del Ser *Puro*, donde *saldrás* de TODO ese *falso* sentido de vida, hacia el UNO, *regresando a la Casa de tu Padre* (Lucas 15:11-32). Ése es tu *viaje*, y tú, SIEMPRE SERÁS un Alma *Perfecta* en ese viaje. *Si* te permitieras caer en la **aceptación** de ser un ser mental, entonces te encontrarías en el proceso de *reencarnar* más de lo que deseas – estarías en lo que se conoce como "*el Pozo sin fondo*" (Revelación 20:1) – dentro del *reencarnado* ser *humano*, *retornando* SIEMPRE a la *mortalidad*, debido a que ésta NO puede *elevarse* hacia la ***aceptación*** de su Ser *Inmortal'*.

Bien, en el Capítulo **20**, ahí *llega un Ángel con la llave de* ese *Pozo sin fondo* (Revelación 20:1); y trae una *Cadena*. Y Juan *ve a este Ángel descender de los Cielos con una Llave* (Revelación 20:1). Y *el Pozo sin fondo* es el 'ser *mortal'* que se *reencarna* – la *creencia* en la *materia*. Y la *Llave* va a ser el *Testimonio* de Cristo-*Jesús*, quien dijo: *"El Yo, he venido a dar Testimonio de la Verdad"* (Juan 18:37). Ésa será la *Llave,* y la *Cadena* será el *vínculo* de ustedes con lo *Infinito*. La *Cadena* será la *acción* de ese *Testimonio*. El *Testimonio* del *Cristo* en ustedes constituye la *Llave* para el 'abismo de la *mortalidad'*. El Cristo en ustedes, constituye la *Cadena* hacia el Padre *Infinito*. El Cristo en ustedes, nos *muestra* que *el Pozo sin fondo* de la 'individualidad *material'*, de un lapso de vida *tras* otro, vivido dentro de un 'sentido de *separación'* – esta *continuidad* de la *mentira* acerca de Dios, es *eliminada* por el *Testimonio del Cristo* (Juan 18:37), quien da *Testimonio* ÚNICAMENTE DEL Padre. Y así, el Cristo EN ustedes, tal como el Cristo EN Cristo-*Jesús,* dando *Testimonio* de la Verdad, los *libera* de los juicios *humanos*, de los juicios *injustos* e *incorrectos*, de esas creencias que son dictadas desde el *nivel* de los *sentidos*. Y entonces, ustedes *también* estarán *"montando sobre el Caballo Blanco llamado Fiel y Verdadero"* (Revelación 19:11).

Mucho, mucho tiempo *antes* de la *Revelación*, hubo un *Caballo Blanco* (Revelación 19:11); y ***todos*** montábamos ese *Caballo Blanco* (Revelación 19:11); y mientras, salíamos con nuestra *Armadura*, con nuestra *Lanza*, incluso portando una *Corona de Victoria*… salíamos con la *creencia* de ir a 'conquistar… la *materia'* – salimos a 'conquistar'. Pero ahí, en la 'materia', NO hay NADA que 'conquistar'. En el instante en que ustedes salen a 'conquistar' algo, en ese *mismo* instante están ***negando*** la TOTALIDAD DE Dios – ¿Qué es lo que vas a *conquistar*, Dios? Y entonces, ese *Jinete* del *Caballo Blanco* (Revelación 19:11), nuestra *vieja* conciencia, salió a 'conquistar', porque *creyó* en la 'dualidad'. *Creyó* que había Dios, **y** él mismo;

creyó que había Dios, **y** tres mil millones más; *creyó* que había Dios, **y** un bosque; *creyó* que había Dios, **y** un océano; *creyó* que había Dios, **y** planetas; *creyó* que había, Dios **y** TODO lo demás – pero... SÓLO HAY Dios. El *Jinete*, NO se estaba *negando a sí mismo* (Mateo 16:24) – *aceptó* la 'evidencia de los sentidos'.

Pero ahora, más *sabios*, habiendo **recibido** la *Palabra*, *Iluminado, monta* en el *Caballo Blanco* DEL Cristo, el *Fiel y Verdadero* (Revelación 19:11). Porque SÓLO el Cristo se ha *elevado* por encima de la *creencia* en 'un mundo' que debe *ser* 'conquistado'. El Cristo en <u>ustedes</u>, carece de 'un *mundo*' por *conquistar* – el Cristo en <u>ustedes</u>, es TODO cuanto hay. La TOTALIDAD DE Dios es *sostenida* por el Cristo en <u>ustedes</u>. "El Yo", he *superado* la *creencia* en 'un *mundo*'. "El Yo", dice el Cristo, "sé que SÓLO existe el Reino DE Dios DENTRO del Cual *vivo*". No hay universo *dual*; NO hay mundo de 'efectos' *humanos, físicos* NI *materiales*. La *ilusión* de 'este *mundo*' NO *hipnotiza* al *Testigo Fiel y Verdadero* sobre *el Caballo Blanco* (Revelación 19:11) llamado El Cristo". Y así, *"en su Vestidura, en su muslo, está escrito*: '*Rey de reyes; Señor de señores*'" (Revelación 19:16) – el Cristo EN ti. Porque SÓLO Cristo EN ti, SABE que Dios, ES TODO – *"Rey de reyes"* – el Padre, *"Señor de señores"* (Revelación 19:11) – el Hijo; Padre (e) Hijo – UNO; el *Principio* (y) el *Fin* (Revelación 22:13) – UNO; **TODO** UNO. Y a este UNO es a Quien <u>ustedes</u> tienen que **aceptar** para ser, **el** UNO **que** <u>ustedes</u> SON.

Bien, en *apariencia* estamos DENTRO de una *forma* – pero el Cristo NO está DENTRO de esta *forma*; la Vida DE Dios, NO está *confinada* a una *forma*; el Padre *Interior,* NO está *confinado dentro*; el Padre *Interior también* está *fuera*. La Vida *Ilimitada* DE Dios, la ÚNICA Vida, NO está *limitada* a la *forma*, NO está DENTRO de la *forma* – y hasta que <u>ustedes</u> estén *practicando* esa Vida que NO está DENTRO de la *forma*; hasta que <u>ustedes</u> SEAN un Hijo DE la *Soledad*; hasta que <u>ustedes</u> sean el UNO que *vive* DENTRO del *Silencio*; hasta que <u>ustedes</u> puedan *sentir* la Sustancia *Verdadera* de esa Vida; hasta que <u>ustedes</u> estén *dispuestos* a vivir por *encima* del nivel DE su mente, *liberando* a su Alma… hasta entonces *ustedes* **no** se harán *conscientes* de esa Vida, la cual ES, *la Vida que ustedes SON.*

Nosotros NO *celebramos a la Mesa del Cordero* (Revelación 19:9), con la 'mente *humana*' – nosotros *celebramos* allí, a través de la *actividad* de nuestra *Alma.* Y esa *actividad* NO se lleva a cabo para *ustedes*, en tanto *insistan* en vivir DENTRO del nivel *mental* – se requiere de la *sumisión* por parte de *ustedes*, para *deponer* la actividad *mental*; su *contemplación* profunda; su *liberación* de la mente *pensante*, con períodos de *Silencio* – pero NO con el *propósito* de *buscar* el 'bien' en 'este *mundo*'; NO *pidiendo* el 'bien' en 'este *mundo*', NI *clamando* por el 'bien' en 'este *mundo*' – simplemente para *descansar* la mente, lo cual *libera* la Actividad *Pura* y SIN *Diluir*, del Alma de *ustedes*.

SOLO a través de la *actividad* DEL Alma, es que Dios los *alimenta* con *Su* Verdad. Y **SÓLO** a través de la *actividad* DEL Alma, es que *ustedes* RECONOCEN 'la Vida DE Dios, el Yo, **SOY**'.

∞∞∞∞∞∞ Fin del Lado Uno ∞∞∞∞∞∞

"Entonces vi a un ángel descender de los Cielos, teniendo la llave del abismo y una gran cadena, en la mano" (Revelación 20:1).

Bien, *el Pozo sin fondo* (Revelación 20:1) que ahora *conocemos*, es este 'ser *mortal*' *reencarnado* que *entra* y *sale* de la *vida* **y** de la *muerte* en ciclos *repetitivos*, *tratando* de encontrar **quiénes** somos, **por qué** y **para qué** tenemos que *reencarnar*. Pero hay una *Clave* o *Llave* para este 'yo' que se *reencarna*; y por supuesto que la *Clave* o *Llave* es, el *Testimonio* de Cristo-*Jesús* en la tierra, de *pie* ante Pilatos, *diciendo*: *"El Yo, he venido para dar Testimonio DE la Verdad"* (Juan 18:37) – NO de aquello que los *hombres* ven, sienten u oyen a través de sus *cinco mentes sensorias*; NO del mal, del sufrimiento y de todos los desastres que culminan en *muerte* en la tierra; **NO**; el Yo, NO he venido a dar *Testimonio* de eso – el

348

Yo, vine a dar *Testimonio* DE *la Verdad* (Juan 18:37). Dense *cuenta* de que esa *Verdad* se convertirá en *la gran Cadena en la Mano del Ángel* (Revelación 20:1), porque esa *Gran Cadena* nos unirá CON Dios, CON lo Infinito. *El Ángel, descendiendo de los Cielos, con la Llave* (Revelación 20:1), que es la *Cadena* a lo Infinito, constituye *el Cristo EN ti, tu Esperanza de Gloria* (Colosenses 1:27). A través del *Cristo EN ti, en lugar* de entrar al ciclo de muerte y vida una y otra vez, *ustedes* se mueven hacia *arriba* y hacia afuera, *a través* de la Transición; *fuera* del *Abismo sin fondo, vinculados* CON lo Infinito, UNO CON EL PADRE.

"*Y prendió al dragón, la serpiente antigua, que es el diablo y Satanás, y lo ató por mil años*" (Revelación 20:2-3).

Ustedes ya *saben* ahora que Satanás ES la 'mente *mortal*'. Y aquí están TODOS *atados*: *Satanás, la serpiente, el diablo*, TODA la 'mente *mortal*', la conciencia de 'este *mundo*'. Y ahora *Satanás está atado por mil años* en la tierra, por el Testimonio *de* Cristo-*Jesús*. *Durante mil años* – y así es como vamos a *arribar* a una idea de aquello llamado *el fin de* 'este *mundo*'.

Ahora bien, en términos generales se *ignora* que la *Crucifixión de* Cristo-*Jesús* en la tierra *significó* la **atadura** de *Satanás en la tierra* (Revelación 20:2-3). Porque en el *instante* de la *Crucifixión*, la 'mente *mortal*' quedó limitada, controlada, circunscrita a un área *determinada*. DESPUÉS de la *Crucifixión*, Cristo-*Jesús* fue 'más allá', hacia la Conciencia *Superior*, y allí, EN lo *Invisible, detrás del velo*, una vez más *instruyó* a sus Apóstoles quienes se habían *reunido* con él, y a los *Santos*, a los *Espíritus, guiándolos* a todos hacia la *comprensión* de que: NO HAY SEPARACIÓN DE DIOS – el Yo (y) el Padre, UNO SOMOS – en los *Cielos*, en la *tierra*, en TODAS partes.

Este *Testimonio* de '*en los Cielos, así como en la tierra*' (Mateo 6:10), es donde la PRIMERA Resurrección *verdadera*, tuvo lugar. Cuando TODOS los que habían hecho la *transición*, pero a pesar de ello *todavía* mantenían *recuerdos* persistentes de los días *mortales*, de los días *materiales*, Cristo en ellos, fue *elevado* al punto de la LIBERTAD TOTAL para que, *durante* estos primeros *mil* años DESPUÉS de la Crucifixión, *detrás del velo*, pudieran *aprender* la Plenitud DEL Espíritu. Esta *enseñanza* del Mensaje DEL Cristo a aquellos *detrás del velo* constituyó *la atadura de Satanás en la tierra*. Porque ahora, DESPUÉS de estos *mil años*, estos *Espíritus*, estos *Ángeles*, estos *Apóstoles*, fueron *equipados* para *volver* a la tierra, y desde *atrás del velo*, *instruirnos* a *ustedes* y a *mí*, en el Mensaje DEL Cristo.

Y dice así:

"*... y lo arrojó al pozo sin fondo, y lo encerró, y puso un sello para que ya no engañe más a las naciones – hasta que se cumplan los mil años – y después de eso tendrá que ser desatado por un corto tiempo*" (Revelación 20:3).

Comprendan pues AHORA, que DESPUÉS de los *mil* años DE Cristo *enseñando* EN los Cielos, por el Cristo-*Jesús* trascendido, *Satanás en la tierra será ahora desatado por un corto tiempo* (Revelación 20:3). Y esa '*liberación*' es lo que *ustedes* están *presenciando* actualmente en 'este *mundo*'. *Dondequiera* que *ustedes* miren violencia, odio, corrupción, desastres, enfermedades y muerte, *ustedes* están presenciando la '*liberación*' *de Satanás en la tierra* (Revelación 20:3). Y es que conforme la *actividad* de esos Espíritus *Iluminados* llega en *mayor* medida hacia la tierra, somos testigos de la '*limpieza de esta casa*' DENTRO de la cual la 'mente *mortal*' en la tierra se vuelve más violenta, más destructiva, debido a que está siendo "*expulsada del Templo*" (Marcos 11:15). Habrá un día llamado '*plenitud de la maldad*' el cual será cuando la *actividad* de los Espíritus esté en su *máxima* medida, y en 'este *mundo*' será algo *insoportable*. Pero esa '*plenitud de la maldad*' constituye una *señal* para el "*fin de* 'este *mundo*'" (Mateo 24:3).

Reconozcan *ahora*: Dios, NO está EN la *carne*. Y, por lo tanto, la carne ES *perecedera*, *temporal*, algo a lo que NO debemos NI podemos *aferrarnos* – Dios ES, Infinito, y lo Infinito ES, TODO cuanto *existe*. La *carne* ES *finita*; nosotros, NO estamos DENTRO de las *formas*. *Invisiblemente*, el Espíritu está *actuando* para *mostrarnos*, mediante la *elevación* de la Conciencia DE 'este *mundo*', que, para nosotros, "*el fin de* 'este *mundo*'" (Mateo 24:3) constituye el *comienzo* del Cielo *Nuevo* y de la Tierra *Nueva* (Revelación 21:1). ¿Por qué *un* Cielo *Nuevo* y una Tierra *Nueva*? –Porque la 'tierra' que *tenemos*, los 'cielos' que *tenemos* en **nuestro** *concepto*, NO constituyen la Tierra y los Cielos DE Dios – se trata de la conciencia de 'este *mundo*', el *concepto* de la mente de 'este *mundo*', acerca de los *cielos* y de la *tierra* – el *caparazón* temporal, <u>tiene</u> que *perecer*.

Me han hablado de un grupo que 'trabaja' en la *tierra*, el cual *intenta* 'evitar' *el fin de* 'este *mundo*' (Mateo 24:3), por medio de sus *meditaciones* – realmente están *equivocados*. *Si* tuvieran *éxito* en establecer contacto *espiritual*, entonces ellos *acelerarían* el *fin* de 'este *mundo*'. Nosotros NO estamos 'aquí' para 'evitar' *el fin de* 'este *mundo*'. Es la Voluntad DEL Padre que **seamos** Perfectos (Mateo 5:48), y NO podremos ser *Perfectos*, en 'este *mundo*'. Por eso Juan dice: "**Si** *un hombre ama* 'este *mundo*', *entonces el amor* DEL *Padre* **no** *está* **en** *él*" (Juan 2:15). Éste, NO es el mundo *creado* POR el Padre; éste, NO es *MI* Reino. Y hay muchos jóvenes alrededor de 'este *mundo*', quienes se han *apartado* de la religión, debido a que NO se les ha *enseñado* esta Verdad. Y hay científicos que *creen* contar con TODAS las respuestas, y nosotros vamos a ellos en *busca* de respuestas, ¿no es así? Pero *deténganse* un instante y *piensen* – <u>NO hay vida DENTRO de la *forma*</u>; NO hay **nadie** DENTRO de esas *formas* a quienes llamamos 'científicos'… y nosotros 'los' buscamos por *respuestas*, pero… NO hay NADIE 'en casa'; NO hay NADIE 'ahí'.

Hemos *aprendido* que el ÚNICO habitante *sobre la tierra* es: el Hijo DE Dios, el Cristo; y el Cristo, JAMÁS está DENTRO de una forma *humana*; el Cristo JAMÁS está DENTRO de algo *finito*. Y para que <u>ustedes</u> puedan RECONOCER al Cristo **en** <u>ustedes</u>, *tendrán* que *abrir* un Camino. *El Esplendor aprisionado* NUNCA podrá *expresarse*, en tanto *ustedes* estén DENTRO de la 'mente *mortal*', DENTRO de los *conceptos* de 'este *mundo*' – a eso se le llama *desnudez, ignorancia*; la *creencia* de que 'nosotros' podemos *hacer* que este 'cuerpo *mortal*' *sea* Espiritual **o** *semejante* al Cristo. Estamos *aprendiendo* a *crecer en* el Yo; *FUERA* de los *conceptos, siguiendo* al Maestro. Y bien harían *ustedes*, aunque fuera a *intervalos* durante el día, aunque tan solo fuera durante *cinco* minutos, *si aprendieran* a meditar de una manera *distinta*. **No** se trata de un 'tú', tratando de *hacer contacto*, porque bien podrían *continuar* así otros mil años, **y** con *fracaso* garantizado. Más bien se trata de *descansar* en el Verbo o en la Palabra; *descansar* en el RECONOCIMIENTO que el Yo, NO Estoy DENTRO de esta *forma*; que el Yo, SOY el Cristo DE Dios; y que el Cristo, NO está DENTRO de la *forma* – el Cristo ES *Libre, Ilimitado, Irrestricto*. Y las palabras Omnisciencia, Omnipresencia, Omnipotencia, se encuentran DENTRO del Cristo, NO DENTRO de 'mi' – NO hay un 'mi'; NO hay un 'mi' para hacer el *contacto*.

Así pues, la manera más *avanzada* que tengo para *meditar*, mi *mejor* manera de *meditar* es *descansar* en el RECONOCIMIENTO de que AQUÍ, NO DENTRO de una *forma*, sino AQUÍ, estoy parado DENTRO de la Conciencia ÚNICA – NO en la Conciencia DE Dios, **y** en *mi* conciencia a la vez. La Conciencia ÚNICA DE Dios, está AQUÍ; y el Yo, *descanso* en Ella – en *quietud*, con *certeza*, en *confianza* total. **No** hay NADA que *hacer*, sino *saber* que el Padre, ESTÁ AQUÍ; el Yo, NO estoy DENTRO de una *forma*; el Yo, Estoy simplemente *consciente*, **y permito** que el Padre *Interior* "lleve a cabo las obras" (Juan 14:10); *permito* al Espíritu, Ser Él Mismo – tan SOLO *descanso* EN el Verbo...

Mientras lleven a cabo esto, *si ustedes* tuvieran una *meta*, un *objetivo*, un *propósito*, un *deseo*... estarían cometiendo un *error*. Esa sería la *actividad* de una **segunda** mente, y habría una *separación instantánea* DEL Mismo Dios, DE la Misma Conciencia Divina ÚNICA, la cual constituye la *Fuente* de TODA Vida – así que NO cometan dicho *error*; NO mantengan NINGUNA pequeña idea *escondida* en el fondo de <u>su</u> mente, intentando *conseguir* 'algo'. La *búsqueda*, la *pregunta*, la *insistencia* implica simplemente *deshacerse* de TODA *creencia* de ese 'yo' *personal*. En el *instante* en que hayan *depuesto* esa idea, **y** se presenten SIN idea alguna ANTE el Espíritu, *tranquila y fácilmente*, SIN *esfuerzo, descansando* SIN buscar NADA de 'este *mundo*' – NADA; 'tan SOLO *Tú,* Padre; tan SOLO estar EN Ti; *saber* que Tú (y) el Yo, UNO SOMOS' – eso es TODO...

Ah; entonces *llega* **y** lo *ven*; entonces *son* Unificados; la *ilusión* de un 'yo' *separado* es *disuelta,* **y** el UNO ES *revelado* COMO la *Sustancia* de TODO cuanto Es. *Ustedes descansan* en esa Sustancia; *sienten* el gozo de la Unicidad – *sin* hacer NADA por *ustedes* mismos... Y a partir de ahí *ustedes* YA *saben* que NO se intentó *establecer* un 'contacto', sino *eliminar* un 'yo' que NUNCA fue – y el *contacto* en realidad, JAMÁS estuvo *roto*; fue *revelado* COMO la Ministración *Permanente*. La Filiación *constituye* la UNICIDAD *con* el Padre – y cuando *ustedes* están *fuera* de ese *falso* sentido de 'yo'; *fuera* de ese *falso* sentido de 'forma', entonces esa Filiación es, *experimentada*...

Prueben lo siguiente durante *cinco* minutos al día. Les *gustará* tanto que querrán *hacerlo* más a menudo – pero NO lo lleven a cabo con un *deseo* – tan SOLO con un *descanso*, en el RECONOCIMIENTO de que Dios ES, la Conciencia *Divina* ÚNICA, AQUÍ y AHORA. TODO cuanto necesitan *hacer* es, estar AQUÍ, *libres* de la forma, *fuera* de la forma, TOTALMENTE *liberados* de la forma, de la mente, de los conceptos de 'este *mundo*':

Ésta es, la Vida que es Mía; ésta es, la Realidad del Ser. Yo, no lo sabré si me ubico dentro de una forma – Mi Alma lo sabe. Todo cuanto pudiera buscar mientras estoy dentro de la forma, ya es Mío mientras Estoy en el Alma. Y en tanto aprendo que no hay forma alguna, he aquí que ahora, estoy revelado dentro del Reino de Dios. Todo cuanto el Padre tiene, es Mío ahora. Y el sentido de la forma es parte del velo que oscurece esta Verdad. El Yo, no alcanzo la Totalidad – el Yo, aprendo a abandonar el sentido de la forma que niega la Totalidad. El Yo, no alcanzo la Inmortalidad – el Yo, aprendo a abandonar la falsa creencia en la mortalidad, porque el

Yo, **nunca** *fui algo menos que Ser* **Inmortal**. **Todo** *cuanto el Padre Es, el Yo* **Soy** *– y* **todo** *aquello que dice que el Yo,* **no** *Soy,* **aprendo** *a abandonarlo, porque lo que el Yo Soy,* **jamás** *puede ser cambiado.*

Tu *nuevo* NOMBRE, *la Vida* DE *Dios,* NO es una *palabra* llamada El Yo Soy – se trata del *Ser* Puro, del Vivir, del Saber, de la Certeza, de la Confianza, de la Aceptación *absoluta* e *inquebrantable* de que la Vida DE Dios, el Yo, SOY. Y he ahí la *cualidad* DE Dios EN _ustedes_, la cual les permitirá *alcanzar* ese nivel de confianza, cómodamente. **No** tendrán que *esforzarse;* NO tendrán que *pedir prestada* la Integridad – sean *pacientes, llegará* el momento cuando simplemente lo *sabrán* **y** lo *aceptarán.* **No** crean que tienen que *demostrarle* algo a alguien; y NO sientan culpa si *aún* no lo *sienten;* _ustedes_ NO pueden *provocar* el sentirlo. Pero surgirá una *Fuerza* DENTRO de _ustedes_, la cual les permitirá *decir:* "Sí; *sé* que el Yo, SOY esa Vida; y ahora estoy *preparado* para *vivirla,* para *aceptarla",* porque *contemplar* la Verdad implica **aceptar** la Verdad. Ser un *Espectador* implica **aceptar;** ser un *Testigo* significa **aceptar** que SÓLO la Verdad existe, y TODO lo demás es, en *realidad, apariencia* CARENTE de forma, CARENTE de sustancia.

Esta 'forma' que *morirá,* NUNCA contuvo la Vida DE _ustedes_; y se ha estado *reencarnando* DENTRO de este *Pozo sin fondo* durante siglos – SIEMPRE con una apariencia *nueva,* porque NO contiene Vida *Divina.* Y SÓLO cuando _ustedes_ *sepan* que la Vida *Divina* ES aquello que _ustedes_ **SON,** podrán, por lo tanto, *saber* que _ustedes_, NO son la *forma.* Y así, *la Llave del abismo* (Revelación 20:1) para _ustedes_, habrá sido *entregada, recibida* **y** **aceptada.** El Yo, SOY la Vida *Divina;* la *forma,* **no** constituye "el Yo". Y ahora, **únicamente** la Vida *Divina,* la cual está completa EN Dios, constituye la Conciencia **aceptada** de _ustedes_. **No** buscan *nada,* pues *nada* necesitan; *nada* quieren; *nada* desean. La Vida *Divina* vive DENTRO del Reino DE Dios sobre la tierra; y, por lo tanto, AHÍ es donde _ustedes_ se encuentran. AHORA están **preparados** para **contemplar** – NO la injusticia, NO la oscuridad – sino para **percibir** a *través* de los ojos DEL Padre, TODO cuanto los rodea. Ahora están

preparados para *contemplar* el Universo tal y como *Dios* lo ve –
NO como la 'mente *mortal*' lo ve; NO como la 'mente *individual*'
lo ve – sino COMO el Alma que *recibe* a Cristo, lo *ve* – *FUERA* de la
forma, caminando *por* 'este *mundo*' en forma, pero viviendo DESDE
el Alma; *FUERA* del cuerpo, y *recordando* que mi Alma, NUNCA es
algo menos que el Ser *Infinito*.

El Ser *Infinito* con el que SOMOS UNO, constituye NUESTRA
Propia Alma, por lo que esta *apariencia* finita, llamada *forma*, se
encuentra DENTRO del Jardín *del* Edén, SIENDO UNA CON el Padre,
manifestando la Conciencia *Divina*, y NO la *humana*.

Observen que estamos *devolviendo* el Universo A Dios; de
hecho, Se lo estamos *confiando*. Seguramente ahora sienten el
Espíritu *fluyendo*; nos está diciendo que, *cuando* el sentido *mortal*
de ese "yo" es *depuesto*, lo cual constituye la *crucifixión*, es cuando
el Espíritu Es *revelado* COMO Poder, COMO Presencia, COMO
Amor, COMO Verdad; es cuando *ustedes* se encuentran DENTRO
de lo Eterno. *USTEDES* construyen TODAS sus mañanas tan solo
descansando en aquello que YA Es. ¿*Qué* necesitan? –El Yo, ESTOY
AQUÍ. ¿*Qué* es lo que quieren? ¿Quieren *algo* más que el Yo, lo
Infinito? ¿Hay *algo* que pareciera que les *falta*? –*Permanezcan* en
Mí; darán Fruto en *abundancia* (Juan 15:5); sean *Pacientes*. *Mi*
Sustancia Se está formando AHORA mismo – *aprendan* que esta
Presencia *Viviente* constituye la *Fuente* de TODO cuanto Existe.
Ustedes se encuentran DENTRO del Seno DEL Creador, y *ustedes*
SON SU Hijo *muy* amado – NO hay *nada* más que hacer; están
viviendo DENTRO del Reino DE los Cielos sobre la tierra, *en* la
Presencia DE Dios; **y** la Presencia DE Dios, vive *en* *ustedes* – *ustedes*
SON, EL UNO.

Este es *el Ángel con la Llave del Pozo sin fondo* (Revelación
20:1) y mientras *ustedes* *permanecen* AQUÍ, encontrarán ese 'yo'
reencarnado – pero YA NO tendrá que mostrarse *nuevamente*. El
Yo, los *llevo* hacia OTRA Mansión de Ser – una *Mansión* en donde
ningún mortal puede entrar. AHORA estamos *controlando* a Satanás
sobre la tierra; AHORA estamos *evidenciando* que NO hay poder en

355

la 'mente *mortal*' cuando <u>ustedes</u> se encuentran viviendo DENTRO de la **aceptación** del Espíritu DE Dios, como la *Identidad* de <u>ustedes</u> – TODO el Poder se encuentra DENTRO de <u>*su*</u> *Identidad* – NO necesitan *defensa* alguna contra 'este *mundo*' *inexistente*; NO necesitan *defensa* alguna contra esta 'forma' *inexistente* – <u>ustedes</u> simplemente *permanezcan, moren,* y entonces el *Milagro* DE la Vida Se *expresará* en TODA Su *Perfección*, alrededor de <u>ustedes</u>.

Ahora bien, ¿*qué* es aquello que <u>ustedes</u> *saben*, que Dios NO sepa? ¡Considérenlo! TODO aquello que <u>ustedes</u> saben que Dios NO sabe, constituye el *sueño* de <u>ustedes</u>; el *sueño* de <u>ustedes</u> sobre algo que *creen* que es *real* – pero *asegúrense* de saber que eso *no puede ser*, debido a que *Dios*, NO sabe NADA al respecto. <u>*Ustedes*</u> *saben* TODO sobre 'este *mundo*', pero Dios NO; <u>*ustedes*</u> *saben* TODO sobre la *muerte*, pero Dios NO; <u>*ustedes*</u> *saben* TODO sobre la vida *humana*, pero Dios NO.

El *siguiente* Nivel requiere **aprender** AQUELLO QUE DIOS SABE, conforme **abandonan** aquello que <u>ustedes</u> pensaban que *sabían*. Conforme **disminuya** <u>*su*</u> propio conocimiento, **aumentará** el Conocimiento DE Dios, **en** <u>ustedes</u>. Esto es lo que *significan* las palabras de Juan el Bautista: "*Es necesario que Él* **crezca***, pero que yo* **mengüe**" (Juan 3:30). A medida que <u>ustedes</u> se **deshagan** más de <u>*su*</u> conocimiento, entonces *más* Conocimiento **Verdadero** descenderá a <u>*su*</u> Conciencia. Lo anterior resulta *difícil* para 'este *mundo*', pero se hace *menos difícil* cuando la *comprensión* de <u>ustedes</u> permanece en el Conocimiento **Verdadero**.

Cuando <u>ustedes</u> experimenten "*las señales que siguen*" (Marcos 16:17), entonces *percibirán* que *la Llave del Pozo sin fondo* es "*Yo, por mí mismo, nada puedo hacer*" (Juan 5:19 y 30). <u>*Ustedes*</u> NO pueden hacer NADA que Dios, NO pueda *hacer*. ¿*Cómo* podrían <u>ustedes</u> hacer algo, *si* Dios NO puede *hacerlo*? Dios, NO puede *matar*, ¿*cómo* podrían <u>ustedes</u> matar? Dios, NO puede *robar*, ¿cómo podrían <u>ustedes</u> robar? Dios, NO puede volverse *famoso*, ¿cómo podrían <u>ustedes</u> volverse famosos? <u>*Ustedes*</u> *creyeron* que SÍ podían, pero *si* <u>Dios NO puede hacerlo, entonces *ustedes* NO pueden</u>; *si* Dios NO puede *ver* algo, entonces *ustedes* NO pueden; *si* Dios NO puede *oír* algo, entonces *ustedes* NO pueden. Estamos *alcanzando* el punto de la *verdadera* '**extinción** *humana*' total, y *encontrando* la Vida que espera al *final* del 'ego *humano*' – cuando el 'ego *humano*' es *crucificado*, entonces *ustedes nacen* para el Yo – el Ser *comienza*, donde el 'ego' *termina*.

"*El Camino* **Ancho**" (Mateo 7:13) NO es para quienes anhelan *caminar* DENTRO del Reino DE los Cielos sobre la tierra. Lo que 'este *mundo*' llama *extinción* se convierte en Vida *Eterna Infinita*, en Vida *Real* – es TODO lo contrario a la *extinción*; y la *Senda* hacia Ella implica la *extinción* TOTAL del ego *humano*, con TODO lo que *incorpora*.

El ego *humano* conforma a Satanás en la *tierra*, al *dragón*, a la *serpiente* – justo en *medio* de lo que habíamos llamado "yo". Pero, una vez RECONOCIDO, se trata de una *serpiente negra*, **carente** de vida y **carente** de poder. Cuando *ustedes* se **deshacen** de este ego *humano*, entonces el Yo, es *revelado*; entonces *ustedes* se encuentran DENTRO de un Nombre *Nuevo* y DENTRO de un Cuerpo *Nuevo*. Un Cuerpo que, *literalmente* hablando, conforma el Cuerpo-*Cristo* – NO se trata del cuerpo del 'universo *mental*' – se encuentra DENTRO de *su* Vida-*Cristo*. Recuerden, *el Camino* **Ancho** que conduce a la *perdición* es aquel en el cual TODOS hemos estado viviendo DENTRO de nuestro *Pozo sin fondo* – reencarnados. Y el *Camino* **Angosto**, se hace más, y más, y más *angosto*, ANTES de volverse más, y más, y más *Pleno*.

Me doy cuenta de que hay un lugar donde TODOS nos sentimos muy incómodos; y resulta *incómodo* porque... bueno, es como cuando conducen *cierto* tipo de automóvil, y *saliendo* de él, ahora se encuentran conduciendo *otro* distinto. O como cuando están *acostumbrados* a *cierto* equipo, y ahora están *aprendiendo* a utilizar otro. *Tiene* que haber un *intervalo* cuando en su proceso de *aprendizaje*, se sientan *incómodos*. **No** resulta nada cómodo cuando *ustedes* abandonan un mundo de *cinco-sentidos*. Eso forma parte de *la persecución en Mi Nombre* (Mateo 5:11); eso es parte del *niéguense a sí mismos, y tomen su cruz* (Mateo 16:24). Todo eso forma parte del *crecimiento*, del crecimiento *vertical* hacia las Mansiones *Nuevas*; parte de la *capacidad* para **aceptar** el cambio, así como la *incomodidad* que conlleva el *crecimiento*, en tanto aprenden el Camino *Nuevo*. Pudiera constituir una *Noche Oscura* para <u>ustedes</u>, pero NO pueden *continuar* confinados a un mundo de *cinco sentidos*, **y** todavía *creer* que NO han *construido* un universo de *imágenes* esculpidas. Porque cada *imagen* de los *cinco sentidos* se encuentra *grabada* DENTRO de ese cerebro, y *conforma* las imágenes *grabadas* – se trata de *ídolos*; se trata de las *tumbas* de la *mente*. No resulta *cómodo* salir de una *tumba*; NI tampoco es *cómodo* pasar por la *crucifixión* de los *sentidos* y de TODAS las *creencias condicionadas* – y resulta aún *más difícil* cuando están *tratando* de hacerlo. Que lo haga *Uno* que *sepa* cómo hacerlo: "*El Yo, en medio de ti, Soy Poderoso*" (Sofonías 3:17). *Denme* el trabajo; *vengan* al Mí; "*El Yo, les daré descanso*" (Mateo 11:28). **No** intenten llevarlo a cabo con el poder de <u>su</u> cerebro – estarán *perdiendo* el tiempo. *Permitan* que su *Nuevo* Nombre lo haga; "*El Yo*", en medio de ti (Sofonías 3:17); porque el Yo, Estoy en TODAS partes; el Yo, *conozco* el Camino". *Busquen* al Yo, *pregunten* al Yo, *clamen* al Yo – NO lo hagan DENTRO del sentido *humano* de <u>ustedes</u> mismos. Y luego, *cuando* le confieran esta labor al Yo, entonces *permitan* que el Yo, lo *lleve* a cabo – *háganse* a un lado. Así es como <u>ustedes</u> se *entregan* a <u>su</u> Alma, y así es como *perciben* cómo es que <u>su</u> Alma Se apoya en *la Mesa del Cordero* (Revelación 19:9) – en los *verdaderos* Dichos DE Dios, La Palabra.

Una *advertencia* más: mientras *llevan a cabo* esto, *si todavía* están *conscientes* de estar DENTRO de una *forma*, es debido a que están *pensando* que <u>ustedes</u> lo están haciendo. Mientras <u>ustedes</u> *mantengan* la *creencia* de que están actuando FUERA de la forma, entonces simplemente estarán *pasando* por una especie de gimnasia *mental*. Es únicamente <u>*la **ausencia** de ustedes* DENTRO de la forma, aquello que *posibilita* la Presencia DEL</u> Padre.

Ahora bien, ésta es una de nuestras lecciones más *difíciles*. Pero *NO* podemos *transitar* por TODA la Revelación, *pensando* todavía que estamos *caminando* DENTRO de un *cuerpo de barro*. *Tenemos* que ser *sagrados* con el Texto *Sagrado* – NO podemos *retroceder* ante lo que ahí se *nos* dice.

Quizá esto sea *todo* por *hoy*. Siento que, en las *próximas* dos lecciones, *si* trabajamos *fielmente* DENTRO de un Nivel en el cual NO hayamos trabajado *antes*, recibiremos mucha *ayuda* de lo *Invisible* – incluso *sentiremos* el Señorío DEL Yo ENTRE nosotros, tomando el *control* TOTAL de 'este *mundo*' que nos *rodea* – SOBRE nuestra *forma*, SOBRE nuestras *vidas*, *demostrando* la Imagen **y** la Semejanza *Divinas*, en lugar de *demostrar* un 'ser *humano*' limitado.

Estamos en *algún* lugar cerca del *comienzo* del Capítulo **20**; pero, *si* lo revisan, verán que YA hemos hablado *mucho* de eso en el texto de las Clases **19 y 20**; verán que ha sido *explicado* en *gran* parte. Así que *todavía* tengo la *seguridad* que nos las arreglaremos con *dos* lecciones más.

Muchas gracias...

CLASE 24

UN CIELO NUEVO Y UNA TIERRA NUEVA

Revelación 20:2 a Revelación 21:2

Herb: - Ahora les voy a pedir que *miren* DENTRO de *ustedes* mismos – tan solo *mírense* en una habitación, en cualquier habitación que les sea familiar; a *solas* completamente; tan solo ustedes, *haciendo* algo en dicha habitación – escribiendo, sentados en un escritorio, cocinando, lo que gusten – pero *mírense* a *ustedes* mismos en esa habitación. Bueno, en seguida vamos a *aceptar*, temporalmente, el *descubrimiento* de la 'ciencia', referente a que: *el hombre está compuesto por átomos*, y que *'este mundo' está hecho de átomos*. Así pues, *trasladen* esa visión hacia esa habitación, de modo que NO se vean más como un ser *físico*, sino como una *configuración de átomos*. Y *observen* TODO lo demás en esa habitación, *conformado de átomos*, de modo que NO hay NADA *físico* allí; ni una sola forma *material* ahí – tan solo diferentes *tonos* de gris, diferentes *tonos* de blanco, diferentes *tonos* de beige… todos hechos de diferentes tipos de *átomos* – y eso es *todo* cuanto hay en la habitación en la que ustedes se ven.

Esto es justo lo que la 'ciencia' afirma que *ustedes son*. Los muebles, el piso, el techo, el cuerpo… *todo* está hecho de *átomos*, así que muy pronto ustedes son *personas* SIN *rostro* – son, simplemente, *átomos*. Y ahora, ¿*qué* es aquello que los va a hacer actuar? ¿*Dónde* está su futuro? ¿*De dónde* vienen? ¿*Cuál* es el origen de esos *átomos* que ustedes son, según las mejores mentes de la 'ciencia'? *¿A dónde los lleva todo esto?*

Lo interesante es que la 'ciencia', NO puede *decirnos* cuál es el *origen* de los átomos que conforman 'este mundo'. Así las cosas, tenemos átomos SIN *origen*; y eso, podría decirse, los hace a ustedes, *'ilegítimos'* – porque ustedes NO tienen *origen*; ustedes simplemente están ahí, como *átomos*. Y en *todo* alrededor de ustedes hay un *mundo de átomos*, y ustedes están *conectados*. Ustedes NO se encuentran *separados* del mundo de los átomos, por lo que cada *acción* de los átomos en 'este mundo', *provoca* en ustedes, la *reacción correspondiente*. Están *atados* como *marionetas*, a los *átomos* de 'este mundo'; NO tienen *control* alguno sobre *ustedes* mismos NI sobre su *destino; ignoran* de *dónde* viene el mañana, porque cualquier cosa que se mueva en el *mundo* de los átomos, se moverá *a través de ustedes*, provocando una *respuesta* de parte de ustedes.

Ésa es la *naturaleza* de la *esclavitud* del hombre – cada uno de nosotros, siendo una *forma de átomos* DENTRO de un *mundo de átomos*, totalmente a *merced* de aquello que es la *fuente* u *origen* de esos átomos – y dicha *fuente*, ¡NO es Dios!

Por lo tanto, el Maestro llamó a esto, *"el sueño"*, y apareció entre nosotros como *Conciencia Espiritual*, para *mostrarnos* qué hacer para *salir de un mundo falso de átomos* en el cual estamos *manejados* por *fuerzas* que NO podemos *ver; manejados* por *actos* que NO podemos *prever* – siempre a *merced* de *aquello* que está *más allá* de nuestro nivel de *comprensión*. De modo que, *si* DENTRO de los átomos *en el centro de nuestra forma*, existe un *diagnóstico* llamado cáncer, entonces alguien *llega* y *corta* dichos átomos para *sacar* aquello llamado cáncer. Y la 'ciencia' ahora *contradice su propio* diagnóstico de que *estamos hechos de átomos*, preparándose así para *actuar* con átomos – y bien pueden ver lo *ridículo* que resulta esto. Vean que, SIN importar aquello que se *corte* de tales *átomos en una forma*, ustedes *todavía* están a *merced* del resto del *mundo de los átomos*, el cual se está *abriendo* paso hacia esa *forma*, de manera que ustedes, JAMÁS estarán arribando a una *causa* – SIEMPRE estarán tratando con *efectos*.

Finalmente, la *misma forma* de *átomos* que se *mueve* a través del *tiempo*, recibe más *impulsos* de otros *átomos*. La *forma* se vuelve más *delgada* o más *gorda*; más *grande* o más *pequeña*; SIEMPRE más *vieja*; y, en *última* instancia, *desaparece* de la escena... Posteriormente otra pequeña *forma* de átomos *comienza*, y obtiene un *nuevo* nombre – *tu* 'yo' reencarnado. Y de nuevo *comienza* el *mismo* desfile. El *mañana* trae SIEMPRE algunos *átomos* más, y entonces su cuerpo se hace un poco más *grande*, y se dice que *crecen*; y su cerebro recibe un impulso de *átomos,* y tiene *sensaciones* – y su *comprensión* completa se basa, NO en la Inteligencia DEL Padre *en* ustedes, sino en las *sensaciones de átomos* que se encuentran *con otros* átomos.

Así, el *sueño continúa*. Ahora el *sueño* toma a un *individuo* y lo *convierte* en presidente de los Estados Unidos; toma *otro* y lo *convierte* en primer ministro de Rusia; y *toma* otro y lo *convierte* en reina de Inglaterra. ¿Pero *qué* es lo que obtienen? –Todavía tienen *cuerpos de átomos*. Y se pueden hacer líderes en *todo* el mundo; pero, de acuerdo a la 'ciencia', siguen siendo: *cuerpos de átomos* – y los *cuerpos de átomos* CARECEN de *libre albedrío*; *todo* cuanto pueden hacer es, *moverse* dentro del *mundo de los átomos*. De ahí que la *ilusión* del *libre albedrío*, de la capacidad de moverse hacia donde lo *deseen*, queda *todo* DENTRO de este *mundo atómico*. Y ahora *ya saben* que este *mundo atómico* NO constituye el Reino DEL Padre. Este *mundo de átomos* y esas *formas atómicas* en las llamadas '*personas*', representan un estado de *esclavitud* – una especie de *mundo intermedio*, entre el Reino DE Dios, **y** el visible mundo *exterior y físico*.

Ahora *mírense* a sí mismos de *nuevo*, como una *forma* de *átomos invisibles*, y entonces verán que las *fuerzas invisibles* que actúan sobre ustedes *día tras día*, se encuentran *más allá* de su nivel de *comprensión* o *percepción*. En realidad, NO hay NADA que *ustedes* puedan *hacer* al respecto – sólo *reaccionar*. Así pues, *tenemos que salir de la creencia de que Dios está DENTRO de la forma* – Dios, NO está DENTRO del *átomo*. DETRÁS del átomo, por ENCIMA del *átomo* e incluso más INVISIBLE que el mismo *átomo*, se encuentra: EL VERDADERO SER. Y esta *niebla* o *vapor* de *átomos*, que se menciona en el Segundo Capítulo de Génesis (Génesis 2: 6), esa *niebla* o *vapor*, esos *átomos invisibles*, constituyen la suma **y** la sustancia de *todo* cuanto 'nos rodea'. El aire *invisible*, ¿qué es? –*Átomos* de hidrógeno, *átomos* de oxígeno, *átomos* de nitrógeno – *átomos* que JAMÁS se *separan* los unos de los otros. De esa manera ustedes están *respirando átomos*, mediante órganos que están hechos de *átomos* – el latido de su corazón *no* es más que un *movimiento de átomos*.

Y llega alguien que dice: "Pero EL YO, NO estoy *hecho de átomos*; EL YO, NO estoy sujeto a las *leyes de los átomos*; tú, NO puedes *encender* una cerilla y *quemar* al Yo; tú, NO puedes *fisionar* (separar) los átomos, *provocando* un fuego radiactivo a través del universo y *quemar* mi 'forma', porque EL YO, NO SOY una *configuración de átomos*. EL YO, SOY el *Origen* DETRÁS de TODO cuanto has descubierto en el mundo de la 'ciencia', el cual se conoce como *mundo atómico*. Pero DETRÁS de TODO eso, EL YO, ESTOY – y Mi Nombre ES: el Cristo – NO nacido de mujer; NO conformado de *átomos*, sino *libre* – *libre* de la *niebla*; *libre* del *vapor*; *libre* de 'este mundo'".

Y entonces el Yo dice que *ustedes*, <u>tienen</u> que *renacer* FUERA de este *mundo de átomos* – porque en tanto *ustedes* continúen *creyendo* que Dios está DENTRO de la *forma*, llegarán al punto donde la *forma*, en su *muerte* y NO habiendo sido creada *por* el Padre, tiene que pasar a la *falta de forma*, para *volver de nuevo* hacia la *misma especie*: la *forma*. De esa manera, en la tierra, hay un Cristo en la *forma* de Jesús – el *mismo Cristo* que había aparecido en la *forma* de Buda; el *mismo Cristo* que apareció en la *forma* de Krishna; el *mismo Cristo* que apareció en la *forma* de TODOS los Iluminados. Y este *Cristo*, en la *forma* de Jesús, *entrena* a algunos discípulos, y luego dice: "Ahora el Yo, tengo que *dejarlos*" – y *se va...*

Eso, el *Cristo*, NO es una *forma de átomos*; y los discípulos son *instruidos* para que NO sean: una *forma de átomos*; y por TODA la tierra hay una *Luz de Amanecer*; una *Luz de Amanecer* llamada: *Profetas*. Y luego está la *Luz Resplandeciente* del mediodía del *Cristo*, así como la *Luz del Atardecer* de discípulos y apóstoles – TODOS trayendo *Luz* a la oscuridad del hombre que se encuentra en la *niebla*, en el *vapor*, de los *átomos*. Y *detrás del velo* de los *átomos*, se establece una *reunión*, cuando apóstoles y discípulos se *reincorporan* con el Maestro. Y esto es lo que constituye el *"período de mil años"* (Revelación 20:2-3), cuando *Satanás queda atado en la tierra* (Revelación 20:2).

Cuando los *discípulos* son *instruidos*, entonces *abandonan* su *concepto* acerca de *cuerpo* – de 'carne' hecha de *átomos*; y *pierden* la *sensación* de estar *separados* de la Realidad. A medida que este *cuerpo de átomos* en el que habitamos se mueve a través del *tiempo* y del *espacio*, SIEMPRE 'busca' algo *fuera* de sí mismo – su alimento es *externo*; sus experiencias son buscadas en el mundo *exterior*… Este *cuerpo* SIEMPRE está *buscando* a Dios, y JAMÁS *encuentra* a Dios, porque NO hay NADIE DENTRO de ese *cuerpo de átomos* – ahí NO hay un Yo; ahí NO hay Vida. La sensación y la vivacidad han sido *aceptadas* como Vida, pero NO lo son.

Dios, NO está DENTRO de la carne *humana* – la carne *humana* está conformada de *átomos* – Dios, NO está DENTRO de los *átomos*. Así pues, quienes caminamos bajo la *creencia* de que estamos DENTRO de la *forma*, siempre estaremos *buscando* a Dios; y NUNCA podremos *encontrar* a ese Padre, porque el "nosotros" que buscamos, NO se encuentra *ahí* – nosotros, para NADA estamos DENTRO de la *forma*.

SOLAMENTE Dios, está *aquí*; SOLAMENTE el Espíritu DE Dios, está *aquí*. Y el ÚNICO Ser que está *aquí* es, el Ser que ES Dios. Y mientras la conciencia del sueño *falso*, creada por los *átomos*, creada por el 'padre' de los *átomos* – la *mente mortal* – busca un Dios, pues resulta que NO habrá *NADIE* que Lo *busque*, por lo que el hallazgo es por demás, *imposible*. Y así, Jesús se *aparta* de la creencia de que él, es *forma*; de que él, es *átomos* – y entonces *descubre* que el Ser ÚNICO que ES Dios, constituye *su* ÚNICO Ser. *"El Yo, [y] el Padre,*

UNO SOMOS" (Juan 10:30) – y esto es lo que constituye el *hipnotismo* de la *forma de átomos*: el *buscar* A Dios.

Para empezar, se trata de un *falso* 'yo', el cual *tiene* que ser "*impersonalizado*" – y ese es el *problema* al que nos *enfrentamos*. La "*impersonalización*" de ustedes de la *forma*, constituye el *renacimiento* **y** el *reconocimiento* de que el Yo, **Soy** el Espíritu *Invisible* que NO se encuentra DENTRO de la *forma* – y esta *forma* **no** es más que: una *apariencia*, una *imagen mental*, la cual ha *engañado* al mundo entero.

Ahora bien, lo anterior implica: *ponerse* DETRÁS del *átomo*, por ENCIMA del *átomo*, DENTRO de *Mi Reino* – y *hasta* que lo hagan, TODOS los *conceptos* que *ustedes* admitieron mientras estuvieron en esta *forma de átomos*, los mantuvieron *separados* DEL Padre, por lo que *carecen* de *Sustancia* o Vida *Real*. "*Impersonalizarse*" es, *renacer regenerados* FUERA de la *creencia* de la *niebla* del mundo de los *átomos* – FUERA de la *creencia* de que Dios, reside DENTRO de una forma *humana*; FUERA de la *creencia* de que *Tú*, siendo el Hijo DE Dios, puedes morar DENTRO de una forma *humana*. Y así, permanezcan ustedes por un rato, *contemplando* esta *forma*, hasta que *alcancen* la *sensación* de que TODO cuanto hay es, una *imagen pasajera* en este instante.

Y la *forma* los *engañará* de nuevo, porque en el *próximo* momento, *seguirá* estando *ahí*; y en *cada* momento *sucesivo*, *seguirá* estando *ahí*, SIEMPRE ligeramente *diferente*. En 30 días, es un *poco* distinta; en 30 años, es *bastante* distinta – se trata de una *sucesión de imágenes* a tal *velocidad* de iluminación, que NINGÚN ojo o mecanismo *humano* jamás inventado, puede *registrar* las *imágenes cambiantes* de la propia *forma* de ustedes – y a medida que *se dan cuenta* de esas *imágenes cambiantes* llamadas 'forma' – las cuales *cambian* cada *segundo*, a tal *velocidad*, es que, al NO poder verlas, ustedes comenzarán a *percibir*: la NADA de la *forma humana*.

Así es como pueden *entender* cómo NO se trató de una 'creación de Dios' – simplemente es, una *imagen* en el *tiempo* **y** una *imagen* en el *espacio*, la cual se 'va', en este *instante*, hacia el *ayer*, hacia el *mañana, perdiéndose.* De modo que, dentro de *un minuto,* aquello que ustedes 'son' en 'este instante', se habrá *ido* – y *cada* momento *posterior* es lo *mismo,* hasta que NO queda más *forma.* Así pues, ¿*dónde* están 'ustedes'?

Hay que *aprender* que 'Nosotros', estamos justo donde SIEMPRE hemos *estado* – a pesar de aquello que a la *forma* le esté *aconteciendo.* 'Nosotros', NO estamos DENTRO de la *forma pasajera* – 'Nosotros' SOMOS la Conciencia ÚNICA DE Dios; 'Nosotros' SOMOS la Conciencia *Divina* – y esta *forma* que pareciera *estar pasando,* tuvo un *principio,* tal como tendrá un *final* – y *también* tuvo un *comienzo* ANTES de este *comienzo actual. Si* ustedes pudieran *ver* en el *tiempo,* cada *forma* en la que han estado, *alineándose* con la *siguiente* 'forma', y luego con la *siguiente,* etc., entonces *comprenderían cómo* es que cada *forma* representa: una *imagen* del *sentido* de la conciencia- *emergente, dentro* de *ustedes.*

Esa conciencia-*emergente* manifestó la *forma* – la *forma* comenzó en el mundo *material,* como *minerales;* luego ustedes subieron hacia el nivel *vegetal;* se elevaron hacia el nivel *animal;* hacia el nivel *humano*... y ahora, aunque nos detuviéramos, algo muy extraño está aconteciendo – *otro* Nivel. Pero este Nivel es un Nivel muy *especial;* no solo incide en un *mejor* "tú". Tal como cada nivel implicó un *cambio radical* de mineral a vegetal, de vegetal a animal, de animal a humano, este Nivel constituye un cambio *completo,* y resulta *inesperado.* Este nuevo Nivel está *más allá* del conocimiento de la *ciencia* y de la *religión;* este cambio *completo* constituye el *Despliegue* de una Especie *totalmente* Nueva, y esa Especie, aunque momentáneamente sea llamada Hombre *Espiritual,* tendrá otro *Nombre* cuando ustedes se encuentren *en* ella. Momentáneamente la llamamos: *Cristo;* pero, cuando ustedes ya se encuentren *dentro* de Ella, aún tendrá otro *Nombre.*

Esta siguiente Especie conforma la *preparación* por la que ustedes han estado pasando actualmente. Cuando hubo *"7,000 que no se inclinaron ante Baal"* (I Reyes 19:18), eso constituyó el *anuncio* preliminar de que hay quienes son *retenidos* de esta generación, como *Semilla* para la próxima – se les ha llamado "*el Remanente*" (Isaías 11:11). Son aquellos que han *encontrado* la Conciencia DEL Espíritu; son como un arbusto *Frutal*. El *Fruto* que dan hoy en día, NO constituye *todo* el *Fruto* que darán. De aquí a 30, 60 o 100 días, darán *más Fruto*, y después de nuevo *más Fruto*. Y actualmente están *en* esta tierra, aquellos que constituyen el *Fruto* de esa Generación – son "*los 7.000 que no se inclinaron ante Baal*" (I Reyes 19:18), quienes constituyen *aquellos* que serán *Semilla* para la *Nueva* Especie. Esa es la razón por la que hay un *fin del mundo* (Mateo 28:20).

El *fin del mundo* (Mateo 28:20), constituye el *comienzo* de una Nueva Especie, la cual NO es *humana*. ¿A *dónde* fue Cristo-Jesús? –No fue hacia lo *humano*. ¿A *dónde* fueron los discípulos? –Ellos, NO eran *humanos*. ¿A *dónde* fueron los Maestros? –Ellos, **ya** NO son *humanos*; ellos, han formado una Nueva Especie; **ya** NO están DENTRO de cuerpos de *átomos*, ¿cierto? Más bien ellos, han *renacido* DEL Espíritu, una vez que esos 'cuerpos' *fueron enviados al Jordán, para lavarse* (II Reyes 5:10). Ahora pueden ver lo ridículo que resultaría enviar *un cuerpo de átomos,* a "*lavarse en el Jordán*" (II Reyes 5:10).

Así que tenemos que *enviar* esos cuerpos de *átomos*, a un lugar *distinto* para que *se laven EN el Espíritu*, porque cuando el Cristo los *impregna*, entonces algo *acontece*. Cuando el Cristo *impregna*, entonces el cuerpo de *átomos* recibe una *nueva* Luz; un *nuevo* Cauce toma el *control, sustituyendo* a la mente de 'este mundo', la cual alimenta el cuerpo de *átomos* – porque los *átomos* NO son más que el *pensamiento* de 'este mundo', *apareciendo* como átomos *invisibles* – átomos que están *completamente* bajo el *dominio* del *pensamiento* de 'este mundo', siendo, el *pensamiento* de 'este mundo', aquello llamado: *la serpiente* (Revelación 20:1). Y entonces se nos dice: "*arrojemos a la serpiente*" (Revelación 20:3), para *expulsar* a la conciencia de 'este mundo', la cual *mueve* el cuerpo de *átomos*, SIN el *conocimiento* de ellos. Y aunque ellos tienen la *creencia* de ser 'libres', son tan 'libres' como cualquier *personaje* en uno de los *sueños* de ustedes.

Esos *personajes* de los *sueños*, son capaces de *moverse* SIN *límite* alguno, pero... *únicamente* DENTRO del *sueño* – así que, con estas *formas, parecieran* ser 'libres'. Hoy pueden subirse a un avión e ir a Alaska – son 'libres' de hacerlo, pero... SOLAMENTE DENTRO del ámbito de un 'mundo atómico'; SOLAMENTE DENTRO del 'universo *tridimensional*'. Y ustedes bien saben 'cuánto dominio' se tiene sobre ese 'universo *tridimensional*'. Pero aquellos que han sido 'tocados' por el *Cristo*, por el *comienzo* de la Luz, por el *Despertar* del 'sueño' de los átomos *humanos*, comienzan a *reconocer* que ellos NUNCA podrían haber estado DENTRO de una *forma* que NO hubiera sido *creada* POR Dios, por lo que NO son, *forma*; NO están sujetos, a la *muerte*; NO están sujetos, a la *enfermedad*; NO están sujetos, a las *limitaciones humanas*. Todo eso, NO corresponde a la Creación DE Dios; por lo tanto, ¡NO les *pertenece*!

Ahora bien, *si nosotros* somos el *Fruto* que ha de conformar la *Semilla* de una *Nueva* Especie, lo cual constituye la idea *fundamental* detrás de la enseñanza *del* Cristo, entonces *tenemos* que estar *preparados* para alcanzar un Nivel *Superior* a nuestro propio nivel *actual* – un Nivel capaz de *separarse* de aquello que puede *morir*; *separarse* de aquello que puede *enfermar*; *separarse* de aquello que está sujeto a la ley *mortal* o kármica – **y** *revestirse* del "*Manto de la Inmortalidad*" (I Corintios 15:53-54), lo cual implica *salir* de lo mortal, *separarse* de la *muerte*.

El Cristo que *penetra*, constituye el *Avivamiento* – y eso conforma el *separarse* de la *muerte*. El *Avivamiento* DEL Espíritu los *libera* de la *creencia* de que ustedes vivieron DENTRO de la *forma*. Y cuando ustedes son *liberados* de esa *creencia*, entonces ya NO tienen que *buscar* a Dios, porque la *separación* existe ÚNICAMENTE cuando se *cree* que se vive DENTRO de la forma de *átomos*. Ahí fue donde el sentido de *separación* fue *albergado*. Pero cuando ustedes **abandonan** la *creencia* de vivir DENTRO de la *forma*, entonces *descubren* que JAMÁS existió tal *separación*. La ÚNICA sensación de *separación* fue, cuando el *enfoque* total de ustedes, se basó en la *admisión* de ser un cuerpo de *átomos* – finito, limitado, dependiente de fuentes *externas*.

Y ahora se presenta una palabra *grandiosa* – algo que quizá jamás habían *escuchado* o *considerado* anteriormente. Y esa palabra es: *Auto-Existencia*. Ustedes se están *dirigiendo* hacia un Reino de *Auto-Existencia*. La *Auto-Existencia* implica que ustedes, NO *dependen* de NADA en 'este mundo' – NI para la vida, NI para el sustento, NI para la respiración, NI por el aire, NI por el agua, NI para la comida – y *Auto-Existencia* significa: *AUTO-COMPLECIÓN*.

El Cristo ES, la *Auto-Compleción*; y *ustedes*, NUNCA podrán ser *Auto-Existentes*, DENTRO de la *forma* – tan solo FUERA de la *forma*. Así pues, los discípulos tuvieron que *esperar*; aún NO eran *Auto-Existentes* por sí mismos – pero cuando fueron *elevados*; cuando fueron *llevados detrás* del *velo* del sentido de *separación*; cuando fueron *conducidos* FUERA de la *niebla atómica*, entonces TODO el *sentido* de separación o los *residuos* de separación; TODOS los *residuos* de mortalidad, fueron *cortados* por la Espada DE la Verdad. YA NO eran individuos 'separados'; YA NO estaban DENTRO de la *niebla*, sujetos a la ley *kármica* de 'este mundo'. Y esto aconteció durante *mil años* (Revelación 20:1).

Ustedes *también* pasarán así *mil años* (Revelación 20:1), y será *"como un día en la Casa DEL Padre"* (II Pedro 3:8; Salmo 90:4). Al traspasar la *niebla*, el sentido de la *forma*, el sentido de *separación*, DETRÁS del *velo*, HACIA el Espíritu, simplemente nos hace *invisibles* para el sentido *humano*. Y *"la Segunda Venida del Cristo"* (Revelación 22:20), para *ustedes*, será cuando *ustedes lleven a cabo* esto, siendo *recibidos nuevamente* en lo *Invisible*, por *Aquel* que caminó *sobre* la tierra, *enseñando* en lo visible. *Ustedes descubrirán* que, en este entrenamiento *invisible* a través del Cristo, *ustedes* están siendo *preparados,* para servir *en la Casa DEL Padre* (Juan 14:2).

Bien, como ustedes saben, AHORA estamos en un *nivel de enseñanza* muy *distinto* al que estábamos *hace* 20 semanas; pero

estos *últimos* 4 Capítulos del Libro de la Revelación, acontecen
FUERA de 'este mundo' – NO en aquello que la *humanidad* ha
llamado el *Milenio*, sino DENTRO de un *Milenio* **diferente** – dentro
de un *Milenio* que tiene lugar ÚNICAMENTE EN los Cielos, DENTRO
de la Conciencia *Espiritual*. Esto constituye el Primer *Milenio* en
lo *Invisible* donde, *a través* del Cristo, TODOS los que han hecho su
transición FUERA de la *carne* son: *capacitados*. Y como recordarán,
la semana pasada se dijo que AHÍ, FUERA de la *carne,* es donde
comienza la *Primera Resurrección* (Revelación 20:6).

Y después, luego de estos *Mil años*, a estos *mismos* espíritus
les es *permitido*, a través de su *nuevo entrenamiento*; a través de su
conocimiento total de la AUSENCIA radical de *separación*; a través
de su COMPLETA *aceptación* de **la Totalidad DE Dios**, el que nos
entrenen ahora a nosotros que estamos *quietos* DENTRO del sentido
de *carne,* para que nuestros *conceptos* sean *consumidos* POR el Amor
Divino, de manera que podamos *entender* que "*la carne es hierba*"
(I Pedro 1:24); para que podamos *entender* que ÚNICAMENTE, *a*
través DEL Alma, es que se puede *recibir* A Dios, para elevarnos
FUERA de nuestro mundo de la *mente,* HACIA nuestro Mundo DEL
Alma.

Y eso es lo que ustedes han estado *sintiendo* estos *últimos* años:
la Actividad *Interior* de aquellos que han ido, ANTES que ustedes,
HACIA el Reino, cuya *influencia* está siendo *infiltrada* a través de
su Conciencia, *consumiendo* SIEMPRE los *restos* de la conciencia
material de la *sensación*; *consumiendo* el *falso* sentido del "yo";
consumiendo esa *niebla atómica*, la cual constituye lo ÚNICO que
produce la *sensación* de *separación* DEL Ser *Único* y *Perfecto*. Ahora
ustedes se encuentran DENTRO de la Senda *Mística*, en la cual
YA NO dependen de su mecanismo *sensorio* para conducirlos a la
Verdad. RECONOCEN que TODA la Verdad, está *más allá* del *alcance*
de los cinco *sentidos* del hombre. *Ustedes* NO pueden *enlazarse* CON
la Verdad, *a través* de sus cinco *sentidos*; y esos cinco 'maridos',
esos cinco *sentidos*, *deben* ceder el paso para el ÚNICO Marido. Ese

ÚNICO Esposo se *convierte*: en Dios – *ustedes* se *enlazan* CON Dios; ustedes se *convierten* en: "*la Esposa DEL Cordero*" (Revelación 21:9).

Así pues, todo esto es parte de la *preparación* para estos últimos Capítulos – la *capacidad* de sentirse "FUERA de la carne", como Conciencia *Pura, Irrestricta*, viviendo DENTRO del Padre, **y** el Padre viviendo DENTRO de ustedes.

Tenemos que *pasar* a través de esta *Purificación* TOTAL, para que el Espíritu *descienda*, nos *eleve*, nos *guíe*, nos *alimente*, nos *instruya*, nos *despierte*, *abra* nuestros ojos al Reino DE los Cielos EN la tierra. Y así, *mirando* aquí hacia la Revelación, *encontramos* ciertas cosas que están un poco *más* allá de las enseñanzas *religiosas tradicionales*.

> "*Y yo, vi tronos; y se sentaron sobre ellos, y les fue dado juicio; y yo, vi las almas de aquellos que fueron decapitados por testificar de Jesús y de la Palabra de Dios, quienes no habían adorado a la bestia ni a su imagen; quienes no habían recibido la marca en sus frentes ni en sus manos; y vivieron y reinaron con Cristo, mil años*" (Revelación 20:4).

Ahora bien, las "*almas decapitadas debido a Cristo; decapitadas por testificar de Jesús*" (Revelación 20:4), son aquellos que habían *mantenido* Integridad hacia la *Verdad*; y así, habiendo *descubierto* que NO eran cuerpos de *átomos*, que NO eran cuerpos de *carne*, que NO vivían DENTRO de la *forma*, eran *libres*. Ellos, eran los Hijos DE Dios; eran Espíritu *Puro*; *completamente* bajo el gobierno DE Dios; NO sujetos a la ley del karma – se habían *negado* a *admitir* la creencia en un 'yo *material*'.

Ellos, NO le dieron *poder* a la *materia* NI a la *mortalidad*; por eso son llamados: "*almas decapitadas por testificar de Jesús*" (Revelación 20:4). Por tanto, al NO tener la fe en la *materia* NI en la *mortalidad*, carecían de "*la marca de la bestia en la frente y en las manos*" (Revelación 14:9-12 y 20:4). Y ahora, en esta Conciencia, Juan los *contempla*; Juan los contempla *detrás del velo* – *aprendiendo,* DEL Cristo, que JAMÁS ha existido *separación* alguna DE Dios – ellos están *aprendiendo* que Dios *es*, verdaderamente TODO cuanto hay.

Este pequeño cuerpo de *átomos* NO *cree* que Dios sea TODO cuanto hay – *cree:* en *cada* tormenta de viento que se levanta, en *cada* germen que invade el esqueleto humano... Pero *aquellos* que se encuentran "*detrás del velo*", habiendo hecho la *transición* a través de la *fidelidad* al Cristo; *aprendiendo* a ser maestros, se encuentran *más allá* de la *creencia* de que pueda haber una *separación* DE Dios. Y *conscientes* de eso, *saben* que SOMOS UNO con el Padre, y NUNCA podremos ser algo *menos* – SIEMPRE el Poder DEL Padre, se encuentra en *medio* de nosotros; SIEMPRE la Sabiduría DEL Padre, se encuentra en *medio* de nosotros.

Cada error que ocurre; *cada* error SIN excepción que ocurre, <u>tiene</u> que constituir una *mentira*, debido a que Dios, al NO estar *separado* de ustedes, es que NO hay lugar alguno donde dicho error pudiera *acontecer*. Así también *aprendemos* cómo *convertirnos* en "*almas decapitadas por testificar*" (Revelación 20:4). La *decapitación* conlleva: la *eliminación* de la *creencia* en la *materia*; la *eliminación* de la *creencia* en el poder *material* – y "*el Trono*" (Revelación 20:4) implica el *Entendimiento Nuevo*.

DENTRO de su *Entendimiento Nuevo*, ustedes *se sientan sobre el Trono* (Revelación 20:4), *sabiendo* que *cada* error y que *todo* error, está ocurriendo **únicamente** DENTRO de un cuerpo de *átomos* – y dicho *error* está siendo *proyectado* por la *mente* de 'este mundo', a ese cuerpo de *átomos*, el cual, *creyendo* que está *separado* DE Dios, *acepta* tal *error*. Y este "*segundo 'yo'*", este *falso* sentido del 'yo', constituye tanto la *causa* como el *efecto* de <u>su</u> propia *falsa* creencia en ese 'yo'. Realmente se trata de una conciencia de *sueño* llamada 'ser *mortal*' – y nosotros, ahora estamos *saliendo* de esa conciencia de *sueño*. Podemos *sentir* que el Yo, jamás fue una conciencia de *sueño* – el Yo, SIEMPRE he sido: *el Hijo viviente* DEL *Padre viviente* (Juan 6:57).

Ahora bien, *todo* esto es parte de *la Primera Resurrección* (Revelación 20:6) *en* los Cielos, la cual Juan está *presenciando* AHORA – pero *el resto de los muertos* NO *volverán a vivir, hasta cumplirse los mil años* – *ésta es, la Primera Resurrección* (Revelación 20:4-6). Ahora bien, *nosotros somos, el resto de los muertos.* Sólo *pasados* los *primeros mil años* de *entrenamiento* recibido *detrás del velo,* por quienes hicieron la *transición,* es que el *ímpetu* y los *impulsos* de ellos, son *enviados hacia* nosotros para *redimirnos.*

Y así, *los primeros mil años* después de Jesús, constituyeron el *entrenamiento* en los *Cielos;* y ahora *los segundos mil años* constituyen el *entrenamiento* en la *tierra,* de aquellos que están *detrás del velo.* Entonces nosotros somos considerados, *los segundos* – somos considerados *"los muertos",* es decir, somos *mortales.*

> *"Bienaventurado y santo quien tiene parte en la primera resurrección"* (Revelación 20:6).

Ser de Naturaleza-*Cristo,* aceptar la *Identidad* – NO en la forma de *carne,* sino en el Yo *Espiritual,* implica la *participación* en la *Primera Resurrección* – sobre Ella, *la segunda muerte* (Revelación 20:14) NO tiene *poder.* Ahora bien, esa *segunda muerte,* la cual *carece* de poder sobre aquellos que *participan* en la *Primera Resurrección,* trae a la mente una pregunta. *¿Cuál* es la **primera** *muerte?* Y, *¿qué* es la **segunda** *muerte?* (Revelación 20:14). Y resulta que la **primera** *muerte* la estamos viviendo *ahora.* Se trata de: NO despertar AL Cristo *Interior;* estar *muertos* PARA el Cristo. La **segunda** *muerte* es cuando *morimos* DENTRO de esta forma *atómica,* debido a que NO hemos *despertado* al Cristo. Quienquiera que *participe* en la **Primera** *Resurrección, despierta* DE esta **primera** *muerte,* al Cristo; y a él, la **segunda** *muerte* NO lo puede *tocar.* ¿Está claro? –La **segunda** *muerte,* que constituye la muerte *humana,* NO toca a quienes han *despertado* AL Cristo.

Hay más acerca de la **segunda** *muerte,* pero lo dejaremos por un momento. Y aquellos que han *despertado* AL Cristo; aquellos que han *tomado parte* en la **Primera** *Resurrección*; aquellos sobre quienes la **segunda** *muerte* NO tiene poder, ellos serán: "*Sacerdotes* DE *Dios*, **y** DEL *Cristo — y reinarán* CON *el Cristo, mil años* (Revelación 20:6). Bueno, pues ese es el *futuro* que ustedes pueden *esperar*.

Un *Sacerdote* DE *Dios* es aquel que *recibe* la Palabra DEL Padre; es aquel que *recibe* la Luz y, por lo tanto, NO está en *oscuridad*. A medida que ustedes hagan su *transición, transcurriendo* sus *mil años* CON *el Cristo*, estarán *siguiendo* a los discípulos quienes hicieron exactamente lo *mismo*. Ahora bien, éste, NO es un Camino que *ustedes elijan* — aunque así pudiera *parecerlo* — este Camino, ha sido *elegido* PARA ustedes.

Si ustedes son el *fruto* de esa *generación*, entonces este ES su Camino. *Si* NO lo fueran, entonces *regresarán* a él, *más tarde*. **No** hay *imperfección*; NO hay sentimiento de *culpa*; NO hay ningún *mal* personal en estar **ya** *preparados* para *aceptar* al Cristo o en NO estar *preparados*, tal como TAMPOCO habría *culpa* para la baya de un árbol, *si* floreciera o *no*. Cada uno tiene *su tiempo*, y sólo *ustedes* pueden *sentir si* **ya** es su momento o **no**. Y *si* fuera su *momento*, entonces en realidad, NO habría nada que *hacer*, excepto *seguir* la Voluntad DEL Padre, *aceptando* A Cristo, *rechazando* el sentido de un "yo" *mortal* en una forma *física* — la cual, la 'ciencia' *afirma*, que está hecha de *átomos* — **y** *sentir* la *Invisibilidad* de su Ser, del Ser-*Cristo, aceptándolo* **y** *confiando* EN Él; *rechazando* TODO lo demás... *Si* ustedes están *preparados* para esto, entonces el Espíritu es quien los ha *preparado*; **y**, el Espíritu, *llevará a cabo* la obra. AHÍ es donde nos *encontramos* en este momento.

"Cuando hayan transcurrido los mil años, entonces Satanás será liberado de su prisión" (Revelación 20:7).

Ahora bien, *cuando* la *instrucción* acerca de la Perfección DE Dios *detrás del velo* es *completada*, entonces esta vida se *arrastra* hacia la tierra; y *cuando* la Luz *penetra* la Conciencia, entonces Satanás, siendo *oscuridad*, *es liberado*. La Luz DENTRO de la

Conciencia de *ustedes*, la Verdad DENTRO de la Conciencia de *ustedes*, *quita* la sensación de *oscuridad*, *quita* la sensación de *error*, *quita* la sensación de un 'yo' que NO es, el *Divino* Ser.

TODA *creencia* en un 'yo' que NO es *Divino*, <u>tiene</u> que *desaparecer*, puesto que NO hay *otro* Ser. Esa pequeña forma de *átomos* a la que la 'ciencia' *conoce* tanto, NO constituye el Ser *Divino*. Incluso el *mismo* 'científico' que se encuentra DENTRO de su propia forma *atómica, fallecerá*. Ahora bien, la *liberación de Satanás en la tierra*, constituye La Luz que *penetra* la *oscuridad* de nuestra Conciencia.

"Y saldrá a engañar a las naciones que están en los cuatro puntos cardinales de la tierra, a Gog y a Magog, con el propósito de reunirlos para la batalla; el número de los cuales es, como la arena de la mar" (Revelación 20:8).

La raza *humana*, en su totalidad, es *como Gog y Magog yendo a la batalla*. A medida que la *falsa* creencia en la vida en forma *humana* se extiende por todo el universo, el hombre es *Gog*, el *anti*-Cristo, viviendo en tierra de *Magog*, la *creencia* en la *separación* DE Dios – así, la *creencia* en la *forma* constituye el *anti*-Cristo-Gog; y de ahí surge su *creencia* correlativa: la *creencia* en la *separación* DE Dios, puesto que sabemos que la *forma* está, *separada* DE Dios – y eso constituye a *Magog*. Por eso mantiene a la tierra en *esclavitud*, por la *creencia* en la *forma* **y** por la *creencia* correlativa de que, porque estamos DENTRO de la forma, nos encontramos *separados* DE Dios.

Gog y Magog tienen al mundo en sus manos, y esta *liberación de Satanás en la tierra, cautivando* a toda mente *humana, controlando* todo cuerpo *humano*, de modo que incluso los 'científicos', que conocen acerca de los *átomos*, descubren que la *actividad* de los *átomos*, NO puede ser controlada – y *padecen* sus propios problemas *físicos*, al *igual* que el resto del mundo. Ellos *también* están, *prisioneros de Gog y Magog*.

> *"Y subieron por todo lo ancho de la tierra; rodearon [la
> tierra y] el campamento de los santos arriba, así como
> la ciudad amada; y fuego descendió de Dios desde el
> cielo, y los devoró"* (Revelación 20:9).

Y ahora, el trabajo de los *mil años* se *evidencia* sobre la *tierra*; la Revelación *comienza* de nuevo; *comienza* una *Nueva* Revelación. La Verdad *Interior* comienza a *llegar* a aquellos sobre la tierra; y aunque *prevalece* en toda la tierra la *creencia* en la *forma* **y** en la *separación* DE Dios, *uno* de cada cien, *uno* de cada mil, *uno* de cada diez mil, *recibe Nueva* Revelación. El *Fuego*, obra DEL Espíritu, *impregna* esta Conciencia del *hombre*, y de repente *Gog y Magog* YA NO *penetran* más allá de *cierto* nivel. Entonces ustedes pueden *hacer frente* a la *forma* **y** a la *creencia* en la *separación* DE Dios, y decir: "Un momento; *si* Dios es Todo, entonces esto NO puede ser Verdad". Y el criterio de ustedes es *siempre* el mismo: Dios ES, TODO; Dios ES, TODO – NO Dios *será*, sino Dios ES, y SIEMPRE ha sido: TODO.

La *hipnosis* del mundo comienza a *desvanecerse* para <u>ustedes</u>, porque YA NO *toca* su Conciencia. Cada vez que ustedes pueden estar en el RECONOCIMIENTO de que Dios ES TODO, le están diciendo *a Gog y a Magog*: *"Aquí* NO pueden *entrar*, porque ésta ES, la Conciencia DE la Verdad".

Al mismo tiempo estarán abriendo su Conciencia a aquellas *"almas que han sido decapitadas por testificar de Jesús"* (Revelación 20:4), las cuales vivían *detrás del velo* – justo aquí mismo sobre esta tierra, *enseñando, leudando* nuestra Conciencia, *abriendo* la Conciencia del mundo *entero* a la *Nueva* Verdad, a la Era *Nueva*, a la Especie *Nueva*, al Yo *Nuevo*, el cual es: el Hombre DEL Espíritu, *viviendo* EN el Padre, UNO CON el Padre, libre, eterno, inmortal, perfecto, la Imagen **y** Semejanza *Divinas* – **no** la falsificación *humana*.

> *"[Y] el diablo que los engañaba fue arrojado al lago de
> fuego y azufre, donde se encuentran la bestia y el falso*

profeta; y serán atormentados de día y de noche, por los siglos de los siglos" (Revelación 20:10).

Bien, *el fuego y el azufre* constituyen el Amor DE Dios; y *el tormento de la bestia* y *el tormento de Satanás* implican que, cuando ustedes han *aceptado* el Amor DE Dios en su *interior*, entonces Satanás **ya** NO tiene lugar donde 'colgar su sombrero'; la *creencia* en el bien **y** en el mal, NO tienen más, cabida en *ustedes* – y eso constituye 'su *tormento*', el NO encontrar cómo *entrar* en la Conciencia de *ustedes*.

Me parece que Juan lo *resumió* de esta manera: existe un momento en el cual ustedes alcanzan este nivel de RECONOCIMIENTO. Se encuentra en el Capítulo 14 de Juan, versículo 21. Este momento de RECONOCIMIENTO es donde ustedes se encuentran SIN oposición alguna.

> *"Créanme, el Yo, Soy EN el Padre, y el Padre, EN el Mí – crean por las MISMAS Obras que el Yo, hago. El Yo, les digo: quien cree en el Mí, entonces las Obras que el Yo hago, también las hará – incluso mayores obras harán – porque el Yo, Voy AL Padre"* (Juan 14:11-12).

"El Yo, Voy AL Padre". Como ustedes han *aceptado* al "Yo", entonces el Espíritu, *actuando* COMO *ustedes mismos* en *lugar* del cuerpo de *átomos* – este *"Yo"* que **va** AL Padre, elimina el sentido de *separación*; y así *persiste* esa *convicción* nacida de dicho RECONOCIMIENTO, la cual *surge* a través del Amor DEL Padre EN ustedes, permitiéndoles *rechazar* el *falso* sentido de "ustedes mismos".

¿Ya han *detectado* ese *falso* sentido del 'yo'? ¿Lo han *apartado*? Esa pequeña *serpiente* que se retuerce **y** se levanta por las mañanas, es la que *decide qué hac*er. Recuerden que *trabajamos* para encontrar a ese "yo" – poniéndole una 'silla de montar', una rienda, una correa, para *bridarlo, sujetarlo* – *atando* con un *lazo*, ese ego *falso*. Y luego, al *controlar* el ego *falso*, TODA la mente de 'este mundo' que trata de *abrirse paso* en tanto ese ego está *sujeto* – NO tiene hacia *dónde ir* – y eso constituye el "desinterés" **y** el *renacimiento* de ustedes.

Se requiere un esfuerzo: *enorme, constante* **y** *decidido*, para encontrar ese *falso* sentido del "yo"; manteniéndolo *sujeto* para que NO se *mueva* – el cual se *adueña* de TODA tu vida, y *pretende* que eres 'tú'. Pero Juan **ya** lo ha *logrado*; y, porque lo ha *hecho*, está *probando* el *testimonio* de Cristo-Jesús, quien *también* lo había *conseguido*. Juan está *demostrando* que el *falso* sentido del "yo", puede ser: *aislado, controlado, sujetado* y finalmente *negado*. "*Niéguense a sí mismos*" (Marcos 8:34).

Así pues, ustedes se encuentran *siguiendo* una travesía *distinta* – ustedes se encuentran *fuera* del "yo", *fuera* de la forma; YA NO se encuentran más, DENTRO del *tiempo* que pasa; YA NO se están *muriendo*; NO están *envejeciendo*; NO están en medio de la ley del *karma*... Hay un "Tú" *diferente*, el cual NO tiene *forma* alguna – se trata de un Estado *Elevado* de Conciencia.

El *viejo* "yo" está *muerto*, y hay un *nuevo* Yo, un Ser *nuevo* ahí, el cual es, el ÚNICO Yo que alguna vez *estuvo* allí. Y hasta que *cuenten* con una *experiencia* con ese Ser, ustedes se encontrarán DENTRO de un *sentido* de ese "yo" *separado*, el cual NUNCA podrá ser *sustentado* por el Padre. Bien; pues esto es a lo que Juan se está *refiriendo* cuando dijo, *informando* de las palabras DE Jesús: "*Crean en el Mí*; crean en el Ser DE Dios donde se encuentren, Y NO en ese "yo" que ha *viajado* por esta tierra DENTRO de una *forma*".

Hay mucho Trabajo *Interior* que llevar a cabo ANTES que se pueda alcanzar la *experiencia*; pero ahí es cuando 'cambiarán', al *mismo* tiempo, tanto de *forma* como de *universo*. Ese 'cambio' implica una *experiencia* que NUNCA será la *misma* para *dos* personas, pero puedo *compartirles* una *experiencia* que he *conocido* en la que más o menos *uno* se observa *cambiando* 'de un universo a otro'.

En realidad, implica un *cambio* desde el *falso* sentido del "yo" al *Ser* que en *verdad* eres. Y la forma en que mejor puedo explicarlo al principio es: con *dos* aviones que van *paralelos* entre sí, y *tú* te encuentras *dentro* de uno de ellos, pero *quieres* estar en el *otro*. Por eso ambos pilotos *reducen* la *velocidad* de los aviones hasta que vuelan a la *misma* velocidad; y luego ellos *lanzan* una escalera de cuerda *entre* ambos, y entonces tú te *agarras* de esa escalera – *sales* de un avión; *cuelgas* de la escalera, y ahora eres *conducido* al *segundo* plano – *cambiaste* de avión 'en pleno vuelo'.

Ahora hagámoslo con los *universos*. Te encuentras en *un* universo, y hay *otro* junto a él; pero *tú* debes *pasar* 'de uno al otro'. Y cuando *pasas* de *un* universo al *otro*, y *aterrizas* en ese *otro*, entonces NO te encuentras DENTRO de la *forma*. Ustedes, NO *vienen* al universo DEL Padre como *forma*; son como una mariposa, solo un *pequeño punto* EN la Conciencia.

∞∞∞∞∞∞∞ Fin del Lado Uno ∞∞∞∞∞∞∞

Ustedes saben cuánto se ha *asustado* el mundo debido a la declaración de Pedro acerca del *fin del mundo* (I Pedro 4:7, y II Pedro 3:8-13). Y hemos tenido todo tipo de 'enseñanzas' *fanáticas* sobre las 'nefastas consecuencias'; pero, por alguna razón, hemos *olvidado* mirar *más adelante* en Pedro, donde nos cuentan algo mucho muy *importante*, lo cual está *relacionado* con su *profecía* acerca del *fin del mundo* (I Pedro 4:7). Esto es lo que se nos dice, hablando acerca del *diluvio* de Noé:

> *"Por lo cual el mundo de entonces pereció inundado con agua; pero el cielo y la tierra que ahora existen, están destinados por la misma Palabra – destinados para el fuego, en el día del juicio y de la perdición de los impíos..."* (II Pedro 3:7).

Observen que se nos está diciendo, se nos está profetizando, lo que sucederá DESPUÉS del *fin de 'este mundo'* (I Pedro 4:7). Los cielos y la tierra están *destinados*, para que, cuando *el fin del mundo* **de los conceptos** acontezca, entonces haya *un Cielo Nuevo* **y** *una*

Tierra Nueva (Revelación 21:1). El mundo de los **conceptos** es, el mundo de los *hombres impíos;* y, a medida que desaparezcan, surgirán *un Cielo Nuevo y una Tierra Nueva* (Revelación 21:1).

Un Cielo nuevo y una Tierra nueva (Revelación 21:1), están AQUÍ – pero *dense cuenta* de que los Cielos y la Tierra que AHORA SON, se encuentran en el AHORA, y NO en el *tiempo* que 'pasa'. SON *eternos,* y por la *misma* Palabra, *están destinados.* La Palabra DE Dios los *sustenta,* los *mantiene* en *perpetua* perfección, *destinados para el Fuego* (II Pedro 3:7), el cual corresponde al Amor DE Dios – "*destinados para el día del juicio y de la perdición de los hombres impíos*" (II Pedro 3:7). Y más adelante está esa *predicción,* acerca de *los cielos y la tierra, enrollándose como pergamino* (Isaías 34:4; II Pedro 3:7).

En todo esto SIEMPRE está presente una Vocecita *apacible* DENTRO de nosotros, la cual *dice:* "Pero, ¿*qué* se espera de *mí*? ¿*Qué* ha de *hacerse*? La escucho; pero, ¿*qué* ha de *hacerse*?" Y a medida que esa Vocecita *surge* en cada uno de nosotros, esto es lo que *ha de hacerse*:

En tanto ustedes vivan DENTRO de una *mente* que debate *acerca* de si el mundo *terminará* o *no*; acerca de si la radiación *arrasará* con el mundo o no; acerca de si todos los átomos se van a *fisionar,* y *desaparecerán* con un gran estruendo o no... aquellos que SABEN, afirman que *así será.* Pero *también* están diciendo que *quienes* hayan *encontrado antes* al Cristo, *darán inicio* a una *Nueva Generación,* y *vivirán* DENTRO del Reino de los Cielos *sobre la tierra,* cuando *el Cielo Nuevo y la Tierra Nueva* (Revelación 21:1), *aparezcan.*

Pues bien, ese Cielo *Nuevo* y esa Tierra *Nueva,* constituyen la Conciencia *Nueva* del Hombre, *evidenciándose* como el Cielo *Nuevo* y la Tierra *Nueva* (Revelación 21:1), de la *misma* manera como la conciencia *actual* del hombre se *exterioriza* como 'este mundo'. Así que, lo que _tienen_ que hacer es, *aprender* de la experiencia de los maestros de la Biblia, quienes nos están *mostrando* a detalle, las *consecuencias* de NO *encontrar* al Cristo – y he aquí algunas de dichas *consecuencias*:

> "*Y vi un gran trono blanco, y al que estaba sentado en él, delante del cual huyeron la tierra y el cielo, y ningún lugar se encontró [más] para ellos*" (Revelación 20:11).

Ahora bien, dentro de este contexto, *tierra y cielo* significan 'este mundo'. Nuestro *concepto* actual de 'este mundo' es, tierra y cielo; y se está apartando de este *Gran Trono Blanco* (Revelación 20:11) que Juan está viendo *al otro lado del velo*. El *Gran Trono Blanco* constituye la *Voluntad* DE Dios; y TODOS aquellos que *viven* DENTRO de dicha *Voluntad*, viven con UN SOLO Propósito: *obedecer esa Voluntad*. Y en tanto ellos *vivan* DENTRO de esa *Voluntad*, este cielo **y** esta tierra, se *apartan* de ellos. – es decir, TODO *sentido* de: materia, materialidad **y** mortalidad, es disuelto.

ÚNICAMENTE DENTRO de la *Voluntad* DEL Padre, es que ustedes son *liberados* de las *ilusiones* de 'este mundo'. Este *Gran Trono Blanco* (Revelación 20:11), la *Voluntad* DE Dios EN ustedes, constituye el ÚNICO Camino hacia *el Cielo Nuevo y la Tierra Nueva* (Revelación 21:1).

> "*Y vi a los muertos, pequeños y grandes*" (Revelación 20:12).

Eso implica, las masas de *personas* **y** sus *líderes*; eso significa los peces *pequeños* **y** los peces *grandes*; eso significa los que saben *mucho* **y** los que saben *poco*; eso significa TODO aquel en carne *mortal*. "*Vi a los muertos*" – aquellos que se llaman a sí mismos: *mortales*.

> "*pequeños y grandes, de pie ante Dios; y los libros fueron abiertos*" (Revelación 20:12).

Ahora estamos *aprendiendo* acerca de: la *siembra* **y** la *cosecha*. *"Aquello que siembres, será aquello que coseches"* (Gálatas 6:7; Job 4:8). En otras palabras, *antes* de la *muerte* ¿llegarán a *saber* que no se encuentran dentro de la forma *humana*, sino que ustedes son el *Invisible* Ser-*Cristo*? –Eso constituye la *"apertura del Libro"*. *¿Dónde* se encuentra su Conciencia en el *momento* de la llamada *segunda muerte?* (Revelación 20:14) ¿Está en el *Cristo?* ¿Está en la *mortalidad?* Y bien saben que estamos *muy cerca* de responder a esa pregunta: "Bueno, *¿qué* se supone que deba *hacer?"* Lo que se *supone* que deben *hacer* ahora es, esto:

En tanto *tengan* a 'dos', no lograrán nada; pero cuando *tengan* sólo al Uno, entonces estarán *haciendo lo correcto* – pero mientras *tengan* a Dios **y** a una raza *humana*; a Dios **y** a la *gente*; a Dios **y** a cualquier *cosa*; a Dios **y** a *ustedes*... entonces nada estarán *haciendo* – seguirán entre los *muertos*, porque no hay Dios **y** *algo* más – sólo existe Dios. Y *en tanto* ustedes encuentren *algo* en su vida que sea *imperfecto*, ustedes estarán *insistiendo* en que existe Dios **y** ... –porque el que *sea* sólo Dios, *implica* que **no** puede haber, *imperfección* alguna.

Así pues, cuando ustedes *aceptan* cualquier *imperfección*, entonces se encuentran **negando** que Dios es: **Todo** y lo **Único** – y ésa es la *respuesta* a aquello que se *supone* que ustedes *han de hacer*. Se *supone* que ustedes *tienen* que ser *fieles* al *hecho* de que: sólo Dios es; y, por lo tanto, no hay nada más. Dios, no tiene *opuesto*; y aquello que es *imperfecto,* no ocurre, excepto dentro de una *imagen* en el *tiempo* **y** en el *espacio*, hecha de *átomos*, llamada lo *muerto* o el 'yo' *mortal*.

Salgan pues, de esa *imagen*; y en tanto lo *hacen*, saquen: a su hermano, a su vecino y a su madre de esa *imagen*. Cuando la Biblia les pide que *"Dejen a madre, a padre, a hermano, por el Mí"* (Lucas 18:29-30; Marcos 10:29-30, Mateo 19:29), no significa: *apartarse de casa*. Significa: no *mantenerlos* dentro del *falso* concepto de una forma *física*. *Sáquenlos* del universo de la *imagen*; no los consideren seres *mentales*. *Sepan quiénes son* – ellos, no están

DENTRO de cuerpos de *átomos*, tal como *parecen*. Dios ES, TODO; Dios NO está, DENTRO de un cuerpo *moribundo* – así que, si eso les *ayuda a aclarar* lo que han de *hacer*, entonces *tienen que ser fieles* a la TOTALIDAD DE DIOS. Y en su *fidelidad* a la TOTALIDAD DE DIOS, ustedes TAMPOCO pueden *aceptar nada* que *niegue* la TOTALIDAD DE DIOS – eso debe quedar *bien aclarado*.

Así pues, ustedes *mantienen* una *constante* Oración *Interior*; una *constante* Vigilancia *Interior*, para *continuar* RECONOCIENDO que: Dios, *siendo* TODO, entonces SÓLO la Perfección ES. Y en el instante en que hayan *aceptado* la *sugestión* de *imperfección* de alguien en cualquier lugar, incluso en *ustedes* mismos, en ese *mismo* instante NO estarán *siendo fieles al Uno* – estarán DENTRO de un *sentido* de vida de *separación*; estarán de *retorno* en el cuerpo de *átomos*; estarán viviendo DENTRO del sentido *mortal* de *ustedes* mismos – y, para ustedes, la *enseñanza* DEL Cristo NO habrá *enraizado*, por lo cual ustedes NO habrán de ser *condenados*, puesto que hay 'cuatro *clases de semillas*' (Mateo 13:1-9).

Pero *aquellos* que constituirán el *remanente*, "*los 7,000 que no se inclinaron ante Baal*" (I Reyes 19:18), serán *aquellos* que se *dirigirán* hacia una *Nueva* Experiencia llamada: *Transición*; son quienes *alcanzarán* el 100%, NO el 30%, NI el 60%. Pero ellos *pueden alcanzar* dicho Nivel de Conciencia, el cual *admite* SÓLO AL UNO, **y** *morar* DENTRO de la Conciencia ÚNICA. Lo anterior *pareciera* bastante *difícil*, porque aquí dice:

"*Vi a los muertos, pequeños y grandes, ... y los libros fueron abiertos; otro libro fue abierto, el cual es, el libro de la vida; y los muertos fueron juzgados por aquello que estaba escrito en los libros, según sus obras*" (Revelación 20:12) – fueron *juzgados*, NO por lo que *dijeron*, NO debido a sus *afirmaciones* y *negaciones*, sino "*según sus **obras**".

¿Permanecimos nosotros DENTRO de la Conciencia ÚNICA? ¿O estábamos DENTRO de la conciencia *dividida*, la cual *admite* que *algo* anda *mal* por *aquí*? ¿Pudimos *percibir a través* de la guerra; de la enfermedad; del desastre? Pudimos *decir*: "Dios, **no** está en eso.

Eso está DENTRO del mundo de los *átomos*. Eso NO está, DENTRO del Reino DE Dios, y NO existe un *segundo* Reino DE Dios". Si **no** *pudimos*, entonces cuando *se abran los libros* – lo cual es un simbolismo de: "*¿Dónde* se encuentra tu Conciencia en el instante de la *supuesta* muerte?"; *si* la Conciencia de ustedes *descansa* en el UNO, entonces la *segunda muerte* (Revelación 20:14) NO los tocará, porque YA SON parte de la *Primera Resurrección* (Revelación 20:6), en la cual han *aceptado* que SÓLO hay el UNO, y que *Su* Nombre ES, Dios. Dios ES, la Vida; y el Yo [y] el Padre, SOMOS esa Vida – como NO hay 'otro', entonces SOY "*perfecto como mi Padre*" (Mateo 5:48), puesto que SOMOS la ÚNICA Vida que hay. Esa ES, la Conciencia *Purificada*, que se encuentra *escrita* en *el Libro de la Vida* (Revelación 20:12).

"*La muerte y el infierno fueron arrojados al lago de fuego; y ésta es, la segunda muerte*" (Revelación 20:14).

Ahora bien, *si* ustedes NO se encuentran DENTRO de la Conciencia *Purificada*, aceptando SÓLO al UNO como la ÚNICA Vida, SIN ninguna *segunda* vida; *si* NO están ahí, entonces se dice que serán: "*arrojados al Lago de Fuego*" (Revelación 20:14). Y esto implica: el Amor DEL Padre, el cual dice: "NADA *distinto* a MI *Perfección*, puede *existir*, así que vamos a tener que *lavarte* para que estés más *limpio*; tendremos que *bañarte* un poco más EN el Espíritu. Para ti, será una *segunda muerte* (Revelación 20:14) – pero es *necesaria*, porque cuando *salgas* de este 'universo' hacia el *Universo* que ES, entonces tienes que estar: *impecable*".

Y la Biblia, los profetas, el Cristo, los discípulos, TODOS ellos nos están *ofreciendo* TODAS las *oportunidades* para finalmente *aceptar* su enseñanza: DIOS ES, TODO. Y *si* en nosotros *todavía* se encuentra una *serpiente* que se *retuerce* y dice: "pero *también* hay otro 'yo'", entonces NO *argumenten* que NO les fue *dicho*.

"El que no se halló inscrito en el libro de la vida, fue arrojado al lago de fuego" (Revelación 20:15).

Afortunadamente ahora, hay uno, dos, diez o cuatrocientos mil, los cuales están en este *tiempo de cosecha*, viviendo DENTRO de la Conciencia DEL UNO, haciendo *todo lo posible* por *saber* que: DIOS ES, TODO, el Espíritu DE Dios, el Yo SOY – y que *aparte* DE Dios, NO hay *otro*. Juan, habiendo sido uno de esos, bien podría decir al respecto:

"[Y] vi un cielo nuevo y una tierra nueva; porque el primer cielo y la primera tierra pasaron; y la mar, ya no existía más" (Revelación 21:1).

Ésta es pues, la *culminación* de nuestra experiencia en *el primer cielo* y en *la primera tierra* – es decir, en 'este mundo', en esta conciencia *mortal*. Y ahora Juan es *elevado* FUERA de la *creencia* en una 'forma' de *carne*. Él recibe, *literalmente*, la *Concientización* de su Forma *Espiritual* – camina DENTRO de una *Forma*, la cual JAMÁS podrá morir. Pero *recuerden* las palabras: *"Si ustedes creen en el **Mí**, entonces las obras que el **Yo hago**, ustedes las harán también"* (Juan 14:12).

En este instante ustedes se encuentran *leyendo* acerca de su futuro: la *Forma* que NUNCA ha de morir; que *sólo* camina DENTRO del *Cielo Nuevo* y DENTRO de la *Tierra Nueva* (Revelación 21:1). Juan está *comprobando* que aquello que Jesús dijera, es *cierto*. El mundo había dicho: "Bueno, 'Jesús lo hizo'; pero por supuesto que tan *solo* lo hizo Jesús"; y ahora Juan dice: "No; miren – *yo también* lo estoy haciendo". Y Pedro lo *hará*, Pablo lo *hará*, Joel lo *hará*... y muchos más, que *superan* el número de la población actual sobre la tierra lo han hecho, en Niveles *Superiores*, a los que ustedes y yo *vamos a entrar* DESDE aquí – *El Cielo Nuevo y la Tierra Nueva* (Revelación 21:1) – *lo viejo ha pasado* (II Corintios 5:17).

¿Por qué hay *un Cielo Nuevo y una Tierra Nueva*? (Revelación 21:1) –DENTRO de su conciencia, *ustedes* han *delineado* 'este mundo'. Al entrar a la Conciencia DE la Verdad, DEL Espíritu, DEL Cristo, DE la Perfección, *¿qué* es aquello que ustedes *delinearían*? –Tan *solo* el Reino DE Dios; y eso constituye *el Cielo Nuevo y la Tierra Nueva* (Revelación 21:1). ¿A qué se *parece*?

Bueno, ustedes han estado *caminando* DENTRO de ese Reino; han tenido *experiencias* en Él. Ustedes Lo *conocen* – saben que el 'Cuerpo' DENTRO *del Cielo Nuevo y de la Tierra Nueva, carece* de peso. Incluso el hombre lo ha comprobado cuando viajó a la luna. El Cuerpo, en *el Cielo Nuevo y en la Tierra Nueva*, NO está sujeto a *enfermedades* – pueden verlo en nuestra sanación AQUÍ mismo; el Cuerpo *Nuevo* NO envejece; ES *eternamente* joven; *permanece* en total **y** perfecta armonía junto con TODO aquello que Dios ES – funciona *bajo* la Ley **Infinita**.

¿Es todo esto puro *espejismo*? ¿Acaso NO hemos estado *estudiando* TODOS estos años, **y** NO hemos llegado a *comprender* que ésta ES: la Verdad? –Que debemos *caminar* DENTRO de *un Cielo Nuevo y una Tierra Nueva*. Pero *ustedes* NO podrán *entrar* ahí, *hasta que* lleguen al *fin de 'este mundo'*. ¿Se dan cuenta por qué es necesario el *fin de 'este mundo'*?

DIOS ES, TODO – *ustedes* NO pueden tener un mundo *imperfecto*; eso *tiene* que *terminarse*. Y me preguntan: "Entonces, *¿por qué* empezó?" La pregunta *debería* ser: "*¿Cuándo* comenzó la hipnosis?" –Porque el *viejo mundo*, NUNCA fue; fue tan solo una *creencia* del hombre DENTRO del cuerpo DE *átomos*. 'Este mundo', NUNCA existió – tan **SOLO** existe: *Mi Reino*. La *comprensión* de que 'este mundo' JAMÁS existió, constituye la *revelación del Cielo Nuevo y de la Tierra Nueva*. Ahí es cuando ustedes *cambian* de universo, porque ustedes han *cambiado* DE Conciencia; ustedes han sido *"transformados por la renovación del pensamiento"* (Romanos 12:2). Están *regenerados*; *renacen* a la Realidad, y eso es lo que constituye, la *Inmortalidad*.

Ahora bien, *¿quiénes* de nosotros vamos a estar DENTRO de ese *Grupo?* –NINGUNO lo *sabe*. Pero una cosa es *segura*: ese Grupo *existe*. Se le ha llamado *"los Elegidos"* (Romanos 8:33; I Pedro 1:1). Su función es *demostrar* la Verdad *enseñada* POR Cristo EN la tierra, como la Verdad de *su propio* Ser, tal como lo está *haciendo* Juan *aquí...*

"Y lo primero, ha pasado" (Revelación 21:4).

¿A qué se refiere con '*lo primero*'? –A TODA *creencia*; a TODA *experiencia* en la posibilidad de *mal*, de *error*, de *discordia*, de *imperfección*, de *muerte* y *desastre*; a TODO *miedo*; a TODO *odio*; a TODO acto de *violencia*, porque **en** el *Cielo Nuevo y la Tierra Nueva*, DENTRO de la Conciencia *Espiritual*, **no** existe el 'mundo *material'*. **No** existe, debido a que la presencia de un 'mundo *material'*, conformaría la 'creencia' *exteriorizada* de que Dios, NO fuera TODO.

Ustedes JAMÁS podrían *tomar* este pequeño escritorio aquí, **y** *convertirlo* en un escritorio *perfecto*. Sería *perfecto*, SÓLO *si* ustedes pudieran darle un *hachazo*, **y** el *hacha* NO pudiera *penetrarlo*; o *si* pudieran tomar un *fósforo*, **y** el *fuego* NO pudiera *quemarlo*. Pero ustedes NO pueden hacerlo *Eterno* – y *sólo* lo que ES *Eterno*, ES *Perfecto*. Así que SÓLO lo *Eterno* está *presente* aquí, en *este* momento; SÓLO lo que es *Perfecto* ES DE Dios; **y** DIOS ES, TODO; SÓLO lo que es *Eterno* puede estar *aquí*; NADA MÁS está *aquí*, excepto el Ser *Eterno* DE Dios – y TODO aquello que NO es el Ser *Eterno* DE Dios, *tiene* que *alejarse* de la Conciencia *de* ustedes, ANTES que puedan *experimentar* el *Cielo Nuevo y la Tierra Nueva* (Revelación 21:1).

Juan *camina* ahí, porque él *también* puede decir: *"El Yo [y] el Padre, UNO Somos"* (Juan 10:30). Bueno, *también* Daniel dijo lo *mismo*, cuando *interpretó* el sueño del rey como *"una Piedra que fue tallada de una montaña, sin utilizar manos"* (Daniel 2:45). Y TODOS los reinos de metal, es decir, el mundo *material*, fueron *desintegrados* por la *"Piedra tallada de una Montaña, sin utilizar manos"* – fueron *desintegrados* por la Conciencia-*Cristo*.

Bien, cuando *ustedes* están DENTRO de una *forma*, entonces NO son discípulos DEL Cristo; y para ustedes, *el Cielo Nuevo y la Tierra Nueva* serían *solo* 'palabras en un libro'. Pero cuando *ustedes* SON *discípulos* DEL Cristo, entonces NO están DENTRO de una *forma* – y, en cuanto a *ustedes*, se encuentran AHORA, DENTRO *del Cielo Nuevo y la Tierra Nueva*. Esta es la Nueva *Conciencia* DENTRO de la cual es *formado* el *comienzo* de una *Nueva* Especie que camina DENTRO de *la Cuarta Dimensión* – *FUERA del velo*. "*TODO lo primero, ha pasado*" (Revelación 21:4). Es factible que ésta, sea *su* propia *experiencia*, DENTRO de los próximos *30* años o *antes*.

Si *continuamos* el Camino que hemos estado *siguiendo fielmente*, NO hay *razón* alguna por la que, DENTRO de *cinco* años, NO podamos tener la *seguridad* de que: "Fui *elegido* para hacer una *transición* a través de la *ilusión* de 'este mundo', hasta el *fin del mundo*, hacia *el Cielo Nuevo y la Tierra Nueva*, donde "*lo primero, ha pasado*", (Revelación 21:4), donde la 'muerte', NO *existe más*.

Con seguridad que ése, es el *propósito* de la enseñanza, *¿no les parece?* Y *si* es la Voluntad DEL Padre, y *si* es el Propósito DEL Padre, ¿se *dan cuenta* que esto constituye la *Experiencia Suprema* para *cada* persona que camina sobre la tierra – incluso para aquellos que, como se dice, son *arrojados de nuevo al fuego?* Nosotros sabemos que: *volverán a aparecer*. Entonces, la *pregunta* que nos *confronta* es: ¿Somos *dos*, o somos *UNO?* ¿SOMOS *materia* esperando *encontrar* el Espíritu; o SOMOS Espíritu *aceptando* al Espíritu como nuestro *Nombre* y como nuestra *Sustancia?* La respuesta es *individual* para *cada uno*; y, tal como *respondamos*, así también *será* nuestra *experiencia*.

> "*Yo, Juan, vi la ciudad santa, la nueva Jerusalén, que descendía del cielo de Dios, preparada como una novia adornada para su marido*" (Revelación 21:2).

He aquí *la Ciudad Santa, la Nueva Jerusalén* (Revelación 21:2). *Cuando ustedes* hayan *aceptado* UNA SOLA Conciencia, entonces *estarán* DENTRO de *la Ciudad Santa*; *cuando ustedes* ya NO *tengan más* Conciencia que la Conciencia *Divina* ÚNICA, entonces *estarán* DENTRO de *la Nueva Jerusalén* – NO en la *antigua* Jerusalén donde *entraban* a una iglesia, a un templo, y hacían sacrificios; NO en una Jerusalén *física*. *La Nueva Jerusalén* ES, la Conciencia *Divina* ÚNICA DEL Padre, *indivisa* y *aceptada* como la Conciencia DE *ustedes*.

Y para eso, ustedes *tienen* que *crucificar lo viejo*, ¿no es así? Ustedes *tienen* que *crucificar* a ese "yo", pues de lo contrario habría '*dos*'. Y para *encontrar el Cielo Nuevo y la Tierra Nueva* se *requiere* que SOLO UNO esté ahí. TODO aquello que mantenga *vivo* el sentido de un "tú", constituye un *retraso* a la *crucifixión* de la conciencia *mortal falsa* u *onírica*. Y SÓLO aquellos que estén *dispuestos* a *renunciar* a *su falso* sentido de la vida, *aceptando* que la Conciencia ÚNICA YA ES, son los que *podrán entrar* a *la Ciudad Santa, la Nueva Jerusalén* (Revelación 21:2).

Así que, *en* esa Conciencia ÚNICA, Juan se *encuentra* en *este* momento, *viviendo* por Gracia – NO por el pensamiento *personal*, sino porque "*Cristo vive su vida*" (Gálatas 2:20). ¿Se dan cuenta *por qué* NO se puede llevar a cabo DENTRO de la forma *humana*? ¿Se dan cuenta *cómo* NO se puede hacer de NINGUNA otra manera? ¿*Cómo* deben ustedes *permanecer* DENTRO de la Conciencia, *sintiendo* la Plenitud a TODO su alrededor, *sometiéndose* a Ella, *aceptando* Su Presencia? –JAMÁS *nieguen* que Dios *está*, donde *ustedes están*; JAMÁS con alguna palabra, pensamiento o acción, *nieguen* la Presencia DE Dios donde *ustedes* están. Y *cuando* puedan mirar *más allá* de cada enredo *humano*, *aceptando* que Dios *está* donde el *Yo estoy*; que la Conciencia ÚNICA está AQUÍ, entonces en *automático*, sabrán que lo *opuesto* NO está *allí*, y habrán *descubierto*: la hipnosis de los *sentidos*; la hipnosis de la *falsa* conciencia; la hipnosis del *hombrecito* dentro del cuerpo de *átomos*, que *cree* que 'él, está allí' – pero NO lo está.

Ustedes están *creyendo* en *Aquel* que ES "el Yo", del cual se *habla* cuando se dijo: "*Ustedes creen en el Mí, entonces las obras*

*que **el Yo** hago, ustedes también las harán"* (Juan 14:11-12). Ahora
ustedes YA *saben* que cada vez que *violan* la creencia en el UNO, en
Su *Presencia* y en Su *Poder, admitiendo* la *evidencia* de Su *ausencia,*
o de Su *impotencia,* todo cuanto estarán *haciendo* es, *prepararse*
para un poco de *"Baño con Fuego"* (Revelación 21:8). Y se los estoy
expresando de esa *manera,* para que *conozcan cuáles* son los *hechos.*

"El Baño de Fuego" (Revelación 21:8) ES, el Amor DE Dios, el
cual NO les permitirá ser *imperfectos;* y tal como dijeran las *palabras*
de Jesús: *"Todo fruto que esté en la vid, y toda vid que* NO *de fruto,
tendrá que ser limpiado"* (Juan 15:2). **No** *ignoremos* los hechos,
por muy *duros* que *parezcan,* porque la *recompensa* DEL Espíritu
vale la pena − cualquier precio que *paguemos* por *alcanzar* dichas
recompensas.

Ahora bien, en la próxima sesión, siendo la *última* reunión de
esta clase, ustedes *tienen* que venir *preparados* para algunos *hechos*
que puedan *perdurar − algo* que ustedes puedan *llevarse* consigo −
una Verdad de la que puedan *depender −* NO solo una *broma que
inspire,* sino 'algo' que puedan *llevarse* consigo *dondequiera* que
vayan, y DESDE lo cual *vivir.* Y ustedes *tendrán* que *prepararse* para
dicha Verdad.

El *fundamento* de lo anterior será que Dios ES, la *Sustancia*
de TODO su Ser; la *Sustancia* de la ÚNICA Forma DE ustedes − NO
de la 'forma' que *parecieran* tener; que Dios ES, *su* Vida; y que NO
existe NINGÚN "yo" DENTRO de la 'forma' que *parecieran* tener; NO
hay NINGÚN "yo", DENTRO de TODA la imagen de *tiempo* y *espacio.*

La próxima vez vamos a *tener* que *movernos* FUERA del *tiempo*
y FUERA del *espacio.* *Tendremos* que *captar* la Visión *Infinita* DEL
Ser. Vamos a *tener* que *saber quiénes* Somos, para ser *aquello* que
SOMOS, y poder *establecer* un *Nuevo* Nivel de Conciencia de Uno
Mismo, para poder vivir *desde* dicho Nivel, y NO *desde* el nivel de
'aquello' que se *ve,* de 'aquello' que se *toca.*

Tal como le dije así a una persona el otro día − *si* usted *supiera,*
por ejemplo, que el mercado de valores iba a subir en 30 días
con determinado producto bursátil, y *si* usted tuviera el dinero,

entonces *invertiría* en dicho producto AHORA, *sabiendo* que va a 'la alza'.

Ahora bien, ustedes YA *saben* que hacia *donde* se dirigen es, *el Cielo Nuevo y la Tierra Nueva*; **y** *conocen* la Verdad de eso; *conocen* sus Cualidades; y finalmente *comprenden* que NO se trata de un evento *a futuro*, porque *El Cielo Nuevo y la Nueva Tierra* SIEMPRE ha estado AQUÍ, tal como dijera Pedro: *"esperando entre bastidores"*.

El Cielo Nuevo y la Nueva Tierra, ¡están AQUÍ, AHORA! Entonces, ¿por qué NO *actuar* DESDE el Nivel del "AQUÍ, AHORA"? ¿Por qué NO *aprender* a vivir DESDE ese Nivel, tal como invertirían en ciertos valores bursátiles que ustedes *saben* que van a subir en 30 días? Si _ustedes_ saben que el *Cielo Nuevo y la Tierra Nueva* están *presentes*, ¿por qué NO *vivir* DENTRO de Ellos, *AHORA*? Entonces ustedes *verían* que SÓLO viviendo en el AHORA, es que están *aceptando* que Dios ES, TODO. Cuando _ustedes_ NO viven en el AHORA... entonces, *¿en dónde* viven? –En la *creencia* de que Dios, *NO ES* TODO; y ustedes entonces estarían *tratando* de *alcanzar* a Dios, y *tratando* de *alcanzar el Cielo Nuevo y la Tierra Nueva* (Revelación 21:1).

Por Eso TODO cuanto *existe*; y TODO cuanto NO ES, NO existe – así que, *prepárense* para Eso.

Nosotros queremos *aprender* a *vivir* en la Realidad AHORA, NO *mañana*; y eso constituye una clase de *Fe,* la cual va *más allá* de TODOS los niveles que *conocemos.* Ustedes van a encontrar esa *Fe* bien *explicada* en el Capítulo 11 de la Epístola de Pablo a los Hebreos. *Si* ustedes *leen* ese Capítulo **y** *comprenden* el significado de la *Fe* para la *próxima* vez, *preparados* para ver lo que *significa* la *Fe,* entonces podremos hablar sobre: *vivir* DENTRO *del Cielo Nuevo y la Tierra Nueva.* – y *no* porque podamos *tocarlo, sentirlo* y *verlo,* sino porque habremos *aprendido* que están AQUÍ; **y** que cuando NO estamos *caminando* DENTRO *del Cielo Nuevo* y DENTRO *de la Tierra Nueva,* entonces nos encontraremos *caminando* DENTRO de un *sueño.*

Esto constituye la *culminación* de LA REVELACIÓN DE SAN JUAN, para nosotros. Conlleva los *Capítulos 21 y 22 del Libro de la*

Revelación; y la *preparación* de <u>ustedes</u> NO implica solo *leerlos*, sino también **incluir** el *Capítulo 11 de la Epístola a los Hebreos*, en la cual Pablo da una de las más hermosas *explicaciones* acerca de *Fe* que JAMÁS se haya dado al mundo. Entonces estaremos *preparados* para el *"Mar de Vidrio"* (Revelación 15:2) – LA CONCIENCIA **ÚNICA**; que NUNCA está *dividida*; que NO *conoce* lo 'opuesto a Dios'; y que NUNCA puede ser *engañada* por 'este mundo'.

Cerremos nuestra sesión con un *Silencio*. Ahora, *si* ustedes se toman unos minutos más, entonces *olvídense por completo* del automóvil al que van a subirse, y *aprovechen* las *ventajas* de la sesión de HOY. No empiecen a ser *humanos* 'tan rápido' – *mantengamos* al Espíritu sólo unos *minutos más...*

Ahora el "yo" que sabe que ya son las 4:00pm – miren, a ese "tipo" algún día *lo van a atrapar*, le *pondrán un lazo alrededor*, porque ese "tipo" NO tiene la menor *intención de vivir* en *el Cielo Nuevo y el Nueva Tierra*. Créanme, tiene *otros* planes; y también *ignora* TODO acerca del *fin del mundo* (Mateo 28:20).

Bueno, cada uno de nosotros *cuenta* con ese pequeño "yo". Pero *dejémoslo en casa* el próximo domingo; *atrápenlo antes* de salir – *si* tuvieran que *buscar* toda la semana para *encontrarlo*, búsquenlo; **y** *déjenlo en casa*.

El domingo, el próximo domingo será nuestra *última* clase de este año. ¿*Por qué no reunirnos en el Cielo Nuevo y en la Tierra Nueva*? *Intentemos* estar TODOS, *presentes* en *el Cielo Nuevo y la Tierra Nueva* como: *la Conciencia* **ÚNICA**.

Veamos si *"dos o más en Mi Nombre"* (Mateo 18:19-20), cuentan con *Poder. Si* ustedes *entran* por esta puerta la *próxima* semana DENTRO de la Conciencia ÚNICA, y *si* yo *hago* lo mismo; y *si* nuestro *prójimo* también lo *hace*, entonces TODOS estaremos *reunidos* en el Nombre DEL Espíritu, EN *el Cielo Nuevo y la Tierra Nueva* – y pudiera sernos *revelado* lo que NO podría sernos *revelado* de otra manera. Así pues, la *Naturaleza* del Mensaje de la próxima semana, *dependerá* en gran medida, de la *Conciencia* que *traigamos* con *nosotros*.

¿*Qué* tan 'alto' *queremos* llegar? La *respuesta* la dejo con ustedes, con la *esperanza* de que seamos: UNO EN CONCIENCIA; **y** que el Espíritu, que "*ve en lo secreto, nos recompense en público*" (Mateo 6:4,18), con la *Verdad* con la que podremos *vivir, dondequiera* que vayamos.

Para aquellos de ustedes que por alguna razón *no* puedan estar aquí el *próximo* domingo, no tengo suficientes palabras para decirles *lo mucho que ha significado su presencia; cuán agradecidos* estamos *todos*; y *cómo*, las *bendiciones* **y** los *más* cálidos *deseos* que tenemos, los *acompañen*.

Habrá un anuncio sobre cuándo se reanudarán las clases, en algún momento durante la primera parte del año.

Y para aquellos de nosotros que *concluiremos esta Revelación* el próximo domingo, por favor *traigan* con *ustedes*: el Nivel MÁS ALTO de Conciencia que *puedan. Trabajen* en ello – esta pudiera ser una clase... *muy importante*

Muchas gracias.

CLASE 25

LA VIDA ETERNA

Revelación 21:1 – 9

Herb: - Hoy quiero brindarles a todos, una muy cordial bienvenida.

Un día algo muy extraño le aconteció a un joven. Su nombre era, Juan Zebedeo, y era un estudiante tratando de *aprender acerca de Dios*. Su maestro era Juan el Bautista, y en una ocasión oyeron hablar de 'otro' Maestro en esa localidad. Entonces Juan el Bautista le dijo a Juan, su discípulo: "Yo ya **no** puedo *enseñarte* nada más. Ahora tendrás un *nuevo* Maestro; este Hombre *nuevo* se hará cargo. Quiero que vayas a *estudiar* con Él". Entonces Juan Zebedeo, junto con su amigo Andrés, fueron ante el nuevo Maestro, y Él les dijo: "*¿Qué buscan?*" (Juan 1:38) Y estos dos nuevos discípulos, justo los *primeros* de Cristo-Jesús sobre esta tierra, respondieron: "*Rabí, buscamos saber dónde moras*" (Juan 1:38). Y su nuevo Maestro les dijo: "*Vengan, y miren*" (Juan 1:39).

Entonces les dijo algo extraño: "*Si* ustedes Me *siguen*, entonces los Cielos se *abrirán* para ustedes". Y así comenzó, para Juan Zebedeo, una Senda que ha de comenzar en un momento u otro, para TODO hombre, mujer y niño que viene a 'este mundo'. Porque Juan *aprendió* cosas muy extrañas – las *aprendió tan bien*, que cuando su Maestro 'partió' de esta tierra, señalando a su madre, a María, le dijo: "*¿Ves a ese Hombre ahí? Ése, es tu nuevo Hijo*". Y luego, señalando a Juan, le dijo: "*Y ésa, es tu Madre*" (Juan 19:26-27).

Así que Juan *aprendió* sus lecciones *muy bien* – a tal grado, que *después* que Jesús se apartara de la forma *física* en esta tierra, el *Heredero* de las Enseñanzas del Cristo fue: *Juan Zebedeo*, quien *escribió:* el *primer* Evangelio, así como también *el Libro de la Revelación.*

Ahora bien, el Evangelio de Juan Zebedeo, de entre los cuatro Evangelios, es el ÚNICO que *instruye* acerca del Cristo *Interior.* Mateo, Marcos y Lucas, enseñan acerca del hombre *exterior,* y acerca de lo que *hizo;* a *dónde* fue, y lo que *dijo.* Pero Juan Zebedeo *instruye* acerca del Hombre *Interior,* así como acerca de las *razones* detrás de aquello que hizo y dijo.

Y la razón por la que Juan fue *capaz de instruir* acerca de esto, es debido a que, de *todos* los discípulos, él había *alcanzado* la Sabiduría *más alta* y *profunda* acerca de la Enseñanza DEL Cristo. Para ustedes, para mí, para el mundo de hoy en día, Jesucristo es un *nombre* más, dentro de un *libro.* Para Juan Zebedeo, *Cristo-Jesús* era: un *amigo,* un *compañero* de viaje, un *Maestro,* una *inspiración* – alguien a quien prácticamente veía TODOS los días de su vida – *caminaba* CON Él; *juntos recorrían* los caminos; *dormían* bajo el *mismo* cielo... *platicaban,* y de *Cristo-*Jesús *aprendió,* los *secretos* DE la Vida.

Lo *primero* que *aprendió* fue, que *existe* un 'país extraño' donde NO existen el *tiempo* NI la *distancia;* en donde NO hay *peso;* en donde NO existe sustancia *material* alguna; en donde TODO el *gobierno* está, bajo el *Divino Amor;* y donde NINGÚN hombre puede *entrar* vestido de *carne* (de *materia*). Y para su inmensa sorpresa, se enteró que tal 'lugar', NO estaba en 'el más allá'. De hecho, *sólo* podía ingresarse dentro del AHORA, y se encontraba justo donde *Juan estaba.*

Entonces *buscó* ese 'lugar' por TODAS *partes* – NO pudo *encontrarlo.* "No"; le dijo su Maestro, "estás *durmiendo* EN <u>*tus*</u> sentidos, y <u>*debes*</u> despertar DE <u>*tus*</u> sentidos. *Tienes* que llegar a un *Yo Superior.* *Tienes* que *descubrir,* por <u>*ti*</u> mismo, que NO hay *Vida* alguna DENTRO de la forma *humana*". ¿Por qué? –"Porque la *forma,*

NO es *eterna*; y el *País* del que hablo", le dijo, "es la Vida que es, *Eterna*; la Vida que es, *Perfecta*; la Vida que es, la *Vida* DE *Dios* – y esa Vida es, la que *debes descubrir* que conforma *tu* Vida".

Bueno, Juan contaba con una *ventaja*: el *"hijo del carpintero"* (Mateo 13:55) estaba allí con él, para *guiarlo*; para *instruirlo*; para *mostrarle*; para *corregirlo*; para *inspirarlo*... Y así, de día y de noche, *aprendía* la gran Lección: que él, NO vivía DENTRO de la forma *humana*; que la *forma* que nació *del* vientre de *su* madre NO conformaba *su* Vida, sino tan solo un *concepto mental*. *Aprendió* que *su* Vida era: la Vida DE Dios; y la *única* manera en que podía caminar DENTRO de ese *Reino* que su Maestro le dijo que estaba AQUÍ, era siendo *Fiel* a la Vida DE Dios. Y que la *fidelidad* a cualquier 'persona' sobre la tierra, a cualquier 'cosa', a cualquier 'autoridad', a cualquier 'hombre', a cualquier 'rey', a cualquier 'madre' o 'padre' DENTRO de la carne *humana*, NO constituía la *Máxima* Fidelidad. La *Fidelidad tenía* que ser TOTAL hacia la Vida DE Dios; y él *tenía* que *aprender* que esa Vida NO era solo Suya, sino que constituía la Vida de TODO aquello que *vive* – ya fueran: humanos, animales, insectos, aves, vegetales o minerales. Juan Zebedeo *aprendió* que: la Vida DE Dios, conforma la ÚNICA Vida que *existe* – y eso constituyó, una *ardua* lección.

Posteriormente fue *instruido* que: *tenía* que *entrar dentro de Sí Mismo*, para *aprender más*. *Tenía* que permitirse *abrir* y *florecer* como una rosa; que NO podía vivir *estancado* – *tenía* que expandirse en Conciencia. Debía *permitir* que 'Algo', en su *interior*, llamado el Reino DE Dios, fuera *su* Maestro *verdadero*. "Incluso el *Yo*, aquí *llamado* Jesús el Cristo, algún día me *apartaré* de ti; pero *'el Yo*, NO *te dejaré sin un Consolador'* (Juan 14:18); *sin* un Maestro *Interior*. Y quiero que te *familiarices* con este Maestro *Interior*, en tanto estoy aún contigo. Debes *aprender* a ser *'instruido por Dios'* (Juan 6:45).

Y así Juan *aprendió a someter su voluntad personal a este Maestro Interior* – Juan estaba siendo *conducido* al Reino DEL Alma. Y cuando *aprendió* a volverse *hacia* su Propia Alma, entonces *Dios* lo instruyó *directamente* a través de *su* Alma, la Cual recibía la Impartición *directa* DEL Padre.

Sí; todo esto resultaba *inusual* para Juan, pero su Maestro había *seguido* ese Camino con *éxito*, y ahora Se encontraba *demostrando* que TODOS los hombres sobre esta tierra están *destinados a seguir* la MISMA Senda. La *sumisión* de la voluntad *humana* HACIA el *Alma* fue la manera en la cual Juan fue *instruido* POR Dios. Y conforme se *sometía*, entonces *descubría* que su ego – NO solo su vanidad *humana* – sino su *sentido* completo de vida *humana* se estaba *desvaneciendo* – eso constituyó parte de su *Fidelidad* hacia la Vida DE Dios. Él NO podía ser, al *mismo* tiempo, la Vida DE Dios, **y** una mente *humana*, un ego *humano* y una persona con una *personalidad*.

Él quería *encontrar* ese Reino donde NO hay *tiempo* NI *distancia*, porque el *gran premio* era: la Vida *Eterna*. Pero *tuvo* que *renunciar* al *concepto* de esa vida que NO es *eterna*; *tuvo* que *aprender* a *renacer* desde un concepto *limitado* de vida – DENTRO de la carne, DENTRO de la forma, DENTRO de la materia – *hacia* la Verdad DEL Ser, en donde la Vida ES, *Eterna* – y *aparte* de la Vida *Eterna*, NO existe NINGUNA otra vida.

Y Juan lo estaba *aprendiendo*, a través de un Camino muy *estrecho*: a través de *interiorizarse* con su Propio Ser. Entonces *aprendió* que NO existe el mundo *material*; que la Vida DE Dios NO se encuentra DENTRO de la *materia*. Él pudo *mirar* toda FORMA sobre esta tierra, y *comprender* que la Vida DE Dios, NO está DENTRO de dichas *formas* – NI siquiera DENTRO de la hermosa rosa. *Aprendió* que NI las formas *buenas* NI las formas *malas*, son creación DE Dios; *aprendió* que TODA forma *visible* **y** *tangible*, que *muere*, NO constituye la Vida *Eterna*; y, por tanto, NO constituye la Vida DE Dios – y eso resultó algo *difícil*.

Juan también *aprendió* que la *mortalidad* es: un *mito*. Estaba *saliendo* de la *hipnosis*; de la *ilusión* de forma **y** materia. Todo eso fue parte de la *Fidelidad* al hecho de que Dios ES Vida, **y** la Vida DE Dios, JAMÁS se degenera; JAMÁS sufre un desastre; JAMÁS sufre una enfermedad; y JAMÁS termina en muerte. Él estaba *elevando* su visión, por *encima* de los sentidos; estaba *despertando* del sueño. Eso constituyó para Juan, la *experiencia* de *salir* de la *hipnosis* de la ilusión *humana*.

Finalmente, Juan pudo decir: "*El Yo,* NO *estoy* DENTRO *de la forma; el Yo, Soy la Vida que* ES *Eterna; y el Yo,* SOY *esa Vida* AHORA. *Esta tierra sobre la que el Yo* ESTOY *parado* ES, *el Reino* DE *Dios. Aquello que el mundo está viendo es, un 'concepto' acerca de este Reino*". Pero él, había sido *elevado* más allá de los *conceptos*. Ciertamente, tal como le fuera *prometido*, los Cielos *se abrieron* cuando: *cumplió con su trabajo, con* TOTAL *Fidelidad hacia el Espíritu, renunciando a* TODO *lo demás* – fue entonces, y *sólo* entonces, que vio: *el Cielo Nuevo y la Tierra Nueva* (Revelación 21:1).

Entonces, y *sólo* entonces, ustedes y yo *veremos el Cielo Nuevo y la Tierra Nueva* (Revelación 21:1). El Camino de Juan fue el *mismo* Camino que Jesús había *recorrido*. Y constituirá *también*, el *mismo* Camino que ustedes y yo *recorreremos*, *si* es que vamos a dar *testimonio* del *Reino de los Cielos sobre la tierra.*

Ahora bien, Juan Lo *contempló también* – y en tanto que hasta ese momento Jesús había sido el *Primogénito*, ahora teníamos *Otro*. Ahora tenemos a Juan *saliendo* de *la Primera Resurrección* (Revelación 20:5) a través de *su Iniciación*. ¿Y qué son *este Cielo Nuevo y esta Tierra Nueva*? (Revelación 21:1)

Este Cielo Nuevo y esta Tierra Nueva (Revelación 21:1), constituyen el *final* de TODA *ilusión* acerca de que pueda existir la *imperfección*; constituyen el *despertar* del sueño de la *mortalidad*. Pero ¿*dónde* estuvo 'Juan' en tanto esto sucedió? ¿En 'el más allá'? ¿*Detrás* de 'una nube'? ¿En un 'Cielo mítico'? **No**; sus dos pies fueron *plantados* sólidamente sobre *esta tierra* – sobre *esta tierra*; en forma *humana*; y *apareciendo* ante las personas, él fue *testigo del Cielo Nuevo y de la Tierra Nueva* (Revelación 21:1).

TODO sentido de una *vida separada* de Dios *desapareció*. Él pudo *unirse* a su Maestro al decir: "*Yo [y] el Padre, Uno Somos*" (Juan 10:30) – había *alcanzado* el RECONOCIMIENTO de *su*

Identidad Espiritual. Y debido a que *su Identidad Espiritual* era el *Cristo*, **y** debido a que el *Cristo* vive DENTRO del Reino DE Dios, es que *contempló* el Reino DE Dios, *"sobre la tierra, tal como está en los Cielos"* (Mateo 6:10). **–No** por medio de los ojos *humanos*, sino a través del *Cristo*, que constituía *su* Ser. Y *su* Conciencia sólo pudo *evidenciar* para Juan, aquello que constituye la *Realidad*. Para Juan, la *Realidad* había *llegado*; y, de hecho, él *NO* tuvo que *ir* a NINGÚN *lado*, excepto EN Conciencia, *probando* una vez más la *Enseñanza-Cristo* que *Jesús* había *traído* a la tierra. DESPUÉS, tal como lo hizo Juan, *también* lo hicieron: Pedro **y** Santiago, el hermano menor de Juan. Y con el tiempo, *nos vamos a dar cuenta* que TODOS los demás discípulos *caminaron a través de la ilusión* de la *mortalidad* HACIA el Espíritu, para *reunirse* con el Cristo, *'detrás del velo'* (Éxodo 26:33).

La *importancia* de Juan es: que *probó* la Enseñanza; que *demostró* la Enseñanza; que *vivió* la Enseñanza. Y en tanto que Jesús NO había dejado una sola palabra *escrita* para el mundo, al escribir Su Mensaje DENTRO del *corazón* de Sus discípulos, con ello lo hizo *permanente*. Ellos, a su vez, nos dieron las *palabras*, la *comprensión*, el *recuento* de cuanto había sido hecho. *Si* nosotros podemos *aceptar* los Evangelios, entonces ahora llegaremos a la *Aceptación* de que esta experiencia de Juan – la de *contemplar un Cielo Nuevo y una Tierra Nueva* (Revelación 21:1) – realmente implica el comienzo de una *Nueva Civilización* sobre esta tierra – una *Civilización* en la cual NO hay *tiempo* y NO hay *espacio*; en la cual NO hay *peso*; y en la cual la Vida, JAMÁS puede *morir*.

Si esto *NO* fuera *cierto*, entonces el testimonio de Juan *carecería* de importancia. Pero, *si* el *testimonio* de Juan constituye la *Verdad*, entonces estamos *leyendo* aquí acerca de una *Nueva Civilización "poblada por los Hijos DE Dios"* – NO por seres *humanos*. Y qué tan pronto acontecerá eso, *cada uno* de nosotros lo *descubrirá* a 'su manera' – para algunos de nosotros, estará *tan cerca* que será casi *mañana* mismo. Pero *cada uno* de nosotros *sabremos* DENTRO de *nuestro* propio corazón y DENTRO de *nuestra* propia Conciencia, justo *cuando* estaremos siendo *elevados* a ese Nivel llamado: *la Nueva Conciencia*.

Veamos pues lo que le *aconteció* a Juan en este punto.

"Ya no había más mar" (Revelación 21:1).

Ahora bien, *la mar*, es obvio que representa la mente *mortal*, el pensamiento de 'este mundo'. Y Juan había sido *elevado* ahora, por encima **y** más allá, del pensamiento de 'este mundo' – *en Conciencia* – de modo que, en él, ya NO actuaba el *pensamiento* de 'este mundo'. *Ya era capaz de vivir SIN pensar en 'este mundo', SIN esfuerzo alguno* – *él* había cumplido con *su* parte. Estaba DENTRO de la carne, pero fue *redimido*.

> *"y vio la Ciudad Santa, la Nueva Jerusalén, descendiendo de los Cielos, de Dios, dispuesta como una novia ataviada para su marido"* (Revelación 21:2).

Ahora bien, esta es la *Nueva Conciencia* de la tierra que Juan está *anticipando*, *"adornada como una novia"*; y eso significa que nosotros, los que AÚN NO hemos visto esa *Nueva Conciencia*, la *veremos*, **y** nos *desposaremos* CON Ella – estaremos UNIFICADOS a ella. Dios JAMÁS puede *desposarse* con alguien que NO sea *puro* de corazón, con alguien que *aún* retenga *conceptos*. Y ése es el *significado* de esta Novia-*Virgen*. *La Nueva Conciencia* está *desposada* CON Dios, y NO CON la *materia*; y NO CON los *conceptos*; y NO CON 'este mundo'.

Esta es la *Nueva Conciencia* que *emerge*, la cual se *vuelve* COMPLETAMENTE hacia lo Infinito, 'UNIFICADA' CON Dios; SIN buscar NADA en lo *exterior*, sabiendo que TODO cuanto es alcanzado *conscientemente* en lo *Interior*, *tiene* que *aparecer* en lo *exterior*. De nuevo estamos siendo *instruidos* en el sentido de que TODO nuestro trabajo se encuentra DENTRO de *nuestra propia Alma*.

Todo aquello que ustedes *descubran* DENTRO de su Alma, se *convertirá* en *su* experiencia *externa*. *Si* ustedes están *"desposados con la Novia"* (Revelación 21:9) DENTRO de *su* propia Alma, entonces estarán desposados CON el Padre – y esto constituye *"el matrimonio hecho en los Cielos"*. A partir de ahí *nace* la Verdad DENTRO de la Conciencia. Mirando hacia *afuera, perdemos* la Verdad; mirando hacia *adentro,* La *encontramos.*

Isaías *comparó* a la raza *humana* con una *"mujer abandonada"* (Isaías 54:6). En algún otro pasaje del *Antiguo* Testamento, esta raza *humana* es llamada *"viuda"* (2 Reyes 4). También la raza *humana* es llamada de muchas otras maneras que NO pueden ser repetidas en *público* – pero el significado SIEMPRE es: que *hasta* que la raza *humana* se vuelva hacia lo *Interior*, para ser *"instruida* POR *Dios"* (Juan 6:45), tal *como* Juan lo fue, permanecerá *"abandonada"* – una *"viuda"* FUERA del Reino – pero ahora, la *"viuda"* ya NO *existe* más. La *conciencia* de 'este mundo', la cual es la *"viuda"* o la *"mujer abandonada",* está *crucificada.* Y a medida que la *conciencia* de 'este mundo' es *crucificada* por la Integridad de *ustedes* hacia el Espíritu DE Dios, el cual constituye *su* Vida, es que *ustedes* reciben la *impartición directamente* DESDE el Padre – se encuentran *desposados* CON Dios. María estaba *desposada* CON Dios de esa *misma* manera – EN Conciencia *Pura.*

> *"Y oí una gran voz en los Cielos que decía: 'He aquí, el tabernáculo de Dios está con los hombres; [y] Él habitará con ellos, [y] ellos serán Su pueblo, [y] Dios mismo estará con ellos como su Dios"* (Revelación 21:3).

Resulta *extraño,* contar con esas palabras, y luego *escuchar* a nuestro *alrededor* que la gente *cree* que Dios, NO se encuentra AQUÍ; que Dios *es,* para 'mañana'; que Dios está, *más allá* de la tumba; que Dios *es,* 'Santa Claus' detrás de las nubes. En la conciencia *falsa,* Dios SIEMPRE se encuentra en algún *otro* lugar. Pero AQUÍ Jesús había *enseñado* que el Padre *Interior,* "el Reino DE Dios",

está DENTRO de ustedes" (Lucas 17:21) – justo donde *ustedes* se *encuentran*.

Y de nuevo Juan está *enseñando*: "*Sí*; es *cierto*". Porque ahora él, ya NO está viviendo DENTRO de la *forma*, sino que ha *abandonado* esa conciencia de la *forma*, la conciencia-*sensoria*, para vivir COMO el Espíritu *Viviente* – COMO la Vida DE Dios *Mismo*. Aunque, *¿dónde* más podría estar Dios, *si* la Vida DE Dios, constituye la vida de *ustedes*? Así pues, he ahí la declaración de que la Vida DE Dios ES, la Vida de *ustedes*, porque Dios **está**, CON *ustedes*; Dios *mora*, CON ustedes; el lugar DE Dios está SIEMPRE, CON *ustedes*. Y Juan nos está *revelando* el 'secreto' de que: la Vida **y** Dios, SON UNO – y a *menos* que Dios *sea* la Vida DE *ustedes*, *¿qué* Vida tendrían?

¿Qué *otra* 'vida' hay? Por lo tanto, la gran conclusión ES: *AHORA, en **este** momento y para SIEMPRE, Dios ES, la Vida DE ustedes*. Ustedes se encuentran *viviendo* la Vida DE Dios, y NO existe OTRA vida para que la *vivan* – y TODO aquello que lo *niegue*, no es más que: la *falsa* conciencia de la mente *sensoria*. *El ojo que NO puede ver a Dios; el oído que NO puede oír a Dios* (Marcos 8:18); los dedos que NO pueden *tocar* a Dios están *inconscientes* de la Vida *Invisible* DE Dios, la Cual constituye la ÚNICA Vida que han tenido, misma que NUNCA *comenzó* en un 'útero', y la cual JAMÁS *terminará* en una 'tumba'.

Y aquí, en palabras que nunca morirán, se encuentra esta afirmación de que: *cuando* ustedes *acepten* que la Vida DE Dios constituye *su* Vida, entonces estarán *siguiendo* el Camino de aquellos *Inmortales* que *descubrieron* exactamente eso; y quienes, *después* de haberlo *descubierto*, se mantuvieron *Fieles* a eso, *rechazando* TODO aquello que *afirmaba* que 'sus vidas', NO eran la Vida DE Dios. TODO aquello que hay en ti, que NO constituya la Vida DE Dios, NO eres 'Tú'.

Así pues, *vivir* DENTRO del Reino DE Dios, NO implica que uno *salga* a 'conseguirlo' – implica *abandonar* los *conceptos* de que 'ustedes', son *algo* más que: la Vida DE Dios. Cada *concepto* que ustedes *abandonan*, el cual *afirmaba* que 'ustedes' NO eran la Vida DE Dios – que, por el *contrario*, eran 'alguien' que podía *enfermar*; alguien que podía *morir*; alguien que podía *carecer* o estar *limitado*... –cada concepto *renunciado*, constituye la lenta *crucifixión* por la que Juan pasó, *crucificando* TODO aquello que NO era la Vida DE Dios en *su propia* vida – sacando un par de *tijeras* para simplemente *cortar* TODO aquello que no se *desplegaría* DENTRO de la *Realidad*.

Y así es como *profundizan* más, y comienzan a ver que se nos está diciendo, que tenemos *muchos* conceptos *falsos* acerca de *nosotros mismos*. *Creemos* que estamos aquí, DENTRO de una *forma*; *creemos* que *vamos a alcanzar* la Filiación CON Dios; *creemos* que *algún* día, Dios *podrá* ser nuestro Padre; *creemos* que *algún* día, *podremos* estar en un lugar llamado Verdad o Vida *Eterna*. "¡No!", dice Juan; "TODO eso es *cierto*, AHORA. *AHORA, SOMOS los Hijos DE Dios*" (1 Juan 3:2). *Renunciemos* a TODA *creencia* que *niegue* la Verdad; *salgamos* de la hipnosis de la *creencia* de que la *forma*, la cual NO es la Vida DE Dios, constituye *aquello* que 'ustedes son'.

Abandonen TODA *creencia* de que la vida que ustedes *creen* estar viviendo, constituye su vida – porque *NO lo es*. La vida que ustedes *creen* estar viviendo, NO es *eterna* – y la Vida DE Dios ES, *Eterna*; y justo donde una *pareciera* estar, justo AHÍ se *encuentra* la Otra. Y de esa manera nos *adentramos* más y más, hasta que podamos *sentir*: "SÍ; por supuesto; esas *creencias* que tengo acerca de 'mí mismo', NO son más que: *conceptos acumulados* de siglos; *conceptos* de 'este mundo', los cuales *heredé* y *acepté* como 'míos'. Pero *justo* donde esos *conceptos* ancestrales parecieran *encontrarse*, *justo* AHÍ está: la Vida DE Dios que Yo, **SOY** – y para NADA se refieren a esta *forma*".

La Vida DE Dios **y** la Mía, SON *Una* **y** la *Misma* – SOMOS UNO. "Quien *Me* ve, está viendo la Vida DEL Padre" – así dijo el *Maestro*; así dice *Juan*; así dicen *ustedes* cuando están *dispuestos a abandonar* los *conceptos* de la mente *sensoria*, y cuando *descubren* que Dios, NUNCA se ha *ido*; que Dios ES, la Vida DE *ustedes*. Dios, NUNCA está *separado* del Ser DE ustedes – Dios ES, el Ser DE ustedes.

Dios, JAMÁS está en *un* lugar en tanto 'ustedes' se encuentran en *otro*. Y por ello ustedes NUNCA podrán *separarse* DE Dios, puesto que la Vida DE Dios ha estado CON ustedes, DESDE *antes* del nacimiento *humano*; ha estado DURANTE el sentido *humano* de la Vida; y estará *después* de que el sentido *humano* de la Vida haya *pasado*. Dios ES: la Vida DE *ustedes* en <u>este</u> momento, y mientras *sostengamos* eso, *rechazando* TODO lo demás, estaremos *viviendo* quizá, para *experimentar* una de las declaraciones de Juan:

"He aquí, el tabernáculo de Dios está con los hombres; y ellos, serán su pueblo" (Revelación 21:3).

Es decir, los hombres *aceptarán* la Vida DE Dios, como 'su propia' Vida; Dios *Mismo* estará CON ellos, y será <u>su</u> Dios.

Y cuando ustedes hayan llevado a cabo eso, entonces:

"Dios enjugará toda lágrima de sus ojos. No habrá más muerte, ni clamor, ni llanto; tampoco habrá más dolor, porque: las primeras cosas pasaron (Revelación 20:4).

El que 'ustedes' *acepten* a Dios COMO <u>su</u> Vida, implica que pueden *mirar* TODO lo demás – la tristeza, el dolor, las lágrimas… – ¿acaso NO eran *negaciones* de la Vida DE Dios COMO la Vida DE ustedes? –*Ciertamente* lo fue; estaban *hipnotizados*; ustedes *pensaban* que había *otra* vida *aparte* de la Vida DE Dios – y NO la hay.

Gradualmente, esto se establece tan claramente EN ustedes, que TODO lo *contrario* comienza a constituir la *experiencia* de ustedes. –Mientras que *anteriormente* la Vida DE Dios COMO la Vida DE ustedes, les parecía una idea *extraña* – pronto la vida de la *humanidad*, la vida que *parece* ser <u>su</u> propia vida, es lo que está convirtiéndose en una idea *extraña* – ustedes *saben* que NO existe 'tal vida'; se trata de la *aparición* de una *imagen* en la mente *sensoria*; así que comienzan a NO aceptar más, la mente *sensoria*. No solo está bajo *sospecha* – sino que ustedes *saben* que la mente *sensoria*, JAMÁS les dirá, la Verdad DE *su* Ser.

Así es como se está *desplegando* esta *Nueva Mente Superior*; esta Conciencia *Expandida*, que está *detrás* y a un *lado* de la mente *sensoria*, que RECONOCE que Dios constituye *su* Vida, y que las *experiencias* de los *sentidos*, JAMÁS la convencerán de lo *contrario*.

Esta Conciencia *Expandida* ha encontrado su *fuerza* DENTRO de la Vida DE Dios, la cual son *ustedes*, aprendiendo a NO *negar* JAMÁS dicha Vida, sino a *rechazar* TODO lo *perecedero*, lo *imperfecto*, lo que pareciera ser una vida *humana*. *Ustedes* se encuentran muy por *detrás* y muy por *encima* de la vida *humana*, y la 'forma' está adquiriendo un *significado nuevo*; se está *convirtiendo* en un *sirviente* DEL Alma DE *ustedes*, en lugar de ser: la *mente* DE ustedes.

"El que estaba sentado en el trono, dijo: 'He aquí, yo hago nuevas todas las cosas'" (Revelación 21:5)

Cuando la Vida DE Dios es *aceptada*, entonces el nombre de Dios ES; el *Yo*; y la Vida DE Dios es llamado: el *Yo*. Y cuando *ustedes* aceptan la Vida DE Dios, entonces el *Yo*, constituyo el *nombre* DE ustedes, y el *Yo* constituyo *también* el *nombre* DE Dios. He aquí que el *Yo*, *aceptado* en Conciencia COMO la Verdad DEL Ser, "*hago nuevas todas las cosas*" – NO solo el *clima*; NO solo sus *finanzas*; NO solo sus *comodidades* corpóreas – "*El Yo, hago nuevas TODAS las cosas*".

Ustedes son *transformados*, por la *Aceptación* y por la *Fidelidad* AL Yo, A la Vida DE Dios *en* ustedes. El Yo, NO Soy la *misma* vida que ustedes tenían hace 20 minutos, la vida que -*pensaban* que tenían. El Yo, Soy Aquello que es *Eterno*; el Yo, Soy Aquello que es *Infinito*; el Yo, Soy Aquello que *Es* por SIEMPRE. El Yo, Soy el poder *Perfecto* del Divino Amor. El Yo, Soy *Eterno* – y cuando el Yo, Soy *aceptado* como el Ser DE ustedes, entonces a continuación, "*las primeras cosas pasan, y el Yo, hago nuevas TODAS las cosas*" – incluso su *cuerpo* se convierte en "*el Templo DEL Dios Vivo*" (1

Corintios 6:19). La *mente* de ustedes se convierte en la Mente-*Cristo*; la *vida* de ustedes se convierte en una *Expresión* Viva de la Divinidad, evidenciando *Mi Gracia*.

Porque *donde* Dios es *aceptado, ahí* Dios *Se expresa* como *Gracia*, como *Perfección* en TODO, como *Poder*, como *Sabiduría*, como *Belleza*, como *Verdad. Donde* Dios es *aceptado* como el Ser DE *ustedes*, RECONOCIENDO que NO hay otro Ser, entonces ahí "TODO *es hecho nuevo*" (2 Corintios 5:17), porque *la Novia y el Padre están: desposados*. La Conciencia de *ustedes* está: *desposada* con la Conciencia *Única*. Y, ¿qué implica eso? –UNA SOLA Conciencia *Infinita*, UNA SOLA Unión *Infinita*, UN SOLO Ser *Único* – y "TODO, *es hecho nuevo*".

TODA esta labor es llevada a cabo DENTRO de *su* Integridad A la Verdad. Lo *imposible* se convierte en la *norma*; en realidad NADA es, *alcanzado*; sólo lo 'falso' *desaparece*, para *mostrarles* que TODO aquello en lo que se han *convertido*, DENTRO de *su* Conciencia, SIEMPRE lo fueron – *Dios*, NO *ha cambiado en absoluto*. La Vida DE Dios NO es *mejor* en este instante, que hace un momento; la Vida DE Dios, NUNCA mejorará; pero aquello que NO era la Vida DE Dios, *desaparece* de la Conciencia, *revelando* la Perfección *presente* en TODO.

Juan dijo: "Eso es lo que Jesús me *enseñó*; y por todos los santos ¡es *cierto*! Eso es lo que me *aconteció*; eso es lo que le *pasó* a mi amigo Pedro; y *también* a Pablo y a Santiago; es lo que les está *aconteciendo* a mis discípulos Ireneo y Policarpo". En TODAS partes donde se *acepta* la verdad de que Dios ES la ÚNICA Vida, y, por tanto, que esa Vida ES: MI vida, entonces *"He aquí, el Yo, hago nuevas TODAS las cosas"*. Lo *mortal*, muere; lo *incompleto*, muere; lo *falso*, acaba; TODO sentido de *imperfección*, desaparece. ¿Por qué? –Porque NUNCA estuvieron aquí; tan solo *parecían* estar DENTRO de la conciencia *limitada* que NO sabía que Dios ES, la ÚNICA Vida.

Nosotros estamos *anticipando*, para *nosotros* mismos, la *Nueva* Conciencia de esta tierra. No somos *pioneros* de una *Nueva* Era;

estamos *aprendiendo* que JAMÁS va a haber una *Nueva* Era; que Dios ES la TOTALIDAD, que SIEMPRE lo fue, y que SIEMPRE lo será; y aquello llamado *Nueva* Era es, simplemente, el *abandono* del *falso* sentido de la Vida.

Lo *Novedoso* es, una *Novedad* maravillosa, *casi* increíble. No constituye NINGUNA Novedad *estática*, porque en un instante de *discernimiento*, ustedes *percibirían* **y** *sentirían* toda una *Novedad* con alcance *Infinito* – una Novedad *Inmutable* – por lo que *cada* momento constituye una *Constante Novedad* hacia lo *Infinito*. En el Espíritu, JAMÁS hay *estancamiento* alguno. Por eso se nos dijo que JAMÁS nos aferráramos; que JAMÁS *almacenáramos en graneros*; que JAMÁS dependiéramos *del maná de ayer*, ya que el Espíritu ES, SIEMPRE *Nuevo*. Y las "*muchas Mansiones*" del Espíritu son *Mansiones Infinitas*, es decir, DENTRO del Espíritu, en la *Aceptación* de que la Vida Divina ES, la ÚNICA Vida – *y* al *rechazar* TODO sentido *mortal* de vida, se llega a una *Novedad* que JAMÁS deja de ser: *Novedosa*.

Cada instante es: *Novedoso*. *Cada* momento está: *recién* acuñado, porque ustedes se encuentran DENTRO de lo *Infinito*; y lo *Infinito* de la Vida *Divina* NUNCA deja de *revelar* Novedades. Tan *Nuevo* es, que en el *instante* en que ustedes dan un paso *atrás* y se vuelven de *nuevo* hacia la mente *humana*, entonces 'cortan' lo *Infinito*. *Cada* instante sólo les *conferirá* su *Novedad*, en tanto <u>ustedes</u> *permanezcan* sumisos: al UNO. "*He aquí, el Yo, hago nuevo TODO – eternamente*", SIN *interrupción* – <u>*siempre y cuando ustedes*</u> NO vuelvan a ser "*pródigos*", *desviándose* hacia una mente *humana*, hacia una forma *humana* y hacia una vida *humana*; <u>*siempre y cuando ustedes*</u> NO miren 'este mundo', **y** NO den *testimonio* de algo *menos* que de *Mi* Reino *Perfecto*, en *TODO*; <u>*siempre y cuando ustedes*</u> **no** *miren* 'este mundo', **y** *acepten* las 'formas', justo donde en *realidad*, se encuentra SÓLO: Mi *Perfecto* Ser *Invisible*.

En otras palabras, se trata de la *Integridad* de <u>ustedes</u> HACIA la Vida DE Dios EN ustedes, COMO ustedes; **y** HACIA la *Invisible* Vida DE Dios en **TODAS** partes. Esa es la clase de Amor que han de dar:

a su prójimo. Y en su *Integridad* hacia esa *Vida* – no a la vida *según las apariencias* – ustedes se encuentran *constantemente* revestidos de lo *Novedoso* del Reino *Infinito*, por lo que *su* Vida, jamás es, una *repetición* del ayer, sino que siempre son *conducidos* a una Expresión *Superior Continua* e *Ininterrumpida* del Padre y del Reino *del* Padre, justo donde *ustedes están.*

De esa manera es como ustedes *sabrán si* han *retrocedido*, sutilmente, hacia la mente *humana* o *no. Si* el hoy es *igual* al ayer, entonces han *retrocedido*; pero *si* el *encanto* de *cada* instante está *con* ustedes; *si* el milagro de la Vida *Divina* es *sentido* dentro de su *Alma*, entonces ustedes *descubrirán*: "*He aquí, el Yo, hago nuevas TODAS las cosas*"; *cada* instante; de manera que en ocasiones se quedarán *sin* aliento, llenos de *asombro* – casi adoloridos *interiormente*, por la Belleza. Cuando *alcancemos* esa *experiencia*, entonces *sabremos* que el 'yo *humano*', ha sido "*sorbido*" por lo *Divino*, y que "*TODO lo viejo ha pasado*" (Revelación 21:4).

> "*Y me dijo: 'Escribe; porque estas palabras son verdaderas y fieles'. Y luego me dijo: 'Hecho está. Yo, soy el Alfa y la Omega, el principio y el fin [y] Yo le daré al que tuviere sed, de la fuente del agua de la vida, gratuitamente*" (Revelación 21:5-6).

"*Hecho está*", significa que **está** hecho, para *siempre.*

Ahora bien, Juan tenía un *enfoque* más que *singular* en este sentido – él *supo*, en *ese* momento, y *desde* antes, que jamás podría ser *más* de lo que *ya* era. Para adecuarlo a ustedes en *este* preciso momento, ustedes *tendrían* que reconocer: "*Aquello* que voy a ser *mañana*, al día *siguiente*, al día *siguiente*, y en los *próximos* cien o mil años, **no** será más de lo que ahora Soy". Y es que, dentro de su nivel *humano*, en tanto ustedes caminan *hacia* el 'tiempo', *siempre* están esforzándose por ser *más* perfectos; pero en la *Realidad* Divina, ustedes, ahora, **ya** son tan *Perfectos* como su Padre – **Son** Uno [con] el Padre.

Ustedes SON, la Vida DE Dios – y la Vida DE Dios, *ya* Está en *cada* mañana; la Vida DE Dios, *no* se va a convertir en *algo más*; la Vida DE Dios, *no* va a nacer en un *mañana* que *no* se encuentre AQUÍ AHORA – la Vida DE Dios, se *extiende* hacia TODOS los mañanas, AHORA. Y aquello que ustedes llaman *mañana*, *no* es más que <u>su</u> sentido de lo que Dios YA Es.

Dios, *no* va a ser *más* de lo que Dios Es; pero la Vida DE Dios, *Soy Yo. Mi* Vida NUNCA será *más* de lo que *ya* Soy AHORA. Y *si* el Yo fuera a caminar por la tierra durante *otros* 5,000 años, *ni* siquiera podrían ustedes *percibir* aquello que *ya* Soy AHORA. La *verdad* de este amanecer *en* la Conciencia me hace RECONOCER que el *futuro,* NO se encuentra en el *tiempo;* NO se encuentra en un *mañana* – *mi* futuro *está:* en el AHORA – NO en *mi limitado* concepto *humano* del AHORA. En lugar de salir *horizontalmente* hacia el *futuro,* consideraré este instante del AHORA, y lo *expandiré* hacia el Ser *Infinito,* por lo que AHORA, el Yo, ESTOY en TODAS partes, en TODO tiempo y en TODO espacio; e incluso *más allá,* puesto que la Vida DE Dios Es, *Mi* Vida. Por eso, cuando *ustedes* dicen "Yo", NO se están refiriendo a ese 'sujeto' DENTRO de esa 'forma' – *ustedes* están hablando de <u>su</u> propio Yo *Infinito,* de <u>su</u> Vida – y esa Vida *está,* en TODAS partes, AHORA; se encuentra DENTRO de *cada* mañana que vendrá a esta tierra.

Ustedes traen a *este momento,* la *Infinitud* de <u>su</u> Ser; es más, ustedes *aprenden* a *aceptar* que, debido a que AHORA el Yo, SOY TODO cuanto SIEMPRE Seré, es que TODO cuanto *alguna* vez el Yo *Seré,* <u>tiene</u> que estar *presente* AQUÍ, AHORA. Y *si* lo *consideraran* por un momento, verían que Jesús *actuó* TOTALMENTE, sobre dicha *Aceptación.* TODO cuanto el Yo *puedo* Ser; TODA *cualidad* que el Yo *Seré* en el futuro, el Yo lo SOY, AHORA, debido a que Dios ES, *Mi* Vida. *"Hijo, todo cuanto Yo tengo, Es Tuyo"* (Lucas 15:31). Nada es mencionado acerca de un 'mañana': "**Es** Tuyo".

La *Infinidad* de las Cualidades DE Dios se encuentran DENTRO de la Vida DE Dios; y eso es lo que constituye la Vida DE ustedes. Así pues, TODO aquello que *niegue* que dichas Cualidades *sean nuestras* AHORA, es parte de la *hipnosis* de la conciencia de 'este mundo', por lo que lo *descartamos*. Ustedes *permiten* que la hipnosis NO los toque, cuando *aceptan* que TODO cuanto está DENTRO de la Vida DE Dios, ES de *ustedes*, AHORA. "AHORA, el Yo, SOY el Hijo DE Dios" (1 Juan 3:2). Y este AHORA es, el *eterno* AHORA – NO el "ahora" *pasajero*. Y la Vida DE Dios, contando con TODAS las Cualidades DE Dios, **y** SIENDO esas Cualidades *Invisibles* para ustedes, hace que *aprendan* a tener *Fe* en lo *Invisible*.

El Yo, *acepto* las Cualidades DE Dios que están DENTRO de la Vida DE Dios, la cual constituye *Mi* Vida, AHORA. Esa Vida ES, *Inmortal*; esa Vida ES, *Perfecta*; esa Vida NO conoce los *opuestos*; esa Vida NO conoce NINGÚN *mal*; esa Vida NO conoce NINGUNA *enfermedad* o *dolor*. Entonces... ¿qué es la enfermedad, el dolor y el mal que 'yo' experimento? –Es *mi desconocimiento* de *Mi* Vida *Eterna* AHORA. Pero el HECHO *permanece*, a pesar de que NO esté *consciente* de eso; y, por lo tanto, cuando el Yo RECONOZCO lo anterior, a través de Mi *Fe* en lo *Invisible*, entonces es que puedo *contemplar* el dolor, la enfermedad, las lágrimas, la carencia **y** la limitación, *sabiendo* que NO constituyen parte de la Vida DE Dios, la Cual ES, *Mi* Vida – por eso NO son parte del *Mí*. Tan solo *parecían* ser parte del Mí, pero he aquí, en ese *nuevo* RECONOCIMIENTO, una *nueva* Fuerza me *eleva* por encima de la ilusión de la *imperfección*.

El Yo, en *realidad*, hace *nuevo* TODO. El Yo, Estoy *completo* EN Dios, AHORA; y esto constituye la *Plenitud*, la *Totalidad* del Ser de ustedes, vivido en este AHORA. Ustedes traen a *cada* instante, la Plenitud de *su* Ser, en lugar del *limitado* concepto *tridimensional* del *ayer*. Y así, ustedes *practican* esto hasta que sea más *normal*; hasta que se sienta *bien*; hasta que, SIN siquiera *esforzarse*, ustedes sean capaces de *descartar*, rápidamente, TODO aquello *desemejante* a la Vida DE Dios, *sabiendo* que NO tiene lugar DENTRO de *su* Conciencia.

He aquí, cada vez se requiere *menos* esfuerzo para llevarlo a cabo, porque *el Yo, en medio de ustedes, hago* TODA *la Obra* (Juan 14:10) – *el Yo, voy delante de ustedes* (Deuteronomio 38:8). Una vez que ustedes hayan *aceptado* al Yo, entonces SOMOS UNO. La Vida DE Dios se encuentra en TODAS partes; por eso va *delante de ustedes* (Deuteronomio 38:8). *Antes que ustedes pidan, la Vida de Dios responderá* (Isaías 65:24), debido a que La han *aceptado* como <u>su</u> propia Vida.

TODOS los *conceptos* están siendo *eliminados*. AHORA nos estamos *moviendo* hacia un Universo que NO tiene *obstrucciones* – *atemporal*, SIN espacio, *perfecto* en TODO sentido; y estamos *aprendiendo* a *permitir* que la Vida DE Dios, *Se viva a Sí Misma*, dondequiera que estemos. Estamos *aprendiendo* el *gran* Secreto de que, la ÚNICA manera de ser *Amo* es: ser *Siervo* DE la Vida DE Dios. Al *servir* a la Vida DE Dios, ustedes se *convierten* en *Amos* – Juan lo *aprendió*. Quizá NO lo *entendió* cuando Jesús *lavó* los pies de los discípulos, pero más *tarde* lo *supo*.

Lo *aprendió* más adelante, en esta Revelación, cuando dice que *intentó agradecer* al ángel que le había *compartido* todas estas maravillas – y el ángel le respondió:

> *"No; levántate; no te arrodilles ante mí. Yo solo soy consiervo tuyo"* (Revelación 22:9).

Así pues, NO *adoren:* personas, lugares NI cosas. Adoren AL Espíritu DE Dios, DENTRO de *ustedes;* SEAN el Cristo, la Iglesia DE Dios.

Todos nosotros SOMOS, *siervos* DEL Espíritu – JAMÁS *Amos*. Y Juan, uno de los *más amorosos* de todos, uno de los *más humildes* de todos, había *aprendido* el *gran* Secreto de *servir* AL Espíritu, para *alcanzar* ese *Alto* Nivel de *Señorío*, el cual la *gente* busca en el 'exterior', pero que jamás ALCANZA de forma *permanente…* Juan lo *encontró* en el *Interior* – *permitiendo* que la Vida *Se viviera* dondequiera que *él* estaba, COMO el Cristo-*Viviente*.

Pero Juan *también* nos diría: "**No** adoren A Juan; NO adoren A Jesús. Esta **Vida** que el Yo, Juan, *acepté*, la Cual *"hace nuevas TODAS las cosas"* (Revelación 21:5); y estas **Palabras** que les escribo,

411

las cuales son *"Palabras Verdaderas y Fieles"* (Revelación 22:6) DEL Padre, son tan Verdaderas para *ustedes*, como para *mí"*. *Acepten* la Vida DE Dios, como *su* Vida; y entonces se *convertirán* en un *nuevo* Discípulo. No *portarán* un Manto, pero usarán un Manto DE *Verdad* DENTRO de su Conciencia – y ese será el Manto *Nuevo*; y eso constituye el Manto del *Nuevo* Discípulo – la *Verdad* de que Dios, *siendo* TODO; Dios, *siendo* Vida; constituye el Yo, que SOY esa Vida.

Y de esta Verdad surge *el Árbol de la Vida, el cual produce toda clase de frutos todos los meses del año* (Revelación 22:2) – ahora NO hay más *esfuerzo*. <u>Ustedes, NO pueden 'salir' para *mejorar* su Vida – *si* así lo hicieran, entonces estarían *negando* que la Vida SEA Divina. Ustedes, NO pueden *salir* y *condenar* la Vida de *otra persona* – *si* lo hicieran, entonces estarían diciendo que la Vida NO ES, Divina; y estarían siendo presa de las *apariencias* de los sentidos.</u> Así pues, AHORA TODO cuanto tenemos en este Universo ES, la Vida DE Dios.

Las *apariencias*, a través de las cuales podemos mirar en *busca* de nuestra *Fidelidad*, JAMÁS están en la *mente* de 'este mundo', en las *opiniones* de los demás, NI en NINGÚN beneficio *temporal* que podamos *conseguir*, *apartándonos* de la Verdad. Nuestra *Fidelidad* es simplemente: AL Padre. Debido a eso *permanecemos* siendo Hijos DEL Padre, *"Hijos de la Luz"* (Efesios 5:8), Hijos de la Vida DE Dios, *"coherederos con Cristo"* (Romanos 8:17) – SIN *negar* en NINGÚN lado, NI en lo alto o lo bajo, la Vida DE Dios. *"Y el Padre que ve en lo secreto"* (Mateo 6:6) es, esa MISMA Vida que hemos *aceptado*; la Cual nos *recompensa* muy *generosamente*, al vivir *como*: NUESTRO Ser.

"Hecho está" (Revelación 21:6).

Así está; no hay NADA para ser *agregado*.

"Yo, Soy el primero y el último; el principio y el fin; el Alfa y la Omega" (Revelación 21:6).

"El que venciere heredará todas las cosas, [y] yo seré su Dios" (Revelación 21:7).

Es decir, el Yo, Seré <u>su</u> Vida; y Él, será *Mi* Hijo – es decir, <u>mi</u> Vida y *Su* Vida, serán UNA – Padre e Hijo, UNA SOLA Vida. *"El que venciere, heredará todas las cosas"* (Revelación 21:7). Ahora bien... *¿qué* es lo que vamos a *superar?* –La *creencia* de que la Vida DE Dios NO es: **nuestra** Vida. *Si* nosotros *superamos* dicha *creencia;* y *si aceptamos* la deducción de que la Vida DE Dios es **nuestra** Vida; y *si* finalmente *salimos* y *amamos* a nuestro prójimo *aceptando* que la Vida DE Dios es la Vida de TODOS ellos, entonces habremos *cumplido* con los DOS PRIMEROS Mandamientos, y NO podremos llegar 'más alto'. –Estaremos *amando* la Vida DE Dios, *aceptándola con* TODO *el Corazón, con* TODA *el Alma, y con* TODA *la Mente* (Marcos 12:30).

Ahora bien, *cuando* a ustedes les encargan que *defiendan* algo, y *si* lo *defienden* y hacen su trabajo *correctamente,* entonces obtienen una 'recompensa'. Aquí la 'recompensa' es: la Vida *Eterna.* "Conocer a Dios *correctamente* 'conlleva' Vida *Eterna"* (Juan 17:7). Cuando ustedes *saben* que la Vida DE Dios es, la Vida de TODOS aquellos que *caminan* sobre esta tierra, **y** cuando ustedes *saben* que dicha Vida NO está DENTRO de las *formas;* cuando ustedes *captan* esa diferencia, y son capaces de *permanecer fieles* a Ella, entonces ustedes estarán *"conociendo a Dios, correctamente"* (Juan 17:7), como la *Infinita* Conciencia ÚNICA del Universo. Y al *"conocer a Dios correctamente",* entonces estarán *conociendo* la Vida DE Dios, COMO la Vida DE *ustedes,* **y** *experimentarán* el AHORA de la Vida.

Y *ustedes* habrán de *heredar* TODAS las 'cosas' (Revelación 21:7) – y, sin embargo, *incluso* esa *herencia* es debido a la *Gracia* en *automático,* porque TODAS las 'cosas' se encuentran DENTRO de la Vida DE Dios – por lo que *ustedes* las 'heredan'; *ustedes* 'heredan' TODO eso, porque está contenido DENTRO de la Vida DE Dios.

¿**Cuáles** son algunas de las 'cosas' que han de *heredarse*? ¿Recuerdan las *Cartas a las Iglesias*, de los primeros tres Capítulos de Revelación?

> *"Al que venciere, se le dará de comer del árbol de la vida"* (Revelación 2:7).

> *"Al que venciere, se le dará la estrella de la mañana"* (Revelación 2:8).

> *"Al que venciere, se le dará una piedra blanca; y en ella un nombre nuevo que nadie recibirá, excepto quien lo reciba"* (Revelación 2:17).

Pues esas 'cosas' que han de *heredar*, más tarde serán llamadas *las 12 piedras – las 12 piedras preciosas* en la *Nueva* Conciencia; *los 12 frutos en el Árbol que brotan cada mes.*

Antes que ustedes *recapitulen* exactamente aquello que han de 'heredar', vamos a empezar con este pensamiento: Ustedes SÓLO van a 'heredar' aquello de lo que *se hagan conscientes*; y puesto que su 'herencia' implica TODA Cualidad DE Dios, es que *cada* Cualidad que ustedes vayan a 'heredar', realmente implica que YA SON sus Cualidades *presentes*.

Esa 'herencia' es la manera de decirles, que estas Cualidades YA SON suyas AHORA. Y así, cuando entramos a *enumerar* las Cualidades que 'heredaremos', es para decirnos que: debido a que AHORA la Vida DE Dios es NUESTRA Vida, esos son los *hechos* del Ser a los que debemos *consagrar* nuestra *Aceptación*. Eso constituye los *hechos* de lo *Invisible* en los que hemos de *aprender* a tener Fe AHORA. **No** se trata de *hechos futuros* – constituyen la Verdad *Presente, Invisible* para los sentidos *humanos*.

∞∞∞∞∞∞∞ Fin del Lado Uno ∞∞∞∞∞∞∞

Al *aceptar* la Vida DE Dios como *su* Vida, se les dijo que eso implicaba *vencer* la *creencia* de que ustedes son un 'ser *personal*', DENTRO de una *forma* – en esa *superación*, se les dio a comer *del Árbol de la Vida*. AHORA el *Árbol de la Vida* constituye: *su* UNICIDAD con la *Fuerza* Infinita, con la *Sustancia* de TODAS las cosas. Y esto es AHORA, en el *presente*, el *hecho* de su *verdadera* Existencia; y ese *hecho* comienza a *evidenciarse* a ustedes, cuando han RECONOCIDO: "El Yo, SOY la Vida DE Dios".

¿Recuerdan el *Primer Mandamiento*? ¿Se dan cuenta de lo *importante* que fue? *Reconózcanme, a Mí, la Vida, en todos sus caminos* (Proverbios 3:6). *Honren a Dios* (Proverbios 3:9), *supremamente*; honren la Vida DE Dios, *supremamente*. Y cuando Jesús se reunió con sus discípulos y les *agradeció* por *"haberlo visitado en la cárcel"*, lo interrumpieron diciendo: *"Maestro; Maestro, ¿cuándo Te visitamos en la cárcel? ¿Cuándo Te alimentamos y Te vestimos?"* Y el Cristo dijo: *"Si ustedes lo hacen por el más pequeño de estos mis hermanos, entonces ustedes lo están haciendo para el Mí"* (Mateo 25:40).

Aceptar la Vida DE Dios EN *TODOS*, como la ÚNICA Vida, constituye una de las condiciones que hacen *posible* la actividad del *Árbol de la Vida* en ustedes – *nieguen* a Dios en cualquier lugar, y entonces Lo *perderán. Acepten* a Dios en TODAS partes, como el TODO **y** lo ÚNICO, y entonces estarán UNIFICADOS con lo *Infinito* – y eso constituye parte de la 'herencia' de ustedes.

Ahora bien, "la *Corona de la Vida*" (Revelación 2:10), que dice: *"No somos dañados por la Segunda Muerte"* (Revelación 2:11), es otra de las 'herencias', por lo que la *Segunda Muerte* puede llegar de *dos* maneras: como una muerte *humana normal, común* a toda carne, o como el fin *colectivo* del mundo. Pero ya sea que se trate de un fin *individual* o de un fin *colectivo*, cuando la Vida DE Dios ES: la Vida DE *ustedes*, entonces ustedes *portan* la *Corona*, y NO *son dañados por la muerte* – NI individual NI colectivamente – porque la Vida DE *Dios ES: demasiado pura como para contemplar* aquello que *carece* de Realidad (Habacuc 1:13).

"El Maná escondido" – una de las *Cartas* hacía referencia a que, si ustedes *vencían*, entonces *se les daría a comer del maná escondido"* (Revelación 2:17). Bien pueden ustedes *aceptar* eso como *Gracia*, es decir, *"antes que pregunten, el Yo responderé"* (Isaías 65:24). YA NO hay necesidad de *decirle* al Espíritu, *aquello* que 'necesitan'. Su *"maná escondido"* está *disponible* en TODAS partes. La Omnipresencia DEL Padre, se convierte en parte de *su* 'herencia' – el *nuevo* Cuerpo-*Alma* y el nuevo *Nombre*. Dense cuenta de que *"la piedra blanca"* que se les *prometió*, constituye su *Nuevo* Cuerpo DEL Alma.

El nuevo *Nombre* de ustedes es: CRISTO, EL YO SOY. Y cuando hayan *aceptado* la Vida DE Dios, entonces *descubrirán* que cuentan con un Cuerpo-*Alma* – NO tendrán que *salir* para 'edificar' un cuerpo (Salmos 127:1). En la medida en que lo *viejo*, lo *falso*, *desaparece*, en esa *misma* medida lo *Nuevo* toma su *lugar*; y entonces ustedes *descubren* aquello que han estado *haciendo* TODOS estos años al *crecer* hacia el lugar en el cual pueden *aceptar* la Vida DE Dios, durante los cuales han estado *pasando* por una *transmutación*, siendo *transformados* por esta *Aceptación*, para que un día, justo para ustedes, la *blanca "paloma descienda"* (Juan 1:32). Un día, para ustedes, *la Nueva Jerusalén sale de los Cielos*, y entonces su *Nueva* Conciencia, *la Nueva Jerusalén, la Ciudad Santa* (Revelación 21:2), proyecta su Forma *Nueva*: el Cuerpo del *Alma*, el cual ES *Inmortal*, y DENTRO del cual, Juan *camina* justo en el instante en que está *escribiendo* todo esto – el Cuerpo-*Alma* que NO puede *confinarse* dentro de una 'tumba'.

Pero ¿por qué *no* dan un *paso más* en este momento, **y** *aceptan* que existe dicho *Cuerpo*? **No** ha de *alcanzarse*; NO ha de *edificarse* (Salmos 127:1) – existe; TODO cuanto Dios ES, Dios lo ES AHORA. *"El Yo [y] el Padre, UNO SOMOS"* (Juan 10:30); y, por lo tanto, el Yo debo *tener* un 'Cuerpo' DENTRO de la Vida DE Dios, el cual es *imperecedero*, AHORA. ¿Por qué NO *vivir* EN Él? ¿Por qué NO dar un *paso atrás* **y** por *encima* de este *sentido* de 'cuerpo', y *vivir* DENTRO de *su* Cuerpo *Eterno*? Acepten el *Reino Terminado DE Dios* (Daniel 5:26).

Ésa es la razón por la cual se nos *confieren* estas supuestas 'herencias' – para que tengamos *Fe* en lo *Invisible*.

Acepten que *el Yo, Soy Uno con el Padre* (Juan 10:30), **y** que *el Árbol de la Vida* (Revelación 22:2), de la *Gracia*, está actuando AQUÍ, AHORA – hay "*maná escondido*" (Revelación 2:17). El Yo, NO voy a 'heredar' en el *futuro*; el Yo, 'heredé' en el instante en el cual *Me* RECONOCÍ como Ser *Puro*; como *Espíritu*; como el *Hijo* DE Dios. Estos son los *hechos* de *Mi* Vida; y, a menos que los *acepte*, NO podrán *expresarse* en *Mi* Conciencia. La *Aceptación* constituye aquello que hace que *ustedes* se *concienticen* de SU Presencia.

Por lo que les sugerí leyeran el *Capítulo 11 de Hebreos*, el cual trata sobre la *Fe* en lo *Invisible*.

La *Fe* en estas Cualidades *Invisibles*, es lo que hará que ustedes *rechacen* sus *opuestos* cuando aparezcan. '¿Dónde está el alquiler?' ¿Por qué esperar por su "*Maná escondido*"? (Revelación 2:17) –Está *aquí* mismo, AHORA. ¿Dónde está el Bien que ustedes necesitan? –Está *aquí* mismo, AHORA. ¿Dónde está la Perfección que quieren? –Está *aquí* mismo, AHORA. Pero RECONOZCAN, CONCIENTICEN este *Árbol* DE *la Vida*, este *Maná escondido*, esta *Corona de oro*. *Superen* las *creencias opuestas*, y... "*he aquí, el Yo, vengo pronto*" (Revelación 3:11, 22:7).

Dense cuenta de que <u>su</u> *Fidelidad* hacia la Vida DE Dios, hacia la *Perfección* DE la Vida Divina donde ustedes se encuentran, es aquello que *evidencia* lo que se necesita, justo *cuando* se necesita. La *ignorancia* de <u>ustedes</u> acerca de la Presencia DE Dios constituye el *rechazo* del Cristo como la Identidad de <u>ustedes</u>; y, por tanto, el *rechazo* de las *Cualidades* DEL Cristo. *Si* ustedes *rechazan* dichas *Cualidades*, entonces las *pierden*; *si* ustedes Las *aceptan*, entonces se *evidencian*. "*Reconóceme en todos tus caminos*" (Proverbios 3:6).

Nos prometieron, "*Poder sobre las naciones*" (Revelación 2:26). Bueno, lo anterior significa: *poder* sobre la *materia*; *poder* para *anular* la ley del karma. ¿*Cómo*? –RECONOCIENDO que la ley del karma CARECE de *poder* sobre la Vida DE Dios. La ley del karma NO tiene *poder* alguno sobre la Vida DE Dios, en donde *ustedes* se encuentren. *Si* ustedes *creyeran* que se encuentran *bajo* la ley del karma, entonces estarían *admitiendo* que NO SON la Vida DE Dios. Así que la *aceptación* de ustedes de la ley del karma constituiría <u>su</u> *rechazo* a la Vida DE Dios.

¿Saben *cuántas* personas hay en este mundo 'penando' su karma? –Tan solo debido a que NO *saben* que cuentan con una Vida DE Dios. Yo NUNCA escuché acerca del karma *'de Dios'* – tan solo del karma *de* seres *humanos separados,* seres *humanos mortales, materiales, carnales.* Ésa es la razón de la enseñanza *del* Cristo; ésa es la razón por la cual *Jesús* vino, a *través de* Juan, *como* la 'Revelación de San Juan'. *"El Yo, hago* TODAS *las cosas nuevas"* (Revelación 21:5). El Cristo *Interior* dice: "El Yo, *tomo* el karma, y lo *destruyo* con la vara *de* la Verdad".

Entonces AHORA ustedes <u>tienen</u> que *aprender* que su *Fe* en la Vida DE Dios siendo <u>su</u> Vida, constituye también su *Fe* para *trascender* la *creencia* de que están 'experimentando un karma'. No se trata de *ustedes* 'penando un karma' – se trata del *falso sentido de ustedes mismos* que han *admitido*; – *desháganse* de eso; *supérenlo.*

"Al que venciere, le daré poder sobre las naciones" (Revelación 2:26).

Es decir, contará con la vara *de* la Verdad, para *descartar* y *anular* la ley del karma.

Se nos *"dio la Estrella de la Mañana"* en nuestra Vida, la cual constituye la *Luz* – la *Luz* DE la Verdad que *disipa* la *oscuridad* o la *ignorancia* acerca DE Dios. DENTRO de la Vida DE Dios, la cual constituye la Vida de *ustedes,* se encuentra *"la Estrella de la Mañana"* (Revelación 2:28), la *Luz,* la Luz *transformadora,* la cual Se *revela* PARA *Sí Misma.* Ustedes han esperado a ser *iluminados* – pero *ustedes* SON la Luz. La Vida DE Dios *incluye,* la Luz DE Dios; Su Vida ES, la Luz de TODOS los hombres. *"El Yo,* SOY *la Luz; el Yo,* SOY *la Estrella de la Mañana; y en el Mí,* NO *hay oscuridad alguna"* (Juan 8:12; Revelación 2:28; 1 Juan 1:5). TODA oscuridad, TODA ignorancia acerca DE Dios, *tiene* que ser EXPULSADA, pues NO forma parte de la Vida DE *ustedes*.

TODOS nuestros 'ayeres' están *desapareciendo – incluso* nuestro 'pasado'. ¿Qué 'pasado' es el que 'ustedes' tienen? ¿Tiene *Dios*, un 'pasado'? Dios ES, el *Eterno* AHORA; el AHORA, que NUNCA fue *ayer*; que SIEMPRE fue, AHORA; y que SIEMPRE será, AHORA.

Entiendan el *significado* de lo anterior, y entonces *comprendan* que SIEMPRE fueron, AHORA; y SIEMPRE serán AHORA – y aquello que le *aconteció* al 'tú' con el paso del tiempo, NUNCA fue *realmente* el 'Tú'. Este momento, DENTRO de la *Eternidad* del Ser, lo *abarca* TODO **y** lo *abraza* TODO – y JAMÁS hubo 'pasado' alguno, para NINGUNO de nosotros.

TODA *creencia* en un 'pasado', constituye una *negación* de la Vida que ES, Dios. *Tanto* lo 'bueno' *como* lo 'malo' del 'pasado', NUNCA sucedieron – NO DENTRO de la Vida DE Dios. ¿*Pueden* soltar lo 'bueno', así como lo 'malo'? ¿*Pueden* vivir DE este AHORA, en adelante? Ustedes *aprenderán* a llegar a ese *lugar* donde, para ustedes, NUNCA hubo un 'ayer'. TODO *concepto* acerca del 'ayer', se *desvanecerá*; porque DENTRO de la "*Ciudad Nueva*" (Hebreos 11:16), que se nos está *abriendo*, NO hay *tiempo* alguno – carece de 'ayeres'. –Se trata de la *Eterna* **y** *Perpetua* Juventud; de lo *Real*; está AQUÍ; y constituye el *Eterno* AHORA, en donde el *tiempo*, NO existe más.

TODO eso es parte de su 'herencia', pero NO *esperen* que su 'herencia' les caiga en el *regazo*; NO *esperen* que su 'herencia' *toque* a su puerta – YA lo hizo. ¡*Acéptenla*! ¡Abandonen su 'pasado'! ¡*Apártense* de su 'futuro'! *Incursionen* DENTRO de su Perfecto AHORA, *aceptando* la Vida DE Dios, AQUÍ **y** AHORA. Encontrarán múltiples *oportunidades* para hacerlo, porque 'este mundo', JAMÁS dejará de *lanzarles* TODO tipo de *creencias*. Pero NINGUNA *creencia* puede *entrar* en la Conciencia que ES, la Vida DE Dios, AHORA. Ustedes *caminen* a través de TODO aquello que ES *irreal*, *intactos* DENTRO de *su* Vida *Inmaculada*.

De esa manera es como 'contemplarán': *el Cielo Nuevo y la Tierra Nueva* (Revelación 21:1). ¿Se dan cuenta qué *angosto es el Camino que conduce a la Vida Eterna?* (Mateo 7:14) La Fe de ustedes en estas *Invisibles* Verdades, constituye aquello que las pone en *actividad* prominente DENTRO de su Vida, AHORA.

Se dice que *"vestiremos de blanco"* (Revelación 3:5). Ahora bien, las *"vestiduras blancas"* constituyen la *Mente* que *carece* de TODO *condicionamiento* – se trata de una Conciencia *Virgen*, una Mente NO-*condicionada*.

A nosotros NO nos *inquietan* los *opuestos* de 'este mundo'. Para ustedes, TODO ES: *Perfección* – y aquello que NO sea *Perfección*, ustedes lo RECONOCEN como un *concepto mental*. Ustedes llevan puestas, *"las vestiduras blancas"* – NO están *"borrados del Libro de la Vida"* (Revelación 3:5). Y cuando *"NO son borrados del Libro de la Vida"* (Revelación 3:5), es porque han *vencido* la creencia de que: NO son la Vida DE Dios – y eso implica que están: *Completos*. Ustedes *alcanzaron "el ciento por uno"* (Marcos 4:20); ustedes son *conducidos* hacia su Experiencia de *Transición*. El que *"NO estén borrados del Libro de la Vida"* significa que pueden *entrar* en la Filiación, lo cual implica, UN SOLO Filio [Hijo] CON Dios. AHORA van a encontrar que TODO esto, constituye *los cimientos* que más tarde se *convertirán* en esas hermosas *joyas en la Puerta o en el Muro de la Nueva* Conciencia (Revelación 21:19).

El *Nombre* de ustedes, *será confesado delante DE Dios* (Mateo 10:32) **y** *delante de los ángeles*. Ahora bien, esto es muy *importante*, porque significa que ustedes: pasarán a *Experimentar* la Vida *Eterna*. Y al *pasar* a la *Experiencia* de la Vida *Eterna* – pero NO DENTRO de la carne – se dice que serán: *"una Columna en el Templo DE Dios"* (Revelación 3:12). Y NUNCA más 'saldrán' de ahí – es decir, eso constituirá el *final* de la *reencarnación*; *saldrán* de ella, **y** JAMÁS *regresarán* una y otra vez, a la forma *humana*. Pero ser *"una Columna en el Templo DE Dios"*, significa que ustedes, habrán *alcanzado* la Vida *Eterna*: la *Conciencia* de SU *Presencia*; **y** que sus días de *reencarnación*, habrán *terminado*. Entonces *caminarán*

DENTRO de lo *Eterno*, DENTRO del *AHORA*. Bien pues, ustedes *cuentan* con la *Nueva* Conciencia, la cual es, *aquello* que nos hemos *esforzado* por alcanzar, a lo largo de TODO este trabajo – la *Conciencia*, el RECONOCIMIENTO de que hay: UNA SOLA Vida – Su *Nombre* ES: Dios.

Solo hay, UN SOLO Ser – Su *Nombre* ES: Dios. *Solo* hay, UNA SOLA Fuerza – Su *Nombre* ES: Dios. *Solo* hay, UN SOLO Yo *Perfecto* – Su Nombre ES: Dios. TODO ES: Dios. **No** existe NINGUNA otra *persona*, *lugar* o *cosa*. Dios ES: lo ÚNICO; y *además DE Dios*, NO *hay ningún 'otro'* (Isaías 44:6) – y el Yo, SOY ese UNO. DENTRO de su *Nueva* Conciencia, *Ustedes [y] el Padre, SON ese UNO* (Juan 10:30). En tanto ustedes *permanezcan* DENTRO de ese UNO, ustedes NO *proyectarán* 'sombra' alguna; NO estarán DENTRO de la Conciencia *dividida*, NI DENTRO de la *dualidad* del *Hijo Pródigo* (Lucas 15:11-32). "*Y TODO cuanto el Padre tiene*" (Juan 16:15) debe *expresarse* donde <u>ustedes</u> se *encuentren*. Y así, *finalmente*, ustedes estarán "*sentados* **en** *el Trono*" (Revelación 21:5), y eso significa que, debido a que ustedes SON UNO en *Conciencia*, la Voluntad *Divina* está *actuando* A TRAVÉS de <u>su</u> Ser, y COMO <u>su</u> Ser.

No hay NADA que se *oponga* a la Voluntad *Divina* – *Mi* Voluntad es, *Tu* Voluntad; y *Mi* Voluntad está *expresándose* COMO el *Tú*. Y ahora, la Omnipotencia, la Omnisciencia **y** la Omnipresencia, *actuando* A TRAVÉS de esa Voluntad, DENTRO de esa Voluntad, *y* COMO esa Voluntad, constituyen la Gracia *Viviente* DE Dios, dondequiera que *ustedes* se encuentren. *Jesús* lo hizo; *Juan* lo hizo; *muchos* antes que ellos, lo hicieron. *Cada uno*, a su vez, *reencarnando* hasta que la Vida DE Dios fue *aceptada*, *vivida*; y la 'herencia' de esa Vida se convirtió EN Ley para *esa* Vida que *Se* expresaba justo donde ustedes se *encuentran*.

Oh; sería verdaderamente *difícil* si *comenzáramos* de nuevo, 'jugando a las adivinanzas', 'SIN un camino *cierto'* – pero *contamos* con esos *grandes* 'Maestros' que lograron aquello que dicen que nosotros, *también* podemos llevar a cabo.

Ahora, al llegar al *Muro*, encontramos que *"el material de su Muro, era de Jaspe"* puro – y todo eso *significa*, como pueden ver, que es, *transparente* – es decir, el Padre, la Ley DE Dios, se está *expresando* a través del *Jaspe*. Lo que sea que muestre el *Jaspe*, es debido a que 'Algo' más, está *surgiendo* – y nosotros, nos *convertimos* en verdadero *Jaspe*.

El *Camino* al *Trono* es por medio de *ser*: una *transparencia* para la Voluntad DE Dios DENTRO de ustedes. Habiendo *aceptado* la Vida DE Dios EN ustedes, COMO la ÚNICA Vida; y *extendiendo* la Vida DE Dios hacia TODAS partes, para que AHORA cuenten con UNA SOLA Vida *Continua* en TODAS partes, entonces tendrán aquello que Pablo llamara, una *"Ciudad Continua"* (Hebreos 13:14) – NO más 'separación'; estarán *rodeados* por la Vida DE Dios; y *permitirán* que la Voluntad DE Dios EN ustedes, llegue *a través* del *"Jaspe"* o Conciencia *Pura* y *Abierta*, la cual ustedes habrán *sometido* AL Padre – *encuéntrenla* DENTRO de: *ustedes mismos*.

Y todo esto... *¿dónde* acontece? –Acontece DENTRO de esa *Ciudad* que la Biblia nos dice aquí, *"se halla establecida en cuadro"* – en donde *"lo largo, lo ancho y lo alto, son iguales"* (Revelación 21:6). TODAS las *dimensiones* son *idénticas*. ¿Por qué? –Porque eso constituye la *Infinitud*. Cuando ustedes se *apartan* de esta vida *mortal*, HACIA la Vida DE Dios, *Aceptada*, entonces ustedes se *encuentran* DENTRO de la Dimensión de lo *Infinito*; se encuentran DENTRO de *"la Ciudad establecida en cuadro"* (Revelación 21:6).

AHÍ es donde se encuentran *ustedes*, *fuera* del mundo 'tridimensional'; *fuera* del mundo que NO constituye el Reino DEL Padre. La Vida DE Dios, NO se encuentra DENTRO del mundo 'tridimensional'. Sin embargo, AHORA que la Vida DE Dios ES, la Vida de *ustedes* 'Aceptada', se encuentran DENTRO de la *Ciudad Santa* de lo *Infinito* (Revelación 21:2) – donde la Gracia ES, la ÚNICA Ley; y cuanto *menos* hagan *ustedes*, tanto *más* es hecho – *ustedes* se *convierten* en *testigos* (Isaías 43:10) DE la Gloria DE Dios. Ahora bien, éste es el *Camino*: la 'Aceptación', SIN esfuerzo alguno, de la Gloria *Presente* DE Dios, **y** de SU Voluntad que se está <u>*haciendo*</u> – aunque NO sea *vista* por los ojos *humanos*.

> *"Al que venciere, le daré a comer del árbol de la vida* (Revelación 2:7). *Llevará una corona* (Revelación 6:2). *Se le dará una piedrita blanca*, un cuerpo nuevo, *y en ella, escrito un nombre nuevo, el cual ninguno conoce, sino quien lo recibe* (Revelación 2:17). *Se convertirá en una columna en el templo de Dios, y no saldrá más* (Revelación 3:12).

¿*Carecen* estas *palabras* de *sentido* para *nosotros*, ahora que *sabemos* que son *Divinas*, que se nos han *dado* como un *Faro*, como una *Insignia*, como una *Fuerza*, como una *Fuente* de Valor? **Si** nosotros somos *Nuevos* Discípulos, entonces estas *palabras* son para *nosotros*, porque se nos dice: "*Los Cielos y la tierra pasarán, pero* **Mi** *Palabra, nunca pasará*" (Mateo 24:35; Marcos 13:31). Y cuando *el primer cielo y la primera tierra pasaron* (Revelación 21:1) para Juan, entonces él, vio *un Cielo Nuevo y una Tierra Nueva* (Revelación 21:1), tal como ustedes **y** yo, los *veremos*.

Sí; *el Muro de la Ciudad* (Revelación 21:14), *tiene Puertas*, y hay *Doce Puertas* (Revelación 21:12); y hay *doce* formas de *abrirlas* **y** *servir* A Dios con <u>*sus*</u> obras. Y *los nombres de las tribus de Israel* (Revelación 21:12) están escritos en esas *Puertas*, porque constituyen las *formas* de *servir* A Dios – quienquiera que *sirve* A Dios ES, un *israelita*.

Y esta ES, la *Nueva Conciencia* que NUNCA puede ser *profanada* – implica un *hecho permanente*, un *privilegio* SIN *opuesto*. En tanto *vivan* DENTRO de Ella, *temporalmente*, como lo hiciera *Juan*, entonces, *miren* **y** *contemplen*: "*un Río de Agua pura, de Vida*". ¿Recuerdan el Salmo 46 que dice que hay *un Río*? Helo aquí otra vez.

> *"Me mostró un río de agua pura, de vida"* (Revelación 22:1).

Bien, se trata de la Conciencia ÚNICA expresándose COMO el 'Tú'; y cuenta con *árboles*, aunque SÓLO con *el Árbol de la Vida* (Revelación 22:2). Atrás quedó *el árbol del conocimiento del bien y del mal* (Génesis 2:9). Y se dice que: *el Árbol de la Vida está alineado a ambos lados* (Revelación 22:2). ANTES que ustedes tuvieran *opuestos* – el 'bien', por un lado; y el 'mal', por el otro – AHORA, en *el Árbol DE la Vida*, TODO cuanto hay ES: *Perfección* – pero NO en un *futuro* – sino AQUÍ mismo, DENTRO de nuestro *presente*, se encuentra AHORA, la *Perfección, Invisible* para los ojos *humanos*. Y *si* ustedes *llevan* consigo 'algo' del contenido de *Revelación*, entonces <u>tendría</u> que ser, ya que la Vida DE Dios es SIEMPRE *Perfecta*, que la Vida DE <u>ustedes</u> sea por SIEMPRE, *Perfecta*.

¿Y por qué habrían ustedes de *experimentar* la Vida *Perfecta*, cuando se encuentran *dispuestos* a *aceptar* 'menos', o cuando se encuentran *dispuestos* a 'negar' esa Vida *Perfecta*? –Así pues, el Don DE la Vida *Perfecta*, nos ha sido *conferido*. *Si* nosotros **no** podemos *aceptar* ese Don, entonces eso es, '*nuestro*' problema; y, de hecho, eso constituye 'nuestro ÚNICO' problema.

Lentamente ustedes *aprenden* a *Aceptar* la Vida *Perfecta*. *Aprenden* a *sonreír* ante las '*injusticias* que aparecen'. *Aprenden* a NO *involucrarse* ante las *dificultades* que los *acosan*. *Aprenden* a NO *reaccionar* ante los llamados 'males', porque están siendo *Fieles* a la Vida *Perfecta*, RECONOCIENDO: "*No hay **nadie** más que Tú* (Isaías 45:5); estoy *mirando* las *sombras*, pero NO voy a *responder*; NO voy a *reaccionar*" (Mateo 5:39). Y todo esto resulta *indispensable*, *si* es que <u>ustedes</u> van a dar *testimonio* del *Reino de los Cielos en la tierra* (Mateo 4:17), así *como* del "*Río Puro de Vida, claro como el Cristal*" (Revelación 22:1), la Conciencia ÚNICA, la cual constituye la ÚNICA Conciencia que *ustedes* SON. ¿*Qué* más puede *mostrar* la Vida, sino *Su* Propia *Perfección*?

La *sombra* de una *segunda* conciencia se ha *ido*; el ego *humano* ya NO está *ahí*. Ustedes, han sido *crucificados* al *falso* 'yo mortal'; y han sido *resucitados* al Yo, al UNO, a lo ÚNICO.

TODO esto se encuentra *más allá* del nivel de la *mente* – DENTRO de lo *profundo* de la actividad de su *Alma*, en tanto *permiten* que lo *Novedoso* de *su* propio Ser, *avance, elevándolos* por encima de TODOS sus *conceptos* actuales acerca de *quiénes* 'son ustedes'. *"No habrá más maldición"* (Revelación 22:3). ¿Recuerdan la *maldición cuando Caín mató a su hermano?* (Génesis 4:8). Eso está *absuelto* – NO más: *"hermano contra hermano"* (1 Corintios 6:6). Estamos *absueltos* de la *maldición* de los *opuestos*, de la *dualidad* del Espíritu **y** la carne.

"El trono de Dios y del cordero estará en ella, y sus siervos le servirán" (Revelación 22:3).

El énfasis está en: *servir* – NO en *dominar* al Espíritu DENTRO de ustedes – sino en *Servirlo*; en *someterse* a Él; *permitiendo* que Él **y** Su Voluntad, Se *hagan cargo* del Ser de ustedes; *apartándose* de 'ustedes mismos', tal como se han 'conocido', para que su Ser *Superior*, pueda *expresarse*.

"Y ellos verán Su rostro, y Su Nombre estará sobre sus frentes" (Revelación 22:4).

La *frente* ES, la *Conciencia* de ustedes. *Su Rostro* ES, Su *Poder*. *Su Nombre* ES, Su *Voluntad*. Su *Poder* **y** Su *Voluntad*, estarán DENTRO de la Conciencia de ustedes, *cuando* ustedes se encuentren *sirviendo*, y NO tratando de *dominar* la Vida DE Dios, la cual constituye *su* Vida.

"No habrá allí más noche; ni velas ni luz del sol" (Revelación 22:5).

La razón es *simple*: La Conciencia DE Dios, será la Luz que *ilumine su* Vida. TODO error, TODA oscuridad, se habrán *ido*.

"Y me dijo: estas palabras son fieles y verdaderas... He aquí, el Yo, vengo pronto" (Revelación 22:6,7).

Ahora NO *olviden* esa frase: *"He aquí, el Yo, vengo **pronto**".* **Sólo** cuando <u>ustedes</u> RECONOCEN que SON la Vida DE Dios, es que *"el Yo, vengo **pronto**".* La vivificación se encuentra DENTRO de su Reconocimiento de que *Tú,* ERES *Mi* Vida – y eso constituye <u>su</u> *espada* y <u>su</u> *escudo* (Salmos 91:4), para SIEMPRE. Ustedes, NO necesitan NINGUNA otra *defensa,* NINGUNA otra *armadura.* <u>El RECONOCIMIENTO de que la Vida DE Dios es, aquello que</u> *ustedes* <u>Son, constituye la llamada</u> PARA <u>el Espíritu.</u> Y entonces *"el Yo, vengo **pronto**"* – *dependan* de eso; *"envainen su espada"* (Juan 18:11), SIN disquisiciones *mentales,* SIN *razonamientos,* SIN largas *argumentaciones.* Tan solo RECONOZCAN que la Vida DE Dios ES, la Vida de *ustedes,* AQUÍ y AHORA; la Vida DE Dios ES, la vida DE su 'adversario', AQUÍ y AHORA. Y he aquí, *dondequiera* que el Yo, SOY RECONOCIDO, entonces *"el Yo, vengo **pronto**".*

Ese RECONOCIMIENTO NO es 'de dientes para afuera' – se encuentra DENTRO de lo más *profundo* de su Alma – tendrían que estar *viviendo* AHÍ. **No** es un RECONOCIMIENTO al que *entran,* y luego *cambian* otra vez. Ese RECONOCIMIENTO implica: una *forma de Vida* **permanente**. Entonces *"el Yo, vengo **pronto**" implica* que la Gracia *está,* dondequiera que la Vida DE Dios sea, RECONOCIDA SIN cesar.

Estos son los *requisitos* para la Vida *Eterna*:

"Bienaventurado el que guarda las palabras de la profecía de este libro" (Revelación 22:7).

Creo que podríamos 'concluir' nuestro taller con *Isaías,* porque encontrarán que *Isaías* dijo algo que ustedes acaban de *escuchar* por medio de: Juan. Se trata del *Capítulo 65 de Isaías,* a partir del versículo *17.* Observen cuán <u>similar</u> es a lo que Juan nos acaba de decir:

"Mirad, yo creo cielos nuevos y tierra nueva; y de lo primero no habrá recuerdo, ni vendrá a la memoria" (Revelación 21:1; Isaías 65:17).

Tan solo consideren: en el *Eterno* AHORA, NO hay *pasado*; TODO cuanto había *sido*, se *'fue'* – NUNCA fue, por eso se *'fue'*.

"Mas vosotros, regocijaos y alegraos para siempre, en aquello que yo he creado; porque he aquí que yo, traigo a Jerusalén, alegría; y a su pueblo, gozo" (Isaías 65:18).

Isaías *sabía* que la *Nueva* Conciencia había *venido* a la tierra – eso aconteció 700 años ANTES de Jesús.

"Y me alegraré en Jerusalén, y me gozaré con mi pueblo: y nunca más se escuchará en Jerusalén, voz de llanto ni de clamor. Y no habrá más allí, niño de días ni anciano, que no hayan cumplido sus días; porque el niño morirá de cien años; pero el pecador de cien años será maldito. Y edificarán casas y morarán en ellas; [y] plantarán viñas, y comerán del fruto de ellas" (Isaías 65:19-21).

Dense cuenta de que *uno*, NO *hará* el trabajo de *otro*; *uno*, NO *vivirá* DE otro. Cada uno ES: *Auto*-Existente en la Verdad DEL Ser.

"No edificarán para que otro habite; no plantarán para que otro coma – porque tal como son los días del árbol, así son los días de mi pueblo; [y] mis elegidos disfrutarán, por mucho tiempo, de la obra de sus manos. No trabajarán en vano, ni darán a luz para pena – porque ellos son, la simiente de los benditos del Señor, junto con su descendencia. Y acontecerá que antes que clamen, yo responderé; y mientras ellos todavía

*hablen, yo los habré escuchado. El lobo y el cordero
serán apacentados juntos; el león comerá paja como el
becerro; y el polvo será el alimento de la serpiente. No
habrá daño ni destrucción en todo mi santo monte, dice
el Señor"* (Isaías 65:22-25).

Ahora verán la *continuidad* de la Verdad – *desde* los Profetas
de la antigüedad *a través* de Jesús, *a través* de Juan, y luego *a través*
de los *Nuevos* Discípulos – TODOS 'heredando' la MISMA *Perfección*
DE la Vida, aprendiendo que: NO hay NADA más.

Así pues, eso se convierte en la *Vida Eterna* – *"Conocer a Dios,
correctamente"* (Juan 17:3). Y *si* ustedes buscaran *arriba* y *abajo*
en esta tierra; *más allá* de las galaxias; *debajo* de las aguas; en
todas partes...; y *si* ustedes *supieran* que se encuentran rodeados
SÓLO por la Vida DE Dios, la Cual constituye la Vida DE *ustedes*;
y *si* ustedes *supieran* que NO existe *separación* alguna en NINGUNA
parte de 'este mundo' DENTRO de esa ÚNICA Vida *Eterna Infinita*,
entonces *descubrirían* el *Poder* DE la Gracia.

Todo eso conforma la *Revelación DE San Juan*, y tan solo
ES un *comienzo*, NO un *final*. Porque a medida que se *vuelvan*
HACIA esa Verdad, *ustedes* tendrán *su propia* Revelación. *Ustedes*
tendrán *su* propio *"Maná escondido"* (Revelación 2:17), *su* propia
"Fuente de Aguas Vivas" (Jeremías 2:14; Juan 4:14). El *Consolador
Interior* los *instruirá*; pasarán a través de *experiencias* diferentes,
pero *relacionadas*, TODAS *testificando* de la Verdad que estos
grandes Maestros *enseñaron*. El Espíritu del *Propio* Ser DE ustedes,
dará *testimonio* de la Verdad de aquello que ellos *enseñaron*. Esto
constituye: la Senda HACIA la Libertad, HACIA la Vida Eterna – y
aquellos que hemos hecho *cierto esfuerzo* en esa dirección, nos
encontraremos *más* que *recompensados*.

Estoy *seguro* de que hay, DENTRO de *cada* uno de nosotros,
quienes hemos pasado estas *25* semanas *juntos*, una *conmoción*, un
RECONOCIMIENTO, de que, para TODOS nosotros, la *Grandeza* está:
al alcance de la mano – como una *Concientización* muy importante

e *inevitable*. **No** habríamos sido *expuestos* a este Mensaje, *a menos que* hubiéramos sido 'elegidos' para ser *expuestos*.

Probablemente lo que *hagamos* a partir de *este* momento, NI siquiera será de *nuestra* 'elección', porque la Voluntad DEL Padre, DENTRO de nosotros, está SIEMPRE *actuando*. Pero ustedes pueden *permitirse* el estar *receptivos* a dicha Voluntad, *conscientes* de Ella – y, *si* ustedes **quieren**, pueden *aceptar* que AHORA mismo, el **Yo**, DENTRO de Mi Ser *Verdadero*, **Soy** el Cristo Eterno. NUNCA más seré, en TODOS los días *humanos* en que mi 'forma' *camine* sobre la tierra, *más* de lo que el Yo Soy, en este *Eterno* AHORA. Y *si* ustedes *aceptan* eso, entonces ese *Eterno* AHORA acompañará a la forma que se *evidencie*, en TODOS sus 'viajes'.

Manténganse en el Tiempo *Presente*, **y** *sepan* que SIEMPRE constituye la Verdad – Dios ESTÁ SIEMPRE en el AHORA, porque *"el Yo [y] el Padre, **Somos** SIEMPRE Uno"* (Juan 10:30). Con esto es que somos *elevados* FUERA del universo *mental*, hacia el Universo DEL Alma, el Cual constituye el *Reino* DE Dios, SOBRE la tierra.

El domingo, creo que es día 21 o 22, pero de cualquier modo es el domingo justo *antes* de Navidad; vamos a *celebrar* una pequeña *fiesta* aquí – una pequeña *fiesta* DE Navidad, y TODOS están *invitados*. Espero que vengan con apetito; y *si* los *veo* por aquí, entonces para *mí* será un *gusto*.

En una o dos semanas, también se los estaremos *comunicando* por correo. Si pueden, estén alertas al correo. Después les estaremos avisando sobre aquello que llevaremos a cabo el próximo año – lo cual NI siquiera *nosotros mismos* 'sabemos' en *este* momento.

Ha sido *una alegría* **y** *una bendición,* en la que **TODOS** hemos *participado*.

Les *agradezco* por estar aquí durante estos años.
Muy *pronto* nos 'veremos' – ¡AHORA!

Gracias…

APÉNDICE I

EL HORIZONTE NUEVO

Capítulo X de *El Camino Infinito*
— por Joel S. Goldsmith

El SENTIDO que presenta 'imágenes' de *discordia* y *desarmonía*, de *enfermedad* y *muerte*, es el 'mesmerismo *universal*' que produce TODO el *sueño* de la 'existencia *humana*'. Debiera entenderse que *no* hay más Realidad en la 'existencia *armoniosa* humana', que en las 'condiciones *discordantes* del mundo'. Debiera comprenderse que TODO el 'escenario *humano*' es 'sugestión *hipnótica*'. Debiéramos *elevarnos* por *encima* del *deseo* de cualquier 'condición *humana*', inclusive 'buena'.

Comprendan *cabalmente* que la *sugestión*, las *creencias* o el *hipnotismo*, constituyen la *sustancia* o *fábrica* de TODO el 'universo *mortal*', y que las 'condiciones *humanas*' tanto de bien *como* de mal, son 'imágenes de *sueños*' que *carecen* de Realidad o Permanencia. Estén **dispuestos** a que *tanto* las 'condiciones *armoniosas*', así *como* las 'condiciones *inarmónicas*' de la 'existencia *mortal*', desaparezcan de su experiencia, para que la *Realidad* pueda ser *conocida*, *disfrutada* y *vivida*.

Por *encima* de este '*sentido* de vida' hay un Universo DEL *Espíritu*, *gobernado* por el Amor, *poblado* por los **H**ijos DE Dios, *viviendo* en el Hogar o Templo de la *Verdad*. Ese Mundo *es* Real y Permanente; Su *Sustancia* es la 'Conciencia *Eterna*'. En Él *no* hay 'conciencia de *discordias*' **ni** *tampoco* de 'bien *material* y *temporal*'.

431

El *primer* indicio de la *Realidad* – del Reino DEL Alma – llega con el RECONOCIMIENTO **y** la CONCIENTIZACIÓN del Hecho de que *toda* 'condición **y** experiencia *temporales*', son producto del *auto hipnotismo*. Con el *RECONOCIMIENTO* de que **toda** la 'escena *humana*' es *ilusión*, – tanto su *bien* como su *mal* – llega la *primera* Visión **y** Percepción *del* Mundo de la Expresión DE Dios **y** de los Hijos DE Dios que habitan el Reino *Espiritual*.

Ahora, en este momento de *Conciencia Elevada*, somos capaces, aunque *débilmente*, de vernos *libres* de las 'leyes *materiales, mortales, humanas y jurídicas*'. Nos contemplamos *separados* **y** *apartados* de la 'esclavitud de los *sentidos*', y en cierta medida *vislumbramos* los límites *Irrestrictos* de la Vida *Eterna* **y** de la Conciencia *Infinita*. Las cadenas de la 'existencia *finita*' comienzan a *desaparecer*; las preciadas 'etiquetas de *identificación*' también comienzan a *desaparecer*.

Ya **no** moramos más en los *pensamientos* de 'felicidad o prosperidad *humanas*', **ni** tampoco hay más *preocupación* acerca de la salud o el hogar. La "Visión *más* Amplia **y** Espléndida" está a la vista. La *Libertad* DEL Ser *Divino* se va *evidenciando*.

Al *principio*, la Experiencia se asemeja a observar *desaparecer* 'este *mundo*' sobre el horizonte, y *abatirse* frente a nosotros. **No** hay más *ataduras* a 'este *mundo*', **ni** más *deseos* de *apegarse* a él –quizá debido en gran medida, a que la Experiencia **no** llega, sino hasta que <u>nuestros</u> deseos por las *cosas* de 'este *mundo*' hayan sido *vencidos* en gran manera.

Al principio **no** podemos **ni** *hablar* de ello. Hay un *sentido* de "'**No** me *toques*, porque todavía **no** *asciendo*' –aún estoy entre '*dos* mundos'; **no** me *toques* **ni** me hagas *hablar* de ello, porque pudiera *arrastrarme* de nuevo. Déjame estar *libre* para *elevarme*; *luego*, cuando el Yo esté *totalmente libre* 'del mesmerismo **y** de sus imágenes', entonces Te voy a *decir* muchas 'cosas que ojo **no** vio **ni** oído oyó'".

Una '*ilusión universal*' nos *ata* a la *tierra*, – a condiciones *temporales*. <u>*Comprendamos*</u> esto, <u>*entendámoslo*</u>, porque **sólo** por medio de este <u>*entendimiento*</u> es que *podemos* comenzar a *disminuir* '*su* control sobre *nosotros*'. Cuanto *más* 'fascinados' estemos con las 'condiciones de bien *humano*' y cuanto *mayor* nuestro 'deseo', incluso por las 'cosas *buenas* de la *carne*', tanto *más* intensa es la *ilusión*. *En la medida* en que <u>*nuestro pensamiento*</u> more **en** Dios – en las cosas **del** Espíritu – estaremos ganando *mayor libertad* de las *limitaciones*. **No** 'pensemos' **ni** en las discordias **ni** en las armonías de 'este *mundo*'. **No** temamos al mal **ni** amemos el bien de la 'existencia *humana*'. En el *grado* en que logremos esto, la 'influencia *hipnótica*' irá **desvaneciéndose** de <u>*nuestra*</u> experiencia; las 'cadenas de la *tierra*' comenzarán a **desaparecer**; se **caerán** los 'grilletes de la *limitación*'; las 'condiciones *erróneas*' darán lugar a la Armonía *Espiritual*; la muerte **abrirá** paso a la Vida *Eterna*...

El *primer* Indicio dentro del 'Cielo del aquí **y** del ahora', constituye el comienzo de la *Ascensión* para <u>*nosotros*</u>. Esta *Ascensión* se <u>entiende</u> *actualmente* como un 'elevarse' *sobre* las condiciones **y** experiencias de 'este *mundo*'; y entonces *contemplaremos* las 'muchas Moradas' preparadas para <u>*nosotros*</u> en la Conciencia *Espiritual* – en el RECONOCIMIENTO de la *Realidad*.

No estamos *atados* por la *evidencia* de los 'sentidos *físicos*'; **no** estamos *limitados* por la 'provisión *visible*'; **no** estamos *circunscritos* por 'vínculos o lazos *visibles*'; **no** estamos *atados* por 'conceptos *visibles*' de tiempo o espacio. Nuestro *Bien* está fluyendo <u>desde</u> el Infinito Reino *Invisible* del Espíritu, el Alma, hacia <u>nuestra</u> *Percepción* **Inmediata**. **No** juzguemos nuestro *Bien* por **ninguna** llamada 'evidencia *sensible*'. De los 'tremendos *Recursos*' de nuestra Alma surge el RECONOCIMIENTO *Instantáneo* de TODO Aquello que podemos *utilizar* para la 'Vida *Abundante*'. NADA *bueno* nos es 'retenido' *cuando* miramos por *sobre* la 'evidencia *física*' hacia el *Gran Invisible*.

¡Miren *hacia Lo Alto*!

¡Miren *hacia Lo Alto*!

El Reino DE los Cielos, ¡*está a la mano*!

El *Yo,* Estoy ***destruyendo*** el 'sentido de *limitación*' para *ustedes,* como *evidencia* de *Mi* Presencia **y** de *Mi* Influencia en *su* Experiencia. *Yo* – **El** *Yo* de *ustedes* – 'estoy en medio' de *ustedes* *revelando* la Armonía **y** la Infinitud de la 'Existencia *Espiritual*'. *Yo* – **El** *Yo* de *ustedes* – *jamás* un 'sentido *personal* de yo'; – *jamás* una 'persona'– sino **El** *Yo* de *ustedes,* estoy SIEMPRE con *ustedes.*

¡Miren *hacia Lo Alto*!

APÉNDICE II

¡NO HAY DIOS, "Y"…!

CAPÍTULO IV DE *RECONOCIMIENTO DE LA UNICIDAD*
– POR JOEL S. GOLDSMITH

EL SECRETO para *encarar* el 'error' yace en '***conocer*** su naturaleza'. Y la *'naturaleza* del error', puede ser resumida en palabras tales como: *mente carnal; sugestión; apariencia* o *hipnotismo.*

La *naturaleza* del 'error', como *hipnotismo* o *mente carnal,* puede ser ejemplificada de la siguiente manera: *Si* hubiera una planta en esta habitación donde se encuentran ustedes ahora sentados, y alguien los *hipnotizara*, entonces podría *hacerles creer* que, en lugar de ramas, son serpientes las que están creciendo en la maceta, y ustedes… lo *aceptarían* **y** lo *creerían.*

A través de la *sugestión hipnótica*, el hipnotizador *toma control temporal* de la 'mente' de ustedes, y debido a que *aparentemente* ustedes **no** son capaces de actuar en forma *independiente*, entonces *obedecen* las *sugestiones* del hipnotizador, hasta sus 'últimas consecuencias'. Así pues, se *establece* en ustedes un *temor* por las serpientes – salen corriendo para *alejarse* de ellas e incluso pudieran tomar un cuchillo con el cual *cortar* sus cabezas – todo, basado en la *creencia* de que, en *realidad*, hay serpientes por *ahí.*

No importa lo que *ustedes* pudieran *hacerles* a esas serpientes *inexistentes* – aun así, **no** podrían cambiar el *hecho* de que *en tanto* ustedes *permanezcan hipnotizados*, 'verán' *serpientes.* **No** hay forma posible de que se 'deshagan de ellas', <u>excepto</u> que se *deshipnoticen;*

no hay forma de 'deshacer su temor' por las serpientes, <u>excepto</u> que se *deshipnoticen*; **no** hay forma de que 'envainen su espada', <u>excepto</u> que se *deshipnoticen*. En otras palabras, *en tanto dure* la hipnosis, <u>todas</u> las partes que conforman la imagen *permanecerán* ahí. ¿Cierto?

Ahora bien, tal como es *posible* hipnotizarlos para *hacerles creer* que hay víboras en esta habitación, de la misma manera es *posible* hipnotizarlos para *creer* que <u>'existe' *otra* 'personalidad' *además* de Dios, la Conciencia *Divina*, en algún otro lugar donde ustedes pudieran estar</u>. En el *instante* en que ustedes *hayan sido hipnotizados* para *creer* en una 'personalidad' *además* de Dios, en ese *instante* 'aceptarán', lógicamente, <u>todas</u> las *creencias* relacionadas con tal *personalidad* – nacimiento, crecimiento, madurez, y finalmente, muerte.

Hay *una **sola** manera* de 'deshacerse del cuadro *humano*', y eso es, COMPRENDER que **no** hay 'persona' y que **no** hay 'personalidad' alguna, *además de Dios,* en la habitación **ni** en **ningún** otro lugar. Pero la persona *hipnotizada* 'reaccionará' de inmediato con un: "¿*Cómo* pueden decir que **tan solo** está Dios en la habitación?" Y la respuesta es simple: Hay **una sola** Vida, y esa Vida ES, Dios; hay **una sola** Alma, y esa Alma, ES Dios; hay **un solo** Espíritu; hay **una sola** Ley; hay **un solo** Principio Creativo – **Dios**. *¿Qué más podría estar presente excepto* Dios? –**¡Nada!**

En el instante en que ustedes 'vean' a Dios **y a...** estarán *hipnotizados*; en *el instante* en que 'vean' un mundo *mortal* **y** *material*, estarán *hipnotizados*. Y a partir de ahí, **no** habrá forma alguna de *deshacerse* de las apariencias. *Esa* es la *razón* por la que *incluso, **si*** ustedes 'mataran' a las serpientes que están en la maceta, entonces 'dos más' *surgirían* en su lugar. *Esa* es la *razón* por la que con *todos* los 'avances' hechos en la *profesión médica*, la gente **sigue** muriendo – porque "*todo* aquél que *nace*, **tiene** que *morir*". ¡Lo hacen, y lo *seguirán* haciendo! Cuando mucho, vivirán unos *cuantos* años *más* – pero eso es todo... La gente *todavía* muere de pulmonía; la gente *todavía* muere de tuberculosis; la gente todavía *muere* de cáncer; la gente *todavía* muere de infartos; y *si* se hallase una *cura* para 'esto', entonces '*algo* más' lo reemplazaría *de inmediato.*

Si pudieran estar de *acuerdo* en que hay **un solo** Dios – lo cual implica que ustedes *aceptaran* **un solo** Poder *Infinito* de Bien – entonces ciertamente *tendrían* que ser capaces de *entender* que: **no** *puede* haber error, enfermedad **ni** muerte. De hecho, desde que *el tiempo comenzó,* JAMÁS ha habido la menor *muerte* **dentro** del Reino DE Dios.

Así que *lo que sea* que *vean* en la *naturaleza* del pecado, la enfermedad o la muerte, es parte de la *hipnosis*; es más, *todo* cuanto ustedes *vean* como buena *humanidad,* **también** es parte de la *misma hipnosis.* Incluso el ser *humano* saludable de treinta o cuarenta años, algún día será un *anciano* ser *humano* de setenta u ochenta años. Por lo tanto, cuando ustedes *ven* a una persona *joven* y saludable, *también* están siendo *engañados* por una *apariencia* de bien. <u>*Hasta* que ustedes puedan *deshipnotizarse* al grado de que</u> <u>*sepan* que **no** hay seres *humanos* buenos **ni** seres *humanos* malos;</u> <u>que **no** hay seres *humanos* enfermos **ni** seres *humanos* saludables,</u> <u>sino que *tan solo* hay Dios – la *Única* Vida, la *Única* Alma,</u> <u>el *Único* Espíritu, la *Única* Sustancia, la *Única* Ley, la *Única*</u> <u>Actividad – *hasta* entonces, ustedes *tendrán* que experimentar la</u> <u>*muerte*.</u>

"NO JUZGUÉIS SEGÚN LAS *APARIENCIAS*"

Nadie podrá ser jamás *deshipnotizado,* en tanto esté '*juzgando según las apariencias*', porque la mente *humana* **con** la que están *juzgando,* **es** un estado de *hipnosis.* Es decir, al *mirar* desde *nuestros* ojos, estamos *mirando* desde un estado de *hipnosis* en el cual, *nuestros* ojos *siempre* van a estar *mirando* bebés *naciendo* **y** gente mayor *muriendo; nuestros* oídos *siempre* van a estar *oyendo* acerca del pecado, la enfermedad, la muerte, la carencia y la limitación.

Hasta que seamos *capaces* de *cerrar* esos **cinco** sentidos *físicos*, **y** *desarrollar* un *Discernimiento Interno, siempre* vamos a estar 'mirando, escuchando, gustando, tocando, sintiendo y oliendo', el *error*.

Si a través de *nuestros* ojos *miramos* a la gente de '*este* mundo', entonces *todo* cuanto veremos serán seres *humanos* – a veces *buenos* y otras veces *malos*. El esposo y la esposa que se *aman* uno al otro, al siguiente día *clavarán* dagas en el corazón del otro; el padre que un día *acaricia* al niño, al siguiente lo *regaña*. Se trata del escenario *humano* – en ocasiones, *bueno*; y en otras, *malo*. Eso es *todo* cuanto *siempre* 'veremos, escucharemos, gustaremos, sentiremos y oleremos', con los **cinco** sentidos *físicos*.

La **única** forma de ser *deshipnotizados* es, **aquietar** los sentidos **físicos** –*aquietarnos interiormente* – y entonces, la Conciencia *Espiritual, revelará* 'la Verdad de Ser', la cual nos permitirá *ver*, aquello que **no** es *visible*; *escuchar*, aquello que **no** es *audible*; *conocer*, aquello que **no** es *cognoscible*, con los 'sentidos *humanos*'.

Una persona que *carezca* de nociones musicales y escuche una sinfonía, oirá tan solo una *masa* de ruidos *monótonos*; pero otra persona, con *conciencia* musical *desarrollada,* que escuche la *misma* sinfonía, escuchará armonía, melodía y ritmo. *¿Qué* es aquello que una persona que *carece* de *apreciación* artística *mira* cuando se encuentra frente a una hermosa pintura? –¡*Manchas* de pintura! Eso es todo – nada más y nada menos – tan *solo manchas* de pintura *sin* sentido alguno. Por otro lado, una persona con *sensibilidad* artística *contemplará* aquello que el artista tuvo en *mente,* **y** *apreciará* la técnica, la ejecución, el colorido y el manejo de las sombras.

Una persona que **no** *sabe nada* de escultura y que *mira* una estatua, *¿qué* es lo que ve? –Una *pieza* de bronce o mármol convertida en estatua, la cual le parece *sólo* como una *pobre* semejanza. Pero la persona con *sensibilidad* artística al *verla* contemplará la *técnica expresada* en la línea, la forma y el ritmo; verá en ella el flujo de la *mente* y de las *manos* del artista. Tal persona **no** estará *viendo* con *sus* ojos – estará *viendo* por medio de *su comprensión* de la música y el arte.

Y así como *nadie* será capaz *jamás* de *comprender* una sinfonía, una pieza de escultura, sino *hasta* que haya *desplegado* cierta medida de *apreciación* artística, de la *misma* manera *nadie* será capaz *jamás* de *comprender* el Universo *Espiritual*, *hasta* que haya *desplegado* esa *Conciencia Interna* **Espiritual** – aquello que es llamado la Conciencia-**Cristo**.

Fue la Conciencia-**Cristo**, aquello que *capacitó* a Jesús, para decirle a Pilatos – el hombre que tenía el *mayor* poder *temporal* en Jerusalén en aquellos días – "Tú, **no** podrías tener *poder* alguno contra *mí, excepto* que se te hubiera *conferido* de lo Alto". *¿Cómo* pudo Jesús hacer tan *atrevida* declaración frente al *mayor* poder *temporal* que Pilatos ejercía? –*Únicamente* porque Jesús contaba con *la Visión Interior,* para *percibir* a través de 'Algo' *más allá* de lo que los *ojos* podían *ver* y los *oídos* podían *oír*. Él *sabía* aquello que los seres *humanos* **no** *sabíamos*, y lo *probó* cuando *permitió* ser crucificado. Ellos *pudieron* 'crucificarlo', pero **no** *pudieron* 'matarlo' – la Crucifixión y los clavos, **no** tuvieron *poder* alguno *para* Jesús.

La Conciencia 'Deshipnotizada', *Percibe* la Realidad

Salir del *hipnotismo* implica un *Estado de Conciencia* que *percibe* aquello que *verdaderamente* ES – es la *habilidad* para 'ver, escuchar, gustar, tocar, sentir y oler' la *Realidad*; es la *Habilidad* para *percibir* el pecado, **no** como pecado; y la enfermedad, **no** como enfermedad – sino más bien, es un *Estado de Conciencia capaz* de *separar* el mal, **de** la *persona*, **y** *reconocer* que estamos tratando con una *apariencia falsa* producida por la *creencia* en una 'personalidad *separada* DE Dios' – una *creencia universal* tan 'poderosa', que actúa *como* 'ley' en *nuestra* conciencia, *hasta* que la *detectamos* y la *echamos **fuera*** – es decir, *hasta* que: "*Conocemos* la Verdad que *nos* hace *Libres*".

La *única* manera en que esto *puede* llevarse a cabo es, *por medio* de la *Conciencia Espiritual*. Ante todo, *tenemos* que conocer esto: '*nosotros*', **no** podemos *curar* una enfermedad – **no** hay *ninguna*; '*nosotros*', **no** podemos *vencer* la pobreza – **no** hay *ninguna*; '*nosotros*', **no** podemos *vencer* la muerte – **no** hay *ninguna*. Lo *único* que '*nosotros*' podemos hacer es, RECONOCER que **no** estamos *tratando* con esas *apariencias* o *sugestiones* como tales – ¡'nosotros', estamos *tratando* con el *hipnotismo*!

Incluso la llamada 'causa *mental*' para las enfermedades ES tan *ilusoria*, como lo ES la enfermedad *física*. *Si* hubiera una 'causa *mental*' para la enfermedad *física* – tal como se asevera en algunas enseñanzas – entonces la enfermedad **no** sería *ilusión*, puesto que tendría una 'causa *real*' – 'la causa *mental*'.

Nosotros en El Camino Infinito creemos que *incluso* una 'causa *mental*' es tan *ilusoria*, como la enfermedad *física* – puesto que <u>*todo* lo relacionado con el escenario *humano* ES de naturaleza</u> <u>*ilusoria*</u>. 'La causa *mental*' es tan *ilusoria* en su *naturaleza*, como el *efecto físico*.

Lo *cierto* es que TODO CUANTO EXISTE, **ES** EL DIOS INFINITO **Y** *SU PROPIA* 'EVIDENCIA' [SU *PROPIA* 'CREACIÓN'] – ¡**no** hay nada más! Para *comprender* la Realidad, tenemos que *comprender* que **solamente** el Espíritu ES *Real*, puesto que el Espíritu ES *Infinito*. Entonces *todo* cuanto existe, *tiene* que existir en el 'Enfoque *de* Espíritu', y por ello, estar bajo la *Ley Espiritual*. Así pues, **no** estamos *tratando* con los 'efectos *físicos*' de las 'causas *mentales*' – por un lado, estamos *tratando exclusivamente* **con** Dios, Manifestándose *a Sí Mismo* **y** expresando *Su* Armonía *Infinita*; y por el otro lado estamos *tratando también* con la *apariencia*, la *sugestión* o la *pretensión* de una 'creencia universal', en una *personalidad separada* DE Dios, en un *universo separado* DE Dios, y en una personalidad y un universo *sujetos* a las leyes *materiales* y *mentales*.

ESTE UNIVERSO ESTÁ GOBERNADO POR UN PRINCIPIO

¿Podrían creer que existe *Dios* **y** que *también* existe la *enfermedad? ¿Dónde* estaría Dios *mientras* 'alguien' está *sufriendo?* Los padres *humanos,* **jamás** permitirían que un hijo *sufriera* una enfermedad, *si* ellos pudieran *prevenirla. ¿Permitirían* ustedes que su hijo sufriera? Entonces, ¿por qué *piensan* que Dios, *sí* lo *permitiría?* **¡No** puede ser! En Realidad, **jamás** ha existido una 'persona' enferma o muerta. *Todo* aquél que alguna vez haya 'vivido desde el principio de los tiempos', *todavía* está *vivo* – **no** podría ser de *otra* manera. *A menos* que <u>ustedes</u> **aceptaran** esta Verdad, serían *ateístas;* **y** por consecuencia, *creerían* que "el 'mundo' surgió *del* polvo, y que *al* polvo ha de *retornar*" … **y** que **no** *hay* Dios.

Pero *¿cómo* podrían *creer* eso cuando *observan* la Ley de "Lo *semejante* produciendo lo *semejante*" en *acción?* – Es decir, manzanas surgiendo *siempre de* manzanos, coles surgiendo *siempre de* plantas de col. Eso, **no** puede ser *accidental;* ¡*tiene* que haber una *Ley! Tiene* que haber un *Principio* tras ello – y *ese Principio* ES Dios. *Si* existe un *Principio,* ¿podría haber alguna *excepción* al *Principio?* En nuestro sistema de matemáticas, dos veces dos, *son* cuatro – *siempre* – ¡y *jamás* hay *excepción* alguna! ¿Crece algo *más* que manzanas de un manzano, o naranjas de un naranjo?

<u>EXISTE un Principio *gobernando* el Universo; y debido a que hay un Principio, hay una Ley *Divina* – **nada** está *fuera* de Su Gobierno o Control</u>; como *tampoco* las notas de la escala musical – do, re, mi, fa, sol, la, si – *cambian* su relación unas con otras. *Ninguna* nota musical ha *transgredido jamás* a las otras; *ninguna* nota musical *jamás* ha sido *separada* de otra nota.

Justamente lo *mismo* acontece con los dígitos – cero, uno, dos, tres, cuatro, cinco, seis, siete, ocho y nueve. Los números, *jamás* se apartan de *sus* lugares correspondientes; *ninguno* ha sido apartado *jamás* de los otros; *ninguno* se ha desplazado *ni* apartado de los demás. ¿Cooperación? ¡Sí! – han *cooperado* para 'el bien *común'.*

Si eso es *cierto* **de** las matemáticas y *cierto* **de** la música, ¿cómo **no** podría ser *cierto* del "Hombre a quien Le fue dado *dominio* sobre" las matemáticas **y** la música? Por ello, *jamás* ha habido un Hombre *apartado* de otro Hombre sobre la tierra; *jamás* ha habido un Hombre que *separe* a otro Hombre de Su trabajo. ¡*Jamás*! Esas *imágenes* son parte del *hipnotismo universal*; **y** cuando se nos *hace creer* que existe un universo *mortal* **y** *material*, entonces *nosotros* también somos *parte* de ese *hipnotismo*. El *hipnotismo* ES el error; y *nosotros* somos los *únicos* que tenemos que *corregirlo*, a través de la **comprensión** de que "*Uno* con Dios es, *mayoría*". *En el instante* en que una persona "*conozca* la Verdad", o pueda *volverse* hacia alguien *superior* en Conciencia que "*conozca* la Verdad" para él – entonces ese "*Uno*, del lado DE Dios que es *mayoría*", *romperá* el hechizo.

"VETE…, ¡Y NO PEQUES MÁS!"

El mesmerismo *puede* ser *destruido*, pero eso, **no** significa que la *persona* deshipnotizada, **no** *pueda* pronto *regresar* de nuevo al *hipnotismo*. *Si* dicha persona **no** se *ajusta* a la Visión *Superior*, entonces *nada* va a *impedir* que caiga *otra* vez en el *mismo* pecado, en la *misma* enfermedad o en una distinta. Jesús dijo: "NI *Yo* tampoco te condeno. Vete…; PERO… ¡NO peques *más*!" En otras palabras: "*Yo* te libero **y** te doy *tu* libertad por medio de *Mi* Comprensión de *Tu* Naturaleza *Espiritual*; **pero**… NO vuelvas NI consientas de *nuevo* con la *mortalidad*". *Si* la persona que está sanada **no** *cambia* su *modo* de vida – es decir, si vuelve y peca *otra vez*, entonces podría hallar que algo *peor* le acontecería.

El mundo interpreta *erróneamente* el significado de la palabra *pecado*. **No** significa tan solo emborracharse, cometer adulterio **ni** robar – hay mucho *más* en el *pecado* que eso. En *realidad, pecado* es: la **aceptación** de un 'universo **material**'. Simplemente *volver* a la *creencia* de que hay 'seres *humanos*', es el pecado que lanza a la 'persona' de *nuevo*, dentro de la *enfermedad* y el *pecado*. Lo que el *mundo* pudiera llamar *pecado* – robar, engañar, estafar y adulterar – ES de la *misma* naturaleza que el *pecado*: tan solo *otra forma* de hipnotismo.

El Hipnotismo ES, la Sustancia de TODA Discordia

No hay *diferencia* alguna entre el infierno llamado *pobreza*, **y** aquello llamado *guerra, enfermedad* o *pecado*. Uno **no** es *peor* que el otro; **todos** ellos son *formas* de lo *mismo*, es decir, *hipnotismo*. En un hombre, el *hipnotismo* aparece como *cosa* o *pensamiento, pecaminoso*; en otro, aparece como una *condición* o *pensamiento enfermo*; y en otro más, aparece como *pobreza*. La forma *particular* **carece** de importancia – **todo** es *hipnotismo*. *Quítese* el *hipnotismo*, y entonces nada de eso estaría *ahí*. Hay un **único** error, y éste ES *hipnotismo*.

Si pudiéramos ser *persuadidos* para dar *tratamientos* a 'personas' – *tratarlos* de los 'nervios' o de alguna 'causa mental o física'; *tratarlos* de 'resentimiento, odio, envidia o coraje'; o si pudieran hacer que los *tratáramos* de 'cáncer o de tuberculosis pulmonar' – **no** estaríamos en LA *PRÁCTICA* DE LA CURACIÓN *ESPIRITUAL* – estaríamos en la *profesión médica* ya que lo que estaríamos *tratando* serían los efectos, pudiendo ser 'un pecado, una enfermedad o pobreza' – y *si* acaso los *liberáramos* de eso, entonces '**dos** efectos *más*' surgirían.

A menos que pongamos "el hacha en la *raíz* del árbol" – en el *hipnotismo* – ¡**no** estaremos *fuera* del estado de 'conciencia *mortal* o *material*'! *Cuando* somos *capaces* de *mirar a través del hipnotismo* – independientemente del *nombre* o *naturaleza* del 'pecado, de la enfermedad o de la carencia' – entonces nuestro paciente o estudiante, *experimenta:* 'armonía, salud, totalidad y compleción'. *Si* su problema fueran los *nervios*, entonces se hallaría libre de los *nervios*; *si* su creencia fuera *desempleo*, entonces se hallaría *empleado*; *si* la pretensión fuera *enfermedad*, entonces se hallaría *sano*. ¿Por qué? –¡Por la *habilidad* **del** practicista para *'ver a través de la pretensión del hipnotismo'*, **y** para RECONOCER a Dios, *como* el Principio de TODO cuanto ES!

Sin embargo, en muchas ocasiones, *luego* que los estudiantes *comprenden* que es *hipnotismo* aquello que está 'actuando' *como* sugestión o apariencia, todavía siguen *creyendo* que existe una 'condición *real*', la cual tiene que *ser destruida*. Es entonces *cuando* escuchamos expresiones como: "Mira lo que *me* está *haciendo* el hipnotismo". Sin embargo, el *hipnotismo* **no** es cosa **ni** condición, *Real*. El *hipnotismo,* **no** *puede* 'producir' agua en el desierto, **ni** víboras en la maceta. El hipnotismo, *en sí mismo,* **no** es cosa, **no** es forma, **no** es causa **ni** es efecto. *Reconocer* **cualquier** *'forma o apariencia de error' como* hipnotismo, **y** luego *desestimarlo o ignorarlo* **sin** mayor consideración *posterior*, ES la *manera correcta* de manejar *todo* error.

Mediten en la idea de hipnotismo, *como* la sustancia de *toda* 'forma' del universo *mortal* **o** *material* que está *apareciendo* ante 'ustedes'. Cuando ustedes 'vean' pecado, enfermedad, carencia y limitación, *recuerden* que se trata del *hipnotismo,* presentándose ante 'ustedes' *como* aquello que es llamado 'la forma *mala* o *maligna'*. Pero incluso cuando 'vean' la belleza alrededor – montañas, océanos y el rayo del sol – *recuerden* que esto, también son 'formas' del hipnotismo, solo que en esta ocasión *aparecen* ante ustedes como 'formas *buenas'*.

Esto **no** quiere decir que **no** vayamos a *disfrutar* 'lo *bueno* de la existencia *humana'*, más bien significa que vamos a 'disfrutarlo' por lo que ES – **no** como algo 'Real' *en sí mismo* **y** *por sí mismo* – porque **la** *Realidad*, Aquello que subyace todo bien, ES *ESPIRITUAL*, y, por lo tanto, tiene que ser *espiritualmente* 'discernida'. *Disfrutemos* las 'formas de bien', *sabiendo* que son formas *temporales* – **no** algo para almacenar; **no** algo para ser colocado en valores bancarios, algo para ser *disfrutado* – y entonces vayamos *día con día*, 'permitiendo' que "el Maná caiga *fresco*".

Cuando seamos *confrontados* con los 'aspectos *negativos*' del hipnotismo – es decir, con las 'formas de pecado, enfermedad, carencia y limitación' – el punto **más** importante a *recordar* es, que **no** seamos *engañados* queriendo *reformar* a la 'persona' mala o pecadora – todo lo contrario: *recordemos* de inmediato: "¡Oh *no*! Esto, ES hipnotismo, *apareciendo* todavía en otra 'forma'; hipnotismo que *en sí mismo* **y** *por sí mismo,* **no** puede SER la Sustancia, Ley, Causa **ni** Efecto de *ninguna* 'forma de Realidad'". La *práctica* de dicho RECONOCIMIENTO los *capacitará* para convertirse en *Sanadores Espirituales.*

JAMÁS *INTENTEN* **CAMBIAR** A UNA 'PERSONA' O 'CONDICIÓN'

Conforme *avancen* en esta Labor, y *por medio* de la *Meditación,* ustedes serán capaces de *elevarse* a un punto donde estarán *por encima* de 'este *mundo',* y entonces "ustedes, Me conocerán como Yo SOY; y el Yo, los conoceré como ustedes SON". De esa manera es como la *curación* tiene lugar; y ésa, es la *razón* por la que *amonesto* a nuestros estudiantes, para que **NO** le digan a la 'gente' que *tiene* que corregirse; y para que **no** rechacen pacientes cuando '*ellos' parecieran* **no** estar *corrigiendo* aquello que 'ustedes' *piensan* que es lo correcto. ¡Eso, *nada* tiene que ver con el *estudiante*! El estudiante, *debe* ir al *Interior* y *mirar* a la '*persona*' que está tratando de ayudar, "*tal como Dios la creó*", **y** entonces el *paciente,* pronto "*se ajustará al Modelo que se le mostró en el Monte*" – a la *Perfección.*

El mundo está *hipnotizado* con 'las personas, lugares y cosas' *a tal grado,* que una 'persona *buena',* un 'lugar *bueno'* y una 'cosa *buena'* se vuelven tan *agradables* y *confortables,* que *todo* el mundo quisiera *disfrutar* de esos 'efectos', **no** queriendo ir 'más allá' de eso. *Sin embargo,* tales delicias y gozos *materiales* **no** pueden ser mantenidos *permanentemente* – porque **no** importa *cuánto bien* pudiera tener una 'persona' – incluso así, '*oscilaría*' entre los *pares* de *opuestos'.*

Así que nuevamente les digo: *Si* se pudiera hacer que *ustedes* trataran a una 'persona' con la intención de *cambiarla*; o con la intención de darle *más* del bien de 'este *mundo*'; o *si* se pudiera hacer que *ustedes* le 'temieran a una guerra, a una depresión o a una bomba atómica' – entonces ¡*ustedes* serían los *hipnotizados*! Y sólo sería cuestión de 'la *fecha* en que *su* lápida fuera colocada'. Sin embargo, si *ustedes* pudieran *captar* esta visión, *cuando* el momento llegara para que *dejaran* 'este *mundo*', entonces *ustedes* 'se apresurarían hacia una *Experiencia de Transición*' que sería *superior* y *mejor,* que ésta.

Ustedes, **no** pueden *tratar* a una 'persona'; *ustedes,* **no** pueden *tratar* una 'condición'. Hacerlo sería como '*tratar* a las víboras que *aparecen* en la maceta', y decir: "Yo, tengo que *deshacerme* de 'mis tres serpientes'; tan pronto como me *deshaga* yo de ellas, seré *capaz* de estudiar mejor". ¿Se dan cuenta de lo *absurdo* que resulta esto? Como **no** hay serpiente *alguna*, entonces ¡*ustedes* <u>jamás</u> se van a 'deshacer' de ellas! *Todo* cuanto tienen que *hacer* es: ¡'<u>*deshacerse* del hipnotismo</u>'!

Cuando ustedes sepan y *crean, verdaderamente* – pero **no** solo 'crean de palabra' – *entonces* ya **no** tendrán que '*estudiar* la Verdad', puesto que el ***único*** *propósito* de *estudiar* la Verdad es: <u>*aprender* que el hipnotismo es, el ***único*** error</u> – y *cuando* hayan *aprendido* eso, entonces ya **no** habrá *nada más* que 'estudiar'. Todo lo demás será para *vivirse* **dentro** de su propio Ser.

En el *instante* en que *ustedes* 'trataran de *cambiar* o *mejorar*' una enfermedad o condición, en ese mismo instante estarían, *ustedes* mismos, **dentro** del *hipnotismo*, ya que **no** existe enfermedad **ni** condición, *separada* del mesmerismo o hipnotismo. Así, al quedar *atrapados* 'tratando de *manejar*' la condición, sería *como* 'empeorar toda la situación'.

Aquéllos que estén *leyendo* o *estudiando* la Verdad, o que estén *utilizando* la Verdad *para* 'curación', *para* 'provisión' o *para* algún otro 'propósito', hallarán que *cuanto más* esté '<u>*su* atención</u>' fija en '*deshacerse* de la condición' o en '*alcanzar* la curación', *tanto más* estará *su* atención en *la mira del error*. *Ustedes tienen* que 'ver' que: **no** hay '*demostración humana*' alguna que hacer. *Tan solo hay* **una sola** *demostración*, y ésta es: ¡alcanzar la *Concientización* DE *Dios*! *Cuando* ustedes alcancen la *Concientización* DE *Dios*, entonces tendrán TODO – tendrán *Provisión*, tendrán *Vida Inmortal, Eternidad e Infinitud*. *Ustedes* **no** pueden *demostrar* 'casa, compañía, divorcio **ni** trabajo' – *ustedes solamente* pueden *demostrar* 'la Presencia DE Dios'; y eso *incluye cualquier* naturaleza de la 'manifestación *externa*' que se requiera.

No hay Dios, 'y'...

El *RECONOCIMIENTO* DEL HIPNOTISMO, *INCLUYE* LA *DEMOSTRACIÓN* DEL *DESHACERSE* DE CUALQUIER '*FORMA*' QUE EL HIPNOTISMO PUDIERA TOMAR – EL AGUA SOBRE LA CARRETERA, LAS VÍBORAS EN LA MACETA O EL CÁNCER. PERO USTEDES, NO PUEDEN *DESHACERSE* DE TODO ESTO, NI '*HACER* UNA DEMOSTRACIÓN' DE CASA, EMPLEO O SALUD, *SEPARADOS* DE *ALCANZAR* EL *RECONOCIMIENTO CONSCIENTE*, DE *DIOS* – PORQUE NO HAY *DEMOSTRACIÓN* DE BIEN, *SEPARADO NI APARTADO* DE DIOS.

No tiene caso *tratar* a 'una persona, lugar o cosa', porque TODO cuanto existe del error, ¡ES hipnotismo! **No** tiene caso *buscar* una *demostración* de 'persona, lugar o condición', porque **no** hay *demostración separada* **ni** *apartada* del *RECONOCIMIENTO* DE *Dios*. La *Concientización o Reconocimiento* DE *Dios*, **incluye** TODAS las *demostraciones*. "BUSQUEN *PRIMERO* EL REINO DE DIOS Y SU JUSTICIA, Y *ENTONCES* TODO ESTO LES SERÁ *AÑADIDO*".

Lo que resulta *vital* es, **comprender** que esto es *igual* tanto en el lado 'positivo', como en el 'negativo'. En el lado '*positivo*' implica la *demostración* del RECONOCIMIENTO de 'la presencia DE Dios'; en el lado '*negativo*' implica el *comprender* que **no** *importa* la 'forma' que el error tenga – se trata de *hipnotismo* y *sólo* de *hipnotismo*, el cual *carece* de: Sustancia, Ley, Causa, Realidad o Efecto. –He ahí los '*dos* lados' de la moneda.

La *Base Total* de la Enseñanza del Camino Infinito es que **NO** hay Dios, "**y**" ... **No** hay Dios, **y** salud; **no** hay Dios, **y** fuerza; **no** hay Dios, **e** inmortalidad; **no** hay Dios, **y** actividad; **no** hay Dios, **y** provisión... Tan *solo* hay Dios, manifestándose '*como*'. Ustedes pudieran tomar una hoja de madera *de* caoba, y *con* ella hacer una silla, una mesa y una banca. Pero ustedes, **no** tendrían caoba **y** una mesa; **no** tendrían caoba **y** una silla; **ni** caoba **y** una banca – ustedes contarían con *caoba,* 'manifestada o expresada' *como* dicho mobiliario.

Así que cuando *piensan* **en** Dios *como* la Sustancia del Universo, entonces ustedes **no** tienen a Dios – la Sustancia – **y** 'además', una variedad de 'formas' – ustedes tienen a Dios, 'apareciendo o formado' *como* estas formas – Dios, 'manifestado y expresado', *como* forma. Es por esta razón que, si ustedes *demuestran a Dios*, entonces ustedes *demuestran* todas las 'formas' *como* las que Dios *aparece*. Ustedes *demuestran a Dios, como* Salud, *como* Armonía, *como* Inmortalidad y *como* Provisión. *Ustedes* **no** pueden *demostrar a Dios,* **y** *además* todas estas 'cosas'; y *ustedes,* **tampoco** pueden *demostrar* estas 'cosas', *separadas* **ni** *apartadas* de *Dios* – porque todas ellas son, el *Mismo* Dios 'formado'.

<h2 style="text-align:center">No Hay Hipnotismo, 'y' ...</h2>

La *idea* de la **no**-separación entre la *Sustancia* de todas las *cosas* **y** de la *cosa* en sí, también puede ser aplicada al *entendimiento* de todo error, *como* hipnotismo. **No** existe el *hipnotismo,* **y** **además** una enfermedad; **no** hay *hipnotismo,* **y además** carencia y limitación; **no** hay *hipnotismo,* **y además** pecado y enfermedad – tan **solo** hay *hipnotismo,* apareciendo *como* esas imágenes. <u>Ustedes, **no** pueden *deshacerse* del pecado, la enfermedad o la muerte, '*separados* **y** *apartados*'</u> del *hipnotismo*; pero *cuando* ustedes se han *separado a sí mismos* del *hipnotismo,* entonces ustedes están *separados* de TODAS sus 'formas' *infinitas.* LA *MANERA* DE **ELIMINAR** LOS *EFECTOS* DEL **HIPNOTISMO** ES, *ENTENDER* EL *HIPNOTISMO* — NO COMO UNA 'COSA'— SINO *COMO…* UNA NO-COSA, *COMO* UNA *FALTA* DE PODER, *COMO* UNA *AUSENCIA* DE PRESENCIA.

He aquí el *secreto* de la vida: <u>Cuando ustedes, *a través de los sentidos* observan la vida, tal como *pareciera ser* – tal como *ustedes* la ven, la oyen, la gustan, la tocan, la sienten o la huelen – *entonces* **comprendan** ustedes de *inmediato, que esto es, la resultante* del</u> **hipnotismo.** *Sin embargo,* a través de sus Sentidos *Espirituales,* ustedes *disciernen* que, justo donde *pareciera* estar este *sentido* 'humano, material o físico', ahí se *encuentra* la *Creación* o *Evidencia Espiritual, Eterna* e *Inmortal.*

Si por ejemplo ustedes fueran a 'ver' una llamada *apariencia* 'mala, pecadora, enferma, moribunda o muerta', probablemente serían *tentados* de inmediato para *reconocer* alguna *verdad,* con la cual 'esperan' *cambiar* la imagen; o podrían ser *tentados* a *recordar* algún *pensamiento* que *pudiera* 'sanar, corregir, mejorar o reformar'; en tanto que *si* vieran un *bien,* 'riqueza, totalidad o prosperidad' *humanos* normales, entonces ustedes *casi* estarían *propensos* a *aceptar* tal cuadro, en su 'valor o apariencia, **nominal***'*.

<u>¡El *hipnotismo* es **igualmente** *hipnotismo,* tanto cuando *aparece* como *bien,* como *cuando* aparece como *mal*!</u> Pero *cuando* lleguen a un nivel de Vida donde *puedan* 'mirar' la *apariencia* humana *armoniosa,* **y** *reconocerla* como *hipnotismo, apariencia* o *sugestión*; **y** cuando *puedan* 'mirar' el *cuadro* humano *discordante* o *inarmónico* **y** lo reconozcan como el *efecto* del *mismo hipnotismo* – **ni** más **ni** menos que como *apariencia* o *sugestión* – *entonces* ustedes, habrán *arribado* a ese Punto en la Conciencia, donde ya **no** *tratarán más,* de mejorar, sanar **ni** corregir', la *imagen* errónea; **ni** tampoco van a experimentar la **indebida** *satisfacción,* acerca de la *imagen armoniosa.* –Eso se deberá a que ustedes *sabrán* que, *por medio* de su Sentido *Espiritual* – *independientemente* del cuadro o de la naturaleza de la *apariencia* – JUSTO AHÍ, **ESTÁ** EL SER *ETERNO* E

INMORTAL. ¡Así que *no* harán *esfuerzo* alguno para 'corregir, sanar *ni* mejorar'! Y con esta *habilidad de abstenerse* de TODO *intento* para 'sanar, corregir o mejorar', ustedes habrán *demostrado*: la Conciencia de la *Totalidad* DE Dios.

Si ustedes *saben* que las '*armoniosas*' apariencias humanas **no** son más reales que las '*inarmónicas* o las *discordantes*'; **y** *si* pueden *saber* que las apariencias *humanas* 'inarmónicas, discordantes, enfermas, pecadoras y moribundas' **no** son más reales que las apariencias *humanas* 'armónicas o saludables', *entonces* habrán llegado a un Estado de Conciencia capaz de *discernir* la Armonía *Espiritual, justo* donde *cualquier* 'forma' *humana pareciera* estar.

Cuando se hayan *acostumbrado* a la idea de *observar* las *apariencias* 'humanas' *armónicas*, **así** *como* las *apariencias* 'humanas' *inarmónicas* con el **mismo** grado de **indiferencia**, *entonces sabrán* que han llegado a un Estado de Conciencia *Espiritual,* en el cual ustedes *perciben* Aquello que es *Invisible*; *escuchan* Aquello que es *Inaudible*; y *conocen* Aquello que es Incognoscible. –Esto es, ¡la Conciencia-***Cristo***!

EDITORIAL

En el mes de marzo viajamos a California, y en mayo comenzaremos otro viaje a través de la Unión Americana y Europa. Una vez más, vamos a experimentar el *gozo* de reunirnos con aquéllos que se han *consagrado* A Dios.

Estamos siempre *conscientes* de los muchos Reveladores de Sabiduría *Espiritual* cuyas vidas han sido *consagradas* al Propósito DE Dios, y de aquéllos otros que se han *consagrado* a preservar y continuar, Sus Obras. Incluso el *pensar* en Zaratustra, Lao Tze, Buda, Jesús el Cristo y Shankara, es *hallarse* uno mismo en "Tierra Santa". También hay muchos *otros* quienes nos inspiran, debido a que *percibimos* la naturaleza de su *consagración*.

Existe 'otra forma' de *dedicación* que hallamos en las vidas de aquellos que han *renunciado al sentido **personal** de vida,* para *entregarse – sí –* para *dedicarse* a la *Causa* de la *Libertad*; y ésta, es una *consagración* para *"amar* tanto al *prójimo,* como a *uno mismo".* Estas Almas *generosas,* hicieron *posible* la *Libertad* de países tales como Inglaterra, Francia, Holanda, Suiza, así como en Norte y Sudamérica, y otros países alrededor del mundo.

Muchos otros están *dedicados* a causas *nobles,* en distintas partes del mundo. Algunos se han entregado a la juventud en la obra del YMCA (Asociación de Jóvenes Varones Cristianos) y del YWCA (Asociación de Jóvenes Mujercitas Cristianas), de los Boy-Scouts (Niños Exploradores) y las Girl-Scouts (Niñas Exploradoras); se han dedicado a los pobres, a través de la obra del Ejército de Salvación; y otros dedicados hacia los que sufren, llevándoles alimento y vestimenta tanto en países 'amigos' como 'enemigos'. Movimientos tales como CARE (Cooperativa de Asistencia y Socorro Alrededor del Mundo) y los Cuerpos de Paz, *demuestran* el Amor, en formas *concretas.*

Esta *consagración* A *Dios* – expresada como *consagración* a las *necesidades* del 'prójimo', *ennoblece* las vidas de todos aquellos 'llamados', y proporciona *inspiración* al resto de nosotros, para que **también** podamos *elevarnos* sobre lo sórdido y lo opaco del vivir *humano.*

En verdad, Vivir *comienza **únicamente**,* cuando la *Inspiración* llega. La *Plenitud* o *Realización* Personales, se alcanza *solamente* "en el *dar* **y** en el *servir".* La Libertad es *alcanzada* en la *Consagración;* y la Paz es *encontrada* en la *Dedicación.*

Cuando el Espíritu DEL Señor nos *toca,* nos sigue una *inquietud,* un *desasosiego,* una *falta de satisfacción* en la experiencia *'humana* ordinaria y común', y ésta *persiste,* hasta que *finalmente* nos encontramos: SIRVIENDO A DIOS EN NUESTRO PRÓJIMO, Y DESCANSANDO EN ÉL…

APÉNDICE III

HEBREOS 11

POR LA FE...

1 **LA FE ES** la seguridad de recibir lo que se espera, es estar convencido de lo que no se ve.

2 **GRACIAS A SU FE,** nuestros antepasados recibieron la aprobación de Dios.

3 **POR LA FE** sabemos que Dios formó el universo por medio de su palabra; así que lo que ahora vemos fue hecho de lo que no podía verse.

4 **POR LA FE,** Abel ofreció a Dios un sacrificio mejor que el de Caín, y por eso Dios lo declaró justo y aceptó su ofrenda. Y aunque Abel ya está muerto, su FE nos habla todavía.

5 **POR LA FE,** Enoc fue llevado de este mundo sin que experimentara la muerte; y no lo encontraron porque Dios se lo llevó. Pero antes de llevárselo, Dios declaró que él le había agradado. 6 Sin FE es imposible agradar a Dios. El que quiera acercarse a Dios debe creer que existe y que premia a los que sinceramente lo buscan.

[7] **POR LA FE,** Noé, cuando se le avisó lo que ocurriría, pero que todavía no podía verse, obedeció y construyó un barco para salvar a su familia. Por esa **FE** condenó al mundo y fue heredero de la justicia que viene **POR LA FE.**

[8] **POR LA FE,** Abraham, cuando fue llamado para ir al lugar que iba a recibir como herencia, obedeció y salió sin saber a dónde iba. [9] **POR LA FE** vivió como extranjero en la Tierra prometida. Vivió en tiendas de campaña, lo mismo que Isaac y Jacob, que también eran herederos de la misma promesa, [10] porque Abraham esperaba la ciudad que tiene cimientos firmes, la que Dios ha planeado y construido.

[11] **POR LA FE,** Abraham, a pesar de ser demasiado viejo y de que Sara no podía tener hijos, recibió fuerzas para tener hijos, porque confió en que Dios cumpliría la promesa que le había hecho. [12] Y así de este hombre que era demasiado viejo, nacieron tantos descendientes como las estrellas del cielo y tan incontables como la arena a la orilla del mar.

[13] Todos ellos murieron sin haber recibido las cosas prometidas. Pero las vieron a lo lejos y reconocieron que ellos mismos eran extranjeros y sólo estaban de paso en la tierra.

[14] Los que hablan así dan a entender que andan en busca de una patria; [15] pero ellos no estaban pensando en la patria de la que salieron, pues habrían podido regresar a ella. [16] Deseaban, más bien, una patria mejor, es decir, la celestial. Por eso, Dios no se avergonzó de llamarse el Dios de ellos, y les preparó una ciudad.

[17] **POR LA FE,** Abraham, que había recibido las promesas, cuando fue puesto a prueba ofreció a Isaac, su único hijo, [18] a pesar de

que Dios le había dicho: «Por medio de Isaac tendrás muchos descendientes». [19]Abraham creía que Dios tiene poder hasta para resucitar a los muertos; por eso, fue como si recobrara a Isaac de entre los muertos.

[20] POR LA FE, Isaac bendijo a Jacob y a Esaú, pensando en lo que les esperaba en el futuro.

[21] POR LA FE, Jacob, cuando ya estaba a punto de morir, bendijo a cada uno de los hijos de José y, apoyándose en la punta de su bastón, adoró.

[22] POR LA FE, José, poco antes de morir, dijo que los israelitas saldrían de Egipto y dio instrucciones acerca de lo que debían hacer con su cadáver.

[23] POR LA FE, cuando nació Moisés, sus padres lo escondieron durante tres meses, porque vieron que era un niño hermoso y no tuvieron miedo a la orden que el rey había dado.

[24] POR LA FE, Moisés, ya siendo adulto, no quiso que lo llamaran hijo de la hija del faraón. [25] Prefirió que lo maltrataran junto con el pueblo antes que disfrutar de los placeres temporales del pecado. [26] Consideró que era mejor sufrir la vergüenza por causa del Mesías que disfrutar de los tesoros de Egipto, porque tenía la mirada puesta en la recompensa. [27] POR LA FE salió de Egipto sin tenerle miedo al enojo del faraón. Y se mantuvo firme como si estuviera viendo al Invisible. [28] POR LA FE celebró la Pascua y mandó rociar las puertas con sangre. De esta manera, el que mataba a los primogénitos no tocaría a los israelitas.

[29] POR LA FE, los israelitas cruzaron el Mar Rojo como por tierra seca. Y cuando los egipcios quisieron cruzarlo, se ahogaron.

³⁰ **POR LA FE** cayeron las murallas de Jericó, después que los israelitas marcharon alrededor de ellas por siete días.

³¹ **POR LA FE,** la prostituta Rajab no murió junto con los desobedientes, porque había recibido bien a los espías.

³² ¿Qué más tengo que decir? Me faltaría tiempo para hablar de la FE de Gedeón, Barac, Sansón, Jefté, David, Samuel, y de todos los profetas. ³³ Ellos, **POR LA FE**, conquistaron reinos, hicieron justicia y recibieron lo que se les prometió, cerraron bocas de leones, ³⁴ apagaron grandes fuegos y escaparon del filo de la espada, sacaron fuerzas de la debilidad y llegaron a ser tan poderosos en la guerra que hicieron huir a los ejércitos extranjeros. ³⁵ Hubo mujeres que recobraron a sus muertos resucitados. A unos los mataron a golpes, pues para alcanzar una mejor resurrección no aceptaron que los dejaran libres. ³⁶ Otros sufrieron burlas y azotes, y hasta los encadenaron y encarcelaron. ³⁷ Algunos fueron apedreados, cortados con una sierra por la mitad, asesinados con espada. Otros anduvieron fugitivos de un lugar a otro, vestidos con pieles de oveja y de cabra, pasando necesidades, afligidos y maltratados. ³⁸ A estos, que anduvieron sin rumbo por desiertos y montañas, por cuevas y cavernas, el mundo no los merecía. ³⁹ Y aunque todos fueron aprobados por su FE, ninguno de ellos vio el cumplimiento de la promesa. ⁴⁰ Es que Dios tenía preparado algo mejor: los perfeccionará a ellos cuando nosotros también lo seamos.

(Versión – Nueva Biblia Viviente)

CPSIA information can be obtained
at www.ICGtesting.com
Printed in the USA
BVHW071944220222
629775BV00001B/143

9 781956 998139